ESOTERISCHES HEILEN

ESOTERISCHES HEILEN

4. Band der Buchreihe

Eine Abhandlung über die Sieben Strahlen

VON

ALICE A. BAILEY

VERLAG: LUCIS-GENF
AUSLIEFERUNG FÜR DEUTSCHLAND:
KARL ROHM VERLAG, BIETIGHEIM/WÜRTTEMBERG

Titel der amerikanischen Originalausgabe:
ESOTERIC HEALING

Übersetzt von Christian Isbert

1. Auflage 1962

2. Auflage 1973

3. Auflage 1983

4. Auflage 1988

ISBN 3-87683-016-8 (Leinenausgabe)
ISBN 3-87683-915-7 (Taschenbuchausgabe)

Gesamtherstellung: Verlagsdruckerei Otto W. Zluhan, 712 Bietigheim/Württemberg.

Die Herausgabe dieses Buches wird vom „Tibeter-Buchfonds“, einem rücklaufenden Fonds, finanziert. Dieser wurde geschaffen, um den Fortbestand der Lehren des „Tibeters“ und der Alice A. Bailey zu sichern.
Dieser Fonds wird vom „Lucis Trust“ überwacht, einer steuerfreien, religiös-erzieherischen Körperschaft. Alle vom „Tibeter-Buchfonds“ für die Herstellung dieses Buches beschafften Gelder fließen durch den Buchverkauf wieder in den Fonds zurück, so daß nach Bedarf Neuausgaben oder Neuauflagen gesichert sind.
Die Lucis Press ist eine auf gewinnloser Basis arbeitende Körperschaft, deren gesamtes Kapital dem „Lucis Trust“ gehört. Für dieses Buch wird kein Autoren-Honorar bezahlt.

Auszug aus einer Verlautbarung des „Tibeters“

Veröffentlicht im August 1934.

Es mag der Hinweis genügen, daß ich ein Tibetanischer Jünger eines bestimmten Grades bin. Dies besagt wenig, denn wir alle sind ja Schüler, vom bescheidensten Aspiranten bis hinauf zu Christus.

Ich lebe – wie jeder andere Mensch – in einem physischen Körper, und zwar an den Grenzen von Tibet. Zeitweilig (vom Standpunkt des Exoterikers) bin ich das Oberhaupt einer großen Gruppe tibetanischer Lamas, so weit meine anderen Pflichten dies erlauben. Dieser Umstand hat das Gerücht verursacht, ich sei der Abt eines besonderen Lamaklosters. Diejenigen, die mit mir in der Hierarchie wirken (und alle wahren Jünger sind an diesem Werk beteiligt), kennen mich unter anderen Namen und in einem anderen Amt. A. A. B. weiß, wer ich bin, und kennt zwei meiner Namen.

Ich bin euer Bruder, der ein wenig länger auf dem Pfad gewandelt ist als der Durchschnitt; und deshalb trage ich auch eine größere Verantwortung. Ich bin einer von denen, die um den Weg zu einer höheren Erleuchtung gerungen haben, und ich habe härter darum gekämpft als der Aspirant, der diese Sätze liest. Ich muß daher als Mittler des Lichtes wirken, wieviel Mühen auch damit verbunden sein mögen.

Ich bin kein alter Mann (Lehrer werden gemeinhin nach ihrem Lebensalter eingeschätzt); ich bin aber auch kein junger, unerfahrener Mensch.

Es ist meine Aufgabe, zu lehren und die Erkenntnisse einer zeitlosen Weisheit zu verbreiten, wo immer ich Gehör finde; ich bin seit vielen Jahren auf solche Weise tätig. Gleichermaßen suche ich dem Meister M. und dem Meister K. H. bei ihrem Werk zu helfen, wo immer ich dazu Gelegenheit habe, denn ich stehe seit langem mit ihnen in Verbindung.

Auszug aus einer Verlautbarung des „Tibeters“

Damit habe ich manches gesagt, jedoch nichts, was dazu verführen könnte, mir jenen blinden Gehorsam und jene törichte Ergebenheit entgegen zu bringen, mit welcher der nur von seinen Empfindungen getragene Schüler dem Guru und Meister anhängt, ohne indes fähig zu sein, mit ihm in Kontakt zu kommen. Den ersehnten Kontakt wird er nicht eher erreichen, als bis er nicht seine schwärmerische Ergebenheit in selbstlosen Dienst an der Menschheit, und nicht für den Meister umgewandelt hat.

Ich habe meine Bücher ohne Anspruch auf Annahme dessen, was darin niedergelegt ist, übermittelt; sie können richtig, wahr und nützlich sein, sie können aber auch das Gegenteil bewirken. Es liegt bei euch, deren Wahrheit durch richtige Anwendung des Gesagten und durch Ausbildung eurer Intuition zu ermitteln.

Sowohl A. A. B. als auch ich legen nicht den geringsten Wert darauf, daß die Bücher als „übersinnlich” vermittelte Schriften angesehen werden, oder daß von ihnen (womöglich mit angehaltenem Atem) als dem „Werk eines Meisters“ gesprochen wird.

Wenn die Bücher eine Wahrheit verbreiten, die sich aus den früher geoffenbarten Wahrheiten der Weltlehrer erschließt, wenn die gebotenen Informationen das Streben vertiefen und den Willen zum Dienen von der Ebene bloßer Empfindung zur Ebene verstehender Einsicht erheben (der Ebene, auf der sich die Meister befinden), dann werden die Bücher ihren Zweck erfüllt haben.

Wenn die dargebotene Lehre in dem erleuchteten Denken des Welten-Arbeiters ein Echo findet und in ihm blitzartig-intuitiv neue Erkenntnisse auslöst, dann möge die Lehre angenommen werden. Sonst nicht. Wenn sich die in der Lehre aufgestellten Behauptungen schließlich und endlich mit den gefundenen Bestätigungen decken, oder wenn sich das anfänglich gutgläubig als wahr Hingenommene nach dem Gesetz der Analogie als wahr herausstellt, dann ist es recht und gut. Sollte das aber bei einem Studierenden nicht der Fall sein, dann nehme er das in den Büchern Gesagte nicht an.

INHALTSVERZEICHNIS

DRITTER TEIL

Einführende Bemerkungen

Das ganze Thema des Heilens ist so alt wie die Zeiten selbst und ist immer Gegenstand der Forschung und der Versuche gewesen. Aber das Wissen um die rechte Anwendung der Heilkunst und der Heilkräfte steckt noch in den Kinderschuhen. Erst jetzt, in diesem Zeitalter und in dieser Generation ist es endlich möglich, die Gesetze des magnetischen Heilens mitzuteilen und die Ursachen für jene – aus den drei inneren Körpern stammenden – Krankheiten anzugeben, die heute den menschlichen Organismus verwüsten, endlose Leiden und Schmerzen verursachen und den Menschen durch die Pforte geleiten, die hineinführt in die Welt des körperlosen Daseins. Erst heute steht der Mensch an einem Punkt seiner Bewußtseinsentwicklung, wo er beginnen kann, sich über die Macht der subjektiven Welten klar zu werden; die neue, umfassende Wissenschaft der Psychologie ist seine Antwort auf dieses wachsende Interesse. Alle denkende Menschen und ebenso alle leidenden Menschen beschäftigen sich mit korrektiven Maßnahmen, die die Gesundheit bessern und wieder herstellen sollen. Wir haben viel zu tun, und ich bitte euch daher um Geduld.

Wenn man das Reich des Heilens betritt, so begibt man sich in eine Welt, in der viel esoterisches Wissen nötig ist, und wo es eine unendliche Zahl von Schlüssen und Folgerungen gibt; die formulierten Erkenntnisse vieler denkender Menschen, die zu allen Zeiten zu heilen und zu helfen versucht haben, stehen vor dem geistigen Auge. Die Gründe und Ursachen der Krankheit sind Gegenstand endloser Forschungen und Vermutungen gewesen, und man hat hinsichtlich der Heilverfahren viele endgültige Schlußfolgerungen abgeleitet; auch sind viele Methoden, Techniken, Rezepte und Vorschriften, vielfältige Behandlungsarten und Theorien ausgearbeitet worden. Alle dienen dazu, unser Denken mit vielen – teils
2] richtigen, teils irrtümlichen – Ideen zu erfüllen, und dadurch wird

es für neue Gedanken außerordentlich schwierig, sich Einlaß zu verschaffen, und für den Studierenden schwer, das bisher Unbekannte sich zu eigen zu machen.

Aspiranten verlieren viel, wenn sie sich weigern, das aufzugeben, was das niedere Verstandesdenken lieb und wert hält. Wenn sie es fertig bringen, wirklich unvoreingenommen und bereit zu sein, die neuen Theorien und Hypothesen anzunehmen, so werden sie entdecken, daß die alte, wertgehaltene Wahrheit in Wirklichkeit nicht verloren geht, sondern nur auf den ihr gebührenden Platz in einem größeren Rahmen verwiesen wird.

Alle Eingeweihten der zeitlosen Weisheit sind notwendigerweise Heiler, obwohl nicht alle den physischen Körper heilen mögen. Der Grund dafür ist, daß alle Seelen, die ein gewisses Maß an wahrer Befreiung erreicht haben, Übermittler geistiger Energie sind. Dadurch wird automatisch irgend ein Aspekt des Mechanismus (oder Instruments) jener Seelen beeinflußt, mit denen sie in Kontakt kommen. Wenn ich das Wort „Mechanismus" in diesen Anweisungen verwende, so meine ich damit verschiedene Aspekte des Werkzeuges, des Körpers oder der Formnatur, durch die alle Seelen ihre Wesensäußerung suchen. Ich meine damit also:

1. *Den grob-physischen Körper,* die Gesamtsumme aller Organismen, aus denen er besteht; diese haben die vielfältigen Funktionen, welche die Seele befähigen, sich auf der physischen oder objektiven Ebene als Teil eines größeren und umfassenderen Organismus zum Ausdruck zu bringen. Der physische Körper ist der „Reaktionsapparat" des innewohnenden Geistesmenschen und dient dazu, diese geistige Wesenheit in Verbindung zu bringen mit dem Reaktionsapparat des planetarischen Logos, des großen Lebensträgers, in dem wir leben, weben und sind.
2. *Den Ätherleib,* der vor allem den einen Zweck hat, den physischen Leib zu beleben und zu aktivieren und ihn dadurch in den Energiekörper der Erde und des Sonnensystems einzugliedern. Er ist ein Gewebe von Energieströmen, von Kraftfäden und

von Licht. So ist er ein Teil jenes riesigen Energienetzes, das die
3] Grundlage für alle großen und kleinen – makrokosmischen und mikrokosmischen – Formen bilden. Entlang dieser Energiefäden strömen die kosmischen Kräfte, so wie das Blut durch die Arterien und Venen fließt. Dieser ständige individuelle Kreislauf der Lebenskräfte durch die Ätherleiber aller Formen – im menschlichen, planetarischen und solaren Bereich – ist die Grundlage für alles manifestierte Leben, ist der Ausdruck für den im innersten Wesen bestehenden, untrennbaren Zusammenhang allen Lebens.

3. *Den Astral- oder Begierdenleib* (manchmal auch emotioneller Körper genannt); er kommt zustande durch das wechselseitige Einwirken von Begierde und Gefühlsreaktion auf das Selbst im Zentrum, deren Wirkung dann in diesem Körper erfahren wird als Gefühlsregung, als Schmerz und Lust und die anderen Gegensatzpaare. In diesen beiden Körpern, dem Äther- und Astralleib, liegen 90% der Ursachen für die physischen Krankheiten und Störungen.

4. *Den Mentalkörper*, oder jenen Anteil an der Chitta (dem Denkstoff), den eine individuelle menschliche Wesenseinheit verwenden und beeindrucken kann; er bildet das vierte Glied in der Reihe der Werkzeuge, die der Seele zur Verfügung stehen. Gleichzeitig darf man aber nicht vergessen, daß diese vier einen einheitlichen Mechanismus bilden. Fünf Prozent aller modernen Krankheiten entstehen in diesem Körper oder Bewußtseinszustand, und darum möchte ich hier der Wahrheit entsprechend erklären, daß heute noch nicht gilt, was gewisse Heilschulen ständig wiederholen: daß nämlich das Denken die Ursache aller Krankheiten sei. Erst in einer Million Jahren, wenn sich der Schwerpunkt des menschlichen Bewußtseins von der emotionellen in die mentale Natur verlagert hat, und wenn die Menschen grundsätzlich mental eigestellt sind, so wie sie heute emotionell veranlagt sind, *erst dann* müssen oder dürfen die Ursachen der Krankheit im Bereich des Denkens gesucht werden.

Die heutigen Krankheitsursachen beruhen (mit sehr wenigen
Ausnahmen) auf mangelnder Lebenskraft oder zu starker Sti-
mulierung; sie liegen im Bereich des Fühlens und der Begierden
(die entweder gestaut oder übermäßig befriedigt werden) und
in den Launen, Unterdrückungen oder Äußerungen tiefver-
4] wurzelter Wünsche, Reizzustände, heimlicher Gelüste und der
vielen verborgenen Impulse, die von dem Begierden-Leben des
betreffenden Menschen ausgehen.

Dieser Drang zum Sein und zum Haben hat zuerst das äußere physische Reaktionswerkzeug aufgebaut und baut es auch immer wieder auf; heute zwingt dieser Drang einen Mechanismus, der eigentlich für physische Zwecke eingerichtet ist, dazu, mehr subjektiven Zwecken zu dienen. Auch das führt zu Störungen, und erst wenn ein Mensch erkennt, daß es innerhalb der äußeren physischen Schale noch andere Körper gibt, die für feinere Reaktionen bestimmt sind, werden wir eine allmähliche Besserung und schließliche Gesundung des physischen Körpers beobachten können. Mit diesen feineren Hüllen werden wir uns später beschäftigen.

Ihr fragt hier natürlich, nach welchem allgemeinen Plan ich wohl vorgehen werde, wenn ich euch in den Gesetzen des Heilens unterrichte – jenen Gesetzen, von denen sich die Eingeweihten leiten lassen, Gesetze, die allmählich an die Stelle der mehr physischen Methoden der gegenwärtigen Heilkunst treten müssen? Ihr wollt natürlich auch wissen, welche spezielle Technik ihr als Heiler anzuwenden lernen müßt, sowohl für euch selbst als auch bei denen, die ihr heilen wollt. Ich werde euch einen kurzen Überblick geben über die Lehre, die ich euch mitteilen möchte, und werde angeben, worauf ihr besonders achten müßt, wenn ihr das Studium dieses Themas beginnt.

Zuerst möchte ich auf die Krankheitsursachen zu sprechen kommen, denn der Studierende des Okkultismus muß immer in der Welt der Ursprünge und nicht in der Welt der Wirkungen beginnen.

Sodann werde ich die sieben Heilmethoden besprechen, die für die „Rückerstattung“ (wie man im okkulten Sprachgebrauch sagt) maßgebend sind, d. h. wie sie von den Eingeweihten der Welt praktisch gehandhabt werden. Diese bestimmen die Techniken, nach denen man verfahren muß. Ihr werdet bemerken, daß diese Methoden und Techniken von den Strahlen bestimmt und beeinflußt werden, von denen ich an anderer Stelle geschrieben habe (Eine Abhandlung über die Sieben Strahlen, Band I und II), und daß also der Heiler nicht nur seinen eigenen Strahl sondern auch den Strahl
5] des Patienten in Betracht ziehen muß. Es gibt daher sieben Strahl-Methoden, die erläutert werden müssen, ehe man sie sinnvoll anwenden kann.

Drittens werde ich besonders auf das psychologische Heilen und auf die Notwendigkeit eingehen, sich mit dem Innenleben des Patienten zu befassen, denn das Grundgesetz, auf dem sich alles okkulte Heilen aufbaut, kann wie folgt angegeben werden:

I. Gesetz

> *Jede Krankheit ist das Ergebnis gehemmten Seelenlebens; das gilt für alle Formen in allen Reichen. Die Kunst des Heilers besteht darin, die Seele freizumachen, so daß ihr Leben durch die Organismen-Aggregate strömen kann, aus denen jede Form besteht.*

Es ist interessant, daß der Versuch des Wissenschaftlers, die Atomenergie freizusetzen, im allgemeinen dem Bemühen des Esoterikers gleicht, die Energie der Seele, des höheren Selbstes freizumachen. In diesem Freimachen liegt das Wesen der wahren Heilkunst verborgen. Hiermit ist ein okkulter Hinweis gegeben.

Viertens werden wir den physischen Körper, seine Krankheiten und Übel betrachten, aber erst dann, wenn wir jenen Teil des Menschen studiert haben, der hinter dem grob-physischen Leib steht und diesen umgibt. So werden wir uns aus der Welt der inneren Ursachen in die Welt der äußeren Ereignisse hineinarbeiten. Wir werden erkennen, daß alles, was mit der Gesundheit des Menschen zu tun hat, seinen Ursprung hat:

1. In der Gesamtheit jener Kräfte, Gefühle, Begierden und zufälligen Denkvorgänge, die für die drei feineren Körper charakteristisch sind und die das Leben des physischen Körpers bestimmen.
2. In der Wirkung, die der Zustand der *Gesamt-Menschheit* auf den physischen Körper ausübt. Ein Mensch ist ein integraler Bestandteil der Menschheit, ein kleinerer Organismus in einem größeren. Zustände, die in der Gesamtheit bestehen, widerspie-
6] geln sich im Einzelmenschen, und viele Übel, an denen der Mensch heute leidet, sind der Wirkung zuzuschreiben, die bestimmte Zustände im gesamten vierten Naturreich auf ihn ausüben. Dafür wird er nicht verantwortlich gemacht.
3. In der Wirkung, die das planetarische Leben auf den physischen Körper ausübt; dieses Leben ist der Ausdruck des Lebens des planetarischen Logos, der eine sich entwickelnde Wesenheit ist. Die Bedeutung und Tragweite dieser Tatsache geht weit über unseren Horizont hinaus, aber die Auswirkungen sind erkennbar.

Ich bin nicht in erster Linie daran interessiert, einzelne Menschen zu schulen, um sie zu wirksameren Heilern zu machen. Ich strebe das *Gruppenheilen* an, und gerade dieses Gemeinschaftswerk interessiert mich jetzt. Aber eine Gruppe von Menschen kann nur dann als Einheit wirken, wenn sie einander lieben und dienen. Die Heilungsenergie der geistigen Hierarchie kann nicht durch die Gruppe strömen, wenn Disharmonie und Kritiksucht besteht. Daher besteht die erste Aufgabe einer jeden Heilergruppe darin, sich in Liebe aufeinander einzustellen und nach Gruppeneinheit und Gruppenverstehen zu streben.

Ich möchte darauf hinweisen, daß es notwendig ist, Geduld zu haben, wenn sich eine Heilergruppe integriert und die Auren ihrer Mitglieder verschmelzen. Die Menschen brauchen einige Zeit, bis sie es lernen, in vollkommener Harmonie und *Unpersönlichkeit* miteinander zu arbeiten und gleichzeitig dabei eine Konzentration zu erreichen, die den nötigen Gruppenrhythmus zustande bringt – einen Rhythmus von solcher Einheitlichkeit und Intensität, daß die ganze Arbeit innerlich und zeitlich im Einklang bleiben kann. Wenn Aspiranten und Studierende in diesem Sinne arbeiten, müssen sie lernen, als Gruppe zu denken und der Gruppe voll und ganz das Beste, was in ihnen ist, zu geben und ihr auch die Früchte ihrer Meditation über diese Dinge zur Verfügung zu stellen.

Außerdem möchte ich hinzufügen, daß diese Unterweisungen so kurz und bündig wie möglich sein müssen. Ich werde mich bemühen müssen, viele Wahrheiten und Mitteilungen auf kleinem Raum zusammenzudrängen, damit jeder Satz eine reale Idee ent-
7] hält und ein wenig wirkliches Licht auf die Probleme wirft, vor denen eine Heilergruppe steht. Was ich zu sagen habe, besteht aus zwei Teilen: Erstens werden wir uns im allgemeinen mit dem Heilen und Lehren befassen; dazu gehört, daß ich Gesetze, Techniken und Methoden mitteile. Zweitens werden wir den Heiler betrachten und erörtern, wie er sich in der Kunst des Heilens vervollkommnen kann.

Ist es nicht wahr, daß es das oberste Erfordernis für alle Heiler ist, mit dem Patienten eine mitfühlende Verbindung herzustellen, damit sie Einblick in seine Schwierigkeiten erhalten und sein Vertrauen gewinnen?

Ich gebe euch zwei Worte an, die das umfassen, was für alle wahren Heiler notwendig ist und was ihr anstreben müßt. Diese Worte heißen *Magnetismus* und *Strahlung*. Ein Heiler muß vor allem anderen eine magnetische Wirkung ausüben, und er muß zu sich heranziehen:

a) Die Kraft seiner eigenen Seele; das erfordert innere Harmonisierung durch individuelle Meditation.

b) Jene, denen er helfen kann; dazu gehört eine unpersönliche Einstellung.

c) Jene Energien, die im Bedarfsfalle den Patienten zu der gewünschten Aktivität anregen. Dazu gehört okkultes Wissen und ein geschultes Denken.

Der Heiler muß auch wissen, wie er ausstrahlen soll, denn die Strahlung der Seele wird die Seele des Patienten zur Tätigkeit anregen, und der Heilungsprozeß wird dadurch in Gang gebracht; die Strahlung seines Denkens wird das Denken des Patienten erleuchten und dessen Willen beeinflussen und konzentrieren; die beherrschte und selbstlose Strahlung seines Astralleibes wird im erregten Astralleib des Patienten zwangsläufig einen Rhythmus schaffen und ihn dadurch befähigen, in der rechten Weise zu handeln; die Strahlung des Vitalkörpers, die durch das Milzzentrum wirkt, wird helfen, den Kräfteleib des Patienten zu organisieren und dadurch die Heilung zu erleichtern. Der Heiler hat also die Pflicht,
8] sich ein Wirkungsvermögen anzueignen, und je nach dem, was er selbst ist, wird auch die Wirkung auf den Patienten sein. Wenn ein Heiler magnetisch wirkt und seine Seelenkraft dem Patienten zustrahlt, wird es diesem leichter möglich, das gewünschte Ziel zu erreichen: – das kann vollständige Heilung sein, oder es wird ein Gemütszustand hergestellt, der es dem Patienten ermöglicht, mit sich und seinem Leiden zu leben, ohne daß er durch die karmischen Unzulänglichkeiten seines Körpers behindert würde. Oder der Patient kann dadurch mit Freude und Leichtigkeit die rechte Befreiung vom Körper erlangen und durch das Tor des Todes zu vollständiger Gesundung kommen.

TEIL I

Die grundlegenden Krankheitsursachen

9] Das ist das Problem, mit dem alle praktischen Ärzte schon seit Urzeiten gerungen haben. In unserem gegenwärtigen mechanistischen Zeitalter sind wir ganz an die Oberfläche der Dinge gekommen; wir haben uns entfernt von der teilweise richtigen Anschauung vergangener Jahrhunderte, die eine Krankheit bis zu den „üblen Temperamenten“ *zurück* verfolgen, die im inneren, subjektiven Leben des Patienten ausgebrütet werden und schwären. Mit der Entwicklung des Wissens auf jedem Gebiete sind wir nun an der Oberfläche der Dinge angelangt (ich bitte zu beachten, daß ich nicht das Wort „oberflächlich“ gebrauche) und es ist die Stunde gekommen, in der Erkennen und Wissen wieder in das Reich des Subjektiven eindringen und sich in Weisheit verwandeln kann. In den besten Köpfen der Mediziner und in verwandten Berufen dämmert heute die Erkenntnis, daß die Ursachen für alle Krankheiten in den subjektiven, verheimlichten Denkweisen und Gefühlszuständen, sowie in einem gehemmten oder ausschweifenden Geschlechtsleben zu suchen sind.

Gleich zu Anfang unserer Studien möchte ich darauf hinweisen, daß die eigentliche, letzte Ursache einer Krankheit von euch nicht verstanden würde, selbst wenn ich sie wüßte. Ihr Ursprung liegt weit zurück in der fernsten Vergangenheit unseres Planeten (in der Laufbahn des planetarischen Lebensträgers – okkult verstanden) und hat seine Wurzeln in dem, was man allgemein das „kosmische Übel“ nennt. Dieser Ausdruck ist vollkommen bedeutungslos, beschreibt jedoch symbolisch einen *Bewußtseinszustand*, der gewis-

10] sen „unvollkommenen Göttern" eigen ist. Wenn man als erste Voraussetzung annimmt, daß die Gottheit selbst auf eine Vollendung hinarbeitet, die über unser Verstehen hinausgeht, so läßt sich daraus folgern, daß es auch für die Götter und für *Gott* (das große *Lebenszentrum* unseres Sonnensystems) gewisse Unvollkommenheiten und bestimmte Bewußtseinsbereiche oder -Zustände geben mag, die noch gemeistert werden müssen. Diese Begrenztheiten und relativen Unvollkommenheiten können bestimmte Wirkungen in den Körpern hervorbringen, in denen sie sich manifestieren – das sind die verschiedenen Planeten als Äußerungen bestimmter großer Lebensträger und das Sonnensystem als die sichtbare Erscheinungsform eines göttlichen *Lebenszentrums*. Wenn man ferner die Hypothese gelten läßt, daß diese äußeren Körper der Göttlichkeit, die Planeten, die Formen sind, durch die sich gewisse Gottheiten zum Ausdruck bringen, dann kann man richtig und logisch folgern, daß zwangsläufig auch alle Lebewesen und Formen innerhalb dieser Körper diesen Begrenzungen und Unvollkommenheiten unterworfen sind, die aus diesen unbewältigten Bewußtseinsbereichen und Gewahrseinszuständen resultieren, die von den in planetarischer oder solarer Form inkarnierten Gottheiten bisher noch nicht erkannt sind. Unter der Voraussetzung, daß eine jede Form Teil einer noch größeren ist, und daß wir tatsächlich im Leib Gottes „leben, weben und sind", wie Paulus es nennt, dann haben wir auch als integrale Teile des vierten Naturreiches Anteil an dieser allgemeinen Begrenzung und Unvollkommenheit.

Mehr als diese allgemeine Voraussetzung geht über unser Fassungs- und Ausdrucksvermögen hinaus, denn die allgemeine Verstandesrüstung des durchschnittlichen Aspiranten und Jüngers ist dieser Aufgabe nicht gewachsen. Solche Begriffe wie „Kosmisches Übel, göttliche Unvollkommenheit, begrenzte Bewußtseinsbereiche, Freiheit des reinen Geistes, göttliches Denken", mit denen die Mystiker und Okkultisten unserer Zeit so großzügig jonglieren: was bedeuten sie denn wirklich? Die Behauptung vieler Heilschulen über die letzte göttliche Vollkommenheit, und die Formulierung

ihres Glaubens an das tatsächliche Freisein der Menschheit von den gewöhnlichen Übeln des Fleisches: Sind sie nicht häufig hochtönende Phrasen, die zwar ein Ideal verkörpern, aber oftmals auf eigensüchtigen Wünschen beruhen? Stellen sie nicht in mystischer Hin-
11] sicht völlig bedeutungslose Ausdrücke dar? Wie kann es denn anders sein, wenn nur der vollkommene Mensch einen wirklichen Begriff davon hat, was Göttlichkeit eigentlich ist?

Es ist für uns sicher besser zuzugeben, daß es dem Menschen unmöglich ist, die tiefverwurzelten Ursachen dessen zu verstehen, was in der Evolution des Formlebens sichtbar wird. Ist es nicht weise, sich mit den Tatsachen so, wie sie in unserer gegenwärtigen Erkenntnis vorhanden sind, abzufinden und verstehen zu lernen, daß es, so wie der Mensch mit größerer Einsicht in das Denken Gottes eindringen kann als das mit viel weniger Verstand begabte Tier, ebenso auch andere, größere Geister geben mag, die in anderen, höheren Naturreichen wirken und das Leben wahrer und genauer erkennen können, als die Menschheit es kann? Es ist doch möglich, nicht wahr, daß das Ziel der Evolution (wie es vom Menschen dargestellt und hervorgehoben wird) im letzten Grunde nur ein Bruchstück eines größeren Zieles ist – größer, als er es mit seinem endlichen Verständnis erfassen kann. Die ganze Absicht, so wie sie im Denken Gottes verborgen liegt, mag sehr verschieden sein von dem, was sich die Menschen heute vielleicht vorstellen, und das kosmisch Böse und das kosmisch Gute können, wenn man sie auf bloße Ausdrucksweisen beschränkt, ihre ganze Bedeutung verlieren; sie sind nur durch den Schleier der Verblendung und Illusion sichtbar, mit denen der Mensch alle Dinge umgibt. Die besten Geister dieses Zeitalters beginnen gerade, den ersten trüben Schimmer des Lichtes zu erkennen, das durch diese Verblendung hindurchdringt, und das zu allererst dazu dient, die Tatsache der Illusion zu offenbaren. Mit Hilfe dieses Lichtes kann die folgende Wahrheit jenen offenbar werden, die erwartungsvoll und unvoreingenommen sind: *Die Gottheit selbst befindet sich auf dem Wege zur Vollkommenheit.* Daraus ergeben sich vielerlei Schlußfolgerungen.

Wenn wir die Ursachen der Krankheit erörtern, so wollen wir uns auf den Standpunkt stellen, daß die grundsätzliche, letzte kosmische Ursache außerhalb unseres Verstehens liegt, und daß wir nur in dem Maße, als sich das Reich Gottes auf Erden offenbart, zu einigem wirklichen Verständnis für das allgemeine, weitverbreitete Kranksein kommen, das man auf unserem Planeten in allen vier Naturreichen findet. Es können jedoch ein paar grundsätzliche Aussagen gegeben werden, die man schließlich auch im makrokosmischen Sinne als wahr erkennen wird und die auch schon dort
12] als wahr bewiesen werden können, wo es sich um den intelligenten Mikrokosmos handelt.

1. Hier ist eine Binsenwahrheit: Jede Krankheit entsteht durch einen Mangel an Harmonie – aus einer Disharmonie, die zwischen dem Formaspekt und dem Leben besteht. Jene Kraft, die Form und Leben zusammenführt, oder besser gesagt, dasjenige, was aus dieser absichtlich herbeigeführten Vereinigung resultiert, nennen wir die Seele, das Selbst, soweit es sich um die Menschheit handelt; bei den unter dem Menschen stehenden Reichen nennen wir es das integrierende Prinzip. Eine Krankheit tritt da auf, wo diese verschiedenen Teile, die Seele und die Form, das Leben und seine Ausdrucksform, die subjektive und objektive Realität, nicht genügend miteinander in Einklang stehen. Folglich sind Geist und Materie *nicht* frei und unabhängig miteinander verbunden. Dies ist die eine mögliche Auslegung des ersten Gesetzes, und die ganze Behauptung soll dieses Gesetz deutlicher erklären.

2. Dieser Mangel an Harmonie, der zu der sogenannten Krankheit führt, besteht in allen vier Naturreichen und verursacht jene Zustände, die dort, wo die Empfindlichkeit besonders stark und hochentwickelt ist, Schmerzen bereiten und überall Stauung, Verfall und Tod bringen. Denkt nach über diese Worte: Disharmonie, Krankheit, Schmerz, Stauung, Verfall, Tod, denn sie beschreiben den allgemeinen Zustand, der das bewußte Leben aller Formen,

der makrokosmischen wie der mikrokosmischen, beherrscht. Es handelt sich dabei nicht um Ursachen.

3. Man kann jedoch allen diesen Zuständen läuternde Wirkung zuschreiben, ja die Menschheit muß sie so betrachten, wenn sie zu einer richtigen Einstellung gegenüber der Krankheit kommen will. Dies wird oft vergessen von den fanatischen Heilern und den radikalen Vertretern einer nur begrenzt erfaßten Idee, die in den meisten Fällen lediglich Teil einer größeren ist.

13] 4. Heil- und Linderungsmethoden werden nur in der Menschheit angewandt und ergeben sich aus der Denktätigkeit des Menschen. Sie zeigen seine verborgene Schöpferfähigkeit an, die Kraft dessen, der auf die Freiheit zuschreitet. Sie weisen auf sein Unterscheidungsvermögen hin, das ihn befähigt, Vollkommenheit zu erahnen, das Ziel im Geiste zu erschauen und folglich auf diese schließliche Befreiung hinzuarbeiten. Sein Irrtum besteht zur Zeit in folgendem:

a) Er ist unfähig, den wahren Sinn des Schmerzes zu erkennen.
b) Er hat einen Widerwillen gegen das Leiden.
c) Er versteht das Gesetz des Nicht-Widerstehens falsch.
d) Er legt zu viel Wert auf die *Formnatur.*
e) Er hat eine falsche Einstellung zum Tod und glaubt, daß das Verschwinden des Lebens aus dem Bereich der sinnlichen Wahrnehmung vermittels einer Form und die daraus folgende Auflösung dieser Form ein Unglück bedeutet.

5. Wenn einmal der Mensch in seinem Denken die bis jetzt üblichen Ideen über die Krankheit umkehrt und Krankheit als eine Naturtatsache anerkennt und hinnimmt, dann wird er beginnen, sich an das Gesetz der Befreiung zu halten, mit richtigen Gedanken, die zum Nicht-Widerstehen führen. Gegenwärtig vergrößert er meistens nur die Schwierigkeit, nämlich durch die Kraft seiner dar-

auf gerichteten Gedanken und durch seinen intensiven Widerstand gegen die Krankheit. Wenn er sein Denken wieder auf die Wahrheit und die Seele hinlenkt, so werden die Übel der physischen Ebene allmählich verschwinden. Das wird uns deutlich werden, wenn wir später die Methode der Ausmerzung studieren. Krankheit ist tatsächlich vorhanden. Die Formen in allen Reichen sind mit Disharmonie belastet und stehen nicht im Einklang mit dem innewohnenden Leben. Krankheit, Verfall und die Tendenz zur Auflösung kommen überall vor. Ich wähle diese Worte mit Bedacht.

6. Krankheit ist also nicht das Ergebnis falschen menschlichen Denkens; sie existierte bereits unter den vielen Lebensformen, lange bevor die Menschheit auf der Erde erschien. Wenn ihr dies in Worten ausdrücken und innerhalb der Grenzen menschlichen Denkens aussprechen möchtet, so könntet ihr einigermaßen richtig sagen:
14] Gott, die planetarische Gottheit, hat sich des falschen Denkens schuldig gemacht! – Aber damit würdet ihr nicht die Wahrheit ausdrücken, sondern lediglich einen winzigen Bruchteil der wahren Ursache, der sich eurem schwachen, endlichen Denkvermögen durch das Medium der allgemeinen Weltenverblendung und Weltillusion zeigt.

7. In gewisser Hinsicht ist die Krankheit ein Befreiungsprozeß; sie ist der Feind alles dessen, was stille steht und verhärtet ist. Allerdings dürft ihr nach dem, was ich sage, nicht meinen, die Krankheit müsse willkommen geheißen und der Tod geliebt werden. Wäre dies der Fall, dann würde man die Krankheit kultivieren und eine Belohnung auf den Selbstmord aussetzen. Zum Glück für die Menschheit richtet sich die ganze Lebenstendenz gegen die Krankheit, und die Reaktion des Formlebens auf die menschlichen Gedanken nährt die Furcht vor dem Tode. Das ist zu Recht so gewesen, denn der Instinkt der Selbsterhaltung und das Verlangen nach Unversehrtheit der Form ist ein lebenswichtiges Prinzip der

Materie; und die Tendenz, das Leben in der Form fortbestehen zu lassen und weiter zu geben, ist eine unserer größten, von Gott geschenkten Fähigkeiten und wird fortdauern. Aber an dessen Stelle muß schließlich in der Menschheit die Anerkennung des Todes als eines organischen, befreienden Vorganges treten, der dazu bestimmt ist, die Kraft zu erhalten und der Seele ein besseres Manifestations-Instrument zu geben. Zu dieser Freizügigkeit des Handelns ist die Menschheit im ganzen noch nicht bereit. Die Jünger und Aspiranten der Welt sollten jetzt aber beginnen, diese neuen Daseinsprinzipien zu begreifen. Der Selbsterhaltungstrieb bestimmt die Beziehung zwischen Geist und Materie, zwischen Leben und Form, solange die Gottheit selbst den Willen hat, sich in einem manifestierten Körper zu inkarnieren, – sei dies nun ein Planet oder ein Sonnensystem. Mit dieser Aussage habe ich euch einen Hinweis auf eine der grundsätzlichen Ursachen der Krankheit und des endlosen Kampfes zwischen dem eingekerkerten Geist und der gefangen haltenden Form gegeben. Die Waffe dieses Kampfes ist jene eingeborene Qualität, die als Selbsterhaltungs- und Fortpflanzungstrieb – sowohl der gegenwärtigen Form wie der Art im allgemeinen – zum Ausdruck kommt.

15] 8. Das Gesetz von Ursache und Wirkung, das man im Osten Karma nennt, lenkt und beherrscht dies alles. Man muß das Karma tatsächlich als die (im Formleben unseres Planeten sich zeigende) Auswirkung von tiefliegenden, im Denken Gottes verborgenen Ursachen ansehen. Die Ursachen, die wir hinsichtlich Krankheit und Tod aufspüren mögen, sind eigentlich nur die Auswirkung gewisser Grundprinzipien, die – in richtiger oder falscher Weise, wer kann es sagen? – das Leben Gottes in der Form bestimmen, und sie müssen dem Menschen solange unfaßbar bleiben, bis er jene große Einweihung erlangt, deren Sinnbild für uns die Transfiguration (Verklärung) ist. Wir werden uns während unserer ganzen Studien mit *zweitrangigen* Ursachen und deren Wirkungen beschäftigen, mit den sichtbaren Resultaten jener subjektiven Wirkungen, die weit über unser Verständnis hinausgehenden Ursachen entstammen. Das sollte man zugeben und begreifen. Es ist das Beste, was der Mensch mit seinem gegenwärtigen verstandesmäßigen Rüstzeug tun kann. Warum sollte ein Mensch in seiner Anmaßung erwarten, er könne alles verstehen, wenn die Intuition noch kaum wirkt und das Denken selten eine Erleuchtung empfängt? Er soll daran arbeiten, seine Intuition zu entwickeln und Erleuchtung zu gewinnen, dann kommt auch das Verstehen. Er wird sich das Recht auf göttliches Wissen verdient haben. Für unsere Arbeit wird jedoch die obige Erkenntnis genügen; sie ermöglicht es uns, jene Gesetze und Prinzipien aufzustellen, die den Weg weisen, auf dem die Menschheit Befreiung von dem Formbewußtsein gewinnen, und folglich auch gegen den Sieg des Todes und gegen jene Krankheitschaffenden Zustände immun werden kann, die heute unsere planetarische Erscheinungsformen bestimmen.

Wir werden unsere Betrachtung über die Ursachen der Krankheit in drei Teile unterteilen; bei unserer Wahrheitsuche wollen wir das ganz verständliche, aber ebenso unnütze Verlangen, das Denken der Gottheit zu begreifen, beiseite lassen. Die drei Abteilungen sind:

I. Die psychologischen Ursachen.
II. Die Ursachen, die aus dem Gruppenleben stammen.
III. Unsere karmischen Verbindlichkeiten, die karmischen Ursachen.

16] Bei all dem werden wir nur eine allgemeine Vorstellung (mehr ist zur Zeit nicht möglich) gewinnen über das Vorhandensein von Krankheit in der menschlichen Gemeinschaft und teilweise auch im Tierreich. Wenn wir diese allgemeinen Gedanken begreifen, werden wir ein klareres Verständnis für unser Problem gewinnen, und wir können dann zur Erörterung der Methoden übergehen, die es uns ermöglichen, unerwünschte Wirkungen mit größerer Leichtigkeit zu behandeln. Studierende der Heilkunst sollten außerdem daran denken, daß man auf dreierlei Art und Weise eine Heilung erzielen kann, und daß alle drei Arten den ihnen zukommenden Platz und Wert haben, der von der Entwicklungsstufe dessen abhängt, der geheilt werden soll.

Erstens kann man jene Linderungsmittel und Besserungsmethoden anwenden, welche die Krankheit allmählich heilen und unerwünschte Zustände beseitigen; sie bauen das Formleben auf und stärken die Lebenskraft, so daß die Krankheit abgeschüttelt werden kann. Gute Vertreter dieser Methoden sind die allopathischen und homöopathischen sowie die verschiedenen osteopathischen, chiropraktischen und anderen therapeutischen Schulen. Sie haben viele gute und konstruktive Arbeit geleistet, und die Menschheit schuldet der Weisheit, Geschicklichkeit und selbstlosen Dienstbereitschaft der Ärzte viel. Sie behandeln stets dringende Zustände und gefährliche Wirkungen von Ursachen, die an der Oberfläche nicht sichtbar sind. Der Patient ist bei diesen Methoden in den Händen von Menschen, die von außen an ihn herantreten, und sollte passiv, ruhig und negativ-empfänglich sein.

Zweitens haben wir die Arbeit und die Methoden des modernen Psychologen, der versucht, die subjektiven Gegebenheiten zu behandeln und jene falschen Denk- und Verhaltensweisen, jene Hemmungen, Psychosen und Komplexe in Ordnung zu bringen, die zu äußerlich sichtbaren Krankheiten, zu morbiden Zuständen, zu neurotischem und mentalem Versagen führen. Bei dieser Methode wird der Patient gelehrt, soweit wie möglich mit dem Psychologen zu-
17] zusammenzuarbeiten, damit er ein richtiges Verständnis seiner selbst gewinnen und dadurch lernen kann, jene inneren Zwangszustände zu beseitigen, die die äußeren Wirkungen hervorrufen. Er wird darin geschult, sich positiv und aktiv zu verhalten, und das ist schon ein großer Schritt in der rechten Richtung. Die Tendenz, die Psychologie mit der äußeren physischen Behandlung zu kombinieren, ist vernünftig und richtig.

Die dritte, höchste und neueste Methode ist diejenige, bei der die Seele des betreffenden Menschen zu positiver Tätigkeit aufgerufen wird. Das wahre, künftige Heilen kommt zustande, wenn das Leben der Seele ohne Blockierung und Hindernis durch jeden Aspekt der Formnatur strömen kann. Es kann dann diese mit seiner Lebenskraft erfüllen und außerdem jene Stauungen und Hemmnisse beseitigen, die eine so reiche Quelle für Krankheiten sind.

Damit habt ihr viel Stoff zum Nachdenken. Wenn wir hinsichtlich der praktischen Anwendung der Techniken und Methoden nur langsam vorgehen, so deshalb, weil ich eine sichere Grundlage schaffen möchte für das, was ich später mitteilen werde.

Die Schulung des Heilers.

Für die Schulung des Heilers werde ich nach und nach die sechs Regeln angeben, nach denen sich seine Tätigkeit richtet (oder richten sollte). Denkt an die beiden Worte, die ich schon einmal sagte; sie fassen all das zusammen, was den Helfer betrifft: *Magnetismus* und *Strahlung!* Wir werden später sehen, daß ihre Wirkungen von verschiedener Art sind.

I. Regel

> Der Heiler muß versuchen, seine Seele, sein Herz, sein Gehirn und seine Hände zu verbinden. So kann er die lebendige Heilkraft über den Patienten ausgießen. Das ist *magnetisches Wirken.* Es heilt die Krankheit, kann aber auch den sogenannten schlechten Zustand verstärken, je nach dem Wissen des Heilers.
>
> Der Heiler muß versuchen, seine Seele, sein Gehirn, sein Herz und seine aurische Ausstrahlung zu verbinden. So kann seine Gegenwart das Seelenleben des Patienten stärken. Dies ist *Wirken durch Ausstrahlung.* Die Hände sind nicht nötig. Die Seele offenbart ihre Kraft. Des Patienten Seele reagiert, da sich seine Aura für die aus der Aura des Heilers kommende, von Seelenenergie durchflutete Strahlung empfänglich zeigt.

18] Bei der Betrachtung der Krankheitsursachen halte ich es für notwendig, ein Wort über ihre – inneren und äußeren – Bedingungen zu sagen. Es wird dem oberflächlichen Denker scheinen, daß viele Krankheiten und Todesursachen aus Umweltsbedingungen herrühren, für die er in keiner Weise verantwortlich ist. Diese Faktoren umfassen eine ganze Skala von Möglichkeiten, angefangen von rein äußerlichen Ereignissen bis zu erblichen Veranlagungen. Man könnte sie folgendermaßen aufzählen:

1. *Unfälle,* die vielleicht persönlicher Nachlässigkeit oder der Sorglosigkeit anderer Menschen zuzuschreiben oder Folgen von Kämpfen sind, sei es in Arbeiterstreiks oder im Krieg. Sie können auch durch Angriffe von Tieren oder Schlangen, durch zufällige Vergiftungen und aus vielen anderen Ursachen entstehen.
2. *Infektionen,* die einen Menschen von außen her befallen, also nicht aus seiner eigenen, besonderen Blutzusammensetzung entstehen. Solche Infektionen sind die verschiedenen sogenannten ansteckenden, übertragbaren Krankheiten und allgemeinen Epidemien. Diese können den Menschen erfassen bei der Ausübung seiner Pflichten, durch seine täglichen Kontakte oder durch einen weit verbreiteten Krankheitszustand in seiner Umwelt.
3. *Krankheiten, die durch schlechte Ernährung,* besonders in der Jugend entstehen. Dieser Zustand der Unterernährung macht den Körper für Krankheiten anfällig, vermindert die Widerstandskraft und Vitalität, und schaltet die „Kampfkräfte" des Menschen aus, was zu vorzeitigem Tod führt.
4. *Erbanlage.* Es gibt bekanntlich bestimmte Formen erblicher Schwächen, die einen Menschen entweder für gewisse Krankheiten mit darauffolgendem Tod anfällig machen oder in ihm Zustände schaffen, die zu einer stetigen Schwächung seines Lebens-
19] willens führen; außerdem gibt es jene Neigungen, die sich als eine Art gefährlicher Gier zeigen; sie führen zu unerwünschten Gewohnheiten, zu einem Absinken der Moral, und werden dem Willen des Menschen gefährlich, da sie ihn unfähig machen, diese Veranlagung zu bekämpfen. Er unterliegt ihnen und zahlt den Preis für solche Gewohnheiten, der Krankheit und Tod heißt.

Diese vier Arten von Krankheits- und Todesursachen sind für vieles verantwortlich, was wir um uns herum im Leben der Menschen sehen; man kann sie aber nicht eindeutig unter eine der psychologischen Krankheitsursachen einreihen, und wir wollen sie auch nur sehr kurz in dem Abschnitt über das Gruppenleben und dessen Prädispositionen für Krankheiten erörtern; dort werden wir auch die Infektionskrankheiten besprechen. Aber solche Situationen, wie sie sich z. B. aus einem Auto- oder Eisenbahnunfall ergeben, sollen nicht unter dem Titel „Krankheitschaffende Ursachen" betrachtet werden. Es ist richtig, daß der Heiler auch mit solchen Fällen zu tun haben mag, aber was hier geschehen muß, ist etwas anderes als die Behandlung jener Krankheiten, die ihre Wurzeln in einem der feineren Körper haben oder von Gruppenkrankheiten herrühren usw. Die Übel, die aus Unterernährung und der falschen Ernährungsweise unseres modernen Lebens und unserer Zivilisation stammen, werden hier nicht erörtert. Dafür ist kein Kind individuell verantwortlich. Ich beschäftige mich hier nur mit den Krankheiten, die aus unrichtigen inneren Zuständen kommen.

Die Verantwortung eines Kindes für seine Lebensbedingungen ist praktisch gleich Null, sofern man nicht das Karma als vorbestimmenden Faktor gelten läßt, der imstande ist, jene Ausgleichsbedingungen herbeizuführen, die aus der Vergangenheit stammen und die Gegenwart beeinflussen. Ich werde darüber ausführlicher im 3. Kapitel sprechen, das unsere karmischen Verpflichtungen behandelt. Hier möchte ich nur andeuten, daß das ganze Thema Krankheit auch vom karmischen Gesichtspunkt aus erörtert werden und damit einen bestimmten, entscheidenden Wert haben könnte, **20]** wenn dieses schwierige Thema von dem Zeitpunkt an, als es im Westen bekannt wurde, in der richtigen Weise gelehrt worden wäre. Aber die Wahrheit ist in der Form, wie sie zu uns aus dem Osten kam, von östlichen Theologen ebenso verzerrt worden, wie von westlichen Theologen die Lehren von der Einswerdung und von der jungfräulichen Geburt falsch ausgelegt und gelehrt wurden. Die tatsächliche Wahrheit hat wenig Ähnlichkeit mit unseren modernen Formulierungen. Ich bin also, wenn ich das Thema „Krankheit" vom karmischen Gesichtspunkt aus behandele, ernstlich behindert. Es ist für mich sehr schwierig, euch etwas von der Wahrheit, wie sie wirklich ist, mitzuteilen, eben weil ihr über das alte Gesetz von Ursache und Wirkung zwangsläufig vorgefaßte Meinungen habt. Wenn ich euch sage, daß die Lehre von der sichtbarwerdenden Evolution und die modernen Theorien über die Wirkung eines Katalysators auf zwei Substanzen – die eine dritte, andersartige Substanz hervorbringen, wenn man sie unter der Einwirkung eines Katalysators miteinander in Verbindung bringt – viel Wahres über Karma enthalten, werdet ihr mich dann verstehen? Ich bezweifle es. Wenn ihr im Karma-Gesetz meistens nur den einen Aspekt seht, der scheinbare Ungerechtigkeiten erklärt und stets das Auftreten von Schmerz, Krankheit und Leiden hervorhebt, dann sage ich euch, daß dies nur eine teilweise Darstellung der kosmischen Grundwahrheit ist. Seht ihr jetzt schon klarer? Wenn ich darauf hinweise, daß das recht verstandene und gehandhabte Gesetz des Karma viel eher Glück, Heil und Freisein von Schmerz bringen kann als Schmerzen mit allen Folgen: fühlt ihr euch fähig, die Bedeutung des von mir Gesagten zu ermessen?

Die Welt der Verblendung ist gegenwärtig so stark und die Bereitschaft zur Illusion so mächtig und lebendig, daß wir diese Grundgesetze nicht in ihrer wahren Bedeutung erkennen können.

Das Karmagesetz ist nicht das „Gesetz der Vergeltung", wie man annehmen könnte, wenn man die üblichen Bücher über dieses Thema liest; es ist dies nur *ein* Aspekt der Wirkungsweise des Karmagesetzes. Das Gesetz von Ursache und Wirkung ist nicht so zu ver-
21] stehen, wie wir es gegenwärtig auslegen. Es gibt zum Beispiel ein Gesetz, das man das Schwerkraft-Gesetz nennt und das lange Zeit das Denken der Menschen getäuscht hat; ein solches Gesetz besteht zwar, aber es ist nur ein Aspekt eines größeren Gesetzes, und seine Macht kann, wie wir wissen, bis zu einem gewissen Grade ausgeschaltet werden, denn jedesmal, wenn wir ein Flugzeug über

uns dahinbrausen sehen, erblicken wir einen Beweis für die Ausschaltung dieses Gesetzes mit mechanischen Mitteln, wodurch symbolisiert wird, wie leicht es von Menschen überwunden werden kann. Wenn sie es doch nur erkennen könnten: sie erlernen die uralte Methode, von der die Fähigkeit, sich emporzuheben, eine der leichtesten und einfachsten Anfangsübungen ist.

Das Gesetz der Folgen ist nicht so unausweichlich und starr, wie das moderne Denken annimmt, sondern es ist mit den Denkgesetzen viel enger verbunden, als man hat glauben wollen; die „Mentalscience“ (Wissenschaft vom Geiste) hat sich schon zu einem Verstehen dessen hingetastet. Ihre Ziele und Absichten sind gut und richtig und ihre Ergebnisse hoffnungsvoll; ihre Folgerungen und Arbeitsmethoden jedoch sind gegenwärtig auf ganz falscher Fährte und höchst irreführend.

Ich habe auf dieses Mißverstehen des Karmagesetzes deshalb hingewiesen, da mir viel daran liegt, daß ihr an das Studium der Gesetze des Heilens möglichst frei und unvoreingenommen herangeht; ich bin mir dabei klar, daß euer Verständnis durch folgende Faktoren eingeschränkt wird:

1. Durch alte Theologien mit ihren starren, verzerrten und irrigen Anschauungen. Die Lehre der Theologen ist äußerst irreführend, wird jedoch leider allgemein anerkannt.
2. Durch das Weltdenken, das stark durchsetzt ist mit dem Begierden-Element und wenig wirkliche Gedanken in sich trägt. Die Menschen legen diese dunkel erahnten Gesetze in endlichen Begriffen und von ihrem engen Blickwinkel her aus. Die Vorstellung von der Vergeltung zum Beispiel zieht sich durch einen großen Teil der Karma-Lehre hin, da die Menschen eine einleuch-
22] tende Erklärung für die Dinge suchen, so wie sie zu sein scheinen, und da sie selbst gern Vergeltung üben. Dennoch gibt es allgemein viel mehr gutes Karma als schlechtes, so wenig ihr es vielleicht glauben möchtet, die ihr in eine solche Zeit wie die Gegenwart hineingestellt seid.

3. Durch die Welt-Illusion und -Verblendung, die den durchschnittlichen, unwissenden Menschen daran hindert, das Leben so zu sehen, wie es wirklich ist. Sogar die vorgeschrittenen Menschen und Jünger beginnen gerade erst einen flüchtigen, unzureichenden Schimmer von einer herrlichen Wirklichkeit zu erhaschen.
4. Durch unkontrolliertes Denken und durch nicht erschlossene, unerweckte Gehirnzellen, die ebenfalls den Menschen an einer richtigen Erkenntnis hindern. Diese Tatsache wird oft nicht erkannt. Das Erkenntnis-Rüstzeug ist bis jetzt noch unzureichend. Dieser Punkt muß hervorgehoben werden.
5. Durch nationale und rassische Eigenarten mit ihren speziell veranlagten Temperamenten und Vorurteilen. Auch diese Faktoren verhindern eine gerechte Einschätzung dieser Wahrheiten.

Ich habe hier genug angegeben, um euch klar zu machen, wie unsinnig es ist, die Behauptung zu wagen, ihr verstündet die Gesetze, nach denen ihr tastet und die ihr zu verstehen sucht. Auf keinem Gebiet menschlichen Denkens ist die Dunkelheit größer als in bezug auf die Gesetze, die Krankheit und Tod betreffen.

Man muß sich daher von Anfang an klarmachen, daß ich mich in dem Kapitel *„Die psychologischen Krankheitsursachen"* weder mit den Leiden oder Krankheitsanlagen befasse, die aus der Umwelt kommen, noch mit jenen ausgesprochen physischen ererbten Belastungen von Eltern, in deren Körpern Krankheitskeime steckten, die sie ihren Kindern weitergegeben haben, und die sie vielleicht ihrerseits wieder von ihren Eltern übernommen hatten. Ich möchte darauf hnweisen, daß die Zahl dieser ererbten Krankheiten viel geringer ist, als man gegenwärtig annimmt; von diesen sind die wichtigsten Veranlagungen die für Tuberkulose, Syphilis
23] und Krebs, soweit es unsere gegenwärtige Menschheit betrifft; sie sind vererbt und können außerdem durch Berührung übertragen werden. Ich werde sie im zweiten Kapitel besprechen, das von den von einer Gruppe ausgehenden Krankheiten handelt.

Erstes Kapitel

Die psychologischen Krankheitsursachen

24] Bevor ich nun fortfahre, möchte ich hier bemerken, daß ich mich bemühen werde, alle technischen Einzelheiten soweit als möglich zu vermeiden. Bei unserem Thema handelt es sich um die esoterische Betrachtung der Krankheit und ihrer Erscheinungsformen; es sollen das Wesen und die wichtigsten Ursachen solcher Krankheiten erläutert und die allgemeinen Gesetze angegeben werden, von denen der Heiler Gebrauch machen muß; dazu kommen die sechs Regeln, denen er sich unterwerfen muß – und denen er durch Disziplin und Verständnis Gehorsam erweist.

Ihr werdet bemerkt haben, daß ich die psychologischen Krankheitsursachen in vier Gruppen eingeteilt habe:

1. Jene, die aus der emotionell-fühlenden Natur herrühren.
2. Jene, die ihren Ursprung im Ätherleib haben.
3. Jene, die auf falschem Denken beruhen.
4. Die speziellen Leiden und psychologischen Nöte des Jüngers.

Es war für euch sicher interessant zu bemerken, daß ich die Übel des Ätherleibes an die zweite und nicht an die erste Stelle gesetzt habe. Der Grund dafür ist der, daß die *Gruppen-Leiden und -Krankheiten,* die sich in der Menschheit festgesetzt haben, vornehmlich durch den Ätherleib wirken und über den Ätherleib aller Formen in Erscheinung treten. Obwohl diese Krankheiten zahlenmäßig am häufigsten sind, habe ich sie dennoch an die zweite Stelle gesetzt, weil die Menschheit diese Krankheiten noch nicht massenweise bekämpfen kann; die Behand-
25] lung muß individuell erfolgen. Jeder einzelne muß sei-

nen astralen (emotionellen) Körper von jenen Zuständen reinigen, durch die er als Individuum für eine Krankheit anfällig wird. Die Menschheit ist gegenwärtig astral polarisiert. Die emotionelle Empfindungsnatur ist bei den Massen übermächtig. Das ergibt einen verhältnismäßig negativen Ätherleib, der auf die gesamte Äthersubstanz unseres Planeten abgestimmt ist. Diese allen Formen zugrundeliegende Substanz ist einfach ein Übermittler oder Spender von Lebensenergie an den äußeren, grob-physischen Körper. Durch diese Äthersubstanz strömt nun Energie, ohne daß der Einzelmensch darüber eine Kontrolle hätte, ja er erkennt sie nicht einmal, da sein ganzes Sinnen und Trachten im Astralbereich konzentriert ist. Auf Grund des astralen oder emotionellen Bewußtseinszustandes eines Individuums kann man hinsichtlich seines physischen Zustandes vieles schließen. Wir müssen jedoch jene Übel ausschließen, die als Gruppenübel aus der Welt der Ätherkräfte in und durch die ganze Menschheit geströmt sind, die den Menschen in irgendeiner Weise erschöpfen oder überreizen, oder ihn in einen solchen Zustand versetzen, daß sich der Tod als natürliche Folge einstellt. Man könnte ganz allgemein behaupten, daß gegenwärtig eine persönliche, physische Störung ihren Sitz grundsätzlich im Emotional-Körper hat, und daß gerade dieser Manifestations-Träger in den allermeisten Fällen den Menschen für Krankheiten anfällig und für einen schlechten Gesundheitszustand empfänglich macht. Genau so beruhen Gruppenübel und Massen-Epidemien aller Art auf einem bestimmten Zustand der Äthersubstanz unseres Planeten. Jene Krankheiten, die allgemeiner, nationaler, rassischer oder planetarischer Natur sind, kommen zum Einzelmenschen über dessen Ätherleib, haben aber keine so individuellen Auswirkungen. Darauf komme ich später zurück. Hier gebe ich nur die allgemeinen Grundgedanken an.

Ich möchte auch daraufhinweisen, daß die Krankheiten der Massen, der Durchschnittsmenschen, der Intelligenz und der Jünger in der Welt sehr verschieden sein mögen (und auch sind), daß sie sich aber nicht so sehr in ihren Symptomen, als vielmehr in ihrem Äu-

26] ßerungsbereich unterscheiden. Dies ist eine für den durchschnittlichen Heiler nur sehr schwer faßbare Erkenntnis; es ist für ihn nicht leicht oder kaum möglich, diese Unterschiede zu begreifen und die Entwicklungsstufe abzuschätzen, die ein Mensch erreicht haben mag. Einige Krankheiten müssen von der Mentalebene aus behandelt werden und erfordern das Denken des Heilers; andere wieder erfordern eine Konzentration emotioneller Energie im Heiler; und wieder in anderen Fällen sollte der Heiler versuchen, sich lediglich zum Übermittler pranischer Energie an den Ätherleib des Patienten zu machen, und zwar vermittels seines eigenen Ätherleibes. Wie viele Heiler nehmen wirklich bewußt wahr, wo sich das Bewußtsein oder die Lebenskraft des Patienten konzentriert, mit dem sie zu tun haben? Wie viele erkennen überhaupt, welche Heilweise bei einem Jünger möglich und nötig ist? Wie wenige sehen zum Beispiel ein, daß sich ein Jünger nicht von einem durchschnittlichen magnetischen Heiler, einem durch Strahlung Wirkenden oder einem Psychologen irgendwelcher Art behandeln lassen kann! Ein Jünger darf sich keinesfalls den aurischen Ausstrahlungen irgend eines Gelegenheits-Heilers aussetzen, und ebensowenig darf er sich in die Behandlung eines unerfahrenen akademischen Psychologen begeben, ganz gleich, wie berühmt dieser auch sein mag. Er darf sich jedoch der weisen Geschicklichkeit eines praktischen Arztes oder Chirurgen anvertrauen, da ja für diesen der physische Körper nur ein Automat ist. Er kann sich daher zu seinem Nutzen physischer Mittel bedienen. Bei den gegenwärtig angewandten Heilmethoden besteht ein großer Teil der Mißerfolge darin, daß der Heiler unfähig ist:

1. Den Umfang der Störung abzuschätzen, den Sitz der eigentlichen Ursache festzustellen, und aus welchem Körper sie prinzipiell herrührt.
2. Zu erkennen, auf welcher Stufe der Evolutionsleiter der Patient steht, und wo man also zuerst nach dem Ursprung des Leidens suchen muß.

3. Einen Unterschied zu machen zwischen den Krankheiten, die entweder aus inneren persönlichen Zuständen, oder aus ererbten Anlagen, oder aus Gruppenursachen herrühren.

27] 4. Zu erkennen, auf welche Weise man die Krankheit behandeln soll, nämlich ob:

a) Allopathisch oder homöopathisch; beide Methoden können zu Zeiten brauchbar sein; oder es kann die Behandlung durch andere Mittel moderner Erfahrung und Wissenschaft erfolgen.

b) Durch Strahlung oder Magnetisierung, oder durch beides.

c) Durch richtige, innere psychologische Korrektur-Maßnahmen, die durch wahre Einsicht von Seiten des Heilers unterstützt werden.

d) Die Kraft aus des Menschen eigener Seele aufgerufen werden soll – was nur bei vorgeschrittenen Menschen möglich ist.

e) Durch bestimmte okkulte Mittel, z. B. dadurch, daß ein Heilungsdreieck gebildet wird zwischen:

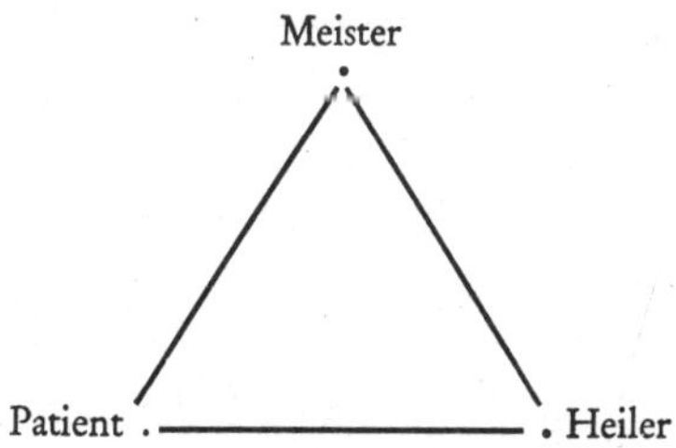

Diese Methode erfordert ein großes Wissen und eine hohe Entwicklungsstufe des Heilers; sie setzt außerdem voraus, daß der Heiler mit einem Meister und dessen Gruppe in Verbindung steht und sich das Recht verdient hat, diese Gruppe um Energie zum Wohle des Patienten zu bitten, – was bis jetzt nur selten gewährt wird.

Ich möchte zu allererst darauf hinweisen, daß ich nicht die Absicht habe, eine medizinische Abhandlung zu schreiben. Ich werde mich also weder mit der Anatomie des Körpers, noch mit Krankheits-Symptomen befassen, außer ganz gelegentlich. Ich will weder Symptome ausarbeiten noch die vielen Krankheiten mit den lan-
28] gen Namen betrachten, die gegenwärtig für die Menschheit bezeichnend sind; all diese Mitteilungen könnt ihr, wenn ihr wollt, aus den gewöhnlichen einschlägigen Werken ersehen und könnt sie studieren, wenn ihr dies für nötig haltet. Ich persönlich finde das nicht besonders befriedigend. Wir wollen mit der Voraussetzung beginnen, daß es Krankheiten gibt; daß Krankheiten Auswirkungen innerer Ursachen sind, und daß der Mensch im Verstehen der Wirkung dieser Ursachen, die im äußeren Gewand eines Menschen Veränderungen hervorrufen, genau so große Fortschritte gemacht hat wie die Wissenschaft, die das äußere Gewand Gottes, die Erscheinungswelt, immer besser zu verstehen gelernt hat.

Das lindernde, heilende Wirken von Medizin und Chirurgie ist über jeden Zweifel erhaben und bewiesen. Die angewandten Methoden, wie etwa die Vivisektion von Tieren, mögen zu Recht Mißbehagen verursachen. Trotz alledem steht die Menschheit bei der ärztlichen Wissenschaft in großer Schuld, und der Dienst, der von diesem Berufsstand der Menschheit geleistet wird, wiegt das Schlechte weitgehend auf. Es ist wahr, daß die Ärzte nicht alles wissen, daß es einen kleinen Prozentsatz von Ärzten und Chirurgen gibt (weniger als in irgendeinem anderen Beruf), der egoistisch und für seinen Stand keine Zierde ist; ebenso ist es wahr, daß sie schon genug wissen, um willig zuzugeben, daß sie noch sehr viel zu lernen haben. Aber es ist ebenso wahr, daß sie eine große, gute und selbstaufopfernde Gruppe innerhalb der menschlichen Gemeinschaft bilden. Vergeßt dies nicht.

Ich befasse mich mit dem subjektiven Aspekt des Menschen und mit den sekundären Ursachen, die ihre Wurzel in den inneren Körpern des Menschen und in der subjektiven Seite der Natur selbst haben. Die Hauptursachen könnt ihr – wie ich schon früher er-

läutert habe – nicht begreifen. Sie gehen über das Fassungsvermögen des Verstandesbewußtseins hinaus. Ich möchte deutlich machen, was der Mensch tun kann, um sich immer mehr von der – individuellen wie gruppenmäßigen – Anhäufung vergangener Faktoren zu befreien, und dadurch seinen physischen Körper von den Krankheitskeimen zu reinigen. Man muß sich jedoch klar sein, daß viele Krankheiten ihrem Wesen nach Gruppenkrankheiten,
29] und folglich der Menschheit selbst eingeboren sind. So wie die Insektenwelt das Pflanzenreich verwüstet und zerstört, wie ein jeder bemerken kann, der gelegentlich durch die Wälder wandert, genau so verwüsten und zerstören heute – individuelle und gruppenbedingte – Krankheitskeime das Menschenreich. Sie sind die Handlanger der Zerstörung und vollziehen derzeit eine bestimmte Aufgabe und Pflicht in dem großen Plan der Dinge.

Es ist dem Menschen bestimmt, zu sterben, da jeder Mensch *auf Verlangen seiner eigenen Seele* sterben muß. Wenn der Mensch einmal eine höhere Entwicklungsstufe erreicht hat, wird er sich mit Vorbedacht und klarer Entscheidung hinsichtlich des Zeitpunktes bewußt aus seinem physischen Körper zurückziehen. Dieser wird still und entseelt zurückgelassen, ohne Licht, doch gesund und ganz; er wird dann den Naturprozessen entsprechend zerfallen, seine Atome werden zurückgehen in das „Sammelbecken der wartenden Einheiten“, bis sie wieder zum Gebrauch von Seelen angefordert werden, die sich inkarnieren wollen. Dann wiederholt sich der Sterbeprozeß auf der subjektiven Seite des Lebens, aber viele haben es schon gelernt, sich aus dem Astralleib zurückzuziehen, ohne jener „Stoßwelle im Nebel“ ausgesetzt zu sein, wie man symbolisch den Tod des Menschen auf der Astralebene beschreibt. Er zieht sich dann auf die Mentalebene zurück und läßt seinen Astral-Leichnam liegen, der den Nebel weiter aufbläht und dichter macht.

Ich möchte aber daraufhinweisen, daß ich absichtlich alle medizinisch-technischen Einzelheiten vermeide, obwohl wir oft auf den physischen Körper und auf die Krankheiten, deren Beute er wird, zu sprechen kommen werden.

Zweitens möchte ich euch ein weiteres Heilgesetz sowie eine Regel für den Heiler angeben. Studiert sie sorgfältig.

II. Gesetz

Krankheit entsteht durch drei Einflüsse und ist diesen unterworfen. Es sind dies: 1. Des Menschen eigene Vergangenheit, womit er den Preis für weit zurückliegenden, uralten Irrtum zahlt. 2. Sein Erbe
30] *(die erbliche Belastung eines jeden Menschen) an jenen verdorbenen Energieströmen, die Gruppenursprungs sind. 3. Er hat, wie alle Naturformen, Teil an dem, was der Herr des Lebens Seinem Körper auferlegt. Diese drei Einflüsse nennt man „Das Urgesetz des Teilhabens am Übel“. Dieses Gesetz muß eines Tages jenem neuen, seit Urzeiten herrschenden Gesetz des Guten weichen, das hinter allem steht, was Gott geschaffen hat. Dieses Gesetz muß durch den geistigen Willen des Menschen zur Wirksamkeit gebracht werden.*

Was ist ein Gesetz, meine Brüder? Mit einem Gesetz wird sowohl dem Unbedeutenden wie dem Wichtigen der Wille und die Absicht dessen auferlegt, was über alle Maßen groß ist. Es übersteigt darum den menschlichen Horizont. Der Mensch muß eines Tages lernen, daß alle Naturgesetze ihre höheren Entsprechungen in der Geisteswelt haben, und nach diesen werden wir in Kürze forschen. Unsere heutigen Gesetze sind nur zweitrangig. Es sind die Gesetze des Gruppenlebens; sie beherrschen die Naturreiche und finden (für das Menschenreich) ihren Ausdruck durch das Denken, durch die emotionelle Natur und durch ein Werkzeug der physischen Ebene. Ich habe nicht die Absicht, in dieser kurzen Abhandlung die Hauptgesetze zu erläutern. Ich gebe sie nur an und werde mich zu einer späteren Zeit (die von gewissen, noch nicht spruchreifen Faktoren abhängt) mit ihnen beschäftigen.

In dieser Abhandlung soll der dritte Teil den Grundgesetzen des Heilens vorbehalten sein. Bei diesen handelt es sich nicht um die oben erwähnten Gesetze, sondern um die praktischen Aspekte der Heilkunst.

Die zweite Regel für Heiler lautet folgendermaßen:

Zweite Regel

Der Heiler muß durch Reinheit des Lebens magnetische Reinheit erlangen. Er muß sich jene austreibende Strahlung aneignen, die sich in jedem Menschen zeigt, der die Zentren im Kopf miteinander verbunden hat. Wenn dieses magnetische Feld hergestellt ist, dringt auch die Strahlung hinaus.

31] Die Bedeutung des Gesagten wird dem vorgeschrittenen esoterischen Studierenden einigermaßen klar sein. Bekanntlich entsteht das magnetische Feld dadurch, daß die mächtigen Schwingungen des Zentrums vor der Hypophyse und des Zentrums ringsum und oberhalb der Epiphyse ihre Einflußsphären erweitern und ineinander übergehen. Der einzige fragliche Punkt in der obigen Regel (den wir später genauer betrachten wollen) ist der, wie und auf welche Weise magnetische Reinheit erlangt werden soll, und wie die beiden Zentren im Kopf ein einziges magnetisches Feld miteinander bilden können. Später, am Schluß des Buches, der ganz ausgesprochen praktisch gehalten sein soll, werde ich auf diese beiden Punkte zu sprechen kommen.

Was aus unseren Studien ganz klar hervorgehen sollte, ist u. a. die Tatsache, daß eine Krankheit selten ihren Ursprung im einzelnen Menschen hat, es sei denn, ein Mensch vergeude sein Leben und treibe ausgesprochen Mißbrauch mit seinem Körper (durch Trunk oder sexuelle Ausschweifung); und die weitere Tatsache, daß die große Masse der Krankheiten, die man heute in der Welt findet, fast ganz von Gruppen herkommt, vererbt ist oder durch Infektion oder Unterernährung entsteht. Die zuletzt angegebene Ursache ist vor allem ein Zivilisationsübel; es ist die Folge wirtschaftlicher Unordnung oder entsteht dadurch, daß die Nahrung verdorben ist. Wie ich schon früher andeutete, sind diese letzteren Ursachen nicht so sehr eine Wirkung innerer, feinstofflicher Kräfte, sondern entstehen dadurch, daß Energien aus der physischen Ebene und aus der äußeren Kräftewelt in den Ätherleib einfließen.

Okkulte Lehrer haben diesen von außen kommenden Kräften, die auf der physischen Ebene ihren Ursprung haben und auf die inneren Körper einwirken, bisher nur wenig Beachtung geschenkt. Es gibt physische Energien und Kräfteströme, die in die Ätherkörper aller Formen eindringen, genauso wie die Welt-Illusion und die Krankheitskeime der Astralebene oft ihre Ursachen in Zuständen der physischen Ebene haben. Die Energien, die von feineren Ebenen her in die Zentren des Menschen einströmen, sind in den okkulten Büchern schon oft besprochen worden, aber jene Kräfte, die aus der Welt des physischen Lebens zu den Zentren gelangen,
32] werden selten erkannt und erörtert. Das ist ein ziemlich neuer Gedanke, den ich eurer Beachtung empfehle.

Ich habe A. A. B. gebeten, hier eine ganz kurze Zusammenfassung einiger der Punkte einzufügen, die ich schon einmal unter der Überschrift „Was ist Krankheit?“ aufgestellt habe. Ich schlage dazu folgendes vor:

1. Jede Krankheit ist Disharmonie und mangelhafte Anpassung und Beherrschung.
   a) Krankheit kommt in allen vier Naturreichen vor.
   b) Krankheit hat läuternde Wirkung.
   c) Die Menschheit hat spezielle, ihr eigentümliche Heilmethoden, die mentalen Ursprungs sind.
2. Krankheit ist eine Naturtatsache.
   a) Widerstand gegen die Krankheit verstärkt diese nur.
   b) Krankheit ist nicht die Folge falschen menschlichen Denkens.
3. Krankheit ist ein Befreiungsprozeß und ein Feind dessen, was zum Stillstand gekommen ist.
4. Das Gesetz von Ursache und Wirkung gilt für die Krankheit ebenso, wie es auch alles andere in der manifestierten Schöpfung bestimmt.

Wir fanden außerdem, daß die Heilung auf drei Arten zustande kommen kann:

1. Durch jene Methoden, die von vielen medizinischen und chirurgischen Schulen sowie von verwandten Gruppen angewandt werden.
2. Durch Anwendung psychologischer Methoden.
3. Durch die Aktivität der Seele.

Ich habe außerdem gesagt, daß es drei Hauptursachen für Krankheit gibt: 1. Erkrankungen psychologischer Art, 2. durch Gruppenkontakt vererbte Krankheiten, und 3. solche karmischer Art. Denkt jedoch daran, daß dies die sekundären Ursachen sind. Von diesen wollen wir nun die erste Gruppe besprechen.

1. *Die aus der emotionellen Begierdennatur kommenden Ursachen.*

33] In der „Abhandlung über Weiße Magie" machte ich der Welt zum ersten Male Mitteilungen über Wesen und Methoden zur Beherrschung des Astralleibes. Das genannte Buch ist praktisch das erste, das jemals über dieses Thema veröffentlicht wurde. In der Vergangenheit ist sowohl von der exoterischen wie von der esoterischen Wissenschaft vieles bekannt gegeben worden, was den physischen Körper und seine Pflege betrifft. Vieles davon ist wahr, einiges aber Illusion. Illusion deshalb, weil es auf falschen Voraussetzungen beruht. Moderne Esoteriker haben sich mit dem Thema Ätherleib befaßt, und auch diese Angaben sind teils falsch, teils richtig; sie sind aber vom okkulten Standpunkt aus im allgemeinen richtiger als in exoterischer Hinsicht. Vielleicht überrascht es euch, wenn ich hier sage, daß auch die „Abhandlung über Weiße Magie" zwar so weit wie möglich wahr, jedoch notwendigerweise begrenzt und infolgedessen auch teilweise ungenau ist. Erstaunt euch diese Aussage? Überlegt doch: Wie kann das Buch vollständig wahr sein, wenn wir die Begrenztheit eures Fassungsvermögens in Rechnung ziehen? Es ist mir nicht möglich, euch die Wahrheit mitzuteilen, denn dafür existiert weder eine Terminologie, noch habt ihr eine ausreichende Wissensgrundlage. Dies erschwert meine Aufgabe. So ist auch diese Lehre über das Heilen die schwerste Aufgabe, die ich je auf mich genommen habe, und zwar aus zwei Gründen. Erstens habt ihr von der wahren Bedeutung des Ausdrucks „Feinere Körper“ kaum einen Begriff, nicht wahr? Diese Körper haben keine Ähnlichkeit mit dem physischen Körper. Man kann sie als Zentren oder Sammelbecken bestimmter Kräftearten betrachten, die mit jedem Einzelmenschen verbunden sind und zweckentsprechende Ein- und Ausgänge haben. Sie sind Atomansammlungen, die mit hoher Geschwindigkeit hin und her schwingen und (nach der Lehre einiger okkulter Schulen) in bestimmten Schattierungen gefärbt sind; sie geben einen bestimmten Ton von sich und stehen auf verschiedenen Entwicklungsstufen. Anderen Schulen zufolge sind sie Bewußtseinszustände, und einige von diesen betrachten sie als dem menschlichen Bilde ähnlich geschaffen. Was ist eure Definition, meine Brüder?

34] Bei der großen Mehrheit der Menschen muß man den Astralkörper als den hauptsächlich bestimmenden Faktor ansehen. Er ist eine der Hauptursachen für schlechte Gesundheit, und zwar deswegen, weil er eine mächtige, bestimmende Wirkung auf den Lebens- oder Ätherleib ausübt. Der physische Leib ist automatisch ein Diener desjenigen inneren Körpers, der am stärksten ist. Wenn ihr bedenkt, daß der Vitalkörper Empfänger der Energieströme und tatsächlich aus solchen Strömen gebildet und geformt ist, und daß der physische Körper durch diese Ströme zur Tätigkeit angetrieben wird, so ist es klar, daß jener Strom, der die meiste Kraft hat, auch die Handlungen des physischen Körpers auf der physischen Ebene bestimmt. Es gibt jedoch zwei Energieströme, die man in Betracht ziehen muß, wenn man die Faktoren studieren will, die zu Aktionen auf der physischen Ebene führen. Ich möchte euch in diesem Zusammenhange daran erinnern, daß Krankheit eine Aktivität der physischen Ebene ist. Die zwei erwähnten Ströme sind:

1. Der im Herzen verankerte Lebensstrom selbst, der die Lebenskraft des Menschen, seine Arbeitsfähigkeit und die Frist seines Daseins bestimmt.
2. Der vorherrschende Energiestrom, der vom Astral- oder Mentalkörper oder vom Seelenkörper kommt. Diese Körper bestimmen die Erscheinungsform des Menschen auf der physischen Ebene.

Bei den Menschenmassen in der ganzen Welt und bei denen, die wir die große, nicht denkende Öffentlichkeit nennen, sind die beherrschenden Faktoren der Lebensstrom und der Strom der Astral- oder Begierdenenergie. Dieser kann sowohl von niedriger wie von mittlerer Beschaffenheit sein.

Bei der denkenden Allgemeinheit sind die beherrschenden Faktoren zwar auch diese beiden Ströme, dazu kommt aber noch eine stetig einströmende, zunehmende Flut mentaler Energie.

Bei der Welt-Intelligenz und bei den Aspiranten (jenen Menschen, die für den Probepfad bereit sind oder sich schon auf ihm
35] befinden) bemerken wir, daß die genannten drei Ströme ein gewisses Gleichgewicht untereinander erreichen, und so eine integrierende oder koordinierende Persönlichkeit schaffen. Zu diesen zählen auch die Mystiker der Welt und die schöpferisch Wirkenden, die sich der Inspiration und jenes geistigen Kontaktes bewußt sind, der ein Zeichen dafür ist, daß Seelenenergie einzuströmen beginnt.

Bei den Jüngern der Welt finden wir eine Gruppe von Männern und Frauen, die sich bereits unter die Herrschaft der Seelenenergie stellen, wobei die anderen drei Energien immer mehr dieser höheren Art von Herrschaft untergeordnet werden.

Man sollte beachten, daß es noch zwei andere Energie-Arten gibt, mit denen man rechnen muß, wenn man den intelligenten Menschen betrachtet:

1. Jene Energie, die aus den vereinten, verschmolzenen Kräften einer integrierten Persönlichkeit besteht.
2. Die Energie der physischen Ebene selbst, die vom Aspiranten und Jünger schließlich identifiziert und so vollständig unwirksam gemacht wird, daß sie zuletzt einen der Hauptfaktoren bei der Befreiung der Zentren darstellt.

Es wird einmal die Zeit kommen, da der Eingeweihte nur noch mit drei Energie-Arten wirkt, solange er sich in Inkarnation befindet: Mit der Energie des Lebens selbst, mit der negativen Energie der Persönlichkeit und mit der positiven Energie der Seele. So wird er zu einer bewußten, sichtbaren Ausdrucksform der drei Aspekte der göttlichen Trinität.

Gewisse Realitäten sollten im Bewußtsein des Heilers als okkulte Tatsachen festgestellt und verankert sein, bevor er wirklich sinnvoll arbeiten kann.

1. Vor allem: Es gibt nichts als Energie, und diese Energie offenbart sich in vielen verschiedenen, von einander abweichenden
36] Energieformen. Aus diesen vielen Energien besteht das Universum. Ebenso bestehen die Körper (oder die Manifestationsträger) des Menschen ohne Ausnahme aus Energie-Einheiten. Diese nennen wir Atome; und diese atomischen Einheiten werden in der Körperform zusammengehalten durch die Bindekraft von noch mächtigeren Energien.
2. Der wichtigste Energie-Brennpunkt, den man im Menschen findet, ist die Seele, aber ihre Kohäsions- und Integrationskraft ist bis jetzt noch größer als ihre qualitative Wirkungskraft. In den Anfangsstadien der menschlichen Evolution manifestiert sich der Kohäsions-Aspekt. Später, wenn der „Reaktionsapparat" des Menschen, d. h. seine Körper, höher entwickelt sind, beginnt der Qualitätsaspekt der Seele immer mehr in Erscheinung zu treten.
3. Von der inneren Seite aus gesehen, wo es keine Zeit gibt, stellt sich die menschliche Kreatur als ein höchst erstaunliches, kaleidoskopartig sich veränderndes Phänomen dar. Die sogenannten

Körper, oder besser die Aggregate von Atomeinheiten, verblassen und verschwinden, oder sie treten plötzlich wieder in Erscheinung. Farbströme fließen hin und her; sie schlingen sich ineinander oder verflechten sich. Bestimmte Stellen verstärken dann plötzlich ihre Helligkeit und leuchten in strahlendem Glanz auf. Oder man kann sehen, wie sie wieder vergehen; die Erscheinung wird an gewissen Stellen farblos und ist scheinbar nicht mehr vorhanden. Aber immer ist da ein dauerndes, sich über alles ausbreitendes Licht, aus dem ein Lichtstrom in den Menschen der Erscheinungswelt herabfließt; man kann erkennen, daß sich dieser Strom an zwei Hauptpunkten im dichten inneren Kern des Menschen anheftet und festsetzt: Diese beiden Verankerungspunkte liegen im Kopf und im Herzen. Außerdem kann man – zuerst nur dunkel, dann aber mit zunehmender Helligkeit – sieben weitere blasse Lichtscheiben erkennen, die ersten Anzeichen der sieben Zentren. (Siehe Zeichnung).

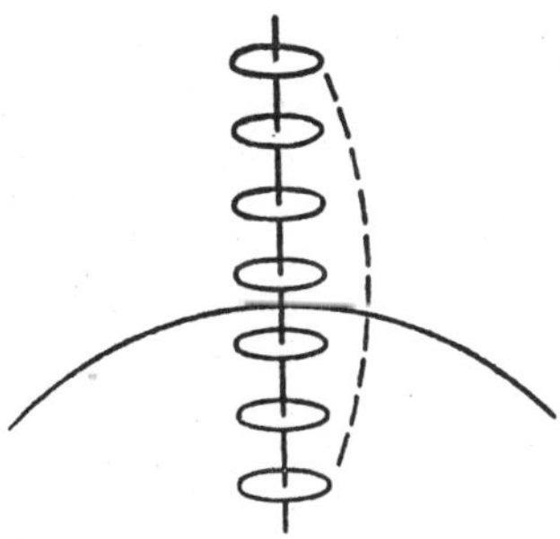

37] 4. Diese Zentren, Qualitäts- und Bewußtseinsaspekte, deren Funktion es ist, die äußere Erscheinung oder Ausdrucksform des Menschen zu prägen und sie als Reaktionswerkzeug zu verwenden, sind während der Evolution drei verschiedenen Entfaltungsprozessen unterworfen:

a) Jene Entfaltung, die stattfindet, wenn ein Kind zum Erwachsenen heranreift. Wenn der Mensch 21 Jahre alt geworden ist, sollten seine Zentren normalerweise dieselbe Ausdrucks-Qualität erreicht haben, wie sie bestand, als er in einer vorangehenden Inkarnation aus dem Leben schied. Der Mensch nimmt dann das Leben an der Stelle wieder auf, wo er es vorher verlassen hatte.

b) Es erwachen die Zentren durch die Lebenserfahrung. Gelegentlich mag es sich in einem Leben nur um ein einziges Zentrum handeln; manchmal werden mehrere zu verstärkter Bewußtseinsfunktion gebracht.

c) Schließlich erwachen diese Zentren durch die Einweihung. Dies geschieht natürlich erst dann, wenn der Mensch bewußt auf dem Pfade ist.

5. Die Zentren bestimmen die Evolutionsstufe des Menschen, *soweit es sich um seine sichtbare Erscheinungsform handelt.* Sie wirken vermittels des endokrinen Drüsensystems direkt auf
38] den physischen Körper ein. Dieser Faktor sollte wohlweislich beachtet werden, denn der okkulte Heiler der Zukunft wird mit diesem Wissen an seinen Patienten herantreten. Er wird dann durch jene Zentren und Drüsen wirken, die für die betreffende Körperstelle maßgebend sind, an der die Krankheit oder Beschwerde ihren Sitz hat. Doch ist die Zeit dafür noch nicht gekommen, denn die Unkenntnis des Menschen ist groß. Es könnte leicht eine Überreizung der Zentren und damit der Drüsen eintreten; und dadurch würde auch der Krankheitszustand aktiviert und verstärkt, anstatt vertrieben und geheilt werden.

A. Unbeherrschte und schlecht gelenkte Gefühlsregungen.

Nun, da diese Grundtatsachen gegeben sind, kann man verstehen, daß falsche Gefühlsreaktionen und ein allgemein ungesunder Zustand des Astralleibes mächtige Faktoren sind, die Beschwerden und Krankheit verursachen. Dies kommt daher, daß der Äther- oder Lebenskörper der Menschenmassen vor allem durch die Tätigkeit des Astralkörpers beherrscht und aktiviert wird. Jede Aufregung in diesem Körper, jede heftige, unbeherrschte Aktivität unter dem Einfluß des Temperaments, jeder quälende Kummer oder lange dauernder Ärger ergießt einen Strom astraler Energie in und durch das Solarplexus-Zentrum und bringt dieses in einen Zustand außerordentlicher Unruhe. Davon wird zunächst der Magen, die Bauchspeicheldrüse (Pankreas), der Gallengang und die Blase betroffen. Nur wenige Menschen (und ich möchte wirklich fragen, wer in dieser Zeit ganz davon ausgenommen ist) sind frei von Verdauungsstörungen, von unangenehmen Magenzuständen oder von Beschwerden, die mit der Gallenblase zusammenhängen.

Die Neigung zu Kritik, zu heftiger Abneigung und zu Haß, der auf Kritiksucht oder einem Überlegenheitskomplexs beruht, ist in hohem Grade schuld an der Säurebildung, an der die meisten Menschen leiden. Ich möchte nebenbei hinzufügen, daß ich hier verallgemeinere. So viele Menschen neigen in bezug auf sich selbst zu
39] einem Minderwertigkeitskomplex, jedoch zu einem Selbstüberschätzungskomplex dort, wo es sich um ihre Beziehungen zu anderen Menschen handelt! Wirkungen auf den physischen Magen hängen eng zusammen mit dem *Begierdenaspekt* des physischen Körpers, was seinen Ausdruck darin findet, daß man das ißt und trinkt, wonach man Verlangen hat; das führt natürlich zu jenen Anfällen von Gallenerkrankungen, die bei so vielen Menschen vorkommen.

Ich bringe die oben genannten Beispiele, um zu zeigen, wie die jetzt vorherrschenden falschen Einstellungen zum Leben und zu den Menschen wirken, denn sie kennzeichnen die heutige Menschheit und führen die oben erwähnten Zustände herbei.

Die Übel, die auf Kritiksucht, auf Haß und der Neigung beruhen, einander (für gewöhnlich unfreundlich) zu beurteilen, wirken vom Kehlzentrum aus auf den Solarplexus. Diese zwischen den Zentren bestehende Beziehung ist bisher noch niemals entsprechend gewürdigt worden. Die Zentren im Ätherleib übermitteln einander verschiedene Arten von Energie; ein großer Teil der von einem

Zentrum zum anderen übertragenen Energie ist unerwünscht, wenn sie nämlich von den Zentren unterhalb des Zwerchfells zu denen über ihm fließt.

Den physischen (ätherischen und grobstofflichen) Körper kann man sich als ein Haus mit zwei Telefonanlagen vorstellen; die eine bringt Energien von außerhalb des Hauses heran, die andere versieht den Dienst eines Haustelefons von Zimmer zu Zimmer. Die Analogie ist viel genauer, als es bei oberflächlichem Denken erscheinen mag. In jedem modernen Haus werden Licht-, Wasser-, Gas- und Telefonleitungen angelegt. Licht, das Symbol der Seele; Wasser, das Symbol der Gefühle. Telefonische Vermittlung, das Symbol des Denkvermögens mit seinen Leitungen für Wissensübermittlung; und Gas, das Symbol der Äthernatur.

Es ist interessant und betrüblich, daß das, was gegenwärtig aus dem Durchschnittshaus hinausgeht, nur der unerwünschte Abfall oder Müll ist; das entspricht dem, was aus dem Körper an Selbst-
40] süchtigem und Betrüblichem, an Verlangen nach Befriedigung persönlicher Bedürfnisse und Wünsche hinausgesandt wird.

Daraus wird also ersichtlich, warum ich euch allen so nachdrücklich die Notwendigkeit eingeprägt habe, „Harm-losigkeit"*) zu pflegen, denn dies ist esoterisch gesehen recht eigentlich die wissenschaftliche Methode, um die Behausung zu reinigen und die Zentren zu läutern. Diese Geisteshaltung säubert die verstopften Leitungswege und gibt den höheren Energien den Eintritt frei.

Die emotionellen Krankheitsursachen und die gedanklichen Einstellungen, die physische Beschwerden schaffen, herrschen gerade in der heutigen Zeit am stärksten vor. Wenn sie lange Zeit andauern und von einem Leben ins nächste mit übertragen werden, bewirken sie die schlimmeren Aspekte der oben genannten Zustände; daraus können sich ernste, zerstörende Krankheiten entwickeln, die z. B. die Entfernung der Gallenblase oder jene Ope-

*) „Harm-losigkeit" bedeutet in diesem Buch: Anstand, Rechtlichkeitssinn, das Bemühen, niemandem Unrecht oder ein Leid zuzufügen, niemanden zu verletzen oder zu benachteiligen.

rationen notwendig machen, die beim Auftreten chronischer Magengeschwüre fällig sind. Andere Krankheiten erwachsen aus einem dauernden Nachgeben der Begierdennatur gegenüber, obwohl Geschlechtskrankheiten unter eine andere Kategorie fallen. Aus all dem kann man ersehen, wie wünschenswert es ist, daß der wahre Heiler nicht nur ein gewisses Maß an esoterischem Wissen, sondern auch – solange er noch kein Eingeweihter ist – etwas Psychologie in sich vereinigt, etwas über das Wirken eines magnetischen Heilers weiß und dazu auch noch ein geschulter Mediziner oder Chirurg ist.

Vieles von dem, was heute unter dem Namen Heilung geschieht, ist schlimmer als nutzlos, da es an den drei oben genannten Bedingungen mangelt. Die meisten Ärzte, besonders jene, die man allgemein praktische Ärzte nennt, sind gute Psychologen; sie haben außerdem gediegene Kenntnisse von Symptomen, von der Anatomie und den Heilmaßnahmen, die dem durchschnittlichen metaphysischen Heiler für gewöhnlich fehlen. Aber sie sind völlig unwissend auf einem großen Wissensgebiet: auf dem Gebiet der Energien, die im Menschen aufeinanderstoßen und sich bekämpfen,
41] und der Wirkungskräfte, die in Bewegung gesetzt werden können, wenn man am rechten Ort bestimmte esoterische Wahrheiten anerkennt. Solange sie nicht auf den Ätherleib einzuwirken suchen und die Wissenschaft von den Zentren studieren, können sie kaum weitere Fortschritte machen. Der esoterische Heiler weiß viel über die inneren Kräfte und Energien und versteht einigermaßen die grundlegenden Ursachen der exoterischen Krankheiten, aber es ist beklagenswert, daß er so wenig vom Organismus des Menschen weiß. Er erkennt nämlich zweierlei nicht:

Erstens, daß Krankheit manchmal eine Auswirkung unerwünschter subjektiver Zustände ist. Wenn dann diese Zustände äußerlich sichtbar werden und an die Oberfläche des menschlichen Körpers gelangen, können sie erkannt, behandelt und beseitigt werden. Man muß aber auch daran denken, daß dieses Hervortreten und Beseitigen auch zum Tod des betreffenden Körpers führen kann. Aber die Seele geht weiter. Ein einziges, kurzes Leben zählt sehr wenig in dem langen Kreislauf der Seele, und man kann es als durchaus günstig und wertvoll ansehen, wenn eine längere Krankheit – auch wenn sie zum Tod führt – bewirkt, daß falsche Gefühls- und Gedankenzustände hinweggeräumt werden.

Zweitens kommt es zu einer Krankheit manchmal auch deswegen, weil sich die Seele aus ihrer Behausung zurückziehen will, und dabei ist das Krankwerden ein Teil dieses Vorganges. Wir nennen dies den Tod; er kann schnell und unerwartet eintreten, wenn sich die Seele sehr plötzlich aus ihrem Körper zurückzieht. Oder es kann sich der Tod über eine lange Zeitspanne erstrecken, und die Seele braucht vielleicht Monate oder gar Jahre für ihren langsamen, schrittweisen Austritt aus dem Körper, so daß also dieser die ganze Zeit über „zentimeterweise" abstirbt.

Es gibt unter den Heilern noch nicht gnügend Wissen, das sie befähigen würde, diese Dinge mit Weisheit zu behandeln. Wir könnten darum folgende Schlüsse ziehen:

1. Krankheit ist ein Läuterungsprozeß, der durchgeführt wird,
42] um eine reinere Wesensäußerung und Lebensausstrahlung, reinere Einflüsse und Wirkungsmöglichkeiten der Seele herbeizuführen. In diesem Falle ist eine Heilung möglich.
2. Krankheit kann ein schrittweiser, langsamer Sterbeprozeß sein, um die Seele zu befreien. Eine Heilung ist in diesem Falle nicht möglich, obwohl Linderungs- und Besserungsmaßnahmen nötig sind und ganz sicherlich angewandt werden sollten. Die Lebensdauer kann verlängert werden, aber eine dauernde, endgültige Heilung kommt da nicht in Frage. Der durchschnittliche mentale Heiler kann das einfach nicht einsehen. Man macht aus dem Tod ein Schreckgespenst, während er doch ein wohltätiger Freund ist.
3. Krankheit kann der plötzliche, endgültige Ruf an den Kör-

per sein, die Seele zu entlassen und sie für anderen Dienst frei zu machen.

In all diesen Fällen sollte alles nur mögliche getan werden, was man tun kann vom Standpunkt der modernen medizinischen, chirurgischen und verwandten Wissenschaften, von denen es heute so viele gibt. Es kann auch viel getan werden vom Gesichtspunkt der mentalen und geistigen Heilung, die durch die Wissenschaft der Psychologie unterstützt wird. Eines Tages wird es auf diesen verschiedenen Gebieten zu einer Zusammenarbeit kommen, und ihre Bemühungen werden eine Synthese finden.

Ich habe schon früher darauf hingewiesen, daß der Astralleib die stärkste treibende Kraft im Leben der meisten Menschen ist. Das ist folgenden Tatsachen zuzuschreiben:

1. Er ist jener Körper, in dem die große Masse der Menschen heute ihr Bewußtsein konzentriert hält.
2. Er ist der gegenwärtig am weitesten entwickelte Körper und empfängt darum den Hauptteil der Lebensenergie, die als ein Strom von der Seele herabkommt; außerdem empfängt er die Energie des Bewußtseinsstromes.

43] 3. Er ist nach außen, auf die Ebene der physischen Erfahrung hin orientiert, wenn ich es so ausdrücken darf. Diese Orientierung verschiebt sich zeitweilig und wendet sich im Falle des Aspiranten vorübergehend nach innen. So wie die menschlichen Zentren, „die Lotosblumen des Lebens", im unentwickelten Menschen nach unten gewendet und mit dem Stengel nach oben dargestellt werden, sich aber im entwickelten Menschen nach oben wenden, genau so gibt es auch im Astralleib dementsprechende Zustände. Beim hochentwickelten Menschen, beim Eingeweihten oder Meister, strebt der Astralkörper unentwegt zur Seele hin. Beim Mystiker, Aspiranten und Jünger ist diese entscheidende Richtungsänderung der Kräfte gerade im Gange und bringt darum ein zeitweiliges Chaos mit sich.

4. Der menschliche Astralleib, der als letzter entwickelt wurde, (der physische und ätherische Körper waren die beiden ersten in der Zeitenfolge) hat noch immer am meisten Leben und Macht. Er erreichte den Höhepunkt seiner Entwicklung in der Spätzeit der Atlantis, und seine Kraft ist immer noch groß, denn sie ist die Wirkungskraft der Masse, der Schwerpunkt und Ankergrund der Masse. All dies wird noch durch die Energien verstärkt, die aus dem Tierreich kommen, das in seiner Entwicklungsstufe völlig astral bestimmt ist.

Hier möchte ich euch daran erinnern, daß der Gebrauch des Wortes „Körper" außerordentlich irreführend und unglücklich ist. Es läßt im Bewußtsein die Vorstellung von einer bestimmten Form, eines spezifischen Umrisses entstehen. Der Astralleib ist eine Anhäufung von Kräften, die in das Bewußtsein hineinwirken in Form von Wünschen, Impulsen, Begierden, Sehnsüchten, Entschlüssen, Antrieben und Projektionen; damit ist die Grundlage gegeben für einen großen Teil der richtigen Erkenntnisse, die in der modernen Psychologie gelehrt werden. Die Psychologen haben das Wesen einiger dieser Kräfte entdeckt (oder besser aufgedeckt), und ihre diesbezügliche Terminologie ist oft in höherem Grade wirklich
44] okkult und genauer als die des orthodoxen Esoterikers und Theosophen.

Es mag für euch von Interesse sein, wenn ich nun zweierlei tue. Vor allem will ich euch einige technische Angaben darüber machen, wie sich die von der Astralebene kommenden Kräfte zum physischen Körper durcharbeiten, und dann will ich euch die Wirkungen dieses Durchbruchs aufzeigen, die – infolge des falschen Gebrauchs, den der Mensch von den Kräften macht – die Form von Krankheiten annehmen und die vielen verschiedenen Störungen bewirken, zu denen der Mensch neigt. Um deren Heilung wollen wir uns im Augenblick nicht kümmern. Ich zeige hier lediglich den Tatsachengrund, auf dem wir später unsere Folgerungen aufbauen können. Wir werden in diesem Zusammenhang nur den Durchschnittsmenschen betrachten. Die Probleme des Jüngers werden unter Ziffer 4 im Teil I behandelt werden.

Ich wies schon früher darauf hin, daß die drei hauptsächlichen Krankheitsgruppen der Massen folgende sind:

1. Tuberkulose.
2. Die sogenannten Sozialkrankheiten: die venerischen Krankheiten und die Syphilis.
3. Krebs.

Diesen müssen wir noch zwei weitere Krankheistgruppen hinzufügen, welche vorwiegend jene Menschen befallen, die sich ein wenig über dem Durchschnitt befinden und deren allgemeines Intelligenz-Niveau höher ist als das der Masse; hierzu gehören auch die Aspiranten der Welt:

4. Herzkrankheiten, jedoch nicht das, was man ein Versagen des Herzens nennt.
5. Die Nervenkrankheiten, die heute so weit verbreitet sind.

Diese fünf Krankheitsgruppen und ihre verschiedenen Unterabteilungen sind verantwortlich für die meisten der physischen Übel, denen die Menschheit ausgesetzt ist. Ein richtiges Erfassen der Gründe, weshalb sie so vorherrschend sind, wird der künftigen Medizin bestimmt hilfreich sein. Wieviel man davon anerkennen wird, ist vorläufig noch fraglich.

Ich möchte hier darauf hinweisen, daß es bekanntlich physische Entsprechungen zu den sieben Kraftzentren im Ätherleib gibt, die
45] vom Astralkörper aus genährt und versorgt werden. Wir nennen diese die endokrinen Drüsen. Sie sind die Wirkung oder der sichtbare Beweis der Zentren und sind ihrerseits wieder die Ursache für kleinere Wirkungen im physischen Körper. Es wird wertvoll sein, wenn wir hier einiges von dem, was wir wissen, tabellarisch zusammenfassen, um damit dem Verständnis weiter zu helfen.

Zentrum	*Drüse*	*Physische Organe*	*Krafttypus*	*Ursprung*	*Körper*
1. Kopf . . . Brahma- randra, 1000- blättriger Lotos.	Zirbel . . .	Oberer Ge- hirnteil. Rechtes Auge.	Geistiger . . Wille. Synthetisch. Dynamisch.	Atma . . . Monade über die Seele. Wille.	Kausalkörper. Kleinod im Lotos.
Okkultist. Eingeweihter. Meister. Vorherrschend nach der 3. Einweihung.					
2. Zentrum . zwischen den Augen. Ajna Zentrum	Hypophyse	Unterer Ge- hirnteil. Linkes Auge. Nase, Ner- ven-System.	Seelenkraft. Liebe. Magnetisch. Licht. Intuition, geistige Schau.	Blätter des egoischen Lotos in ihrer Ge- samtheit.	Buddhischer Körper. Kausalkörper. Höherer Men- talkörper.
Aspirant. Jünger. Mystiker. Vorherrschend nach der 2. Einweihung.					
3. Herz. Anahata.	Thymus.	Herz. Kreislauf- System. Blut. Auch Vagus- nerv.	Lebenskraft. Gruppen- bewußtsein.	Liebeblätter.	Höherer Men- talkörper. Kausalkörper.
Alle Arten geistiger Menschen. Vorherrschend nach der 1. Einweihung.					
4. Kehl- Zentrum.	Schilddrüse.	Atemapparat. Ernährungs- kanal.	Schöpferische Energie. Ton. Selbstbe- wußtsein.	Wissens- blätter.	Mentalkörper
Schöpferische Künstler. Die ganze fortgeschrittene Menschheit. Die Intelligenzkreise.					
5. Solar- Plexus.	Pankreas. Bauchspei- cheldrüse.	Magen, Leber. Gallenblase. Nervensy- stem.	Astralkraft. Emotion. Begierde. Gefühl.	Astralzentren.	Astralkörper.
Die Durchschnittsmenschheit. Gewöhnliche Menschen.					
6. Sakral- Zentrum.	Keimdrüsen.	Geschlechts- Organe.	Lebenskraft. Kraft der phy- sischen Ebene. Vital- energie. Tierisches Leben.	Physische Ebene.	Ätherkörper.
Tierähnlicher Menschentyp niederen Grades.					
7. Basis der Wirbel- säule. Mu- ladhara.	Nebennieren.	Nieren. Wirbelsäule.	Willensenergie. Universales Leben. Kundalini.	Die Mutter der Welt.	

46] Diese Tabelle ist lediglich ein allgemeiner Umriß, ein Überblick; ihre Auslegung hängt – so wie die von H. P. B. im dritten Band der „Geheimlehre" gegebene Tabelle der Prinzipien und deren Entsprechungen – vom Gesichtspunkt des Studierenden ab. Wir werden sie später heranziehen und ihr weitere Spalten und weitere Entsprechungen hinzufügen. Allen unseren Betrachtungen und Ausführungen liegt folgender synthetischer Aufbau zu Grunde:

1. Die Seele.
2. Die feineren Körper des Denkvermögens und der Emotionen, die einfach spezialisierte Energiezentren sind.
3. Der Vital- oder Lebenskörper mit seinen sieben wichtigsten Kraftzentren.
4. Das endokrine Drüsensystem, die Auswirkung der sieben Zentren und der bestimmende Kontrollfaktor im physischen Körper des Menschen.
5. Das Nervensystem mit seinen drei Abteilungen.
6. Der Blutstrom.

Alle sonstigen Unterorgane des Menschen sind nur Folgeerscheinungen, nicht vorbestimmende Ursachen. Die bestimmenden Ursachen für den Menschen, das, was ihn zu dem macht, was er ist, sind die Drüsen. Sie sind die äußeren Erscheinungsformen jener Kräftearten, die aus den feineren Daseinswelten durch die ätherischen Zentren einströmen. Sie bringen die Entwicklungsstufe zum Ausdruck, die ein Mensch erreicht hat; sie sind lebendig und aktiv, oder unbelebt und inaktiv, je nach dem Zustand der Zentren. Sie zeigen eine ausreichende Funktion, eine Über- oder Unterfunktion, je nach dem Zustand der ätherischen Kräftewirbel.

Ferner kann man sagen, daß die Kontrolle und Steuerung durch das Nervensystem erfolgt. Das eng ineinandergreifende Leitsystem der Nerven, das Gehirn und der Blutstrom (als Träger des Lebensprinzips) beherrschen die Tätigkeiten des Menschen – die allgemein bewußten, unterbewußten, eigenbewußten und schließlich

47] überbewußten. Die drei Zentren, die heute die oberste Kontrolle bei der großen Mehrheit ausüben, sind folgende:

1. Das Ajna-Zentrum, das Zentrum zwischen den Augenbrauen.
2. Der Solarplexus.
3. Das Sakralzentrum.

Zuletzt, wenn der Mensch einmal „das geworden ist, was er ist" (um den paradoxen, esoterischen Ausdruck zu gebrauchen), werden die beherrschenden Zentren folgende sein:

1. Das Kopfzentrum, das Brahmarandra.
2. Das Herzzentrum.
3. Das Zentrum an der Basis der Wirbelsäule.

Von jetzt an und in Zukunft wird eine ständig sich verschiebende Dreiheit Bedeutung erlangen; ein jeder Mensch wird sich von seinen Mitmenschen unterscheiden hinsichtlich seiner Haupttendenzen, des Zustandes seiner Zentren und deren Entsprechungen im physischen Körper (der Drüsen) und darum auch hinsichtlich der Krankheiten und Übel, der Hemmungen und Schwierigkeiten, denen seine äußere Hülle zum Opfer fällt. Gerade in diesem Zusammenhang wird es deutlich, daß die Arbeit des Arztes und des Psychologen schließlich Hand in Hand gehen muß. Die drei wichtigsten Aspekte aller Diagnosen sind:

1. *Die des Psychologen;* hierbei handelt es sich um das Abschätzen der inneren Körper des Menschen hinsichtlich ihrer Entwicklung, ihrer Integration und der totalen Ko-ordinierung der Persönlichkeit, da ja diese subtileren Aspekte des Menschen im Bewußtsein zum Ausdruck kommen.
2. *Die Funktion des Endokrinologen (des Drüsenspezialisten),* der sich mit den endokrinen Drüsen befaßt und sie als „Kraftstationen" ansieht, durch welche dynamische und erleuchtende

Energie von den Zentren her hindurchströmen kann.
3. *Die des Arztes,* der die Krankheit diagnostiziert und sie in
Zusammenarbeit mit den beiden erstgenannten Fachleuten be-
48] handelt, wobei er die Schlüsse der beiden anderen in Be-
tracht zieht.

Diese drei mögen vielleicht noch andere Fachleute und Experten der Elektrotherapie, der Osteopathie und Chiropraxis zu Rate ziehen; aber gerade in der Zusammenfassung der Kenntnisse des Arztes, des Psychologen und des Endokrinologen kann die Medizin eine neue Form segensreicher Betätigung gewinnen und in das neue Zeitalter eintreten; sie ist dann gerüstet, Menschen zu behandeln, die sich allmählich zu einem neuen Typus umformen und sich auch in ihrem physischen Organismus verändern werden. Noch steckt das Wissen um die Elektrizität in bezug auf menschliche Leiden in den Kinderschuhen, aber es liegen darin schon die Ansätze für neue Techniken und Heilmethoden. Die von den Chiropraktikern geleistete Arbeit ist gut und notwendig, sollte sich aber – so wie die Osteopathie – darauf beschränken, eine Hilfsmethode für die anderen drei zu sein. Die Arbeit des Chiropraktikers und des Osteopathen bilden zusammen zwei Hälften eines Ganzen, auch wenn sie es nicht gern anerkennen mögen. Die Chiropraktiker bedürfen einer sorgfältigeren, längeren Schulung, und man sollte von ihnen einen höheren Standard an technischem Wissen fordern.

Die Medizin tritt langsam in eine neue Phase ihres Wirkens ein. Wenn einmal die Krankheitsursache aus einem Organ oder Körpersystem in einen subtileren, mehr vitalen Bereich hinauf gehoben wird, so werden wir radikale, notwendige Veränderungen erleben, die zu Vereinfachung und nicht zu größerer Verwicklung und Schwierigkeit führen.

Aus den obigen Bemerkungen wird man erkennen, daß Krankheit aus der Welt des Unsichtbaren kommt und infolge des Gebrauchs oder Mißbrauchs feinerer Kräfte auf den inneren Ebenen im physischen Körper in Erscheinung tritt. Man muß indes daran denken, daß sich eine Krankheit – so wie sie sich im Menschen zeigt – allgemein auf die nachstehend aufgezählten Ursachen zurückführen läßt; die Studierenden würden gut daran tun, das sorgfältig zu beachten, wenn sie über diese Dinge nachdenken.

1. Krankheit des einzelnen Menschen tritt auf infolge innerer Bedingungen in des Menschen eigener Ausrüstung, infolge eines mentalen oder emotionellen Zustandes, der ernsthafte Übel mit
49] sich bringen kann. Diese Krankheitsursache ist aus der Vergangenheit übernommen.
2. Krankheit, die der Menschheit als Ganzem innewohnt. Es gibt gewisse Krankheiten, für die alle Menschen anfällig sind; die Keime für diese Krankheiten liegen im physischen Körper der meisten Menschen verborgen und warten nur auf Bedingungen, die es ihnen gestatten, sich offen zu zeigen. Man könnte sie als Gruppenkrankheiten ansehen.
3. Krankheiten, die – seltsamerweise – auf Zufall beruhen. Diesen fällt ein Mensch zum Opfer, wenn er zum Beispiel von einem infektiösen, übertragbaren Leiden befallen wird.
4. Krankheiten, die dem Erdboden innewohnen. Von diesen ist bis jetzt nur wenig bekannt. Unser Erdreich ist jedoch sehr alt, und es ist durchtränkt mit Krankheitskeimen, die ihren Zoll vom Pflanzen-, Tier- und Menschenreich fordern; sie manifestieren sich in einem jeden Reich anders, kommen aber im Grunde aus den selben Ursachen.
5. Krankheiten, die man als die Beschwerden der Mystiker bezeichnet. Es sind jene besonderen Übel und Leiden, von denen die Jünger und Aspiranten der Welt befallen werden. Sie können in jedem Falle darauf zurückgeführt werden, daß Energie durch Zentren einströmt, die noch nicht angemessen ausgerüstet oder entwickelt sind, um mit der Kraft umgehen zu können.

Das oben gesagte ist eine *allgemeine Aussage*, die sich als nützlich erweisen kann.

Die Art und Weise, wie diese Astralkräfte (die, wie wir wissen, in ganz besonderem Maße die bestimmenden Lebenskräfte für die meisten heutigen Menschen sind) sich auswirken und manifestieren, ist eine verhältnismäßig einfache Methode. Im astralen Manifestationsträger gibt es, wie man sich wohl vorstellen kann, Entsprechungen zu den sieben Zentren im Ätherleib. Diese sind im wesentlichen dic sieben wichtigsten Kräfte-Brennpunkte; ein jeder von ihnen ist Ausdruck für eine der sieben Strahlenenergien. Ich möchte nun vor allem einmal klarmachen, welche Zentren diese sieben Strahltypen zum Ausdruck bringen:

50]

Zentrum	*Strahl*	*Qualität*	*Ursprung*
1. Kopfzentrum	I	Der göttliche Wille	Monadisch
2. Ajna-Zentrum	VII	Organisation, Leitung	Atmisch
3. Herzzentrum	II	Liebe-Weisheit Gruppenliebe	Buddhisch
4. Kehlzentrum	V	Schöpferkraft	Mental
5. Solarplexus	VI	Emotion, Begierde	Astral
6. Sakralzentrum	III	Reproduktion	Ätherisch
7. Basis der Wirbelsäule	IV	Harmonie, Vereinig. durch Konflikt	Physisch

Zu beachten ist: Im vierten (menschlichen) Reich bringt die Energie des vierten Strahles in Zusammenarbeit mit dem ersten Strahl schließlich die Synthese zustande. Es besteht eine enge Beziehung zwischen dem höchsten Zentrum (dem Kopfzentrum) und demjenigen an der Basis der Wirbelsäule. Diese vierte Energieart manifestiert sich demnach zusammen mit der ersten, weil wir in unserer Polarisierung noch atlantisch bestimmt sind, und weil diese Zivilisations-Epoche die vierte in der Reihe war. Nun wird weitgehend die Arbeit, die in unserer fünften Zivilisations-Epoche von unserer arischen Rasse geleistet wird, zusammen mit dem fünften Prinzip des Denkens eine Verschiebung auf ein höheres Bewußtseinsniveau bewirken. Das wird schließlich zur Harmonisierung aller Zentren führen, und zwar durch einen Willensakt, der verstandesmäßig und einsichtsvoll vollzogen wird mit dem Ziel, Harmonie herbeizuführen. Dieser Punkt ist des Nachdenkens wert.

51]

Astralkraft	*Zentrum*	*Schlechter Aspekt*	*Krankheit*	*Guter Aspekt*
1. Strahl: Wille oder Macht.	Kopf	Selbstbemitleidung. Das dramatische Ich.	Krebs.	Opfer. Hingabe des Ich.
2. Strahl: Liebe-Weisheit.	Herz	Selbstliebe. Persönlichkeit.	Herz-, Magenstörungen.	Seelenliebe. Gruppenliebe.
3. Strahl: Aktivität.	Sakral	Sexualität. Überaktivität.	Sozial- oder Gesellschaftskrankheiten.	Elternliebe. Gruppenleben.
4. Strahl: Harmonie.	Ajna	Selbstsucht. Dogmatismus.	Geisteskrankheiten.	Mystik.
5. Strahl: Wissen.	Kehle	Niederer Psychismus.	Falscher Stoffwechsel. Gewisse Krebsarten.	Schöperkraft. Empfindungsfähigkeit. Inspiration.
6. Strahl: Devotion.	Solarplexus	Gefühlserregbarkeit.	Nervenkrankheiten. Gastritis. Leberstörungen.	Geistiges Streben. Rechte Lenkung oder Führung.
7. Strahl: Organisation.	Basis der Wirbelsäule	Eigeninteresse. Krasse Selbstsucht. Schwarze Magie.	Herzkrankheiten. Tumore.	Weiße Magie.

Ebenso wird man im Astralbereich entdecken, daß es in jedem Astralkörper sieben entsprechende Brennpunkte gibt, durch welche Energie eintreten kann; von dort aus strahlt sie dann in die Lebenszentren des ätherisch-physischen Leibes ein, unterteilt in sieben verschiedene Kraftarten. Diese üben schlechte oder gute Wirkungen aus, je nach der Qualität des negativ-empfänglichen grob-physischen Körpers. Die Wirkungen unterscheiden sich je nach der besonderen Art des Strahles oder der Kraft, und es mag interessant sein, wenn ich hier sowohl die guten und schlechten Wirkungen als auch die entsprechenden Krankheiten angebe.

52] Denkt bitte beim Studium dieser Tabelle daran, daß sie eine allgemeine Darstellung und eine nur teilweise Aufzählung der Krankheitsarten ist, die aus dem Einströmen von Energie resultieren können. Sie ist nur als eine Andeutung gedacht; die Kompliziertheit des menschlichen Gesamtorganismus und die Verwicklung der Strahlenenergien sind derart, daß keine klaren, festumrissenen Regeln aufgestellt werden können. Die Strahlkräfte manifestieren sich auf verschiedene Weise, je nach Strahltypus und Entwicklungsstufe des Menschen. Demnach besteht hier auch kein Widerspruch zu den früher gegebenen Tabellen. Wenn ihr bedenkt, daß ein jeder Mensch grundsätzlich eine Ausdrucksform von fünf Strahlkräften ist, nämlich:

1. des Seelenstrahls,
2. des Strahls der Persönlichkeit,
3. des Strahls, der den Mentalkörper beherrscht,
4. des die astrale Ausrüstung bestimmenden Strahls,
5. des Strahls der physischen Natur,

so wird euch klar werden, daß man für den Durchschnittsmenschen zwei solche Tabellen aufstellen müßte, nämlich:

1. eine *positive* Analyse der Astralkräfte, insofern sie die Persönlichkeit zum Ausdruck bringen;

2. eine Analyse der Seelenkräfte, soweit sie schwach angedeutet sind. Eine negative Analyse, die sich mit dem beschäftigt, was in der Ausrüstung nicht vorhanden ist, kann hier nur wenig Nutzen bringen.

Außerdem wird es nötig sein, eine Analyse jener Kräfte aufzustellen, die direkt von der Seele her empfangen werden und über die Astralebene in den physischen Körper hineinwirken, die also eine Kombination von Seelenkraft und der höchsten Art von Astralenergie sind. Dies wäre eine Art synthetischer Analyse und wäre nur bei einem Jünger oder Eingeweihten möglich. Man wird also für jeden Menschen schließlich folgendes brauchen:

1. Eine positive Analyse der Persönlichkeitskräfte, vor allem
53] der Astralkraft, da es ganz besonders diese Kraft ist, die sich in die ätherischen Zentren ergießt.
2. Eine negative Analyse jener Aspekte der Seelenenergie, die *nicht* vorhanden sind.
3. Eine synthetische Analyse, die auf den beiden obigen beruht, aber außerdem dasjenige hinzufügt, was man an *positiver* Wesensäußerung festgestellt hat.

Mit diesen Tabellen und Aussagen habe ich euch viel Stoff zum Nachdenken gegeben.

B. Gehemmtes und zügelloses Verlangen.

Es würde hier folgende Erläuterung für euch wertvoll sein: Es gehört zu den wichtigsten Dingen, die ein Studierender berücksichtigen muß, daß für die meisten Menschen – ja für die riesige Mehrheit – die von der Astralebene ausgehenden Einflüsse und Impulse prädisponierende Faktoren in allen Dingen sind, mit denen sich der Einzelmensch befaßt – abgesehen von jenen unvermeidlichen Gegebenheiten, die ihm von seiner Umwelt und der

Zeit, in der er lebt, aufgezwungen werden. Die Astralebene ist ein Zentrum dynamisch-ausstrahlender Kraft, die wegen der individuellen Bewußtseinsstufe, auf der sich die meisten Menschen befinden, eine *fundamental bestimmende* Wirkung hat. Die Menschen lassen sich von Wunsch-Impulsen hoher oder niederer Art beeinflussen und lenken. Das ist natürlich eine starke Verallgemeinerung, denn dieser Grundzustand wird ständig modifiziert durch Impulse, die von der Mentalebene kommen. Das kompliziert notwendigerweise das Problem. Auch von der Seele ausgehende Einflüsse treten in erkennbarem Umfange auf und machen das Problem des vorgeschrittenen Menschen noch verwickelter. Dieses „Problem der Komplizierung" (wenn ich es so nennen darf) ist für den Studierenden schwer verständlich, wenn er es auf seinen eigenen physischen Zustand oder auf den Zustand irgendeines Menschen bezieht, dem er vielleicht helfen möchte.

54] Ich möchte hier in diesem Zusammenhang das dritte der Gesetze angeben, die für die geheiligte Kunst des Heilens bestimmend sind.

III. Gesetz

Krankheiten entstehen dadurch, daß sich die Lebensenergie eines Menschen grundlegend zentralisiert Von der Ebene, auf der diese Energien zusammengeballt sind, gehen auch jene bestimmenden Bedingungen aus, die zu schlechter Gesundheit führen, und die sich daher entweder als Krankheit, oder aber als Freisein von Krankheit auswirken.

Es wird euch also klar sein, daß eine Verlagerung der inneren Aufmerksamkeit (der gedanklichen Einstellung) des Patienten entweder wirkliches Freisein von physischen Übeln bewirken oder jene Reaktionen intensivieren kann und wird, die zu Beschwerden, Krankheit oder Tod führen.

Aus den drei Gesetzen, die ich euch bisher gegeben habe und die euch nun zur Betrachtung vorliegen, ergeben sich ganz klar die folgenden Tatsachen, über die ihr nachdenken solltet:

1. Krankheit entsteht dadurch, daß der freie Strom des *Seelenlebens* blockiert wird.
2. Sie ist die Wirkung oder das Ergebnis dreier Einflüsse:
   a) Uralter Irrtümer und Fehler, die aus der vergangenen Geschichte des betreffenden Menschen ausstrahlen.
   b) Allgemein-menschlicher Defekte, mit denen jedermann als ein Glied der menschlichen Gemeinschaft erblich belastet ist.
   c) Planetarischen Übels, das allen Formen auf Erden durch den grundsätzlichen Zustand und durch die Zeit auferlegt ist.
3. Sie ist bedingt durch die Kräfte, die von jener Ebene ausgehen, auf der das Bewußtsein des Menschen hauptsächlich konzentriert ist.

Den obigen Aussagen sollte noch eine weitere Tatsache hinzugefügt werden, die auch schon erwähnt wurde:

55] 4. Es gibt fünf Hauptgruppen von Krankheiten mit ihren verwandten und sekundären Leiden:
   a) Tuberkulose.
   b) Die syphilitischen Krankheiten.
   c) Krebs.
   d) Herzbeschwerden.
   e) Nervenkrankheiten.

Ich teile das, was ich zu sagen habe, weder in organische und funktionelle Störungen ein, noch befasse ich mich hier mit Krankheiten, die durch Epidemien oder Unfälle eintreten. Ich denke an jene grundlegenden Makel oder Anlagen, die eine bedenkliche Erbschaft der Gesamtmenschheit sind, und an jene Schwierigkeiten, die als Folge jener evolutionären Entwicklungsstadien auftreten, die ein Kennzeichen der auf dem Pfade weiter vorgeschrittenen Menschen sind. Es wird also ersichtlich, daß ein Mensch mit ererbten Krankheitsanlagen inkarniert, die aus folgenden Ursachen stammen:

1. Aus seiner eigenen Vergangenheit; es sind die Wirkungen von Ursachen aus früheren Inkarnationen.
2. Aus dem allgemeinen rassischen Erbteil der Menschheit.
3. Aus dem Zustand des irdisch-planetarischen Lebens. Diese letzteren Ursachen heben das ganze Problem aus dem normalen Fassungsvermögen des Durchschnittsmenschen heraus.

Ein Mensch ist außerdem für Störungen veranlagt, wenn es ihm (infolge einer langen evolutionären Geschichte) gelungen ist, in einem bestimmten Maße – und sei es auch nur geringfügig – die Zentren oberhalb des Zwerchfells zu erwecken. Von dem Augenblick an, wo dies geschieht, leidet er viele Leben lang an Beschwerden, die mit dem Herzen oder mit dem weitverzweigten Nervensystem zusammenhängen. Es mag öfters der Fall sein, daß sich ein vorgeschrittener Mensch, wie etwa ein Aspirant oder Jünger, von den ererbten Makeln freigemacht hat, aber er wird Herz- oder Nervenstörungen, mentaler Unausgeglichenheit und Überreizung zum Opfer fallen. Diese Störungen werden gelegentlich als die
56] „Krankheiten der Mystiker“ bezeichnet.

Ich beabsichtige nicht, mich in eine physiologische Diskussion einzulassen, Krankheitssymptome auszuarbeiten oder mich mit den Verletzungen, den pathologischen Zuständen und schmerzlichen Einzelheiten zu befassen, die den Zusammenbruch eines menschlichen Organismus begleiten. Ich will auch keine Abhandlung über Anatomie oder über eine der verschiedenen Wissenschaften schreiben, die sich aus dem Studium des menschlichen Organismus entwickelt haben; diese stehen ja im Zusammenhang mit dem äußeren Rahmen und Aufbau, den Organen und Nerven, dem Gehirngewebe und den untereinander verbundenen Systemen, die zusammen jenen verwickelten Apparat darstellen, den man den menschlichen Körper nennt. So weit es die exoterische Wissenschaft betrifft, halten mich zwei Umstände davon ab:

1. Das ganze Thema ist in den vielen Büchern der medizinischen

und chirurgischen Literatur hervorragend behandelt. Es gibt wenig, was ich hinzufügen könnte und was in einer Erörterung wie dieser von Nutzen sein könnte.

2. Meine Leser sind, von wenigen Ausnahmen abgesehen, mit dem Aufbau und der Konstitution des menschlichen Körpers nicht vertraut; pathologische Einzelheiten, die Beschreibung von Kranheiten, und die zahlreichen unerfreulichen Symptome menschlicher Degeneration sind für den Durchschnittsmenschen ein unbehaglicher Lesestoff. Ein nur geringes Wissen auf diesem Gebiete kann höchst gefährlich sein.

Ich möchte mich vor allem mit den *Ursachen* beschäftigen, mit den *inneren Quellen* der Krankheit, und mit jenen Bewußtseinszuständen (ich sage nicht nur Denkzuständen), die zu falscher Funktion und schließlich zu falschen Dauerzuständen führen.

Das Problem des Heilers ist darum zweifach: Erstens muß er wissen, ob das Übel oberhalb oder unterhalb des Zwerchfells liegt; das bringt ihn ganz klar in den Bereich sowohl des okkulten wie des psychologischen Wissens. Zweitens muß er eine klare Vorstel-
57] lung davon gewinnen, wo der innere Schwerpunkt des Patienten liegt; diese Erkenntnis hilft ihm, die Diagnose für die erste Frage zu stellen.

Diese Feststellung gibt mir den Anlaß, die dritte Regel für Heiler aufzustellen:

III. Regel.

Der Heiler soll sich darin schulen, die innere Gedanken- oder Begierdenstufe des Hilfesuchenden zu erkennen. Dadurch kann er erfahren, aus welcher Quelle die Störung kommt. Er soll Ursache und Wirkung miteinander in Beziehung setzen und dann genau die Stelle erkennen, durch welche die Abhilfe kommen muß.

Ich möchte eure Aufmerksamkeit auf diese letzten Worte lenken und euch die Tatsache ans Herz legen, daß Krankheit vor allem ein Bemühen des natürlichen physischen Körpers ist, Erleichterung zu suchen und sich von inneren Bedrängungen, subjektiven Hemmungen und verborgenen Retentionen zu befreien. Vom esoterischen Gesichtspunkt aus ist jede physische Krankheit in erster Reihe:

1. die Folge falscher Stimulierung, oder Überstimulierung, oder einer Stimulierung an falscher Stelle, und eine Folge innerer Spannungen in irgendeinem Teil des Mechanismus;
2. die Folge von Hemmungen, psychischen Darbens und Entbehrens, und jener Zusammenballung subjektiver Kräfte, die den Fluß der Lebenskräfte eindämmen.

Ihr könnt also daraus wieder erkennen, daß sich alle Probleme (auch die im Bereich der Gesundheit) lösen lassen durch ein richtiges Handhaben der Kräfte, um den freien Energiefluß zu bewirken.

Es werden sich nun unvermeidlich die folgenden Fragen ergeben: Woher kommen diese ererbten Makel? Ist es möglich, zu ihrer Quelle vorzustoßen? – Das Problem der Vergangenheit samt den Auswirkungen dieser Vergangenheit in der Gegenwart ist für eine Betrachtung zu umfangreich, und irgendwelche Aussagen über die Situation könnten der Menschheit wohl kaum weiterhelfen. Ich
58] kann zwar eine allgemeine Erklärung geben, aber diese wird nur wenig zum Verständnis beitragen.

Man könnte sagen: Von den drei Hauptkrankheiten, die aus der Vergangenheit übernommen wurden, sind die syphilitischen oder sogenannten Gesellschaftskrankheiten Überreste von Ausschweifungen, denen man sich in den lemurischen Zeiten hingab; sie sind so uralten Ursprungs, daß der ganze Erdboden mit den Keimen dieser Krankheiten durchtränkt ist – eine der modernen Wissenschaft gänzlich unbekannte Tatsache. Seit Urzeiten haben die Menschen an dieser Gruppe von Infektionskrankheiten gelitten; sie sind gestorben und begraben worden und haben millionenweise ihren Beitrag zur Ansteckung der Erde geliefert. In den lemurischen Zeiten lag die Hauptstärke der Lebenskraft im physischen Körper, in seiner Entwicklung, Anwendung und Beherrschung, sowie in seiner Fortpflanzung und Reproduktion. In dieser Zeit nun begannen die Widerwärtigkeiten, die mit einem Mißbrauch des Geschlechtslebens zusammenhängen; in einem besonderen Sinne war dies das erste, das eigentliche Urübel, und schon in allen frühesten Berichten und Schriften sind alte Legenden und Hinweise dafür zu finden. Es gibt darüber viele falsch ausgedeutete Zeugnisse, und wenn die Menschen einmal die Berichte genauer und mit richtiger Auslegung lesen können, dann werden sie verstehen, wie man davon loskommen kann, denn sie werden die zugrundeliegenden Ursachen klarer erkennen können.

Krebs ist eine Gabe der atlantischen Menschheit an den heutigen Menschen, und es war hauptsächlich die Geißel dieser Krankheit, welche die Bewohner der alten Atlantis vernichtete. Die Wurzeln dieses schrecklichen Übels sitzen tief in der Gefühls- oder Begierdennatur und liegen im Astralleib begründet. Zum Teil ist der Krebs auch eine *Reaktion* auf jene mit dem Sexualleben zusammenhängenden Krankheiten, die in den späteren lemurischen Zeiten und in den frühen Tagen der Atlantis so überhandnahmen. Die Menschen jener Zeiten sahen und erkannten die furchtbaren Übel und das Ausmaß der Krankheit, die sich aus dem fruchtbaren lemurischen Leben entwickelte und infolge eines wahllosen, gemeinschaftlichen Geschlechtslebens um sich griff. Daher dämmten sie um der Selbsterhaltung willen den natürlichen Begierdenstrom (den
59] Lebensstrom, wie er sich durch die Zentren der Reproduktion und Zeugung zum Ausdruck bringt) zurück, und dies führte nach entsprechender Zeit zu anderen Übeln. Krebs ist vor allem eine Krankheit der Hemmung, genauso wie die syphilitischen Krankheiten von der Übersteigerung und maßlosen Anwendung eines Aspektes des menschlichen Mechanismus herrühren.

Infolge der ungeheueren Zeiträume, um die es sich hier handelt, und der ungezählten Generationen, die seither auf Erden gestorben sind, findet man heute die „Keime“ (wie sie vom ungeschulten Denker genannt werden) des schrecklichen Krebsleidens in eben dem Erdboden, auf dem wir leben; sie stecken das Pflanzenreich und auch die Menschheit an. Eine Entsprechung zu den syphilitischen Leiden des Menschen findet man im Mineralreich.

Die *Tuberkulose*, die in einer gewissen atlantischen Periode sehr stark überhand nahm, ist dennoch eine Krankheit, die hauptsächlich in unserer arischen Rasse *hervorgebracht* wurde und die wir auf das Tierreich übertragen und mit diesem teilen. Das wird jetzt allmählich erkannt. Die Beziehung des Menschen zum Tier (vor allem zu den Haustieren) ist ja so eng, daß die Tiere heute mit dem Menschen praktisch alle seine Leiden in der einen oder anderen Form teilen; manchmal ist das erkennbar, manchmal nicht. Seltsamerweise liegt die Ursache für diese große Geißel in der Tatsache, daß sich der Schwerpunkt des Lebens aus dem Gefühlsbereich in den des Denkens verlagert, wodurch die emotionelle Natur zeitweise „Hunger leidet". Tuberkulose ist weitgehend eine Krankheit der „Entleerung". Krebs beruht in ähnlicher Weise auf einer vorhergehenden Verlagerung der Lebenskraft aus dem physischen Körper in die Gefühlsnatur, wobei das Zellenleben durch Überreizung zu stark entwickelt wurde. Ich weiß, wie schwierig es ist, diese Aussagen zu begreifen. Ich kann euch aber nur diese unbewiesenen Hinweise geben. Spätere Entdeckungen können allein die Wahrheit meiner Behauptung beweisen. Wir wollen nun unsere Schlüsse tabellarisch zusammenfassen:

60]

Krankheit	*Rasse*	*Körper*	*Reich*	*Organ*
Syphilis	lemurisch	physisch	mineralisch	Geschlechtsorgane Sakralzentrum
Krebs	atlantisch	astral	pflanzlich	Solarplexus
Tuberkulose	arisch	mental	tierisch	Atemapparat Kehlzentrum

Wenn ich hier auf Zentren hinweise, so meine ich jeweils jenes Zentrum zur Verteilung der Lebenskraft, das bei der Masse am stärksten zur Geltung kommt. Daraus ist ersichtlich, worauf man bei einer möglichen Heilung das Hauptaugenmerk richten muß. Wir haben schon gelernt, die Tuberkulose zu heilen, da sie die letzte und darum am wenigsten tief verwurzelte der drei Hauptkrankheiten ist. Als man an das Problem in einsichtsvoller Weise heranging, kam man darauf, daß Sonne und gute Nahrung die Krankheit heilen oder auf jeden Fall zum Stillstand bringen können. Es ist eine interessante Entsprechung auf esoterischem Gebiet, daß das in das Denken einströmende Licht der Seele ein jedes Problem genauso lösen kann, wie auch das Licht der Sonne und ihre vorbeugenden Strahlen die schrecklichen Symptome der Tuberkulose vertreiben können.

Entwickelt die Menschheit allmählich eine rechte Beherrschung der Gefühlsnatur, so werden wir beobachten, wie das Phänomen des Krebses in ähnlicher Weise Schritt für Schritt verschwindet. Ich sagte *rechte* Beherrschung der emotionellen Natur; Hemmung und Unterdrückung der Begierdenimpulse durch die Kraft des Willens bedeutet *keineswegs* rechte Beherrschung. Außerdem ist folgendes interessant: Obgleich sowohl Männer wie Frauen an der Krebskrankheit leiden, so ist doch die *allgemeine* Ursache nicht dieselbe, obwohl die *grundsätzliche* Ursache (die Rückwirkung eines übersteigerten Geschlechtslebens durch die ständig genährte Begierdennatur) die gleiche bleibt. Da bei Frauen wegen der Gefahren, denen sie bei Geburten ausgesetzt sind, der Geschlechtsaspekt im Mittelpunkt ihres Lebens steht, revoltieren sie in großem Maße (so wie die Atlantier) gegen diese Form der Lebensäußerung; und so findet man gerade in diesem Bereich – nämlich im Geschlechtsle-
61] ben – bei ihnen die hauptsächlichen Hemmungen. Sie leiden nicht so sehr an der allgemeinen Hemmung der emotionell-begierdenhaften Gefühlsäußerung. Die Männer jedoch leiden wirklich an dieser Hemmung und haben eine Tradition oder eine deutliche Neigung zu größerer emotioneller Beherrschung in der Lebensführung als die Frauen. Die Männer brauchen oder erwerben keine so ausgeprägte geschlechtliche Beherrschung. Darum ist der allgemeine Bereich ihrer unterbundenen Lebensneigungen umfassender, und

folglich leiden (wenn man den Statistiken trauen darf) mehr Männer als Frauen an Krebs, obwohl er eine entsetzliche, von allen gefürchtete Krankheit ist.

Die Heilung des Krebses liegt in dem Geheimnis der rechten *Umwandlung*, und dies wird man schließlich erkennen. Ich verwende diesen Ausdruck nicht nur symbolisch, sondern auch im technischen und wissenschaftlichen Sinne. Auch dies wird man später einmal verstehen. Im Geheimnis des *richtigen rhythmischen Lebens* und in einer rechten, gleichmäßigen Betonung aller Lebensphasen wird sich vollständige Immunität gegen Tuberkulose einstellen (und diese Tendenz verstärkt sich jetzt sehr rasch). In dem Geheimnis des *rechten Verstehens von Zeiten und Zyklen* und der periodischen Zeugung liegt der Schlüssel, durch den die Menschheit den Ausweg aus den Übeln der Gesellschaftskrankheiten finden wird.

Es dürfte euch klar sein, daß die syphilitischen Krankheiten als letzte verschwinden werden, weil sie ja die ersten waren, die in der Menschheit Verheerungen angerichtet haben. Die Tuberkulose ist im Verschwinden begriffen. Das Interesse der Fachleute wendet sich jetzt der Krebsheilung zu.

Ich möchte noch ein paar Bemerkungen hinzufügen, die von allgemeinem oder besser gesagt neuzeitlichem Interesse sind. Wie schon erwähnt, befinden sich diese Ansteckungskeime, für welche die Menschheit anfällig ist, im Erdboden, und deren Vorhandensein ist weitgehend darauf zurückzuführen, daß seit undenklichen Zeiten Millionen von Leichen begraben worden sind. Wenn man in Zukunft immer mehr zur Feuerbestattung übergeht, dann wird sich dieser Zustand stetig bessern. Auf diese Weise werden diese Seuchenkeime allmählich – aber wirklich nur ganz allmählich – aussterben. Es ist daher höchst wünschenswert, daß man für die Methode, den von der Seele verlassenen physischen Körper einzu-
62] äschern, möglichst viel Propaganda macht. In dem Maße, als die Verseuchung des Bodens abnimmt und der Kontakt mit der Seele zunimmt, können wir hoffen, daß sich die Zahl derer verringert, die den ererbten Seuchen zum Opfer fallen. Seltsamerweise

hat reichliches Baden in Salzwasser eine ganz deutliche Wirkung
auf den Gesundheitszustand des Körpers; das dabei durch die Haut
und durch den Mund aufgenommene Wasser hat eine ausgespro-
chen vorbeugende Wirkung.

Eines der Hauptprobleme, denen sich heute der Psychologe und
in einem geringeren Grade auch der Mediziner gegenübersieht, ist
das Anwachsen sowohl der weiblichen wie der männlichen Homo-
sexualität. Es werden Scheinargumente vorgebracht, um zu be-
weisen, daß diese abnorme Entwicklung (und das daraus folgende
Interesse an dieser krankhaften Neigung) dadurch zustande komme,
daß die Menschheit in ihrer Entwicklung allmählich androgyn
werde, und daß der künftige hermaphroditische Mensch allmählich
in Erscheinung trete. Dies ist wiederum *nicht* wahr. Die Homo-
sexualität ist das, was man ein „Überbleibsel" sexueller Ausschwei-
fungen aus lemurischen Zeiten, eine übernommene Verderbtheit
nennen könnte. Egos, die sich in jenem riesig langen Zeitalter in-
karnierten und individualisierten, sind diejenigen, die heute homo-
sexuelle Neigungen aufweisen. In jenen Zeiten war das sexuelle
Verlangen derart stark, daß der normale Geschlechtsverkehr sogar
den vorgeschrittenen Menschen jener Epoche nicht genügte, um
ihre unersättliche Lust zu befriedigen. Die infolge der Individua-
lisierung einströmende Seelenkraft diente dazu, die niedersten Zen-
tren anzuregen. Daher wurden verbotene Methoden ausgeübt. Jene,
die damals einen solchen Mißbrauch trieben, sind heute in großer
Zahl inkarniert, und die alten Gewohnheiten sind zu stark für sie.
Sie sind jetzt auf dem Evolutionspfad weit genug vorangeschrit-
ten, so daß das Heilmittel heute bereit liegt – wenn sie es in An-
spruch nehmen wollen. Sie können verhältnismäßig leicht die
Geschlechtsimpulse auf das Kehlzentrum übertragen und dadurch
in höherem Sinne schöpferisch werden, indem sie die verspürte, trei-
63] bende Energie in die rechten, konstruktiven Bahnen leiten. Viele
von ihnen beginnen dies automatisch zu tun. Es ist jedoch wohl-
bekannt, daß die Homosexualität unter den sogenannten künst-
lerischen Typen sehr vorherrscht. Ich sage „sogenannt", denn der

wahrhaft schöpferische Künstler ist *nicht* das Opfer dieser uralten schlimmen Veranlagung.

Man könnte hier darauf hinweisen, das es drei Arten von Homosexualität gibt:

1. Diejenige, die uralten üblen Gewohnheiten entstammt. Sie ist heute die Hauptursache und zeigt an:
   a) Daß die Individualisierung auf diesem Planeten erfolgte; jene, die sich auf den Mondgloben individualisierten, sind für diese gefährlichen Merkmale nicht empfänglich.
   b) Daß von jenen lemurischen Egos, die dieser Begierdenbefriedigung unterlagen, eine verhältnismäßig vorgeschrittene Evolutionsstufe erreicht wurde.
   c) Daß sie infolgedessen Sexualmagie studieren und einen ständigen, unersättlichen physischen Sexualtrieb haben.
2. Nachgeahmte Homosexualität. Eine Anzahl von Menschen aller Klassen ahmte höherstehende nach, und so entwickelten sich bei ihnen schlechte Gewohnheiten im Sexualverkehr, von denen sie sonst frei geblieben wären. Dies ist heute einer der wichtigsten Gründe bei vielen Männern und Frauen; er beruht auf einer zu lebhaften Phantasie, auf einer kraftvollen physischen oder Geschlechtsnatur und auf lüsterner Neugier. Dies sage ich mit Vorbedacht. Zu dieser Kategorie zählen viele unserer Sodomiter und Lesbierinnen.
3. Einige wenige, sehr seltene Fälle von echtem Hermaphroditismus. Diese Menschen, die in sich beide Aspekte des Geschlechtslebens vereinigen, stehen wirklich vor einem sehr ernsten Problem. Es ist ein Problem, das sehr vergrößert wird
64] durch menschliche Unwissenheit, durch die Weigerung der Menchen, den Tatsachen ins Gesicht zu schauen, durch falsche, verfrühte Belehrung und durch ein weitverbreitetes Mißverstehen. Diese Fälle findet man in kleiner Anzahl überall, obwohl ihre Zahl im Verhältnis zur Weltbevölkerung noch unerheblich ist. Aber daß es solche Fälle überhaupt gibt, ist von

wirklichem Interesse für die Medizin, und sie sind Gegenstand tiefsten Mitleids und tiefer Anteilnahme für den Menschenfreund und den verständnisvollen Psychologen. Diese Menschen befinden sich in einer schwierigen Situation.

Ich habe dieses Thema etwas eingehender behandelt, da es für euch nützlich ist, solche Tatsachen zu wissen; diese Information ist für euch wertvoll. Sie hilft Licht auf ein Problem zu werfen, mit dem sich eine große Zahl von Menschen auseinandersetzen muß. Psychologen, Fürsorge-Istitutionen, Ärzte und alle jene, die sich mit Gruppenschulung beschäftigen, begegnen diesem Problem dauernd; und gerade darum ist es gut, daß einige Unterschiede zwischen den verschiedenen in Betracht kommenden Typen aufgezeigt werden, denn dadurch wird die ganze Angelegenheit geklärt. (Siehe: „Das Geschlechtsproblem“ aus „Eine Abhandlung über die sieben Strahlen“, 1. Band, S. 302–343).

Ihr werdet in diesen Instruktionen viele Hinweise finden, die – obwohl sie nicht ausdrücklich als Anleitungen für das Heilen angesehen werden können – dennoch in diese Kategorie fallen, denn sie werden meinen Lesern das Verständnis erleichtern.

Aus den obigen Ausführungen geht auch hervor, daß dieser Makel oder Defekt seine Wurzeln, wie man es füglich erwarten kann, im Astral- oder Gefühlskörper, im Körper der Empfindungen hat. Aus diesem Grunde habe ich das Thema hier eingefügt. Es wäre ein interessantes Experiment für eine Untersuchung, wenn man alle die verschiedenen, wohlbekannten Beschwerden, Krankheiten und Leiden nach ihren ursprünglichen Impulsen ordnen könnte. Es sind so wenige davon mentalen Ursprungs trotz allem, was die Christliche Wissenschaft oder die Mental Science dagegen sagen mögen. Vielleicht sollte ich besser sagen: Sie beruhen nicht auf falschem menschlichen Denken, obwohl ein jedes Übel durch falsche Gedanken verschlimmert und intensiviert werden kann. Viele oder vielleicht die
65] meisten Leiden der Durchschnittsmenschen beruhen auf astralen Ursachen oder auf irgendeiner klar erkennbaren Begierde. Eine aus-

geprägte Begierde ist etwas, das in irgendeiner Tätigkeitsform Ausdruck findet. Von diesen ist die Homosexualität am leichtesten zu definieren. Die anderen Krankheiten, denen die Menschheit zum Opfer fällt, sind manchmal nicht so leicht zu erklären und begrifflich zu bestimmen. Der Mensch ist ein Opfer, aber die Ursache, die die – physische oder psychische – Krankheit oder Schwierigkeit hervorbringt, liegt verborgen in einer langen Vergangenheit, die von dem Opfer (mit seinem begrenzten Wissen) nicht erforscht werden kann; er vermag auch nicht zu der Ursache vorzudringen, welche diese Wirkung hervorbrachte. Er kann lediglich behaupten, daß aller Wahrscheinlichkeit nach eine Begierde der ursprüngliche Impuls war. Was die Menschen heute sind und was sie erleiden, das ist das Ergebnis ihrer langen Vergangenheit, und die Vergangenheit setzt langdauernde, fest eingebürgerte Gewohnheiten voraus. Solche Gewohnheiten sind unvermeidlich entstanden durch einen der beiden folgenden Faktoren:

1. Durch eine Begierde, die das Handeln beherrscht und bestimmt hat,

oder

2. durch eine gedankliche Kontrolle, die an die Stelle der Begierde eine planvolle Aktion setzt, welche in vielen Fällen dem normal empfundenen, klar umrissenen Verlangen zuwiderläuft.

Aus dem oben Gesagten könnt ihr merken, wieviel mir daran liegt, daß ihr die Bedeutung des Emotional- oder Empfindungskörpers und dessen Vermögen begreift, jene sekundären Ursachen, die sich in diesem Leben als Krankheiten zeigen, auszulösen.

Ihr werdet folglich auch bemerken, welche Bedeutung ich dem Astralleib beilege, der schlechte physische Zustände begünstigt, und wie notwendig es ist, daß der Patient das Astrale versteht und beherrscht, wenn die Krankheit wirklich überwunden werden soll. Werdet ihr mich verstehen, wenn ich sage, daß eine wahre Über-

windung auch bedeuten kann, daß man den Weg des Todes – wenn dieser sich auf normale Weise ergeben sollte – als Ausweg annimmt, oder den der Heilung, wenn die Ursachen, welche die ver-
66] anlassenden Impulse sind, sich erschöpft haben? Denkt darüber nach.

In all dem obigen – sogar im Zusammenhang mit dem, was ich über die Homosexualität sagte – habe ich entweder überhandnehmende oder gehemmte Begierde betrachtet, aber ich habe sie nur in allgemeinen Begriffen und in großen Umrissen erörtert. Werdet ihr mich mißverstehen, wenn ich darauf hinweise, daß dort, wo Begierdenimpulse gehemmt werden (was heute bei vielen Aspiranten der Fall ist), alle Arten von Krankheit – Krebs, Lungenstauung und gewisse Leberleiden – ebenso wie die schreckliche Tuberkulose entstehen können? Die Hemmungs-Krankheiten sind zahlreich und ernsthaft, wie ihr aus der obigen Aufzählung ersehen könnt. Es sollte noch bemerkt werden, daß dort, wo das Verlangen überhand nimmt und nicht beherrscht und gehemmt wird, solche Krankheiten wie die syphilitischen, wie Homosexualität, Entzündungen und Fieber auftreten. Je nach dem Temperament sind auch die Krankheitsarten, und das Temperament hängt von der Strahl-Qualität ab. Menschen auf verschiedenen Strahlen sind jeweils für bestimmte Krankheiten veranlagt. Die Psychologen haben recht, wenn sie bei den Menschen grundsätzlich zwei Haupttypen unterscheiden: Den extrovertierten und den introvertierten. Diese beiden Typen schaffen sich ihre eigenen Krankheitsanlagen, die durch Übersteigerung oder durch Hemmung als schlechte Gesundheit sichtbar werden.

Als zweiten Punkt haben wir die Heilung von Krankheiten behandelt, die in der Gefühls- oder Wunschnatur entstehen. Im ersten Punkt befassen wir uns mit unbeherrschten Emotionen. Ich möchte an unsere Voraussetzung erinnern, daß wir nur jene Krankheiten erörtern wollen, zu denen fortgeschrittene Menschen, die Aspiranten und Jünger aller Grade, neigen. Wir werden uns (in dieser kurzen Abhandlung) nicht mit der ganzen Skala von Krank-

heiten beschäftigen, welche die Menschheit als Ganzes oder seit undenklichen Zeiten befallen. Je weiter der Aspirant vorgeschritten ist, desto größer ist die Wahrscheinlichkeit, daß die Krankheiten, an denen er leidet, deutlich hervortreten und sich mit Macht zeigen,
67] weil die stimulierende Kraft der Seele in geringerem oder größerem Maße in ihn einströmt. Als Unterabteilung der fünf wichtigsten Krankheitsgruppen, auf die ich früher hinwies, gibt es eine Gruppe von Symptomen, die sich im Zusammenhang mit den Hauptkrankheiten im menschlichen Organismus auswirken; diese Symptome können etwa unter folgenden Bezeichnungen zusammengefaßt werden: Fieber, Tumore, Stauungsbezirke, sowie allgemeine Schwäche und die Selbstvergiftung, die hinter so vielen Symptomen steckt. Bedenkt dies gründlich und behaltet stets im Auge, daß ich hier nur allgemein spreche, daß jedoch diese Verallgemeinerung grundsätzlich und darum bedeutsam ist.

C. Krankheiten, die durch Sorgen und Gereiztheit entstehen.

Die dritte Kategorie von Krankheiten, die im Gefühls- oder Astralkörper entstehen, wird esoterisch unter der Bezeichnung: Reizungskrankheiten zusammengefaßt. Es sind dies die heimtükkischen Gifte, die hinter den Krankheitserscheinungen lauern.

Man könnte sagen, daß alle Krankheiten vom Standpunkt des Okkultismus aus mit zwei Definitionen umrissen werden können:

1. Die Krankheiten, die durch Selbstvergiftung entstehen. Das sind die allgemeinen üblichen.
2. Die Krankheiten, die durch Reizung oder Erregung entstehen. Diese sind unter Jüngern sehr häufig.

Wir hören heute viel über Selbstvergiftung, und es werden viele Anstrengungen unternommen, um sie durch Diät und durch die Regulierung des Lebens im Sinne einer rhythmischen Lebensweise zu kurieren. All dies ist wohl gut und hilfreich, bedeutet aber nicht

eine grundlegende Heilung, wie die Verfechter dieser Methode uns glauben machen wollen. Ärger oder Erbitterung ist ein grundsätzlich psychologisches Leiden, das aus einer überstarken, heftig reagierenden Astralnatur herkommt, die damit ganz abnorme Wirkungen auf das Nervensystem ausübt. Es ist eine Krankheit des Eigennutzes, der überheblichen Selbstgenügsamkeit und der Selbstzufriedenheit. Ich möchte wiederum empfehlen: Denkt über diese Begriffe nach, denn diese drei Aspekte der Erregung sind überall zu entdecken. Wir werden uns daher mit Erregung oder Reizung beschäftigen, mit der „Gefährdung", wie sie von Vertretern des
68] ersten Strahles – etwa vom Meister M. – genannt wird.

Wir haben nun unseren ersten Abschnitt über die psychologischen Krankheitsursachen fast beendet und haben sehr kurz, jedoch – wie ich hoffe – anregend jene Probleme erörtert, die sich aus übersteigerter Tätigkeit und einem falschen Zustand des Astralleibes ergeben. In dieser kurzen Abhandlung kann ich mich nur ganz allgemein fassen, da die meisten meiner Aussagen in jedem Falle (vom Gesichtspunkt der Schulmedizin aus) so neu und umwälzend sind, daß es lange Zeit brauchen wird, bis auch nur dieses erste innere Ideengebäude und die einigermaßen neue Formulierung der Wahrheit die Denker der Menschheit beeindrucken werden. Wenn sie dann von den unvoreingenommenen Denkern als hypothetische Möglichkeit angenommen werden, so wird noch ein lange Zeit vergehen, bis genügend viele Forschungen es gestatten werden, gültige Schlüsse zu formulieren; erst dann werden diese Ideen die öffentliche Anerkennung finden und zur Anwendung kommen. Wenn ich dies sage, so übe ich damit keine Kritik an der Schulmedizin oder am Ärztestand. Der geldraffende Spezialist und der Scharlatan sind seltene Fälle; es gibt sie natürlich, wie es in jedem Beruf korrupte und unerwünschte Elemente gibt. Wo findet man sie nicht? Es gibt viele einseitige und beschränkte Menschen, aber wieder frage ich, wo findet man sie nicht? Die Pioniere, die neue Gedanken haben, und die Menschen, die von den Ideen des neuen Zeitalters etwas erfaßt haben, sind oft ebenso voreingenommen; sie sehen nur die neuen Wege und Methoden und werfen die alten über Bord, wodurch sie vieles verlieren. Der medizinische Beruf hat seiner Zielsetzung und Tätigkeit wegen ein sehr großes Ansehen in der Welt; er hat einige der größten Seelenqualitäten entwickelt – Selbstaufopferung, Mitleid und Dienst. Aber die Wege und Methoden des Neuen Zeitalters sind schwer zu begreifen. So manche alten Wege müssen verlassen und vieles muß aufgegeben werden, ehe die neue Heilkunst möglich wird.

69] Solange nicht die Existenz der feineren Körper von den Denkern der Welt genügend erkannt und deren Vorhandensein durch eine rechte und wahrhafte Psychologie sowie durch die Entwicklung des Hellsehens bekräftigt ist, erscheint die Herleitung der Krankheitsursachen aus den feineren Körpern ziemlich sinnlos. Selbst der wirklich unvoreingenommene Arzt kann (ich sage *kann* und nicht *wird*) bestenfalls die Tatsache gelten lassen, daß das psychologische Verhalten, der gedankliche Zustand und die emotionelle Situation des Patienten entweder helfen oder hinderlich sein können. Viele geben dies schon zu, und das ist an sich schon viel.

Wenn ich also erkläre, daß zum Beispiel Krebs seine Wurzel in einem Astralzustand hat und bereits in atlantischen Zeiten auftrat, so besagt das dem heutigen Durchschnittsmenschen nur wenig. Er erkennt ja nicht, daß sehr viele Menschen heute noch ein atlantisches Bewußtsein haben.

Ich möchte nur kurz die gewöhnlichste aller Störungsursachen berühren: Kummer und Aufregung (Gereiztheit). Sie sind in unserer Zeit viel weiter verbreitet als jemals zuvor, und zwar aus folgenden Gründen:

1. Die Weltlage, die Probleme und die Unsicherheit sind derart, daß derzeit kaum ein Mensch davon verschont bleibt. Jedermann ist mehr oder weniger von der planetarischen Situation betroffen.
2. Der gegenseitige Verkehr hat unter den Menschen derart zuge-

nommen und die Menschen leben – in kleinen oder großen Massen – so eng zusammen, daß sie unvermeidlich aufeinander einwirken wie nie zuvor. „Wenn ein Glied leidet, leiden alle anderen mit ihm"; das ist ein wahres Wort – zwar schon sehr alt, aber auch heute noch in einer neuen Weise anwendbar und zum erstenmal klar erkannt.

3. Die Sensitivität des menschlichen Mechanismus ist ebenfalls derart gesteigert, daß sich die Menschen in einer neuen, stärkeren
70] Weise auf ihre gegenseitigen emotionellen Zustände und Denkweisen „einstellen". Zu ihren eigenen Interessen und Sorgen kommen noch die ihrer Mitmenschen hinzu, mit denen sie in Kontakt stehen.
4. Die Menschen verstärken heute auf telepathischem Wege oder mit einem entwickelten Ahnungsvermögen die Schwierigkeiten anderer Menschen oder Gruppen noch mit den Schwierigkeiten, *die es vielleicht geben könnte.* Es ist aber gar nicht sicher, *daß diese Schwierigkeiten wirklich eintreten werden.*

Diese Probleme zeigen euch, wie schwer es den Menschen wird, mit dem Leben fertig zu werden. Daraus geht hervor, daß die Probleme der Sorgen und der Erregung (vom Meister Morya „Gefährdung" genannt) mannigfach sind und berücksichtigt werden müssen.

Warum sind diese Schwierigkeiten des Astralkörpers so „gefährdend" und so ernst? Sorgen und Aufregungen sind aus folgenden Gründen gefährlich:

1. Sie vermindern die Lebenskraft des Menschen derart, daß er für Krankheit anfällig wird. Die Geißel der Grippe hat ihre Wurzel in Furcht und quälender Sorge; wenn die Welt es einmal fertig bringt, sich von dem gegenwärtigen „Furchtzustand" zu befreien, dann werden wir erleben, daß diese Krankheit ausstirbt.
2. Sie sind vom astralen Gesichtspunkt aus so ansteckend, daß sie die astrale Atmosphäre in einer besonderen Weise verschlechtern

und es dem Menschen damit schwer machen – im astralen Sinne – frei zu atmen.

3. Weil die Astralzustände der Furcht, der quälenden Sorge und der Aufregung heute so weit verbreitet sind, daß sie in einem planetarischen Sinne als *Epidemien* angesehen werden können.
4. Weil Erregung (ich spreche hier nicht von Sorgen) Entzündung hervorruft (die schwer zu ertragen ist) und zu vielen Beschwerden führt. Es ist interessant, daß dadurch gewisse Augenleiden verursacht werden.

71] 5. Weil Sorgen und Erregung eine wahre geistige Schau unmöglich machen; sie versperren die Sicht. Der Mensch, der ein Opfer dieser Zustände ist, sieht nichts anderes als die Ursache seiner Klagen und versinkt so sehr in Selbstmitleid, Selbstbetrachtung oder in einen konzentriert-negativen Zustand, daß sich seine Schau verengt und er seine Gruppe behindert. Denkt daran, daß es wie beim Einzelmenschen auch in der Gruppe Selbstsucht gibt.

Ich habe hier für die Wirkungen, die durch Kummer und Erregung entstehen, genügend Gründe angeführt, um euch den Umfang der Schwierigkeiten zu zeigen. Es hat jetzt nicht viel Sinn, von dem Heilmittel zu sprechen. Man kann nicht zu einem Grippe-Kranken (den gerade krampfartige Schmerzanfälle plagen) sagen: „Das hat nichts zu bedeuten. Beachte das nicht. Steh auf und geh an deine Arbeit“. Es hat keinen Zweck, den Menschen heute zu sagen: „Fürchtet euch nicht. Hört auf, euch zu sorgen, es wird schon alles gut werden“. Sie werden euch nicht glauben, weil es einfach nicht wahr ist. Die Dinge stehen heute nicht gut, und die Menschheit und das planetarische Leben ist nicht befriedigend. Das weiß die Hierarchie, und sie arbeitet an der Verbesserung der Lage. Wenn die Schmerzen der „planetarischen Influenza“ vorbei sind (und der Patient wird nicht sterben!), dann können Untersuchungen angestellt und Anstrengungen gemacht werden, um einen Rückfall zu verhindern. Gegenwärtig kann man weiter nichts tun, als den Patienten ruhig und das Fieber nieder zu halten. Dies ist die Arbeit der Neuen Gruppe der Weltdiener und der einsichtsvollen Menschen guten Willens; sie sind sehr zahlreich.

2. *Ursachen, die ihren Ursprung im Ätherleib haben.*

Ihr solltet wohlweislich im Auge behalten, daß ich mich hier nicht mit jenen Ursachen beschäftigen will, die aus dem Denken oder dem Astralkörper kommen und von dort aus auf den physischen Leib einwirken. Diese müssen natürlich durch den Ätherleib hindurchgehen, denn er leitet alle Energien an den physischen Körper
72] weiter; alle Arten von Kräften strömen durch ihn zu den verschiedenen Teilen der physischen Form und zeitigen gute oder schlechte, positive oder negative Ergebnisse, wie es gerade der Fall sein mag. Das ist eine Tatsache, die wir anerkennen. Hier erörtere ich aber die Krankheiten, Probleme und physischen Beschwerden, die im Ätherleib selbst entstehen und sich in seinen Beziehungen zum physischen Körper auswirken. Diese Probleme sind ziemlich weit verbreitet. Es ist sehr wichtig, daß ihr diese beiden Bahnen der Kräftewirksamkeit klar auseinander haltet. Beide gehen durch den Ätherleib und aus ihm in den physischen Körper, aber nur die eine entsteht aus Schwierigkeiten ätherischer Art oder hat mit diesen zu tun.

Der Ätherleib ist ein Körper, der ganz aus Kraftlinien und aus Punkten besteht, an denen sich diese Kraftlinien kreuzen; diese Kreuzungspunkte bilden Energiezentren. Dort, wo sich viele solche Linien kreuzen, ist ein größeres Energiezentrum, und dort, wo sich große Energieströme kreuzen, wie etwa im Kopf und entlang der Wirbelsäule, befinden sich die Hauptzentren. Es gibt sieben Hauptzentren, 21 geringere und 49 kleinere Zentren, die den Esoterikern bekannt sind. Hier wollen wir uns jedoch auf den Ätherkörper als ganzes und auf die sieben Hauptzentren beschränken. Trotzdem mag es für euch von Interesse sein, zu erfahren, wo die 21 kleineren Zentren liegen; sie befinden sich an folgenden Stellen:

Zwei liegen vor den Ohren, nahe der Stelle, wo die Kinnbacken zusammentreffen.

Je eines liegt gerade über jeder Brustseite.

Eines liegt an der Stelle, wo die Brustbeine zusammentreffen, in der Nähe der Schilddrüse. Dieses bildet mit den beiden Brustzentren ein Kräftedreieck.

Je eines liegt in jeder Handfläche.

73] Je eines liegt in jeder Fußsohle.

Zwei liegen gerade hinter den Augen.

Zwei sind mit den Keimdrüsen verbunden.

Eines liegt in der Nähe der Leber.

Eines steht mit dem Magen im Zusammenhang; es ist daher mit dem Solarplexus verbunden, jedoch nicht identisch mit ihm.

Zwei sind mit der Milz verbunden. Eigentlich bilden sie ein einziges Zentrum, aber dieses entsteht dadurch, daß die beiden übereinander gelagert sind.

Je eines liegt in jeder Kniekehle.

Es gibt ein mächtiges Zentrum, das in engem Zusammenhang mit dem Vagusnerv steht. Es ist sehr stark und wird von manchen okkulten Schulen als ein Hauptzentrum angesehen; es liegt nicht an der Wirbelsäule, sondern in geringer Entfernung von der Thymusdrüse.

Eines liegt in der Nähe des Solarplexus und verbindet diesen mit dem Zentrum an der Basis der Wirbelsäule; dadurch wird ein Dreieck gebildet zwischen dem Sakralzentrum, dem Solarplexus und dem Zentrum an der Basis der Wirbelsäule.

Die beiden in dieser Übersicht genannten Dreiecke haben eine reale Bedeutung. Eines liegt über und eines unter dem Zwerchfell. Es ist natürlich klar, daß dort, wo die Kraft frei durch den Ätherkörper hindurch in den physischen Leib strömen kann, wenig Wahrscheinlichkeit für Krankheit oder Unwohlsein besteht. Es kann jedoch eine verstärkte Tendenz zu Beschwerden vorhanden sein, die durch Überreizung entstehen; daraus ergibt sich natürlich eine Überaktivität des Nervensystems mit allen Begleitproblemen. Diese Kräfte, die da in den dichten Körper Einlaß suchen, sind Strömungen, die aus drei Richtungen kommen (wenn ich einen solchen Ausdruck gebrauchen darf):

74] 1. Aus den Trägern der Persönlichkeit – dem Astral- und Mentalkörper.
2. Aus der Seele, wenn ein – erkannter oder unerkannter – Kontakt mit ihr hergestellt wurde.
3. Aus der Umwelt, der gegenüber die Träger der Seele und der Persönlichkeit als „Einlaßtore" fungiert haben. Da dies gerade zur Sprache kommt, möchte ich eure Aufmerksamkeit darauf lenken, daß möglicherweise eine Beziehung zwischen diesen „Einlaßtoren" und dem Ausdruck „Die Pforte der Einweihung" besteht.

Wenn diese Zentren, durch welche die aus den genannten Quellen kommende Energie hindurchströmt, im Ruhezustand, unerweckt oder nur teilweise tätig sind, oder wenn deren Schwingungsrhythmus zu langsam ist, dann ist dies ein Hemmungszustand. Daraus entsteht eine Stauung im Ätherleib, und folglich kommt es zu Funktionsschwierigkeiten des physischen Körpers. Eine der gewöhnlichsten davon ist die Lungen-Kongestion, die – obwohl sie exoterisch von bestimmten, klar erkennbaren physischen Ursachen abgeleitet werden kann – in Wirklichkeit dadurch *und* aus einem Zustand innerer, ätherischer Stauung entsteht. Das Zusammenkommen des äußeren, sichtbaren Grundes und der inneren wahren Ursache bringt die Beschwerden zum Ausbruch. Wenn diese beiden Zustände miteinander in Verbindung kommen, wenn also ein physisches Hindernis und eine unerwünschte ätherische Situation besteht, dann bedeutet dies Krankheit, Beschwerde oder Schwäche irgendeiner Art. Jede äußere Stauung kann auf diese beiden Ursachen – eine innere und eine äußere – zurückgeführt werden. In diesen Fällen ist die äußere Ursache nicht eine Auswirkung der

individuellen inneren, und das ist interessant. Ihr werdet also bemerken, daß nicht alle individuellen Übel rein subjektiven oder psychologischen Ursprungs sind, sondern manchmal gleichzeitig
75] exoterische und esoterische Ursachen haben. Darum ist das Problem auch so verwickelt.

Die obige Aussage wirft die ganze Frage über die Tätigkeit der sieben Kraftzentren im Ätherkörper auf. Man kann diese als schlafend oder unerweckt, im Erwachen begriffen, jedoch noch träge tätig, oder als normal funktionierend ansehen; das bedeutet, daß einige Energien, welche die Form eines Zentrums hervorbringen, sich rhythmisch bewegen und daher für Einflüsse empfänglich, andere jedoch noch gänzlich inaktiv und ohne Reaktionsvermögen sind. Andere Zentren sind vielleicht in voller Funktion und ziehen daher jede einströmende Kraft besonders stark an sich; wieder andere tun dies vielleicht nur teilweise. Bei den meisten Menschen sind von den sieben Hauptzentren die Zentren unterhalb des Zwerchfells aktiver als die darüber. Bei Aspiranten sind die Zentren unterhalb des Zwerchfells aktiv, und das Herz- und Kehlzentrum treten allmählich in Funktion, während bei Jüngern sowohl das Ajna-Zentrum als auch die tiefer liegenden Körperzentren sehr rasch erwachen. Beim Eingeweihten kommt das Kopfzentrum zu schwingender Wirksamkeit und bringt damit alle anderen Zentren in einen wirklichen, geordneten Rhythmus. Ein jeder Patient oder Mensch reagiert verschieden, je nachdem auf welchem Strahl er sich befindet; die Reaktionszeit ist ebenfalls unterschiedlich; die Entfaltung geht nicht einheitlich vor sich, die Reaktionen auf die einströmenden Kräfte sind jeweils etwas verschieden.

Wir werden all dies mit gebührender Sorgfalt im Kapitel IX erörtern, das sich speziell mit den sieben Heilmethoden beschäftigt. Ich erwähne es hier nur, um den Grund für das zu legen, was später besprochen werden muß; ich will damit zeigen, daß die Beziehung zwischen Ätherkörper und physischem Leib mit dem Problem des Heilens zusammenhängt. Daraus erhellt, wie wichtig es ist, daß der Heiler – bevor eine wirkliche Heilung zustande kommen kann

– die vom Patienten erreichte Evolutionsstufe und seinen Strahl-
76] typus, sowohl den der Persönlichkeit als auch den des Egos kennen sollte. Wenn der Arzt darüber hinaus noch einigermaßen die astrologischen Tendenzen und Anzeichen des Patienten kennt, dann kann eine viel genauere Diagnose gestellt werden. Der Schlüssel für jede Befreiung (sei es durch physische Heilung der Krankheit oder durch den Tod) liegt darin, daß man den Zustand der Zentren im Ätherleib erkennt und versteht. Diese bestimmen den Grad der körperlichen Schwingungstätigkeit und das allgemeine Reaktionsverhalten des physischen Körpers. Sie bedingen sogar die Tätikeit und Genauigkeit der Instinktnatur und deren Beziehung zum Leben auf der äußeren Ebene, sowie die „Ganzheit“ und die allgemeine Gesundheit des sympathischen Nervensystems.

A. Stauung.

Viele wirkliche Schwierigkeiten können darauf zurückgeführt werden, daß irgendwo eine Stauung besteht oder daß es am freien Spiel der Kräfte mangelt. Man könnte in diesem Zusammenhang darauf hinweisen, daß der Ätherkörper ein Mechanismus des Hereinströmens und des Hinausfließens ist. Infolge dessen besteht eine eigentümliche, innige Beziehung zwischen ihm und solchen Organen wie den Lungen, dem Magen und den Nieren. Wenn man die hier bestehende Symbolik richtig versteht, weist sie darauf hin, daß eine tiefe esoterische Beziehung besteht zwischen:

1. Dem Denken und den Lungen. Der Atemprozeß mit seinen Stadien der Einatmung, der Zwischenpause und der Ausatmung wirkt sich sowohl für den mentalen wie für den physischen Kraft-Aspekt aus.
2. Der Begierdennatur und dem Magen. Auch hier finden wir wieder den Vorgang des Einnehmens, der Einverleibung und der Ausscheidung.
3. Dem Ätherkörper selbst und den Nieren mit den in beiden

Fällen klar umgrenzten Prozessen der Absorbtion, der chemischen Umsetzung und der Weiterleitung.

Es gibt kein Symbol, das den gesamten Schöpfungsprozeß mit
77] solch verhältnismäßiger Genauigkeit darstellt, wie der menschliche Organismus.

Eine Stauung im Ätherleib, die viel Bedrängnis im physischen Körper verursacht, kann demnach an der Zuflußstelle aus dem Astralleib oder aus der Astralebene bestehen (beachtet diese Ausdrucksweise und die Unterscheidung) oder an der Ausflußstelle zu dem Zentrum, zu dem die betreffende Ätherkraft am leichtesten hinströmt und durch das sie am leichtesten hindurchfließt. Besteht kein freies Kräftespiel zwischen Äther- und Astralkörper, so tritt eine Störung ein. Besteht kein freies Kräftespiel zwischen ätherischem und physischem Leib (wobei auch die Nervenganglien und das endokrine System in Mitleidenschaft gezogen sind), so entsteht ebenfalls eine Störung. Die enge Beziehung zwischen den sieben Hauptzentren und den sieben Hauptdrüsen des physischen Systems darf nie vergessen werden. Beide Gruppen bilden ein eng verflochtenes Leitsystem, wobei die Drüsen und deren Funktion durch den Zustand der ätherischen Zentren bestimmt werden. Diese sind ihrerseits wieder abhängig von der Evolutionsstufe und dem Erfahrungsschatz der inkarnierten Seele, von ihrer spezifischen Polarisierung, sowie von den Strahlen (der Persönlichkeit und der Seele) des Menschen. Vergeßt nicht, daß die fünf Aspekte des Menschen (während seines Wirkens in den drei Welten) von ganz bestimmten Strahlkräften bestimmt werden: Vom Strahl der Seele, vom Strahl der Persönlichkeit, und von den Strahlen des mentalen, astralen und physischen Körpers. Sie alle werden im kommenden Neuen Zeitalter entdeckt und genau betrachtet werden, und dieses Wissen wird dem Heiler den *wahrscheinlichen* Zustand der Zentren, die Reihenfolge ihres Erwachens und die Charakteristik eines jeden Zentrums offenbaren. Die neue medizinische Wissenschaft wird sich vornehmlich auf die Wissenschaft von den Zentren aufbauen, und auf diesem Wissen wird jede Diagnose und mögliche Heilung beruhen. Der Endokrinologe beginnt erst allmählich Möglichkeiten zu erblicken, und vieles von dem, worauf er heute seine Aufmerksamkeit richtet, birgt die Keime künftiger Wahrheit in sich.

78 Das „Im-Gleichgewicht-Halten des Drüsensystems" und die Beziehung der Drüsen zum Blutkreislauf, auch zum Charakter und zu den mannigfachen Veranlagungen sind Erwägungen, die wirklichen Wert haben und denen zu folgen lohnt. Es bleibt jedoch noch viel zu entdecken, bevor man sich wirklich sicher mit den Drüsen beschäftigen und ihnen das Hauptinteresse zuwenden kann (was eines Tages bei allen Krankheitsformen der Fall sein wird).

Überall in dieser kurzen Abhandlung werde ich Hinweise einstreuen, die helfen werden, den vorurteilslosen Forscher in die rechte Richtung zu führen. Bevor ich nun dazu übergehe, die Beziehung des Ätherkörpers (als Einheit) zum physischen Körper zu besprechen, möchte ich noch darauf hinweisen, daß ich die Komplikationen der *Stauung* an die erste Stelle auf der Liste von Krankheiten setze, die aus dem Ätherleib stammen, denn sie ist gegenwärtig – und auch noch für ein paar Jahrhunderte lang – die Hauptursache für die Beschwerden, an denen die großen Massen oder jene Menschen leiden, die wir esoterisch die „Solar-Sakral-Menschen" nennen. Dies kommt zum Teil davon, daß sich die Gesamtmenschheit seit langen Zeiten Unterdrückung und Hemmung angewöhnt hat. Eben diese Stauung an den Eingangs- und Ausgangstoren im Ätherkörper ist die Ursache für die Behinderung des freien Stromes der Lebenskraft, was dazu führt, daß der Mensch sehr rasch Krankheiten zum Opfer fällt. Ihr werdet erleben, daß auch aus diesem Grund sorgfältig ausgearbeitete Atemübungen mit ihren subtilen Wirkungen bei der Reorganisierung und Regulierung der feineren Körper (besonders des Äther- und Astralleibes) in immer größerem Umfang zur Anwendung kommen werden. Das derzeit weit verbreitete Interesse an Atemübungen beweist die innerliche Anerkennung dieser Tatsache, obwohl über die Methoden und Wirkungen noch nicht genug bekannt ist.

Noch etwas möchte ich bemerken: Die Stauungsstellen können entweder in einem Zentrum des Astral- oder des Ätherkörpers vorkommen, und dies wird der Heiler ermitteln müssen.

B. Mangel an innerer Harmonie und Integration.

79] Wir kommen nun zu einer kurzen Betrachtung der zweiten Möglichkeit für Beschwerden im Ätherkörper, die wir in unserer Übersicht „Mangel an innerer Harmonie und Integration" genannt haben. Dieser Zustand ist heute ganz besonders stark verbreitet und die Ursache für sehr viele Beschwerden. Der Ätherleib ist die innere „substantielle" Form, nach welcher der physische Körper aufgebaut ist. Er ist das innere Gerüst, das jedem Teil des ganzen äußeren Menschen zugrunde liegt; er ist das Fachwerk oder Gestell, welches das Ganze stützt und erhält, und wonach die äußere Form gebildet ist; er besteht aus dem unendlich verwickelten Netzwerk von Nadis, dem Gegenstück oder Duplikat-Aspekt des ganzen Nervensystems, das ein so wichtiger Teil des menschlichen Organismus ist. Demnach ist er zusammen mit dem Blutstrom ganz klar das Werkzeug der Lebenskraft. Besteht also eine schwache Stelle in der Beziehung zwischen diesem inneren Gerüst und der äußeren Form, so muß, wie euch klar sein wird, eine ernste Beschwerde auftreten. Diese Beschwerde kann dreierlei Gestalt annehmen:

1. Die dichte physische Form ist mit dem ätherischen Gegenstück zu lose verbunden. Das bewirkt einen Zustand der Entkräftung und Schwäche, der den Menschen für Beschwerden und Krankheiten anfällig macht.
2. Der Zusammenhang ist in irgendeiner Hinsicht oder an einem bestimmten Punkt unzureichend. Die Lebenskraft kann nicht in genügendem Maße durch gewisse Brennpunkte oder Zentren strömen, und dadurch entsteht eine deutliche Schwäche in einem Teil des physischen Körpers. So ist zum Beispiel Impotenz eine

solche Schwäche, die Neigung zu Kehlkopfentzündung eine andere – um nur zwei ganz verschiedene Übel zu erwähnen.

3. Der Zusammenhang kann auch grundsätzlich so lose und schlecht sein, daß die Seele nur sehr wenig Gewalt über ihr äußeres Manifestations-Instrument hat, weshalb leicht Besessenheit eintre-
80] ten kann. Dies ist ein extremes Beispiel für die Schwierigkeiten, die mit diesem Zustand verbunden sind. Andere sind gewisse Formen der Ohnmacht oder des Bewußtseinsverlustes und des „petit mal".

Andererseits bestehen natürlich auch die genau umgekehrten Zustände, wenn nämlich der Ätherkörper so eng und fest mit der Persönlichkeit verbunden oder integriert ist – gleichgültig, ob er von hochentwickelter Art oder einfach ein gewöhnlicher Ätherleib ist – daß ein jeder Teil des physischen Körpers sich ständig in einem Erregungszustand, in einer galvanischen Anstrengung befindet. Daraus ergibt sich eine Aktivität im Nervensystem, die – wenn sie nicht richtig geregelt wird – zu sehr großer Bedrängnis führen kann. Darauf gehe ich in dem nächsten Abschnitt *„Überreizung der Zentren"* ein. Ob nun die Verbindung zu lose oder zu fest ist – in beiden Fällen kommt es zu Störungen, obwohl die erste meistens bedenklicher ist als die letztere. Ich habe hier genug mitgeteilt, um zu zeigen, wie interessant und wichtig ein Studium des Ätherkörpers sein kann. Das ganze Thema des Heilens ist mit der Entwicklung, Entfaltung und Beherrschung der sieben Hauptzentren verknüpft.

C. *Überreizung der Zentren.*

Ich könnte meinen Ausführungen über die aus dem Ätherleib stammenden Krankheitsursachen noch vieles hinzufügen, aber ich werde dieses Thema in Teil II (in dem Abschnitt über bestimmte Grunderfordernisse) eingehender behandeln. Stauung, mangelnde Integration, Überreizung der Zentren – das sind offensichtlich grundlegende Ursachen, so weit es sich um den physischen Körper handelt, aber sie sind häufig nur Auswirkungen von subtileren Ursachen, die im Leben des Astral- und Mentalkörpers verborgen liegen; manchmal rühren sie – wie im Falle der Überreizung der Zentren – auch von Kontakten mit der Seele her. Der Ätherleib **81]** reagiert normal und seiner Bestimmung gemäß auf alle Zustände in den feineren Körpern. Er ist seinem Wesen nach Übermittler, nicht Verursacher; nur die Unzulänglichkeit des Beobachters kann diesen dazu verleiten, die Ursachen für körperliche Übel dem Ätherleib zuzuschreiben. Er ist eine Sammel- und Ausgleichstelle für alle Kräfte, die den physischen Körper erreichen, vorausgesetzt, daß die Evolutionsstufe des Menschen die verschiedenen Kraftzentren in einen Zustand gebracht hat, der diese Zentren für irgendeine bestimmte Kräfteart empfänglich macht. Die Zentren können sich, esoterisch gesehen, in einem der fünf folgenden Zustände befinden, die man mit folgenden Worten beschreiben kann:

1. Geschlossen, regungslos und still, und doch mit Zeichen von Leben, schweigend und tief in Trägheit versunken.
2. Sich öffnend, entsiegelt und zart mit Farbe getönt; das Leben pulsiert.
3. Beseelt, lebendig, in zweierlei Hinsicht aktiv; die beiden kleineren Tore sind weit geöffnet.
4. Strahlend und mit schwingendem Ton Fühlung suchend mit allen zugehörigen Zentren.
5. Sie sind ineinander übergegangen und jedes Zentrum wirkt mit jedem anderen in rhythmischer Übereinstimmung. Die Lebenskraft strömt von allen Ebenen her hindurch. Die Welt steht weit geöffnet.

Mit diesen fünf Stadien, in denen sich der Ätherleib erweitert und zur *dynamischen Lebensessenz* aller Wesensäußerung auf der physischen Ebene wird, haben die fünf Menschenrassen (mit der lemurischen als erster) eine Beziehung, ebenso die fünf Ebenen

menschlicher und übermenschlicher Lebensäußerung, die fünf Bewußtseinsstadien und die verschiedenen anderen Fünfergruppen, denen man in der esoterischen Philosophie begegnet. Nebenbei könnte der Hinweis wertvoll und interessant sein, daß der Fünfstern nicht nur das Zeichen und Symbol der Einweihung und schließlich des vollendeten Menschen ist, sondern auch das Grundsymbol
82] des Ätherkörpers und jener fünf Zentren, die den vollendeten Menschen beherrschen: Die beiden Kopfzentren, das Herz- und Kehlzentrum und das Zentrum am unteren Ende der Wirbelsäule. Wenn diese Zentren völlig erweckt sind und im richtigen Rhythmus miteinander wirken, dann bilden die verschiedenen Fünfergruppen, die ich oben erwähnt habe, einen integralen Teil im Bewußtsein des vollkommenen Menschen.

Obwohl diese Mitteilung nur indirekt mit der Heilwissenchaft zu tun hat, so hat doch die ganze Angelegenheit zu dem Thema „Energie" eine Beziehung, denn Energie hängt in irgendeiner Form mit Krankheits-Ursachen und -Auswirkungen zusammen, da Krankheit die unerwünschte Wirkung ist, die eine Energie auf jene Energie-Einheit ausübt, die wir Atom nennen.

Man sollte daran denken, daß der Ätherleib des Menschen ein integraler Teil vom Ätherkörper des planetarischen Logos ist; daher ist er ursächlich mit allen Formen verbunden, die sich in diesem Körper und in allen Naturreichen befinden. Er ist ein Teil der Substanz des Universums, ist der planetarischen Substanz zugeordnet und stellt daher die wissenschaftliche Grundlage für die Wesenseinheit dar.

Wenn ihr mich fragen solltet, was in Wirklichkeit hinter aller Krankheit und Vereitelung, allem Irrtum und Mangel an göttlicher Wesensäußerung in den drei Welten steht, so würde ich sagen, daß es die *Neigung zur Absonderung* ist, aus der die Hauptschwierigkeiten des Ätherkörpers herrühren; dazu kommt noch, daß die äußere Form unfähig ist, auf die inneren, feineren Impulse in angemessener Weise zu reagieren. Das ist die Ursache (wie schon früher erklärt, eine sekundäre Ursache) für die meisten Leiden und

Beschwerden. Der Ätherkörper des Planeten läßt die Kräfte, die Eintritt in das Bewußtsein und in die Wesensäußerung des Menschen auf der physischen Ebene suchen, noch nicht frei und ungehindert ausströmen und zirkulieren. Diese Kräfte gehen vom Menschen selbst aus – soweit er auf den feineren Bewußtseinsebenen wirkt; außerdem kommen sie von verbündeten und erreichten Gruppen, vom planetarischen Leben und schließlich im letzten
83] Grunde aus dem gesamten Universum. Ein jedes der Zentren kann, wenn es voll erweckt ist und bewußt und wissenschaftlich in Anspruch genommen wird, als ein offenes Tor dienen, durch das ein Gewahrwerden dessen eindringen kann, was jenseits des einzelnen Menschenlebens liegt. Der Ätherleib ist grundsätzlich das wichtigste Reaktionswerkzeug, das der Mensch besitzt; er bewirkt nicht nur das richtige Funktionieren der fünf Sinne und schafft damit fünf Hauptmittel für den Kontakt mit der äußeren Welt, sondern befähigt auch den Menschen, die subtileren Welten feinfühlend wahrzunehmen; außerdem stehen ihm auch die geistigen Reiche weit offen, wenn er von der Seele mit Energie erfüllt und beherrscht wird.

Der Ätherkörper ist ganz besonders ein Empfänger für Impressionen, die dem menschlichen Bewußtsein mittels der erweckten Zentren übermittelt werden. So gibt es zum Beispiel kein echtes Hellsehen, solange der Solarplexus oder das Ajna-Zentrum noch nicht erweckt ist. Diese übermittelten Impressionen und Mitteilungen werden zur Antriebskraft, durch die eine bewußte Tätigkeit veranlaßt wird. Es sind viele Ausdrücke im Gebrauch, um diese Kräfte und deren antreibende Wirkungen zu beschreiben, z. B.: Impulse, Anreize, Einflüsse, Wirkkräfte, Wünsche, Bestrebungen, und viele andere, die lediglich Synonyme für Kraft oder Energie sind und somit den gleichen allgemeinen Grundgedanken vermitteln. Alle diese Worte beziehen sich auf bestimmte Tätigkeitsformen des Ätherkörpers, aber nur insoweit als der physische Leib sie registriert und unter ihrer Einwirkung handelt. Das ganze Thema „Antriebskräfte“ ist sehr interessant.

Der Gegenstand unserer Erörterung ist jedoch derart umfassend, daß die Menschheit nur Stück für Stück die Situation erfassen und zu der Erkenntnis kommen kann, daß der Mensch grundsätzlich und wesensgemäß (mittels seines Ätherkörpers) ein integraler Bestandteil eines großen, schwingenden Ganzen ist; nur allmählich wird er verstehen lernen, daß er – durch die Höherentwicklung – darauf hoffen kann, die verschiedenen Bereiche göttlicher Wesensäußerung wahrzunehmen. Erst wenn der Ätherkörper unter dem
84] Einfluß und durch die „ihm eingeprägten Kräfte" der Seele, des Denkvermögens und zeitweilig des Astralleibes zur Tätigkeit veranlaßt wird, kann der Mensch alle Welten, alle Erscheinungen und Bewußtseinszustände erkennen oder wahrnehmen und so jene Allwissenheit gewinnen, die das angestammte Recht aller Gottessöhne ist.

Einstweilen aber und solange der Mensch noch danach strebt, dieses Ziel zu erreichen, entstehen viele Schwierigkeiten durch mangelnde Entwicklung, durch das Unvermögen, wahrnehmen zu können, und wegen der Lebensaufgabe, die verschiedenen Zentren zu erwecken, zu organisieren und sie dann in richtiger Weise mit ein ander in Beziehung zu bringen. Eben dieser Zustand ist in erster Linie der Ausgangspunkt jener Beschwerden, die – in den physischen Körper hinuntergebracht – Krankheiten verschiedener Art und die vielen Spannungen und Stauungen hervorrufen, die Überreizung der Zentren in einem Teil des Ätherkörpers bzw. deren Unterentwicklung in einem anderen Teil bewirken, sowie die ungleichmäßige Entfaltung und Unausgeglichenheit der Zentren verursachen.

In der modernen medizinischen Forschung wird heute viel über die „Unausgeglichenheit" der endokrinen Drüsen diskutiert, und viele physische Beschwerden werden dieser häufig anzutreffenden Unausgeglichenheit zugeschrieben. Aber hinter diesem Zustand des Drüsensystems steht im Grunde die Labilität der Zentren selbst. Erst wenn man eine Kraft, ihren Empfang und ihre daraus folgende Verwendung richtig versteht, wird man das rechte Gleichgewicht erreichen; erst dann wird das endokrine System den physischen Menschen in der vorgesehenen Weise beherrschen und steuern.

Folgende Fragen sollten heute unbedingt studiert werden:

1. Das Problem, eine Kraft in der rechten Weise durch das zugehörige Zentrum zu empfangen. Ein Beispiel dafür könnte man in der rechten Beherrschung des Solarplexuszentrums als desjenigen Zentrums finden, das die astrale Sensitivität registrieren und entsprechend handhaben kann.
2. **85]** Das Problem, ein bestimmtes Zentrum zu der ihm zugehörigen Drüse in rechte Beziehung zu bringen, so daß die Kraft, die durch das Zentrum zu der verwandten Drüsenentsprechung hinströmt, freien Spielraum hat; auf diese Weise wird das spezielle Hormon der Drüse und schließlich auch der Blutkreislauf bestimmend beeinflußt. Wenn ihr diese Kontaktfolge begreift, werdet ihr die okkulte Bedeutung der Worte im alten Testament klarer verstehen: „Das Blut ist das Leben". Es ist die aus dem Ätherleib kommende Lebenskraft, die in den Blutstrom -- über dasjenige Zentrum, das auf einen der sieben speziellen Kräftetypen reagieren kann – und in die diesem Zentrum zugehörige Drüse hineinwirkt. Daraus geht hervor, daß eine enge Beziehung besteht zwischen:

a) Dem Ätherleib als Übermittler einer gewaltigen Ansammlung von Energien und Kräften.
b) Dem endokrinen System, dessen verschiedene Drüsen in Wirklichkeit die äußere Erscheinungsform oder materielle Nachbildung der größeren und kleineren Zentren sind.
c) Dem Herzen, als dem Zentrum des Lebens (so wie das Gehirn das Zentrum des Bewußtseins ist). Vom Herzen aus beginnt das Blut seinen Kreislauf, von dort aus wird es beherrscht. So stehen diese drei großen Systeme miteinander in Verbindung.
d) Dem gesamten Drüsensystem und dem Nervensystem, und zwar

durch das Netz der Nerven und „Nadis", die diesem Netz zugrunde liegen. Diese Nadis sind die Fäden der Lebenskraft, die jedem Teil des Körpers, besonders dem Nervensystem in allen seinen Aspekten zugrunde liegen.

Diesen Problemen und Beziehungen könnte noch etwas hinzugefügt werden. Es handelt sich um die wechselseitige Beziehung, die zwischen allen Zentren hergestellt werden muß, so daß die Kraft in rechtem Rhythmus freien Spielraum im ganzen physischen Körper hat.

86] Es bestehen also bestimmte große, ineinandergreifende Leitsysteme, die den physischen Körper beherrschen, bzw. nicht beherrschen. Dort, wo es an der Beherrschung mangelt, liegt dies an dem Unvermögen, rechte Beziehungen innerhalb des Körpers herzustellen, oder an mangelnder Entwicklung. Die genannten ineinandergreifenden Systeme sind:

1. Das System des Ätherkörpers, das vor allem durch seine sieben Hauptzentren, aber auch durch viele andere Zentren wirkt.
2. Das endokrine System, das vor allem durch die Gruppe der sieben Hauptdrüsen, aber auch durch viele andere, weniger wichtige Drüsen wirkt.
3. Das (sympathische und zerebrospinale) Nervensystem, wobei eine besondere Betonung auf den Vagusnerv mit seiner Wirkung auf das Herz und folglich auch auf den Blutstrom gelegt wird.

Alle diese Punkte müssen in Betracht gezogen und in jedem okkulten Heilsystem miteinander in Beziehung gebracht werden. Der technische Stoff, den man beherrschen muß, ist letzten Endes viel weniger kompliziert als das umfassende System, das von der orthodoxen Medizin und Chirurgie aufgebaut worden ist. Gerade weil es an dem harmonischen Zusammenwirken zwischen diesen drei

Systemen mangelt, vermag die Heilkunst heute nicht all das zu erreichen, was sie will. Sie hat schon viel geleistet, aber sie muß einen Schritt weiter gehen, nämlich zur ätherischen Ebene hin, bevor sie den wirklichen Schlüssel zur Krankheit und deren Heilung finden kann.

So zeigen zum Beispiel mangelnde Lebenskraft und die üblichen subnormalen Zustände, mit denen wir so vertraut sind, Trägheit des Ätherleibes und dessen ungenügende Lebenskraft an. Aus dieser Trägheit des Vitalkörpers können sich sowohl physische wie psychische Folgen ergeben, weil die Drüsen des physischen Leibes nicht ihre normale Funktion ausüben; bekanntlich bedingen und bestimmen die Drüsen sowohl die physische Lebensäußerung des Menschen als auch sein Gefühls- und Gedankenleben, insoweit sie imstande oder außerstande sind, durch das Instrument des physischen Körpers Ausdruck zu finden. Die Drüsen bedingen und be-
87] einflussen nicht den inneren Menschen oder seine Bewußtseinszustände, aber sie können verhindern, daß sich diese inneren Zustände äußerlich manifestieren oder auswirken – und sie tun das auch. Umgekehrt kann ein zu mächtiger Ätherkörper und eine Überreizung bestimmter Zentren das Nervensystem zu sehr beanspruchen und infolgedessen zu ausgesprochenen Nervenstörungen, zu Migräne, zu einem unausgeglichenen Gedanken- und Gefühlsleben und in manchen Fällen sogar zu Geisteskrankheiten führen.

Ich habe dieses Thema etwas ausführlicher behandelt, weil die Beziehung des Ätherkörpers zum physischen Leib und dessen Empfänglichkeit für die inneren Energien einen ganz entscheidenden Einfluß auf den Menschen haben. Wir müssen uns dies immer wieder vor Augen halten, wenn wir die Krankheitsursachen studieren, die aus dem Mentalkörper stammen, oder die durch eine Aktivität der Seele im Leben des Jüngers entstanden sind, oder wenn wir die Vorgänge erforschen, durch die ein Mensch zur Einweihung vorbereitet wird. Der Ätherleib muß immer als Übermittler innerer Energien an die äußere Ebene fungieren (und das tut er auch unabänderlich), und der physische Körper muß lernen, darauf zu

reagieren und diese Energien zu erkennen. Die Wirksamkeit der Übertragung und die daraus folgende physische Aktivität hängt stets von den Zentren ab, die ihrerseits wieder die Drüsen beeinflussen; diese bestimmen später die Wesensart und Bewußtseinsäußerung des Menschen. Wenn die Zentren erweckt und aufnahmefähig sind, dann ist auch das physische Werkzeug fähig, auf die hindurchströmenden Kräfte zu reagieren. Wenn die Zentren noch schlafen und nur wenig Kraft übermittelt werden kann, dann ist auch das physische Werkzeug träge und ohne Reaktionsvermögen. Sind die Zentren unter dem Zwerchfell erweckt, die oberhalb des Zwerchfells aber noch nicht, dann haben wir es mit einem Menschen zu tun, dessen Bewußtsein in der tierischen und emotionellen Natur konzentriert ist; daher werden viele seiner physischen Krankheiten mit den Regionen unterhalb des Zwerchfells zu tun haben. Ihr könnt also erkennen, wie kompliziert und verwickelt
88] diese ganze Angelegenheit ist – so vielschichtig, daß man sie erst dann wirklich verstehen wird, wenn die Menschen die verlorene Fähigkeit zurückerlangen, „das Licht des Ätherkörpers und dessen sieben Zentren zu sehen“, und durch einen in den Händen und Fingern weiterentwickelten Tastsinn das Maß (den Grad) der Vibration in den verschiedenen Zentren festzustellen. Wenn einmal diese beiden Mittel der Erkenntnis zur Verfügung stehen, dann wird das ganze Thema des Ätherkörpers eine neue Bedeutung gewinnen und in der richtigen Weise verstanden werden.

3. *Ursachen, die aus dem Mentalkörper stammen.*

Ich begann diesen Abschnitt unserer Studien mit den Ursachen, die im Astral- und Ätherkörper entstehen, denn sie sind die hauptsächlichen Quellen für Störungen; dies beruht auf der Tatsache, daß die große Masse der Menschen astral polarisiert ist, ebenso wie die meisten Formen des Tierreiches im Ätherischen zentralisiert sind. Die in das Tierreich einströmenden Kräfte kommen vor allem aus den ätherischen und den grob-physischen Lebensbereichen. Die höheren Tiere werden jedoch infolge der Entwicklung, die durch ihren Kontakt mit Menschen gefördert wird, allmählich empfänglich für Kräfte, die aus der Astralebene kommen; so entwickeln sich bei ihnen Handlungen und Reaktionen, die nicht mehr rein instinktiver Natur sind.

Da sich in der arischen Rasse das Denkvermögen entfaltet, können jetzt gewisse Schwierigkeiten im physischen Körper auftreten. Deren Ursprung ist im Grunde nicht mentaler Art, sondern vor allem der Tatsache zuzuschreiben, daß der (aktive und harmonisch integrierte) Mentalkörper ein Übermittler für die Seelenenergie ist, und daß diese in den physischen Körper einströmende Seelenenergie gewisse Überreizungen und Schwierigkeiten im Nervensystem hervorbringen kann. Es ist also die übermittelte Energie, welche die Störungen verursacht, und nicht das Denkvermögen selbst. Das werde ich ein wenig später eingehend erläutern.

A. Falsche gedankliche Einstellungen.

89] Ich möchte mich zuerst einmal mit der Grundvoraussetzung beschäftigen, daß Krankheit und physische Leiden nicht aus falschem Denken entstehen. Es ist viel wahrscheinlicher, daß sie überhaupt nicht durch das Denken, sondern durch das Unvermögen verursacht werden, jene fundamentalen Gesetze zu befolgen, die das Denken Gottes bestimmen. Ein interessantes Beispiel für dieses Unvermögen ist die Tatsache, daß der Mensch nicht dem *Grundgesetz des Rhythmus* folgt, das über alle Naturvorgänge herrscht; und der Mensch ist ja ein Teil dieser Natur. Auf dieses Unvermögen, nach dem Gesetz der Periodizität zu leben, können wir einen großen Teil der Schwierigkeiten zurückführen, die sich aus dem Gebrauch oder Mißbrauch des Geschlechtstriebes ergeben. Statt daß der Mensch sich durch das zyklische Auftreten des Geschlechtsimpulses leiten ließe und sein Leben also durch einen deutlichen Rhythmus bestimmt würde, gibt es gegenwärtig nichts dergleichen, außer den Zyklen, welche die Frau durchmacht; und diesen wird wenig Beachtung geschenkt. Der Mann wird jedoch nicht von solchen Zyklen gezügelt, und er unterbricht auch den Rhythmus, dem der weibliche Körper untergeordnet sein sollte, und der – richtig verstanden – für die Ausübung der Geschlechtsbeziehung bestimmend wäre, wobei der männliche Impuls ebenso einbezogen wäre. Dieses Unvermögen, nach dem Gesetz der Periodizität zu leben und die Begierden einer zyklischen Kontrolle zu unterwerfen, ist eine der hauptsächlichen Krankheitsursachen; und insoweit diese Gesetze auf der Mentalebene zu Gedankenformen werden, könnte man mit Recht sagen, daß ihre Übertretung eine mentale Grundlage hat. Dies könnte der Fall sein, wenn die Menschheit mental wirkte, aber es ist ja nicht so. Gerade in unserer heutigen modernen Welt übertreten allmählich immer mehr Menschen diese mentalen Gesetze, und zwar besonders das Gesetz der Zyklen, das die Gezeiten festlegt, die Weltereignisse beherrscht und auch den einzelnen Menschen bestimmen und somit rhythmische Lebensgewohnheiten begründen sollte, – die zu den wichtigsten Antriebskräften für gute Gesundheit gehören.

90] Dadurch, daß der Mensch dieses Gesetz des Rhythmus gebrochen hat, brachte er die Kräfte in Unordnung, die – richtig angewandt – darauf hinwirken, den Körper in einen gesunden, unverdorbenen Zustand zu versetzen. Durch Mißachtung dieses Gesetzes hat er den Grund gelegt für jene allgemeine Schwächlichkeit und jene eingeborenen organischen Tendenzen, die einen Menschen zu schwacher Gesundheit veranlagen und jenen Keimen und Bakterien Einlaß gewähren, welche die äußeren Formen bösartiger Krankheiten hervorbringen. Wenn einmal die Menschheit ihren klaren Blick für die rechte Nutzung der Zeit (die das Gesetz des Rhythmus auf der physischen Ebene bestimmt) zurückgewinnt und die für die verschiedenen Manifestationen der Lebenskraft auf der physischen Ebene maßgebenden Zyklen feststellen kann, dann wird das, was früher eine instinktive Gewohnheit war, zur vernunftgeleiteten Praxis in der Zukunft. Damit wird eine völlig neue Wissenschaft gegründet werden; der Rhythmus der natürlichen Vorgänge und die gewohnheitsmäßige Einhaltung richtiger Zyklen der physischen Funktionen wird ein neues Zeitalter der Gesundheit und gesunder physischer Bedingungen für die gesamte Menschheit bringen. Ich sagte „gewohnheitsmäßige Einhaltung", denn in dem Maße, wie sich das Hauptinteresse der Menschen höheren Werten zuwendet, wird auch die physische Hülle außerordentlich viel gewinnen; durch rechte rhythmische Lebensweise, durch richtiges Denken und durch den Kontakt mit der Seele wird eine dauerhafte gute Gesundheit erlangt werden.

Es gibt also sehr wenige im Mentalkörper begründete Übel, denen der physische Körper zum Opfer fällt. Es ist auch äußerst schwer festzustellen, von welcher Art sie sind. Für dieses Versagen der Statistik gibt es zwei Gründe:

1. Die Tatsache, daß verhältnismäßig sehr wenige Menschen mental polarisiert, also Denker sind.
2. Die Tatsache, daß die große Masse der Krankheiten ätherischer oder astraler Natur ist.

Ein weiterer Grund für diese Schwierigkeit ist der, daß die Gedanken- und Gefühlsreaktionen des Menschen so eng ineinander verstrickt sind, daß es auf dieser Evolutionsstufe nicht leicht ist,
91] Gefühle und Gedanken zu trennen oder zu sagen, daß diese oder jenen Krankheiten im Astral- bzw. Mentalkörper entstehen, oder daß bestimmte Übel von falschem Fühlen, andere von falschem Denken herrühren. Im Verhältnis zur Gesamtmenschheit wird die Denkarbeit, die heute in der Welt getan wird, eigentlich nur von wenigen Menschen geleistet. Die übrigen sind beschäftigt mit Empfindungen, mit sinnlicher Wahrnehmung, mit den vielen verschiedenen Aspekten des Gefühllebens, wie Reizbarkeit, Kummer, akutes Angstgefühl, Streben nach einem ersehnten Zweck oder Ziel, Depression, sowie mit dem dramatischen Leben der Sinne und dem Bewußtseinszustand „Ich bin Mittelpunkt". Nur wenige leben in der Welt des Denkens, und noch weniger in der Welt der Wirklichkeit. Wenn die Menschen wirklich in diesen Welten leben, er-

freuen sie sich ganz bestimmt im Durchschnitt einer besseren Gesundheit, denn es besteht eine bessere Integration und infolgedessen ein freieres Spiel der Lebenskräfte in allen Wesensgliedern.

B. Mentaler Fanatismus. Über die Vorherrschaft von Gedankenformen.

Ich möchte hier darauf hinweisen, daß die Krankheiten und Beschwerden – die sich aus dem ergeben, was ich falsche mentale Einstellungen, fanatische Bestrebungen, vereitelten Idealismus und durchkreuzte Hoffnungen genannt habe – sich in drei Kategorien gliedern; ein Studium dieser Kategorien wird euch zeigen, daß sie letzten Endes überhaupt nicht mentalen Ursprungs sind, sondern in erster Linie durch hereinkommende Gefühlswallungen entstehen.

1. Da sind zunächst jene Leiden, die sich infolge einer aufgezwungenen physischen Tätigkeit oder Arbeit einstellen; sie finden ihren Ansatzpunkt in diesen mentalen Zuständen. So führen sie zum Beispiel zu wilder Aktivität und Überarbeitung, weil man entschlossen ist, keinen Mißerfolg hinzunehmen, sondern den Plan durchzuführen. Das Ergebnis ist häufig ein Zusammenbruch des Nervensystems, was hätte vermieden werden können, wenn man den Mentalzustand geändert und einen richtigen Rhythmus auf der physischen Ebene erreicht hätte. Aber es war weit mehr das Wirken der physischen Natur als der Gedankenzustand, was die Beschwerden verursacht hat.

92] 2. Dann gibt es jene Schwierigkeiten, die durch eine gewisse Rebellion, die das ganze Leben beeinflußt, und durch heftige Gefühlsreaktionen entstehen. Diese können zum Beispiel darauf beruhen, daß man sich den großen Plan zwar in Gedanken vorstellen kann, daß aber dann gleich die Erkenntnis hinzukommt, daß diese Pläne sich nicht verwirklichen – oft infolge der Unzulänglichkeit der physischen Ausrüstung; die Grundursache für die Krankheit ist jedoch die emotionelle Rebellion, nicht der mentale Zustand. Bitterkeit, Widerwille, Haß und das Gefühl des vergeblichen Bemühens können tatsächlich viele der heute herrschenden Vergiftungserscheinungen sowie jenen Zustand allgemeiner Vergiftung und schlechter Gesundheit hervorbringen, an denen viele Leute gewohnheitsmäßig leiden. Ihr geistiger Weitblick ist größer als das, was sie erreichen, und dies führt zu emotionellen Leiden. Das Heilmittel für diesen Zustand liegt in dem einfachen Wort *Hinnehmen*. Es ist dies kein negativer Zustand, bei dem man sich zu einem unterwürfigen, untätigen Leben zurückzieht, sondern das positive Hinnehmen eines Zustandes (in Gedanken und im praktischen Tun), der gegenwärtig unvermeidbar erscheint. So verschwendet man keine Zeit dafür, um das Unmögliche zu versuchen, sondern macht die rechten Anstrengungen, um das Mögliche voranzubringen.

3. Jene Schwierigkeiten, die dadurch entstehen, daß das physische Werkzeug nicht imstande ist, den Forderungen des Gedankenlebens des betreffenden Menschen nachzukommen. Diese Schwierigkeiten sind natürlich und meistens ein Teil der physischen Erbschaft, und wo dies der Fall ist, kann man normalerweise nicht viel tun; wenn aber das Streben wirklich ausdauernd ist, kann man noch viel erreichen: man kann den Zustand bessern und die Grundlage für ein besser funktionierendes Instrument in einem anderen Lebenslauf schaffen.

Es ist nötig, daß ich hier so kurz wie möglich das Problem des mentalen Heilens sowie die Lehre, daß alle Krankheiten das Ergebnis falschen Denkens seien, anschneide. Ihr beginnt jetzt mit der Arbeit, und deshalb möchte ich, daß ihr über diesen Punkt Klarheit gewinnt. Die beiden genannten Probleme stehen in enger Be-
93] ziehung zueinander. Wir könnten sie in Form zweier Fragen ausdrücken:

1. Ist Krankheit ein Ergebnis des Denkens?
2. Kann die Kraft des Denkens heilende Wirkung haben, wenn sie von einem einzelnen Menschen oder einer Gruppe angewandt wird?

In Anbetracht der Tatsache, daß, wie bereits erwähnt, viele Krankheiten latent im Baustoff unseres Planeten selbst stecken, ist es klar, daß das menschliche Denken nicht die Ursache von Krankheiten ist. Es hat sie schon gegeben, bevor die Menschheit auf diesen Planeten kam. Es gibt Krankheiten in der Mineralwelt, im Pflanzenreich und ebenso unter den Tieren, auch wenn sie frei und ungestört von Menschen in ihrer natürlichen Umgebung leben. Also kann der Mensch nicht für Krankheit verantwortlich gemacht werden, und sie ist auch nicht das Ergebnis falschen menschlichen Denkens. Auch das beantwortet die Frage nicht, wenn man sagt, daß Krankheit also aus dem falschen Denken des planetarischen oder solaren Logos herrühren müsse. Damit weicht man der Frage und dem Kern der Sache aus.

Ich möchte euch hier an die beiden Definitionen für die Krankheitsursachen erinnern, die ich schon früher angegeben habe; ich möchte sie eurer sorgfältigen Aufmerksamkeit empfehlen:

> „Alle Krankheit ist das Ergebnis gehemmten Seelenlebens; das gilt für alle Formen in allen Reichen."
>
> „Krankheit entsteht durch drei Einflüsse und ist diesen unterworfen. Es sind dies: 1. Des Menschen eigene Vergangenheit, womit er den Preis für weit zurückliegenden, uralten Irrtum zahlt. 2. Seine (und der ganzen Menschheit) Erbmasse an jenen verdorbenen Energieströmen, die einen Gruppenursprung haben. 3. Er hat mit allen Naturformen das gemeinsam, was der Herr des Lebens Seinem Körper auferlegt. Diese drei Einflüsse nennt man ‚*Das Urgesetz des Teilhabens am Übel*'. Dieses Gesetz muß eines Tages jenem neuen ‚*Gesetz des seit Urzeiten herrschenden Guten*' weichen. Dieses Gesetz wird durch den geistigen Willen des Menschen zur Wirksamkeit gebracht werden."

94] Wenn man die vier hier gegebenen Krankheitsursachen genau untersucht, so wird man bemerken, daß Krankheit schließlich einmal dadurch eingedämmt werden wird, daß die Seele in allen Formen freien Spielraum bekommt; dies wird dadurch zustande kommen, daß der Mensch seinen geistigen Willen wirksam anwendet. Wir könnten es noch anders ausdrücken, indem wir sagen: Wenn Seelenenergie und der richtig angewandte Wille (der im Menschen das Abbild und Werkzeug der Willensenergie der Seele ist) freigemacht und in der richtigen Weise vom Denken gelenkt werden, kann man die Krankheit in die Hand bekommen und ihr schließlich ein Ende machen. Krankheit kann also dadurch beherrscht werden, daß man den niederen Kräften eine höhere Energie und einen höheren Rhythmus auferlegt. Krankheit entsteht demnach im physischen Körper aus dem Unvermögen, diese höheren Energien und Rhythmen hereinzubringen; und das hängt wiederum von der Entwicklungsstufe ab.

Gerade das undeutliche Empfinden dieses Unvermögens und die Erkenntnis dieser Tatsachen hat so viele Gruppen zu dem Glauben verleitet, Krankheit könnte durch Gedankenkraft geheilt werden, und das Auftreten von Krankheit sei falschem Denken zuzuschreiben. In Wirklichkeit aber muß die Menschheit eines Tages lernen, daß nur das höhere Bewußtsein der Seele, das durch das Denkvermögen wirkt, dieses schwierige Problem entgültig lösen kann.

Wir können folglich nicht zustimmen, wenn man als allgemeine Regel annimmt, die Krankheit habe irgendeine Beziehung zum Denken. Es handelt sich einfach um den Mißbrauch oder die falsche Anwendung der Kräfte in den ätherischen, astralen und grobphysischen Bereichen. Die große Mehrheit der Menschen ist nicht in der Lage, in dieser Hinsicht etwas zu tun, denn die Kräfte, die zum Beispiel den physischen Körper ausmachen, durch ihn hindurchgehen und auf ihn einwirken, stammen aus einer weit zurückliegenden Vergangenheit und sind ein Bestandteil der Umwelt und des Gruppenlebens, in das die Menschen eingefügt sind und das sie mit allen ihren Gefährten teilen. Einer solchen Kraft-Materie haften die Folgen alter, falscher Rhythmen, Mißbrauch der Kräfte und ererbter

Qualitäten an. Seelenenergie, die durch rechtes Denken zum Ausdruck kommt, kann die Krankheiten heilen, für welche der Mensch empfänglich ist. Es liegt an dem Unvermögen zu denken, die höheren Bewustseinszustände wahrzunehmen und zum Ausdruck zu bringen, daß es zu falschen Rhythmen kommt. Ich wiederhole also: Krankheit ist keine Folgeerscheinung des Denkens.

C. Vereiteltes ideales Streben.

95] Es gibt jedoch gewisse Krankheiten, die im physischen Mechanismus auftreten und ausgesprochen daher stammen, daß eine (aus spezifischem Denken resultierende) Aktivität vom Gefühlsleben des Menschen imprägniert und bestimmt worden ist, und gerade das Gefühlsleben ist ja eine ergiebige Quelle für Krankheiten und für das Auftreten falscher Rhythmen. Es wird also die physische Störung in Wirklichkeit nicht durch das Vorherrschen mentaler, sondern emotioneller Energie verursacht. Ich spreche hier nicht von den Krankheiten des Nervensystems und des Gehirns, welche die Folge einer Überreizung, und einer (oft vom Denkvermögen oder von der Seele herkommenden) Energie-Stoßwelle auf ein Instrument sind, das nicht imstande ist, diese Energien zu handhaben. Diese Krankheiten werden wir später besprechen. Ich spreche hier nur von den aufeinanderfolgenden Ereignissen im psychischen Leben und den daraus sich ergebenden Tätigkeiten:

Krankheit ist eine Form von Aktivität.

1. Denktätigkeit und Denkenergie bewirken (durch die Macht des Denkens), daß der Mensch gewisse Pläne, Idealvorstellungen und Bestrebungen verspürt und wahrnimmt.
2. Wenn sich diese Energie mit Astralenergie vermischt, so wird sie überwältigt und beherrscht von Astralreaktionen unerwünschter Art, wie etwa vom Kummer über nicht Erreichtes, vom Unvermögen, Pläne zu verwirklichen usw. Infolgedessen wird das Leben verbittert.

3. Dann erscheint eine Krankheit im physischen Körper, je nach den Inklinationen des Körpers und seinen ihm innewohnenden ererbten Schwächen.

96] Ihr werdet bemerken, daß der Mentalkörper und die Kraft des Denkens tatsächlich in keinem Falle die Ursachen der Beschwerden waren. Sie entstanden dadurch, daß der ursprüngliche Gedanke ausgelöscht und auf das Niveau der Gefühlsregungen hinuntergetragen wurde. Wenn dieses Absinken in den Gefühlsbereich nicht erfolgt, so daß die Astralkräfte nicht die Vorherrschaft erlangen, und wenn der Gedanke klar und unberührt auf der Mentalebene verbleibt, so kann es zu einer Störung anderer Art kommen; eine solche Störung beruht dann darauf, daß der Mensch nicht imstande ist, den Gedanken in die physische Ebene „durchzubringen" und in wirksame Taten umzusetzen. Dieses Unvermögen führt nicht nur zu der dem praktischen Psychologen so wohlbekannten Spaltung der Persönlichkeit, sondern sperrt auch einen dringend benötigten Energiestrom ab. Als Folge davon wird der physische Körper geschwächt und fällt einer Krankheit zum Opfer. Wenn aber der Gedanke bis zum physischen Gehirn hinunter geführt werden kann und dort zum Lenker der Lebenskraft wird, dann besteht normalerweise eine gute Gesundheit; das trifft in jedem Falle zu, gleichgültig ob der Gedanke des Menschen gut oder schlecht, von rechten Motiven geleitet oder auf ein falsches Ziel gerichtet war. Das ist einfach die Wirkung der Integration, denn Heilige wie Sünder, Selbstsüchtige und Selbstlose, wie auch Menschen jeder Art können die Integration und ein von Gedanken geleitetes Leben erreichen.

Die zweite Frage wirft das Problem auf, ob ein Einzelmensch oder eine Gruppe mit Gedankenkraft heilen kann.

Ganz sicherlich kann man die allgemeine Behauptung aufstellen, daß ein Einzelmensch und eine Gruppe heilen und der Gedanke eine sehr große Rolle im Heilprozeß spielen kann, aber das Denken allein und ohne Unterstützung nicht. Denken kann *das leitende*

Instrument oder Mittel für die Kräfte und Energien sein, die eine Krankheit brechen und vertreiben können, aber der Prozeß muß unterstützt werden durch die Fähigkeit des geistigen Schauens, durch das Vermögen, mit jenen speziellen Kräften zu wirken, deren Anwendung gerade ratsam erscheint, durch ein Verstehen der Strahlen und deren Energiearten, und außerdem durch die Fähigkeit, die sogenannte *Lichtsubstanz* zu handhaben. Darüber hinaus muß man imstande sein mit demjenigen, der geheilt werden soll, einen harmonischen Kontakt herzustellen, und schließlich muß man ein liebevolles Herz haben. Wenn alle diese Bedingungen erfüllt sind,
97] kann eine übermäßige Anwendung der Denkfähigkeit und eine zu mächtige Einschaltung der Denkvorgänge die Heilung sogar aufhalten und behindern. Der Gedanke hat den Anfangsimpuls zu geben; er soll die Intelligenz des Menschen veranlassen, sich mit dem Problem des Heilens zu beschäftigen und das Wesen dessen, der geheilt werden soll, zu verstehen. Nachdem aber der Gedanke geholfen hat, die Aufmerksamkeit des Heilers oder der Heilergruppe zu konzentrieren, sollte er zu einer stetigen, aber unterbewußten Leitkraft werden und nichts weiter sein als das.

Falls die Heilung möglich ist, wird sie durch Anwendung richtig geleiteter Energie und durch genaue geistige Vorstellung erreicht; auch Liebe spielt eine große Rolle, ebenso im Anfangsstadium das Denken. Vielleicht könnte ich sagen, daß ein liebevolles Herz eine der wirksamsten Energien ist, die gebraucht werden.

Ich habe diese beiden Fragen eurer Aufmerksamkeit nahe gebracht, weil mir sehr daran liegt, daß euer Denken diese Probleme klar erfaßt, bevor ihr irgendein Heilwirken als Gruppe beginnt.

Denken heilt weder eine Krankheit, noch verursacht es sie. Das Denken muß zwar bei diesen Vorgängen mit einbezogen werden, aber es ist nicht die einzige oder wichtigste Kraft. Gerade an diesem Punkt gehen viele Gruppen und Heiler in die Irre. Das Denkvermögen kann zwar Energie lenken, und diese Energie kann wiederum eine Überreizung des Gehirns und der Körperzellen, und dadurch Nervenstörungen und manchmal Gehirnkrankheiten

bewirken, aber das Denkvermögen und die Denktätigkeit an sich können keine Krankheit oder Störung im physischen Leib verursachen. In dem Maße, als die Menschheit klar und bestimmt denken lernt und die Gedankengesetze das menschliche Bewußtsein zu beherrschen beginnen wird Krankheit – so wie wir sie jetzt kennen – außerordentlich abnehmen, und es werden immer mehr Menschen die Integration erreichen. Dort, wo Integration herrscht, besteht auch das freie Spiel der Kräfte und Energien im ganzen materiellen Körper. Die mit der Stimulierung verbundenen Probleme werden jedoch mit zunehmender Sensitivität des physischen Menschen und der zunehmenden Konzentration seines Bewußtseins in der Denknatur immer größer werden. Dies wird so weiter gehen, bis der
98] Mensch einmal lernt, mit höheren Energien umzugehen, und er die Notwendigkeit anerkennt, ein rhythmisches Leben zu führen, indem er das Gesetz der Periodizität beachtet.

Bei der Heilarbeit sollte der Heiler bestimmte Regeln beherrschen und befolgen. Ich habe schon drei wichtige Regeln angegeben. Kurz gefaßt lauten sie wie folgt (wobei ich die erste um der Klarheit willen in ihre zwei Bestandteile zerlege):

1. a) Der Heiler muß versuchen, seine Seele, sein Herz, sein Gehirn und seine Hände miteinander zu vereinigen. So kann er die Lebenskraft mit heilender Macht über den Patienten ausgießen. *Dies ist magnetisches Wirken.*
   b) Der Heiler muß versuchen, seine Seele, sein Gehirn, sein Herz und seine aurische Ausstrahlung zu verbinden. So kann seine Gegenwart das Seelenleben des Patienten stärken. *Dies ist ausstrahlendes Wirken.* Die Hände sind nicht nötig. Die Seele entfaltet ihre Kraft.
2. Der Heiler muß durch ein reines Leben magnetische Reinheit erlangen. Er muß jene austreibende Strahlung gewinnen, die sich in einem jeden Menschen zeigt, dessen Kopfzentren miteinander verbunden sind. Wenn dieses magnetische Feld hergestellt ist, geht auch die Strahlung hinaus.

3. Der Heiler soll sich darin schulen, den inneren Gedanken- oder Begierdenzustand dessen zu erkennen, dem er helfen möchte. Dadurch kann er die Quelle erkennen, aus der die Störung kommt. Er soll Ursache und Wirkung miteinander in Beziehung bringen und dann genau die Stelle erkennen, durch welche die Abhilfe kommen muß.

Nun möchte ich euch als Gruppe hier eine weitere Regel geben, so daß wir damit vier Hauptregeln haben:

Vierte Regel

Der Heiler und die Heilergruppe müssen ihren Willen im Zaum halten. Nicht der Wille soll angewendet werden, sondern die Liebe.

Diese vierte Regel ist außerordentlich wichtig. Es sollte niemals der konzentrierte Wille eines Einzelmenschen oder der gelenkte Wille einer vereinten Gruppe in Anspruch genommen werden.
99] Der freie Wille eines Menschen darf niemals der gewaltsamen Einwirkung einer machtvoll konzentrierten Gruppe oder Person unterworfen werden; dieses Verfahren ist viel zu gefährlich, als daß man es zulassen dürfte. Willensenergie (besonders die einer Anzahl von Menschen, die gleichzeitig auf die feineren Körper und den physischen Leib dessen einwirken, der geheilt werden soll) kann das Leiden außerordentlich verstärken, anstatt es zu heilen. Sie kann die Krankheit selbst so stimulieren, daß sie bedrohliche Ausmaße annimmt; sie kann die Heilkräfte der Natur zerbrechen, anstatt mit ihnen zusammenzuarbeiten; und sie kann sogar den betreffenden Menschen töten, wenn nämlich die Krankheit derart verstärkt wird, daß seine normale Widerstandskraft nicht mehr ausreicht. Ich möchte euch daher bitten, bei jeder Art von Gruppenheilen den Willen (ja sogar starkes Wünschen) beiseite zu lassen. Nur Eingeweihten hohen Grades ist es gestattet, mit der Macht des Willens zu heilen, die sich im *Kraftwort* konzentriert; und auch

dies ist ihnen nur deshalb erlaubt, weil sie die Konstitution des Patienten und die Stärke der Krankheit prüfen sowie erkennen können, ob es der Wille der Seele ist, daß die Krankheit geheilt werden soll, oder nicht.

Wir haben in diesem Abschnitt viele wichtige Themen behandelt, und es wird gut sein, wenn ihr sie sorgfältig studiert. Im nächsten Abschnitt werden wir die speziellen Probleme des Jüngers aufgreifen; ich möchte euch – als Vorbereitung dazu – bitten, die Lehren, die ich früher über die Krankheiten der Mystiker mitgeteilt habe (Siehe: „Eine Abhandlung über die sieben Strahlen“, Bd. 2, S. 561–671), aufmerksam zu studieren. Vieles von dem, was ich dort gesagt habe, braucht hier nicht wiederholt zu werden, sollte aber unseren Lehren über das Heilen eingegliedert werden. Ich schlage vor, daß ihr diese Seiten nachlest und einiges von den Problemen selbst erkennt – sowohl theoretisch als auch durch ein Verstehen eurer selbst. Ihr solltet euch – aus eigener Erfahrung – einiger dieser Schwierigkeiten wenigstens bis zu einem gewissen Grade bewußt sein.

Die heilige Kunst des Heilens

Ich beabsichtige nicht, mich in dieser Abhandlung mit der Pathologie der Krankheit, mit ihren Erscheinungsformen und bösar-
100] tigen Anzeichen zu beschäftigen; diese sind in jeder gewöhnlichen medizinischen Abhandlung, in jedem Lehrbuch ausführlich behandelt. Außerdem, meine Brüder, bin ich weder ein geschulter Arzt noch eine medizinische Autorität, und ich habe auch nicht die Zeit, mich mit den technischen Einzelheiten zu beschäftigen. Mir liegt daran, der Welt einige Ideen über die wahren, okkulten Ursachen der Krankheit und ihre verborgenen Ursprünge mitzuteilen, sowie Angaben über das heilende Wirken zu machen, wie es von der Großen Weißen Loge durchgeführt und gutgeheißen wird.

In Wirklichkeit besteht dieses Wirken in der verständigen, liebevollen und wissenschaftlichen Anwendung von Energie. Alles, was ich euch sage, ist das Ergebnis von Versuchen. Ein solches Heilen gliedert sich in zwei Kategorien:

1. Beim *magnetischen Heilen* vollbringt der Heiler (oder die Heilergruppe) zweierlei:

   a) Er zieht an das Heilungszentrum jene Energieart heran, die der Krankheit entgegenwirkt.

   Dies ist natürlich ein sehr umfassendes Thema von tiefer, wissenschaftlicher Bedeutung. Bestimmte Arten von Strahlkräften können bei bestimmten Krankheitsarten angewandt werden und machen jeweils die Heranziehung spezieller Verteilungszentren notwendig. Wir werden diese betrachten und kurz umreißen, wenn wir zu dem Abschnitt über *„Die Sieben Heilmethoden"* kommen.

   b) Er zieht jene Kräfte an sich, welche die Krankheit hervorbringen und absorbiert sie; so zieht er sie vom Patienten ab.

   Dieser letzte Prozeß erfordert, daß der Heiler sich sorgfältig vor aller Verunreinigung durch die Krankheit schützt, damit die Kräfte keine Angriffstelle in seinem Körper finden. Außerdem muß dem Patienten frische Energie zugeführt werden, damit sie die Stelle dessen einnimmt, was abgezogen worden ist. Dieser Vorgang stellt ein bestimmtes Wechselwirken zwischen Heiler und Patient her. Es besteht also bei dieser Art
101] okkulten Heilens schon etwas wirkliche Gefahr, und eben darum sollten die Heiler, die sich in Schulung befinden, daran denken, daß sie als Gruppe und nicht als Einzelmenschen wirken werden. Der freie Kreislauf der Kräfte schafft gute Gesundheit im Einzelmenschen oder in der Gruppe. Der freie Kräftekreislauf zwischen einem Heiler (oder einer Heiler-

gruppe) und dem Menschen, der geheilt werden soll, kann zur Heilung der Krankheit führen, vorausgesetzt, daß es dem betreffenden Menschen bestimmt ist, zu einer gegebenen Zeit geheilt zu werden; außerdem sollte er – wenn möglich – mitarbeiten, obwohl dies nicht wirklich wesentlich ist. Die Mitarbeit fördert in vielen Fällen schnellere Ergebnisse. In anderen Fällen kann die Angst des Patienten die gewünschte Wirkung zunichte machen.

2. Beim *Heilen durch Strahlkraft* ist der Vorgang einfacher und sicherer, denn der Heiler sammelt lediglich die Kraft in sich selbst und strahlt sie dann auf den Patienten aus in Form eines stetig fließenden Stromes strahlender Energie. Dieser Energiestrom sollte zu dem Zentrum hingeleitet werden, das dem Sitz der Krankheit am nächsten liegt.

Bei dieser Tätigkeit besteht keine Gefahr für den Heiler, aber wenn das Willenselement in sein Denken eintritt, oder wenn der ausgesandte Energiestrom zu stark ist, dann kann dies eine Gefahr für den Patienten bedeuten. Die Kraftwellen, die auf ihn ausgestrahlt werden, können nicht nur nervöse Spannungen erzeugen, sondern auch die Macht der Krankheit dadurch verstärken, daß die Atome und Zellen, die durch die Aktivität der die Störung bewirkenden Kraft in Mitleidenschaft gezogen sind, zu stark gereizt werden. Deshalb müssen Anfänger jede Konzentration auf die Krankheit selbst oder auf die betreffende Stelle des physischen Körpers vermeiden und sorgfältig alle Gedanken zurückhalten, sobald einmal die Vorbereitungsarbeit getan ist; denn dem Gedanken folgt Energie, und sie geht dahin, worauf sich der Gedanke konzentriert.

102] Die Heiler müssen sich über die Wirksamkeit der geplanten Maßnahme vergewissern und sie müssen das Wirkungsvermögen ihrer gemeinsamen Gruppenarbeit und der Kraft feststellen, die sie handhaben können. Sie müssen außerdem ermitteln, ob sie imstande sind, den Willen im Hintergrund zu halten und die heilende Strahlung auf einem Strom von Liebesenergie hinauszusenden. Denkt immer daran, daß Liebe und Energie eine ebenso reale Substanz wie die Materie ist. Diese Substanz kann dazu verwendet werden, um das erkrankte Gewebe auszustoßen und dieses durch gesundes Material zu ersetzen.

Die Heiler werden daher im Anfangsstadium ihres Wirkens die Strahlungsmethode versuchen; sie ist einfacher und viel leichter zu beherrschen. Später können sie Versuche mit der Methode des magnetischen Heilens anstellen.

Ihr werdet nun erkennen können, welchen Zweck die Regeln über die Heilmethoden haben, die ich schon früher in diesen Unterweisungen gab. Ihr werdet erkennen, warum bei dieser Strahlungsarbeit die Verbundenheit von Seele, Gehirn und der gesamten Aura notwendig ist, daß also das ganze magnetische Feld des Einzelnen oder der Gruppe dazu gehört. Das Denkvermögen ist nicht beteiligt, und das Gehirn wirkt lediglich als Brennpunkt für die Liebe und die Heilkraft, die in den vom Ajna-Zentrum ausgehenden Energiestrom hineingegossen werden sollen.

Der Heiler wird also alle Kräfte und auch seine ganze Aufmerksamkeit im Kopf konzentriert halten. Das Herz ist automatisch beteiligt, da er die Energie der Liebe anwendet – anfangs überhaupt nur diese.

Wir wollen nun die Regeln, nach denen alle Heilergruppen wirken müssen, übersichtlich aufzählen. Ich möchte hier noch einschalten, daß es nicht immer nötig oder möglich ist, eine Gruppe zu bilden und in dieser Form zusammenzuarbeiten. Diese Arbeit kann auch mit guter Wirkung und kraftvoll in der Weise vorangebracht werden, daß die Mitglieder als *subjektive Gruppe* tätig sind; ein jeder sollte dann täglich die Anweisungen so befolgen, als ob er

103] persönlich in und mit der Gruppe arbeitet. Diese tatsächliche Verbundenheit wird dadurch erreicht, daß er sich vorstellt, er sei mitten unter seinen Brüdern. Wenn sie sich als Gruppe auf der physischen Ebene treffen, läßt es sich kaum vermeiden, daß sich die Kraft verzettelt durch Diskussionen, durch die üblichen Freudenbezeigungen des Zusammentreffens, und durch das physische Wechselspiel zwischen den Persönlichkeiten. Es wäre nicht zu verhindern, daß man sich zu sehr ins Gespräch vertieft, und folglich würde die geleistete Arbeit nicht genug wirksam sein. Physisch gesehen wirken sie allein; aber vom wahren, inneren Blickpunkt aus arbeiten sie in engster Gemeinschaft.

Hier sind die ersten Regeln, die der Studierende beherrschen sollte:

Vorbereitende Regeln für das Heilen durch Strahlung.

1. Stellt in euch selbst schnell und bewußt die innere Harmonie her; verbindet euch danach – durch einen Willensakt – als Seele mit den Seelen eurer Gruppenbrüder. Vereinigt euch dann mit ihrem Denken und sodann mit ihrer Gefühlsnatur. Dies geschieht durch die Anwendung der Imagination, wobei ihr euch klar macht, daß dem Gedanken Energie folgt, und daß die Verbindung unbedingt hergestellt wird, wenn man richtig vorgeht. So könnt ihr als Gruppe wirken. Dann vergeßt die Gruppenbeziehung und konzentriert euch auf die Arbeit, die geleistet werden soll.

2. Stellt dann in euch selbst die Verbindung zwischen Seele und Gehirn her und sammelt die Kräfte der Liebe, die sich in eurer Aura befinden; konzentriert euch und alles, was ihr zu geben habt, im Kopf, wobei ihr euch vorstellt, daß ihr ein strahlendes Energiezentrum oder ein Sammelpunkt lebendigen Lichtes seid. Dieses Licht soll durch das Ajna-Zentrum (zwischen den Augenbrauen) auf den Patienten gestrahlt werden.

3. Dann sprecht das folgende Gruppenmantram:

„Mit reinen Motiven, entflammt von einem liebevollen Herzen, bieten wir uns für dieses Werk des Heilens dar. Wir anerbieten diesen Dienst als Gruppe für denjenigen, den wir heilen möchten."
104] Stellt euch dabei im Geiste den Vorgang vor, wie diese Verbindung zustande kommt und sich entwickelt. Schaut es so, als wenn sich bewegende Fäden lebendiger Lichtsubstanz euch mit euren Brüdern einerseits und mit dem Patienten andererseits verbinden. Seht, wie diese Lichtfäden von euch ausgehend sowohl zum Herzzentrum der Gruppe wie auch zum Patienten hinstreben. Aber wirkt immer vom Ajna-Zentrum aus, solange ihr nicht die Anweisung erhaltet, anders vorzugehen. Auf diese Weise werden Ajna- und Herzentrum aller beteiligten Personen in enge Beziehung miteinander gebracht. Ihr könnt hier erkennen, welchen Wert die innere bildliche Vorstellung hat. Sie ist in Wirklichkeit das äußere, ätherische Abbild der schöpferischen Imagination. Denkt über diesen letzten Satz weiter nach.

4. Dann benutzt für einen Augenblick das Denken, die zielgerichtete Denkkraft, und denkt an denjenigen, den ihr heilen wollt; verbindet euch mit ihm und konzentriert eure Aufmerksamkeit auf ihn, so daß er in eurem Bewußtsein zu einer Realität wird und euch nahe kommt. Sobald ihr wißt, um welche physische Beschwerde es sich handelt, so erinnert euch einen Augenblick daran, geht aber sogleich darüber hinweg. Vergeßt jetzt die Einzelheiten der Arbeit, die Gruppe, euch selbst und die Situation des Patienten; konzentriert euch auf die Art der Kraft, mit der ihr nun umgehen wollt, das heißt – in diesem Falle und derzeit – die Kraft des zweiten Strahles, die Kraft der Liebe. Was ich hier angebe, ist eine dem Verständnis des Anfängers angepaßte Heilmethode, die auf dem zweiten Strahl beruht.

5. Fühlt, wie eine tiefe Liebe in euch einströmt. Betrachtet sie als substanzielles Licht, das ihr handhaben könnt und werdet. Sendet es dann als einen Strom strahlenden Lichtes aus dem Ajna-Zentrum

hinaus und lenkt es mit Hilfe eurer Hände zum Patie
Haltet dabei die Hände vor die Augen, mit den Handflächen nach außen, den Handrücken den Augen zugewendet, etwa 15 Zentimeter vom Gesicht entfernt. Auf diese Weise wird der vom Ajna-Zentrum ausgehende Strom in zwei Teile geteilt und strömt durch die beiden Hände aus. So wird er dem Patienten zugeleitet. Stellt
105] euch innerlich vor, wie der Strom hinausgeht, und fühlt, wie der Patient ihn empfängt. Sprecht dabei mit leiser Stimme:

„Möge die Liebe der Einen Seele, die in dieser Gruppe konzentriert ist, auf Dich ausstrahlen, mein Bruder, und einen jeden Teil Deines Körpers durchdringen – heilend, lindernd, stärkend; möge sie alles vertreiben, was Dienst und Gesundheit hemmt."

Sprecht dies langsam und mit Bedacht, und glaubt an den Erfolg. Achtet darauf, daß keine Gedanken- oder Willenskraft in den Strom der heilenden Energie eintritt, sondern nur konzentrierte, strahlende Liebe. Die Anwendung der inneren Vorstellungsfähigkeit und der schöpferischen Imagination, sowie ein Gefühl tiefer und stetiger Liebe wird das Denken und den Willen ruhen lassen.

Ich möchte betonen, daß bei jedem Heilungsakt *vollständiges Schweigen und Zurückhaltung* dringend notwendig ist. Laßt es niemanden wissen, daß ihr in dieser Weise wirkt, und erwähnt gegen niemanden die Namen derer, denen ihr helfen wollt. Sprecht auch untereinander nicht über den Patienten, der behandelt wird. Wenn diese Grundregel des Schweigens nicht befolgt wird, so zeigt das an, daß ihr für diese Arbeit noch nicht bereit seid und daß ihr sie einstellen sollt. Dieses Gebot ist viel wichtiger, als ihr euch vorstellen könnt; denn Sprechen und Diskutieren bewirken nicht nur, daß die Kraft abgelenkt und zerstreut wird, sondern verletzen eine fundamentale Regel, zu deren Einhaltung alle Heiler geschult werden; sogar der medizinische Beruf auf der physischen Ebene handelt allgemein nach demselben Grundsatz.

Drei wichtige Gesundheitsgesetze.

Es gibt drei wichtige und sieben geringere Gesundheitsgesetze. Diese wirken sich in den drei Welten aus, das heißt in dem Bereich, der für euch gegenwärtig allein maßgebend ist. In allen Lehren, die in naher Zukunft gegeben werden sollen, wird man schließlich auf die Kenntnis und praktische Handhabung des Ätherleibes besonderen Wert legen, denn das ist der nächste Schritt vorwärts. Die drei Hauptgesetze sind:

106] 1. Das Gesetz, das den Willen zum Leben beherrscht, eine Manifestation des ersten Aspektes des Logos, des Willens oder der Macht.

2. Das Gesetz, das über das Gleichmaß des Rhythmus herrscht, eine Manifestation des zweiten Aspektes des Logos, Liebe-Weisheit.

3. Das Gesetz, das die Kristallisierung lenkt und überwacht, eine Manifestation des dritten Aspektes des Logos, des Aktivitäts- oder Grundaspektes.

Diese drei bestimmenden Faktoren oder Gesetze manifestieren sich durch die drei Hauptteile der menschlichen Wesenheit:

1. *Der Willensaspekt* manifestiert sich durch die Atmungsorgane. Eine andere seiner Ausdrucksformen ist die Fähigkeit zum Schlafen. In diesen beiden Aspekten haben wir eine mikrokosmische Wiederholung oder Analogie zur Manifestation und zum Pralaja des Logos. (Pralaja = Zeit der Verdunkelung und Untätigkeit zwischen zwei Manifestationen.)

2. *Der Liebesaspekt* manifestiert sich durch das Herz, das Kreislauf- und das Nervensystem. Es ist in vieler Hinsicht sehr wichtig, daß ihr dies versteht, denn dieser Aspekt beherrscht im beson-

deren Maße den Ätherkörper und dessen Fähigkeit, das Prana oder die Lebenskraft zu assimilieren. Dieses Prana wirkt sowohl durch das Blut wie durch die Nerven, denn die Lebenskraft benutzt den Blutstrom, und die psychische Kraft wirkt durch das Nervensystem. Diese beiden Abteilungen des menschlichen Organismus sind diejenigen, die gegenwärtig die meisten Störungen verursachen, und in Zukunft wird das sogar noch mehr der Fall sein. Die Menschheit lernt durch Leiden, und nur schreckliche Not treibt den Menschen dazu, eine Erklärung und Abhilfe zu suchen. Vom gegenwärtigen Stand der Heilkunst aus stellt sich der Mensch wiederum als eine geringere, jedoch ebenfalls wichtige Dreiheit dar:

a) Der grob-physische Körper, über den die Wissenschaft und Medizin vieles weiß.

107] b) Der Ätherkörper, der nächstfolgende Bereich, dem sich das Bemühen, die Versuche und Entdeckungen zuwenden werden.

c) Der Astralkörper, der gleichzeitig mit dem Ätherleib der nächste Gegenstand wissenschaftlicher Beherrschung sein wird. Hier wird die Wissenschaft der Psychologie ihr Wirkungsfeld haben.

3. *Der Tätigkeitsaspekt* manifestiert sich vor allem durch die Organe der Assimilierung und Ausscheidung. Ich möchte hier etwas hervorheben: So wie unser Sonnensystem den Liebe-Aspekt (den zweiten Aspekt) entwickelt, und wie der Mensch im Astralkörper (der Widerspiegelung dieses zweiten Aspektes) polarisiert ist, genau so ist die zweite der oben erwähnten drei Abteilungen des menschlichen Organismus – die ätherische – jene, der die größte Bedeutung zukommt. Bis zum heutigen Tage ist der Ätherleib der Übermittler vor allem von astraler Energie an den physischen Körper gewesen. Hierin tritt jetzt allmählich eine Wandlung ein.

Die Mediziner sollten sich jetzt vollständig über die konkreten Aspekte des grob-physischen Leibes klar sein und sich dem Studium der Vitalisierung und des Kreislaufs zuwenden, denn diese beiden stehen in enger Beziehung zueinander. Das Nervensystem wird derzeit hauptsächlich vom Astralkörper aus – über den Ätherleib – beherrscht; die Grundlage für alle Nervenstörungen liegt im Emotionalkörper, in dem die Menschheit heute polarisiert ist. Das Kreislaufsystem des physischen Leibes wird hauptsächlich vom Ätherkörper aus geleitet. Ein Ätherkörper, der nicht richtig funktioniert und das Prana nur ungenügend weitergibt, und ein Astralkörper, der ungenügend oder nicht richtig beherrscht wird, sind die beiden Quellen für die große Mehrzahl aller Krankheiten und für die meisten nervösen und mentalen Zustände, die Jahr für Jahr zunehmen. Die Reaktion des physischen Gehirns auf ungenügende Zirkulation – die wieder vom Ätherkörper abhängig ist – führt zu mentaler Belastung und schließlich zum Zusammenbruch. Daraus könnt ihr ersehen, wie wichtig die ätherische Hülle ist.

108] *Der erste Aspekt,* dessen Ausdruck und Herrschaftsbereich die Atmungsorgane und die Fähigkeit des Schlafes sind, führt – wenn er sich nicht ordnungsgemäß auswirkt – zu Tod, Geisteskrankheit und einigen Gehirnkrankheiten.

Der dritte Aspekt verursacht bei unrichtiger Funktion Magenbeschwerden, Eingeweideleiden und die mannigfachen Krankheiten, die ihren Sitz neben und unter dem Solarplexus im Unterleib haben.

Ihr erseht daraus, daß die medizinische Wissenschaft schließlich die Lösung in einer Vereinfachung der Methoden und einer Abkehr von der verwickelten Fülle von Arzneimitteln und Operationen suchen muß; sie muß wieder die richtige Anwendung der Energien verstehen lernen, die vom inneren Menschen her über den Ätherleib in den physischen Körper einströmen.

Die folgenden Ratschläge könnten sich als hilfreich erweisen:

1. *Durch die Entwicklung des Guten Willens,* des Willens der guten Absicht und des guten Motivs, wird die Heilung von Krankheiten der Atmungswege, der Lungen und der Kehle erfolgen; die

Gehirnzellen werden gefestigt, Geisteskrankheiten und Besessenheit werden geheilt, Gleichgewicht und Rhythmus erlangt. Eine lange Lebensdauer wird die Folge sein, denn der Tod sollte sich dann einstellen, wenn die Seele erkennt, daß sie ihre Lebensarbeit erfüllt und sich das Pralaya verdient hat. Er wird erst später in großen Abständen eintreten und wird vom Willen des Menschen gesteuert werden. Der Mensch wird aufhören zu atmen, wenn er seine Arbeit beendet hat, und dann die Atome seines Körpers in das Pralaya senden. Das bedeutet den Schlaf der physischen Natur, das Ende der Manifestation; die okkulte Bedeutung all dessen wird heute noch nicht verstanden.

2. *Durch ein Verstehen der Gesetze der Lebenskraft* (darin sind auch die Gesetze über Prana, Strahlung und Magnetismus mit inbegriffen) wird man die Heilung der Krankheit des Blutes, der Arterien und Venen, bestimmter Nervenleiden, mangelnde Vitalität, der Altersschwäche, schlechter Zirkulation und ähnlicher Übel erreichen. Dies wird ebenfalls zu einer Verlängerung des Lebens
109] führen. Auch die Gesetze der elektrischen Energie wird man in diesem Zusammenhang besser verstehen lernen.

3. *Durch Verstehen der richtigen Methoden der Assimilierung und Ausscheidung* wird man die Krankheit heilen lernen, die mit den Körpergeweben, dem Magen und den Eingeweiden sowie mit männlichen und weiblichen Zeugungsorganen zusammenhängen. Man wird eines Tages verstehen, daß diese letzteren eigentlich auch nur ein anderes System der Aneignung und Ausscheidung sind, das diesmal in dem weiblichen Aspekt, das heißt in der Frau zentralisiert ist; denn man denke auch hier wieder daran: dieses Sonnensystem ist das zweite oder Liebe-System. Die Ordnung ist folgende:

a) Das erste System war männlich.
b) Das derzeitige zweite System ist weiblich.
c) Das dritte System wird hermaphroditisch sein.

Wenn auch die sich entwickelnde menschliche Hierarchie männlich oder positiv ist, so ist damit doch noch nicht gesagt, daß alles, was man im gegenwärtigen System findet, ebenfalls männlich ist. Tatsache ist, daß die negative (aufnehmende) Fähigkeit oder der weibliche Aspekt dominiert, obwohl ihr dies nicht erkennen mögt. Ich möchte dies beweisen und euch einen zahlenmäßigen Hinweis für diese Hypothese geben:

1. Im ersten Sonnensystem gab es nur *eine* dominierende Evolution, die aus 100 Milliarden Monaden bestand.
2. Im gegenwärtigen zweiten System gibt es zwei vorherrschende Evolutionen, die der Menschen und die der Devas; es gibt – wie schon früher berichtet – sechzig Milliarden *menschlicher* Monaden. Fügt dazu die weibliche Evolution der *Devas,* die aus 140 Milliarden besteht, so habt ihr die nötigen 200 Milliarden von Wesen. Dies erläutert meine Behauptung, daß dies ein weibliches System sei.

110] 3. Im dritten Sonnensystem wird die Gesamtzahl der in Evolution befindlichen Wesen als absolutes Erfordernis für den dreifachen Logos 300 Milliarden betragen.

Unsere Betrachtung mußte notwendigerweise skizzenhaft sein, denn ich versuche hier nur, die Richtungen anzudeuten, denen die neue Heilkunst einmal folgen muß, und gewisse Hinweise zu geben, die den Weg zum Ursprung der heute vorherrschenden Krankheiten zeigen und es dem Weisen so möglich machen, die Wirkungen aufzuheben. Diese Kürze und dieser Grundsatz, Wissen vermittels von Hinweisen mitzuteilen, ist ganz und gar im okkulten Sinne, ja es wird die einzige Methode, wie dieses ziemlich gefährliche Thema behandelt werden kann, so lange bleiben, bis sich eine gründliche medizinische, chirurgische und neurologische Schulung technischer Art mit einem gleich gründlichen psychologischen Verständnis verbindet und ein gewisses Maß an geistiger Schau erreicht ist. Der ideale Arzt und Chirurg ist derjenige, der gleichzeitig auch

Metaphysiker ist; ein großer Teil der heutigen Schwierigkeiten und Verwirrung ist dem Fehlen dieser Kombination zuzuschreiben. Der metaphysische Heiler ist heute so sehr mit dem beschäftigt, was *nicht* der Körper ist, daß er dem kranken, elenden und verletzten Menschen viel weniger Nutzen bringt als der praktische Arzt. Der durchschnittliche Metaphysiker ist einseitig, ganz gleich zu welcher Fahne er sich bekennt; er betont die göttlichen *Möglichkeiten* zu sehr gegenüber den materiellen oder physischen *Wahrscheinlichkeiten,* die er ganz vernachlässigt. Vollständig geistiges Heilen wird schließlich einmal in der göttlichen Sphäre möglich sein; in der materiellen aber ist es zu bestimmten gegebenen Augenblicken in Zeit und Raum und bei Menschen mit so außerordentlich verschiedener Evolutionsstufe nicht möglich. Richtige Zeitwahl, eine gründliche Kenntnis vom Wirken des Karmagesetzes und ein hohes Maß an intuitiver Wahrnehmung sind für die hohe Kunst des geistigen Heilens unbedingt notwendig. Dazu muß noch die Erkenntnis kommen, daß die Formnatur und der physische Körper nicht Haupt-
111] gegenstand der Betrachtung und nicht so ungeheuer wichtig sind, wie manche wohl denken mögen.

Die verschiedenen Sektenanhänger und Heiler stehen für gewöhnlich auf dem Standpunkt, es sei vor allem wichtig, daß die physische Hülle von Krankheit befreit und den Todesprozessen entzogen würde. Es könnte jedoch wünschenswert sein (und ist es auch oft), daß man der Krankheit erlaubt, ihr Werk zu tun und dem Tod die Türe zu öffnen, damit die Seele der Gefangenschaft entkommen kann. Für alle inkarnierten Wesen kommt unausweichlich die Zeit, da die Seele Befreiung vom Körper und vom Formleben verlangt, und die Natur hat dafür ihre eigenen weisen Methoden. Man muß Krankheit und Tod als befreiende Mächte ansehen, wenn sie sich einstellen, weil die Seele den rechten Zeitpunkt bestimmt hat. Die Studierenden müssen zu der Erkenntnis kommen, daß die physische Form eine Ansammlung von Atomen ist, die zu Organismen oder Organsystemen und schließlich zu einem zusammenhängenden Körper vereinigt wurden, und daß dieser Körper vom

Willen der Seele zusammengehalten wird. Zieht sich dieser Wille auf seine eigene Ebene zurück, oder „wenn das Auge der Seele sich in eine andere Richtung wendet" – wie der okkulte Ausdruck lautet – so werden in diesem gegenwärtigen Zyklus unvermeidlich Krankheit und Tod eintreten. Das ist weder ein gedanklicher Irrtum noch das Unvermögen, Göttlichkeit zu erkennen, noch bedeutet es, dem Übel zu unterliegen. Es ist in Wirklichkeit die Auflösung der Formnatur in ihre Bestandteile und in ihre Grundessenz. Krankheit ist eigentlich ein Aspekt des Todes. Sie ist der Vorgang, durch den die materielle Natur und die substanzielle Form sich zur Trennung von der Seele bereitmacht.

Man muß sich indes darüber klar sein, daß dort, wo Unwohlsein, Beschwerden oder Krankheiten bestehen, die mit der endgültigen Auflösung nichts zu tun haben, die Ursachen dafür in vielen Faktoren zu finden sind; man kann sie z. B. in der Umgebung finden, denn eine Anzahl von Krankheiten ist umweltbedingt und epidemischer Natur; eine andere Möglichkeit ist die, daß sich ein Mensch auf die Giftströme „einstellt", die aus dem Welthaß heranfluten; es können auch psychologische Komplexe sein, von denen wir schon einige behandelt haben; und schließlich kann die Ursache in
112] jenen Krankheiten (wenn ich sie so nennen darf) liegen, die der Materie eingeboren sind, aus der die Menschheit aus eigenem Willen ihre physische Hülle aufgebaut hat. Die Menschheit hat diese Materie von der allgemeinen Substanz der Erscheinungswelt abgesondert und dadurch eine Art von Materie geschaffen, die dazu bestimmt ist, die äußere Erscheinungsform für die innere Wirklichkeit zu bilden. Sie stellt darum einen einzigartigen, besonderen Aspekt der Universalsubstanz dar, die bis zu einem gewissen Grad bereits im letzten Sonnensystem vervollkommnet wurde und notwendigerweise von höherem Rang ist als die Substanz, die unter der Wirkung des von den drei untermenschlichen Naturreichen ausgehenden Rufes schöpferisch vibriert oder pulsiert.

Zusammenfassung der Krankheitsursachen

Bei jeder okkulten Erörterung des Krankheitsgeschehens muß man die grundlegende Voraussetzung akzeptieren, daß jede Krankheit die Folge von Kräftemißbrauch in einem früheren oder in diesem Leben ist. Das hat fundamentale Gültigkeit. In diesem Zusammenhang möchte ich euch an einige Feststellungen erinnern, die ich schon früher über dieses Thema gemacht habe.

1. Neunzig Prozent aller Krankheitsursachen sind im Äther- oder im Astralkörper anzutreffen. Falsche Anwendung mentaler Energie und ein falsch orientiertes Wunschleben sind die weitaus mächtigsten Faktoren; da jedoch die große Masse der Menschen sich noch auf der atlantischen Bewußtseinsstufe befindet, sind nur fünf Prozent der herrschenden Krankheiten eine Folge mentaler Ursachen. Der Prozentsatz ändert sich mit der Menschheitsentwicklung und ihrer Evolution. Krankheit besteht also darin, daß sich unerwünschte, subjektive Zustände vitaler, emotioneller und mentaler Art in sichtbarer Form auswirken.

2. Man kann alles, was die Gesundheit des Menschen angeht, von drei Seiten ins Auge fassen:

   a) Vom Leben der Persönlichkeit her ... darüber lernen wir viel.

113] b) Von der Gesamtmenschheit her . . . allmählich beginnt man, dies richtig einzuschätzen.

   c) Vom planetarischen Leben her . . . darüber können wir nur wenig wissen.

3. Alle Krankheit entsteht durch einen Mangel an Harmonie zwischen Form und Leben, zwischen Seele und Persönlichkeit; dieser Mangel an Harmonie zieht sich durch alle Naturreiche hin.
4. Die meisten Krankheiten stammen aus folgenden Ursachen:

a) Sie sind Gruppenursprungs.
b) Sie sind die Folge einer Infektion.
c) Sie sind die Folge von Unterernährung – im physischen, subjektiven und okkulten Sinne.

5. Die Krankheiten für die Massen, für den Durchschnittsmenschen, für die Intelligenz und für Jünger weichen stark voneinander ab und haben verschiedene Äußerungsbereiche.
   a) Die drei Hauptkrankheitsgruppen für die beiden ersten Kategorien sind:
      1. Tuberkulose.
      2. Die Sozialkrankheiten.
      3. Krebs.
   b) Die beiden Hauptkrankheiten für die Intelligenz und für die Jünger sind:
      1. Herzleiden.
      2. Nervenkrankheiten.

6. Krankheit ist eine Naturtatsache. Wenn man dies anerkennt, werden die Menschen anfangen, gemäß dem Gesetz der Befreiung zu wirken, mit rechten Gedanken, die zu rechter Einstellung und in die rechte Richtung führen, und gemäß dem Prinzip des Nicht-Widerstehens. Die gewöhnlichste Erscheinungsform dieses Nicht-Widerstehens ist die überwältigende Bereitschaft zu sterben, die so oft das Endstadium vor dem Tode kennzeichnet. Psychologisch gesehen wird das Koma (tiefe Bewußtlosigkeit) vom Nicht-Widerstehen bedingt.

114] 7. Das Gesetz von Ursache und Wirkung (oder das Karma) beherrscht alle Krankheit. Dieses Gesetz umfaßt das individuelle, gruppeneigene, nationale und gesamtmenschliche Karma.

Wenn ihr an dieser Stelle haltmachen und nochmals genau prüfen wolltet, was ich hier wiederholt habe, und wenn ihr die vier

Gesetze und die vier Regeln nochmals lest und überdenkt, dann werdet ihr die nötige Grundlage haben, auf der wir mit unseren weiteren Studien fortfahren können. Wir beginnen dabei mit den Krankheiten, die mit dem Leben der Jüngerschaft verknüpft sind. Etwas davon habe ich schon in dem zweiten Band der „Abhandlung über die sieben Strahlen“ besprochen. Dort behandelten wir das Thema hauptsächlich vom Gesichtspunkt des Mystikers aus, während ich hier die Probleme des angenommenen Jüngers erörtern möchte.

4. *Krankheiten, die durch das Jüngerschaftsleben verursacht werden*

Schon früher habe ich euch gesagt, daß Krankheit aus folgenden vier Ursachen entsteht:

1. Sie tritt auf, wenn das freie Leben der Seele blockiert wird.

2. Sie wird durch drei Einflüsse oder Quellen der Verunreinigung verursacht:

    a) Durch alte Fehler, sogenannte Sünden und Irrtümer des betreffenden Menschen, die in diesem Leben oder in einer früheren Inkarnation begangen wurden.

    b) Durch menschliche erbliche Belastungen und Veranlagungen, die gemeinsam mit der Gesamtmenschheit übernommen wurden.

    c) Durch planetarisches Übel, das von der Stufe abhängt, die der planetarische Logos erreicht hat, und das durch das planetarische Karma bedingt ist.

3. Sie wird durch die Kräfte bedingt, die von jener Ebene ausgehen, auf der sich das Bewußtsein des Menschen hauptsächlich konzentriert.

115] 4. Die fünf hauptsächlichen Krankheitsarten, mit ihren verwandten Folgeerscheinungen und sonstigen Nebenwirkungen, können auch den Jünger befallen, und das kommt auch tatsächlich oft vor; er wird erst nach der dritten Einweihung gegen sie immun.

A. Krankheiten der Mystiker.

Der Jünger hat jedoch selten Tuberkulose (außer, wenn es karmisch bedingt ist); auch für Sozialkrankheiten ist er nicht anfällig, außer, daß sie auf ihn physisch deshalb einwirken mögen, weil er sein Leben im Dienste aufopfert. Eine Ansteckung kann ihn befallen, aber nicht in bedenklicher Form. Er kann wohl dem Krebs zum Opfer fallen, neigt aber mehr zu Herzleiden und zu nervösen Störungen irgendwelcher Art. Der eigentliche Mystiker leidet stärker unter rein psychologischen Problemen, die mit der integrierten Persönlichkeit zu tun haben und demzufolge dadurch bedingt sind, daß er hauptsächlich auf der Astralebene konzentriert ist. Der Jünger neigt mehr zu mentalen Beschwerden und zu jenen Leiden, bei denen Energie eine Rolle spielt, und die sich deshalb einstellen, weil die Verschmelzung von Seele und Persönlichkeit entweder vollendet ist oder noch vor sich geht.

Die erste Ursache, die ich schon früher in dieser Abhandlung angegeben habe, wurde dahin zusammengefaßt, daß Krankheit entsteht, wenn der freie Lebensstrom und die einfließende Energie der Seele blockiert wird. Diese Stromstockung entsteht beim Mystiker dann, wenn er seinen eigenen Gedankenformen zum Opfer fällt, die dauernd infolge seines emporsteigenden Strebens geschaffen werden. Sie werden zu Schranken zwischen ihm und dem freien Leben der Seele; sie behindern seinen Kontakt und folglich auch das Einströmen der Seelenenergie.

Beim Jünger kehrt sich die ganze Situation um: Er fällt (vor der dritten Einweihung) dem ungeheuer starken Einströmen von Seelenenergie zum Opfer, der Energie des zweiten Aspektes, die ihm aus folgenden Quellen zuströmt:

116] a) Aus seiner eigenen Seele; die Vereinigung mit diesem Energiezentrum geht jetzt sehr rasch vor sich.

b) Von seiner Gruppe oder aus dem Ashram, dem er als angenommener Jünger angeschlossen ist.

c) Von seinem Meister, mit dem er in geistiger Verbindung steht und für dessen Schwingungseinfluß er immer empfänglich ist.

d) Von der Hierarchie, deren Energie ihn durch oder über alle drei genannten Stellen erreichen kann.

Alle diese Energieströme haben eine ganz bestimmte Wirkung auf die Zentren des Jüngers, je nach seinem Strahl und seiner speziellen Polarisation in dieser Inkarnation. Da ein jedes Zentrum mit einer der Drüsen verbunden ist, und da diese wiederum den Blutstrom beeinflussen und außerdem eine spezielle Wirkung auf die Organe innerhalb ihres Schwingungsbereiches ausüben (also zum Beispiel auf den Magen in der Nähe des Solarplexus, auf das Herz in der Nähe des Herzzentrums usw.), so werdet ihr erkennen, wieso es möglich ist, daß die wichtigsten Krankheiten, an denen ein Jünger leiden kann (und die einzig in ihrer Art und vor allem auf die vorgeschrittene Menschheit beschränkt sind), die Folgen einer Überstimulierung oder des starken Einströmens von Energie in ein spezielles Zentrum sind; dadurch entstehen dann übermäßige örtliche Störungen.

Diesen Zuständen ist der Mystiker nicht so ausgesetzt, es sei denn, er werde rasch zum praktischen Mystiker oder Okkultisten. Das ist ein deutlich erkennbares Übergangsstadium zwischen der mystischen Einstellung und jener klareren Haltung, die der Okkultist einnimmt. Ich werde mich daher nicht mit den Krankheiten befassen, denen der Mystiker anheimfällt, außer nur insoweit, daß ich auf einen interessanten Punkt hinweisen möchte: Der Mystiker ist sich immer der Dualität bewußt. Er ist auf der Suche nach Licht, nach der Seele, nach dem Geliebten, nach jenem höheren Etwas,

das er als vorhanden empfindet und das gefunden werden kann. Er strebt nach Erkenntnis – des Göttlichen und durch das Göttliche; er pflegt und erstrebt Vision, ist ein Jünger Christi, und dies be-
117] stimmt sein Denken und sein Streben. Er ist ein hingebungsvoller Gottsucher, der das anscheinend Unerreichbare, das Andere außer ihm liebt.

Erst wenn der Mystiker zum Okkultisten wird, erkennt und versteht er, daß der Magnet, der ihn die ganze Zeit anzog, und der Dualismus, der sein Leben und seine Gedanken beeinflußte und der Antrieb für alles war, was er zu tun versuchte, sein wahres Selbst, die eine Wirklichkeit war. Er erkennt dann, daß das Aufgehen in dieser einen Realität und das Einswerden mit ihr es ermöglicht, die Dualität in Einheit umzuformen und das Gefühl des Suchens in die Bemühung umzuwandeln, das zu werden, was er seinem Wesen nach ist – ein Sohn Gottes, eins mit allen Gottessöhnen. Hat er dies vollbracht, so entdeckt er, daß er eins ist mit dem *Einen,* in Dem wir leben, weben und sind.

Nun möchte ich darauf hinweisen, daß die niederste Ausdrucksform des mystischen Zustandes, mit der wir allmählich immer vertrauter werden, die sogenannte „gespaltene Persönlichkeit" ist; in diesem Falle kommt das niedere Selbst durch eine grundsätzliche Dualität zum Ausdruck; es treten anscheinend zwei verschiedene Personen auf, anstatt der integrierten Einheit von Persönlichkeit und Seele. Damit wird notwendigerweise eine gefährliche Situation heraufbeschworen, die eine geschulte wissenschaftliche Behandlung erfordert. Eine solche fehlt heute meistenteils, da leider so wenige geschulte Psychologen und Psychiater die Existenz der Seele anerkennen. Dieser Hinweis ist nicht nur heute nützlich, sondern wird in der Zukunft noch wertvoller werden, wenn sich die Notwendigkeit ergeben wird, die im menschlichen Bewußtsein vorhandenen Analogien zu großen unerforschten Erkenntnis- oder Gewahrseinsbereichen aufzuspüren und zu begreifen! Die gespaltene Persönlichkeit und der Mystiker sind zwei Aspekte eines Ganzen; der eine Aspekt ist richtig und liegt auf der Linie hoher geistiger

Entfaltung; der andere Aspekt ist eine verzerrte Widerspiegelung jenes Entwicklungsgrades, welcher der Stufe des geschulten Okkultisten vorausgeht. Es gibt heute in der Menschheit viele Zustände, **118]** auf die man dieselbe Überlegung anwenden kann; und eine der Heilmethoden dafür, die man später ausarbeiten wird, besteht darin, daß man die höheren Entsprechungen zu den niederen Beschwerden und Krankheiten entdeckt, und daß man erkennt, daß sie nur die Zerrbilder einer großen Wirklichkeit sind. Dies führt dazu, daß die Aufmerksamkeit dessen, der sich in der Pflege des Heilers befindet, auf die Erkenntnis dieses höheren Aspektes hingelenkt wird.

Die ganze Wissenschaft der Integration hat damit zu tun. Versteht man sie richtig, so wird sie einen völlig neuen Bereich psychologischer Betrachtungsweise – sowohl für physische wie nervöse Krankheiten eröffnen. Ein kleiner Anfang in dieser Richtung ist von spirituell eingestellten Psychologen und Erziehern schon gemacht worden. Die Methode, den Menschen auf psychologische Weise zu helfen, ist ganz klar im Sinne dieser neuen Richtung, und man könnte das wie folgt ausdrücken: Der durchschnittliche Psychologe benutzt (bei der Behandlung von Nervenfällen, psychologischen Grenzfällen und neurotisch veranlagten Menschen) die Methode, die tiefverwurzelten Komplexe, die Traumata oder seelischen Wunden, die weit zurückliegenden Schocks oder die Ängste, die dem Gegenwartsleben zugrunde liegen und den Menschen zu dem gemacht haben, was er heute ist, zu entdecken. Diese bestimmenden Faktoren können meistens bis ins Unterbewußtsein zurück verfolgt werden, indem man die Vergangenheit ausgräbt, die gegenwärtige Umwelt in Betracht zieht, die Erbfaktoren schätzt und die Wirkungen der Erziehung studiert – seien es nun die der akademischen Erziehung oder der Erziehung durch das Leben selbst. Dann wird der Faktor, der das Haupthindernis bildete und den Menschen zu einem psychologischen Problem machte, (wenn möglich mit Hilfe des Patienten) an die Oberfläche des Bewußtseins gebracht, in verständnisvoller Weise erklärt und mit dem bestehenden Zustand in Beziehung gebracht. Der Patient wird folglich dazu gebracht, seine

Persönlichkeit, deren Probleme und die bevorstehende günstige Gelegenheit zu erkennen und zu verstehen.

Die geistige Methode ist jedoch eine ganz andere. Das Problem der Persönlichkeit und das Ergründen des Unterbewußten werden
119] nicht beachtet, da die unerwünschten Zustände als Folgen mangelnden Seelenkontaktes und mangelnder Seelenherrschaft angesehen werden. Der Patient (wenn ich ihn so nennen darf) wird belehrt, seine Aufmerksamkeit von sich, von seinen Gefühlen, seinen Komplexen, fixen Ideen und unerwünschten Gedanken abzulenken und sie auf die Seele, auf die göttliche Realität in der Form und auf das Christusbewußtsein zu konzentrieren. Dies könnte man wohl die wissenschaftliche Substitution eines neuen dynamischen Interesses nennen, das an die Stelle dessen tritt, was bisher im Mittelpunkt gestanden hatte. Man läßt damit einen Faktor der Zusammenarbeit wirksam werden, dessen Energie das niedere Leben der Persönlichkeit durchströmt und falsche psychologische Neigungen sowie unerwünschte Komplexe, die zu irrtümlicher Lebensauffassung führen, beseitigt. Dies regeneriert schließlich das mentale (oder gedankliche) Leben, so daß der Mensch von richtigem Denken unter dem Impuls oder der Erleuchtung der Seele bestimmt und beeinflußt wird. Dadurch wird die „dynamisch austreibende Kraft einer neuen Neigung" erzeugt; die alten „fixen Ideen", die alten Depressionen und Nöte, die hindernden und hemmenden alten Wünsche, – all dieses verschwindet, und der Mensch steht nun frei da als Seele und Meister seiner Lebensvorgänge.

Ich habe diese beiden Zustände etwas ausführlicher behandelt, da es wichtig ist, daß wir ein weiteres Heilgesetz verstehen lernen, ehe wir fortfahren. Die Erörterung über die gespaltene Persönlichkeit, über die Probleme des Mystikers und die neue Einstellung zur Krankheit (vom Gesichtspunkt der Seele und vom Ursachenbereich aus, anstatt vom Blickpunkt der Persönlichkeit und vom Reich der Wirkungen her) kann euch dieses Gesetz klar machen und mindestens das dartun, daß es vernünftig ist und wertolle Anwendungsmöglichkeiten auf die menschliche Not bietet.

IV. Gesetz

Sowohl physische wie psychologische Krankheit hat ihren Ursprung im Guten, Schönen und Wahren. Sie ist nur ein verzerrtes Spiegelbild göttlicher Möglichkeiten. Die gehemmte Seele, die nach voller Wesensäußerung eines göttlichen Attributes oder einer inneren geistigen Realität strebt, erzeugt in der Substanz ihrer Hüllen eine Reibungsstelle. Auf diesen Punkt konzentrieren sich die Augen der Persönlichkeit, und das führt zur Krankheit.

Die Kunst des Heilers besteht nun darin, die nach unten gerichteten Augen nach oben, auf die Seele — den wahren Heiler innerhalb der Form — zu lenken. Dann lenkt das geistige oder dritte Auge die Heilkraft, und alles ist gut.

B. Krankheiten der Jünger

120] Wir werden das, was wir über die Krankheiten der Jünger zu sagen haben, in zwei Abteilungen gliedern: Die spezifischen Probleme aller Jünger, und die Schwierigkeiten, die durch den Kontakt mit der Seele entstehen.

Wir müssen uns hier daran erinnern, daß alle Jünger für die Haupt-Krankheitsgruppen empfänglich sind. Sie versuchen, mit der Menschheit eins zu werden, und das schließt also auch alle Übel ein, denen die physische Hülle zum Opfer fällt. Sie brauchen jedoch nicht den Gebrechen des gewöhnlichen Menschen zum Opfer zu fallen und sollten daran denken, daß ihr größtes Problem die Krankheiten des Herzens und der Nerven sind. Man könnte in diesem Zusammenhang darauf hinweisen, daß die Jünger sich in zwei Hauptgruppen gliedern: Erstens jene, die ihr Leben oberhalb des Zwerchfells führen und daher zu Herzkrankeiten, Schilddrüsen- und Kehlkopfbeschwerden inklinieren, und zweitens jene, die dabei sind, die Energien aus den Zentren unterhalb des Zwerchfells in die Zentren darüber zu verlagern. Die meisten von diesen Jüngern übertragen zur Zeit die Energien des Solarplexus in das Herz, und durch den schweren Weltkampf wird dieser Vorgang wesentlich beschleunigt. Begleiterscheinungen dieser Übertragung sind Magen-, Leber- und Atmungsbeschwerden.

1. *Die speziellen Probleme der Jünger.*

Wie ihr wißt, sind diese speziellen Probleme ein besonderes Merkmal derer, die sich mit ihrem Bewußtsein aus dem Leben der Persönlichkeit in das der Seele erhoben haben. Sie haben vor allem **121]** mit Energie zu tun, mit dem Einströmen, der Aneignung oder Nichtaneignung und der richtig gesteuerten Anwendung von Energie. Die anderen Übel, die sich in der gegenwärtigen menschlichen Evolution im Fleisch vererben (denn man muß daran denken, daß die Krankheiten je nach der erreichten Evolutionsstufe verschieden sind und außerdem zyklisch auftreten), und denen Jünger anheim fallen können – wie es auch geschieht –, werden hier nicht behandelt. Es genügt zu sagen, daß die drei schon erwähnten Hauptkrankheiten der Menschheit ihren Zoll auch unter den Jüngern fordern, und zwar vor allem dann, wenn die Seele von ihren Trägern befreit werden soll. Sie werden aber – so wenig das auch scheinen mag – in diesen Fällen von Seelenbereichen aus überwacht; das Ableben soll auf die Entscheidung der Seele hin stattfinden und nicht als Wirkung der Krankheit. Der Grund dafür, daß diese drei dem planetarischen Leben – in dem wir leben, weben und sind – innewohnenden Hauptkrankheiten solche Macht über Jünger haben, liegt darin, daß die Jünger selbst integrale Teile des planetarischen Lebens sind; sie fallen daher im Anfangsstadium, wenn ihnen die Erkenntnis dieses Einsseins erst aufdämmert, den Krankheiten leicht zum Opfer. Dies ist eine wenig bekannte oder berücksichtigte Tatsache, die aber erklärt, warum Jünger und vorgeschrittene Menschen für diese Krankheiten empfänglich sind.

Wir können diese Probleme in vier Gruppen einteilen:

1. Jene, die mit dem Blut oder dem Lebensaspekt zusammenhängen, denn „das Blut ist das Leben“. Sie haben eine spezifische Wirkung auf das Herz, die aber für gewöhnlich nur funktioneller Art ist. Eine organische Herzkrankheit kommt aus tieferen Ursachen.

2. Direkte Auswirkungen einer Energie, die – über das Gehirn als Leitstation – auf und durch das Nervensystem wirkt.

3. Jene, die mit dem Atmungssystem zusammenhängen und okkulten Ursprungs sind.

4. Jene, die speziell mit der Aufnahmefähigkeit bzw. dem Nichtempfänglichsein, mit dem Funktionieren bzw. Nicht-Funktionieren **122]** und mit dem Einfluß eines Zentrums zu tun haben. Diese gliedern sich notwendigerweise wieder in sieben Untergruppen, da sie sieben Hauptgebiete des Körpers beeinflussen. Beim Durchschnittsjünger ist – bevor die Seele die volle Herrschaft übernommen und die Monade die Leitung innehat – das wichtigste Leitorgan (über das Gehirn) der Vagusnerv, an welchem entlang die (durch das Kopfzentrum eintretenden) Energien an den übrigen Körper verteilt werden. Eine einflußreiche esoterische Schule im Osten hat eine genaue Wissenschaft von den Zentren und deren Beziehung zur Kundalini begründet. Es liegt viel Wahrheit, aber auch viel Irrtum darin.

Ich habe unterschieden zwischen Problemen, physischen Reaktionen und Krankheiten, da das Einströmen, die Verteilung und Weiterleitung von Energie nicht unbedingt Krankheit hervorrufen muß. Es entstehen jedoch während des Noviziats, das allen Einweihungen vorausgeht, Schwierigkeiten und Probleme irgendwelcher Art, sei es nun im Bewußtsein des Jüngers oder in der Beziehung zu seiner Umgebung. Es wird also seine Umwelt mit betroffen, und folglich auch wieder sein Handeln beeinflußt.

Man sollte in diesem Zusammenhang daran denken, daß alle Jünger Energiezentren im Körper der Menschheit sind, die im Begriffe stehen, Brennpunkte gelenkter Energie zu werden. Ihre Funktion und Tätigkeit ruft immer und unausbleiblich im Leben ihrer Umwelt Wirkungen, Folgen, Erweckungen, Umbrüche und Neuorientierungen hervor. Im Anfang geschieht dies unbewußt, und folglich sind die Wirkungen auf alle jene, mit denen sie in Berührung kommen,oft nicht erfreulich; auch wird die Energie noch

nicht mit Weisheit gelenkt, abgelenkt oder zurückgehalten. Soll Energie weise gelenkt werden, so muß eine einsichtsvolle Absicht dahinterstehen. Wenn sie später lernen, bewußt *zu sein,* und wenn sie zu Strahlungszentren für bewußt geleitete Heilkraft werden, kann diese innewohnende und dann übermittelte Energie in einer mehr aufbauenden Weise – sowohl psychologisch wie physisch – angewandt werden. Dennoch wird der Jünger in jedem Falle zu
123] einem wirksamen Einflußfaktor, und er kann niemals mehr das sein, was man esoterisch „unbemerkt an seinem Platz und ohne Einwirkung auf andere Seelen" nennt. Sein Einfluß, seine Ausstrahlung und kraftvolle Energie bringen unvermeidlich Probleme und Schwierigkeiten für ihn; sie beruhen auf den menschlichen Beziehungen, die er karmisch hergestellt hat, und auf den Reaktionen derer, mit denen er in Kontakt kommt, sei es zum Guten oder zum Bösen.

Dem Wesen nach ist der Einfluß eines Jüngers der Großen Weißen Loge grundsätzlich gut und den geistigen Gesetzen gemäß; oberflächlich und in den äußeren Wirkungen gesehen treten – besonders wo es sich um den Jünger handelt – schwierige Situationen, scheinbare Spaltungen, Fehler und ebenso Tugenden bei denen auf, die von der Wirkung betroffen werden, und sie dauern oft viele Leben lang an, bis der so beeinflußte Mensch „okkult mit der ausströmenden Energie versöhnt wird", wie man es nennt. Denkt darüber nach. Die Umstellung oder Anpassung muß von seiten der beeinflußten Menschen kommen, nicht von seiten des Jüngers.

Wir wollen nun die vier Problem-Gruppen nicht vom physischen, sondern vom psychologischen Standpunkt aus betrachten:

a) *Die Probleme, die sich aus dem Erwachen des Herzzentrums des Jüngers ergeben,* kommen vielleicht am häufigsten vor und sind oft am schwierigsten zu behandeln. Diese Probleme beruhen auf lebendigen Beziehungen und dem Wechselwirken zwischen der Liebesenergie und den Kräften des Verlangens. Im Anfang stellt die einströmende Liebeskraft persönliche Kontakte her, die auf Seiten

des Menschen, der von der Energie des Jüngers erfaßt wird, zwischen den Stadien glühender Verehrung und äußersten Hasses schwanken. Dadurch entsteht ständige Unruhe im Leben des Jüngers, bis er sich den Wirkungen seiner Energieverteilung angepaßt hat; oft kommt es auch zum Abbruch der Beziehungen und ebenso häufig zu Versöhnungen. Wenn der Jünger genügend Bedeutung und Einfluß besitzt, so daß er zum gestaltenden Zentrum einer Gruppe werden kann, oder wenn er in der Lage ist, esoterisch sein eigenes Ashram zu bilden (bevor er eine der Haupteinweihungen durch-
124] macht), dann kann die Schwierigkeit sehr ernst und außerordentlich störend sein. In diesem Fall kann der Jünger nur wenig tun; er kann höchstens versuchen, die hinausgehende Liebesenergie in geregelte Bahnen zu lenken. Das Problem bleibt im Grunde eine Sache des Betroffenen; die Umstellungsmaßnahmen müssen, wie ich schon oben bemerkte, von der anderen Seite ausgehen, während der Jünger beim ersten Anzeichen der Bereitschaft, die Beziehung anzuerkennen und im Gruppendienst mitzuarbeiten, zur Mitarbeit bereitsteht. Dies ist ein Punkt, den beide Seiten – sowohl der Jünger, wie auch der auf den Einfluß reagierende Mensch – beachten müssen. Der Jünger steht bereit; der Interessierte oder Beeindruckte zieht sich für gewöhnlich zurück oder nähert sich an, je nach dem Drang seiner Seele oder seiner Persönlichkeit im Anfang wahrscheinlich der letzteren. Schließlich kommt der andere jedoch mit dem Jünger zu vollem gegenseitigen Einvernehmen, und die aufreibende Zeit der Schwierigkeiten ist vorbei.

Es ist mir nicht möglich, mich bei der Erörterung der mit dem Herzen und der Lebensenergie des Jüngers verknüpften Probleme auf ausführliche Einzelheiten einzulassen. Diese Dinge hängen ab von seinem Strahl, von der Einweihung, auf die er gerade vorbereitet wird, von der Qualität, der Evolutionsstufe und vom Strahl derer, die beeinflußt werden.

Es gibt auch Schwierigkeiten und Probleme subtilerer Art, die aus derselben Ursache kommen, aber diese Schwierigkeiten gehen über den Rahmen klar umgrenzter menschlicher Beziehungen hin-

aus. Ein Jünger dient; er schreibt und spricht; seine Worte und sein Einfluß dringen in die Menschenmassen ein und regen sie zu irgendeiner Art von Tätigkeit an – oft in guter und geistgemäßer, manchmal in böser, gegensätzlicher und gefährlicher Weise. Er hat es also nicht nur mit seinen eigenen Reaktionen auf die von ihm geleistete Arbeit zu tun, sondern außerdem in einem allgemeinen speziellen Sinne mit den Massen, auf die er allmählich einen Einfluß ausübt. Dies ist keine leichte Angelegenheit, besonders für denjenigen, der noch keine Erfahrung als Mitarbeiter am Plan hat. Er schwankt hin und her zwischen der Mentalebene, auf der er normalerweise zu wirken versucht, und der Astralebene, auf der die Menschen-
125] massen verwurzelt sind, und das führt ihn in das Reich der Verblendung und folglich in Gefahr. Er geht mit seinem Bewußtsein hinaus zu denen, welchen er Hilfe bringen möchte, doch geschieht dies manchmal als Seele (und dann stimuliert er seine Hörer oft zu stark) und manmal als Persönlichkeit (damit nährt und verstärkt er dann die Reaktionen ihrer Persönlichkeit).

Mit der Zeit lernt er – durch die Schwierigkeiten, die infolge der notwendigen Herz-Annäherung auftreten – fest im Zentrum zu stehen; er sendet dann den Ton hinaus, übermittelt seine Botschaft, verteilt gelenkte Liebesenergie und beeinflußt seine Umgebung, bleibt jedoch unpersönlich, nur als leitende Wirkkraft und verstehende Seele. Diese Unpersönlichkeit (die man als ein Zurückziehen der Persönlichkeitsenergie bezeichnen kann) bringt ihre eigenen Probleme mit sich, wie alle Jünger recht gut wissen; sie können jedoch nichts weiter tun als zu warten, bis die Zeit den anderen Menschen dazu bringt, die Wichtigkeit und esoterische Bedeutung rechter menschlicher Beziehungen klar zu verstehen. Das Problem derer, die mit Einzelmenschen und mit Gruppen arbeiten, hängt grundsätzlich mit der Energie des Herzens und mit der belebenden Kraft des im Herzen verkörperten Lebens zusammen. Im Zusammenhang mit diesem Problem und dessen Rückwirkungen auf den Jünger können leicht bestimmte physische Schwierigkeiten auftreten, und diese will ich kurz besprechen.

Man sollte auch darauf hinweisen, daß leicht Schwierigkeiten im Rhythmus entstehen und Probleme auftauchen können, die mit dem zyklischen Leben des Jüngers zusammenhängen. Herz und Blut gehören esoterisch zusammen und sind ein Symbol für das pulsierende Leben der Seele, das sich auf der physischen Ebene in dem doppelten, nach außen gehenden und wieder sich zurückziehenden Leben der Jüngerschaft äußert; jede dieser beiden Phasen bringt ihre eigenen Probleme mit sich. Sobald ein Jünger den Rhythmus seines äußeren und inneren Lebens gemeistert und seine Reaktionen so in Ordnung gebracht hat, daß er aus ihnen zwar möglichst viel Erfahrung und Erkenntnis gewinnt, aber von ihnen nicht bestimmt **126]** wird, dann beginnt für ihn das verhältnismäßig einfache Leben des Eingeweihten. Erstaunt euch dieser Satz? Ihr müßt bedenken, daß sich der Eingeweihte nach der zweiten Einweihung von den vielseitigen Fallstricken der emotionellen und astralen Vorherrschaft freigemacht hat. Die Verblendung kann ihn nicht mehr überwältigen. Er kann fest und sicher dastehen, trotz allem, was er tun und fühlen mag. Er erkennt, daß das zyklische Geschehen von den Gegensatzpaaren abhängt und ein Teil des manifest gewordenen, lebendigen Daseins selbst ist. Während der Zeit, da er dies kennen und verstehen lernt, macht er große Schwierigkeiten durch. Als Seele unterwirft er sich einem nach außen gekehrten Leben, das magnetischen Einfluß ausstrahlt. Daran kann sich unmittelbar ein Leben des Zurückziehens anschließen; er hat scheinbar keinerlei Interesse an seinen Beziehungen und seiner Umwelt und bekundet eine ganz nach innen schauende, introvertierte Geisteshaltung. Zwischen diesen beiden Extremen kann er – manchmal viele Leben lang – qualvoll hin und her taumeln, bis er lernt, diese beiden Wesensäußerungen zu verschmelzen. Dann wird ihm das Doppelleben des angenommenen Jüngers in seinen verschiedenen Graden und Stufen klar; er weiß nun, was er tut. Ständig und systematisch erfolgen dann Hinausgehen und Zurückziehen, Dienst in der Welt und das Leben des Nachdenkens, und tragen ihre Früchte.

Viele psychologische Schwierigkeiten stellen sich während dieses Entwicklungsprozesses ein; sie führen zu psychologischen Spaltungserscheinungen – sowohl zu tiefverwurzelten wie zu oberflächlichen. Das Ziel aller Entwicklung ist Integration – Integration als Persönlichkeit, Integration mit der Seele, Integration in die Hierarchie, Integration in das Große Ganze, bis die vollständige Einheit und Einswerdung erreicht ist. Um diese Wissenschaft der Integration zu meistern, deren Grundziel die Wesensgleichheit, das Einssein mit der *Einen* Wirklichkeit ist, schreitet der Jünger von einer Einswerdung zur anderen; er macht Fehler, erlebt oft vollständige Entmutigung und identifiziert sich so lange mit dem Unerwünschten, bis er als Seelenpersönlichkeit die früheren Verbindun-
127] gen zurückweist; immer wieder büßt er für falsch angewandten Eifer, für verkehrtes Streben, für die übermächtige Wirkung der Verblendung und für die vielen Zustände psychologischer und physischer Unordnung, die eintreten müssen, während Spaltungen geheilt, rechtes Einswerden erreicht und richtige Orientierung hergestellt werden.

Während dieses grundlegenden, unausweichlichen und notwendigen Entwicklungsprozesses geht gleichzeitig eine bestimmte Tätigkeit im Ätherleib vor sich. Der Jünger lernt, die aus den unteren Zentren gesammelten Energien in den Solarplexus, und von dort in das Herzzentrum emporzuheben. Dadurch bewirkt er eine Neukonzentrierung der Energien oberhalb des Zwerchfells, nicht darunter. Dies führt häufig zu ernsten Komplikationen, da das Solarplexuszentrum – vom Gesichtspunkt der Persönlichkeit aus – als Sammel- und Transferstelle für die Persönlichkeitskräfte am mächtigsten ist. Gerade diese Dezentralisierung und „Erhebung“ des niederen Bewußtseins zum Höheren bringt die Hauptschwierigkeiten, denen der Jünger ausgesetzt ist. Und eben dieser Prozeß, der heute auch in der Gesamtwelt vor sich geht, verursacht den erschreckenden Zwiespalt in allen Fragen und Problemen der Menschheit, in Kultur und Zivilisation. Es verschiebt sich jetzt der ganze Brennpunkt des menschlichen Bewußtseins; das egoistische Leben (das für den Menschen charakteristisch ist, dessen Schwerpunkt auf den Begierden, also im Solarplexuszentrum liegt), tritt zurück und macht Platz dem dezentralisierten Leben des Menschen, der selbstlos (das heißt im höheren Selbst oder in der Seele konzentriert) ist, der seine Beziehungen und seine Verantwortung für das Ganze – nicht nur für den Teil – wahrnimmt. Diese Sublimierung des niederen Lebens in das höhere ist von größter Bedeutung, sowohl für den einzelnen Menschen wie für die ganze Menschheit. Wenn einmal der Einzeljünger und ebenso die Menschheit, die den Weltjünger symbolisiert, diese Übertragung durchgeführt hat, wird die erwartete neue Ordnung des individuellen und des weltumfassenden Dienstes geschaffen und eingeführt wurden.

128] Das Symbol für alle diese Prozesse ist der Blutkreislauf, und in dieser Symbolsprache liegt der Schlüssel verborgen für die Weltordnung, für das Problem, all das zu verbreiten und in freien Umlauf zu bringen, was für alle Teile des großen Menschheitsgefüges nötig ist. Das Blut bedeutet Leben; freier Austausch, freies Teilhabenlassen, freies Kreisen all dessen, was für eine rechte menschliche Lebensweise erforderlich ist, wird die kommende Welt auszeichnen. Heute sind diese Bedingungen noch nicht vorhanden; der Menschheitskörper ist erkrankt und sein inneres Leben zerrissen. Statt daß der Lebensaspekt frei zwischen allen Teilen kreisen kann, ist es zu Absonderung, Blockierung der Leitungswege, Stauung und Stillstand gekommen. Es war die schreckliche Gegenwartskrise nötig, um dem Bewußtsein der Menschheit diese krankhafte Situation und den Umfang des Übels klar zu machen, das ja so groß ist, wie man jetzt merkt; die Krankheiten des „Menschheitsblutes" (symbolisch gesprochen) sind so schwer, daß nur die drastischsten Maßnahmen – Schmerz, Qual, Verzweiflung und Schrecken – als wirksames Heilmittel dienen können.

Es wäre gut, wenn die Heiler dies berücksichtigen würden; sie sollten daran denken, daß auch die Jünger und alle guten Menschen und Aspiranten teilhaben an diesem universalen Kranksein der Menschheit, das sowohl psychischen wie physischen Tribut oder

beides fordern muß. Die Beschwernis ist uralten Ursprungs, stammt aus jahrtausendealter Gewohnheit und beeinträchtigt unvermeidlich die physische Hülle der Seele. Wenn jemand von den Wirkungen menschlicher Übel verschont bleibt, so ist das kein Zeichen für geistige Überlegenheit. Es mag vielleicht nur einen Zustand anzeigen, den einer der Meister „die Tiefen geistiger Selbstsucht und Selbstzufriedenheit" genannt hat. Ein Eingeweihter dritten Grades kann sich von diesen Wirkungen freihalten, aber nur deshalb, weil er sich ganz von der Verblendung befreit hat, und weil kein Aspekt des Persönlichkeitslebens irgendeine Macht mehr über ihn hat. Alle Strahltypen sind diesen Problemen in gleicher Weise unterworfen. Der siebente Strahl ist jedoch in höherem Grade empfänglich für die Probleme, Schwierigkeiten und Krankheiten, die mit dem Blutstrom zusammenhängen, als irgendein anderer Strahltypus. Dieser Strahl hat nämlich mit der Wesensäußerung und Manifestation des
129] Lebens auf der physischen Ebene zu tun, mit der Ausgestaltung der Beziehung zwischen Geist und Materie in der Form. Da er die neue Ordnung schaffen will, befaßt er sich jetzt mit dem freien Kreislauf und folglich auch damit, die Menschheit gemäß dem Plan von den Übeln und Problemen der Vergangenheit zu befreien. Es ist interessant, dies zu berücksichtigen. Die Studierenden würden – wenn sie wirklich einsichtsvoll am Zeitgeschehen mitarbeiten wollen – es für nützlich finden, all das zu sammeln und zu studieren, was ich über den siebenten Strahl der zeremoniellen Ordnung und Magie geschrieben habe.

b) *Krankheiten des Nervensystems* entstehen, wenn Energie, die entweder von der Persönlichkeit, von irgendeinem Aspekt des persönlichen niederen Selbstes oder von der Seele (über das Gehirn) gelenkt wird, zu allen Teilen des Körpers strömt. Von diesen Krankheiten gibt es viele und sie werden akut, wenn der Jünger sich der Einweihung nähert oder ein Eingeweihter wird. Abgesehen von den physiologischen Beschwerden entwickeln sich durch dieses Einströmen von Kraft noch viele andere Zustände. Der Jünger wird zum Beispiel überreizt und damit überaktiv; er verliert das Gleichgewicht, und wenn ich das sage, meine ich nicht eine mentale Unausgeglichenheit (obwohl auch eine solche auftreten kann), sondern eine Überentwicklung und übermäßige Äußerung eines Teiles seines Wesens. Er kann durch ein überaktives Zentrum zu einseitig und überspannt werden, oder ungeordnet und inaktiv. Er unterliegt also der Unausgeglichenheit des Drüsensystems mit allen unangenehmen Begleiterscheinungen. Seine Überreizung oder Unterentwicklung wirkt, soweit es sich um die Zentren handelt, normalerweise auf die Drüsen nachteilig ein, und diese bewirken ihrerseits Charakterschwierigkeiten, woraus sich wieder notwendigerweise Umwelt-Probleme und Sonderbelastungen der Persönlichkeit ergeben.

Das ist also ein verhängnisvoller Kreislauf, und all das liegt an der falschen Kräftesteuerung und am Einströmen von Kraft aus
130] einem der Persönlichkeitsträger in das zugehörige Zentrum (zum Beispiel die Astralkraft und deren Beziehung zum Solarplexus); daraus ergeben sich dann die Probleme der Gesundheit, des Charakters und des Einflusses auf die Umwelt. Zu stark ausstrahlende Aktivität durch irgendein Zentrum zieht Aufmerkamkeit auf sich, und der Jünger wird zum Opfer dessen, was er selbst ins Werk gesetzt hat. Ich werde diese Dinge ausführlicher behandeln, wenn ich mich später den Krankheiten zuwende, die sich aus den vier Kategorien entwickeln.

Diese Beschwerden sind ziemlich allgemeiner Art, wirken jedoch hauptsächlich bei Jüngern des zweiten und sechsten Strahles. Der erstere wird betroffen, weil der zweite Strahl der Aufbaustrahl ist, also vorwiegend mit der äußeren Schöpfung und mit der Nutzanwendung aller Zentren zu tun hat, der letztere, weil der sechste Strahl vor allem der Strahl der Spannungen ist; diese Spannung kann sich sowohl als schlimmster Fanatismus wie auch als uneigennützigste Hingabe auswirken. Es braucht wohl nicht eigens erwähnt zu werden, daß alle Strahlen dieselben Probleme bieten, aber der zweite Strahl hat hauptsächlich mit der Seelen-Aktivität zu tun, die alle Zentren (sowohl über wie unter dem Zwerchfell) erfaßt, wobei jedoch dem Herzen die meiste Aufmerksamkeit geschenkt wird. Der sechste Strahl hat enge Beziehungen zum Solarplexus, denn dieser ist eine Sammel- und Ausgleichstelle und der Ort, von wo aus die Lebenskraft in der Persönlichkeit eine neue Richtung einschlägt. Denkt immer daran.

c) *Alle mit dem Atmungssystem verbundenen Probleme* hängen mit dem Herzen zusammen und haben also damit zu tun, einen rechten Rythmus und Kontakt mit der Umwelt herzustellen. Das Einziehen des Lebensatems, das gleichzeitige Teilhaben an der Luft mit allen anderen Wesen kennzeichnet sowohl ein individuelles Lebenszentrum, wie auch eine Teilnahme am allgemeinen Leben der Gesamtheit. Mit diesen Problemen individueller, abgesonderter Existenz und ihres Gegenteils ist das heilige Wort, das OM, aufs
131] innigste verbunden. Man könnte mit den Worten eines okkulten Lehrbuches über das Heilen, das vorgeschrittenen Jüngern gegeben wird, sagen:

> „Wer unter dem Laut des AUM lebt, erkennt sich selbst. Wer lebt, indem er das OM ertönen läßt, erkennt seinen Bruder. Wer den LAUT erkennt, erkennt alles."

Dann fährt das Buch in der dunklen Symbolsprache des Eingeweihten fort:

> „Der Lebensodem wird zur Todesurache für den, der in einem Gehäuse lebt. Er existiert, ist aber nicht; dann zieht der Atem fort und verliert sich spiralförmig im All.
>
> Wer das OM mit dem Atem aussendet, erkennt nicht nur sich allein. Er erkennt, daß der Atem Prana, Leben, das Fluidum des Verbundenseins ist. Die Übel des Lebens sind die seinen, da sie das Los der Menschen sind; sie sind nicht in einer Schale erzeugt, denn die Schale gibt es nicht.
>
> Wer selbst der LAUT ist und ihn ertönen läßt, kennt keine Krankheit, kennt nicht die Herrschaft des Todes."

Mit diesen Worten ist das ganze Problem der dritten Gruppe von Beschwerden und Krankheiten zusammengefaßt. Sie betreffen den Kreislauf der Seelenenergie, der Energie der Liebe, und *nicht* den Kreislauf der Lebensessenz. Diese beiden Grundenergien bringen dadurch, daß sie auf die Kräfte der Persönlichkeit einwirken, den größten Teil der Probleme mit sich, die ein Erbteil der Menschheit sind. Es sind dies Mangel an Liebe, Mangel an Leben, das Unvermögen, den Ton der Seele und des Strahles richtig erklingen zu lassen, und die Unfähigkeit, weiterzuleiten. Das Geheimnis, wie man eine reine Stromleitung wird (um einen mystischen, aber nicht okkulten Ausdruck zu verwenden), wird in der ersten Problemgruppe erörtert; das Herstellen rechter Beziehungen durch richtiges Anstimmen des magnetisch wirkenden Seelentones wird in den beiden letzten Gruppen betrachtet.

132] Diese dritte Gruppe von Beschwerden, Problemen und Krankheiten kommt natürlich bei Menschen auf allen Strahlen vor, aber die Menschen des ersten Strahles sind auf Grund ihrer Veranlagung für diese Widerwärtigkeiten besonders empfänglich. Wenn sie aber die in ihnen ruhenden Kräfte in der rechten Weise nutzbar machen, wenn sie das OM und schließlich den LAUT richtig anwenden, können sie die mit diesem Strahl zusammenhängenden Probleme und Schwierigkeiten viel leichter überwinden als Menschen auf den anderen Strahlen. Ihr habt hier einen Hinweis auf das „Verlorene Wort" der Freimaurerei und auf den LAUT des „Unaussprechlichen Namens".

Der Laut des AUM, der Laut des OM, und der LAUT selbst; alle sind mit Schwingung und ihren verschiedenen, voneinander abweichenden Wirkungen verwandt. Das Geheimnis des Schwingungsgesetzes wird den Menschen zunehmend in dem Maße offenbar, wie sie lernen, das WORT in seinen drei Aspekten ertönen zu lassen. Die Studierenden würden gut daran tun, über den Unterschied zwichen dem Atem und dem Laut, zwischen dem Atemvorgang und dem Erzeugen einer Schwingungsaktivität nachzudenken. Sie sind zwar einander zugehörig oder verwandt, aber dennoch voneinander verschieden. Das eine hat mit der Zeit zu tun, das andere mit dem Raum; der *Alte Kommentar* drückt es folgendermaßen aus: „Der Laut, der abschließende und dennoch verursachende Ton, betrifft das, was weder Zeit noch Raum ist; er liegt außerhalb des manifestierten Alls, ist der Urquell allen Seins und dennoch Nichts.“ (Nichts Materielles. A. A. B.)

Aus diesem Grunde können Jünger auf dem vierten Strahl für gewöhnlich mit Hilfe der Intuition ein Verstehen des *Om* entwickeln. Dieser Strahl der Harmonie durch Konflikt (den Widerstreit zwischen den Gegensatzpaaren) hat notwendigerweise die Aufgabe, jene Schwingungsaktivität einzuführen, die zu Einheit und Harmonie, zu rechten Beziehungen und zum Freiwerden der Intuition führt.

d) *Die Probleme, die sich aus der Tätigkeit oder Untätigkeit der Zentren ergeben*, sind vom Standpunkt der Krankheit aus vielleicht die wichtigsten, denn die Zentren beherrschen das Drüsen-
133] system, und die Drüsen haben eine direkte Beziehung zum Blutstrom und beeinflussen auch maßgeblich die wichtigsten Hauptgebiete im menschlichen Körper. Sie haben sowohl eine physiologische wie eine psychologische Wirkung auf die Persönlichkeit, auf deren inneren und äußeren Kontakte und Beziehungen. Die Reaktion zeigt sich zwar vorwiegend im Physischen, jedoch sind die Wirkungen weitgehend psychologischer Art; und darum werde ich grundsätzlich diese vierte Gruppe eingehender behandeln und mich mit den Krankheiten der Jünger beschäftigen. Dazu werde ich einige bestimmte Unterweisungen über die Zentren geben. Das wird deutlicher als alles bisher Gesagte die Ursachen der vielen menschlichen Übel und physischen Beschwerden aufzeigen.

Bevor wir an unser nächstes Thema gehen, möchte ich euch bitten: Versucht die Gesetze des Heilens und die bisher gegebenen Regeln – die hier wiederholt werden, um euer Bemühen zu erleichtern – noch etwas vollständiger zu erfassen.

I. Gesetz

Alle Krankheit ist das Ergebnis gehemmten Seelenlebens; das gilt für alle Formen in allen Reichen. Die Kunst des Heilers besteht darin, die Seele frei zu machen, so daß ihr Leben durch die Aggregate von Organismen strömen kann, aus denen eine jede spezielle Form besteht.

II. Gesetz

Krankheit entsteht durch drei Einflüsse, bezw. ist von diesen abhängig. Sie sind: 1. Des Menschen eigene Vergangenheit, womit er den Preis für weit zurückliegenden Irrtum zahlt. 2. Seine Erbmasse, wodurch er mit der ganzen Menschheit teilhat an jenen verdorbenen Energieströmen, die Gruppenursprungs sind. 3. Er hat mit allen Naturformen dasjenige gemein, was der Herr des Lebens Seinem Körper auferlegt. — Diese drei Einflüsse nennt man das „Urgesetz der Teilhabe am Übel". Dieses Gesetz muß eines Tages jenem neuen „Gesetz von dem seit Urzeiten herrschenden Guten" weichen, das hinter allem steht, was Gott geschaffen hat. Dieses Gesetz muß durch den geistigen Willen des Menschen zur Wirksamkeit gebracht werden.

III. Gesetz

Krankheiten entstehen dadurch, daß sich die Lebensenergie eines Menschen grundlegend zentralisiert. Von der Ebene, auf der diese Energien konzentriert werden, gehen jene bestimmenden Bedingungen aus, die zu schlechter Gesundheit führen, und die sich daher als Krankheit oder als Freisein von Krankheit auswirken.

134]

IV. Gesetz

Sowohl die physische wie die psychologische Krankheit hat ihre Wurzeln im Guten, Schönen und Wahren. Sie ist nur ein verzerrtes Spiegelbild göttlicher Möglichkeiten. Die gehemmte Seele, die nach voller Wesensäußerung eines göttlichen Attributes oder einer inneren, geistigen Realität strebt, erzeugt in der Substanz ihrer Hüllen eine Reibungsstelle. Auf diesen Punkt konzentrieren sich die Augen der Persönlichkeit, und das führt zur Krankheit. Die Kunst des Heilers besteht nun darin, die nach unten gerichteten Augen nach oben, auf die Seele, den wahren Heiler innerhalb der Form, hinzulenken. Dann leitet das geistige oder dritte Auge die Heilkraft, und alles ist gut.

I. Regel

Der Heiler muß versuchen, seine Seele, sein Herz, sein Gehirn und seine Hände zu verbinden. So kann er die lebendige Heilkraft über den Patienten ausgießen. Das ist *magnetisches Wirken.* Es heilt die Krankheit, kann aber auch den sogenannten schlechten Zustand verstärken, je nach dem Wissen des Heilers.

Der Heiler muß versuchen, seine Seele, sein Gehirn, sein Herz und seine aurische Ausstrahlung zu verbinden. So kann seine Gegenwart das Seelenleben des Patienten stärken. Dies ist die *Arbeit der Ausstrahlung*. Die Hände sind nicht nötig. Die Seele erweist ihre Kraft. Des Patienten Seele antwortet durch die Resonanz seiner Aura auf die aus der Aura des Heilers kommende, von Seelenenergie durchflutete Strahlung.

II. Regel

Der Heiler muß durch Reinheit des Lebens magnetische Reinheit erlangen. Er muß sich jene austreibende Strahlung aneignen, die sich in jedem Menschen zeigt, wenn er die Zentren im Kopf miteinander verbunden hat. Wenn dieses magnetische Feld hergestellt ist, dringt auch die Strahlung hinaus.

135]

III. Regel

Der Heiler soll sich darin schulen, den inneren Gedanken- oder Begierdenzustand dessen zu erkennen, dem er helfen möchte. Dadurch kann er etwas erfahren über die Quelle, aus der die Störung kommt. Er soll Ursache und Wirkung miteinander in Beziehung setzen und dann genau die Stelle erkennen, durch welche die Abhilfe kommen muß.

IV. Regel

Der Heiler und die Heilergruppe müssen ihren Willen im Zaum halten. Nicht der Wille soll angewandt werden, sondern die Liebe.

2. *Schwierigkeiten, die aus dem Kontakt mit der Seele herrühren.*

Wir wollen nun die Schwierigkeiten, Krankheiten und psychologischen (neurologischen wie mentalen) Leiden der Aspiranten und Jünger der Welt studieren, und zwar speziell in ihrer Beziehung zu den sieben Zentren. Außerdem werden wir auch die Wirkungen jener Kräfte und Energien (ich unterscheide diese Begriffe absichtlich) erörtern, die durch sie strömen. Vieles von dem, was ich sagen werde, erscheint vielleicht vom Gesichtspunkt der orthodoxen Medizin aus fragwürdig, doch ist diese andererseits dem okkulten Standpunkt stetig nähergekommen. Ich werde nicht versuchen, die esoterische Einstellung zur Heilkunst, deren Voraussetzungen und Methoden mit den modernen Therapielehren in Verbindung zu bringen. Beide nähern sich auf jeden Fall einander immer mehr an. Der Laie, für den diese Lehren bestimmt sind, wird meine Behauptungen klarer verstehen, wenn darin möglichst wenig technische Ausdrücke vorkommen und die akademische Einstellung der medizinischen Wissenschaft möglichst unberücksichtigt bleibt; sie würden nur Verwirrung stiften. Mein Bemühen geht dahin, ein allgemeines Bild von den inneren Ursachen äußerlich sichtbarer physischer Übel zu geben. Ich versuche, gewisse Aspekte okkulter Therapie darzulegen, für welche die Menschheit heute bereit ist, wobei ich daran erinnere, daß die Darstellung natürlich unzulänglich und bruchstückhaft bleibt; deshalb mag sie denen, die immer nach einem Ventil für menschliche Leichtgläubigkeit suchen, unrichtig und herausfordernd erscheinen. Das kümmert mich jedoch nicht. Die Zeit wird beweisen, daß meine Behauptungen zutreffen.

136] Die neue Medizin wird sich mit Faktoren beschäftigen, die man gegenwärtig erst dunkel zu erkennen beginnt und die bis jetzt noch nicht in eine wirkliche oder tatsächliche Beziehung zum Menschen und seinem Körper gesetzt worden sind. Die Grundtheorie, auf der sich die neue medizinische Lehre aufbauen wird, kann am besten in folgender Erklärung zusammengefaßt werden: Es gibt in Wirklichkeit nichts als Energie; diese muß man aufmerksam betrachten und auch jene Kräfte, die sich den höheren oder anderen Energiearten entweder entgegenstellen oder angleichen. Ich möchte also damit beginnen, daß ich den vier schon mitgeteilten Gesetzen ein neues hinzufüge. Die vorigen Gesetze waren abstrakte Voraussetzungen, die etwas verschwommen und ausdruckslos bleiben, wenn man sie nicht mit dem fünften verbindet.

V. Gesetz

Es gibt nichts als Energie, denn Gott ist Leben. Im Menschen begegnen sich zwei Energien, jedoch sind noch fünf andere anwesend. Für eine jede gibt es eine zentrale Kontaktstelle. Der Widerstreit dieser Energien mit den Kräften, und der Kräfte untereinander, verursacht die körperlichen Übel des Menschen. Der Widerstreit zwischen der ersten und zweiten dauert viele Zeitalter lang, bis einmal der Bergesgipfel — die erste große Bergspitze — erreicht ist. Der Kampf zwischen den Kräften erzeugt alle Krankheiten, alle Übel und körperlichen Schmerzen, die Erlösung im Tode suchen. Die zwei, die fünf, somit die sieben samt dem, was sie erzeugen, besitzen das Geheimnis. Dies ist das fünfte Heilgesetz in der Welt der Form.

Dieses Gesetz kann in bestimmte Grundaussagen zerlegt werden, die man wie folgt aufzählen kann:

1. Wir leben in einer Welt der Energien und sind selbst ein Bestandteil von ihnen.
2. Die physische Körperhülle ist eine Verschmelzung von zwei Energien und sieben Kräften.
3. Die erste Energie ist die der Seele, die Seelenenergie; sie verursacht den Widerstreit, da ja die Seele die Herrschaft über die Kräfte zu gewinnen trachtet.

137] 4. Die zweite Energie ist die der dreifachen Persönlichkeit -- der Persönlichkeitsstrahl, welcher der höheren Energie Widerstand leistet.

5. Die Kräfte sind jene anderen Energien oder Strahlen-Wirkkräfte, welche die sieben Zentren beherrschen und ihrerseits

entweder von der Energie der Persönlichkeit oder von der der Seele beherrscht werden.

6. Zwei Kämpfe spielen sich also ab zwischen den beiden höheren Energien und jenen anderen, die sich in den sieben Zentren konzentrieren.
7. Von der Art des Wechselspiels dieser Energien hängen Gesundheit oder Krankheit ab.

Es ist viel gelehrt worden über den Äonen dauernden Kampf zwischen Persönlichkeit und Seele, aber die Lehren wurden immer in der Sprache der geistigen Betrachtungsweise, der Mystik und der Religion gegeben oder sonstwie als Charakter-Reaktionen, abstraktes Streben und Reinheit oder Unreinheit dargestellt. Damit werde ich mich nicht befassen. Mein Thema lautet: Die Wirkungen dieses Konflikts im physischen Körper. Ich möchte mich daher einzig auf die physiologischen und psychologischen Probleme beschränken, die jener Kampf mit sich bringt, der ganz besonders das Leben des Jüngers erschwert. Man könnte folgendes behaupten:

A. Alle Krankheiten und physischen Beschwerden entstehen durch eine oder mehrere von drei Ursachen:

1. Es ist ein Kontakt mit der Seele entwickelt worden; dadurch werden alle Zentren – je nach der Art des Seelenstrahls – in geordnetem Rhythmus belebt. Das führt notwendigerweise zu Spannungen und übermäßiger Belastung in der physischen Körperhülle.

2. Das Leben ist in der Persönlichkeit konzentriert, die versucht, diese Seelenherrschaft unwirksam zu machen; das äußert sich besonders als rege Tätigkeit des Kehlzentrums (was eine Neigung zu größerer Aktivität der Schilddrüse mit sich bringt) sowie der Zentren unter dem Zwerchfell.

138] 3. Es kommt ein Zyklus im Leben des Aspiranten, in dem die Herrschaft der Persönlichkeit schwächer zu werden beginnt, so daß sich der Schwerpunkt und damit die Aktivität in die Zentren über dem Zwerchfell verlagert; auch das verursacht wieder Störungen und macht Neuanpassungen nötig.

B. Auf den verschiedenen Stufen bieten sich dem Aspiranten gewisse Ziele dar, deren jedes einen Fortschritt bedeutet, mit dem aber auch gewisse Schwierigkeiten verbunden sind.

1. *Das Ziel des Eingeweihten* ist es, ein jedes Zentrum im Ätherkörper für die Strahlenenergie seiner Seele empfänglich zu machen, wobei alle anderen sieben Strahl-Energien dieser untergeordnet sind. Dieser Prozeß der Stimulierung, der Neuanpassung und des Strebens nach einer festen Seelenherrschaft geht weiter bis zur dritten Einweihung. Wenn dann diese erwirkt ist, hat der physische Leib eine ganz andere Qualität und Beschaffenheit als vorher; die früheren Gesundheitsregeln und -Gesetze gelten nicht mehr.

2. *Das Ziel des Jüngers ist es,* die Kontrolle über die Zentren im Körper – von der Seele aus – zu fördern durch Stimulierung, Ausmerzung und schließlich Festigung. Das bringt unvermeidlich Schwierigkeiten, und die Belebung oder Durchgeistigung (Inspiration) (beide Worte passen in gleicher Weise) oder ihr Fehlen beeinflussen die Körperorgane in den Bezirken um die Zentren sowie alle Substanzen, die sich in der Nähe der Zentren befinden.

3. *Das Ziel des Aspiranten* oder des Jüngers auf dem Probepfad ist es, die Kräfte aus den Zentren unter dem Zwerchfell – über das Solarplexus-Zentrum – hinauf zu den Zentren oberhalb des Zwerchfells zu bringen. Die Energie aus der Basis der Wirbelsäule muß in den Kopf, die Energie des Sakralzentrums zur Kehle emporgehoben werden, während die Energie des Solarplexus zum Herzen geleitet werden muß. Dies geschieht als Reaktion auf den magnetischen „Zug" des Seelenstrahles, wenn er beginnt, die Oberhand über den Persönlichkeitsstrahl zu gewinnen. Das ist ein langer, dor-
139] nenvoller Weg, der sich über viele Leben erstreckt und viele physische Übel mit sich bringt.

4. *Das Ziel des Durchschnittsmenschen* (das unbewußt wirksam ist) ist es, in vollem Maße auf die Kraft der Persönlichkeit reagierien zu können, die sich vor allem im Mittelpunkt – dem Solarplexus – konzentriert, und dann diese Kräfte stetig und einsichtsvoll in Einklang zu bringen, so daß sich der Seele schließlich eine integrierte Persönlichkeit zur Beherrschung und Verwendung darbietet.

5. *Das Ziel des primitiven oder unentwickelten Menschen* (das ebenfalls unbewußt wirkt) ist es, ein voll animalisches, emotionelles Leben zu führen, in dem er die Erfahrung des Wachstums, des Kontakts und schließlich des Verstehens macht. Dadurch wird der Reaktionsapparat der Seele in den drei Welten aufgebaut.

Ich möchte auch die Aufmerksamkeit auf den Gedanken lenken, den ich hier eingeworfen habe, nämlich: daß die Ziele an und für sich selbst eine Wirkung auf das ausüben, was der Mensch zu erreichen strebt. Das ist ein Gedanke, der sorgfältige Überlegung verdient.

Diese allgemeinen Angaben werden nur dann einen Wert haben, wenn man im Auge behält, daß sie eben nur Verallgemeinerungen sind. Kein Aspirant auf irgendeiner Stufe bis nach der dritten Einweihung ist in seinem Bestreben ganz klar ausgeformt, und ebenso wenig ist er in seinem Leben und Bemühen ganz in einer Richtung spezialisiert. Die Menschen befinden sich auf allen nur denkbaren Entwicklungsstufen, und viele dieser Stufen liegen zwischen den fünf oben erwähnten Stufen. Sie alle vermischen sich, gehen ineinander über und bilden oft einen schrecklich konfusen Spielplatz für Gedanken und Tätigkeiten. Nur im Leben des unentwickelten Menschen ist noch eine klare Einfachheit zu finden. Dazwischen – von der Kindheitsstufe der Menschheit oder des Menschen bis zur Befreiung vom Leben der Persönlichkeit – gibt es nichts als Verwicklung. Alles greift ineinander: Bewußtseinszustände, Schwierigkeiten, Gesundheitsstörungen, psychologische Probleme, Krankheit und Tod.

140] Dies muß offensichtlich so sein, wenn die ungeheuer vielen Energien und Kräfte, die das Wesen eines Menschen ausmachen und seine Umwelt formen, miteinander in Beziehung gebracht werden. Jeder Mensch ist tatsächlich wie ein winziger Wirbel in diesem großen Meer des Daseins, in dem er lebt und webt, und er ist so lange in unaufhörlicher Bewegung, bis die Seele „auf die Gewässer (oder Kräfte) atmet" und der Engel der Gegenwart in den Wirbel hinabsteigt. Dann wird alles still. Die durch den Lebensrhythmus und später durch das Herabsteigen des Engels heftig erregten Wasser fügen sich der heilenden Kraft des Engels und verwandeln sich in einen „ruhigen See, in den die Kleinen Einlaß und die Heilung finden können, deren sie bedürfen". So sagt der „Alte Kommentar".

Die Zentren und das Drüsensystem

Es wird euch also klar sein, daß eine Krankheit (wenn sie nicht ihren Ursprung in einer Gruppe oder in planetarischem Karma hat oder auf einem Unglücksfall beruht) der Aktivität oder Inaktivität der Zentren entspringt. Damit ist eine Grundwahrheit in den einfachsten Worten ausgesprochen. Die Zentren beherrschen, wie ihr wißt, das endokrine Drüsensystem, das wiederum die sieben Hauptgebiete des menschlichen Körpers beherrscht und für die richtige Funktion des ganzen Organismus verantwortlich ist, da es sowohl physiologische wie psychologische Wirkungen ausübt.

Die Bedeutung dieses Drüsensystems kann nicht hoch genug eingeschätzt werden. Es ist im Kleinen eine Nachbildung der siebenfachen Konstitution des Universums; es ist das Ausdrucksmittel und Kontaktinstrument für die sieben Strahlkräfte, die sieben Geister vor Gottes Thron. Auf der Grundlage dieser bislang noch nicht erkannten Wahrheit wird man die Medizin und die Heilmethoden der künftigen Zivilisation entwickeln.

Die Drüsen bilden ein großes, in sich verwobenes System im Körper; sie bringen alle Teile der physischen Körperhülle mitein-

ander in Beziehung; außerdem verbinden sie den Menschen mit dem Ätherkörper – sowohl mit seinem eigenen wie mit dem planetari-
141] schen und ebenso mit dem Blutstrom, der das Lebensprinzip allen Teilen des Körpers zuführt. Folglich gibt es im physischen Leib vier große Systeme für die Kräfteverteilung. Sie alle sind in sich vollständig, tragen bei zum funktionellen und organischen Leben des Körpers, sind engstens miteinander verbunden und zeitigen sowohl physiologische wie psychologische Ergebnisse, je nachdem, welche Kraft sie haben, wie die Zentren auf das Einströmen der höheren Kräfte reagieren können, welche Evolutionsstufe erreicht ist, und inwieweit sich die einströmenden Energien frei auswirken können oder umgekehrt dazu nicht in der Lage sind. Diese vier Energie-Verteilungsstellen sind:

1. *Der Ätherleib selbst.* Er ist die Grundlage für den gesamten physischen Körper, mit seinen zahllosen Kräfte- und Energiefäden, den ein- und ausströmenden Energien, mit seiner Fähigkeit, auf Energiestöße, die sowohl aus der Umwelt wie vom inneren, geistigen Menschen und den feinern Körpern herkommen, reagieren zu können. In ihm liegen die sieben Zentren, die Brennpunkte für Aufnahme und Verteilung; sie sind die Empfänger von sieben Energiearten und verteilen diese in dem ganzen kleinen menschlichen System.

2. *Das Nervensystem* und dessen mannigfaltige ineinandergreifende Leitorgane. Es ist ein verhältnismäßig materielles Netz von Energien und Kräften, die äußere Erscheinungsform des inneren, lebendigen, dynamischen Geflechtes des Ätherkörpers und der Millionen Nadis, jener Urbilder der Nerven, welche die Grundlage des stärker materialisierten Körpers bilden. Diese Nerven und Nervengeflechte mit ihren vielen Verzweigungen sind die negativen Aspekte der positiven Energien, die den Menschen bestimmend beeinflussen oder dies wenigstens versuchen.

3. *Das endokrine Drüsensystem.* Dieses ist das greifbare exoterische Ausdrucksmittel für die Tätigkeit des Lebenskörpers und seiner sieben Zentren! Die sieben Kraftzentren befinden sich in dem selben Bereich, in dem auch die sieben Hauptdrüsen liegen, und
142] jedes Kraftzentrum versorgt – nach der esoterischen Lehre – die entsprechende Drüse mit Kraft und Leben; diese Drüse ist tatsächlich die sichtbare Reproduktion des betreffenden Zentrums.

Zentrum	*Drüse*
Kopfzentrum	Zirbeldrüse
Zentrum zwischen den Augenbrauen	Hypophyse
Kehlzentrum	Schilddrüse
Herzzentrum	Thymusdrüse
Solarplexus	Pankreas (Bauchspeicheldrüse)
Sakralzentrum	Keimdrüsen
Zentrum an der Basis der Wirbelsäule	Nebennieren

Diese drei Systeme sind sehr eng miteinander verbunden und bilden ein in sich geschlossenes Leitsystem für Energien und Kräfte, die ihrem Wesen nach lebendig, dynamisch, anregend und schöpferisch sind. Grundsätzlich sind sie von einander abhängig, und auf ihnen beruht die ganze innere Gesundheit des physischen Organismus. Sie reagieren zuerst auf den einen oder anderen Körper (den emotionellen oder mentalen), dann auf die integrierte Persönlichkeit und deren Strahl, und schließlich auf den Seelenstrahl, wenn er die Herrschaft übernimmt. Sie sind tatsächlich die Ursache dafür, daß ein physischer Körper entsteht, und nach der Geburt bestimmen sie dessen psychologischen Eigenschaften; diese wiederum führen zur Entwicklung des physischen Menschen. Sie sind die Werkzeuge für die drei göttlichen Aspekte jeder Manifestation: Leben, Qualität und Erscheinung.

4. *Der Blutstrom.* Er ist der Träger des Lebensprinzips und der vereinten Energien und Kräfte der drei vorgenannten Systeme. Für den konservativ Denkenden dürfte das ein ziemlich neuer Gedanke sein. Die Beziehung des Blutkreislaufs zum Nervensystem ist bis jetzt in der modernen Medizin noch nicht genügend herausgearbeitet worden. Man hat jedoch schon viel getan, um eine Beziehung zwischen dem Drüsensystem und dem Blut nachzuweisen.

143] Nur wenn man diese vier miteinander verbundenen Systeme als ein integrales Ganzes und als vier Aspekte eines einzigen lebendigen Kreislaufsystems ansieht, kann die Wahrheit zutage treten. Man wird das wahre Wesen der materiellen Erscheinungen erst dann begreifen, wenn man diese verbundenen Systeme als die vier wichtigsten Verteilungsorganismen für die vereinigten Strahlen des individuellen Menschen anerkennt. Man könnte hier folgendes hinzufügen:

1. Der Ätherkörper wird – in bezug auf den Kreislauf – vom Mond beherrscht, der den Vulkan verhüllt.
2. Das Nervensystem wird von Venus regiert.
3. Das endokrine System wird von Saturn beherrscht.
4. Der Herrscher über den Blutstrom ist Neptun.

Diese vier Systeme sind tatsächlich die Manifestationen der vier Aspekte der Materie in ihrer niedersten oder rein physischen Wesensäußerung. Es gibt für die Grundsubstanz noch andere Ausdrucksaspekte, diese vier sind jedoch die wichtigsten.

Jedes von ihnen ist dem Wesen nach zweifach, und jede Dualität entspricht dem Strahl der Seele oder dem der Persönlichkeit. So ist jedes System sowohl positiv wie negativ; jedes kann beschrieben werden als eine Einheit aus widerstrebender Kraft und dynamischer Energie; jedes ist eine Kombination bestimmter Aspekte der Materie und der Substanz – wobei die Materie der relativ ruhende, die Substanz der relativ bewegliche oder qualitätsverleihende Aspekt ist. Beider Wechselwirken, ihre Beziehung und gemeinsame Funktion sind Ausdruck für das Eine Lebensprinzip; und wenn sie einen Punkt erreicht haben, an dem die Verschmelzung, Synthese oder gleichgeordnete Tätigkeit vollkommen ist, dann bricht jenes „Leben in größerer Fülle“ an, von dem Christus sprach, und von dem wir bis jetzt noch nichts wissen. Die vier Aspekte der Materie bilden auch die Entsprechung sowohl zu den vier göttlichen Attributen, wie zu den drei göttlichen Aspekten.

144] Die Analogie zu der grundlegenden Dualität aller offenbarten Schöpfung bleibt ebenfalls erhalten, so daß sich die Neunzahl der Einweihungen ergibt – die Drei, die Vier und die Zwei. Diese Entsprechung zum Einweihungsprozeß verläuft jedoch in entgegengesetzter Richtung, denn es ist eine Einweihung in den schöpferischen dritten Aspekt, den Aspekt der Materie und der Welt intelligenter Tätigkeit. Es ist keine Einweihung in den zweiten oder Seelenaspekt, wie bei den hierarchischen Einweihungen, auf die sich der Jünger vorbereitet. Es ist die Einweihung der Seele in die Erfahrung physischer Inkarnation, in das Dasein auf der physischen Ebene und in die Kunst, als Menschenwesen tätig zu sein. Die Pforte, die in diese Erfahrung hineinführt, ist das „Tor des Krebs“. Die Einweihung in das Reich Gottes erfolgt durch „das Tor des Steinbocks“. Diese vier Attribute und die drei Aspekte der Materie samt ihrer zweifachen Wirksamkeit sind die Entsprechung zu den vier Aspekten der Persönlichkeit, zur geistigen Triade und ihrer zweifachen Beziehung. In dieser Aussage liegt der Schlüssel zur Erlösung verborgen.

Die sieben Hauptzentren

Es würde sich hier als wertvoll erweisen, wenn wir das Wesen der Zentren selbst ein wenig erörterten; dabei möchte ich die Lehren, die ich schon in meinen anderen Büchern gegeben habe, etwas zusammenfassen und so ein klares Bild von dem Energiekörper aufzeigen, der hinter der grob-physischen Hülle steht.

Es gibt viele Kräfte-Brennpunkte im Körper; wir werden jedoch nur die sieben wichtigsten behandeln, die bis zu einem gewissen Grade alle übrigen beherrschen. Auf diese Weise werden wir nicht in Verwirrung geraten. Wir werden uns mit den fünf Zentren entlang der Wirbelsäule sowie mit den beiden, die im Kopf liegen, beschäftigen.

1. Das Kopfzentrum. Sein Sitz ist am Scheitel des Kopfes. Man nennt es häufig „den tausendblättrigen Lotos“ oder das Brahmarandra.

145] a) Es entspricht der zentralen Geistessonne.

b) Es tritt nach der dritten Einweihung in Tätigkeit und ist das Organ für die Verteilung monadischer Energie, des Willensaspektes der Göttlichkeit.

c) Es ist mit der dreifachen Persönlichkeit durch die Antahkarana verbunden, an deren Aufbau Jünger und Eingeweihte arbeiten, und die ihren vollen Nutzwert erst dann erreicht, wenn der Kausalkörper bei der vierten Einweihung zerstört worden ist.

d) Es ist das Shamballa-Zentrum im physischen Körper, das Organ oder Medium des Vaters, des ersten göttlichen Aspektes.

e) Es nimmt die Absicht wahr, entspricht dem „elektrischen Feuer“ des Sonnensystems, und ist von dynamischer Qualität.

f) Seine verdichtete physische Ausdrucksform ist die Zirbeldrüse im Kopf. Diese ist im Kindesalter so lange in Funktion, bis der Wille-zum-Sein genügend stark ist, daß der sich inkarnierende Mensch im physischen Leibe fest verankert ist. In den letzten Stadien göttlicher Wesensäußerung im Menschen tritt es wieder in Tätigkeit und dient als Ausdrucksmittel der Willensenergie des vollendeten Daseins auf Erden.

g) Es ist das Organ der Synthese, da es nach der dritten Einweihung und vor der Zerstörung des Kausalkörpers in sich

alle drei Aspekte des manifestierten Lebens vereinigt. Beim
Menschen sind dies die Energien der Geistigen Triade, des
dreifachen egoischen Lotos und der dreifachen Persönlich-
keit, was wieder die Neunzahl der Einweihung ergibt. Die
so in Einklang gebrachten und in und über dem Kopf kon-
146] zentrierten Energien sind von großer Schönheit, haben eine
ausgedehnte Strahlung und dynamische Wirksamkeit. Sie
dienen dazu, um den Eingeweihten mit allen Teilen des pla-
netarischen Lebens, mit dem Großen Rat in Shamballa und –
über den Buddha und einen der drei Buddhas der Tätigkeit
– mit dem Herrn der Welt, dem letzten, obersten Initiator
in Verbindung zu bringen. Der Buddha verbindet den Einge-
weihten in einem ganz besonderen Sinne mit dem zweiten As-
pekt der Göttlichkeit, dem der Liebe – und daher mit der
Hierarchie. Die Buddhas der Tätigkeit verbinden ihn mit
dem dritten Aspekt der Göttlichkeit, dem der aktiven Intel-
ligenz. So vereinigen sich in ihm die Energie des Willens,
des Bewußtseins und der Schöpferkraft, womit die Synthese
der göttlichen Aspekte hergestellt ist.

h) Es ist das einzige Zentrum von den sieben, das auch nach vollendeter Erlösung die Stellung eines umgekehrten Lotos beibehält, wobei der Stengel der Blüte (in Wirklichkeit die Antahkarana) in den „siebten Himmel" hinaufreicht und so den Eingeweihten mit dem ersten planetarischen Hauptzentrum, Shamballa, verbindet. Alle anderen Zentren beginnen im umgekehrten Zustand, wobei alle Blätter nach unten gerichtet sind, zur Basis der Wirbelsäule; alle Zentren entfalten im Laufe der Evolution ihre Blätter und wenden sich allmählich nach oben, „zur Spitze des Stabes hin" wie es im „Alten Kommentar" heißt. Das eben Gesagte hat nur geringen Wert, außer insoweit, als es eine Wahrheit darstellt, ein Bild vervollständigt und dem Studierenden einen symbolischen Begriff von dem gibt, was recht eigentlich eine Verteilungsstelle für die Willensenergie der Gottheit ist.

2. *Das Ajna-Zentrum.* Dieses Zentrum liegt zwischen den Augenbrauen, gerade über den beiden Augen, wo es „als ein Licht-
147] schirm für die strahlende Schönheit und die Herrlichkeit des Geistesmenschen dient“.
   a) Es entspricht der physischen Sonne und ist die Ausdrucksform der integrierten wirksamen Persönlichkeit – zuerst der Persönlichkeit als Jünger, dann als Eingeweihter. Das ist die wahre „Persona“ oder Maske.
   b) Es erreicht seine volle Funktion bei der dritten Einweihung. Ich möchte euch an dieser Stelle daran erinnern, daß diese Einweihung von der Hierarchie als die erste Haupteinweihung betrachtet wird, was ich auch schon früher mitgeteilt habe. Das Zentrum ist das Organ für die Verteilung der Energie des dritten Aspektes – der Energie der aktiven Intelligenz.
   c) Es ist mit der Persönlichkeit durch den schöpferischen Lebensfaden verbunden und steht daher in enger Verbindung mit dem Kehlzentrum (dem Zentrum der schöpferischen Tätigkeit), so wie das Kopfzentrum mit dem Zentrum an der Basis der Wirbelsäule verbunden ist. Ist einmal ein aktives Wechselspiel zwischen Ajna- und Kehlzentrum hergestellt, so bewirkt dies, daß der Eingeweihte ein schöpferisches Leben führt und die göttliche Idee in sichtbarer Form zum Ausdruck bringt. In derselben Weise führt das aktive Wechselwirken zwischen Kopfzentrum und Basiszentrum zur Manifestation des göttlichen Willens oder der göttlichen Absicht. Wenn die Kräfte des Ajna- und des Kehlzentrums vereint sind, manifestieren sie die höchste Form des „Feuers durch Reibung“, so wie die Energie des Kopf- und Basiszentrums das „elektrische Feuer“ im Einzelmenschen erzeugen, das wir, wenn es voll zum Ausdruck kommt, das „Kundalini-Feuer“ nennen.
   d) Es ist das Zentrum, durch das die vierte Schöpferische Hierarchie auf ihrer eigenen Ebene Ausdruck findet, und hier

148] verschmilzt auch diese Hierarchie mit dem vierten Naturreich, der Menschheit. Das Kopfzentrum verbindet die Monade und die Persönlichkeit. Das Ajna-Zentrum verbindet die geistige Triade (die Wesensäußerung der Monade in den formfreien Welten) mit der Persönlichkeit. Denkt über diese Aussagen nach, denn hier habt ihr – physisch betrachtet im Symbol des Kopfzentrums – die Widerspiegelung des geistigen Willens: Atma, und der geistigen Liebe: Buddhi. Hierher gehört auch die Lehre über die Funktion der Augen in der Entwicklung bewußter Wesensäußerung, durch welche die göttliche Absicht in schöpferischer Weise gefördert wird.

Das dritte Auge . . . . Kopfzentrum . . . . Wille. Atma.
Das Auge des Vaters, der Monade. SHAMBALLA.
Der erste Aspekt: Wille oder Macht und Absicht.
Verbunden mit der *Zirbeldrüse.*

Das rechte Auge . . . Ajna-Zentrum . . . Liebe. Buddhi.
Das Auge des Sohnes, der Seele. HIERARCHIE.
Der zweite Aspekt: Liebe-Weisheit.
Verbunden mit der *Hypophyse.*

Das linke Auge . . . Kehlzentrum . . . Aktive Intelligenz.
Das Auge der Mutter, der Persönlichkeit. MENSCHHEIT.
Der dritte Aspekt: Intelligenz.
Verbunden mit der Carotis-Drüse *) oder dem Carotis-Ganglion.

*) Der „*Carotis-Körper*" ist eine kleine eiförmige Drüse am oberen Ende der Carotis-Arterie (der Halsschlagader). Schneidet man sie auf, so sieht man eine sehr große Anzahl von Nervenzellen und zahlreiche Epithelzellen, die gelbe Chromsäuresalze absondern. Die Anwesenheit chromaffiner Zellen, die große Zahl von Nervenfasern und ihre starke Ähnlichkeit mit einem autonomen Ganglion weist auf ihre Beziehung zum autonomen System hin. Die genaue Funktion ist unbekannt. Carotis- und Steißbeinkörper sind in die Gruppe der Drüsen ohne Ausführungswege eingeordnet worden, obwohl sie nicht wirkliche Drüsen sind in dem Sinne, wie man den Begriff bei der Schilddrüse und ähnlichen Organen verwendet. Es mag sein, daß ihre wirkliche Funktion eines Tages bestimmt werden kann, was dann eine genauere Einordnung erlauben

Wenn diese drei Augen in Funktion sind und alle gleichzeitig „sehen", so bekommen wir Einsicht in die göttliche Absicht (der Eingeweihte), erschauen intuitiv den Plan (der Jünger) und erhalten eine geistige Leitung oder Führung für die sich ergebende schöpferische Aktivität. (Der Meister.)

e) Das Ajna-Zentrum registriert oder konzentriert in sich die *Absicht* zu schöpferischem Tun. Es ist nicht das Organ der
149] Schöpfung in demselben Sinne wie das Kehlzentrum, aber es verkörpert den Gedanken, der hinter dem aktiven Schöpfertum steht; der darauffolgende Schöpfungsakt läßt schließlich die ideale Form für den Gedanken entstehen.

f) Seine verdichtete physische Ausdrucksform ist die Hypophyse; die zwei Lappen dieser Drüse entsprechen den zwei vielfachen Blättern des Ajna-Zentrums. Das Zentrum bringt in der höchsten Form Imagination und Verlangen zum Ausdruck, und diese sind die dynamischen Triebkräfte hinter allem Erschaffenen.

g) Es ist daher das Organ des Idealismus, und es ist – so seltsam es klingen mag – eng verbunden mit dem sechsten Strahl, genauso wie das Kopfzentrum wesensgemäß mit dem ersten Strahl verbunden ist. Der sechste Strahl ist in besonderer Weise sowohl mit dem dritten Strahl und dem dritten Aspekt der Göttlichkeit als auch mit dem zweiten Strahl und dem zweiten Aspekt verbunden. Er verschmilzt, verankert und bringt zum Ausdruck. Das ist eine Tatsache, die ich in meinen anderen Schriften noch nicht hervorgehoben habe. Das Ajna-Zentrum ist jener Punkt im Kopf, durch den die zweifache Natur der offenbarten Schöpfung, der Dualismus in den drei Welten symbolisiert wird. Es verschmilzt die

---

würde. (Aus: Nursing anatomy and Physiology, von Williams, Seite 456).
Allgemein kann gesagt werden:

1. Der Sitz der Carotis-Drüse ist an der hinteren Schädelbasis.
2. Der Carotiskörper hat die Struktur der Nerven und liegt an der Gehirnbasis, Funktion unbekannt. Er ist mit der Carotis-Arterie verbunden, die sich teilt, wobei ein Zweig an der Wirbelsäule nach unten verläuft.

schöpferischen Energien der Kehle und die veredelten, sublimierten Energien des Verlangens oder die wahre Liebe des Herzens.

h) Dieses Zentrum, das nur zwei Blätter hat, ist kein wirklicher Lotos in dem selben Sinne wie die anderen Zentren. Seine Blätter sind zusammengesetzt aus 96 kleineren Blättern oder Kräfteeinheiten. (48 und 48 = 96.) Aber diese nehmen nicht die Blumenform der anderen Lotosblüten an. Sie breiten sich rechts und links vom Kopf wie die Flügel eines Flugzeugs aus, und stehen als Symbol für den Pfad zur Rechten und den zur Linken, den Pfad des Geistes und den der Materie. Sie stellen also symbolisch die Arme des Kreuzes dar,
150] an das der Mensch geschlagen ist – zwei Energie- oder Lichtströme quer zu dem Lebensstrom, der von der Monade zur Basis der Wirbelsäule hinabsteigt und durch den Kopf geht.

Der Studierende sollte bei seinem Bestreben, die Zentren zu verstehen, immer daran denken, daß alles relativ ist. Diese Zentren sind innerlich mit dem Ätherleib, gleichzeitig auch mit den feineren Körpern verbunden, ferner mit jenen Bewußtseinszuständen, die gleichbedeutend sind mit Zuständen des Daseins und der Ausdruckgebung; sie sind verbunden mit Strahlenenergien, mit Umweltgegebenheiten, mit den drei periodischen Wesensgliedern (die H. P. B. die Persönlichkeit, die dreifache Seele und die Geistige Triade nennt), mit Shamballa und mit der Gesamtheit der manifestierten großen Wesen. Das Thema ist außerordentlich verwickelt, aber wenn der Jünger oder Eingeweihte in den drei Welten wirkt, und wenn die mannigfachen Energien des ganzen Menschen im erdgebundenen Menschen „fest begründet" (verankert) sind, dann klärt sich die Situation. Es werden gewisse Erkenntnisse in Zeit und Raum möglich; bestimmte Wirkungen können beobachtet werden; gewisse Strahl-Einflüsse scheinen stärker zu sein als andere; bestimmte „Daseins-Vorbilder" zeigen sich; an einem bestimmten Punkt bewußter Erfahrung wird die Erscheinung einer geistigen

Wesenheit deutlich sichtbar und kann dann geistig erkannt werden. Die Aspekte und Attribute, die Kräfte und Energien dieses großen Wesens können in diesem Zeitpunkt und für eine besonders geschaffene Lebensäußerung festgestellt werden. Das muß beachtet werden. Der Studierende darf seinen Gedanken nicht erlauben, zu sehr in die Weite zu schweifen, sondern er muß sie konzentrieren auf das *Erscheinungsbild* des Menschen (seiner selbst oder anderer) und auf die dabei zutage tretende *Qualität*. Ist der Studierende Jünger oder Eingeweihter, so wird er auch den *Lebensaspekt* studieren können.

151] Unsere Studien werden sich jedoch in etwas anderer Richtung bewegen, denn wir werden versuchen, die Krankheiten und Probleme zu entdecken, die sich aus zu starker oder zu schwacher Energie-Stimulierung der Zentren ergeben; so werden wir einige Wirkungen herausarbeiten, die das Einströmen dieser Energie und deren Konflikt mit den Kräften mit sich bringt.

3. *Das Kehlzentrum.* Dieses Zentrum liegt an der hinteren Seite des Halses; es reicht nach oben bis zur Medulla oblongata (dem verlängerten Mark) – wobei also die Carotis-Drüse einbegriffen ist – und nach unten bis in die Gegend der Schulterblätter. Beim Durchschnittsmenschen ist es außerordentlich kraftvoll und gut entwickelt. In diesem Zusammenhang ist folgende Feststellung interessant:

   a) Das Kehlzentrum wird von Saturn regiert, so wie das Kopfzentrum von Uranus, und das Ajna-Zentrum von Merkur beherrscht werden. Dies gilt nur für den Jünger; die Herrscher wechseln nach der dritten Einweihung oder vor der ersten. Diese drei Planeten bilden ein außerordentlich interessantes Kräftedreieck; die folgenden Dreiheiten und ihre unvermeidlichen Wechselbeziehungen geben uns – wiederum nur bei Jüngern – ein ganz erstaunliches Bild oder ein Symbol für die Neunzahl der Einweihungen:

1. Kopfzentrum
   Ajna-Zentrum
   Kehlzentrum
2. Das dritte Auge
   Das rechte Auge
   Das linke Auge
3. Zirbeldrüse
   Hypophyse
   Carotisdrüse

So ergibt sich das Instrument, durch das die Geistige Triade, die Seele und die Persönlichkeit wirken. Der Schlüssel zu
152] einem rechten Verstehen des Vorganges liegt in der Beziehung der drei Planeten zueinander: Uranus, Merkur und Saturn, denn sie ergießen ihre Energien durch diese neun „geistigen Kontaktstellen" auf der physischen Ebene in die „festgegründete Sphäre von Licht und Macht, die der Mensch in Zeit und Raum ist".

b) Dieses Zentrum hat eine Beziehung zur ersten Einweihung und entwickelt eine große Aktivität, wenn der Mensch diesen Punkt in seiner Erfahrung erreicht hat; die große Mehrheit der Menschen, die jetzt die Aspiranten und Probejünger der Welt sind, hat ja schon diesen Punkt erreicht. (Vergeßt nicht, daß im technischen Sinne die erste Haupteinweihung vom hierarchischen Gesichtspunkt aus die dritte ist. Die erste Einweihung wird von den Meistern als Zulassung zum Pfad betrachtet. Sie wird von der Menschheit Einweihung genannt, da sie in den Tagen von Lemurien die erste war; sie zeigte an, daß die volle Beherrschung des physischen Körpers erreicht war). Das Kehlzentrum ist das Organ für die Verteilung schöpferischer Energie – der Energie des dritten Aspekts – durch Seelen, welche die oben genannte Evolutionsstufe erreicht haben. Es gibt im Menschen drei Zentren, die mit dem dritten Strahl oder Aspekt auf bestimmten Entwicklungsstufen auf dem Pfade zusammenhängen; die wichtigsten Ausdrucksformen dieses Aspektes sind:

1. Das Sakralzentrum beim unentwickelten und durchschnittlichen Menschen.
2. Das Kehlzentrum beim Aspiranten und Probejünger.
3. Das Ajna-Zentrum bei Jüngern und Eingeweihten.

Hier findet ihr wieder eine große Dreiheit von Energien, die heute große Wirkungskraft besitzt auf Grund der Tatsache, daß der dritte Aspekt der aktiven Intelligenz durch die
153] menschliche Entwicklung und das menschliche Bewußtsein einen solch hohen Ausdrucksgrad erreicht hat.

c) Das Zentrum ist mit der Persönlichkeit durch den schöpferischen Faden, mit der Seele durch den Bewußtseinsfaden und mit der Monade durch das Sutratma oder den Lebensfaden verbunden. Es steht nicht über die Antahkarana mit einem der göttlichen Aspekte in Verbindung, da dieser Faden, der die Monade mit der Persönlichkeit direkt (und schließlich unabhängig von der Seele) verbindet, nur die monadische Lebensäußerung im Kopfzentrum verankert. So entsteht eine direkte Bewußtseinslinie zwischen Monade und Persönlichkeit, und dadurch eine große Dualität. Leben, Bewußtsein und Form sind dann schöpferisch und wirksam im Kopf konzentriert, und ihre Tätigkeit wird vom Kopf aus über die beiden Kopfzentren gelenkt. Das Ajna-Zentrum tritt erst dann in schöpferische Funktion, wenn die Antahkarana erbaut ist. In den früheren Stadien ist das Kehlzentrum die schöpferische Wirkkraft, und in der allerersten Zeit ist nur das Sakralzentrum aktiv. Ihr müßt jedoch einen interessanten Umstand bedenken. Die Antahkarana kann erst dann wirklich aufgebaut werden, wenn sich das schöpferische Leben des Aspiranten vom Sakralzentrum zur Kehle verlagert und dort tatkräftig zum Ausdruck kommt. Der Hals selbst ist das Symbol für diese verbindende „Brücke“, denn es verbindet den – allein und isoliert stehenden – Kopf mit dem zweifachen Rumpf, der aus dem besteht, was über und unter dem Zwerchfell liegt – ein Symbol für die Vereinigung, Verschmelzung und Einswerdung von Seele und Persönlichkeit. Der Kopf ist ein Symbol für das, was Patanjali als den Zustand „isolierter Einheit„ beschreibt.

d) Es ist das Zentrum, durch das sich der Intelligenzaspekt der Menschheit in schöpferischer Weise konzentriert. Es ist also
154] das Zentrum, durch das die schöpferische Energie des großen planetarischen, Menschheit genannten, Zentrums strömt. Die drei planetarischen Hauptzentren sind Shamballa, Hierarchie und Menschheit. Wenn einmal die Vollkommenheit erreicht sein wird, wird die Energie Shamballas, die Energie des Willens, der Macht und Absicht ungehindert durch das Kopfzentrum strömen; die Energien der Liebe-Weisheit der Hierarchie werden durch das Herzzentrum fließen, und die Energie der Menschheit wird sich im Kehlzentrum konzentrieren, wobei das Ajna-Zentrum als treibende Kraft und Vermittler aller drei wirken wird. Dann tritt die Menschheit in einen neuen Tätigkeitsabschnitt ein; sie hat dann die Aufgabe, die drei unter dem Menschen stehenden Reiche mit den drei übermenschlichen Reichen zu verbinden und so den neuen Himmel und die neue Erde zu errichten. Dann wird die Menschheit ihr Evolutionsziel auf Erden völlig erreicht haben.

e) Das Kehlzentrum ist speziell das Organ für das schöpferische WORT. Es nimmt das Vorhaben oder die schöpferische Absicht der Seele wahr; diese Absicht wird dem Zentrum durch die Energie, die vom Ajnazentrum her einströmt, übermittelt. Die Verschmelzung dieser beiden Energien führt zu irgendeiner schöpferischen Tätigkeit von besonderer Art. Das ist die höhere Entsprechung zu der Produktivität des

Sakralzentrums. In diesem Zentrum sind die negativ und positiv schöpferischen Energien in den getrennten männlichen und weiblichen Organen verkörpert; die Energien werden in einem bewußt unternommenen Schöpfungsakt zusammengebracht, obwohl das bis jetzt meistens noch ohne eine klare Absicht geschieht.

f) Die verdichtete physische Ausdrucksform dieses Zentrums ist die Schilddrüse. Sie wird für das Wohlergehen des heutigen Durchschnittsmenschen als von größter Bedeutung angesehen. Ihr Zweck besteht darin, die Gesundheit zu bewahren und bestimmte wichtige Aspekte der physischen Natur im Gleichge-
155] wicht zu halten; sie symbolisiert den dritten Aspekt der Intelligenz und der gedankendurchdrungenen Substanz. Sie ist wirklich mit dem Heiligen Geist, dem dritten göttlichen Aspekt in Manifestation, verknüpft, der die Mutter, die Jungfrau Maria, „überschattet" (wie es die Bibel ausdrückt). Die Nebenschilddrüsen sind symbolisch für Maria und Josef und die Beziehung, die sie zu dem überschattenden Heiligen Geist haben. Man wird einmal feststellen, daß eine enge physiologische Beziehung zwischen Schilddrüse und Zirbeldrüse sowie zwischen den Nebenschilddrüsen und den beiden Lappen der Hypophyse besteht; infolgedessen wird das gesamte Gebiet der Kehle und des Kopfes zu einem einzigen, zusammengehörigen System zusammengefaßt werden.

g) So wie der Kopf die prinzipell dualistische Natur des manifestierten Gottes symbolisiert, so ist das Kehlzentrum das Symbol der dreifachen göttlichen Wesensäußerung. Die dualistische Natur erscheint im Kopf verschmolzen in der Beziehung zwischen den beiden Zentren und ihren beiden grobphysischen Spiegelbildern. Die drei großen Energien, die im Laufe der göttlichen Schöpfertätigkeit wirksam gemacht werden, vereinigen sich in ihrer Tätigkeit, wenn die Energie, die durch das Kehlzentrum, die Sprachwerkzeuge und die beiden Lungen stömt, voll zum Ausdruck kommt. Ihr seht in dieser

Beziehung: Leben oder Atem, das Wort oder die Seele, und das Kehlzentrum aktiver Substanz.

h) Dieser Kehl-Lotos ist in den frühen Evolutionsstadien nach unten gekehrt; seine Blätter reichen bis hinab zu den Schultern und schließen die beiden Lungen oder Teile von ihnen mit ein. Während des Lebenslaufes der Seele kehrt er sich allmählich um, und dann erstrecken sich seine Blätter bis hinauf zu den Ohren und schließen die Medulla Oblongata und die Carotis-Drüse mit ein. Diese Drüse ist mit der Schild-
156] drüse enger verbunden als mit den beiden anderen Kopfdrüsen.

Es dürfte euch also klar sein, daß ganze Regionen des physischen Organismus zu aktiver und richtiger Funktion gebracht, belebt und in gutem, brauchbaren Zustand gehalten werden können je nach der Art von Wirksamkeit desjenigen Zentrums, das dem betreffenden Körperbezirk am nächsten liegt. Ebenso wird euch klar sein, daß Schwäche und Krankheit von der Untätigkeit eines Zentrums herrühren können.

4. *Das Herzzentrum.* Es liegt zwischen den Schulterblättern und ist – in dieser Epoche – das Zentrum, dem Jene, Die für die Entfaltung des menschlichen Bewußtseins verantwortlich sind, am meisten Aufmerksamkeit widmen. Es könnte wahrheitsgemäß gesagt werden, meine Brüder, daß die schnelle Entfaltung dieses Lotos einer der Gründe ist, warum der Weltkrieg nicht vermieden werden konnte. In einem gewissen Sinne war er ein notwendiges Geschehen (in Anbetracht der blinden Selbstsucht der großen Massen), – denn es war nötig geworden, alle die alten Formen der Regierungssysteme, der Religion und der erstarrten Gesellschaftsordnung zu beseitigen. Die Menschheit hat jetzt eine Stufe erreicht, auf der Gruppenbewußtheit und wechselseitige Gruppeneinwirkung tief geistiger Art besteht; so sind neue Formen erforderlich geworden, die für das Wirken dieses neuen Geistes besser geeignet sind.

a) Das Herzzentrum entspricht dem „Herzen der Sonne“, also der geistigen Quelle von Licht und Liebe.

b) Es kommt nach der zweiten Einweihung in wirksame Tätigkeit. Diese Einweihung bedeutet den Schlußpunkt jenes Vorganges, bei dem die emotionelle Natur (mit ihrer besonders hervortretenden Qualität des Verlangens) unter die Herrschaft der Seele gebracht und das Begehren des niederen Selbstes in Liebe umgewandelt wird. Dieses Zentrum ist das Or-
157] gan für die Verteilung hierarchischer Energie, die – über die Seele – in das Herzzentrum aller Aspiranten, Jünger und Eingeweihten ergossen wird; so wird Energie verfügbar, die zweierlei bewirkt:

1. Die Erneuerung der Menschheit durch die Liebe.
2. Die Herstellung einer festen Beziehung zwischen der sich rasch entwickelnden Menschheit und der Hierarchie. Auf diese Weise kommen zwei große planetarische Zentren – Hierarchie und Menschheit – in enge Berührung und Verbindung.

Die Bibel sagt: „Die Liebe Gottes wird weithin ausgegossen“ in das menschliche Herz; ihre umwandelnde, magnetische Strahlkraft ist für den Neuaufbau der Welt und für die Schaffung einer neuen Weltordnung von wesentlicher Bedeutung. Alle Jünger werden in dieser Zeit gebeten, über die Entfaltung des Herzzentrums und darüber nachzudenken, wie man eine einsichtsvolle Beziehung der Menchheit zur Hierarchie herstellen kann, damit der Mensch für die Energie der Liebe empfänglich werde; denn: „Wie ein Mensch in *seinem Herzen* denkt, so ist er“. Das Herzdenken wird erst dann wirklich möglich, wenn die mentalen Fähigkeiten entsprechend entwickelt worden sind und eine ziemlich hohe Stufe erreicht haben. Das Fühlen im Herzen wird oft mit dem Denken verwechselt. Die Fähigkeit, im Herzen zu denken, wird

dadurch erlangt, daß Begierde in Liebe umgewandelt wurde; diese Umwandlung geht während der Zeit vor sich, da man daran arbeitet, die Kräfte des Solarplexus in das Herzzentrum zu erheben. Das Herzdenken ist auch ein Anzeichen dafür, daß der höhere Aspekt des Herzzentrums, der zwölfblättrige Lotos, der sich im Mittelpunkt des tausendblättrigen Lotos befindet, tatsächlich wirksam geworden ist. Dann tritt das Denken als Ergebnis richtigen Fühlens an die Stelle persönlicher Empfindungsfähigkeit. Das Herzdenken bringt uns außerdem die ersten schwachen Anzeichen für jenen Daseinszustand, der für die Monade charakteristisch ist; dieser Zu-
158] stand kann nicht „Bewußtsein" in dem Sinne genannt werden, wie wir diesen Begriff jetzt verstehen.

c) Das Herzzentrum tritt in eine wesentliche Beziehung zur Persönlichkeit, wenn diese daran arbeitet, mit der Seele in Harmonie zu kommen. Dieser Prozeß wird heute in allen neuen und gediegenen esoterischen Schulen gelehrt und ist von der Arkanschule von Anfang an besonders betont worden. Es handelt sich dabei um jene Methode rechter Orientierung, Konzentration und Meditation, nach welcher die Persönlichkeit mit der Seele und dadurch mit der Hierarchie in Verbindung kommt. Eine Verbindung mit der Hierarchie kommt automatisch und in dem Maße zustande, wie die Ko-ordinierung (oder Harmonisierung) vorangebracht und dadurch ein direkter Kontakt mit der Seele hergestellt wird. Statt des Persönlichkeitsbewußtseins tritt nun das Gruppenbewußtsein in den Vordergrund, und damit ergibt sich als natürliche Folge, daß hierarchische Energie einströmt; denn alle Seelen sind ja nichts anderes als Aspekte der Hierarchie. Gerade diese Verbundenheit mit dem darauffolgenden (magnetischen und strahlenden) Wechselwirken führt zur endgültigen Zerstörung des Seelen- oder Kausalkörpers, und zwar dann, wenn diese Verbindung den höchsten Grad der Erkenntnis erreicht hat.

d) Es ist also jenes Zentrum im physischen Körper, durch welches die Hierarchie wirkt; es ist auch das Medium oder Instrument der Seele. Wenn ich hier das Wort „Seele" gebrauche, so meine ich nicht nur die individuelle Seele des Menschen, sondern auch die Seele des planetarischen Logos; beide sind ja aus der Vereinigung von Geist und Materie, des Vater- und Mutter-Aspektes entstanden. Dies ist ein großes Geheimnis, das erst durch die Einweihung offenbar wird.

e) Das Herzzentrum empfindet und reagiert auf die Energie der Liebe. Es könnte hier gesagt werden, daß nach dem endgültigen Aufbau der Antahkarana jeder der drei Aspekte der
159] geistigen Triade eine Kontaktstelle im ätherischen Instrument des auf der physischen Ebene wirkenden Eingeweihten findet. Der Eingeweihte ist nun eine Verschmelzung von Seele und Persönlichkeit, durch die das volle Leben der Monade ausgegossen werden kann.

1. Das Kopfzentrum wird zur Kontaktstelle für den geistigen Willen: Atma.
2. Das Herzzentrum wird zum Vermittler für die geistige Liebe: Buddhi.
3. Das Kehlzentrum wird zum Ausdrucksmittel für das universelle Denken: Manas.

Wenn der Eingeweihte die göttliche Absicht dem großen Plan entsprechend zur Auswirkung bringt, wird das Ajna-Zentrum zum Leitorgan oder Verteiler für die miteinander verschmolzenen Energien des göttlichen Menschen. Das Herzzentrum entspricht dem „Sonnenfeuer" im Sonnensystem; es besitzt magnetische Eigenschaften und strahlende Wirkungskraft. Es ist das Organ für die Energie, die die Fähigkeit allumfassender Denkweise entwickelt.

f) Seine verdichtete physische Ausdrucksform ist die Thymusdrüse. Von dieser kleinen Drüse weiß man zur Zeit noch we-

nig, obwohl man viel dazu lernen wird, wenn die Forscher die Hypothesen, die von der okkulten Wissenschaft dargelegt werden, annehmen und mit ihnen arbeiten, und wenn sich das Herzzentrum entwickelt und die Thymusdrüse auch im Erwachsenenalter wieder in Funktion tritt. Das ist bis jetzt noch nicht der Fall. Die Eigenschaften ihres Sekretes konnten bisher noch nicht bestimmt werden; auch kennt man die Wirkungen dieser Drüse besser von der psychologischen als von der physischen Seite aus. Die moderne Psychologie erkennt (mit der medizinischen Wissenschaft) an, daß durch Überfunktion dieser Drüse der unzurechnungsfähige, amoralische Mensch entsteht. In dem Maße jedoch, als die Menschheit das Wesen der Verantwortung verstehen lernt, werden wir die
160] ersten Anzeichen einer harmonischen Anpassung an die Seele, einer Dezentralisierung der Persönlichkeit und eines Gruppengewahrseins erkennen können; dann wird – parallel zu dieser Entwicklung – die Thymus-Drüse in richtiger Weise aktiv werden. Gegenwärtig wirkt noch die allgemeine Unausgeglichenheit des endokrinen Systems einer sicheren, vollen Funktion der Thymusdrüse beim Erwachsenen entgegen. Es besteht eine bisher noch nicht erkannte Beziehung zwischen Zirbel- und Thymus-Drüse, sowie zwischen diesen beiden und dem Zentrum an der Basis der Wirbelsäule. In dem Maße, als die Geistige Triade immer mehr durch die Persönlichkeit zu wirken beginnt, werden diese drei Zentren und ihre drei äußeren Erscheinungsformen einheitlich zusammen wirken und den gesamten Menschen bestimmen und leiten. Wenn die Zirbeldrüse im Erwachenenalter wieder in volle Funktion kommt (was bisher noch nicht der Fall ist), dann wird sich der göttliche Wille zum Guten bemerkbar machen und die göttliche Absicht wird erreicht werden; wenn die Thymusdrüse ebenfalls beim Erwachsenen in Aktion tritt, so wird der Gute Wille sichtbar werden und der göttliche Plan wird sich auszuwirken beginnen. Das ist der erste Schritt

zur Liebe hin, zu rechten menschlichen Beziehungen und zum Frieden. Dieser Gute Wille ist schon heute in der Welt spürbar, was ein Zeichen dafür ist, daß das Herzzentrum jetzt aktiv wird; eine weitere Folge ist die Tatsache, daß sich das Herzzentrum im Kopf infolge der stärkeren Aktivität des Herzzentrums an der Wirbelsäule zu entfalten beginnt.

g) Es ist das Organ der Verschmelzung, so wie das Kopfzentrum das Organ der Synthese ist. Wenn das Herzzentrum in Tätigkeit tritt, wird der Aspirant allmählich in eine immer engere Beziehung zur Seele hineingezogen; es finden dann zwei Bewußtseinserweiterungen statt, die von ihm als bedeutsame Ereignisse ausgelegt werden:

161] 1. Er wird in das Ashram eines Meisters einbezogen, entsprechend seinem Seelenstrahl, und wird zu einem angenommenen Jünger im technischen Sinne. Der Meister ist selbst das Herzzentrum des Ashrams, und Er kann nun seinen Jünger vermittels der Seele erreichen, denn dieser Jünger hat durch innere Harmonisierung und Kontaktnahme sein Herz in enge Verbindung mit der Seele gebracht. Er wird dann für das Herz aller Dinge empfänglich, das (für die derzeitige Menschheit) die Hierarchie ist.

2. Er wird in ein enges Dienstverhältnis zur Menschheit hineingezogen. Sein wachsendes Verantwortungsgefühl, das aus der Herztätigkeit herrührt, führt ihn zum Dienen und Wirken. Schließlich wird auch er das Herz einer Gruppe oder einer Organisation, die zuerst nur klein ist, aber in dem Maße weltumfassend wird, wie seine geistige Kraft sich entwickelt und er im Sinne der Gruppe und der Menschheit denken kann. Diese beiden Beziehungen sind von ihm aus gesehen wechselseitig. So wird der Liebe-Aspekt der Göttlichkeit in den drei Welten wirksam; die Liebe wird auf Erden verankert und tritt an die Stelle der Emotion, des Begehrens und der materiellen Aspekte des Fühlens. Beachtet diesen Satz.

h) In den Anfangsstadien der Entwicklung (sowohl des Einzelmenschen wie der Menschheit) reicht der umgekehrte Herzlotos mit seinen 12 Blättern hinunter bis zum Solarplexuszentrum. Dieses letztere hat sich schon in den Zeiten der Atlantis umgedreht, und seine Blätter reichen nun hinauf bis zum nächstgelegenen Zentrum an der Wirbelsäule, also bis zum Herzzentrum; das kommt daher, daß die Energien aus dem Solarplexus allmählich aufsteigen und durch einen Umwandlungsprozeß ein Entkommen aus dem „Gefängnis der niederen Regionen" suchen.

Infolgedessen beginnt das Herzzentrum sich langsam zu entfalten und auch sich umzudrehen. Die Umkehrung der „Lotos-Zentren" tritt immer als Folge einer zweifachen Aktion ein – eines Stoßes von unten und eines Zuges von oben.
Die Umkehrung des Herzlotos und dessen Entfaltung nach oben ist das Resultat folgender Ursachen:

1. Von der näherkommenden Hierarchie geht eine immer stärkere Wirkung aus.
2. Der Kontakt mit der Seele wird rasch hergestellt.
3. Der sich entfaltende Herzlotos reagiert auf den Zug aus dem Ashram des Meisters.
4. Auf diesen geistigen Zug hin branden die Wellen der umgewandelten Energien aus der Region unter dem Zwerchfell über den Solarplexus hinauf.
5. Das Verständnis der Menschen vom Wesen der Liebe nimmt zu.

Es gibt noch weitere Faktoren, aber die genannten sind am leichtesten zu verstehen, wenn man sie als Symbole und nicht zu wörtlich nimmt. Bis zum Jahre 1400 n. Chr. hätte man die Beziehung des Solarplexus zum Herzzentrum bildlich so darstellen können, wie es das folgende Diagramm veran-

> schaulicht. Am Ende der nächsten Wurzelrasse wird schließlich die Liebe voll zum Ausdruck kommen; dann werden die Lotosblumen längs der Wirbelsäule – alle fünf ähnlich wie die beiden unteren – sich nur noch in der Anzahl der Blätter unterscheiden. Schließlich, wenn sich am Ende des großen Weltenzyklus alle Lotosblüten umgedreht haben, werden sie sich alle öffnen und freie Leitbahnen sein, durch welche die drei göttlichen Hauptenergien und die vier geringeren Kräfte einströmen und weiter geleitet werden können.

Auf diese ständige Bewegung der Zentren und das ständige Einströmen von Energien können wir viele Beschwerden zurückführen, an denen die Menschen in ihren verschiedenen Körpern leiden; das Unvermögen der Zentren, zu reagieren oder sich zu entfalten, führt in vielen Fällen zu Krankheit und Widerwärtigkeit. In anderen Fällen entstehen Probleme durch die unausgeglichene Entfaltung der Zentren, durch einen Stillstand ihrer Entwicklung oder durch mangelndes Reaktionsvermögen; in wieder anderen Fällen bringt ihre vorzeitige Entfaltung und ihre Überaktivität Gefahr; viele Störungen entstehen auch dadurch, daß der physische Mechanismus
162] außerstande ist, mit der inneren Entfaltung Schritt zu halten. Ihr könnt also wieder einmal sehen, wie kompliziert die Angelegenheit ist. *Das Stadium der Theorie* ist einfach, außer insoweit, als es Kräfte in Bewegung bringt, die schließlich Schwierigkeiten zur Folge haben. *Das Stadium der Reaktion* und der Anpassung an die Theorie bringt auch eine Zeit intensiver Schwierigkeiten und Verwicklungen mit sich, denn es führt zu lange dauernden Experimenten und Erfahrungen; während dieser Zeit lernt und leidet der Jünger viel. Wenn die Erfahrungen gesammelt sind, kommt dann das *Stadium geistiger Wesensäußerung* hinzu; der Jünger wird frei von Gefahr, von Schwierigkeiten und Krankheit. Das Leben ist wieder klar, schlicht und „ein-fach“.

Die Widerspiegelung der geistigen Triade in der Persönlichkeit

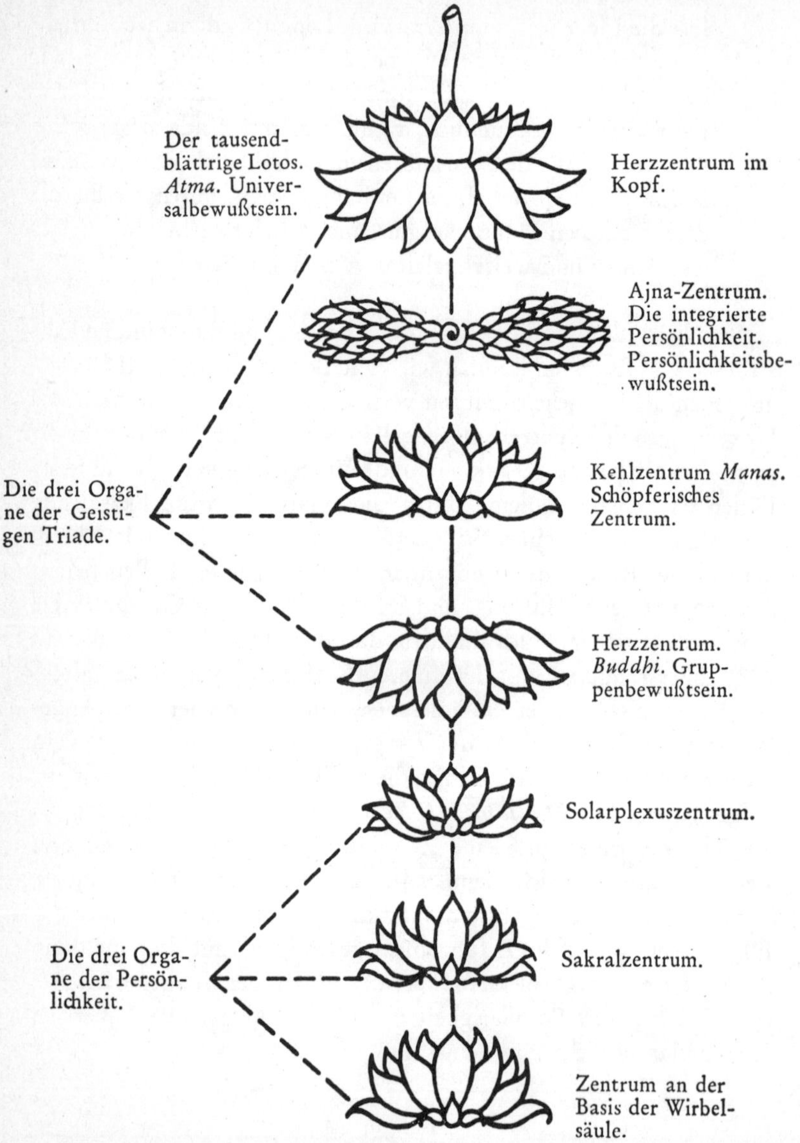

Die Widerspiegelung der Geistigen Triade in der Persönlichkeit ist vollständig, wenn das Ajna-Zentrum ganz unter der Herrschaft der Seele steht. In diesem Diagramm wird auf die genaue Anzahl der Blätter in jedem Lotos kein Wert gelegt.

Die sichtbare Erscheinungsform des Körpers

163] Über dieses Thema braucht hier nicht viel geschrieben zu werden, denn die Körpernatur und der Formaspekt sind für die denkenden Menschen vieler Jahrhunderte Gegenstand der Forschung, des Nachdenkens und der Erörterung gewesen. Vieles von dem, was sie gefunden haben, ist grundsätzlich richtig. Der moderne Forscher wird wohl das Gesetz der Analogien als Grundlage seiner Prämissen gelten lassen; ja er wird vielleicht manchmal einsehen, daß die Hermetische Theorie „Wie oben, so unten" viel Licht auf die gegenwärtigen Probleme werfen kann. Die folgenden Aussagen mögen zur Klärung beitragen:

1. Der Mensch in seiner Körpernatur ist eine Gesamtheit, eine Einheit.

2. Diese Gesamtheit ist in viele Teile und Organismen gegliedert.

3. Dennoch wirken diese Unterteilungen in einheitlicher Weise, denn der Körper ist ein korrelatives Ganzes.

4. Jeder seiner Teile weicht in Form und Funktion von den anderen ab, aber alle sind voneinander abhängig.

5. Jeder Teil und jedes Organ besteht seinerseits wieder aus Molekülen, Zellen und Atomen, und diese werden durch das Leben der Gesamtheit in der Gestalt des Organismus zusammengehalten.

6. Diese Gesamtheit, die man „Mensch" nennt, kann grob gesehen fünffach unterteilt werden; einige Teile haben größere Bedeutung als die anderen, aber alle zusammen ergeben jenen lebendigen Organismus, den wir ein Menschenwesen nennen.
   a) Der Kopf

b) Der Oberkörper oder jener Teil, der oberhalb des Zwerchfells liegt.
c) Der Unterleib oder jener Teil, der unterhalb des Zwerchfells liegt.
d) Die Arme.
e) Die Beine.

164] 7. Diese Organsysteme dienen verschiedenen Zwecken, und von ihrer richtigen Funktion und angemessenen Einordnung hängt das Wohlbefinden des Ganzen ab.

8. Ein jedes von ihnen hat sein eigenes Leben, nämlich das Gesamtleben seines atomischen Aufbaues; es wird außerdem beseelt durch das vereinte Leben des Ganzen, und es wird vom Kopf aus gelenkt durch den intelligenten Willen oder die Energie des geistigen Menschen.

9. Wichtig am Körper ist die Dreiheit von Kopf, Ober- und Unterkörper. Ein Mensch kann notfalls auch ohne Arme und Beine leben und wirken.

10. Ein jeder dieser drei Teile ist physisch gesehen ebenfalls dreifach, womit die Analogie zum dreifachen Menschenwesen und die Neunzahl des vollkommenen monadischen Lebens wieder deutlich werden. Es gibt noch andere Organe, aber die aufgezählten haben größere esoterische Bedeutung als die anderen Teile.

a) Im Kopf finden wir:
   1. Die fünf Gehirnabteilungen oder – als einheitlichen Organismus gesehen – das Gehirn.
   2. Die drei Drüsen: Carotis, Zirbeldrüse und Hypophyse.
   3. Die beiden Augen.

b) Im Oberkörper haben wir:
   1. Die Kehle

2. Die Lungen
3. Das Herz

c) Im Unterleib liegen:
1. Die Milz
2. Der Magen
3. Die Geschlechtsorgane.

11. Die Gesamtheit des Körpers ist ebenfalls dreifach gegliedert:
165] a) Die Haut und das Knochengerüst.
b) Das Gefäß- oder Blutsystem.
c) Das dreifache Nervensystem.

12. Eine jede dieser Dreiheiten entspricht einem der drei Teile des menschlichen Wesens:
a) Der physischen Natur: Die Haut und das Knochengerüst sind die Analogie zum grob-physischen und ätherischen Körper des Menschen.
b) Der Seelennatur: Die Blutgefäße und das Kreislaufsystem entsprechen jener allgegenwärtigen Seele, die alle Teile des Sonnensystems ebenso durchdringt, wie das Blut zu allen Teilen des Körpers strömt.
c) Der Geistnatur: Das Nervensystem, das im ganzen physischen Menschen wirksam ist und ihn aktiviert, ist die Entsprechung zu der Energie des Geistes.

13. Im Kopf haben wir die Analogie zum Geistesaspekt, dem lenkenden Willen, der Monade, dem Einen.
a) Das Gehirn mit seinen fünf Unterabteilungen entspricht der physischen Form des Menschen, die vom Geist beseelt wird; es ist die fünffache Ganzheit, das Instrument, durch das der Geist sich auf der physischen Ebene zum Ausdruck bringen muß.
b) Die drei Drüsen im Kopf stehen in enger Beziehung zu der (höheren und niederen) seelischen oder psychischen Natur.

c) Die beiden Augen sind die physische Entsprechung zur Monade, die Wille und Liebe-Weisheit, oder nach der okkulten Bezeichnungsweise Atma-Buddhi ist.

14. Im Oberkörper haben wir eine Analogie zu der dreifachen Seelennatur:
   a) Die Kehle entspricht dem dritten schöpferischen Aspekt oder der Körpernatur, der tätigen Intelligenz der Seele.
   b) Das Herz symbolisiert die Liebe-Weisheit der Seele, das Christusprinzip.
166] c) Die Lungen, die Analogien für den Lebensatem, sind die Entsprechung zum Geist.

15. Im Unterleib sehen wir wieder dieses dreifache System:
   a) Die Geschlechtsorgane; sie sind der schöpferische Aspekt, der Gestalter des Körpers.
   b) Der Magen, die physische Manifestation des Solarplexus, ist die Analogie zur Seelennatur.
   c) Die Milz: Sie ist der Empfänger von Energie und daher die physische Ausdrucksform jenes Zentrums, das diese Energie empfängt; damit entspricht sie dem kraftvoll belebenden Geist.

Ich bin mir durchaus darüber im klaren, daß die technischen Einzelheiten, die ich hier gegeben habe, schwer zu verstehen und scheinbar nutzlos sind. Man könnte fragen: warum sollte es nötig sein, so peinlich genau die physischen, psychologischen und systematischen Einzelheiten rein akademischer Natur aufzuzählen, wenn man eine Heilung durch einen Akt des Willens und der göttlichen Kraft und durch die Anwendung gewisser Mantrams herbeiführen kann? Diese Gedanken sind im Grunde richtig, beruhen jedoch — in Zeit und Raum – auf einem Mißverständnis. *Wenn* alle Heiler Meister der Weisheit wären, *wenn* sie hellsichtig wären, *wenn* sie das Gesetz des Karma und dessen Auswirkung im Leben des Patienten verstünden, *wenn* sie die uneingeschränkte Mitarbeit des Patienten erreichen könnten, und *wenn* sie fähig wären, allen diesen genannten Erfordernissen gewisse Worte und Mantrams hinzuzufügen, dann wäre das akademische Wissen tatsächlich unnötig. Aber diese Forderungen sind nicht erfüllt und können nicht erfüllt werden. Heiler haben in der Regel keine dieser Fähigkeiten. Es stimmt, daß sie häufig heilen können (jedoch nicht so oft, wie sie glauben); aber wenn sie Erfolg hatten, so nur deshalb, weil eine der folgenden Möglichkeiten bestand:

167] Sie haben den Patienten geheilt, weil damals seine Bestimmung und sein Schicksal es so wollten; seine Seele hatte also ihr Instrument (den physischen Menschen) in die Aura des Heilers oder einer Heilergruppe hineingezogen. Wahrscheinlich hätte sich der Patient in jedem Falle erholt, aber der Prozeß ist durch die Bemühung und die Aufmerksamkeit, die man ihm widmete, sowie durch den Glauben beschleunigt worden.

Sie haben in die derzeitige Planung oder Bestimmung des Lebens des Patienten eingegriffen und haben damit bestimmte Abläufe notwendigen geistigen Unterrichts aufgeschoben. Das vergißt man leicht. Das Thema ist zu verwickelt, als daß es hier behandelt werden könnte, aber vielleicht kann ich es in unserem letzten Abschnitt etwas weiter klären.

Es ist daher – bis der Mensch das volle Wissen erlangt hat – äußerst notwendig, daß man den Aufbau der Lebenskräfte und das Netz von Energien und Kräften, aus denen der menschliche Organismus besteht, studiert. Man muß die Heilprozesse verstandesmäßig begreifen; und folgende Gründe lassen sie schwierig und kompliziert, unnötig und als Zeitverschwendung erscheinen:

Auch der am weitesten vorgeschrittene Mensch ist unfähig, Themen und Gegenstände *als Ganzes* zu erfassen. *Es fehlt bis jetzt noch das synthetische Element.* Gegenwärtig müssen die betreffenden Lehren und Vorgänge Schritt für Schritt, Einzelheit um Einzelheit, Vorschrift auf Vorschrift, und immer wieder in

praktischen Versuchen bewältigt und beherrscht werden. Aber die Zukunft zeigt uns eine klare Verheißung. Die Fähigkeit des menschlichen Auges, synthetisch (zusammenfassend) zu funktionieren, zum Beispiel eine Landschaft im allgemeinen und doch auch in ihren hervorstechenden Umrissen zu erfassen, und zwar beides gleichzeitig und blitzschnell wie in einer Vision – das ist die Garantie für die künftige Erkenntnismethode der Menschheit. Ein einziger Blick des erleuchteten Denkers, eine einzige große Liebe-Ausstrahlung, und der Heiler oder die Heilergruppe
168] wird wissen, ob eine Heilungsmöglichkeit besteht, ob man dem Bemühen des Patienten zu Hilfe kommen darf (ein viel längerdauernder Prozeß) oder ob man sich des Heilens zu enthalten hat.

Die Trägheit des Durchschnittsmenschen rebelliert gegen die Mühe, die man aufwenden muß, um die technische Seite des Heilens zu meistern. Es ist viel leichter, sich auf die Göttlichkeit zu verlassen (eine Göttlichkeit, die tatsächlich verborgen ruht. aber nicht zum Ausdruck kommt) und „Gott die Arbeit tun zu lassen". Es ist so viel leichter, die Liebe und das Ausgießen von Liebe anzuerkennen, als die Methoden zu erlernen, mit denen man sie wirksam machen kann, oder das Wesen dessen zu erfassen, was beeinflußt werden soll.

Das sind Punkte, die sorgfältiger Aufmerksamkeit und Erwägung bedürfen. Sie verdienen das Nachdenken. Die synthetische Kraft des Denkvermögens, dem wahre Liebe zur Seite steht, wird eines Tages das Werkzeug aller echten Heiler sein. In der Zwischenzeit befaßt sich nun diese Abhandlung zum Nutzen der Zukunft und zur Förderung und Ausbildung einer kommenden Heilkunst – die auf einem Verständnis der Energie, ihres Einströmens und Kreislaufes beruht – ein wenig mit der akademischen Seite. Schließlich sind die angegebenen Tatsachen doch genauso wirklich und tatsächlich vorhanden, wie jene Emotionen, die der Durchschnittsheiler Liebe nennt.

Die sieben Hauptzentren (Fortsetzung)

Wir wollen nun die Betrachtung über die Zentren fortsetzen. Wir haben uns mit den vier Zentren oberhalb des Zwerchfells befaßt, also mit den dreien, durch welche die geistige Triade schließlich wirken muß, und mit dem synthetischen Ajna-Zentrum, das schließlich die integrierte Persönlichkeit zum Ausdruck bringt und zum direkten Werkzeug der Seele wird. Jetzt haben wir noch drei weitere Zentren zu besprechen, die alle unter dem Zwechfell liegen; das Solarplexuszentrum, das Sakralzentrum und das Zentrum an **169]** der Basis der Wirbelsäule. Heute ist für alle Aspiranten am wichtigsten das Solarplexus-Zentrum. Am stärksten aktiv ist – allgemein gesehen – in der Gesamtmenschheit noch immer das Sakralzentrum. Das (vom Gesichtspunkt des geistigen Menschen aus) derzeit am wenigsten aktive Zentrum im Körper ist das Basiszentrum.

5. *Das Solarplexus-Zentrum.* Dieses liegt ein ziemliches Stück unterhalb der Schulterblätter an der Wirbelsäule und ist ganz besonders aktiv. Es wurde in den Tagen von Atlantis auf eine hohe Entwicklungsstufe gebracht, so wie jetzt – in den Tagen der arischen Rasse – das Kehlzentrum zusehends erweckt wird. Das Solarplexus-Zentrum steht in besonderer Weise mit zwei anderen Zentren in Verbindung: mit dem Herz- und mit dem Ajna-Zentrum. Sie bilden zur Zeit ein interessantes Energiedreieck im menschlichen Körper, dem von Seiten der Hierarchie viel Aufmerksamkeit geschenkt wird. Es strömt von der Seele Energie herab über das Ajna-Zentrum zum Herzen, allerdings nur soweit, als der Aspirant mit seiner Seele in Berührung steht. Dies bewirkt dreierlei:

   Eine Stimulierung des Herzzentrums.

   Eine Resonanz des Herzens, die eine Aktivität des Ajnazentrums hervorruft und schließlich dazu führt, daß die Persönlichkeit Gruppenbewußtsein erlangt.

Die Erweckung des Herzzentrums im Kopf.

All dies wird jedoch erleichtert, wenn der Solarplexus des Aspiranten höher entwickelt ist, denn diese Entwicklung hat ja ihre eigene Wirkung auf das Herz und eine wechselseitige Wirkung auf das Ajna-Zentrum. Es sind also zwei wichtige Dreiecke zu beachten:

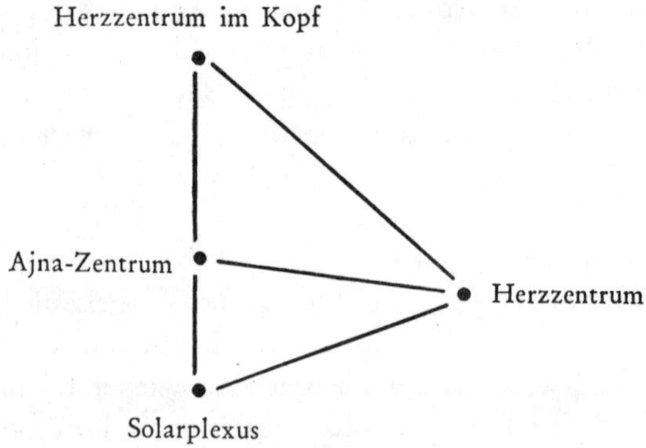

170] So wie es in der Astrologie eine Wissenschaft von den Dreiecken gibt, genau so wird sich später eine Dreieckswissenschaft in bezug auf das menschliche Körpersystem entwickeln. Aber die Zeit dafür ist noch nicht reif. Ich gebe nur gelegentliche Hinweise auf eine solche Wissenschaft, mit denen sich die Intuition des Jüngers befassen mag.

a) Der Solarplexus ist – wie das Herzzentrum – eine Widerspiegelung des „Herzens der Sonne" in der Persönlichkeit. Er ist die zentrale treibende Kraft im Leben der Persönlichkeit für alle Menschen, die noch unter dem Grade des Probejüngers stehen. An diesem Punkt beginnt das Denkvermögen endlich – wenn auch nur schwach – wirksam zu werden. Das Zentrum ist das Ausfalltor (wenn ein solches Wort erlaubt ist) des Astralleibes in die äußere Welt, und das Instrument, durch das die emotionelle Energie strömt. Es ist das Organ des Verlangens. So hat es größte Bedeutung im Leben des Durchschnittsmenschen, und seine Beherrschung ist ein ganz wesentliches Ziel für den Apiranten. Er *muß* Begierde in geistiges Streben umwandeln.

b) Der Solarplexus kam zur Zeit der Atlantis in volle Funktion, also in jener Epoche, in der sich die zweite große Menschenrasse entwickelte. Die niederen Zentren sind nicht so speziell mit irgendwelchen Einweihungen verbunden wie diejenigen über dem Zwerchfell, denn sie sind die Zentren der Persönlichkeit und müssen vollständig unter der Herrschaft der
171] Seele stehen, wenn Einweihungen eines bestimmten Grades stattfinden.

c) Das Solarplexus-Zentrum ist die große Sammel- und Verteilerstelle für alle Zentren unter dem Zwerchfell. Dies gilt für die drei größeren und die kleineren Zentren, die auf Seite 87 aufgezählt sind. Die Beziehung dieses Zentrums zur Astralebene ist heftig und unmittelbar. Es ist der Empfänger aller emotionellen Reaktionen, Begierdenimpulse und Energien; und da die Menschheit heute im Gruppensinne aktiv wird und umfassender, universaler denkt als je zuvor in ihrer Geschichte, so ist die Lage akut und außerordentlich schwierig. Die Menschheit ist jetzt sowohl durch den individuellen als auch durch den kollektiven Solarplexus einem beinahe unerträglichen Druck ausgesetzt. Das sind die Prüfungen der Einweihung! Es ist nicht meine Absicht, mich hier damit zu befassen, wie die niederen Energien angezogen, im Solarplexus konzentriert, dort umgewandelt und soweit verfeinert werden, daß eine Übertragung in das Herzzentrum möglich wird. Vieles davon hängt mit der Schulung zusammen, die angenommenen Jüngern vor der zweiten Einweihung zuteil wird.

Die Erörterung dieses Themas ist zu kompliziert und wäre außerdem mit besonderen Gefahren für jene verbunden, die für den Prozeß noch nicht reif sind; die Entwicklung geht jedoch – unter *lebhafter* Bemühung – fast automatisch vor sich. So ist der Solarplexus das Zentrum mit der stärksten separatistischen Tendenz (außer dem Ajna-Zentrum jenes Menschen, der sich auf dem Pfad zur Linken Hand befindet), denn es steht in der Mitte zwischen Kehl- und Herzzentrum (über dem Zwerchfell) und Sakral- und Basiszentrum unterhalb des Zwerchfells. Diese Überlegung ist außerordentlich wichtig.

d) Der Solarplexus ist jenes Zentrum im Ätherkörper, durch das die (durchschnittliche, unerleuchtete) Menschheit, lebt, webt und ist. Die Menschheit wird bestimmend beeinflußt durch Wünsche – sei es nun ein gutes Verlangen, ein selbstsüchtiges,
172] unrechtes Begehren oder geistiges Verlangen. Es ist das Zentrum, durch das die meisten jener Energien fließen, die zum Fortschritt eines Menschen beitragen; er ist ehrgeizig und selbstsüchtig, weil ihm seine persönlichen Begierden wichtig sind, und er ist ständig in Bewegung, weil er astral polarisiert ist. Durch dieses Zentrum wird das „helle Licht, das in Atlantis erzeugt wurde“, ausgegossen und der Kontakt mit dem Astrallicht hergestellt. So ist es also das Zentrum, durch das die meisten Medien und Hellseher wirken. Später werden diese Menschen lernen, als Vermittler zu fungieren, indem sie ihre Kräfte bewußt und einsichtsvoll anwenden; sie werden ein klares Wahrnehmungsvermögen besitzen, das an die Stelle des Hellsehens treten wird. Dann werden sie im Ajna-Zentrum polarisiert sein. Das Solarplexus-Zentrum ist also ein großer Unruhestifter im Körper, und es ist eine Grundursache für die meisten Magenleiden und Beschwerden, die mit der Leber zusammenhängen. Die ganze Region unmittelbar unter dem Zwerchfell ist beim Durchschnittsmenschen in einem Zustand ständigen Aufruhrs; das beruht auf individuellen und kollektiven Ursachen.

Es ist hier folgende Bemerkung interessant: So wie das Ajna-Zentrum (die Zusammenfassung der Persönlichkeitskräfte im Zustand hoher Entwicklung) eine große Leit- und Verteilungsstelle ist, so ist auch das Solarplexus-Zentrum (die Synthese der durchschnittlich entwickelten Persönlichkeitsenergien vor der Integration) eine Sammelstelle aller niederen Energien; es wird schließlich zum Mittelpunkt für die Lenkung und Verteilung dieser gesammelten Energien – indem es diese in die dafür empfänglichen höheren Zentren weiterleitet:

1. Die Energien des Solarplexus selbst müssen dem Herzzentrum zugeleitet werden.
2. Die Energien des Sakralzentrums müssen in das Kehlzentrum übertragen werden.

173] 3. Die Energien des Zentrums an der Basis der Wirbelsäule müssen in das Kopfzentrum geleitet werden. Nach der dritten Einweihung werden diese Grundenergien durch einen Willensakt der Geistigen Triade emporgehoben, beherrscht oder verteilt. Dann wird das „in Lemurien erzeugte Licht" (das Sakrallicht) und das „in Atlantis erzeugte Licht" (das Solarplexuslicht) verlöschen, und diese beiden Zentren werden Empfänger geistiger Energien von oben sein; sie werden kein direktes, ihnen eigenes Licht mehr besitzen; das Licht, das sie übermitteln werden, wird ihnen von kollektiven Quellen auf ätherischen Ebenen zukommen.

Die verdichtete äußere Form dieses Zentrums im physischen Körper ist die Bauchspeicheldrüse (Pankreas); in zweiter Linie gilt dies auch für den Magen. Es besteht hinsichtlich des Solarplexus eine merkwürdige Beziehung, deren Form und Auswirkung symbolisch ist. Wir sehen folgendes:

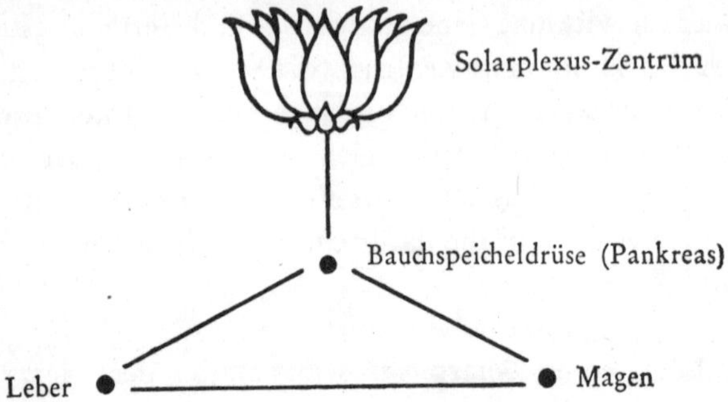

Hier zeigt sich wieder die Grundidee eines Zentrums geistiger Kraft (die Astralkraft ist eigentlich geistiger Natur) und dessen drei Erscheinungsformen. Alle drei materiellen Organe werden mit den Kräften und Energien des Solarplexus versorgt und gespeist. Hiermit habe ich all denen, die an einem Studium der Medizin vom esoterischen Gesichtspunkt aus interessiert sind, einen sehr wichtigen Tatbestand mitgeteilt; richtig eingeschätzt wird er zu einem Ver-
174] ständnis der Heilkunst beitragen. Eine Beherrschung des Solarplexus, richtiges Empfangen und richtiges Freilassen der dort konzentrierten Energien würde diese drei lebenswichtigen Organe gründlich reinigen, außerordentlich stärken und ihnen einen sehr wesentlichen Schutz geben.

Wie bereits erwähnt ist dieses Zentrum ein Organ der Synthese; es sammelt zu einem bestimmten Zeitpunkt in der höheren Entwicklung des Menschenwesens alle niederen Energien in sich. Dann ist es tatsächlich (wenn man es richtig versteht und lenkt) ein Hilfswerkzeug für die Integration des Persönlichkeitslebens. Das Hauptproblem eines zwar hochentwickelten, aber noch nicht geistig eingestellten Menschen liegt im Verlangen oder Begehren. Was sind seine Ziele? Worauf richten sich seine Absichten? Von welcher Art sind die ihm bewußt gewordenen ehrgeizigen Begierden? Wohin strebt er? Je nach der Wesensart der Kräfte und Energien, die sein Gedankenleben auf den Solarplexus einwirken läßt, wird auch seine Entscheidung sein: Entweder auf dem Pfade des Lichts vorwärtszuschreiten, egozentrisch stehen zu bleiben, oder den niederen Weg einzuschlagen, der zum Erlöschen des Seelenlichtes führt.

Wie wir gesehen haben, streben die Blätter des Solarplexus aufwärts zum Herzzentrum. Das bedeutet tatsächlich, daß die emotionellen Energien, Wünsche und Bestrebungen (in der Gesamtmenschheit) nach oben, dem höheren Wege zustreben.

Es sollte hier beachtet werden, daß in der heutigen Zeit alle Aspiranten auf dem Pfad der Jüngerschaft *an und für sich* die Aufgabe haben, die Energie aus dem Solarplexus zu übertragen und das Herzzentrum zu erwecken. Die ersten Angehörigen der Menschenfamilie, die gruppenbewußt werden sollen, sind natürlich die Aspiranten und Jünger, und diese geben das Fortschrittstempo für die übrige Menschheit an. Sie werden und vollbringen das unter dem Druck des Lebens selbst und der Umstände, und nicht dadurch, **175]** daß sie gegebene Regeln oder spezielle Meditationen befolgen. Später, vor einer bestimmten Haupteinweihung können solche Regeln und Maßnahmen angewandt werden, um dem Eingeweihten eine unmittelbare, bewußte Kontrolle über den Astralkörper und über dessen zentrale Eintrittsstelle in den physischen Organismus, das Solarplexuszentrum, zu verschaffen – und dann wieder, wenn bestimmte wichtige Übertragungen bewußt vorgenommen werden. Drei dieser Übertragungen sind von ganz besonderer Bedeutung:

1. Von den drei Zentren unter dem Zwerchfell in das Herz-, Kehl- und Ajna-Zentrum.
2. Von den zwei Zentren über dem Zwerchfell – dem Herz- und Kehlzentrum – in das Ajna-Zentrum und den tausendblättrigen Lotos des Kopfes.
3. Vom Ajna-Zentrum in das Kopfzentrum; das bedeutet die vollständige Vereinigung aller Energien aus dem gesamten

Ätherkörper in einer einzigen zentralen Verteilungsstelle, die nun unter der unmittelbaren Leitung der Geistigen Triade steht.

Die mit diesen drei großen Erfahrungen (denen jeweils viele Prüfungen und Versuche vorausgehen) verbundenen Prozesse beanspruchen natürlich auch in hohem Maße den physischen Körper und sind die Ursache vieler Übel, mit denen sich der Jünger plagen muß. Es wird euch zum Beispiel klar sein, daß die Übertragung der im Solarplexus angestauten Energien in das Herzzentrum Beschwerden – sehr häufig auch ernster Art – mit sich bringt; gerade aus diesem Grunde sterben heute so viele vorgeschrittene Menschen an Herzkrankheiten. In dem langen Lebens- und Erfahrungszyklus der Seele ist dies von ziemlich geringer Bedeutung; in dem kurzen Lebenszyklus des einzelnen Jüngers ist es freilich sehr beschwerlich und oft tragisch. In ähnlicher Weise wird auch die Übertragung der Energien aus den fünf Zentren längs der Wirbelsäule in die Kopfzentren ihre eigenen Probleme mit sich bringen. Die Stimulierung des Ajna-Zentrums durch die Konzentrierung dieser Energien kann zu sehr schlimmen psychologischen Problemen führen. Ein Mensch
176] kann zeitweilig ich-besessen (egomanisch) werden (zeitweilig, denn im langen Leben der Seele ist alles zeitbedingt!) und kann ein solches menschliches Ungeheuer werden wie Hitler und andere seinesgleichen, wenn auch vielleicht in geringerem Grade; es kann auch zu heftigen epileptischen Zuständen kommen, oder es kann sich das Augenlicht verschlechtern und ein Mensch blind werden. Alle diese Punkte verdienen sorgfältiges Nachdenken.

6. *Das Sakralzentrum.* Dieses Zentrum hat seinen Sitz im unteren Teil der Lendengegend und ist sehr mächtig, da es das Geschlechtsleben beherrscht. Es ist interessant, daß dieses Zentrum so lange kraftvoll und wirksam bleiben muß, bis zwei Drittel der Menschheit durch die Einweihung gegangen sind, denn die Zeugungsprozesse müssen aktiv weitergehen, um

für die neueintretenden Seelen genügend Körper zu beschaffen. Aber in dem Maße wie die Menschheit voranschreitet, wird dieses Zentrum immer mehr beherrscht werden; man wird dessen Aktivität einsichtsvoll und auf Grund von Wissen, Intelligenz und höherer, feinerer Kontakte leiten, nicht aber durch unbegrenztes, unbeherrschtes Verlangen davon Gebrauch machen, wie es jetzt der Fall ist. Ich kann mich nicht weiter auf dieses Thema einlassen, da es zu weit führen würde. Ihr solltet aber aufmerksam das lesen, was ich bereits darüber geschrieben habe; ich möchte vorschlagen, daß jemand, der Interesse und Zeit hat, all das sammelt, was ich in allen meinen Büchern über das Thema Sexualität gesagt habe, so daß eine Schrift darüber zusammengestellt werden könnte.

a) Das Sakralzentrum entspricht der physischen Sonne, der Quelle allen Lebens, der lebenspendenden Kraft auf unserem Planeten.

b) Die Symbolik des Sakralzentrums betrifft vor allem die Schwangerschaftszeit vor der Geburt; wenn man das richtig versteht, kann man darin den ganzen Werdegang der Empfängnis und des Formaufbaus erkennen und diesen Gedankengang ausweiten. Das gilt sowohl für die physische Formgestalt eines Menschen, für die Form einer
177] Idee, für eine Organisation, die sich auf einer zentralen Wahrheit aufbaut, als auch für die Form eines Planeten oder eines Sonnensystems. Das Sakralzentrum ist vielleicht vor allem anderen jenes Zentrum, durch das die Kräfte der *Unpersönlichkeit* schließlich zum Ausdruck kommen müssen, und durch welches das gesamte Problem der Dualität gelöst werden muß. Diese Lösung und Ausdeutung des Symbols muß aus dem Denkbereich kommen; dadurch wird die physische Reaktion unter Kontrolle gebracht, so daß dann die Absichten, und nicht mehr die Begierden bestimmend sind. Denkt darüber nach. Wenn man dies verstanden hat, wird man einen Punkt erreichen, an dem eine

große Übertragung in das höhere Schöpfungszentrum, die Kehle, stattfinden kann.

c) Das Sakralzentrum steht daher in enger Beziehung zur Materie; es strömen Energien zwischen folgenden drei Punkten im unteren Teil des menschlichen Körpers:

   1. Der Milz, dem Organ des Prana oder der physischen Lebenskraft, die von der Sonne kommt.
   2. Dem Sakralzentrum, jener Kraft, die die Tendenz zur physischen Zeugung in sich trägt.
   3. Dem Zentrum an der Basis der Wirbelsäule, das (solange der Willensaspekt im Menschen noch nicht erweckt ist) dem lebenspendenden Prinzip, dem Willen zum Leben, in allen Teilen des menschlichen Organismus Nahrung zuführt.

Diese bilden ein Kräftedreieck, das mit Materie, Substanz, Formaufbau, Schöpfung, Lebenskraft und dem Weiterleben in der Form zu tun hat. Dieses Dreieck ist die Widerspiegelung eines viel höheren, das aus folgenden Teilen besteht:

1. Dem Kehlzentrum, das dem Sakralzentrum entspricht.
2. Der Hypophyse, der Entsprechung zum Milzzentrum.

178] 3. Der Zirbeldrüse, der Entsprechung zum Basiszentrum.

In der Beziehung dieser beiden Dreiecke liegt der Schlüssel zum Instinkt der Selbsterhaltung, zum Weiterbestehen der feineren Körper nach dem Tode und zum Prinzip der Unsterblichkeit, das in der Seele beheimatet ist und weiterwirkt, wenn Selbsterhaltungstrieb und Wille zum Überleben keinen Einfluß mehr haben. Damit sind drei Gedanken gegeben, die ein sehr sorgfältiges Studium erfordern und die – wenn ich es so ausdrücken darf – den Schlüssel zur spiritistischen Bewegung liefern.

d) Das Sakralzentrum steht außerdem letzten Endes mit dem Ajna-Zentrum in Verbindung. Beide zusammen bilden eine wirksame Dualität, aus der jenes subtile Etwas hervorgeht, das wir die *Persönlichkeit* nennen. Hier ergibt sich noch ein großes Forschungsgebiet über das Thema „Persönlichkeit" als ein integriertes Ganzes, und über die Qualität der Persönlichkeit, die in dem Aroma, dem Einfluß, der Wirkungsfähigkeit und Ausstrahlung einer Persönlichkeit besteht. Ich lege den Studierenden diese Gedanken vor und hoffe, daß einige Untersuchungen folgen möchten, die dieses Thema der Zentren mit den anerkannten Tatsachen der Koordinierung, Integration und ihren zu menschlicher Größe führenden Wirkungen verbinden werden. Für jene von euch, welche die „Geheimlehre" studieren, bleibt noch vieles, was über die Beziehung der „Lunar-Herren" (der Barhishad Pitris) zum Sonnenherrn oder Sonnenengel klar werden muß. Das Wirkungsfeld der ersteren ist ganz ausgesprochen das Sakralzentrum, das des Sonnenengels das Kehlzentrum.

e) Das Sakralzentrum nimmt die Energie des dritten Aspektes der Göttlichkeit wahr, so wie der Solarplexus die des zweiten Aspektes registriert und das Basiszentrum die des
179] ersten Aspekt zum Ausdruck bringt. Hier seht ihr wiederum, wie Kehl-, Herz- und Kopfzentrum in den niederen Zentren widergespiegelt werden; so wird die höhere und niedere Manifestation der göttlichen Trinität im Menschen vollständig. Dieses Zentrum wurde im alten Lemurien, in der ersten Menschenrasse, zu voller Funktion gebracht; seine Energie ist die des Heiligen Geistes, der die jungfräuliche Substanz überschattet. Hier finden wir ein weiteres göttliches Spiegelbild in dem folgenden Schema:

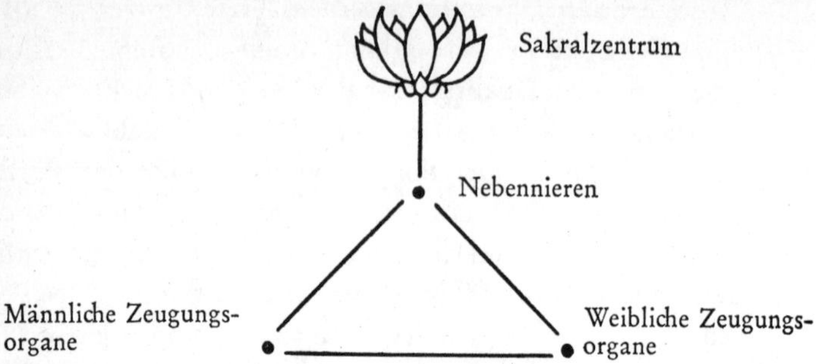

Beim göttlichen Hermaphroditen (der später in Erscheinung treten soll) wird man eine andere Kombination sehen:

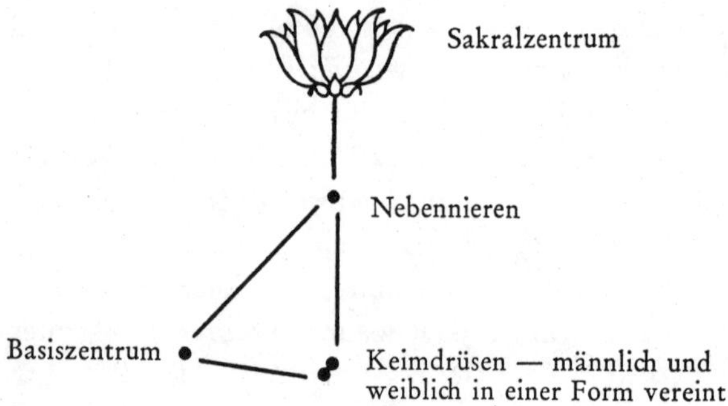

So könnt ihr wieder feststellen, meine Brüder, daß die Wissenschaft von den Dreiecken sowohl das menschliche Gefüge in allen seinen Aspekten, als auch die ganze Struktur eines Sonnensystems bestimmt. Dies läßt sich ja auch erwarten.

f) Die verdichtete physische Ausdrucksform für dieses Zentrum sind die Keimdrüsen, die menschlichen Zeugungs-
180] organe – wenn man sie als grundsätzliche Einheit betrachtet, obwohl sie derzeit in zweifacher Form bestehen. Man muß bedenken, daß aus dieser Getrenntheit ein mächtiger Impuls zur Verschmelzung erwächst, und diesen Drang

nach Vereinigung nennen wir Geschlechtstrieb. Der Geschlechtstrieb ist in Wirklichkeit das instinktive Verlangen nach Einssein. Vor allem einmal im physischen Sinne. Es ist das der Mystik innewohnende (wenn auch vielfach mißverstandene) Prinzip; Mystik, das ist der Name, den wir dem Drang nach Einssein mit dem Göttlichen geben. So wie alles andere, mit dem der unentwickelte Mensch in Berührung gekommen ist, wurde auch hier eine göttliche Idee verkehrt und verzerrt, und ein immaterieller Trieb zu einem materiellen Begehren herabgewürdigt. Wir haben die Richtung der Sakralenergie umgedreht, und daraus entstand die überentwickelte tierische Natur und deren Wirksamkeit in der durchschnittlichen Menschheit.

Ich könnte zu dem oben Gesagten natürlich noch viel mehr hinzufügen, doch würde das Thema eine sehr sorgfältige Analyse und weitläufige Erläuterungen erfordern, was uns die Zeit nicht erlaubt; es würde auch die Ausgeglichenheit dieser Abhandlung nicht erhalten bleiben.

Auch über das Zentrum an der Basis der Wirbelsäule kann ich nur wenig sagen. Bevor ich jedoch mit den Ausführungen beginne, soweit sie fruchtbar oder möglich sind, möchte ich noch darauf hinweisen, daß die Zeichnung auf Seite 182 die Evolutionsstufe eines Jüngers, und nicht die eines vorgeschrittenen Eingeweihten darstellt. Es handelt sich auch nicht um die Beschreibung des durchschnittlichen Alltagsmenschen. Dies wird durch die Tatsache angedeutet, daß sich das Spiegelbild des Herzzentrums im Kopf infolge der verstärkten Aktivität des Herzzentrums selbst nach oben wendet, und daß die Definition des Ajna-Zentrums klar und zutreffend ist, denn es zeigt eine integrierte, harmonisch geordnete Persönlichkeit an. Das Diagramm stellt also nicht die Zentren eines gewöhnlichen oder unentwickelten Menschen dar. Solche Zeichnungen können unmöglich mehr als eine gewisse Vollendungsstufe angeben. Man sollte indes beachten, daß diese Vollendungsstufen nicht

181] stillstehende Errungenschaften sind, sondern daß einer jeden von ihnen Tätigkeitsphasen und -Stadien vorausgehen, die zu ständig neuen Ergebnissen und wechselnden Aspekten der Zentren führen; diesen folgen wiederum andere Zyklen der Bewegung und Veränderung, und ein erneutes Freiwerden von Energien. *Die Wirkungen* der tiefliegenden Ursachen werden selbst wieder zu *Ursachen,* denn im Kreislauf der Manifestation gibt es nichts, was statisch, starr oder endgültig bestimmt wäre. Das ist ein äußerst wichtiger Punkt. Laßt euch daher nicht irreleiten von Momenten scheinbarer Erfolge. Sie sind nur Vorboten weiterer Wandlung, denn dies entspricht dem Gesetz des Daseins.

7. *Das Zentrum an der Basis der Wirbelsäule.* Dieses Zentrum wird vor allem anderen vom Gesetz des Seins, auf das oben hingewiesen wurde, beherrscht und gelenkt; es wird zur Vollendung gebracht, wenn Geist und Materie sich begegnen, und wenn die Materie, die Jungfrau Maria – unter dem Einfluß des Heiligen Geistes, der Energie der Ätherhülle – „in den Himmel erhoben" wird, um dort (nach der christlichen Ausdrucksweise) „im Hause des Vaters an die Seite ihres Sohnes gesetzt zu werden".

Dieses Zentrum liegt ganz am unteren Ende der Wirbelsäule und *unterstützt* alle anderen. Zur Zeit ist es noch ziemlich inaktiv, denn es wird erst durch einen Willensakt zur vollen Tätigkeit angeregt, den der Eingeweihte lenkt und überwacht. Es reagiert einzig und allein auf den Willensaspekt. Der Wille, in der Inkarnation zu sein, ist die treibende Kraft, die derzeit das Leben dieses Zentrums beherrscht und dessen Wirkungen hervorbringt, da es ja das Lebensprinzip in Materie und Form nährt und leitet. So wie uns gesagt wird, daß das Lebensprinzip „im Herzen wohne", so liegt der Wille-zum-Sein in der Basis der Wirbelsäule. Über dieses Zentrum gab und gibt es viel müßiges und gefährliches Geschwätz, und das ganze Thema des „Kundalini-Feuers" erweist sich als ein erregendes und verlockendes Gerede der Pseudo-Okkultisten in aller Welt. Der wahre Okkultist hat während seiner Schulung nichts mit dem Kundalini-Feuer zu tun – so wie man es für gewöhnlich versteht.

182] Ich kann euch lediglich gewisse Tatsachen etwas deutlicher machen, gleichzeitig aber muß ich davon Abstand nehmen, euch Wirkungsweisen und Methoden für die Erweckung dieses Zentrums anzugeben, da jedes vorzeitige Einwirken auf dieses Zentrum mit außerordentlichen Gefahren verbunden ist. Am besten ist es wohl, wenn ich eine Reihe von Angaben mache, die nur von Wissenden in der rechten Weise verstanden werden können (und von diesen gibt es bis jetzt nur selten einige); meine Aussagen werden jenen, die sich in Schulung befinden, bei ihrem Nachdenken helfen und ihnen ein etwas vollständigeres Bild geben, das aber gleichzeitig den Unwissenden vor Unheil bewahren wird. Ich halte diese Aussagen so klar und kurz wie möglich, gebe jedoch praktisch keine Erklärung dazu.

1. Dieses Basiszentrum ist der Punkt, an dem sich nach dem Evolutionsgesetz Geist und Materie begegnen; hier kommt das Leben mit der Form in Verbindung.

2. Es ist also das Zentrum, wo sich die wesentliche Dualität der manifestierten Göttlichkeit – als Mensch oder planetarischer Logos – zusammenfindet und die Form hervorbringt.

3. Das Wesen dieser Göttlichkeit wird erst dann offenbar, wenn der zweite Aspekt sein Werk mit Hilfe des dritten Aspektes, aber unter dem leitenden Willen des ersten Aspektes vollbracht hat.

4. Es ist das Zentrum, wo die „Schlange Gottes" zwei Umwandlungen durchmacht:
   a) Die Schlange der Materie liegt zusammengerollt.
   b) Diese Schlange wird in die Schlange der Weisheit verwandelt.

c) Die Schlange der Weisheit wird hinaufgetragen und wird zum „Drachen lebendigen Lichtes“.

5. Die Entwicklung dieser drei Stadien wird gefördert durch das Leben und die Energie, die durch die ganze Länge der Wirbelsäule – über die ätherische Entsprechung des Rückenmarks –
183] hinunterströmt; diese abwärts strömende Energie bewirkt – in Zeit und Raum – zusammen mit dem gleichzeitig aufsteigenden Leben folgendes:

a) Die Zentren werden allmählich und in geordneter Weise je nach den Strahltypen erweckt.

b) Die Zentren drehen sich um, so daß das Bewußtsein des innewohnenden Menschen seiner Umwelt angemessen ist.

c) Die Lebensenergien aller Zentren werden zur Synthese gebracht und sind dann für die Anforderungen des Eingeweihten und den Dienst an der Hierarchie und Menschheit geeignet.

6. Die Wirbelsäule beherbergt (von der Esoterik aus gesehen) einen dreifachen Faden. Dieser ist ein äußeres Abbild der Antahkarana, die aus der eigentlichen Antahkarana, dem Sutratma oder Lebensfaden und dem schöpferischen Faden besteht. Dieser dreifache Faden innerhalb der Wirbelsäule besteht also aus drei Energieleitungen, die sich in der Innensubstanz der Wirbelsäule einen „dreifachen Weg der Annäherung und Zurückziehung“ gebahnt haben. Sie werden in der hinduistischen Ausdrucksweise *Ida*, *Pingala* und *Sushumna* genannt; zusammen bilden sie den Lebenspfad für den einzelnen Menschen und werden nacheinander und entsprechend dem Strahltypus und der Entwicklungsstufe zur Tätigkeit erweckt. Der Sushumna-Weg kann erst dann richtig und sicher verwendet wer-

den, wenn die Antahkarana erbaut und dadurch die Monade mit der Persönlichkeit verbunden ist, mag der Faden vorerst auch noch so dünn sein. Dann kann die Monade (der Vater, der Willensaspekt) die Persönlichkeit auf direktem Weg erreichen, das Basis-Zentrum erwecken und damit die drei Feuer zusammenführen, vereinigen und emporheben.

184] 7. An einem dieser Fäden entlang strömt die Energie, welche die Materie nährt und erhält. Der zweite Pfad hat mit Bewußtsein und der Entfaltung psychischer Feinfühligkeit zu tun. Der dritte ist der Pfad des reinen Geistes. So wird in jeder lebendigen Form das Werk des Vaters, der Mutter und des Sohnes fortgeführt. Leben – Bewußtsein – Form und Leben – Qualität – Erscheinung werden verschmolzen; dann ist das Reaktionswerkzeug des göttlichen Menschen vollendet, das ihn befähigt, mit den höheren göttlichen Aspekten in den Naturreichen, im Erdenplaneten und im Sonnensystem schließlich in Berührung zu kommen und sie zu erkennen.

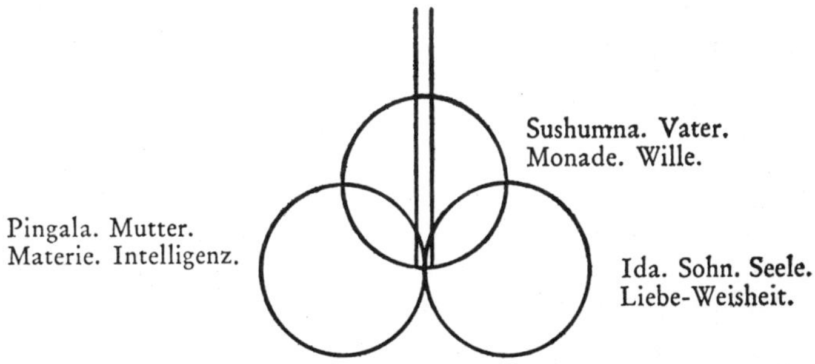

Laßt euch nicht verleiten, diese ineinander verflochtenen Sphären lebendiger Energie etwa auf die rechte oder linke Seite der Wirbelsäule zu verlegen. Alles ist in ständiger Bewegung,

wirkt im Wechselspiel zusammen und kehrt sich um. Ich kann lediglich den Wesensgehalt eines Symbols darstellen, das den besonderen Pfad der drei Energien der göttlichen Trinität andeutet. Ich weise *nicht auf einen tatsächlichen Ort, eine tatsächliche Lage* hin, denn gerade diese materielle Auffassung und örtliche Festlegung der Grundidee hat so viele Gefahren mit sich gebracht. Der belehrte Schüler versucht, die Beziehung der drei Grundenergien, der drei Pfade lebendigen Feuers, ihre Beziehung und Wechselbeziehung sowie ihre nacheinander erfolgende Polarisierung zu verstehen. Er versucht nicht, die Lehre auf bestimmte Punkte, Linien und Orte einzuengen,
185] und zwar so lange nicht, bis ihm einmal diese Begriffe nicht mehr viel bedeuten und er mehr weiß.

8. Diese drei Pfade des Lebens sind die Kanäle für das elektrische Feuer, das Sonnenfeuer und das Feuer durch Reibung; sie stehen hinsichtlich ihrer Anwendungsmöglichkeit in Beziehung zu den drei Stufen des Evolutionspfades: Zum Pfad der Evolution in den materiellen Anfangsstadien, zum Probepfad und zu den Anfangsstadien des Pfades der Jüngerschaft bis zur dritten Einweihung, und schließlich zum Pfad der Einweihung selbst.

9. Das Kundalini-Feuer, über das im Osten und in steigendem Maße auch im Westen so viel gelehrt und geschrieben wird, ist in Wirklichkeit die Vereinigung dieser drei Feuer, die durch einen Akt des erleuchteten Willens und unter dem Liebe-Impuls im Basiszentrum zusammen gezogen werden. Dieses vereinigte Feuer wird dann durch ein Machtwort (Mantram), das von dem Willen der Monade ausgeht, und durch die vereinte Macht der Seele und der integrierten, lebendigen Persönlichkeit emporgehoben. Der Mensch, der dies mit vollem Bewußtsein tun kann, ist also ein Eingeweihter, der bereits die dritte Einweihung hinter sich hat. Er, und nur er allein, kann dieses

dreifache Feuer ungefährdet von der Basis der Wirbelsäule zum Kopf emporheben.

10. So wie es meistens von unwissenden Esoterikern in verschiedenen okkulten Gruppen ausgelegt wird, ist das Kundalini-Feuer etwas, das man „emporheben" muß; ist es dann oben, so kommen alle Zentren zu voller Wirksamkeit, und die Kanäle entlang der Wirbelsäule aufwärts und abwärts werden von allen Hindernissen gereinigt. Das ist eine gefährliche Verallgemeinerung und eine Umkehrung der Tatsachen. Das Kundalini-Feuer wird *erst dann* erhoben und in den Himmel getragen, wenn alle Zentren erweckt und die Kanäle entlang der Wirbelsäule nicht mehr verstopft sind. Diese Beseitigung aller Hindernisse kommt dadurch zustande, daß die einzelnen Zentren lebendig werden und durch die Gewalt ihrer Lebenskraft
186] alle Hindernisse und Hemmungen wirksam zerstören. Sie können alles „verbrennen", was ihre Ausstrahlung hemmt. Was in solchen gelegentlichen Fällen (die so viel Schaden anrichten) für gewöhnlich geschieht, ist folgendes: Es gelingt dem Aspiranten, durch unwissende Neugier und durch eine Anstrengung des Denkvermögens (nicht des geistigen Willens, sondern lediglich auf Grund des Persönlichkeitswillens) das niederste der drei Feuer, das Feuer der Materie (das Feuer durch Reibung) zu erwecken; das führt dazu, daß die ätherischen Gewebe im Ätherleib vorzeitig verbrennen und zerstört werden. Diese kreisförmigen Scheiben oder Gewebe findet man jeweils zwischen zwei Zentren, längs der Wirbelsäule und auch im Kopfe. Sie werden auf normale Weise in dem Maße aufgelöst, wie der Mensch sein Leben läutert, die Gefühlswallungen in Zucht nimmt und den geistigen Willen entwickelt.
187] Es gibt vier solche Gewebe. Wenn die vierfache Persönlichkeit hoch entwickelt ist und das Ajna-Zentrum erwacht, dann verschwinden diese Gewebe allmählich und stufenweise, automatisch und auf normale Weise. Die Gewebe im Kopf besitzen

eine viel höhere Qualität und teilen den Schädel horizontal und vertikal in zwei Teile. So symbolisieren sie das Kreuz, an das ein Gottessohn geschlagen ist.

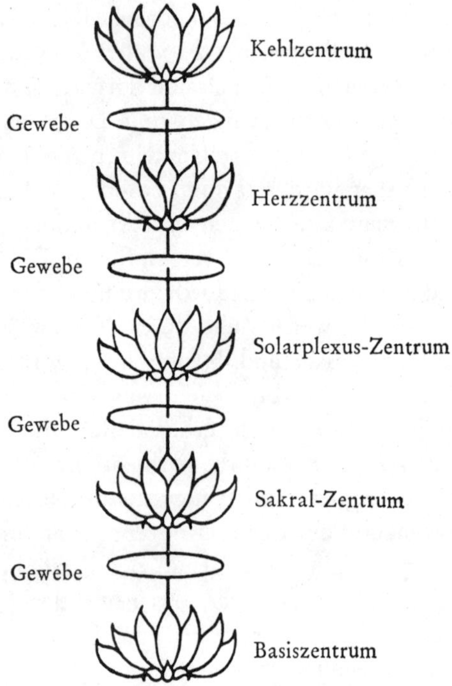

11. Die drei Kanäle entlang der Wirbelsäule sind in ihrer Gesamtheit für die drei wichtigsten Zentren empfänglich:
    a) Für das Solarplexus-Zentrum; so wird für den Impuls des Verlangens gesorgt, das physische Leben und der Schöpfertrieb genährt.
    b) Für das Herzzentrum; so wird für den Impuls der Liebe und für den bewußten Kontakt mit stetig sich erweiternden Bereichen göttlicher Wesensäußerung gesorgt.

c) Für das Kopfzentrum; so wird für den dynamischen Impuls des Willens zum Leben gesorgt.

Ich gebe nicht an, welcher Kanal zu welchem Zentrum gehört, außer bei dem Sushumna-Kanal, der *einzig und allein* auf die Energie des Kopfzentrums und auf den im tausendblättrigen Lotos zentralisierten Willen reagiert. Dies kann ohne Gefahr gesagt werden, da der geistige Wille bei denen, die die Kundalini zu erwecken suchen, noch unentwickelt ist; wenn diese einmal erweckt ist, werden sie schon wissen, was sie ungefährdet tun dürfen.

12. Die drei Zentren im Kopf stehen ebenfalls mit diesem dreifachen Kanal in Verbindung:

a) Die Region des verlängerten Marks (Medulla Oblongata, das Alta-Major-Zentrum) und die Carotis-Drüse.
b) Das Ajna-Zentrum und die Hyphophyse.
c) Der tausendblättrige Lotos und die Zirbeldrüse.

Es wird für die Studierenden interessant sein, alle diese Dreiheiten in Beziehung zu bringen: erstens mit den drei Hauptstrahlen:

188] a) Mit dem ersten Strahl des Willens oder der Macht.
b) Mit dem zweiten Strahl der Liebe-Weisheit.
c) Mit dem dritten Strahl Strahl der aktiven Intelligenz;

zweitens mit den drei Menschenrassen, denen die Fähigkeit gegeben war, den Keim dieser drei göttlichen Aspekte zu entfalten: Die lemurische, die atlantische und die arische Rasse. Diese können *als Keime* mit den beiden letzten Rassen verknüpft werden, in denen alle die genannten Fähigkeiten, Qualitäten, Errungenschaften und Ziele zusammenfließen, verschmelzen und sich vereinigen werden zu einem einzigen, vollkommenen planetarischen Leben.

Außerdem ist eine weitere Synthese möglich und von Bedeutung:

a) der Pfad der Evolution . . . die Zentren unter dem Zwerchfell.
b) Der Pfad der Jüngerschaft. . . die Zentren über dem Zwerchfell.
c) Der Pfad der Einweihung . . die Zentren im Kopf.

13. Es gibt außerdem – wieder mit Bezug auf alle oben genannten Punkte der Synthese im Körper – eine Vollendungsstufe, auf der jeweils die vollständige Verschmelzung erreicht wird. Ich gebe jede dieser Stufen in der Reihenfolge an, in der die Verschmelzung vollzogen wird:

a) Das Solarplexus-Zentrum, das die Zentren unter dem Zwerchfell vereinigt.
b) Das Ajna-Zentrum, das die Zentren sowohl unter wie über dem Zwerchfell verschmilzt.
c) Die Basis der Wirbelsäule, die alle sechs Zentren zusammenfaßt.
d) Der tausendblättrige Lotos des Kopfes, in dem sich alle sieben Energien vereinigen.

Denkt bei allem oben Gesagten daran, daß wir uns überhaupt nur mit Kräften und Energien beschäftigen, die durch den Ätherkörper wirken, und daß wir es mit der drittrangigen Ur-
189] sachenwelt zu tun haben, die für die organische Welt der grob-physischen Manifestation verantwortlich ist. Diese physische Schöpfung ist selbst dem Einfluß der zweitrangigen Welt bewußten Lebens unterworfen, die ihrerseits wieder in Zeit und Raum fähig ist, auf die dynamische Welt der Absicht und des inneren Seins zu reagieren.

Der Schlüssel zum vollen Leben der Seele liegt in meinen Worten verborgen, jedoch bedarf es eines hingebungsvollen Lebens und erleuchteten Denkens, um aus dem mitgeteilten Wissen Nutzen zu ziehen und hinter den Wortformen den Leitgedanken zu erkennen, der ihnen Leben und – in okkultem Sinne – fruchtbare Wärme verleiht.

Man muß sich also über folgende Begriffe klar sein: Stimulierung oder mangelnde Anregung, Wechselwirken oder Tendenz zur Absonderung, Ruhezustand oder Tätigkeit; denn in diesen Dualitäten liegen die Ursachen für Gesundheit oder Krankheit.

Der Ätherkörper, das Nerven- und endokrine Drüsensystem.

Was ich hier zu sagen habe, beruht auf gewissen Bemerkungen an früheren Stellen, wo ich darauf hinwies, daß

1. der Ätherleib selbst
2. das Nervensystem
3. das endokrine System

„eng miteinander verbunden sind und ein ineinandergreifendes Leitsystem für Energien und Kräfte bilden, die ihrem Wesen nach voller Leben, dynamisch und schöpferisch sind ... Von ihnen hängt die gesamte innere Gesundheit des Körpers ab". Zu diesen drei Systemen fügte ich dann den Blutstrom hinzu, als den Übermittler

1. des Lebensprinzips, und
2. der vereinten Energien der drei obigen Systeme

an den gesamten Körper; ich wies auch darauf hin, daß die große Kräftekombination, die wir die Gegensatzpaare oder die Haupt-
190] dualitäten nennen, die tiefer liegenden Ursachen für Gesundheit und Krankheit bestimmt. Mit diesen Aussagen versuche ich, unser gesamtes Thema bis zum äußersten zu vereinfachen. Damit geht natürlich einiges von der Wahrheit verloren, aber es ist sehr wichtig, daß gewisse Verallgemeinerungen vom Schüler erfaßt werden, ehe er beginnt, die Ausnahmen zu studieren und sich bis ins Einzelne mit den körperlichen Mängeln oder ihrem Gegenteil zu beschäftigen.

Es ist für die Studierenden des Okkultismus eine Binsenwahrheit geworden, daß der Ätherkörper die Lebensäußerung des inkarnierten Einzelwesens bestimmt, beherrscht und lenkt. Es ist weiter eine Binsenwahrheit, daß dieser Ätherkörper mit Hilfe der Zentren die Kräfte der Persönlichkeit übermittelt und dadurch den physischen Leib zur Tätigkeit anspornt. Diese Kräfte, die ihren Weg durch die Zentren nehmen, sind entweder die der integrierten Gesamtpersönlichkeit, oder sie sind nur die Kräfte des astralen oder emotionellen Körpers oder des Denkkörpers; sie übermitteln außerdem die Kraft des Persönlichkeitsstrahles oder auch die Energie des Seelenstrahles, je nach der vom Menschen erreichten Entwicklungsstufe. Der physische Körper ist also kein Prinzip. Nicht er diktiert, sondern ihm wird diktiert – das wird oft vergessen. Er ist entweder ein Opfer des Persönlichkeitslebens oder die triumphale Ausdrucksform der Seelenenergie. Aus diesem Grunde wird die Psychologie in den nächsten zwei Jahrhunderten die Oberhand über die moderne Medizin gewinnen, mit Ausnahme jener Krankheiten, mit denen wir uns im nächsten Abschnitt beschäftigen werden – jenen nämlich, die aus dem Gruppenleben stammen, wie Tuberkulose, Geschlechtskrankheiten und Krebs. Solange nicht die Menschheit deutlicher und entschiedener gruppenbewußt ist (was noch in weiter Ferne liegt), ist es nicht möglich, allgemein gültige Aussagen psychologischer Art über die unserem Planeten eingeborenen Krankheiten zu machen. Wir können jedoch die Behandlung ähnlicher Schwierigkeiten erörtern, die beim Einzelmenschen auftreten. Sie beruhen auf dem Widerstreit der Gegensatzpaare und auf mangelnder Harmonie zwischen den drei wichtigsten ineinandergreifenden Leitsystemen.

191] Ihr müßt also an drei Systeme und an eine tragende oder vermittelnde Kraft denken, sowie die okkulte Grundtatsache beachten, daß gewisse große, einander bekämpfende und im Körper wirkende Energien jene Erscheinung hervorbringen, die wir Krankheit nennen. Den oben genannten Faktoren möchte ich noch eine weitere notwendige Wechselbeziehung hinzufügen. Ich möchte euch daran erinnern, daß wir uns mit Lebensformen beschäftigen, und daß alle diese Formen in sich selbst schöpferisch sind und potentiell weitere Formen erzeugen oder Umwelten schaffen können, in denen diese Formen leben können. Beachtet bitte die Art und Weise, wie ich eine Grundwahrheit zum Ausdruck bringe. Die Grundlage aller okkulten Lehre hinsichtlich der offenbarten Schöpfung ist die Tatsache, daß es die Bildekräfte gibt, und daß diese Aussage gilt, ob es sich nun um das Leben eines Sonnensystems oder nur um das Bewußtsein jenes Körpers handelt, in dem das Menschenwesen lebt und webt – sei es in gesunder, vernünftiger, oder in ungesunder Weise; wir beschäftigen uns mit dem Weltkörper, in dem der Mensch lebt. Infolgedessen kommen wir zu einem weiteren großen Naturgesetz, das auf einfache Weise wie folgt ausgedrückt werden kann:

VI. Gesetz

Wenn die Bilde-Energien der Seele im Körper tätig sind, so besteht Gesundheit, ungetrübtes Wechselwirken und rechte Aktivität. Wenn jedoch die Lunarherren und jene Wesen, die unter der Herrschaft des Mondes und auf Geheiß des niederen persönlichen Selbstes wirken, als Bildekräfte auftreten, so führt dies zu Krankheit, Siechtum und Tod.

Das ist eine ganz einfache Regel, und doch gibt sie den Schlüssel für die Krankheitsursachen und für die Begründung einer tatsächlich bestehenden Unsterblichkeit. Man wird sie in wenigen Jahren ganz klar verstehen und erfassen, und dann wird sie jene idealistischen, tatsächlich jedoch ungesunden und unwahren Systeme verdrängen, die wir unter dem Namen Unity-Bewegung, Mentalwissenschaft und Christliche Wissenschaft kennen. Diese Systeme zeigen **192]** das Stadium der endgültigen Erlösung von den natürlichen und materiellen Begrenzungen, denen heute alle Formen unterworfen sind, als unmittelbar beweisbare Möglichkeiten auf; sie ignorieren dabei den Zeitfaktor und übersehen, daß auch der Evolutionsprozeß sowie die Entwicklungsstufe des betreffenden Menschen eine

Rolle spielen; ihre Einstellung beruht auf einem Wunschdenken und auf dem eingeborenen menschlichen Verlangen nach stärkender Tröstung und physischer Harmonie; sie beschönigen den inneren Egoismus ihrer Wahrheitsdarstellung mit dem Gedanken, daß alles nur zum ewigen Ruhme Gottes sei. Krankheit und physische Begrenzung werden ohne Frage verschwinden, aber erst dann, wenn die Seele des Menschen die Herrschaft übernommen hat und das niedere, persönliche Selbst genauso zum automatischen Werkzeug der Seele wird, wie der physische Körper gegenwärtig das automatische Werkzeug der Gefühlsnatur, des Denkens und gelegentlich – bei den meisten Menschen wirklich nur sehr gelegentlich – der Seele ist.

Erst wenn die Seele bewußt und in Zusammenarbeit mit der Persönlichkeit den Tempel des Körpers aufbaut und ihn dann voller Licht hält, wird Krankheit verschwinden. Dieser Aufbau ist jedoch ein wissenschaftlicher Prozeß und führt in den Anfangsstadien der Jüngerschaft (also in der Zeit, in der die Seele über ihr Instrument, die Persönlichkeit, die Macht zu gewinnen sucht) unvermeidlich zu Konflikten, zu verstärkter Belastung, häufig auch zu einer Verschlimmerung der Krankheit und zu Disharmonie. Diese Einbuße an Harmonie und Wohlsein bringt viele, aber notwendige Beschwerden und unerwünschte Wirkungen mit sich. Der Mensch wird diese Wirkungen überstehen, aber sie werden sich in der Zwischenzeit, während er die notwendigen Umstellungen vornehmen muß, bemerkbar machen und zum Ausdruck kommen; sie bringen dann viele physische und psychische Nöte und alle die größeren und kleineren Beschwerden mit sich, die das Erbteil der Menschheit zu sein scheinen.

Bei der unentwickelten Menschheit ist der Konflikt (vom Standpunkt des Bewußtseins aus) praktisch nicht vorhanden; es besteht zwar eine geringere Empfänglichkeit für die subtileren Krankheiten, die von den drei ineinandergreifenden Systemen ausgehen, aber andererseits eine viel größere Empfänglichkeit für die drei den Menschen angeborenen Krankheiten, für Infektionen und

193] Übertragungskrankheiten und für die großen Epidemien, die sich über ganze Völker und weite Gebiete der Erde erstrecken. In dem Maße, wie sich die Menschheit entwickelt, werden auch die Krankheiten persönlicher (wenn ich mich so ausdrücken darf); sie sind dann nicht mehr so ausgesprochen mit dem Herden- oder Massenzustand verbunden. Sie kommen aus dem zur Eigenpersönlichkeit gewordenen Menschen selbst, und obwohl sie Beziehung zu den Massenkrankheiten haben können, beruhen sie doch auf individuellen Ursachen.

Wenn ein Mensch aus der allgemeinen Masse heraustritt, sich auf den Probepfad begibt und so zum Anwärter auf die Jüngerschaft wird, dann bilden die Krankheiten des Fleisches und die Disharmonie seines ganzen dreifachen Systems samt dem übermittelnden Strom ein *Bewußtseinsproblem,* mit dem der Aspirant selbst fertig werden muß; so wird ihm die Notwendigkeit bewußten, schöpferischen Aufbauens klar.

An diesem Punkt wird die Lehre von der Wiederverkörperung oder Reinkarnation äußerst wichtig; der Jünger beginnt, jene Zustände zu schaffen, jene Formen und Bewußtseinsträger aufzubauen, die sich in einem anderen Leben der Herrschaft der Seele besser unterordnen und sich als geeignetere Werkzeuge erweisen werden, um den von der Seele gewollten Vervollkommnungsprozeß voranzubringen. Ich möchte darauf hinweisen, daß sich der Jünger niemals auf den physischen Körper konzentriert, oder an der Beseitigung von Krankheit oder Disharmonie zu arbeiten beginnt, indem er das Physische betont. Er beginnt mit der Psychologie, die von der Seele gelehrt wird, und bei den Ursachen, welche die Wirkungen auf der physischen Ebene hervorbringen. *Der Prozeß verläuft langsamer, ist aber dafür dauerhafter.* Viele Erfolge der gewaltsamen Autosuggestion, wie sie etwa von der Christlichen Wissenschaft, von der Unity-Bewegung und nach ähnlichen Methoden erzielt werden, sind nur vorübergehend und beruhen auf einer wissenschaftlichen Unterdrückung sowie auf der Weigerung, bestehende Tatsachen anzuerkennen. Sie beruhen *nicht* auf Wahrheit. Der unterdrückte

Zustand wird in einem späteren Leben mit noch größerer Gewalt wieder in Erscheinung treten, lange andauern, bis der Mensch ihn völlig ignoriert, den Seelenkontakt nachdrücklich pflegt und sein
194] Leben dem Dienst an anderen Menschen widmet.

Hinsichtlich der physischen Krankheiten und deren Beziehung zu den Zentren (wenn man diese als Brennpunkt einströmender Energien ansieht, die aus verschiedenen Quellen stammen) könnte es sich als nützlich erweisen, wenn hier gewisse allgemeingültige Aussagen gemacht würden; dabei muß man jedoch beachten, daß es überall auch Ausnahmen geben kann, vor allem wenn es sich um die Gesundheit oder Krankheit von Jüngern handelt.

1. Ein jedes der sieben Hauptzentren beherrscht oder bestimmt – sowohl vom materiellen Gesichtspunkt als auch von dem der Seele und des Lebensprinzips aus – jene Region des physischen Körpers, in dem es liegt, einschließlich der vielen kleineren Energiezentren und Kräftegeflechte in dieser Region.

2. Man kann in einem jeden Zentrum die drei großen, grundlegenden Aspekte der Göttlichkeit symbolisch ausgedrückt finden:
   a) Das Lebensprinzip, der erste Aspekt, offenbart sich, wenn das ganze Zentrum esoterisch entfaltet oder erweckt wird. Es ist die ganze Zeit verborgen ruhend vorhanden, wird jedoch erst dann zu einer dynamischen Kraft, die die Monade stimuliert, wenn der große Evolutionszyklus sich dem Ende zuneigt.
   b) Der Qualitäts- oder Seelenaspekt wird allmählich, im Verlauf der evolutionären Entfaltung, offenbar und bringt in Zeit und Raum jene ganz bestimmte Wirkung hervor, die das Zentrum auf seine Umwelt ausübt. Diese Qualität hängt von dem Strahl (entweder der Seele oder der Persönlichkeit) ab, der die Quelle der einströmenden Energie ist, oder von dem Strahl, der den Astralleib beherrscht – wenn es sich um einen wenig entwickelten Menschen handelt; außerdem

hängt sie von der erreichten Entwicklungsstufe und vom Strahlungseinfluß anderer Zentren ab.

c) Wenn im Ätherleib ein entwickeltes oder in der Entwicklung befindliches Zentrum erscheint, so zeigt dies den Standort des Menschen auf der Evolutionsleiter, seine rassischen Bindungen und sein ihm bewußtes Ziel an; dieses letztere
195] kann sehr verschieden sein, angefangen von der Betonung des Geschlechtslebens und der daraus folgenden Tätigkeit des Sakralzentrums, bis zum Ziel des Eingeweihten, welches das Kopfzentrum zur Funktion bringt. All dies übt auch eine Wirkung auf das umliegende Gewebe, auf die Sustanz und die organischen Formen aus, die im Einflußbereich des Zentrums liegen. Dieser Einflußbereich ist verschieden groß, je nachdem, wie stark das Zentrum tätig ist, und dies wiederum hängt von der Entwicklungsstufe ab, die der Mensch erreicht hat, sowie von der Energieart, auf die er hauptsächlich reagiert.

3. Die in ein Zentrum einströmende Energie wird dort in Kräfte umgewandelt; dabei wird die betreffende Hauptenergie in Unterenergien zerlegt, und dies geschieht automatisch. Die Geschwindigkeit des Umwandlungsprozesses, die Stärke der daraus sich ergebenden Kräfteansammlung und die anschließende Strahlungstätigkeit (die bestimmte Wirkungen auf den grob-physischen Körper ausübt) hängen davon ab, wie weit das betreffende Zentrum schon entfaltet und ob es schon erweckt oder noch nicht erweckt ist.

4. Die von einem Zentrum ausgehenden Kräfte wirken auf das ätherische Gegenstück des gesamten komplizierten Nervensystems ein. Diese Gegenstücke oder subjektiv-identischen Entsprechungen der Nerven werden in der Hindu-Philosophie die „Nadis" genannt; sie bilden ein kompliziertes und weit ausgedehntes Netz beweglicher Energien, ein nicht greifbares, inneres System, das mit dem der körperlichen Nerven parallel läuft; so ist dieses letztere in der Tat

nur eine äußere Verdichtung des inneren Energiegefüges. Es gibt bis jetzt noch kein Wort in der englischen oder irgend einer anderen europäischen Sprache, das die alte Bezeichnung „Nadi" ersetzen könnte, da man die Existenz dieses subjektiven Systems noch nicht erkannt hat, und weil bis jetzt im Westen nur die materialistische Vorstellung gilt, das Nervensystem sei infolge der körperlichen
196] Umwelt und daraufhin entstanden. Der Gedanke, daß diese Nerven die verdichtete physische Ausdrucksform eines inneren, sensitiven Reaktionssystems sein könnten, ist bisher von der modernen westlichen Wissenschaft noch nicht erkannt und anerkannt worden. Wenn man einmal diese feinstoffliche (aus Energiefäden zusammengesetzte) Substanz, die den greifbaren Nerven zugrundeliegt, anerkennt, so werden wir dem gesamten Problem von Gesundheit und Krankheit, und damit auch der Welt der Ursachen einen großen Schritt nähergekommen sein. Dieses Netz von Nadis bildet ein bestimmtes Lebensmodell, das *je nach dem Persönlichkeitsstrahl* variiert.

5. Die Nadis bestimmen also Art und Qualität des Nervensystems mit seinem ausgedehnten Nervennetz und seinen Geflechten, die sich über den ganzen physischen Leib erstrecken. Die Nadis – und damit auch das Nervennetz – sind vor allem mit zwei Aspekten der physischen Ausrüstung des Menschen verbunden: mit den sieben Hauptzentren im Ätherkörper (jenem substanziellen Körper, der die Grundlage des grob-physischen Körpers ist), und mit der Wirbelsäule samt dem Kopf. Man muß immer bedenken, daß der Ätherleib ein physischer Körper ist, auch wenn er aus einem feineren Material besteht als der Körper, den wir sehen und berühren können. Er besteht aus Substanz, (aus dem, was „darunter steht") (engl. Wortspiel „substand"), die jedem Teil und Teilchen des grob-physischen Körpers zugrundeliegt. Dieser Punkt wird später bei den Heilern und den erleuchteten Medizinern im Neuen Zeitalter Beachtung finden. Wenn man einmal diese Beziehung zwischen den Nadis und den Nerven und ihre gemeinsame Beziehung zu den

Zentren und der Wirbelsäule erkennt, dann werden wir eine große Wandlung in den medizinischen und psychiatrischen Methoden erleben. Es wird sich dann erfahrungsgemäß zeigen, daß man die Herrschaft über eine Krankheit umso rascher gewinnt, je enger man das Wechselspiel zwischen diesen beiden – den Nadis und Nerven – gestalten kann.

197] 6. Die Nadis im physischen Körper entsprechen dem Lebens- oder Geistaspekt, die Nerven dem Seelen- oder Qualitätsaspekt. Als deren gemeinsame, physisch sichtbare Ausdrucksform zeigt sich das endokrine System, das dem Form- oder Materie-Aspekt entspricht. Diese drei Systeme – die Nerven, die Nadis und die Drüsen – sind die materiellen Entsprechungen zu den drei göttlichen Aspekten; sie sind im esoterischen Sinne für diese drei Aspekte empfänglich und machen den Menschen auf der physischen Ebene zu dem, was er ist. Sie selbst werden (auf dem Wege über die sieben Zentren, wie wir schon früher gesehen haben) bestimmend beeinflußt entweder durch den Astral- oder Mentalkörper, oder durch die integrierte Persönlichkeit, oder durch die Seele, welche die Persönlichkeit als übermittelnde und umwandelnde Wirkkraft zu benutzen beginnt, oder – am Ende des Pfades der Jüngerschaft – durch die Monade, vermittels der Antahkarana; die Monade benützt dann diesen selbstgeschaffenen Pfad als direkten Verbindungskanal zu den sieben Zentren und von dort zu dem dreifachen System der Nadis, Nerven und Drüsen.

7. Diese drei Hauptsysteme im Menschen bringen durch den physischen Körper den Zustand oder den Entwicklungsgrad der Zentren zum Ausdruck. Das Leben, die Qualität und die Energie, die sie repräsentieren, werden über den Blutstrom jedem Teil des physischen Trägers zugeführt. Das wird von der modernen Wissenschaft bereits als Tatsache anerkannt, denn sie erklärt, daß der Blutstrom bestimmte, von den Drüsen abgesonderte Elemente enthält. Sie erkennt noch nicht den tatsächlichen Zusammenhang zwi-

schen Drüsen und den Zentren, wobei die Nadis und Nerven als Vermittlungssysteme dienen. Der nächste große Schritt vorwärts in der Medizin wird der sein, daß man die tatsächliche Existenz des Ätherleibes anerkennt, jener physischen Substanz, die der grobphysischen Materie zugrunde liegt.

8. Wenn sämtliche Zentren im Körper erweckt sind, dann ist das Nervensystem stark elektrisch und reagiert unmittelbar und
198] augenblicklich auf die Energie, die durch die Nadis übertragen wird; das hat ein wohlausgeglichenes endokrines System zur Folge. Die Lebenskraft, die durch den gesamten Körper strömt, hat dann eine solche Macht, daß der physische Körper ganz von selbst der Krankheit widersteht, sei sie nun angeboren, vererbt oder von einer Gruppe stammend. Mit diesen Worten bringe ich eine künftige Wahrscheinlichkeit, aber nicht eine unmittelbare Möglichkeit zum Ausdruck. Im Menschen werden eines Tages die drei Systeme vollständig koordiniert sein; sie werden sich psychisch nach dem inneren Zustand oder Muster der Nadis und Zentren richten, und werden bewußt mit der Seele, und später – über die Antahkarana – mit dem Lebensprinzip integriert sein.

9. Heute geht die Entwicklung ungleichmäßig vor sich; einige Zentren sind noch unerweckt, andere überreizt; die Zentren unter dem Zwerchfell sind überaktiv. So gibt es also weite Gebiete des Körpers, in denen sich die Nadis noch im Embryonalzustand befinden, und andere Regionen, in denen die Nadis mit Energie erfüllt sind, ihr Strom jedoch aufgehalten wird, weil irgendein Zentrum an ihrem Tätigkeitswege noch unerweckt ist, oder – wenn erweckt – noch keine Strahlungsfähigkeit besitzt. Diese Unausgeglichenheit hat starke Wirkungen auf das Nervensystem und auf die Drüsen; sie führt in einigen Fällen zur Überreizung, in anderen zu unternormalen Zuständen, zu einem Mangel an Lebenskraft, oder zu Überfunktion und anderen unerwünschten Reaktionen, die unvermeidlich Krankheit im Gefolge haben. Solche Krankheiten ent-

stehen entweder aus dem Körper selbst, als Folge innewohnender (oder sollte ich vielleicht sagen eingeborener) oder vererbter Neigungen oder Veranlagungen, die im Körpergewebe vorhanden sind; oder sie entstehen durch die Strahlung bzw. die fehlende Strahlung der Zentren, die durch die Nadis wirken; sie können auch durch äußere Einwirkungen oder Kontakte entstehen, wie z. B. Infektions- oder Übertragungskrankheiten und Epidemien. Diesen kann der Betreffende keinen Widerstand entgegensetzen, da seine Zentren mangelhaft entwickelt sind.

10. Um nun alles zusammenzufassen: Krankheit, physische Schäden jeder Art (natürlich außer jenen, die durch Unfälle verursacht wurden, oder die bis zu einem gewissen Grade planetarisch
199] bedingt sind, so daß es zu besonders bösartigen Epidemien kommt, wie sie oft im Gefolge eines Krieges auftreten) und die vielen, verschiedenartigen Aspekte schlechter Gesundheit können direkt von dem Zustand der Zentren abgeleitet werden, denn diese bestimmen die Aktivität oder die Inaktivität der Nadis; diese wiederum beeinflussen das Nervensystem, indem sie das endokrine System zu dem machen, was es bei dem betreffenden Menschen ist; und der Blutstrom ist insofern verantwortlich für diesen Zustand, als er jeden Teil des Körpers erreicht und durchzieht.

Wirkungen, die in bestimmten Bezirken hervorgerufen werden.

Wir wollen nun einige der Wirkungen erörtern, die sich aus den genannten Tatsachen ergeben, und die Folgen für die von den Zentren beherrschten Gebiete betrachten, in denen Krankheit auftritt.

Es wird euch klar sein, daß in dem Maße, als die Energie durch die Zentren und weiter über die Nadis und die Nerven strömt und dadurch das Drüsensystem und den Blutstrom stark beeinflußt, die entsprechenden Körperregionen wesentlich mitbetroffen werden und Reaktionen zeigen. Das gilt natürlich in gleichem Maße für den Kopf, die Kehle und den Rumpf. Die derart zugeführte Energie durchdringt jeden Teil des physischen Trägers, jedes Organ, alle Zellen und Atome. Je nach der Qualität der Energie, die auf den Körper einwirkt, wird eine Krankheit verursacht und stärker angeregt, oder beseitigt und gelindert. Ich meine hier nicht die drei eingeborenen Hauptkrankheiten (wenn ich sie so nennen darf) – Krebs, Syphilis und Tuberkulose. Diese werde ich später besprechen, denn sie sind auf unserem ganzen Planeten zu Hause, liegen in der Substanz, aus der alle Formen geschaffen sind, und sind die Ursache dafür, daß ein Schwarm von geringeren Krankheiten auftritt, die manchmal als Begleiterscheinungen erkannt werden, oft jedoch auch nicht.

Jene Leiden, die man ganz allgemein Geisteskrankheiten nennt, und die mit dem Gehirn zu tun haben, sind bis jetzt noch wenig verstanden. In der letzten, der atlantischen Wurzelrasse gab es nur sehr wenig mentale Störungen; der Verstand war nicht aktiv, und
200] von der Mentalebene wurden nur wenig Reize über das Kopfzentrum an die Zirbeldrüse und das Gehirn weitergegeben. Es gab auch wenig Augen- und keine Nasenleiden, da das Ajnazentrum noch nicht erweckt war und die Funktion des dritten Auges rasch abnahm. Das Ajnazentrum ist das Organ der integrierten Persönlichkeit, das Instrument der Lenkung; es ist eng verbunden mit der Hypophyse und den beiden Augen, wie auch überhaupt mit der ganzen Stirnregion des Kopfes. In den Tagen der Atlantis war die Integration der Persönlichkeit fast gänzlich unbekannt, außer den Jüngern und Eingeweihten: das Ziel des damaligen Initiaten – zugleich das Zeichen dessen, was er erreicht hatte – war eben diese dreifache Integration. Heute liegt das Ziel in einer noch höheren Verschmelzung – der Seele mit der Persönlichkeit. In Energiebegriffen gesprochen gehört dazu die Bildung, Tätigkeit und das wechselseitige Einwirken der folgenden Kräftedreiecke:

I. 1. Die Seele, der Geistesmensch auf seiner eigenen Ebene.
2. Die Persönlichkeit, der dreifache integrierte Mensch in den drei Welten.
3. Das Kopfzentrum.

II. 1. Das Kopfzentrum, der Ort der zweiten Verschmelzung.
2. Das Ajnazentrum, der Ort der ersten Verschmelzung.
3. Das Zentrum in der Medulla Oblongata, welches das Rückenmark beherrscht.

III. 1. Die Zirbeldrüse, die objektivierte sichtbare Form des Kopfzentrums.
2. Die Hypophyse, die mit dem Ajnazentrum verbunden ist.
3. Die Karotisdrüse, die äußerlich sichtbare Form des dritten Kopfzentrums.

Alle diese Dreiheiten, die im Bereich des Kopfes liegen, bilden das Instrument, durch das:

1. Die Seele über ihr Werkzeug, die Persönlichkeit herrscht.
2. Die Persönlichkeit die Funktionen des physischen Körpers lenkt.

201] Die Wirbelsäule (esoterisch gesehen die Kanäle Ida, Pingala und Sushumna), die beiden Augen und das gesamte Gehirngewebe sind für diese Kopfenergien empfänglich und werden durch sie angeregt, oder aber sie können sie nicht aufnehmen. Im letzteren Falle befindet sich das ganze Gebiet – geistig gesehen – im Ruhezustand; dann liegt der Energiebrennpunkt an anderer Stelle.

Diese Stimulierung, bzw. ihr Fehlen bringt, wenn kein Gleichgewicht herrscht oder ein falscher Weg eingeschlagen wird, eine bestimmte Art von Störungen hervor, die häufig ebenso psychologischer wie physiologischer Natur sind. In unserer arischen Rasse wird die Zahl der Gehirnkrankheiten (also die mentale Unausgeglichenheit) und der Augenleiden ständig und so lange zunehmen, bis das Wesen der Zentren, die Art der einströmenden Kraft und die Methode für ihre Regulierung erkannt und sorgfältig, auf wissenschaftliche Weise studiert werden. Dann wird sich eine Wissenschaft entwickeln, die sich mit der Regulierung der Energie, die den Menschen bestimmend beeinflußt, befassen wird. Bis dahin wird es überall noch große Schwierigkeiten geben. Geisteskrankheiten, Neurosen, Irresein und (vielleicht noch in größerem Maße) Unausgeglichenheit des Drüsensystems nehmen immer noch zu. Heute weiß man im Westen noch wenig über die Kontroll- oder Heilmethoden, und im Osten, wo man zwar einiges Wissen finden kann, wird nichts getan, weil die Menschen dort zu apathisch sind.

Die Wirbelsäule ist bestimmungsgemäß und vor allem der Kanal, durch den die Zentren belebt und die Energien an die umliegenden Körperregionen verteilt werden sollen; dies geschieht durch die intelligente, integrierte Persönlichkeit, die *bewußt* unter der Leitung der Seele wirkt und handelt. Ich meine hier nicht das Knochengerüst der Wirbelsäule, sondern den Strang (ihr esoterisches Gegenstück) und die Nerven, die vom Rückenmark ausgehen. Heute besteht diese sinnvoll geleitete, esoterische Beherrschung der Energie noch nicht, außer bei jenen Menschen, die ein Initiatenbewußtsein haben, sowie bei bestimmten vorgeschrittenen Jüngern. Wir finden Hemmungen, Blockierungen, unerweckte Bezirke, Mangel an Lebenskraft; der Strom kann nicht frei fließen, und folglich ist der
202] ganze Mensch mangelhaft entwickelt. Oder es ist die Stimulierung zu stark, die Schwingung zu schnell und die Zentren werden zu früh erweckt, was zu einer Überaktivität der von dem betreffenden Zentrum beherrschten Atome und Zellen führt. Alle diese Zustände greifen zusammen mit anderen, nicht erwähnten, das Nervensystem an, beeinflussen die Drüsen und erzeugen psychologische Beschwerden und Krankheiten in der einen oder anderen Form. Ich gebe hier eine einfache, jedoch einleuchtende symbolische Darstellung der Wirbelsäule und des Kopfes, wobei wir gleichzeitig die Zentren wie die Drüsen im Auge haben:

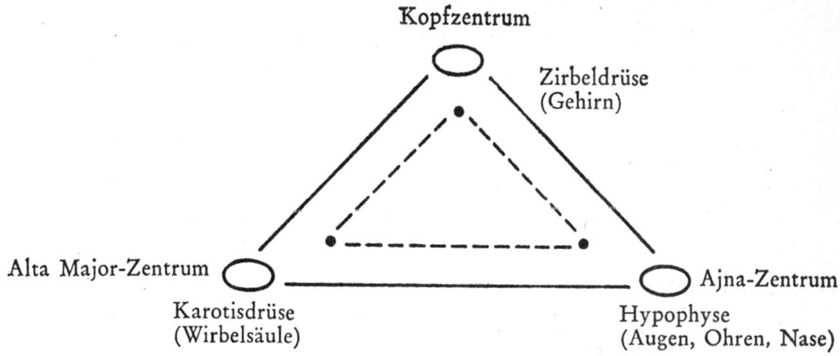

		ätherisches Gewebe
Kehlzentrum .... ◯	• Schilddrüse	Sprachwerkzeuge Bronchialsystem Lungen
		ätherisches Gewebe
Herzzentrum .... ◯	• Thymusdrüse	Herz
....		Zwerchfell
		ätherisches Gewebe
Solarplexus .... ◯	• Bauchspeicheldrüse	Leber Magen Gallenblase
		ätherisches Gewebe
Sakralzentrum........ ◯	• Keimdrüsen	Das gesamte männliche und weibliche Reproduktionssystem
		ätherisches Gewebe
Basiszentrum .... ◯	• Nebennieren	Die ganze Wirbelsäule: das polare Gegenstück zum Kopfzentrum

203] Ihr habt schon gemerkt, daß die Milz in diesem Schema nicht aufgeführt ist. Ihre Funktion ist von besonderer Art, da sie ja das Zentrum der Lebenskraft ist, das zu der planetarischen Lebenskraft und zu der von der Sonne ausgehenden Strahlung in Beziehung steht. Sie wird in keinerlei Hinsicht von der Wirbelsäule aus beherrscht. Man muß berücksichtigen, daß das Schema lediglich ein

Versuch ist, die Beziehung zwischen den Zentren, den von diesen beeinflußten Drüsen, und den von beiden beeinflußten Organen bildlich darzustellen. Es soll nicht ein wahres Abbild irgendwelcher physiologischer, organischer Beziehungen sein.

Das Zentrum an der Basis der Wirbelsäule hat eine ganz einzigartige Funktion. Es ist die Lebensquelle für die Substanz des Körpers, für das physische Gewebe und für die gesamte Materie, die in den oben erwähnten Organen nicht enthalten ist. Beim vollendeten Menschen repräsentieren das oberste Kopfzentrum und das Basiszentrum die große Dualität von Geist und Materie; sie steuern und bestimmen in vollkommener Übereinstimmung die ganze Tendenz und Wirksamkeit des Seelenkörpers. Schließlich wird sich der Geistaspekt des Menschen durch die Verbundenheit von Monade und Persönlichkeit vollkommen zum Ausdruck bringen, was durch eine dritte große Verschmelzung zustande kommt. Der materielle Mensch ist dann fähig, auf diese beiden, über das Kopfzentrum (die Monade) und über das Basiszentrum (die geistdurchdrungene Persönlichkeit) zu reagieren. Diese beiden Zentren sind dann in vollkommener Harmonie miteinander und bringen das wahre Wesen des Geistesmenschen voll zum Ausdruck.

Es ist äußerst wichtig, daß die geistigen Heiler sich ein klares Bild von jenen Körperregionen machen, die vom Kopfzentrum und den anderen Zentren beherrscht werden, denn innerhalb dieser Regionen liegen die verschiedenen Organe, die auf Krankheitstendenzen reagieren. Die Gesundheit dieser Organe hängt weitgehend von den Zentren ab, da diese ja die Drüsen bestimmend beeinflussen, und da die Energie in alle Teile des Körpers strömt. Kann die Energie ungehindert und ausgewogen aus dem Zentrum in den Bezirk einströmen, den es beherrscht, dann wird dadurch der sogenannten Krankheit Widerstand geleistet; herrscht dagegen man-
204] gelnde Entwicklung und Unausgeglichenheit in den Zentren, so ist auch keine Widerstandskraft da. Der Heilungsprozeß im Neuen Zeitalter wird damit beginnen, daß man ganz systematisch auf die Zentren einzuwirken sucht. Die Heilkunst wird im allge-

meinen – wie man leicht sehen kann – mehr die Tendenz vorzubeugen als zu kurieren verfolgen. Das Hauptaugenmerk wird sich ganz auf die Energiezentren, auf die Energieströmungen und darauf richten, die Energie zu jenen Organen zu lenken, die im Einflußbereich des betreffenden Zentrums liegen. Aus einem Studium der Drüsen (das jetzt noch so sehr in den Kinderschuhen steckt, daß es kaum die Bezeichnung „embryonal“ verdient) wird man später über ihre Beziehung zu den Zentren viel lernen, und man wird viele Versuche anstellen. Vom Standpunkt des Esoterikers, der die Zentren als *Tatsache* anerkennt, sind die Drüsen vor allem anderen der bestimmende Hauptfaktor für den allgemeinen Gesundheitszustand des Menschen; sie zeigen nicht nur seine psychologische Entwicklung (viel besser als man sich heute vorstellt) an, sondern haben auch (wie es von der Schulmedizin vermutet wird) eine sehr starke Wirkung auf den ganzen Organismus; ihr Einfluß erreicht – über den Blutstrom – jeden Teil des Körpers bis in die Extremitäten hinein. Die Drüsen entstehen durch die Wirksamkeit der Zentren; sie sind zuerst, zuletzt und immer sichtbare *Wirkungen innerer, vorbestimmender Ursachen;* und eben durch die Zentren und zugehörigen Drüsen baut sich die Seele das Werkzeug auf der physischen Ebene, das wir den physischen Menschen nennen.

Daher müssen alle zusammengehörigen Faktoren, die wir bisher behandelt haben, von jedem praktisch tätigen Heiler sorgfältig studiert und begriffen werden, denn er muß schließlich durch seine eigenen Zentren wirken mit Bezug auf den Patienten, dessen Beschwerden er heilen möchte. Er muß folglich an dreierlei denken: An die Zentren, an die zugehörigen Drüsen und an die Organe, für welche diese beiden verantwortlich sind. In den sieben Regionen
205] des Körpers, die von den sieben Hauptzentren und ihren angeschlossenen Drüsen beherrscht werden, offenbart sich wiederum die Urdreiheit der sichtbaren Schöpfung:

1. Leben oder Geist .... Das Energiezentrum
2. Seele oder Qualität ... Die Drüse

3. Form oder Materie . . . Die Organe in dem Bereich, der von dem betreffenden Zentrum beherrscht wird.

Dies führt zu einem weiteren Gesetz, das der Heiler immer im Auge behalten muß.

VII. Gesetz

Wenn Leben oder Energie unbehindert und infolge rechter Lenkung zur zugehörigen äußeren Erscheinungsform (der angeschlossenen Drüse) strömt, dann spricht die Form darauf an, und die Beschwerde verschwindet.

Das ist ein Grundgesetz des Heilens; es betrifft die wahre Kunst, geistige Energie mit dem Formleben in Verbindung zu bringen, und davon hängen Gesundheit und Lebenskraft der Organe ab. Daraus ergibt sich die nächste Regel, die sich der Heiler zu eigen machen muß. Sie ist kurz gefaßt, und die darin enthaltenen Anweisungen müssen verstanden und einsichtsvoll angewendet werden.

V. Regel

Der Heiler konzentriere die benötigte Energie in dem benötigten Zentrum.
Dieses Zentrum soll demjenigen entsprechen, das bedürftig ist.
Die beiden sollen in Übereinstimmung kommen und miteinander die Kraft vermehren.
Auf diese Weise soll die wartende Form zu ausgeglichener Betätigung gebracht werden.
So sollen die beiden und die eine unter rechter Leitung heilen.

Es wird euch also klar sein, daß die derzeitigen Heiler (ich meine hier nicht den medizinischen Beruf, sondern die Vielzahl geistiger Schulen) noch nicht auf den Grundfaktor zurückgegangen sind, trotz all ihres Geredes über Liebe als die heilende Kraft. Gewiß be-

206] tonen und befolgen sie das Motiv, das den Heiler dazu treibt, seine Heilkunst anzuwenden. Sie befassen sich mit dem Mittel, durch das der Kontakt mit dem zu heilenden Patienten hergestellt werden kann. Dieser Kontakt muß immer mit LIEBE hergestellt werden – frisch, kraftvoll und selbstlos. Ist aber einmal die Verbindung hergestellt, dann muß der Heiler begreifen, daß er nunmehr wissenschaftlich vorgehen muß; er muß sein Wissen anwenden. Nach richtiger Diagnose, nach Anwendung richtiger, moderner, therapeutischer Methoden, die nach gesundem Menschenverstand das Beste sind, was die erprobte medizinische Wissenschaft geben kann, muß er dann anfangen, durch sein eigenes Zentrum in der Weise zu wirken, daß er es mit jenem Zentrum des Patienten in Verbindung bringt, das über die notleidende Region oder das erkrankte Organ herrscht.

Während er so wirkt, darf die Energie, die mit liebevoller Absicht und geschulter Kenntnis erschlossen und herangeführt wurde, (während des Heilungsprozesses) nicht die Drüsen des Heilers selbt stimulieren oder beeinflussen, oder in dem entsprechenden Gebiet seines eigenen Körpers irgendeine Tätigkeit hervorrufen. Der Heiler muß lernen, sich selbst gegen die Energie zu isolieren, die zugunsten des Patienten verwendet werden soll. Er vereinigt sie mit der Energie jenes Zentrums des Patienten, das die erkrankte Region beherrscht; die angeschlossene Drüse wird dann zweifach gestärkt (oder geschwächt, wie der Fall gerade liegen mag und es die Diagnose erfordert), und der Blutstrom läßt in das erkrankte Gewebe dasjenige einfließen, was notwendig ist, um die Krankheit zu heilen oder eine Verschlimmerung zu verhindern.

In dieser Unterweisung habe ich euch viel Stoff zum Nachdenken gegeben. Ich habe einen Aspekt wissenschaftlich-esoterischen Heilens herausgearbeitet, der den Studierenden bisher noch nicht nahegebracht worden ist. Ich möchte, daß ihr das allgemeine Bild versteht und die Grundzüge des Vorganges klar erfaßt; ich möchte, daß ihr die Beziehung zwischen Patient und Heiler studiert, der nicht bloß liebt und Liebe aussendet oder den Patienten im Lichte

der Liebe sieht, sondern darüber hinaus an die wissenschaftliche
207] Aufgabe geht, des Patienten eigene geistige Energie zu verstärken. So befähigt er ihn, sich selbst zu heilen – sei es nun bewußt oder unbewußt.

Wir haben also folgendes zu beachten: den Heiler, den Patienten, das Sammelbecken geistiger Energie, und außerdem den wissenschaftlichen Vorgang, durch den alle drei in eine enge, heilungbringende Verbindung gebracht werden. Das geschieht über das betreffende Zentrum des Patienten, des Heilers, und dadurch, daß durch einen Willensakt des Heilers oder der Heilergruppe die vereinigten Ströme der benötigten, spezifischen Energie zu der erkrankten Region hingeleitet werden. Das erfolgt meistens, wenn auch nicht immer, über die zugehörige Drüse.

Denkt über diese Dinge nach und erkennt, wenn möglich, wie einfach dieser Vorgang ist, der auf liebevoller Absicht beruht, der die Region, wo das Leiden sitzt, isoliert, der die Übereinstimmung mit dem geistigen Energiezentrum des Patienten schafft, und durch den dann die vereinten und verschmolzenen Energien angewandt und gelenkt werden.

Wirkungen zu starker oder zu schwacher Stimulierung der Zentren

Wir haben nun einige Zeit lang die Zentren und ihre Beziehung zum grob-physischen Körper studiert. Wir haben auch die Regionen oder Bereiche, die von den Zentren beherrscht werden, sowie die Vermittlertätigkeit der ausgangslosen Drüsen besprochen. Wir haben gesehen, daß vor allem zwei Faktoren die physischen Beschwerden oder Störungen, die im physischen Organismus auftreten, verursachen: zu schwache Stimulierung oder aber Überreizung der Zentren. Wie ihr euch erinnern werdet, gibt es außerdem drei Krankheiten, die der Substanz selbst innewohnen und daher als grundsätzliche Veranlagungen im menschlichen Körper anzusehen sind: Krebs, Syphilis und Tuberkulose. Mit diesen wollen wir uns hier nicht beschäftigen. Durch den (schlechten) Zustand der Zentren je-

doch entstehen im Grunde alle Beschwerden, denn dadurch wird Krankheitsgiften und Bakterien Einlaß gewährt, die sonst keine Störung verursachen würden; so entstehen jene Zustände, bei denen die in der Formnatur selbst liegenden Krankheiten genährt und uner-
208] wünschte Tendenzen verstärkt werden. Wir könnten folglich die Behauptung aufstellen (die von der ärztlichen Wissenschaft später voll und ganz anerkannt werden wird), daß nämlich Krankheiten, die „selbsterzeugt" sind (wenn ich einen so seltsamen und unzureichenden Ausdruck verwenden darf), und die auch nicht von einer Ansteckung, Übertragung oder einem Unfall herrühren, verursacht werden durch gänzlich fehlende oder behinderte, durch unzulängliche oder übersteigerte Funktion, oder auch durch Über- oder Unterentwicklung des endokrinen Systems. Dieses Drüsensystem mit innerer Sekretion beeinflußt durch die Hormone – über den Blutstrom – jeden Teil des physischen Organismus. Man kann also tatsächlich folgende Behauptung aufstellen: wenn die ausgangslosen Drüsen vollkommen ausgeglichen sind und in der richtigen Weise funktionieren, dann gibt es im Körper keine Krankheitsherde. Der Blutstrom wird sich dann ebenfalls in ausgezeichnetem Zustand befinden. Der Schlüssel zu vollkommener physischer Gesundheit – so wie sie bei einem Meister der Weisheit zum Ausdruck kommt – kann folglich direkt darin gesehen werden, daß Er seine Zentren vollkommen beherrscht, daß deren Energie-Empfang und -Verteilung ausgeglichen ist und sie ihre Wirkung auf das gesamte endokrine Drüsensystem ausüben. Dadurch erhält jede Körperregion die ihr zukommenden Kräfte in zweckentsprechendem Maße und bleibt so in vollkommen gesundem Zustand.

Zwischen den Zentren und den ihnen entsprechenden endokrinen Drüsen fungiert als Werkzeug für die Energieverteilung das Nervensystem. Hier bestehen jedoch meistens auch Schwierigkeiten. Die Energie strömt nicht in genügendem Maße; die Verteilung – über die Zentren – an den Körper ist ungleichmäßig. Einige Zentren werden zu stark versorgt, andere zu wenig; einige Zentren sind noch nicht erweckt und daher nicht aufnahmefähig, andere sind zu früh erweckt und geben zu viel Kraft an die von ihnen beherrschten Regionen ab. In der esoterischen Medizin und ihrer philosophischen Auslegung (die letzten Endes die wirksame praktische Auswertung **209]** der erkannten Tatsache ist) ist es gerade der cerebro-spinale Aspekt, der das gesamte Nervensystem betimmt und beherrscht, denn mittels dieses Aspektes und durch seine Tätigkeit wirken die Zentren und beeinflussen den Körperorganismus, indem sie ihm die nötigen Lebensenergien übermitteln. So wird schließlich das Nervensystem – über die sieben Zentren – für die sieben Hauptenergien oder die sieben Strahlkräfte empfänglich und fähig, auf diese zu reagieren.

Bei keinem Menschen, außer bei einem Meister, sind schon alle Zentren in der richtigen Weise erweckt und in ausgeglichener Funktion, auch sind sie noch nicht in der richtigen Weise durch intensive Strahlung miteinander verbunden; bei keinem Menschen ist das Nervensystem zu richtiger Reaktion auf die Zentren fähig. Dafür gibt es zwei Gründe, die beide mit dem Cerebrospinalsystem zusammenhängen:

1. Das Kopfzentrum ist noch nicht erweckt oder beginnt erst langsam sich zu entwickeln, wenn sich der Jünger der Schulung unterzieht.
2. Der Energiestrom durch den Kopf zu den Zentren längs der Wirbelsäule ist ungleichmäßig, und zwar deshalb, weil auch der Einstrom ungleichmäßig ist und weil das ätherische Gewebe zwichen den Zentren bis jetzt nur sehr wenig Energie durch alle diese Zentren strömen läßt.

Man muß berücksichtigen, daß sich das Leben der Zentren im Anfangsstadium auf das dem Organismus selbst innewohnende Leben gründet, wobei sich der Brennpunkt, von dem das Leben ausgeht, im Zentrum an der Basis der Wirbelsäule befindet. Das wird von Esoterikern oft vergessen. Dieses Basiszenrum ist dasjenige, durch welches das Leben der Materie selbst wirkt; dieses ist das Le-

ben oder die Energie des Heiligen Geistes, des dritten Aspekts. Durch sein Leben wird jedes Atom des Körpers genährt und erhalten. Diese Belebung der Substanz der physischen Form beginnt bereits im vorgeburtlichen Stadium; nach der Geburt wird die genannte Kraft unterstützt und verstärkt durch das planetarische Prana oder die Lebensenergie des Erdenplaneten selbst, die über die
210] Milz einströmt. Diese ist das notwendige Verbindungsorgan zwischen dem der Materie selbst innewohnenden Leben, wie es sich im Mikrokosmos offenbart, und dem Leben, das unserem Planeten eigen ist.

Mit fortschreitender Evolution kommt zu dieser eingeborenen Kraft allmählich noch eine „spezialisierte" Energie hinzu, die den Bewußtseinsaspekt der Göttlichkeit zum Ausdruck bringt und dem Esoteriker den Bewußtseinszustand des Menschen sowie den Strahltypus seiner Seele anzeigt. Dieser Zustrom kommt vom zweiten göttlichen Aspekt, der Seele oder dem innewohnenden Christus. Man könnte daher über die beiden Kopfzentren folgendes sagen:

1. Das Ajnazentrum (oder das Zentrum der Persönlichkeit), das sich zwischen den Augenbrauen befindet und die Hypophyse bestimmend beeinflußt, ist mit dem Gesamtleben des integralen dreifachen Organismus verbunden. Durch diesen Organismus muß sich das Bewußtsein notgedrungen zum Ausdruck bringen, und der physische, emotionelle und mentale Körper zeigen dessen Entwicklungsstufe an.
2. Das Kopfzentrum (in der Hinduphilosophie der „tausendblättrige Lotos" genannt) beherrscht und beeinflußt die Zirbeldrüse; es steht in Beziehung zum Leben der Seele und – nach der dritten Einweihung – zum Leben der Monade. Es übermittelt den Zentren die drei Haupt-Energien geistigen Seins, deren Widerspiegelung oder physische Entsprechung die drei Kräfte der Persönlichkeit sind.

Später wird Energie aus dem Geiste, dem ersten oder Vater-Aspekt frei werden und durch das Kopfzentrum zum Ajnazentrum herabströmen, wodurch die Energien der Persönlichkeit und der Seele vereinigt werden. Dann wird sie durch einen Willensakt in die Wirbelsäule hinuntergesandt, u. zw. über das Alta Major-Zentrum, das die Carotisdrüse beherrscht. Während des Herabströmens längs **211]** der Wirbelsäule belebt sie zwei Aspekte der Zentren; wenn sie das Basiszentrum erreicht, vereinigt sie sich mit der dort ruhenden Energie der Materie selbst; so kommt es also zur Vereinigung aller drei göttlichen Energien und zur Manifestation der drei göttlichen Aspekte im Menschen. Die vereinigten Energien stürmen dann im Zentralkanal der Wirbelsäule hinauf, und so wird der dritte und höchste empfängliche Aspekt der Zentren mit Energie erfüllt. Auf diese Weise werden sämtliche Zentren zu voller Wesensäußerung gebracht; alle Begrenzungen werden vernichtet; jeder Teil des Körpers wird belebt, und die Materie erreicht die Vollkommenheit; außerdem kommt das durchlichtete Bewußtsein und auch der Lebensaspekt in volle Tätigkeit.

Das Nervensystem wird dann vom Geistesmenschen völlig beherrscht; der Blutstrom wird gereinigt und zu einer brauchbaren Stromrinne, durch die ungehindert alle die Stoffe kreisen können, die von den kraftvollen Drüsen abgegeben werden. Dies ist die esoterische Bedeutung des Bibelwortes: „Das Blut ist das Leben", sowie der Worte: „Gerettet durch das Blut Christi". Nicht durch das Blut eines Christus, der vor zweitausend Jahren in Palästina am Kreuze starb, wird der Mensch gerettet, sondern durch die lebendige Kraft des Blutes jener Menschen, in denen Leben, Bewußtseins und die Eigenschaften Christi in hoher Vollendung zum Ausdruck kommen. Wenn einmal das Wesen des innewohnenden Christus vollständig, spontan und von selbst in der Persönlichkeit und durch diese zum Ausdruck kommt, dann verschmelzen die drei Feuer des Schöpfungsprozesses: das Feuer der Materie, das Feuer der Seele und das elektrische Feuer des Geistes; dann wird das physische, emotionelle und mentale Leben, sowie das geistige Leben eines inkarnierten Gottessohnes, eines Christus, in Vollkommenheit auf Erden offenbar werden.

Auf dieser Stufe geistigen Verstehens gehen so viele wertvolle Menschen in die Irre, besonders die in der Mental-Science, in der Unity-Bewegung und der Christlichen Wissenschaft. Anstatt daß sie sich darum bemühen, das reine Leben Christi im Alltag zu errei-
212] chen, ihren Mitmenschen selbstlos zu dienen, als Übermittler von Liebe zu fungieren und im Bewußtsein nur das große Ganze zu sehen, konzentrieren sie sich darauf, in Gedanken und Worten eine erst in der Zukunft liegende Vollkommenheit herbeizubeschwören, nur um Gesundheit und physisches Wohlbehagen zu erlangen. Sie betrachten dies als ihr gutes Recht, das man durch eine einfache Behauptung gewinnen könne, vergessen aber die harte Arbeit, die nötig ist, um innerlich jene Bedingungen herzustellen, die das göttliche Wesen Christi offenbaren. Sie sollten daran denken, daß Gesundheit sich als normale Folgeerscheinung und als Bestätigung einstellt, wenn das innere Bewußtsein schuldlos ist (die meisten Menschen sind ja heute schuldig wegen ihrer Geisteshaltung überheblicher Kritik), wenn ihr niederes Selbst in den drei Welten nicht mehr im Mittelpunkt steht und wenn sie „ihre Gedanken fest auf den Himmel richten"; „dadurch ermöglichen sie es dem himmlischen Menschensohn, der ein Sohn Gottes ist, das himmlische Leben auch dann zu führen, wenn er dem Himmelreich fern ist". So pflegte ein alter, schon längst vergessener christlicher Mystiker zu sagen. Der Meister M. hat seine Worte bewahrt, und so habe auch ich sie mir wieder ins Gedächtnis zurück gerufen.

Eine andere Geistesrichtung, deren Mitglieder sich unwahrhaftigerweise als Okkultisten bezeichnen, ist gleichfalls im Irrtum. Sie arbeiten, oder vielmehr sie behaupten, an den Zentren zu arbeiten, nur schützt die Natur sie zu ihrem Glück oft vor sich selbst. Sie versuchen, die Zentren bewußt zu beleben, das Schutzgewebe wegzubrennen und das Feuer der Materie emporzuleiten, *ehe* sich das Feuer des Geistes mit dem Feuer der Seele vereint hat. So werden sie Opfer einer vorzeitigen Stimulierung der Substanzfeuer, bevor noch die Kräfte ins Gleichgewicht kommen können. Krankheiten, Irresein sowie viele neurotische und bedenkliche pathologische Zustände sind die Folgen. Einige Drüsen werden überaktiv; andere werden übersehen, das gesamte Drüsensystem und die davon abhängigen Nervensysteme kommen völlig aus dem Gleichgewicht.

213] Jünger müssen lernen, ihre Aufmerksamkeit auf die Wirklichkeit und auf jene Faktoren zu richten, die geistig von größter Wichtigkeit sind. Wenn sie dies tun, kommen die Energien im Kopf und der Wirbelsäulenbereich mit den „daran aufgereihten Zentren" in der rechten Weise in Funktion, und es kann das Erwachen des Basiszentrums und die darauf folgende Verschmelzung mit den höheren Energien von selbst und vollkommen sicher vor sich gehen.

Der ordnungsgemäße Rhythmus des Drüsensystems und die ungestört sichere, beherrschte Anwendung des Nervensystems werden damit ermöglicht; die von einem Zentrum über die Nadis ausgesandte Energie wird ungefährdet vom Körper aufgenommen und darin zu einheitlichem Wirken gebracht; so wird der Jünger nicht nur die Erfahrung eines voll erwachten Bewußtseins und eines jederzeit intelligent aufnehmenden Gehirns machen, sondern es wird ihm auch ständig geistiges Leben zuströmen. Es stellt sich dann bei ihm jenes vollkommene Gleichgewicht und jene absolute Gesundheit ein, die einen Meister der Weisheit auszeichnen.

Das Wissen um die endokrinen oder ausgangslosen Drüsen steckt bis jetzt noch in den Kinderschuhen. Man weiß viel über die Drüsen, die mit dem Sakralzentrum zusammenhängen, sowie über die Schilddrüse, doch gibt die medizinische Wissenschaft bis jetzt natürlich nicht zu, daß deren Funktionen nur Folgen der Tätigkeit oder Untätigkeit der Zentren sind, oder daß zwischen dem Sakralzentrum und dem Kehlzentrum eine Linie des geringsten Widerstandes besteht. Man weiß etwas (wenn auch nicht viel) über die Hypophyse, doch wird ihre außerordentliche Bedeutung hinsichtlich ihrer Einwirkung auf die psychologische Reaktion des Menschen auch nicht annähernd begriffen. Man weiß tatsächlich nichts über die Zirbel- und die Thymusdrüse, und zwar deshalb, weil weder das Kopf- noch das Herzzentrum beim unentwickelten, ja nicht einmal beim durchschnittlichen Menschen erweckt sind. Daß es ein beträchtliches Wissen über das Sakralzentrum (als die Quelle physischer Zeugung) und über die bestimmenden Wirkungen der Schilddrüse gibt, kommt daher, daß diese Zentren im Durchschnittsmenschen **214]** bereits erweckt sind; und wenn sie genügend wirksam sind und wenn die notwendige Wechselbeziehung zwischen beiden hergestellt ist, so haben wir es mit einem stark sexuell bestimmten Menschen zu tun, der auch als schöpferischer Künstler auf irgendeinem Gebiet tätig ist. Das kann man sehr häufig erleben. Wenn das Ajnazentrum und dessen physische Form, die Hypophyse, ebenfalls aktiv sind, wenn die Beziehung zwichen den drei Zentren – Sakral-, Kehl- und Ajnazentrum – geschaffen ist und sich auswirkt, und wenn dazu eine deutliche, bewußte Verbindung zwischen dem Ajnazentrum und den anderen Zentren hergestellt ist (was vom Strahl, von bewußter Zielsetzung und Schulung abhängt), so tritt der praktische Mystiker, der Menschenfreund und der Okkultist in Neuerscheinung.

Die Schüler sollten daran denken, daß im Gesamtaufbau der Zentren die Energie die Tendenz hat, sowohl aufwärts wie abwärts zu strömen, soweit es sich um den Aspiranten und den Jünger handelt:

1. *Die Aufwärts-Strömung* . . . führt zur Transmutation (Umwandlung).

   Vom Sakralzentrum zum Kehlzentrum. Physische Zeugungskraft wird in künstlerische Schöpferfähigkeit umgewandelt.

   Vom Solarplexus-Zentrum zum Herzzentrum. Das individuelle, emotionelle Bewußtsein wird in Gruppenbewußtsein umgewandelt.

   Von der Basis der Wirbelsäule zum Kopfzentrum. Materielle Kraft wird in geistige Energie umgewandelt.

   Von irgendwelchen oder allen fünf Zentren entlang der Wirbelsäule zum Ajnazentrum. Ungeordnete Lebensweise wird in die Integration der Persönlichkeit verwandelt.

Von den sechs verbundenen Zentren zum obersten Kopfzentrum. Persönliche Aktivität wird in geisterfülltes Leben umgewandelt.

Das ist nur eine allgemeine Aussage, denn der Prozeß verläuft nicht in einer bestimmten Reihenfolge oder so glatt und ordnungsgemäß, wie man nach der obigen Aufstellung annehmen könnte. Er zieht sich in den Anfangsstadien über viele Leben unbewußter Um-
215] wandlung hin und ist das Ergebnis bitterer Erfahrung und bewußter Bemühung auf den späteren Stufen; er wird immer stärker und wirkungsvoller in dem Maße, als der Aspirant die verschiedenen Stadien auf dem Pfade durchläuft. Die fünf Strahlen, mit denen ein Jünger zu arbeiten hat (die beiden bestimmenden Hauptstrahlen und die drei Unterstrahlen), haben eine ganz bestimmte, starke Wirkung; die Notwendigkeit karmischen Ausgleichs sorgt für Gelegenheit oder Behinderung; die Schwierigkeiten und Komplikationen während des ganzen Vorganges (innerhalb des verhältnismäßig begrenzten Erfahrungsbereiches des Jüngers) sind so verwirrend, daß dieser lediglich versuchen kann, den allgemeinen Grundgedanken, wie er hier angegeben ist, zu erfassen, und den unmittelbar-tatsächlichen Einzelheiten nicht allzuviel Beachtung zu schenken.

2. *Die Abwärts-Tendenz* . . führt zur Transformation (Umgestaltung).

Ist einmal das Kopfzentrum im Erwachen begriffen und der Jünger bewußt mit der Aufgabe beschäftigt, die Energien zu den Zentren zu lenken und dadurch sein Persönlichkeitsleben zu beherrschen, dann unternimmt er es, die Zentren auf wissenschaftliche Weise in einem bestimmten, geordneten Rhythmus anzuregen, der wiederum durch die Strahlen, durch die Umstände und das Karma bestimmt wird; so werden alle Körperenergien zu richtiger, geistgemäßer Tätigkeit veranlaßt. Wir können uns mit dem Prozeß, um den es sich hier handelt, nur insoweit beschäftigen, als wir darauf hinweisen, daß man sich diese Tendenz nach unten etwa in drei Stufenfolgen vorstellen kann:

1. Das Stadium, in dem das schöpferische Leben – über das Kehlzentrum – kraftvoll angeregt wird; dies bringt:
   a) Kopfzentrum und Kehlzentrum,
   b) diese beiden und das Sakralzentrum,
   c) alle drei, bewußt und gleichzeitig in Beziehung zu einander.

   Sobald diese Beziehung in der richtigen Weise hergestellt ist, dann findet auch das Geschlechtsproblem des Einzelmenschen eine Lösung, und dies, ohne daß er seine Zuflucht zu Hemmung oder Unterdrückung nimmt, sondern durch
216] richtige Beherrschung; so wird der Jünger gleichzeitig schöpferisch im weltlichen Sinne und damit seinen Mitmenschen nützlich.

2. Das Stadium, in dem das bewußte Leben der Verbundenheit – über das Herzzentrum – aktiviert wird; dies bringt:
   a) Kopfzentrum und Herzzentrum,
   b) diese beiden und den Solarplexus,
   c) alle drei, gleichzeitig und bewußt in enge Zusammenarbeit.

   Dies verhilft dem Menschen dazu, in allen Lebenslagen rechte menschliche Beziehungen, rechte Gruppenbeziehungen und rechte geistige Beziehungen herzustellen. So wie das Stadium, in dem schöpferisches Leben geregelt wird, eine ganz besondere Wirkung auf den physischen Körper hat, genau so beeinflußt dieses Stadium sehr stark den Astralkörper; emotionelle Reaktionen werden in geistiges Streben und Dienst umgewandelt; egoistische, individuelle Liebe wird in Gruppenliebe verwandelt, und dann beherrscht Göttlichkeit das Leben.

3. Das Stadium, in dem der ganze Mensch – über das Basiszentrum – mit Energie erfüllt wird; dies bringt:
   a) Kopfzentrum und Basiszentrum,
   b) diese beiden und das Ajnazentrum,
   c) alle drei gleichzeitig und bewußt zu rhythmischer, harmonischer Wesenäußerung. Dies ist ein Endstadium von großer Bedeutung, das vollständig erst zur Zeit der dritten Einweihung, der Transfiguration (Verklärung) eintritt.

Daraus könnt ihr also ersehen, daß in den folgenden drei wichtigen Begriffen der Zweck wissenschaftlicher Entfaltung und richtiger Lenkung der Zentren zum Ausdruck kommt:

Transmutation (Umwandlung), *Transformation* (Umgestaltung), *Transfiguration* (Verklärung).

217] Dieser Prozeß zieht sich einsichtsvoll und gefahrlos über einen langen Zeitraum hin, und wenn er einmal beendet ist – hiermit kommen wir wieder auf unser Thema von Gesundheit und Krankheit – stellt sich vollkommene Gesundheit ein; in der Zwischenzeit der Umstellung und Wandlung ist häufig das Gegenteil der Fall. Die Gefahr, die in einer großen Anzahl physischer Übel liegt, läßt sich aus dem Zustand der Zentren ableiten, ferner aus ihrem vorhandenen oder mangelnden Wechselwirken, aus einem unentwickelten, unerweckten oder trägen Zustand, und aus einer Überreizung oder unausgeglichenen Aktivität. Wenn ein Zentrum vorzeitig erweckt wird, so geschieht dies häufig auf Kosten anderer. Die urwüchsige Gesundheit des Wilden oder des ungeschulten, unintelligenten Arbeiters oder Bauern (ein Daseinszustand, der jetzt schnell und in dem Maße verschwindet, wie das Denken sich entwickelt und der Evolutionsprozeß wirksam wird) ist weitgehend darauf zurückzuführen, daß praktisch alle Zentren mit Ausnahme des Sakralzentrums inaktiv sind. Die Tatsache, daß diese Menschen leicht den

Infektionskrankheiten zum Opfer fallen, kann ebenfalls auf diesen Ruhezustand zurückgeführt werden. In dem Maße, als sich die emotionelle Natur entwickelt und das Denken in Funktion tritt, werden die Zentren lebhafter. Es folgen dann ganz bestimmte Widerwärtigkeiten, und zwar vor allem deswegen, weil nun psychologische Bedingungen mit eine Rolle spielen. Der Mensch ist nicht mehr bloß ein Tier. Das zermürbende Hin und Her des emotionellen Lebens (des Hauptfaktors für schlechte Gesundheit) überschwemmt die niedere Natur mit schlecht gelenkter (oder sollte ich sagen „falsch geleiteter"?) Energie. Das Solarplexus-Zentrum wird dann über Gebühr aktiv, und dieser Vorgang zerfällt in vier Stadien:

1. Das Stadium, wenn das Zentrum erwacht und der Astralkörper immer mächtiger wird.

2. Das Stadium seiner Machtfülle, währenddessen es viele Leben lang das bestimmende Zentrum im Äther- oder Lebenskörper ist und der Mensch folglich ganz und gar von seinem emotionell-astralen Leben beherrscht wird.

218] 3. Das Stadium, in dem der Solarplexus zur Sammel- und Verteilerstelle für alle (größeren und kleineren) Zentren unterhalb des Zwerchfells wird.

4. Das Stadium, in dem die Energien des Solarplexus in das Herz emporgehoben werden.

Alle diese Stadien bringen vorübergehend ihre eigenen physischen Beschwerden mit sich.

Es dürfte euch nicht entgangen sein, daß ich, abgesehen von ganz allgemeinen Aussagen, keine speziellen Krankheiten mit bestimmten Zentren in Zusammenhang bringe. Ich habe die von den Zentren beherrschten Bezirke angegeben, die in einem viel größeren Maße beeinflußt werden, als es für euch überhaupt feststellbar ist.

Ich habe gesagt, daß grundsätzlich die endokrinen Drüsen — die materiellen Erscheinungsformen der Zentren – die bestimmenden Faktoren für die Gesundheit des Körpers sind, und daß dort eine Störung eintritt, wo Unausgeglichenheit, Überentwicklung oder Unterentwicklung besteht. Ich habe angedeutet, daß sich die Heilkunde im Neuen Zeitalter immer stärker mit der Theorie der Energielenkung und deren Beziehung zu den endokrinen Drüsen beschäftigen wird, und daß sie, zumindest als Hypothese und für Experimente, einräumen wird, daß die Theorie von den Energiezentren richtig sein kann und daß diese die bestimmenden Hauptfaktoren sind, die durch die endokrinen Drüsen wirken. Und diese wiederum schützen den Körper, erzeugen die nötige Widerstandskraft und versorgen den Blutstrom ständig mit den zur Gesundheit notwendigen Dingen; wenn sie in der rechten Weise miteinander in Verbindung stehen, bewirken sie, daß der Geistesmensch im ganzen physischen Körper ein ausgeglichenes Wesen zeigt, sowohl in physiologischer wie psychologischer Hinsicht. Wenn dieser wünschenswerte Zustand nicht besteht, dann sind die endokrinen Drüsen infolge falscher Verbindung und unrichtiger, unausgeglichener Entwicklung der Aufgabe nicht gewachsen; sie können den Körper nicht vor Krankheit schützen und sind außerstande, in den Blutstrom dasjenige hineinzuschicken, was die physische Hülle braucht. Infolge ihrer Unzulänglichkeit ist der physische Körper nicht in der Lage, Infektionen zu widerstehen; er befindet sich dauernd in einem schlechten Gesundheitszustand und
219] kann nicht mit der Krankheit fertig werden, die von außen kommt oder latent im Körperorganismus steckt; diese Schwäche führt oft zu Krankheit mit tödlichem Ausgang.

Im nächsten Jahrhundert wird sich die Heilkunst von bestimmten wichtigen Voraussetzungen leiten lassen:

1. Das Ziel wird sein, vorbeugende Maßnahmen zu treffen in dem Bestreben, den Körper in richtig ausgeglichener Ordnung zu halten.

2. Eine vernünftige Gesundheitspflege und Maßnahmen für gesunde, hygienische Verhältnisse werden als wesentlich erachtet werden.

3. Man wird die Versorgung des physischen Körpers mit den richtigen chemischen Stoffen studieren – eine Wissenschaft der Chemie, die heute noch in den Kinderschuhen steckt, obwohl sie sich gut entwickelt.

4. Man wird ein Verstehen der Gesetze der Lebenskraft als äußerst wichtig ansehen; ein erfreuliches Anzeichen dafür ist die Tatsache, daß man heute schon auf Vitamine und den Einfluß der Sonne großen Wert legt.

5. Man wird vor allem anderen die Betätigung des Denkvermögens als einen Faktor von größter Bedeutung ansehen; man wird erkennen, daß das Denken der wichtigste Einflußfaktor für die Zentren ist, denn man wird die Menschen lehren, durch gedankliche Kraft an ihren Zentren zu arbeiten und dadurch eine richtige Reaktion im endokrinen Drüsensystem hervorzurufen. Dazu gehört notwendigerweise, daß man die Gedanken in der richtigen Art auf ein Zentrum richtet oder die Aufmerksamkeit von einem Zentrum abzieht, was folglich in beiden Fällen eine Wirkung auf das Drüsensystem hat. Dies alles beruht auf dem okkulten Gesetz „Dem Gedanken folgt Energie".

Auf Grund der Tatsache, daß bei Jüngern die Denkfähigkeit stärker entwickelt ist als beim Durchschnittsmenschen, und daß der Strahltypus bei ihnen leichter festzustellen ist (was natürlich eine genauere Bestimmung des Zustandes des Drüsensystems ermöglicht), werden sie auch die ersten sein, die mit der Medizin zuammenar-
220] beiten und die Beziehung der Zentren zu den Drüsen und folglich auch zum Körper als Gesamtheit beweisen werden. Durch Kon-

zentration und richtige Meditation im Kopfzentrum, die auf eines der Zentren gerichtet ist, werden die Jünger so eindeutige Veränderungen in den endokrinen Drüsen hervorrufen und vorführen, daß die medizinische Wissenschaft überzeugt werden wird von der Bedeutung und tatsächlichen Existenz der Zentren und ihrer Macht, sowie von der Möglichkeit, den physischen Organismus durch Gedankenkraft zu beherrschen. Dies alles liegt noch in der Zukunft. Ich zeige hier nur den Weg und eine künftige Methode auf, wie man Krankheit überwinden wird. Die verschiedenen Denk- und Glaubensrichtungen, wie die Unity-Bewegung und die Christliche Wissenschaft, sind wunderlich und unreal in ihren anmaßenden Behauptungen, und ausgesprochen unwissenschaftlich in ihrer Einstellung. Aber in dem großen Entwicklungsprozeß, zum Leben und zu rechten Beziehungen die richtige Einstellung zu gewinnen, hatten sie doch wenigstens *einen* Faden erfaßt. Sie hatten den Traum und die Vision; es fehlte ihnen Wahrnehmungsvermögen und gesunder Menschenverstand, und sie ignorierten den Evolutionsprozeß.

Der physiologischen Wissenschaft und psychologischen Fähigkeit, sowie der Zusammenarbeit geschulter Jünger mit geschulten Medizinern (besonders mit unvoreingenommenen Endokrinologen) wird es schließlich gelingen, viele menschliche Übel aufzuklären und die meisten Krankheiten zu heilen, von denen heute die Menschheit gequält wird.

Wir haben also mit gutem Erfolg unseren ersten Abschnitt über „Die psychologischen Krankheitsursachen" studiert. Wir haben den Gedanken von den inneren, feineren Ursachen der Krankheit hinab bis zu dem bestimmenden physischen Hauptfaktor, dem endokrinen Drüsensystem, verfolgt. Nun können wir kurz einige viel tiefer liegende okkulte Ursachen betrachten und uns mit jenen Problemen beschäftigen, die aus dem Gruppenleben und den karmischen Verbindlichkeiten der Menschheit erwachsen. Damit betreten wir das Reich okkulten Wissens und esoterischer Unterweisung, und diese wird für den orthodoxen Denker viel schwerer annehmbar sein.

Zweites Kapitel

Aus dem Gruppenleben herrührende Ursachen

221] Bei der Erörterung des Krankheitsphänomens und seiner eigentlichen Ursachen haben wir uns vornehmlich mit jenen Erscheinungen beschäftigt, die unsere arische Rasse und die moderne Menschheit betreffen; sie sind hauptsächlich astralen Ursprungs und können ihrem Wesen nach als atlantisch beschrieben werden. Wir sind auch kurz auf die verschiedenen Krankheiten eingegangen, die von der Mentalebene ausgehen; sie gehören streng genommen mehr der arischen Rasse an, und zu ihnen gehören auch die Übel, für welche die Jünger anfällig sind. Infektions- und jene Krankheiten, die letzten Endes aus der planetarisch-irdischen Substanz stammen, haben eine mächtige Wirkung auf jene noch unter uns lebenden Rassen, welche die ältesten unseres Planeten und mit den rasch aussterbenden lemurischen Typen verwandt sind; besonders Neger fallen ansteckenden Epidemien leicht zum Opfer.

Ich habe in dieser Abhandlung nicht versucht, erwähnte Krankheiten im pathologischen Sinne zu besprechen, und ich habe mich auch nicht um die Physiologie des Patienten gekümmert. Das schlägt nicht in mein Fach. Ich habe jedoch den Versuch unternommen, den Ursprung einiger Krankheiten aufzuzeigen, die Aufmerksamkeit auf die außerordentliche Bedeutung des Drüsensystems zum lenken, und – soweit es richtig und sinnvoll ist – einige östliche Theorien über die Zentren und das westliche Wissen miteinander zu verbinden. Später werde ich auf gewisse grundsätzliche Zustände hinweisen, die geändert werden müssen, wenn das wirklich wahre Heilen in der richtigen Weise erfolgen soll. Ich hoffe dann auch einige Methoden angeben zu können, mit deren Hilfe die Heiler eine Arbeit

222] leisten können, die mit den Tatsachen des betreffenden Falles übereinstimmt und den Verlauf der Wiederherstellung unterstützt.

Das Problem der Krankheit ist heute noch dadurch größer und schwieriger geworden, daß diese arische Rasse, die jetzt den Erdenplaneten beherrscht, die erste wirkliche, in der äußeren Welt sichtbare Erscheinungsform dafür ist, daß die Menschhheit grundsätzlich eine Einheit bildet; und diese Einheitsschau wird – in besserer Form – ein eindrucksvolles Kennzeichen der nächsten großen Stammrasse, der sechsten, sein. Gegenseitige Einheirat zwischen Völkern und Rassen, jahrhundertelange Blutvermischung — infolge Wanderungen, Reisen, Erziehung, und gleicher Gesinnung – all dies hat dazu geführt, daß es heutzutage keine wirklich reinen Rassentypen mehr gibt. Dies ist noch viel wahrscheinlicher der Fall, als selbst die gelehrtesten Leute meinen, wenn man die unendlich lange Menschheitsgeschichte in Betracht zieht. Der sexuelle Verkehr kennt keine unüberwindlichen Schranken, die heutigen Menschen tragen in sich alle Erbteile und das Blut aller Rassen, und das wird (als Folge des Weltkrieges 1914–1945) in zunehmendem Maße so sein. Diese Entwicklung ist unverkennbar ein Teil des göttlichen Planes, ganz gleich, wie unerwünscht es jenen erscheinen mag, deren Ideal die Reinheit der Verwandtschaftsbeziehungen ist, oder wie rücksichtslos die Verwirklichung dieses Wunschbildes angestrebt wird. Es geschieht da etwas, das beabsichtigt war und nicht umgangen werden kann. Der Drang zur Paarung wird besonders stark, wenn die Menschen aus ihrem familiären Rahmen herausgerissen werden, wenn sie das neue Gefühl vollständigen Alleinseins erleben, wenn die normalen Hemmungen und Sitten, die ihnen durch Familienbeziehungen und nationale Lebensregeln auferlegt sind, wegfallen, wenn sie sich ständig in Todesgefahr befinden und der größere Wert die geringeren Werte und die üblichen konventionellen Denkweisen auslöscht, und wenn der physische Organismus gedrillt und durch wissenschaftliche Behandlung und schwere Nahrung auf den Höhepunkt physischer Leistungsfähigkeit gebracht wurde. Ich spreche von physischer, nicht von mentaler Leistungsfähigkeit, die zwar mit der ersteren paralell laufen kann, aber nicht muß.

223] Die tierischen Instinkte sind also sehr stark; die Zentren unter dem Zwerchfell werden besonders kraftvoll; die emotionellen Begierden aktivieren das Solarplexuszentrum ganz erheblich, und das Zentrum an der Basis der Wirbelsäule verstärkt die Tätigkeit der Nebennieren in dem Maße, als der Wille des Menschen aufgerufen wird, eine Gefahr zu überwinden; der Wille zum Leben, im Verein mit dem Willen fortzudauern und in seinen Kindern weiterzuleben, wird sehr stark genährt. Dazu kommt noch, als eine wichtige Beigabe des Krieges, der Wille der Natur selbst, der (unter bestimmten göttlichen Gesetzen) darauf hinarbeitet, den Verlust des Lebens und die Kriegsopfer durch einen frischen Einstrom des Lebens in die Form wettzumachen; so bleibt die Menschheit erhalten, so werden die Körper für die nächste Flut von Egos beschafft, so wird die Erde bevölkert.

Damit möchte ich lediglich die Phänomene erklären, die man in Kriegszeiten immer bemerken kann, und die wir in großem Ausmaß im Weltkrieg beobachten konnten. Überall in der Welt stehen Heere, sie sind in allen Ländern; die Völkerwanderung ist eine universale Erscheinung, sowohl vom Gesichtspunkt militärischer Notwendigkeit als auch auf Grund der mißlichen Lage der Zivilbevölkerung, die sich im Kriegszustand befindet. Diese Bewegung von Millionen Menschen in aller Welt ist einer der wichtigsten Faktoren, der die neue Zivilisation bestimmend beeinflussen wird; seine Bedeutung beruht auf der Tatsache, daß die Männer und Frauen in 25 Jahren eine Mischrasse sein werden, deren Väter und Mütter aus allen nur vorstellbaren Völkern stammen. Es werden dann weiße Männer physische Beziehungen zu Frauen asiatischen oder afrikanischen Ursprungs gehabt haben, wodurch eine Blutsmischung entsteht, die – einmal erkannt und vom erzieherischen Standpunkt aus mit Verständnis richtig behandelt und entwickelt – keimhaft das Wesen der sechsten Wurzelrasse zum Ausdruck bringen wird; daraus wird in der Tat EINE MENSCHHEIT ohne rassische oder

nationale Schranken entstehen, ohne sogenanntes „reines“ Blut und exklusive Kasten, mit einem neuen, kraftvollen Lebensgefühl; denn es wird ja den schwächeren und erschöpften Arten lebenstüchtiges
224] Material zugeführt, da sich neuere Rassen mit den älteren, weiter entwickelten, vermischen. Ich trete nicht für die Art und Weise ein, in der dies geschieht. Es hätte ohne Krieg sein können, allein durch die Überzeugung, daß alle Menschen gleich sind und die gleichen menschlichen Rechte haben, und daß die Rassenmischung viele Probleme lösen würde. Der Krieg hat jedoch diesen Prozeß beschleunigt, denn die Soldaten aller Armeen in der Welt haben physische Beziehungen zu Frauen aller Rassen, aller Zivilisationen und Farben gehabt. Dies muß, ob man es nun – je nach dem ethischen Maßstab oder Standpunkt des Beobachters – für richtig oder falsch hält, eine ganz neue Situation herbeiführen, mit der die Welt in Zukunft fertig werden muß; es werden dabei zwangsläufig nationale Vorurteile und rassische Schranken zerbrochen, wobei die Beseitigung der ersteren in den Anfangsstadien eine größere Wirkung haben wird als die der letzteren. So wird aus den Veränderungen der nächsten hundert Jahre unvermeidlich eine einheitlichere Menschheit hervorgehen. Viele Einstellungen und gewohnheitsmäßige Reaktionen, die heute noch herrschen, werden verschwinden; und es werden in großem Umfange Typen, Qualitäten und Merkmale auftreten, für die wir bisher keinen Präzedenzfall haben.

Es ändert nichts am Lauf der Dinge, wenn dieses weltweite Geschehen den konservativen und sogenannten streng „moralischen“ Leuten nicht gefällt. Es ist schon geschehen und geschieht täglich, und es wird weitreichende materielle Veränderungen bewirken. Diese Mischbeziehungen zwischen den Rassen sind schon immer vorgekommen, wenn auch in kleinem, individuellem Rahmen; heute geschieht dies in großem Umfang. Man muß entsprechende Vorbereitungen treffen für das, was sich daraus ergibt. —

Es ist euch wohlbekannt, daß es bestimmte Krankheiten gibt, die zahlenmäßig in der heutigen Welt an der Spitze stehen:

1. Herzkrankheiten verschiedener Art, an denen besonders die vorgeschrittenen Menschen leiden.

2. Geisteskrankheiten.

225] 3. Krebs, der heute unter allen Arten von Menschen so stark verbreitet ist.

4. Die sozialen Krankheiten syphilitischer Art.

5. Tuberkulose.

In einer subtilen, okkulten Weise beruhen diese Krankheiten auf zwei sehr wesentlichen Ursachen: Die eine ist die enge Wechselbeziehung zwischen den Menschen, die unter den modernen Bedingungen und Verhältnissen leben, sowie die Ansammlung und Vermassung der Menschen in Städten und Kleinstädten; die andere ist das Alter des Erdbodens, auf dem der Mensch lebt (eine Tatsache, die wenig erkannt oder berücksichtigt wird); denn dieser Erdboden ist bis in seine Tiefen durchsetzt mit den Keimen und Überresten vergangener Zeiten. Die Immunität des Menschen gegen diese Stoffe ist erstaunlich, wenn ihr das nur ermessen könntet; er widersteht ständig und unaufhörlich allen möglichen Krankheiten und schüttelt sie ab: Krankheiten, die sich aus dem Kontakt mit anderen Menschen ergeben, solche, die jederzeit in der Atmosphäre vorhanden sind, jene, die latent in seinem eigenen Körperorganismus stekken, und jene, die er ererbt und für die er eine ständige Veranlagung hat. Der Kampf des Menschen um seine Gesundheit geht unaufhörlich weiter und umfaßt die ganze Skala von gewöhnlicher Mattigkeit und Erschöpfung (samt der allgemeinen Neigung zu Erkältungen) bis zu schwerster Krankheit, die zum Tode führt.

Dem geschulten okkulten Beobachter erscheint es so, als ob die Menschheit – als Ganzes – zum Teil in einem dichten Schatten wandle, der alles umfangen hält; ein Teil dieses Schattens hüllt

auch eine Region in jedem menschlichen Körper ein. Es wird eines der Ziele im Neuen Zeitalter sein, „diesen Schatten aufzuhellen, und die Menschen zu wahrer Gesundheit tauglich zu machen“. Derselbe Schatten dringt auch in das Mineralreich ein, wirkt auf das Pflanzen- und auch auf das Tierreich ein; er ist eine der Hauptursachen all dessen, was man unter dem Namen „Sünde“ zusammenfassen kann; das mag euch überraschen. Er ist auch der fruchtbare Nährboden für Verbrechen. Diese Tatsache muß anerkannt, entsprechend berücksichtigt und nüchtern, vernünftig, einsichtsvoll
226] und in geistigen Sinne behandelt werden; all die erwähnten Faktoren werden erforderlich sein, um die Menschheit aus dem Dunkel der Krankheit in fest gegründete, strahlende Gesundheit zu führen. Einige Meister beschäftigen sich mit diesem Problem in Hinsicht auf die anderen Naturreiche, denn für den Menschen wird es so lange kein wahres Entkommen geben, solange seine Umwelt noch unter dem Schatten der Krankheit steht.

Vieles von dem, was ich euch in diesem Zusammenhang noch sagen könnte, würde phantastisch erscheinen und spöttische Belustigung unter den hartgesottenen Wissenschaftlern hervorrufen. Die von der Menschheit über den Ursprung der Krankheit aufgestellten Theorien und die Erkenntnisse über Bakterien, Keime und ähnliche eindringende Organismen sind weitgehend richtig, jedoch nur insoweit, als man dabei berücksichtigt, daß sie in Wirklichkeit Wirkungen von Ursachen sind, an die der Forscher noch gar nicht herangekommen ist; sie liegen verborgen in der Geschichte unseres Planeten selbst, und außerdem in der frühen Menschheitsgeschichte, – von der wenig oder praktisch nichts bekannt ist. Darüber gibt es nur Annahmen und Vermutungen.

1. *Krankheiten, die die Menschheit aus der Vergangenheit übernommen hat.*

Die heutige Geschichtsforschung geht nur eine kleine Wegstrecke zurück. Auch wenn aufgeklärte Geschichtsschreiber und Wissenschaftler die Geschichte der Menschheit auf einige Millionen Jahre schätzen, so weiß man doch nichts über die Menschenrassen, die vor diesen Jahrmillionen gelebt haben; man weiß nichts über die Zivilisation, die vor zwölf Millionen Jahren in der atlantischen Frühzeit in Blüte stand; man weiß überhaupt nichts von der noch viel älteren lemurischen Zivilisation, die mehr als fünfzehn Millionen Jahre zurückliegt; und noch viel weniger weiß man von jener zwielichtigen Zeit vor zwanzig Millionen Jahren, als die Menschen noch kaum menschenähnlich und so nahe mit dem Tierreich verbunden waren, daß wir sie mit dem unbeholfenen Namen „Tiermenschen" bezeichnen.

In der ungeheuer langen Zeit zwischen damals und heute haben Myriaden von Menschen gelebt, geliebt und Erfahrungen gesammelt; ihre Körper sind in den Erdenstaub aufgesogen worden,
227] und ein jeder von ihnen hat etwas von dem beigetragen, was er durch seine Lebenserfahrung errungen hat — etwas anderes jedoch als das, was er zu dem Leben der Seele auf ihrer eigenen Ebene beiträgt. Dieses hinzugefügte Etwas hat in gewisser Weise die Atome und Zellen des physischen Körpers verändert, und dieses errungene Etwas ist zu seiner Zeit wieder in das Erdreich unseres Planeten abgeladen worden. Jede Seele, die sich vom Körper zurückgezogen hat, ist schon wiederholt auf die Erde gekommen, und es sind heute viele Millionen da, besonders diejenigen aus den späteren atlantischen Zeiten, die also die Blüte und das höchste Produkt jener stark emotionellen Rasse sind. Sie bringen die Veranlagungen und die eingeborenen Neigungen mit sich, mit denen ihre Vergangenheit sie ausgestattet hat.

Man sollte daher berücksichtigen, daß die physischen Leiber, in denen sich heute die Menschen aufhalten, aus sehr altem Stoff aufgebaut sind, und daß die dabei verwendete Substanz durch die Ereignisse der Vergangenheit verdorben oder imprägniert ist. Diesem Gedanken müssen zwei weitere hinzugefügt werden: *Erstens,* daß hereinkommende Seelen eine bestimmte Art von Material an sich ziehen, aus der sie ihre äußeren Hüllen aufbauen müssen; und diese

Materialart wird für einen Aspekt ihrer feineren Natur empfänglich sein. Wenn zum Beispiel physisches Verlangen sie bestimmt, so wird das Material ihres physischen Körpers hauptsächlich auf diesen speziellen Drang reagieren. *Zweitens* trägt ein jeder physische Körper, dessen Funktionen mißbraucht werden, die Keime unausbleiblicher Vergeltung in sich. Die ursprüngliche größte Sünde in den lemurischen Zeiten lag auf sexuellem Gebiet und war nicht nur die Folge angeborener Neigungen, sondern hauptsächlich eine Folgeerscheinung der außerordentlich dichten Bevölkerung jener Zivilisation und ihrer engen Beziehung zum Tierreich. Der Ursprung der syphilitischen Krankheiten läßt sich auf diese Zeiten zurückverfolgen.

Unwissende glauben an die schöne Idee, daß primitive Rassen frei von dieser Art Verunreinigungen seien, und daß die vielen Geschlechtskrankheiten und ihre Folgen vorwiegend Zivilisations-
228] krankheiten wären. Wenn man die Dinge vom okkulten Gesichtspunkt aus betrachtet, so stimmt das nicht. Wahres Wissen widerlegt diese Behauptung. In der Kindheitsepoche der Menschheit fand in großem Umfang falsche Paarung, unterschiedsloser Geschlechtsverkehr und eine Reihe von Perversionen statt; wir lesen darüber in der Sprache einiger der ältesten Bücher aus den Archiven der Meister folgendes: „Die Erde forderte ihren Zoll, und Erde kehrte, besudelt und unrein, zur Erde zurück; so drang schlechtes Leben in die ursprüngliche Reinheit der alten Mutter ein. Tief im Boden liegt das Übel; es tritt von Zeit zu Zeit in die Form ein, und nur Feuer und Leiden kann die Mutter vom Übel reinigen, das die Kinder ihr zugefügt haben".

Die lemurische Rasse zerstörte sich praktisch selbst, da sie das Sakralzentrum mißbrauchte, das damals das aktivste und alles beherrschende Zentrum war. In den Tagen von Atlantis war das Solarplexuszentrum das Hauptziel des „eintretenden Feuers". Wie schon an anderer Stelle erwähnt, bestand die Aufgabe der Hierarchie in den lemurischen Tagen darin, der jungen Menschheit das Wesen, den Sinn und die Bedeutung des physischen Leibes klar zu machen; in der nächsten Rasse wurde das emotionelle Leben genährt, und es war der Hauptgegenstand der Aufmerksamkeit; in unserer Rasse wird das Denken kräftig angeregt. In lemurischen Zeiten war derjenige ein Eingeweihter, der die Herrschaft über seinen Körper vollständig gewonnen hatte; die hervorragendste geistige Übung war damals der Hatha-Yoga. Dieser wurde zur gegebenen Zeit vom Laya-Yoga verdrängt, der alle Zentren im Ätherleib (mit Ausnahme des Kehlzentrums und der Kopfzentren) zu wirksamer Tätigkeit brachte. Diese Art von Tätigkeit ist heute nicht mehr möglich, denn man muß berücksichtigen, daß die Meister jener Tage noch nicht die Entwicklung oder das Verständnis der heutigen Meister hatten; die einzigen Ausnahmen waren Jene, die aus anderen Entwicklungsbereichen und Sphären gekommen waren, um dem Tiermenschen und der primitiven Menschheit zu helfen.

A. Venerische und syphilitische Krankheiten.

Neben und parallel mit der Großen Weißen Loge waren seit
229] jeher (und sind auch heute noch) die dunklen Kräfte aktiv. Diese mußten ihre Wirkungen durch das Sakralzentrum erreichen, und dadurch entstand eine höchst lasterhafte Situation, welche die Widerstandsfähigkeit des menschlichen Körpers schwächte, die Begierden der Sexualnatur durch eine – von der Schwarzen Loge künstlich herbeigeführte – Stimulierung des Sakralzentrums sehr verstärkte und viele gottlose Bündnisse und weitverbreitete schlimme Verbindungen mit sich brachte.

Damals wurde ein großes neues Naturgesetz vom planetarischen Logos aufgestellt, das mit folgenden Worten (sehr unvollkommen) ausgedrückt worden ist: „Die Seele, die sündigt, soll sterben"! Man könnte dieses Gesetz besser zum Ausdruck bringen, wenn man sagt: „Wer das mißbraucht, was er aufgebaut hat, wird erleben, daß es zu Fall gebracht werden wird durch Kräfte, die ihm selbst innewohnen".

Als im Laufe der Jahrhunderte die lemurische Rasse sich immer mehr den bösen Impulsen der Tiernatur hingab, trat allmählich die früheste Art venerischer Krankheiten in Erscheinung. Schließlich wurde die ganze Rasse verseucht und starb aus; so forderte die Natur ihren Tribut und trieb den unerbittlichen Preis ein. Man könnte hier fragen, wieso denn diese frühen Bewohner unseres Planeten dafür verantwortlich gemacht werden konnten, denn es gibt doch keine Sünde, wo kein Verantwortungsgefühl und kein Bewußtsein für falsches Handeln besteht. Die Hierarchie jener Tage hatte ihre eigenen Methoden, um diese kindhaften Menschen zu belehren, so wie das kleinste Kind heute dazu angehalten werden kann, sich bestimmter physischer Gewohnheiten zu enthalten. Die Menschheit wußte damals recht gut, was vom Übel war, denn die Beweise für dieses Übel waren physisch sichtbar und konnten leicht wahrgenommen werden. Die Strafe war offensichtlich und die Folgen traten unmittelbar ein; die Lehrer der Rasse achteten darauf, daß Ursache und Wirkung schnell bemerkt werden konnten.

In dieser Zeit kamen auch die ersten Tendenzen zur Eheschließung auf, im Unterschied zum wahllosen Geschlechtsverkehr. Das Augenmerk richtete sich auf die Gründung von Familieneinheiten,
230] und dies wurde ein Ziel für die am weitesten entwickelten Menschen. Das war eine der ersten Aufgaben, welche die Hierarchie in Angriff nahm, und es war der erste Schritt, um eine Art von Gruppentätigkeit hervorzurufen; damit wurde die erste Lektion zum Thema Verantwortlichkeit gegeben. Die Familieneinheit war zwar noch nicht so stabil, wie sie heute sein kann, aber sogar ihre verhältnismäßig kurze Dauer war ein ungeheurer Schritt vorwärts; die Abtrennung der Familieneinheit und die Zunahme des Veranttungsgefühls haben sich ständig weiterentwickelt, bis diese Tendenz ihren Höhepunkt in unserem gegenwärtigen Ehesystem und in unserer westlichen Forderung nach Monogamie fand. Dies hat dazu geführt, daß der Westen auf Familienabstammung und Stammbäume stolz ist, daß er an Geschlechterfolgen und Verwandtschaftsbeziehungen Interesse hat und daß der westliche Mensch mit Abscheu an die syphilitischen Krankheiten und deren Auswirkung auf Familien und Nachkommenschaft denkt.

Heute finden wir jedoch zwei sehr interessante Vorgänge. Die Familieneinheit bricht in der ganzen Welt auseinander, zum Teil infolge der Kriegsschicksale und — in geringerem Maße – auf Grund neuzeitlicher Ansichten über Ehe und Scheidung. Zweitens werden jetzt bestimmte, schnell wirksame Heilmittel gegen Geschlechtskrankheiten entdeckt, und diese können dazu beitragen, daß die Menschen leichtsinniger werden. Wenn aber diese Heilmittel vervollkommnet sind, so werden sie im Laufe der Zeit die Menschheit schützen und der Erde nach dem Tode Körper zurückgeben, die frei sind von der Seuche, welche seit undenklichen Zeiten die Erde verunreinigt hat. So wird der Erdboden allmählich gereinigt werden. Die immer häufigere Feuerbestattung wird ebenfalls den Reinigungsprozeß unterstützen. Zerstörung durch Feuer und die intensive Hitze, die bei kriegerischen Unternehmungen erzeugt wird, sind ebenfalls hilfreich; und so wird im Laufe der nächsten Million Jahre die (von Lemurien übernommene) Syphilis ausgerottet werden, – sowohl in der Menschheit als auch im Erdreich unseres Planeten.

Nach Ablauf vieler Zeitalter kam die Menschheit in das atlantische Entwicklungsstadium. Die bewußte Beherrschung des physischen Körpers sank unter die Schwelle des Bewußtseins; folglich wurde der Ätherkörper mächtiger (eine Tatsache, die oft nicht be-
231] achtet wird), und der physische Körper reagierte in steigendem Maße wie ein Automat auf die Einwirkung und die Leitungsimpulse einer sich ständig weiter entwickelten Begierdennatur. Begierde wurde nun etwas, das mehr war als bloß tierischen, physischen Trieben und primitiven Instinkten Folge zu leisten; sie richtete sich nun auf Gegenstände und Ziele außerhalb des Körpers, auf materiellen Besitz und auf das, was man sich aneignen konnte (wenn man es gesehen hatte und heftig danach verlangte). So wie die Hauptsünden der lemurischen Zeiten (wenn man sie überhaupt Sünden im wahren Sinne des Wortes nennen darf, da ja die Intelligenzstufe der Menschen damals noch so niedrig war) im Mißbrauch der Geschlechtsfunktionen lagen, so war die Hauptsünde

der atlantischen Menschen der Diebstahl; er war weit verbreitet und allgemein üblich. Die Keime der Aggressivität und der Sucht, sich persönlich zu bereichern, begannen sich zu zeigen und fanden (nach der Geheimlehre) ihren Höhepunkt in dem großen Krieg zwischen den Herren der Leuchtenden Erscheinung und den Herren des Dunklen Angesichts. Um sich dasjenige zu verschaffen, was sie begehrten und als nötig empfanden, begannen die am weitesten entwickelten Menschen dieser Rasse Magie zu üben. Es ist mir nicht möglich, euch das Wesen und die Praktiken atlantischer Magie zu beschreiben, mit deren Hilfe Elementarwesen und Lebensformen beherrscht wurden, die nun zurückgetrieben und der Menschheit nicht mehr zugänglich sind. Ich kann auch nicht darüber sprechen, welche speziellen Methoden angewandt wurden, um sich das Gewünschte zu verschaffen, welche Mantrams dabei gesprochen und welch' sorgfältig ausgedachten Rituale von denen befolgt wurden, die sich bereichern und das nehmen wollten, was sie sich wünschten, ohne Rücksicht auf andere. Dieses magische Wirken war eine irrige, verzerrte Nachahmung der Weißen Magie, die in jenen Tagen so offen angewandt wurde, bevor es zwischen den Lichtkräften und den Mächten des Bösen zum großen Krieg kam. Magie der rechten Art war den atlantischen Menschen sehr vertraut und wurde von jenen Mitgliedern der Hierarchie angewandt, Denen die Führung der Menschheit anvertraut war, und Die das überhandnehmende Übel von hoher Warte aus bekämpften. Dasselbe Übel tritt jetzt
232] wieder zum Kampfe an und wird von den Menschen guten Willens unter der Leitung der Großen Weißen Loge bekämpft. In der Atlantis gab es Prunksucht und Wohlleben in einem Ausmaße, von dem wir trotz unserer vielgerühmten Zivilisation nichts ahnen, und wie wir es nie erreicht haben. Einige schwache Spuren dieses Luxuslebens sind durch Legenden, durch Berichte aus dem alten Ägypten, durch archäologische Entdeckungen und die alten Märchen erhalten geblieben. In den dekadenten Tagen des römischen Reiches gab es einen Rückfall in die rein atlantische Verderbtheit und Bosheit. Das Leben wurde mit dem giftigen Keim krassester

Selbstsucht verpestet, und die Quellen des Lebens selbst wurden besudelt. Die Menschen lebten und atmeten nur, um in den Besitz äußersten Luxus, in den Vollgenuß von Dingen und materiellen Gütern zu kommen. Sie wurden durch Begierden erstickt und von dem Wunsche geplagt, niemals zu sterben, sondern immer weiter zu leben und immer mehr von all dem zu erwerben, was sie sich wünschten.

B. Tuberkulose.

In dieser Situation nun finden wir den Ursprung der Tuberkulose. Sie entstand in den Organen, mit deren Hilfe die Menschen atmen und leben, und wurde von der Großen Weißen Loge als Strafe auferlegt; die Meister verkündeten ein neues Gesetz für die atlantischen Menschen, als das lemurische Laster und die atlantische Gier ihren schlimmsten Höhepunkt erreicht hatten. Dieses Gesetz kann mit folgenden Worten übersetzt werden: „Wer nur um materieller Güter willen lebt, wer alle Tugend opfert, um das zu gewinnen, was nicht dauern kann, wird im Leben sterben; er wird spüren, daß ihm der Atem schwindet, und dennoch wird er sich weigern, an den Tod zu denken, bis die Aufforderung an ihn herantritt."

Es ist für uns heutigen Tages schwer, den atlantischen Bewußtseinszustand richtig einzuschätzen oder zu verstehen. Es gab überhaupt noch keine gedanklichen Vorgänge, außer bei den Führern der Rasse; es gab nur wucherndes, unbarmherziges, unersättliches Verlangen. Die Aktion der Großen Weißen Loge erzwang zweierlei und stellte die Menschen vor zwei bisher nicht erkannte Probleme.
233] Der erste Kernpunkt war der, daß psychologische Einstellungen und Bewußtseinszustände physiologische Folgen haben können und auch wirklich haben – seien diese nun gut oder schlecht. Zweitens erfaßten die Menschen zum ersten Male erkenntnismäßig das Phänomen des Todes, den sie selbst auf eine neue Art, und nicht nur mit physischen Mitteln herbeiführten. Dies mußte ihnen in einer

deutlichen, objektiven Art und Weise drastisch vor Augen geführt werden, denn die Massen reagierten ja noch nicht auf in Worte gefaßte Lehren, sondern nur auf sichtbare Ereignisse. Wenn sie also sahen, wie ein besonders habgieriger und räuberischer Mensch anfing, an einer schrecklichen Krankheit zu leiden, die aus ihm selbst zu kommen schien , und wie er – trotz des Leidens – an seiner Liebe zum Leben festhielt (wie die heutigen Tuberkulosekranken auch), da trat ihnen ein anderer Aspekt, eine andere Form des ursprünglichen Gesetzes (aus den lemurischen Zeiten) entgegen, das da lautete: „Die Seele, die sündigt, soll sterben!" Der Tod war bisher ohne Erörterung oder Frage als das Schicksal alles Lebendigen hingenommen worden, aber jetzt wurde zum ersten Male – wenn auch noch schwach und dunkel – eine gedankliche Beziehung zwischen dem Handeln des Einzelnen und dem Tode erkannt; das menschliche Bewußtsein tat einen großen Schritt vorwärts. Der Instinkt allein konnte mit dieser Lage nicht mehr fertig werden.

Der Tod, meine Brüder, ist ein großes, uns allen gemeinsames Erbteil; alle Formen sterben, denn dies entspricht dem Gesetz des Lebens, um es einmal paradox auszudrücken. Es war die Zeit gekommen, da die Menschheit belehrt werden konnte, daß der Tod entweder des Ende eines Zyklus ist, eine automatische Erfüllung des großen Gesetzes der Kreisläufe, das unaufhörlich Neues einsetzt und Altes beendet; oder er kann durch den Mißbrauch des physischen Körpers, durch falsch angewandte Energie und durch vorsätzliche Maßnahmen des Menschen selbst eintreten. Der Mensch, der wissentlich sündigt, dessen Einstellungen und daraus folgende Handlungen psychologisch falsch sind, begeht genau so wirklich Selbstmord wie der Mensch, der sich absichtlich eine Kugel in den Kopf schießt. Dies macht man sich selten klar, aber die Wahrheit des Gesagten wird immer deutlicher sichtbar werden.

234] Der biblische Mahnruf: „Die Sünden der Väter werden in den Kindern heimgesucht werden", ist eine wahrheitsgetreue Aussage über das menschheitliche Krankheitserbe aus Lemurien und Atlantis. Syphilis und Tuberkulose sind bisher in der ersten Hälfte der arischen Rasse, in der wir uns befinden, weit verbreitet gewesen, und heute greifen sie nicht nur die Zeugungsorgane oder die Lungen an (wie in den Anfangsstadien ihres Erscheinens), sondern haben nun den ganzen Blutstrom und damit den ganzen menschlichen Organismus einbezogen.

Es ist in den letzten fünfzig Jahren viel getan worden, um die große atlantische Krankheit Tuberkulose durch einfache Lebensweise, reine reichliche Nahrung und gute Luft unter Kontrolle zu bringen. Es wird auch viel unternommen, um endlich auch der syphilitischen Krankheiten Herr zu werden; beide werden schließlich ausgerottet werden, nicht allein durch vernünftige Behandlung und durch Entdeckungen der ärztlichen Wissenschaft, sondern weil die Menschheit — in dem Maße, als sie sich stärker mental polarisiert – an dieses Problem mit gesundem Menschenverstand herangehen wird; sie wird sich darüber klar werden, daß die physischen Sünden eine zu schwere Strafe nach sich ziehen, und daß der Besitz dessen, was man nicht verdient oder nötig hat, und was einem darum nicht zu Recht gehört, nicht der Mühe wert ist.

Das sind die grundlegenden Ideen, um deretwillen der Weltkrieg 1914–1945 ausgefochten wurde. Wir nennen die unrechtmäßige Inbesitznahme des Landes, der Territorien, des Eigentums anderer Völker Aggression; im Prinzip aber ist es dasselbe wie Diebstahl, Raub und Plünderung. Heute sind diese Übel nicht allein Sünden und Fehler des Einzelnen, sondern sie können das Kennzeichen ganzer Völker sein. Der Weltkrieg hat das ganze Problem an die Oberfläche des menschlichen Bewußtseins gebracht, und der uralte atlantische Kampf wird erbittert fortgeführt mit der Wahrscheinlichkeit, daß diesmal die Große Weiße Loge triumphiert. Das war in dem damaligen Kampf nicht der Fall. Damals wurde der Krieg
235] durch den planetarischen Logos Selbst beendet, und jene alte Kultur ging in den Tiefen unter und wurde vom Wasser verschlungen – dem Symbol der Reinheit, Hygiene und Universalität; es war also das passende Mittel, um dem ein Ende zu machen, was einer der Meister eine „tuberkulös orientierte Rasse" genannt hat. Tod

durch Ertrinken und Tod durch unbekannte physische Mittel, die ich nicht beschreiben darf, sind erprobt worden in dem Bemühen, die Menschheit zu retten. Heute wird der Tod durch Feuer als Methode verwendet, und sie verspricht erfolgreich zu werden. Im Gegensatz zu den großen Krisen Lemuriens und der Atlantis ist die Menschheit heute in ihrem Gedankenleben viel wacher; man erkennt die Ursachen der Beschwerden, sieht die Motive klarer, der Wille-zum-Guten und der Wunsch, althergebrachte üble Zustände zu ändern, ist stärker als je zuvor. Was sich heute im öffentlichen Bewußtsein zu zeigen beginnt, ist etwas sehr Gutes und Neues.

Die subjektiven Gründe, die angegeben wurden, um das Auftreten dieser beiden ältesten Menschheitskrankheiten zu erklären, mögen dem Nicht-Esoteriker wohl als möglich, aber nicht wahrscheinlich, als phantastisch und zu allgemein erscheinen. Das läßt sich nicht ändern. Diese beiden Krankheitsgruppen sind so außerordentlich alten Ursprunges, daß ich von ihnen gesagt habe: sie haften dem Leben unseres Planeten selbst an und sind das Erbteil der gesamten Menschheit, denn bei allen Menschen hat die Übertretung bestimmter Gesetze diese Krankheiten zur Folge. Wenn ich wollte, so könnte ich euch noch weiter zurückführen, bis in das Reich des Kosmisch-Bösen, das in unserem Sonnensystem herrscht und sogar den planetarischen Logos beeinflußt, Der noch immer zu den „unvollkommenen Göttern“ gehört. Die äußere Form unserer Erde, durch die Er sich zum Ausdruck bringt, ist bis zu einer bestimmten Tiefe imprägniert mit den Samen und Keimen dieser beiden Krankheiten; in dem Maße jedoch, wie die Immunität zunimmt, die Heilmethoden besser werden, die vorbeugende Gesundheitspflege Fortschritte macht und der Mensch immer mehr Gedanken- und Seelenherrschaft über die tierische Begierdennatur erlangt, werden diese
236] Formen menschlichen Leidens verschwinden; ja, sie beginnen bereits in den besser kontrollierten Gebieten zu verschwinden, ganz gleich, was die Statistiken sagen mögen. In dem Maße, als das Leben Gottes (das sich durch individuelle Göttlichkeit und universelle Göttlichkeit zum Ausdruck bringt) mächtiger durch die Naturreiche

pulsiert, werden diese beiden Strafen für Übeltun zwangsläufig immer weniger nötig sein und aus drei Gründen verschwinden:

1. Die Menschheit wendet sich immer mehr dem Lichte zu, und „Licht vertreibt alles Übel". Das Licht des Wissens und die Erkenntnis der Ursachen werden sorgfältig geplante Bedingungen schaffen, durch welche die syphilitischen Krankheiten und die Tuberkulose zu Erscheinungen der Vergangenheit werden.

2. Die Zentren unter dem Zwerchfell werden einem Prozeß unterworfen, der sie läutert und emporhebt; das Leben des Sakralzentrums wird beherrscht, und die normalerweise dort konzentrierte Energie wird – durch das Kehlzentrum – in schöpferischer Lebensweise verausgabt werden; die Energie des Solarplexus wird zum Herzen emporgehoben; damit wird die Neigung des Menschen zum Egoismus aussterben.

3. Vollständige Kuren, die von der Wissenschaft ins Werk gesetzt werden, bringen ein allmähliches Abklingen der Ansteckungsgefahr.

Ein weiterer Grund, der jene Praktiken, Lebensweisen und Gelüste zum Aufhören bringen wird, die für diese Krankheiten verantwortlich sind, ist bis jetzt noch kaum erkannt; Christus wies auf ihn hin, als Er von der Zeit sprach, in der kein Geheimnis mehr verborgen bleiben werde und alle Geheimnisse von den Dächern geschrien würden. Die Zunahme telepathischer Empfangsfähigkeit und psychischer Fähigkeiten wie Hellsehen, Hellhören usw. wird schließlich dazu führen, die Menschen ihrer privaten Sphäre zu berauben, in der man sündigen kann. Die Kräfte, mit deren Hilfe die Meister und die höheren Eingeweihten den psychischen Zustand und die physische Verfassung der Menschheit, ihre Qualität und ihr Bewußtsein feststellen können, beginnen sich schon bei den vorge-

237] schrittenen Menschen zu zeigen. Die Menschen werden sündigen, schlimme Taten begehen und ungeordnetes Verlangen befriedigen, aber all dies wird ihren Mitmenschen bekannt werden; und was sie tun, kann nicht mehr im Geheimen ausgeführt werden. Einige Menschen oder eine Gruppe werden von den Neigungen im Leben eines anderen wissen, ja sogar davon Kenntnis haben, wenn er ein Verlangen seiner niederen Natur befriedigt; und diese Möglichkeit allein wird schon als ein großes Abschreckungsmittel wirken, – ja als ein viel größeres, als ihr euch vorstellen könnt. Der Mensch ist dann in der Tat der Hüter seines Bruders, und diese Aufsicht wird die Form des Wissens sowie des „Boykotts und der Sanktionen" annehmen – wie man heute die Bestrafung von Völkern nennt. Ich möchte, daß ihr über diese beiden Methoden, wie falsches Tun betrachtet und behandelt wird, nachdenkt. Sie werden praktisch ganz von selbst angewandt werden als eine Sache des guten Geschmacks, rechten Fühlens und hilfreicher Absicht, von Einzelmenschen und Gruppen gegenüber anderen Einzelmenschen und Gruppen; auf diese Weise werden Verbrechen und die Neigung zu bösem Tun allmählich ausgerottet werden. Man wird erkennen, daß jedes Verbrechen auf irgendeiner Form von Krankheit beruht, oder auf mangelnder oder übersteigerter Drüsenfunktion, die wiederum von der Entwicklung oder Unterentwicklung eines Zentrums abhängt. Eine aufgeklärte öffentliche Meinung — die über die Konstitution des Menschen unterrichtet ist und von dem großen Gesetz von Ursache und Wirkung weiß – wird den Verbrecher mit medizinischen Mitteln behandeln, sich um rechte Umweltbedingungen kümmern und ihn mit Boykott und Sanktionen bestrafen. Ich habe nicht die Zeit, auf diese Dinge weiter einzugehen, aber diese Vorschläge werden euch genug Stoff zum Nachdenken geben.

C. Krebs.

Wir kommen nun zur Erörterung jener zusehends um sich greifenden und typisch atlantischen Krankheit, die wir Krebs nennen.

Wir haben von einer weitverbreiteten, grundlegenden Krankheit gesprochen, die mit dem physischen Körper zusammenhängt; wir haben uns oberflächlich mit einer weiteren beschäftigt, die aus der
238] Begierdennatur stammt. Krebs ist in unserem gegenwärtigen arischen Zyklus ausgesprochen eine Folge der Tätigkeit des niederen, konkreten Verstandesdenkens und der Stimulierung, die dieses Denken auf den Ätherleib ausüben kann. Es ist eine große Krankheit, die durch Überreizung entsteht, soweit es sich um die arischen Massen handelt; ebenso entstehen ja auch Herzkrankheiten durch starke Stimulierung, denn sie ergreifen vor allem die vorgeschrittenen Menschentypen, die – im Interesse von Geschäft und Menschenführung – oft ihr Leben opfern und die Strafe für den Mißbrauch und die zu starke Konzentration von Energie zahlen: es entwickeln sich bei ihnen verschiedene Formen akuter Herzbeschwerden.

Jünger und Eingeweihte neigen ebenfalls zu dieser Krankheit, weil das Herzzentrum zu heftiger Tätigkeit erweckt wird. In dem einen Falle wird die durch das Herz strömende Lebensenergie über das Maß des Erträglichen hinaus dazu verwendet, menschliche Interessen und Probleme zu behandeln; im anderen öffnet sich das Herzzentrum, die dem Herzen auferlegte Belastung ist zu groß, und ein Herzleiden ist die Folge. Eine dritte Ursache für Herzkrankheiten liegt in dem vorzeitigen oder absichtlich geplanten Emporheben der Energie aus dem Solarplexus in das Herz, wodurch dieses unerwartet stark belastet wird.

Ich spreche natürlich ganz allgemein; später einmal wird man Beweise dafür finden, daß gewisse Tätigkeitsarten entsprechende Beschwerden im Herzen hervorrufen. Herzkrankheiten werden immer mehr zunehmen, je weiter wir in die Zeit der neuen Stammrasse hineinkommen, und zwar besonders während jener Zwischenzeit, in der man das Vorhandensein der Zentren, deren Wesensart und Qualitäten anerkennen lernt und diese folglich zum Gegenstand geschulten Interesses werden. Dem Gedanken folgt Energie, und diese gedankliche Konzentration auf die Zentren wird unvermeidlich zu Überreizung aller Zentren führen, auch wenn man noch so vorsichtig ist und die Wissenschaft von den Zentren behutsam entwickelt. Es handelt sich da um etwas, das nicht vermieden werden kann infolge der nervösen, ungleichmäßigen Entwicklung des Menschen. **239]** Später wird man diese Stimulierung regulieren und beherrschen können; das Herz wird dann nur noch einer allgemeinen, für alle Zentren gleich starken Beanspruchung ausgesetzt sein.

Krebs ist eine Krankheit, die ganz eindeutig mit den Zentren zusammenhängt; man wird entdecken, daß das betreffende Zentrum in dem vom Krebs befallenen Bezirk überaktiv ist, so daß natürlich in verstärktem Maße Energie durch die damit verbundene Körpersubstanz strömt. Diese Energie und die Überreizung eines Zentrums mag nicht nur von der Tätigkeit des Zentrums und dessen Ausstrahlung herrühren, sondern kann auch die Folge einer Unterdrückung sein, die der Wirksamkeit eines bestimmten Zentrums vom Denken her auferlegt wird. So staut sich die Energie, und so ergibt sich wieder, daß zuviel konzentrierte Energie in einer bestimmten Region angesammelt wird. Eine der Hauptquellen für Krebs in Beziehung zum Sakralzentrum und daher zu den Geschlechtsorganen ist bei übel beratenen Aspiranten die gutgemeinte Unterdrückung des Geschlechtslebens und aller Gedanken gewesen, die mit diesem zusammenhängen; es sind jene Menschen, welche die mönchische Zölibatslehre des Mittelalters für die Linie des geringsten Widerstandes halten. In jener Zeit lehrten fromme Menschen, daß das Geschlechtsleben böse und unmoralisch sei, etwas, das nicht erwähnt werden dürfe, eine mächtige Quelle für Leid und Ungemach. Normale Reaktionen wurden heftig unterdrückt, anstatt beherrscht und in schöpferische Tätigkeit umgewandelt zu werden; es durften keine Gedanken über das Geschlechtsleben zum Ausdruck kommen. Dennoch folgt die Energie der Richtung der Gedanken. Die Folge war, daß diese besonders stark magnetische Energieart eine immer größere Anzahl von Zellen und Atomen an sich zog; darin liegt die Ursache für die Tumore, Gewächse und Krebsarten, die heute so stark überhandnehmen. Dasselbe gilt für die gewalt-

same Hemmung, die ein Aspirant allen emotionellen Reaktionen und Gefühlen auferlegt. In dem Bemühen, den Astralleib zu beherrschen, nehmen diese Leute ihre Zuflucht zu direkter Hemmung und Unterdrückung. Dadurch wird das Solarplexuszentrum zu einem großen Sammelbecken für Energie, die mit drastischen Mitteln zurückgehalten wird. Eine Umwandlung der Emotionen in gei-
240] stiges Streben, Liebe und gelenkte Beherrschung findet nicht statt, und so ruft die Existenz dieses vibrierenden Kräftereservoirs Krebs im Magen, in der Leber und manchmal im ganzen Unterleib hervor. Ich erwähne diese Ursachen (Überaktivität eines Zentrums und die Zurückhaltung von unausgelebter, gehemmter Energie) lediglich als ergiebige Quellen für Krebs.

Wie man sieht, kommen wir in jedem Falle auf die Tatsache zurück, daß es die Zentren und ihre physiologischen Wirkungen wirklich gibt. Es ist so viel Wert auf die Qualitäten und Merkmale gelegt worden, die der Mensch entwickeln wird, wenn einmal die Zentren alle in der richtigen Weise organisiert und geleitet sind, daß man die Wirkungen der Energie, die sie empfangen und an den physischen Organismus weitergeben, größtenteils übersehen hat. Daher verdienen zwei Faktoren hinsichtlich der Zentren und des Blutstroms Wiederholung und Beachtung.

1. Der Blutstrom ist das Werkzeug des Drüsensystems, so wie dieses selbst eine Folgeerscheinung der Zentren ist; der Blutstrom trägt jedem Teil des Körpers jene lebensnotwendigen Elemente zu, von denen wir so wenig wissen und die den Menschen psychologisch zu dem machen, was er ist; sie bestimmen und beherrschen also in physischer Hinsicht seine Ausrüstung.

2. Der Blutstrom ist auch das Leben und trägt durch den ganzen Organismus einen Aspekt der von den Zentren aufgespeicherten Energie, der nicht direkt mit dem endokrinen System zu-

sammenhängt; er dringt mit seiner Strahlung in das Blut ein und in alle Venen, Arterien und Kapillaren in dem Bereich, der von dem betreffenden Zentrum beherrscht wird. Diese lokalisierte und qualitäterfüllte, durchdringende Energie des Lebens selbst kann sowohl lebenspendend wie todbringend wirken.

Alle Krankheiten – außer jenen, die durch Unfälle, Infektionen als Folge von Verwundungen und Epidemien entstehen – können
241] letzten Endes auf irgendeinen bestimmten Zustand der Zentren zurückverfolgt werden, also darauf, daß eine Energie ungezügelt dahinstürmt, überaktiv, mißleitet oder unzureichend ist, beziehungsweise ganz fehlt, oder daß sie zurückgehalten, anstatt nutzbar gemacht und in ein höheres entsprechendes Energiezentrum verwandelt wird. Das Mysterium des Blutes harrt noch immer seiner Lösung und wird im Laufe der Zeit eine immer stärkere Beachtung finden. Die heute so häufigen Anämien sind auch auf ein Übermaß an Energie zurückzuführen.

Ich kann nur allgemeine Angaben machen oder Ursachen feststellen und muß es dann dem einsichtsvollen Forscher überlassen, die Wirkungen zu studieren, wenn er die von mir gegebenen Hinweise als mögliche Hypothesen angenommen hat. Ein gründliches Studium der ausgangslosen Drüsen (und später des gesamten Drüsenaufbaues des Körpers) und des Blutstromes wird klar und sicher ergeben, daß sie die wichtigste Quelle physischer Beschwerden sind. Die Forscher werden zwangsläufig, wenn auch langsam und mit Geduld, auf die Zentren zurückkommen, und sie werden in ihre Überlegungen ein subjektives Nervensystem einbeziehen müssen (das gesamte subjektive System der Nadis, die den Nerven im ganzen Körper zugrundeliegen); sie werden schließlich beweisen, daß diese Faktoren verantwortlich sind für die vielen Haupt- und subsidiären Krankheiten und jene unklaren Leiden, von denen die Menschheit heimgesucht wird. Der unvoreingenommene Forscher jedoch, der die tatsächliche Existenz der Zentren anerkennt und damit seine

Untersuchungen beginnt, der sie als möglicherweise vorhanden und als schließlich beweisbar ansieht, wird viel schneller vorankommen; man wird dann die Krankheiten durch ein System des Laya-Yoga (der Wissenschaft von den Zentren) unter Kontrolle bringen, das eine sublimierte, veredelte Form des Laya-Yoga aus atlantischen Zeiten ist. Dann wird der fortgeschrittene Schüler die Zentren durch die Macht des Gedankens beherrschen. Im Yoga der Zukunft werden die Zentren durch Meditation, Harmonisierung und richtige Übungen unter die direkte Herrschaft der Seele gebracht werden;
242] das ist etwas ganz anderes als die Beherrschung der Zentren durch den Verstand; aber dafür sind die Massen heute noch nicht reif. Dazu wird die Wissenschaft vom Atem kommen – nicht Atemübungen, wie man sie jetzt lehrt, mit ihren oft so gefährlichen Folgen, sondern es wird vom Denken her ein Atemrhythmus eingesetzt, durch den die Seele wirken kann; dieser Rhythmus braucht auch nichts anderes als den einfachen, rhythmischen, physischen Atem, aber er reorganisiert die feineren Körper und bringt die Zentren zu geordneter Tätigkeit, je nach dem Strahl und der Evolutionsstufe.

Ich beschäftige mich nicht mit der Pathologie dieser Krankheiten. Das ist von der gewöhnlichen Medizin schon ausreichend erörtert und behandelt worden. Ich versuche in diesem Teil unserer Überlegungen nur die subjektiven Ursachen und die objektiven Wirkungen hervorzuheben. Beide müssen miteinander in Verbindung gebracht werden. Die — übermäßige oder unzureichende – Aktivität der Zentren ist die subjektive Ursache, die jedoch unerkannt bleibt, ausgenommen vom Esoteriker. Die Ursachen (die offensichtlichen, scheinbaren Ursachen, die selbst wieder die Folgen einer wahren, subjektiven Ursache sind) sind vom physischen Menschen selbst ausgelöst, entweder in diesem oder in einem früheren Leben; das ist ein Punkt, den wir später erörtern werden.

Ich habe euch in den obigen Ausführungen viel Stoff zum Überlegen gegeben, und wenn ihr darüber nachdenkt, Fälle und Typen studiert und Merkmale und Qualitäten euch bekannter Menschen beobachtet, die sich schließlich in irgendeiner Form von Krankheit auswirken, dann wird euch die Erleuchtung kommen.

Nur die Notwendigkeit, die größeren Krankheitsursachen anzuzeigen und sie nicht zu übersehen, auch wenn das Thema für den Durchschnittsverstand zu esoterisch-tiefgründig ist, hat mich dazu veranlaßt, einen zweiten Punkt anzuschließen:

2. *Krankheiten, die aus verborgenen planetarischen Zuständen herrühren.*

Es ist mir völlig unmöglich, auf dieses Thema näher einzugehen, denn ich kann auch nicht den kleinsten Hinweis geben, der gegenwärtig eine Nachprüfung erlauben würde. Was ich sage, wird der Leser auf Treu und Glauben hinnehmen müssen; und er kann sich dabei auf die – wie ich glaube – von mir bewiesene Wahrhaftigkeit
243] und Redlichkeit verlassen. Ich werde und kann nur wenig sagen – gerade genug, um auf eine produktive Krankheitsursache hinzuweisen, die so alt ist, daß sie dem Leben unseres Planeten selbst innewohnt. Diese Krankheiten haben keinen subjektiven oder erkennbaren Ursprung; sie sind nicht die Folge emotioneller Zustände oder unerwünschter Gedankengänge. Sie sind nicht psychologischer Art und können nicht auf irgendeine Tätigkeit der Zentren zurückgeführt werden. Sie urständen im planetarisch-irdischen Leben selbst, in seinem Lebensaspekt und haben eine direkte Ausstrahlungswirkung auf die individuellen Atome, aus denen der grob-physische Körper des Menschen besteht. Es ist wichtig, dies zu beachten. Der Ausgangspunkt einer jeden Krankheit dieser Art liegt in unserem Planeten selbst. Diese Ursache beruht also in erster Linie auf einer äußeren Einwirkung bestimmter Emanationen, die von der Oberfläche der Erde herkommen, tief in ihrem Innern erzeugt werden und auf den grob-physischen Körper einstürmen. Diese Strahlungen wirken auf die Energieeinheiten ein, die in ihrer Gesamtheit die Atomsubstanzen des Körpers ausmachen; sie haben keinerlei Beziehung zum Blutstrom oder zum Nervensystem. Sie können daher nicht erkannt oder isoliert werden, da der Mensch

heute so hoch organisiert und zur Einheit geworden ist, daß diese äußeren Stoßwellen eine unmittelbare Reaktion im Nervensystem hervorrufen; der moderne Arzt ist gegenwärtig nicht in der Lage, zu unterscheiden zwischen den Krankheiten, die aus des Patienten eigenem inneren – körperlichen oder feinstofflichen – Mechanismus stammen, und jenen, die durch wesensfremde, aus der Außenwelt kommende Reize bedingt sind und unmittelbare Wirkungen auf den Empfindungsapparat des Menschen ausüben. Ich meine hier nicht Infektionskrankheiten oder Seuchen.

Vielleicht könnte ich dadurch eine Hilfestellung geben, daß ich den folgenden Punkt hervorhebe: diese verborgene (zur Zeit *für uns verborgene)* irdisch-planetarische Wirkung auf den physischen Körper ist die Hauptursache des Todes, soweit es sich um die rein tierische Formnatur handelt, oder um jene Lebensformen, die es im **244]** Tier- und Pflanzenreich, und – in einem geringeren Maße und auf tieferer Stufe — auch im Mineralreich gibt. Die Todesursache ist, soweit es sich um den Menschen handelt, in zunehmendem Maße darauf zurückzuführen, daß *die Seele selbst den Plan faßt* und sich plangemäß zurückzieht, unter dem Druck ihres eigenen, klar ausgesprochenen Willens. Das gilt bis zu einem gewissen Grade für alle Sterbenden, außer für jene, deren Intelligenz noch so niedrig ist, daß die Seele praktisch nicht mehr sein kann als eine überschattende Kraft. Bei allen Sterbenden, seien sie hoch entwickelt oder nicht, werden die späteren Stadien der Auflösung, die nach dem bewußten Rückzug der Seele eintreten (bewußt von Seiten der Seele, und immer mehr auch bewußt von seiten des Sterbenden) von dieser todbringenden Macht des irdisch-planetarischen Lebens selbst übernommen.

Bei den unter dem Menschen stehenden Naturreichen ist der Tod die direkte Folge dieser verborgenen Wirksamkeit unseres Planeten. Als einzigen Gedanken zu dieser Wirksamkeit kann ich euch sagen, daß die Seele aller nicht-menschlichen Lebensformen ein Aspekt ist, welcher der Substanz innewohnt, aus der unser Planet selbst aufgebaut ist. Diese Seele kann in zyklischer Folge zurückgezogen werden, und wenn auch diese Zyklen von der Wissenschaft noch nicht genau bestimmt sind, so ist doch ihr Wirken festgelegt und zuverlässig – es läuft unabhängig von großen planetarischen Unglücksfällen oder direkten Aktionen des vierten Naturreiches. Diese der Erde eingeborene Macht führt zum Tode eines Tieres und – im größeren Verlauf der Evolution – zum Erlöschen einer Gattung; sie führt außerdem zur gegebenen Zeit zum Tode der Formen im Pflanzenreich, und sie ist auch eine der Ursachen, die den Herbst des Jahres, das „welke, gelbe Blatt" hervorbringt; sie läßt das Grün des Grases verblassen und bringt jene zyklischen Erscheinungen hervor, die nicht nur den Tod in einer zeitweiligen, vorübergehenden Folge, sondern auch das vollständige Aufhören der Lebenskraft in einer Form verkünden. „Zeiten des Vergehens" sind zyklische Manifestationen des „Zerstörer-Aspektes", der in unserer Erde selbst liegt. Diese Dinge sind natürlich für euch sehr schwer zu begreifen.

245] Diese ausstrahlende Wirksamkeit des planetarischen Lebens, die zyklisch und immer vorhanden ist, hat eine enge Beziehung zu den Einflüssen des ersten Strahles. Gerade dieser Aspekt des ersten Strahles (Wille oder Macht) bewirkt die Auflösung der Formen, die Verwesung und den Zerfall der Körperhülle, bis deren Bestandteile wieder völlig von der Erden-Substanz absorbiert sind. Mit Hilfe einer starken Vorstellungskraft werdet ihr daraufkommen, wie lebenswichtig konstruktiv diese Wirkungsweise der Göttlichkeit sein kann. Der Tod ist immer, vom tiefsten Dunkel der Zeiten an, auf unserem Planeten dagewesen; Formen sind gekommen und gegangen; der Tod hat Pflanzen und Bäume, Tiere und Menschen ungezählte Äonen lang dahingerafft, und doch ist die Erde kein Beinhaus, wie es doch angesichts dieser Tatsache sein könnte, sondern ist immer noch voll Schönheit, die nicht einmal von Menschen verdorben werden kann. Sterben, Auflösung und Zerstreuung der Formen, – alles dies geht in jenem Augenblick vor sich, ohne Seuchen zu verursachen oder die Oberfläche der Erde zu verunstalten. Die Folgen der Auflösung haben wohltätige Wirkung. Denkt über diese wohltätige Wirkung und über die Schönheit des göttlichen Planes von Tod und Verschwinden nach.

Beim Menschen hat das Wirken des Todes zweierlei Aspekte; die menschliche Seele unterscheidet sich von der Seele in den nichtmenschlichen Formen insofern, als sie selbst ein volles und – auf ihrer eigenen Ebene – ein wirksames Ausdrucksmittel der drei göttlichen Aspekte ist; sie entscheidet selbst in gewissen Grenzen — die auf Zeitumständen und räumlichen Notwendigkeiten beruhen, – über ihren Eintritt in die menschliche Form und ihren Austritt aus dieser. Wenn sie einmal diesen Austritt vollzogen und den Bewußtseinsfaden aus dem Gehirn und den Lebensfaden aus dem Herzen zurückgezogen hat, dauern bestimmte Lebensprozesse noch an; sie stehen jedoch jetzt unter dem Einfluß des planetarischen Lebens, und die physischen Elementarkräfte (die Gesamtheit der lebendigen Atome der Körpernatur) reagieren auf diese Einwirkung. Man beachte bitte das okkulte Paradoxon, daß der Tod das Ergebnis von
246] Lebensvorgängen ist. Der Tod oder die todbringende Energie, die vom Erdenplaneten emaniert, bewirkt die vollständige Zerstörung des Körperorganismus und dessen Reduzierung in seine wesentlichen Elemente – in chemische und mineralische, sowie bestimmte anorganische Substanzen, die vom Erdboden selbst absorbiert werden können. Der Tod als Folge der Seelenwirksamkeit führt also dazu, daß sich der „Lichtkörper und die feinstofflichen Körper" vom physischen Leib zurückziehen und daß die grob-materielle Form mit allen Bestandteilen den heilsamen Prozessen irdisch-planetarischer Gewalt überlassen wird. Dieses zweifache Wirken bringt den Tod – so wie wir ihn vom menschlichen Blickpunkt aus kennen.

Es ist hier notwendig, darauf hinzuweisen, daß diese Fähigkeit des planetarischen Logos, die jedem Atom innewohnende Lebensessenz herauszuziehen, etwas zustandebringt, was man eine Verschlechterung im Formaufbau nennen könnte, die an jeder Stelle eintritt, an der die Lebensessenz entweicht. Dies führt zu Zuständen, die schließlich äußerlich sichtbar werden; so wird eine Krank-

heit und die „Neigung zum Sterben“ erkennbar. Daher kommen das Verwelken einer Blume, der Alterstod eines Tieres oder eines Baumes und die vielen Krankheiten des Menschen – esoterisch betrachtet – durch den Zug des mächtigen Lebens unseres Planeten zustande; es ist dies ein Aspekt dessen, was man fälschlicherweise das Gravitationsgesetz nennt. Dieses Gesetz ist – wieder esoterisch gesehen — ein Aspekt des großen Gesetzes der Rückkehr, das die Beziehung einer Lebenseinheit in der Form zu ihrem Ursprung bestimmt. „Du bist Staub, und zu Staub sollst du wieder werden“, ist die Aussage eines okkulten Gesetzes. In einer seltsamen Wortentwicklung kommt das Wort „Staub“ – wie jedes gute Wörterbuch zeigt – von zwei Wurzeln, deren eine „Wind“ bedeutet, und die andere „in Stücke zerfallen“. (engl. „Dust“ und „Wind“.) Der Sinn dieser beiden Bedeutungen wird klar und die Gedankenfolge ist fesselnd. Mit dem Zurückziehen des Windes oder des Atems ergibt sich ein Zerfall in Stücke, und dies ist eine wahre, bedeutsame Ausage. Wenn das größere Leben das kleinere in sich aufnimmt, verschwindet die Form, in der das Leben gewohnt hat; dies gilt für
247] alle Formen in den untermenschlichen Reichen, die ja auf den starken Zug des planetarischen Lebens reagieren; es gilt ebenso für die menschliche Form, wenn sie dem Ruf der Seele Folge leistet, ihr Lebensprinzip – über das Sutratma – wieder an die Seele zurückzugeben und als Bewußtsein zu ihrer Ausgangsquelle zurückzukehren.

In diesem Prozeß, diesem Wechselwirken, zeigt die Form die Folgen davon, daß sie entweder die Lebensflut vom Erdenplaneten empfängt oder dieses Leben nach dem zyklischen Gesetz in das allumfassende Sammelbecken lebendiger Energie entläßt. Von diesen beiden Rückwirkungen hängt Gesundheit oder Krankheit der Form in verschiedenen Stadien und Reaktionszuständen ab, wobei noch andere bestimmende Hilfsfaktoren mitsprechen. Es gibt drei Hauptstufen im Lebenszyklus aller untermenschlichen Formen und ebenso in der menschlichen Form, wenn die Seele nur eine überschattende Kraft, nicht eine integrierte Energie ist:

1. *Das Stadium des Einströmens,* der Belebung und des Wachstums.

2. *Das Stadium des Widerstandes,* währenddessen die Form ihre Integrität eine bestimmte Zeit lang – die von ihrer Gattung und Umwelt abhängig – bewahrt; so widersteht sie erfolgreich jedem „Zug“ des allumfassenden Lebens und jeglicher Absorption ihrer Lebenskraft.

2. *Das Stadium des Widerstandes,* währenddessen die Form planetarischen Lebens das schwächer werdende kleinere Leben herauszieht und aufsaugt. Dieser Schwächungsprozeß ist ein Teil des zyklischen Gesetzes, worauf schon das alte Sprichwort hinweist: „Die Tage des Menschen sind drei mal zwanzig Jahre und zehn“. Wenn eine allgemeine, durchschnittliche Kreislaufepoche in normaler Weise dahingegangen ist, so wird sich sicher und allmählich im Körpergewebe eine geschwächte Stelle zeigen. Dann folgt meistens eine Krankheit oder Verschlechterung eines Teiles der Form, und der Tod tritt ein. Die Länge der Zyklen und die Ursache für ihre Beendigung sind ein tiefes Geheimnis und hängen in besonderer Weise mit den verschiedenen Naturreichen, mit den Arten, Typen und
248] Formen in diesen Ansammlungen von Lebensvorgängen zusammen. Diese Zyklen sind bis jetzt nur den Meistern und jenen Eingeweihten bekannt, welche die Aufgabe haben, die Evolution in den untermenschlichen Reichen zu fördern, sowie jenen Devas, deren Aufgabe es ist, den ganzen Vorgang zu leiten.

Wie ihr wißt, liegt der große Unterschied zwischen dem Menschenreich in den drei Welten und den anderen Naturreichen in dem Faktor des freien Willens. Hinsichtlich des Todes hat dieser freie Wille letzten Endes eine bestimmte Beziehung zur Seele; der Wille der Seele wird, soweit es sich um die Todesentscheidung handelt, entweder bewußt oder unbewußt befolgt; dieser Gedanke bringt viele Folgerungen mit sich, aus denen der Lernende Nutzen ziehen kann, wenn er sie durchdenkt.

Wir kommen damit zu einer weiteren großen, allgemeinen Aussage über Krankheit und Tod in ihrer Beziehung zur Menschheit:

VIII. Gesetz

Krankheit und Tod sind die Folge zweier tätiger Kräfte. Die eine ist der Wille der Seele, der seinem Instrument sagt: Ich ziehe die Lebensessenz zurück. Die andere ist die magnetische Kraft des planetarischen Lebens, die dem Leben in dem atomischen Gefüge sagt: Die Stunde der Wiederaufnahme ist da. Kehre zu mir zurück! So handeln alle Formen nach dem zyklischen Gesetz.

Es geht hier um die normale Auflösung der Form am Ende eines Inkarnationszyklus. Bekanntlich wird dieser Zyklus beim Menschen durch bestimmte wichtige, psychologische Faktoren bestimmt, welche „die Stunde des Endes“ beschleunigen oder hinausschieben können, jedoch nur bis zu einem gewissen Grade. Der Machtspruch der Seele und das „Fiat“ des planetarischen Lebens sind letzlich die entscheidenden Faktoren, außer im Falle eines Krieges, Unfalls, Selbstmords oder einer Epidemie.

Die dem Planeten verliehene Absorptionsfähigkeit ist innerhalb gewisser Grenzen sehr groß; eben diese Grenzen begünstigen zum
249] Beispiel Epidemien als Folgeerscheinungen eines Krieges. Solche Epidemien haben nach dem Kriege und nachdem sich die darauf folgende Epidemie erschöpft hat, eine tiefgehende Wirkung auf die Menschheit. Die Menschheit, vor allem die in Osteuropa, hatte sich noch nicht vollständig von jenen Epidemien erholt, die nach dem ersten Teil des Weltkrieges auftraten, als schon der zweite stattfand. Die psychologischen Wirkungen dauern an; die Wunden und Folgen der zweiten Phase dieses Weltkrieges werden fünfzig Jahre lang weiterwirken, auch wenn der Epidemie-Faktor — infolge der größeren wissenschaftlichen Erkenntnis des Menschen – in überraschend engen Grenzen gehalten werden konnte.

Dies bleibt jedoch noch unsicher. Die Zeit allein wird zeigen, inwieweit es der Menschheit gelingt, die Strafen zu neutralisieren, welche die erzürnte Natur meistens fordert.

Viel Gutes wird durch die ständig zunehmende Gewohnheit entstehen, jene Formen zu verbrennen, die das innewohnende Leben verlassen hat. Wenn die Verbrennung einmal ganz allgemein üblich sein wird, werden wir eine deutliche Verminderung der Krankheiten wahrnehmen, was zu Langlebigkeit und gesteigerter Lebenskraft führt. Das ständige Widerstand-leisten, durch das eine Form sich immun oder unempfänglich macht gegenüber dem planetarischen Zug und Drang nach Rückabsorption, erfordert einen großen Energieaufwand. Wenn das Leben in der Form mächtiger wird, und wenn weniger Reaktionen auf krankheitschaffende Faktoren eintreten, dann wird die Seele in der Form eine größere Macht haben und zu größerer Schönheit im Ausdruck und größerer Nützlichkeit im Dienst kommen. Dies wird eines Tages für alle Naturreiche gelten, und es wird einmal dazu kommen, daß in der aufsteigenden Herrlichkeit des göttlichen Lebens ständig ein strahlender Glanz hervorleuchten wird.

3. *Rassische und nationale Krankheiten.*

Es sollte euch jetzt deutlich geworden sein, daß ich mich mehr damit beschäftige, auf typische Faktoren (die Folgen der früheren Menschheitsgeschichte) hinzuweisen, anstatt euch eine spezifische, ins Einzelne gehende Aufzählung der Krankheiten zu geben, die
250] bei den verschiedenen Völkern zu Hause sind. Dies wäre in der Tat nicht möglich, weil in jedem Bereich des natürlichen Lebens so vieles sich überschneidet und parallel verläuft. Vor allem anderen versuche ich klar zu machen, was vom Standpunkt vorbeugender Gesundheitspflege aus getan werden muß und was erreicht werden sollte bei der schwierigen Aufgabe, Zustände zu beseitigen, die auf Erden als *Folge eines früheren Mißbrauchs naturgegebener Kräfte* bereits vorhanden sind. Es müssen also jene Zustände bereinigt

werden, die in großem Maßstab auf unserem Planeten anzutreffen sind; darum lege ich auch nicht den Nachdruck auf das Spezifische und Individuelle. Ich lege hier gleichzeitig den Grundstein für eine Erörterung unseres nächsten Themas: der Beziehung des Karmagesetzes zu Krankheit und Tod und zur Menschheit insgesamt.

Bei der Betrachtung rassischer und nationaler Krankheiten beabsichtige ich nicht, darauf hinzuweisen, daß Tuberkulose ausgesprochen eine Krankheit der Mittelklassen in jedem Lande ist, daß Diabetes (Zuckerkrankheit) ein Hauptleiden der Reis-essenden Völker der Welt ist, und daß Krebs vor allem in Großbritannien überhand nimmt, während die häufigste Todesursache in den Vereinigten Staaten die Herzkrankheiten sind. Solche Verallgemeinerungen sind sowohl richtig wie falsch, wie es Statistiken für gewöhnlich sind, und man gewinnt nichts dabei, daß man sich damit beschäftigt. Alle diese Schwierigkeiten werden zur gegebenen Zeit, – wenn das Verständnis zunimmt – beseitigt werden, und zwar durch die intuitive Krankheitsdiagnose, durch die ausgezeichnete Arbeit der wissenschaftlichen, akademischen Medizin, sowie durch ein besseres Verständnis für rechte Lebensbedingungen.

Ich möchte lieber noch umfassendere Verallgemeinerungen geben, die auf Ursachen hinweisen, und weniger die Konsequenzen dieser Ursachen hervorheben. Darum möchte ich auf folgendes aufmerksam machen:

1. *Der Erdboden selbst* ist eine Hauptursache für Krankheiten und Verseuchung. Seit undenklichen Zeiten sind die Leichen von Menschen und Tieren in die Erde gelegt worden; dieser
251] Erdboden ist also mit den Krankheitskeimen und -Folgen imprägniert, und zwar in einer viel heimtückischeren Form, als man annimmt. Die Keime uralter, bekannter und unbekannter Krankheiten finden sich in den Schichten des oberen und tieferen Erdreichs; sie können heute noch heftige Beschwerden bringen, wenn ihnen günstige Bedingungen geboten werden. Ich darf dazu folgendes sagen: Die Natur hat

niemals vorgesehen, daß Körper im Erdboden vergraben würden. Die Tiere sterben, und ihre Körper werden wieder zu Staub, aber gereinigt von den Strahlen der Sonne und von wehenden Winden, die alles zerstreuen. Die Sonne kann sowohl Tod wie Leben bringen, und auch die virulentesten Keime und Bakterien können ihre Kraft nicht behalten, wenn sie der *trockenen Hitze* der Sonnenstrahlen ausgesetzt werden. Feuchtigkeit und Dunkelheit fördern die Krankheit, die von solchen Körpern ausgeht und genährt wird, aus denen der Lebensaspekt entzogen ist. Wenn es einmal in allen Ländern der Welt zur Regel wird, tote Formen der „Feuerbestattung" zu übergeben, und wenn dies zu einer universellen, dauernden Gewohnheit geworden ist, dann werden sich die Krankheiten stark vermindern und wir werden eine viel gesündere Welt haben.

2. *Der psychologische Zustand* einer Rasse oder eines Volkes bringt, wie wir schon gesehen haben, eine Neigung zu Krankheit und zu einer verringerten Widerstandskraft gegen die Krankheitsursachen mit sich; er kann in einem Menschen die Fähigkeit erzeugen, daß dieser leicht eine schlimme Verunreinigung in sich aufnimmt. Darauf brauche ich nicht näher einzugehen.

3. *Die Lebensbedingungen* in vielen Ländern fördern ebenfalls Krankheit und Siechtum. Dunkle, überfüllte Behausungen, unterirdische Wohnungen, Unterernährung, falsche Nahrung, üble Lebensgewohnheiten und mannigfache Berufskrankheiten – sie alle tragen zum allgemeinen schlechten Gesundheitszustand der Menschheit bei. Diese Zustände sind allgemein bekannt, und es ist schon viel getan worden, um sie zu beseitigen, aber es bleibt noch viel zu tun übrig. Eine der guten Wirkungen des Weltkrieges wird die sein, daß die nötigen Änderungen, der erforderliche Neuaufbau und die wissenschaftliche Ernährung der jungen Menschen erzwungen wer-

252] den. Physische Nationalübel variieren je nach den vorbestimmenden Beschäftigungen der Menschen; die Krankheiten eines mehr Ackerbau treibenden Volkes werden sich weitgehend von denjenigen einer hochindustrialisierten Nation unterscheiden; die physischen Vorbedingungen eines Seemannes sind sehr verschieden von denen eines Büroarbeiters in einer Großstadt. Diese Dinge sind Binsenwahrheiten für die Männer und Frauen des Fürsorgewesens in vielen Städten und Ländern. Bestimmte Krankheiten scheinen ganz ortsgebunden zu sein; andere scheinen universelle Auswirkungen zu haben; gewisse Krankheiten sterben allmählich aus, und neue treten auf; andere verschwinden niemals; wieder andere scheinen zyklisch aufzutreten; einige Krankheiten sind endemischer, andere dagegen epidemischer Natur.

Wie kann nun diese ungeheure Menge von Krankheiten und Formen körperlicher Übel zustandekommen? Wieso kommt es, daß einige Rassen einer Krankheitsform leicht zum Opfer fallen, während andere ihr widerstehen? Klimatische Bedingungen führen zu bestimmten, typischen Krankheiten, die, streng genommen, ortsgebunden bleiben und an keiner anderen Stelle in der Welt gefunden werden. Krebs, Tuberkulose und Syphilis, spinale Meningitis (Gehirnhautentzündung), Lungenentzündung und Herzkrankheiten, wie auch Skrofulose (wobei ich diese Bezeichnung im alten Sinne verwende, um auf gewisse Formen von Hautkrankheiten hinzuweisen) nehmen in der Welt überhand und fordern von Millionen ihren Tribut. Auch wenn diese Krankheiten bis zu bestimmten großen Menschheitsepochen zurückverfolgt werden können, so sind doch ihre Auswirkungen jetzt allgemein. Der Studierende findet den Schlüssel dazu, wenn er sich an folgendes erinnert: Obwohl die atlantische Menschheitsepoche schon tausende von Jahren zurückliegt, so ist das Bewußtsein der meisten heutigen Menschen grundsätzlich noch atlantisch; sie sind also für Krankheiten jener Kulturepoche leicht empfänglich.

Wenn man einen vollständigen Überblick über die Gesundheitslage der Welt – natürlich in normalen Zeiten und nicht im Krieg – zusammenstellen und der denkenden Öffentlichkeit vorlegen könnte, wäre wohl die Frage berechtigt, ob es überhaupt auch nur
253] hunderttausend vollkommen gesunde Menschen unter den Milliarden gibt, die heute die Erde bewohnen. Ich glaube es nicht. Mag auch keine tatsächliche, akute Krankheit vorhanden sein, so läßt dennoch der Zustand der Zähne, des Gehörs und der Augen häufig viel zu wünschen übrig; vererbte Neigungen und aktive Veranlagungen verursachen großen Kummer, und zu all dem kommen noch psychologische Schwierigkeiten, Geisteskrankheiten und ausgesprochene Gehirnstörungen. All dies bietet ein erschreckendes Bild. Gegen die dabei zutage tretenden Übel kämpft heute die Medizin; die Wissenschaftler forschen nach Linderungs -und Heilmitteln und nach vernünftigen Methoden, um diese Übel endgültig auszurotten. Die Forscher suchen nach verborgenen Keimen, und die Gesundheitsexperten trachten neue Mittel und Wege zu finden, um dem Angriff der Krankheit zu begegnen. Gesundheitspflege, Zwangsimpfung, häufige Untersuchungen, Gesetze für reine Nahrungsmittel und bessere Wohnbedingungen — alle diese Faktoren werden von weitblickenden Menschenfreunden in den Kampf geführt. Und dennoch greift die Krankheit noch weiter um sich; es sind immer mehr Krankenhäuser nötig, und die Zahl der Todesfälle nimmt zu.

Zu diesen praktischen Maßnahmen bieten nun auch die Mentalwissenschaft (Mental Science), die Neugeist- und Unitybewegung sowie die Christliche Wissenschaft ihre Hilfe an und versuchen ganz ehrlich, die Macht des Denkens für dieses Problem heranzuziehen. Im gegenwärtigen Stadium sind diese Bestrebungen und Gruppen in den Händen von Fanatikern und gläubigen Schwärmern, also von uneinsichtigen Menschen; sie lehnen jeden Kompromiß ab und sind offenbar außerstande zu erkennen, daß das von Medizinern und Psychologen angesammelte Wissen ebenso gottgegeben ist, wie ihr bis jetzt unbewiesenes Ideal. Später einmal wird man die Wahrheiten, für welche diese Gruppen eintreten, den Errungenschaften

der Psychologen und Medizinern hinzufügen können; dann werden wir einen großen Fortschritt erleben. Wenn die Arbeit des Arztes und des Chirurgen am physischen Leibe als wesentlich und gut anerkannt wird, wenn die Analysen und Schlüsse des Psychologen diese Arbeit ergänzen, und wenn die Macht richtigen Denkens eben-
254] falls zu Hilfe kommt, dann, und nur dann, werden wir in ein neues Zeitalter des Wohlbefindens eintreten.

Den verschiedenartigen Leiden und Beschwerden muß noch eine ganze Gruppe von Krankheiten hinzugefügt werden, deren Wirkungen sich mehr spezifisch auf den Mentalbereich beziehen: die Spaltungen, das Irresein, die Besessenheit, die mentalen Zusammenbrüche, die Verirrungen und Halluzinationen. Zu den verschiedenen oben erwähnten Heilfaktoren sollte noch die Arbeit hinzugefügt werden, die von den Mitgliedern der Geistigen Hierarchie und ihren Jüngern unternommen wird; es erfordert seelische Kraft, Wissen und die Weisheit anderer Heilergruppen, um unter den Menschen Gesundheit zu schaffen, unsere Sanatorien zu leeren, die Menschheit von den Grundkrankheiten, von Wahnsinn und Besessenheit zu befreien und dem Verbrechen vorzubeugen. Dies wird schließlich erreicht durch richtige Integration des ganzen Menschen, durch ein rechtes Verstehen des Wesens der Energie und durch eine gerechte Würdigung des endokrinen Systems, seiner Drüsen und deren subtilen Beziehungen.

Gegenwärtig wird nur wenig zusammenhängende, intregrierte Arbeit von den vier Gruppen *im Einklang* geleistet:

1. Den–orthodoxen und akademischen – Ärzten und Chirurgen
2. Den Psychologen, Neurologen und Psychiatern.
3. Den mentalen Heilern und den im Sinne des Neugeist wirkenden Menschen, sowie den Unity-Denkern und den christlichen Wissenschaftlern.
4. Den geschulten Jüngern und jenen, die mit den Seelen der Menschen arbeiten.

Wenn diese vier Gruppen in eine enge Verbindung gebracht werden und zusammen daran arbeiten können, die Menschheit von Krankheit zu befreien, dann werden wir zu einem Verständnis für das wahre Wunder des Menschenwesens kommen. Wir werden eines Tages Krankenhäuser haben, in denen die vier Phasen dieses einen medizinisch-heilenden Wirkens nebeneinander und in engster Zusammenarbeit vor sich gehen werden. Es kann keine Gruppe die ganze Aufgabe ohne die anderen lösen; alle hängen voneinander ab.

255] Gerade die Unfähigkeit dieser Gruppen, das Gute in den anderen, das physische Wohlbefinden der Menschheit erstrebenden Gruppen zu erkennen, macht es mir beinahe unmöglich, eingehendere Lehren zu geben und offener über die Dinge zu reden. Habt ihr auch nur irgendeine Vorstellung von der Wand gegensätzlichen Denkens und Sprechens, gegen die eine neue, bahnbrechende Idee anrennen muß? Habt ihr jemals ernsthaft überlegt, mit welchen gehäuften, erstarrten Gedankenformen alle solche neuen Ideen (ich möchte sie hierarchische Vorschläge nennen) zu kämpfen haben? Zieht ihr das tote Gewicht der vorgefaßten und eingefahrenen Tendenzen in Rechnung, die beseitigt werden müssen, ehe die Hierarchie eine neue und dringend benötigte Idee in das Bewußtsein der durchschnittlich-denkenden (oder sollte ich wieder sagen: nicht denkenden) Allgemeinheit hineinsenken kann? Im Bereich der Medizin ist es ganz besonders schwierig zu arbeiten, denn das Thema ist so intim und diejenigen, die erreicht werden müssen, reagieren so stark mit Furcht. Die Kluft zwischen dem Alten, Festgefahrenen, und dem Neuen, geistig Notwendigen erfordert viele langwierige und sorgfältige Überbrückungsarbeit. Ein großer Teil der Schwierigkeiten entsteht seltsamerweise durch die neueren Geistesrichtungen. Die othodoxe Medizin läßt sich – mit Recht – Zeit, neue Methoden und Techniken anzunehmen; sie geht zeitweilig zu langsam vorwärts, aber eine neue Behandlungsweise oder diagnostische Methode muß richtig und statistisch bewiesen sein, bevor sie in den medizinischen Lehrplan aufgenommen und als ärztliches Verfahren

anerkannt werden kann; die Gefahren für den Menschen sind zu groß, und der gute, menschenliebende Arzt macht seine Patienten nicht zum Gegenstand von Experimenten. Die medizinische Wissenschaft ist jedoch in den letzten Jahrzehnten mit gewaltigen Sprüngen vorwärtsgekommen; die Wissenschaft der Elektrizität und der Lichttherapie und viele andere moderne Methoden sind bereits zu den verschiedenen Wissenschaftszweigen hinzugekommen, deren sich die Medizin bedient. Die Forderungen des Immateriellen
256] und die Behandlung des Nebelhaften – wenn solche besonderen Bezeichnungen erlaubt sind – werden immer mehr anerkannt, und man weiß, daß sie in den neueren Einstellungen zur Krankheit eine rechtmäßige, anerkannte Rolle spielen.

Die Stellungnahme der Mentalschulen und -Sekten, wie sie sich irrtümlicherweise nennen, hat sich nicht in so nützlicher Weise entwickelt. Das ist größtenteils ihr eigener Fehler. Geistesrichtungen wie die Mentalwissenschaft, Neugeist, Unity-Bewegung, Christliche Wissenschaft und die Chiropraktiker, die Bemühungen der Naturheilkundigen und vieler anderer, beeinträchtigen ihre eigene Sache dadurch, daß sie so anmaßend sind und unaufhörlich die Schulmedizin und andere erprobte Mittel und Wege sowie das (durch Jahrhunderte auf Grund von Versuchen erworbene) Wissen der akademischen, medizinischen und chirurgischen Schulen angreifen. Sie vergessen, daß viele ihrer Erfolgsbehauptungen (und sie sind oftmals unwiderlegbar) allgemein unter Glaubensheilungen eingereiht werden können; man kann dies wirklich mit mehr oder weniger Recht tun. Solche Heilungen sind vom akademisch gebildeten Denker schon längst als Tatsachen anerkannt. Diese Denkrichtungen, die in der Tat die Hüter notwendiger Wahrheiten sind, müssen vor allem ihre Einstellung der Denkweise ändern; sie müssen in diesen Tagen evolutionärer Entfaltung das geistige Wesen des Kompromisses erkennen lernen. Ihre Ideen können nicht die volle, gewünschte Wirksamkeit erreichen, wenn sie den von Gott schon gegebenen Wissensschatz, den die Medizin seit alten Zeiten angesammelt hat, einfach übergehen und ausschalten; sie sollten nicht

nur über ihre Erfolge berichten, die sie so laut verkünden, sondern genauso auch eine Liste ihrer zahlreichen Mißerfolge aufstellen. Ich möchte hier darauf hinweisen, daß diese Erfolge keineswegs so zahlreich sind, wie die der orthodoxen Medizin und der wohltätigen Arbeit, die von unseren Kliniken und Krankenhäusern geleistet wird, die — trotz Fehlschlägen und oft auch großer Borniertheit – die Schmerzen und Beschwerden der großen Masse der Menschen weitgehend lindern. Jene Sekten unterlassen es, zu erklären oder
257] überhaupt anzuerkennen, daß in Fällen weit fortgeschrittener Krankheit oder bei einem Unfall der Patient physisch gar nicht in der Lage ist, eine göttliche Heilung zu verlangen und in Anspruch zu nehmen, und daß er von der Dienstleistung eines Heilers abhängig ist, der vom Karma des Patienten nichts weiß. Viele ihrer sogenannten Heilungen (und das gilt auch für die orthodoxe Medizin) sind nur deshalb erfolgreich, weil die letzte Stunde des Patienten noch nicht gekommen war; er würde sich in jedem Falle erholt haben, obwohl die Gesundung infolge der Heilmaßnahmen des geschulten Arztes natürlich oft schneller erfolgt.

Bei ernsthaften Unglücksfällen, wenn der Verletzte blutet, wird der geistige Heiler (ganz gleich wie sein Kult heißen mag) zwangsläufig von den Methoden des orthodoxen Arztes Gebrauch machen; er wird zum Beispiel die Adern abbinden und alle die Maßnahmen ergreifen, an die sich die Schulmedizin hält, statt dazustehen und zuzusehen, wie der Verletzte stirbt, bloß weil diese Methoden von seiner Sekte nicht angewandt werden. Wenn er dem Tode von Angesicht zu Angesicht gegenüber steht, wird er häufig zu den erprobten alten Hilfsmethoden zurückkehren, und er wird meistens lieber einen Arzt rufen, als sich eines Mordes beschuldigen zu lassen.

All das ist ohne einen Gedanken der Herabsetzung gesagt, aber ich möchte beweisen, daß die vielen Richtungen – die orthodoxen, akademischen, veralteten, materiellen oder geistigen, neuen, bahnbrechenden, mentalen – voneinander abhängen; sie müssen zu einer einzigen großen Heilungswissenschaft vereinigt werden. Es wird dies eine Wissenschaft sein, die den ganzen Menschen heilt und alle

– physischen, emotionellen, mentalen und geistigen – Hilfsquellen einsetzt, zu denen die Menschheit Zugang hat. Die Schulmedizin ist für eine Zusammenarbeit mit den neueren Richtungen viel eher bereit, als die Neophyten der Wissenschaft von der gedanklichen Krankheitsbeherrschung; sie kann jedoch nicht gestatten, daß ihre Patienten zu „Versuchskaninchen" gemacht werden, um einem bahnbrechenden, forschenden Kultanhänger Genugtuung zu geben und seine Theorien zu beweisen – ganz gleich, wie richtig diese sein mögen, wenn sie zusammen mit dem bereits Erprobten angewandt werden. Der Mittelweg des Kompromisses und der wechselseitigen Zusammenarbeit ist immer der klügste; das ist eine Lehre, die heute auf jedem Gebiet menschlichen Denkens notwendig ist.

258] Wir wollen nun zum dritten und letzten Abschnitt über die grundlegenden Krankheitsursachen übergehen. Das Thema *Karma* ist noch wenig erörtert worden, ich werde es daher etwas ausführlicher behandeln als unser spezieller Gegenstand es vielleicht erfordert.

Drittes Kapitel

Unsere karmischen Verbindlichkeiten

259] *Einführende Bemerkungen*

Wir kommen nun zum letzten Abschnitt unserer Auseinandersetzung mit dem Problem der Krankheit. Im nächsten Teil werden wir uns mit der Einstellung und Gemütsart des Patienten beschäftigen, wobei wir seinen Strahl sowie die Geistesverfassung des Heilers in Betracht ziehen werden. Alle diese Punkte sind von außerordentlicher Bedeutung, wenn man über die schöne Kunst des Heilens nachdenkt. Es ist jedoch sehr wesentlich, daß schlechte Gesundheit, akute Krankheit und selbst der Tod den ihnen gemäßen Platz in dem Gesamtbild erhalten. Eine spezielle Inkarnation ist kein isoliertes, vereinzelt dastehendes Ereignis im Leben der Seele, sondern ein Teil und Aspekt einer Reihe von Erfahrungen, die dazu bestimmt sind, zu einem klaren, festumrissenen Ziel zu führen – zum Ziel der freien Wahl, der vorsätzlichen Rückkehr aus der Materie zum Geist, und zur schließlichen Erlösung.

Die Esoteriker haben seit jeher (besonders in der im Osten üblichen Darstellung des Pfades zur Wirklichkeit) viel über die Erlösung gesprochen. Das dem Neophyten vorgehaltene Ziel ist Erlösung, Freiwerden, Befreiung; im Ganzen genommen ist dies der Grundton des Lebens selbst. Die Grundidee weist auf einen Übergang hin aus dem Bereich einer rein selbstsüchtigen, persönlichen Befreiung zu etwas viel Umfassenderem und Wichtigerem. Diese Auffassung von Befreiung liegt der modernen Verwendung des Wortes „Freiheit" zugrunde, ist jedoch in seiner Bedeutung viel weiser, besser und tiefer. Viele verstehen unter Freiheit, daß man von keinem anderen Menschen beherrscht wird, daß man tun und
260] lassen könne, was man wünscht, daß man nach eigener Entscheidung denken und nach eigener Wahl leben dürfe. Dagegen ist

nichts einzuwenden, vorausgesetzt, daß die eigenen Wünsche, Gedanken, und Wahlmöglichkeiten frei von Selbstsucht sind und dem Allgemeinwohl dienen. Das ist bis jetzt noch ziemlich selten der Fall.

Erlösung oder Befreiung ist viel mehr als all das; sie ist ein Losgelöstsein von der Vergangenheit, ein Freisein, um sich nach den (von der Seele) im voraus bestimmten Richtlinien weiterzuentwickeln, ein Freisein, um die ganze Gottnatur zum Ausdruck zu bringen, deren ein Mensch fähig ist, oder die eine Nation der Welt vor Augen führen kann.

In der Geschichte der letzten zweitausend Jahre fanden vier große symbolische Ereignisse statt, die nacheinander denen, welche Augen haben zu sehen, Ohren zu hören und Verstand zum Ausdeuten, das Thema der Erlösung oder Befreiung — und nicht bloß der Freiheit – dargestellt haben:

1. *Das Leben Christi Selbst.* Er hat erstmals die Idee des bewußten, vorbedachten Opfers der Einheit im Dienste am Ganzen dargestellt. Es hat noch andere Welterlöser gegeben, aber sie brachten den wesentlichen Gedanken nicht so klar zum Ausdruck, weil das menschliche Denken noch nicht reif war, um die Tragweite und Bedeutung zu erfassen. Dienst ist der Leitgedanke der Erlösung. Christus war der ideal Dienende.

2. *Die Unterzeichnung der Magna Charta.* Dieses Dokument wurde zu Runnymede unter der Regierung des Königs Johann am 15. 6. 1215 n. Chr. unterzeichnet. Hier wurde die Idee von der Befreiung von einer Autorität aufgezeigt, wobei die persönliche Freiheit und die Rechte des Einzelnen betont wurden. Das Anwachsen und die Entwicklung dieser Grundidee, dieser gedanklichen Vorstellung und deren Formulierung gliedert sich in vier Abschnitte oder Kapitel:
   a) Die Unterzeichnung der Magna Charta, welche die Freiheit der Persönlichkeit betont.

261] b) Die Gründung der französischen Republik, welche die Freiheit des Menschen betont.

c) Die Unabhängigkeitserklärung der USA und das englische Staatsgrundgesetz (Bill of Rights) von 1689, auf Grund deren die Richtlinien der nationalen Politik festgelegt wurden.

d) Die Atlantik-Charta und die vier Freiheiten, wodurch die Gesamtfrage auf die internationale Ebene erhoben und den Männern und Frauen in aller Welt Freiheit und freie Gelegenheit zugesichert wurde, die göttliche Wirklichkeit in sich selbst zu entfalten.

Das Ideal wurde mit der Zeit immer klarer dargestellt, so daß heute die Menschenmassen allerorten wissen, was die wesentlichen Grundbedingungen des Allgemeinwohls sind.

3. *Die Emanzipation der Sklaven.* Die geistige Idee menschlicher Freiheit, die zum anerkannten Ideal geworden war, wurde ein dringender Wunsch, und so fand ein großes symbolisches Ereignis statt – die Sklaven wurden befreit. Wie in allem, was Menschen unternehmen, gab es auch hierbei keine Vollkommenheit. Der Neger ist nicht frei im Lande der Freien, und Amerika muß in dieser Hinsicht einen Hausputz vornehmen; genauer gesagt: die USA müssen zusehen, daß die Verfassung und die Bürgerrechte zur Tatsache werden, anstatt bloß ein Traum zu sein. Nur so kann die unausbleibliche Auswirkung des Gesetzes vom Karma (das jetzt unser Thema ist) abgewendet werden. Die Neger sind genauso Amerikaner wie die Neu-Engländer und alle anderen Volksangehörigen, die nicht zur ursprünglichen Bevölkerung dieses Landes gehören; die Verfassung gilt auch für sie. Bislang werden die Rechte, die die Verfassung gewährt, von denjenigen hintertrieben, die Sklaven der eigenen Selbstsucht und Furcht sind.

4. *Die Befreiung der Menschheit durch die Vereinten Nationen.* Wir nehmen an einem großen Schauspiel und symbolischen Er-

eignis teil und beobachten dessen Fortgang. Die Befreiung des Einzelmenschen ging weiter über die symbolische Befreiung eines Teiles der Menschheit (der Überreste der ersten beiden
262] Rassen, der lemurischen und der atlantischen) bis zur Befreiung von Millionen von Menschen, die von den Mächten des Bösen versklavt waren, durch Millionen ihrer Mitmenschen. Das Ideal hat sich praktisch in einem weltumfassenden Bestreben auf der physischen Ebene durchgesetzt und hat weltweite Opfer verlangt. Es umfaßt alle drei Welten menschlicher Evolution, und deshalb kann Christus jetzt seine Streitkräfte anführen und den menschlichen Wesen helfen, die Menschheit zu befreien.

Was ist also wirklich im Leben des Einzelnen, im Leben der Völker und der Menschheit geschehen? Ein ungeheurer Aufbruch und Fortschritt erfolgte, um uraltes Übel gutzumachen und das Gesetz von Ursache und Wirkung bewußt auszugleichen durch ein Erkennen jener Ursachen persönlicher, nationaler und internationaler Art, welche die Wirkungen zeitigten, unter denen die Menschheit heute leidet.

Das Karmagesetz ist heute zur großen, unumstößlichen Tatsache im Bewußtsein der gesamten Menschheit geworden. Man kennt es vielleicht nicht unter diesem Namen, aber jedermann weiß, daß im heutigen Geschehen die Völker das ernten, was sie gesät haben. Das große Gesetz – ehemals eine Theorie – ist heute eine bewiesene Tatsache und ein anerkannter Faktor im menschlichen Denken. Die so häufige Frage nach dem „Warum"? bringt stets und unvermeidlich den Faktor von Ursache und Wirkung zur Sprache. Die Begriffe Vererbung und Umwelt sind ein Versuch, bestehende menschliche Verhältnisse zu erklären; Rassenmerkmale, nationale Charakterzüge und Ideale beweisen, daß es eine Welt wirkender Ursachen gibt. Geschichtliche Verhältnisse, die Beziehungen zwischen den Völkern, soziale Tabus, religiöse Überzeugungen und Tendenzen lassen sich alle auf – zum Teil uralte – Verursachungen zurückführen. Alles, was

heute in der Welt geschieht und so tiefgreifend auf die Menschheit einwirkt – Schönes und Schreckliches, Lebensgewohnheiten, Zivi-
263] lisation und Kultur, Vorurteile und Neigungen, wissenschaftliche Errungenschaften und Kunst, kurz alles, was in so mannigfaltiger Weise dem Leben der Menschheit auf unserem Planeten Farbe verleiht, sind Aspekte von Wirkungen, die irgendwann einmal irgendwie von Menschen, sowohl von einzelnen als auch von der Masse, verursacht wurden.

Karma ist daher das, was der Mensch – der Himmlische Mensch, in dem wir leben, die Menschheit als Ganzes, Menschheitsgruppen als Nationen sowie der Einzelmensch – im Laufe der Zeiten bis zum gegenwärtigen Augenblick – ins Werk gesetzt, fortgeführt, gutgeheißen, unterlassen oder recht getan hat. Heute ist die Ernte reif, und die Menschheit erntet, was sie gesät hat, als Vorbereitung auf ein neues Pflügen im Frühling des neuen Zeitalters, mit frischer Aussaat, die (so hoffen und beten wir) eine bessere Ernte hervorbringen wird.

Das Gesetz von Ursache und Wirkung wird uns durch das jüdische Volk ganz besonders sinnfällig vor Augen geführt. *Alle Nationen zeugen für dieses Gesetz,* aber ich möchte hier gerade auf die hebräischen Völkerschaften hinweisen, weil ihre Geschichte allbekannt und ihre Zukunft und ihr Schicksal Gegenstand weltweiten, universalen Interesses sind. Die Juden hatten immer eine symbolische Bedeutung; als Volk vereinigten sie in sich seit jeher die Tiefen menschlicher Schlechtigkeit wie auch die Höhen menschlicher Gottnatur. Ihre Geschichte, wie sie uns im Alten Testament erzählt wird, ist erfüllt von aggressiven Handlungen und liegt auf derselben Ebene wie das Verhalten der Deutschen in der Gegenwart (geschrieben während des Krieges! d. Übersetzer); und doch war auch Christus ein Jude, und es war die hebräische Rasse, die Ihn hervorbrachte. Das darf man nie vergessen. Die Juden waren große Angreifer; sie beraubten die Ägypter und rissen das Verheißene Land mit dem Schwert an sich; dabei wurde weder Mann noch Frau noch Kind geschont. Ihre religiöse Geschichte baut sich auf der Vorstel-

lung eines materialistischen Jehova auf, der – machtlüstern und habgierig – die Angriffshandlung guthieß und dazu ermunterte. Diese Geschichte ist ein Symbol für die Geschichte aller Aggressoren, die sich einreden, daß sie göttliche Absichten ausführen, wenn sie die Menschen ihres Eigentums berauben; sie taten und tun dies angeblich aus Notwehr, oder sie finden sonst einen ihnen passenden
264] Grund, um die Frevelhaftigkeit ihres Handelns zu entschuldigen. Palästina wurde von den Juden erobert, weil es das Land war, „in dem Milch und Honig fließt", und sie behaupten sogar, daß sie damit nur einen göttlichen Befehl befolgten. In der späteren Zeit wird diese Symbolik höchst interessant. Das Volk spaltete sich in zwei Teile: die Israeliten mit dem Zentrum in Samaria, und die Juden (das heißt zwei oder drei bestimmte Stämme aus den zwölfen), die sich in der Gegend von Jerusalem niederließen. Dieser Dualismus zeigte sich auch in ihren religiösen Überzeugungen; sie wurden auf der einen Seite von den Sadduzäern, auf der anderen von den Pharisäern erzogen und belehrt, und diese beiden Gruppen standen in ständigem Konflikt miteinander. Christus kam als Mitglied der ganzen jüdischen Rasse, und sie verleugnete ihn.

Heute wirkt sich das Gesetz aus, und so zahlen die Juden sowohl symbolisch wie tatsächlich den Preis für alles, was sie in der Vergangenheit getan haben. Sie sind ein lebendiger Beweis für die weitreichende Wirkung dieses Gesetzes. Tatsächlich und in symbolischer Form repräsentieren sie Kultur und Zivilisation, sie sind die Menschheit; tatsächlich und symbolisch repräsentieren sie, wie schon seit jeher, den Geist der Entzweiung. Sie betrachten sich selbst als das auserwählte Volk und sind sich instinkmäßig dieser hohen Bestimmung bewußt. Doch vergessen sie dabei, daß sie nur eine symbolische Rolle spielen, und daß die Menschheit *als Ganzes* wahrhaft das auserwählte Volk ist, und nicht nur ein kleiner, unbedeutender Teil davon. Tatsächlich und symbolisch sehnen sie sich nach Einheit und Zusammenarbeit, wissen jedoch nicht, wie sie das erreichen sollen; tatsächlich wie symbolisch sind sie der „Ewige Pilger". Sie sind das Symbol der Menschheit, die durch den Irrgarten der drei Wel-

ten menschlicher Entwicklung wandert, die Augen voll Sehnsucht auf das verheißene Land gerichtet. Tatsächlich wie symbolisch gleichen sie der großen Masse jener Menschen, die sich weigern, die allen materiellen Erscheinungen zugrundeliegende geistige Absicht zu begreifen, die den inneren Christus nicht anerkennen (wie sie vor Jahrhunderten den Christus in ihrem eigenen Lande verleugneten), und die nach materiellen Gütern streben, während sie die
265] Dinge des Geistes zurückweisen. Sie fordern die sogenannte Rückgabe Palästinas und wollen es denen entreißen, die seit vielen Jahrhunderten dort wohnen; dadurch, daß sie beständig auf materiellen Besitz Wert legen, verlieren sie die wahre Lösung aus den Augen, die – wiederum symbolisch und tatsächlich — darin besteht, daß sie in allen Völkern aufgehen und mit allen Rassen verschmelzen müssen, um auf diese Weise die innere Einheit der ganzen Menschheit sichtbar zu machen.

Es ist interessant, daß jene Juden, die im südlichen Palästina wohnten und deren Hauptstadt Jerusalem war, sich in dieser Richtung entwickelten. Ihnen gelang es, sich mit den Engländern, Holländern und Franzosen in einer Weise zu assimilieren, wie es die Israeliten, die von Samaria aus beeinflußt wurden, niemals erreicht haben. Ich empfehle dies eurer Beachtung.

Das Karma der Menschheit würde sich radikal vom gegenwärtigen vergeltenden Karma zum guten Zukunftskarma umgestalten, wenn die jüdische Rasse sich ihre hohe symbolische Bestimmung ins Gedächtnis zurückrufen, wenn sich die übrige Menschheit im jüdischen Volke symbolisch erkennen würde und wenn beide Teile die Einheit des Menschengeschlechtes betonen und damit aufhören würden, sich als getrennte nationale und rassische Gruppen zu betrachten.

Betrachtet man diese Frage aus weiter Sicht (mit einem Blick auf die zurückliegende Geschichte, wie auch auf eine hoffnungsvolle Zukunft), so zeigt es sich, daß die Juden selber das meiste zur Lösung dieses Problemes beitragen müssen. Bis heute haben sie sich (als Rasse) noch nicht offen und ehrlich die Frage gestellt, *warum* sie

denn eigentlich seit den Tagen der Ägypter bei allen Völkern so unbeliebt und unerwünscht waren. Alle Jahrhunderte hindurch ist es das gleiche gewesen. Und doch muß es einen Grund dafür geben, der in dem Volke selbst liegt, sonst könnte diese Reaktion nicht überall so einmütig dieselbe sein. Die Juden haben versucht, ihrem schrecklichen Problem mit demütigem Flehen, mit jammervoller Klage oder unseliger Verzweiflung beizukommen. Sie haben von den „heidnischen“ Völkern erwartet, daß diese die ganze Angelegenheit regeln würden, und viele Heiden haben diesen Versuch auch
266] unternommen. Dieser grundsätzliche Sachverhalt wird jedoch in der Welt so bleiben, wie er seit grauer Vorzeit war, solange nicht die Juden selbst der Situation klar ins Auge schauen und zugeben, daß es an ihnen ist, den vergeltenden Aspekt des Gesetzes von Ursache und Wirkung auszuarbeiten; der Zustand wird sich erst dann ändern, wenn sie sich bemühen herauszufinden, was denn eigentlich in ihnen als Rasse steckt, was ihr uraltes und grausames Schicksal heraufbeschworen hat. Es ist über jeden Zweifel erhaben, daß es innerhalb dieses Volkes große, gute, gerechte und geistig gesinnte Menschen gegeben hat und noch gibt. Verallgemeinerungen sind niemals ein vollkommener Ausdruck der Wahrheit. Betrachtet man jedoch das jüdische Problem in Zeit und Raum, in geschichtlicher Vergangenheit und Gegenwart, so verdienen die angeführten Punkte sorgfältige Beachtung von seiten der Juden.

Was ich gesagt habe, mildert in keiner Weise die Schuld derer, welche die Juden so schwer mißhandelt haben. Es gibt bei euch ein Sprichwort: „Zwei Schwarze geben noch keinen Weißen“, nicht wahr? Für das Verhalten der Völker den Juden gegenüber, das in den scheußlichen Grausamkeiten der letzten 25 Jahre gipfelte, gibt es keine Entschuldigung. Das Gesetz muß sich unausweichlich auswirken. Wenn auch vieles, was den Juden geschehen ist, in ihrer Vergangenheit begründet liegt und ihrer deutlichen Tendenz nach Absonderung, ihrem fehlenden Anpassungswillen und dem Umstand zuzuschreiben ist, daß sie auf materielle Güter besonderen Wert legten, so laden doch die Handlanger, die dieses böse Karma

über die Juden gebracht haben, ebenso den Vergeltungsaspekt des gleichen Gesetzes auf sich. Heute ist die Situation zu einem Circulus vitiosus von Irrtum und Missetat, von Vergeltung und Rache angewachsen, und angesichts dieser Lage muß die Zeit kommen, da die Völker *gemeinsam* über dieses Problem verhandeln werden, um in *gemeinsamer* Arbeit die verkehrte Einstellung *auf beiden Seiten* zu beenden. Jedes böse Karma findet seine Auflösung durch den Willen, es auf sich zu nehmen, durch liebevolle Zusammenarbeit, offene Anerkennung der Verantwortung und durch kluge, gemeinsame Aktionen zum Wohle der Gesamtmenschheit, und nicht nur zugunsten einer einzelnen Nation, eines Volkes oder einer
267] Rasse. Das jüdische Problem wird weder durch Besitzergreifung von Palästina gelöst werden, noch durch Klageschriften, Forderungen und finanzielle Manipulationen. Das würde nur die Verlängerung uralten Unrechtes und materiellen Besitzstrebens bedeuten. Das Problem wird gelöst werden, wenn der Jude bereit ist, sich der Zivilisation, der kulturellen Tradition und dem Lebensstandard eben jener Nation anzupassen, in die Geburt und Erziehung ihn hineinstellten und in der er ganz aufgehen sollte. Es wird gelöst werden, wenn jeglicher Rassenstolz und jeglicher Gedanke an ein Auserwähltsein abgetan, wenn auf Dogmen und Gebräuche verzichtet wird, die innerlich veraltet sind und nur Stacheln beständiger Erbitterung für die Umwelt bilden, in der sich der Jude befindet. Die Schwierigkeiten werden behoben werden, wenn in den geschäftlichen Beziehungen die Selbstsucht und die deutliche Grundtendenz des hebräischen Volkes, zu täuschen und zu übervorteilen, einer selbstloseren, rechtschaffeneren Art des Tätigseins weicht.

Der Jude ist auf Grund seiner Entwicklungsstufe und seiner Strahlen ganz außergewöhnlich schöpferisch und künstlerisch veranlagt. Das muß er erkennen, er darf aber nicht danach trachten, – wie dies jetzt noch geschieht – in allen Bereichen zu dominieren, anderen Völkern alle günstige Gelegenheiten wegzuschnappen, um seine eigene Lage und sein eigenes Volk auf Kosten anderer zu verbessern. Ein Entrinnen aus der gegenwärtigen Situation wird dann eintreten, wenn der Jude vergißt, daß er ein Jude ist, und in seinem innersten Bewußtsein Italiener, Amerikaner, Brite, Deutscher oder Pole wird. Das ist zur Zeit noch nicht der Fall. Das jüdische Problem wird sich lösen durch Wechselheirat – im Gegensatz zum Negerproblem. Das bedeutet Zugeständnisse und Kompromisse von seiten der orthodoxen Juden – nicht Zugeständnisse aus Zweckmäßigkeitsgründen, sondern aus Überzeugung.

Außerdem möchte ich noch auf folgendes hinweisen: So wie die Kabbala und der Talmud zweitrangige esoterische Wege zur Wahrheit und materialistisch in ihrer Art und Weise sind (denn sie enthalten viel solche Magie, welche die eine Stufe der Materie mit Substanz einer anderen Ordnung in Verbindung bringt), genau so ist auch das Alte Testament ganz entschieden eine Schrift zweiten
268] Ranges und steht geistig nicht auf der gleichen Stufe wie die Bhagavad Gita, die alten heiligen Schriften des Ostens und das Neue Testament. Es betont das Materielle und versucht, das Bewußtsein der Welt durch ein rein materialistisches Jehova-Bild zu beeinflussen. Das Grundthema des Alten Testaments ist die Wiedergewinnung der höchsten Ausdrucksform göttlicher Weisheit *im ersten Sonnensystem.* Jenes System verkörperte das schöpferische Wirken des dritten göttlichen Aspektes, des Aspektes aktiver Intelligenz, der durch die Materie zum Ausdruck kommt. Im gegenwärtigen Sonnensystem aber soll die erschaffene Welt eine Wesensäußerung für den zweiten Aspekt, für die göttliche Liebe werden. Dies hat der Jude nie begriffen, denn die im alten Testament zum Ausdruck kommende Liebe ist die separatistische, besitzgierige Liebe Jehovas zu einer bestimmten Gruppe innerhalb des Menschenreiches. Paulus faßt die Haltung, welche die Menschheit einnehmen sollte, in den folgenden Worten zusammen: „Es gibt weder Juden noch Heiden mehr". Das gegenwärtige schlimme Karma des Juden ist dazu da, seine Isolierung zu beenden, ihn dahin zu bringen, daß er seine materiellen Ziele aufgibt, daß er einer Nationalität absagt, die immer irgendwie dazu neigt, innerhalb einer anderen Nation parasitisch zu werden und daß er lernt, eine allumfassende Liebe

zum Ausdruck zu bringen, statt sich von andern abzusondern und sich unglücklich zu fühlen.

Und wie steht es denn mit der Haltung der „Heiden"? Es ist absolut notwendig, daß die Völker dem Juden um mehr als die Hälfte des Weges entgegenkommen, wenn er langsam und stufenweise dazu übergeht, seine nationalistische Orthodoxie zu ändern. Es ist unbedingt notwendig, daß sie aufhören, den Juden zu ängstigen, zu verfolgen und zu hassen, und ihn von einer Zusammenarbeit auszuschließen. Die wachsende antisemitische Einstellung in der Welt ist aus göttlicher wie auch aus menschlicher Sicht völlig unentschuldbar. Ich meine hier nicht die abscheulichen Grausamkeiten des besessenen deutschen Volkes. Diesen Vorgängen liegt eine uralte Beziehung aus den Tagen der Atlantis zugrunde, auf die näher einzugehen nutzlos wäre, da ich euch die Wahrheit meiner Behauptungen nicht beweisen könnte. Ich weise hier nur auf die Geschichte der letzten zweitausend Jahre hin und auf das alltägliche Verhalten der „Heidenvölker" in aller Welt. Von allen Völkern und Einzelmenschen muß eine ganz entschiedene Anstrengung unternom-
269] men werden, die Juden zu assimilieren, Ehen mit ihnen einzugehen und die Idee abzulehnen, daß alte Denkweisen und uralte böse Beziehungen ernsthafte Hindernisse bilden. Überall müssen es die Menschen als Schandfleck ihrer nationalen Ehre betrachten, wenn noch etwas von jenem alten Gegensatz in ihrem Lande auftaucht, der da heißt: hie Jude – hie Heide. *Es gibt weder Juden noch Heiden mehr — es gibt nur noch eine Menschheit.* Dieser Weltkrieg (1914–1945) sollte als der Schlußpunkt der uralten Feindschaft zwischen Juden und Heiden betrachtet werden. Beide Gruppen haben nun die Gelegenheit, eine neue, glücklichere Lebensweise zu schaffen und eine Beziehung echter Zusammenarbeit von beiden Seiten aus anzubahnen. Dieser Assimilationsprozeß wird langsam vor sich gehen, denn die ganze Situation stammt aus so alten Zeiten, daß Denkgewohnheiten, herkömmliche Einstellungen und unterschiedliche Gebräuche fest verankert und deshalb schwer zu überwinden sind. Aber die notwendige Wandlung kann eintreten, wenn

guter Wille alles beherrscht: das gesprochene und geschriebene Wort und die Art des gemeinsamen Zusammenlebens. Die Hierarchie kennt keinen Unterschied. Und das Haupt der Hierarchie erreichte – wenn es auch heute nicht in einem jüdischen Körper weilt – doch das höchste geistige Ziel für die Menschheit, als es einen jüdischen Körper bewohnte. Die Hierarchie läßt auch bestimmte Jünger sich innerhalb des Judentums inkarnieren, die vollbewußt an der Umwandlung der Lage arbeiten werden. Schon heute gibt es Juden – wenn auch ihre Zahl noch klein ist –, die sich nicht als Juden fühlen. Nicht das jüdische Problem beschäftigt sie ausschließlich und vor allem anderen, sondern ihr ganzes Streben geht dahin, die Kluft zu überbrücken und alle Menschen in eine einzige Menschheit zu verschmelzen.

Ich wiederhole es nochmals: die Meister der Weisheit kennen weder Juden noch Heiden – einzig Seelen und Söhne Gottes.

Eine der kritischen Einwendungen gegen die Art, wie ich an das Thema des Karmas als eines entscheidenden und sowohl in kranken wie in gesunden Zeiten wirkenden Faktors herangehe, ist die, daß ich zu sehr im allgemeinen bleibe und keine spezifische, ausführliche Analyse bestimmter Krankheiten, besonders der großen
270] Grundkrankheiten gebe, die heute so viele Opfer unter den Menschen fordern und deren man noch nicht grundlegend Herr werden kann. Ich beschäftige mich nicht mit ihren Symptomen oder ihrer Heilung, und ich gebe auch keine Behandlungs-Methoden an. Ich merke, daß dies eine Einwendung ist, um die ich mich kümmern sollte, damit ihr ohne Mißverständis in eurem Studium fortfahren könnt. Es ist hier die geeignete Stelle, um innezuhalten und diesem Argument entgegenzutreten. Karma ist notwendigerweise ein Gegenstand allgemeiner und nicht spezifischer Natur; im okkulten Sinne wird es von der allgemeinen Öffentlichkeit noch nicht anerkannt. Es muß also vorläufig nur in großen Zügen betrachtet werden, bis einmal das Gesetz von Ursache und Wirkung im menschlichen Bewußtsein als bestimmender Hauptfaktor anerkannt wird, und zwar nicht nur im großen Rahmen, sondern auch im Leben des

Einzelnen. Von diesem Gesetz weiß die Allgemeinheit im Ganzen bisher noch nichts.

Es wird euch klar sein, daß es für mich gar nicht notwendig ist, den Symptom-Aspekt von Krankheiten und all die Tatsachen zu behandeln, die von der orthodoxen Medizin zu gut erarbeitet worden sind. Wir haben einige Zeit lang die Ursachen solcher Krankheiten erörtert, und ich beabsichtige, okkulte Heilmethoden zu besprechen — soweit solche Heilungen nach dem Karmagesetz erlaubt sind und auch der Heiler bereit ist, in okkulter Weise zu wirken. Ich habe euch klar zu machen versucht, daß die fundamentale Ursache stets mit Energie zu tun hat, sei es, daß sie im Übermaß durch die Zentren strömt, oder daß sie fehlt. Hierin liegen die beiden Hauptfaktoren, die zu Krankheit führen. Es ist sehr wichtig, daß jene von euch, die an einem Studium der Krankheit und ihrer Heilung interessiert sind, dies anerkennen und als Grundlage ihres Studiums gelten lassen. Ich habe darauf hingewiesen, daß die Medizin und die medizinische Behandlung in der Zukunft von dieser Tatsache als wichtigster Feststellung ausgehen werden. Der tatsächliche Wert medizinischer Entdeckungen wird von mir nicht bestritten. Ich versuche nur, die Dinge von diesem Punkt aus weiter zu führen; es gehört nicht zu meinem Programm, die weisen Entdeckungen der modernen Medizin zu ignorieren, und ich stehe auch nicht auf der
271] Seite jener Gruppen, welche diese Entdeckungen herabsetzen und sich weigern, sie anzuerkennen. Das habe ich schon früher betont. Ich möchte die Grundrichtung künftiger medizinischer Forschung anzeigen, die dahin gehen wird, den Sitz der Beschwerden im Bereich der Lebenskraft (wie es die orthodoxen Forscher nennen mögen) zu suchen; wir würden diesen Bereich den Ätherkörper nennen. Ich möchte hier eine praktische Angabe machen, die als nächste Regel in dieser Abhandlung betrachtet werden kann:

VI. Regel

Eine sorgfältige Krankheits-Diagnose, die sich auf die festgestellten äußeren Symptome gründet, wird so weit vereinfacht werden, daß man, wenn einmal das betreffende Organ erkannt und damit isoliert ist, das ihm zunächst liegende Zentrum im Ätherkörper bestimmten Methoden okkulten Heilens unterwerfen wird; daneben werden jedoch auch die herkömmlichen medizinischen oder chirurgischen Behandlungsweisen zur Anwendung kommen.

Gerade hier geht der fanatische Sektierer oder Heiler von heute so oft in die Irre. Die alte Methode der Medizin mit ihrer physischen Untersuchung und ihrer erfolgreichen – oder auch erfolglosen – Diagnose wird auch weiterhin nötig sein, und zwar so lange, bis einmal Ärzte und Chirurgen die Fähigkeit des Hellsehens, der intuitiven Wahrnehmung und geistigen Einsicht besitzen, und bis sie außerdem eine brauchbare Methode ausgearbeitet haben, um mit Energie (in bezug auf den Patienten) umgehen zu können. Dazu wird eines Tages eine korrekte astrologische Deutung, ein unmittelbares Erkennen der Strahltypen kommen und dann die praktische Anwendung der richtigen Heilmethoden erfolgen, so wie es der Strahl, der die Lebensäußerung des Patienten bestimmt, und dessen Evolutionsstufe erfordern.

Ich sehe mich großen Schwierigkeiten gegenüber bei dem Versuch, die Grundlage für diese neue Einstellung zur Medizin zu schaffen. Erschwerend für mein Vorhaben sind auch die idealistischen Äußerungen der Pioniere auf den neuen Gebieten der Naturheilkunde, der Naturopathen, und die Behauptungen der Christlichen Wissen-
272] schaft und der Unity-Schulen. Ich kann (wenn ihr aus meinen Darlegungen Nutzen ziehen sollt) lediglich bestimmte allgemeine, weitläufige Theorien darlegen, nach denen sich die Mediziner der Zukunft richten werden. Aber in der Zeit zwischen der alten und neuen Epoche werden die Menschen in einem Nebel von Vermutungen wandern; es wird ein großer Streit entbrennen zwischen den alten Schulen und den Denkern und Erforschern der neuen Ideen, und man wird zeitweilig den „edlen Mittelweg“ des Buddha vergessen.

In der Medizin besteht heute eine Situation, die derjenigen im religiösen Bereiche ähnlich ist. Die alte Methode genügt für die Massen und ist sowohl in ihren Linderungs- und Vorbeugungsmaßnahmen als auch in ihrem diagnostischen Verfahren oft erfolgreich. Dies ist alles, was gegenwärtig möglich ist. In gleicher Weise genügt die alte Religionslehre, um die gedankenlosen Massen nach gewissen allgemeinen Richtlinien zu einer beherrschten Lebensweise zu leiten und bestimmte unwandelbare geistige Tatsachen im Bewußtsein des Durchschnittsmenschen klar zu erhalten. Sowohl hinsichtlich der Führung und des Schutzes der Massen in geistigen Belangen wie in bezug auf den physischen Körper können Ärzte und Priester in verschiedenen Gruppen eingeteilt werden: einige von ihnen hängen an den alten, erprobten Methoden, einige nehmen eine so starre grundsätzliche Haltung ein, daß sie sich weigern, Neues und Unbewiesenes zu erforschen; andere wieder sind so idealistisch, so spekulativ und fanatisch eingestellt, daß sie vorwärtsstürmen und in einen Bereich spekulativer Experimente geraten, die ihnen den Schlüssel zur Medizin der Zukunft geben können – oder auch nicht –, die aber sicherlich ihre Patienten zu sogenannten „Versuchskaninchen" machen.

Der sicherste und am wenigsten auf Vermutungen angewiesene Bereich medizinischer Praxis ist jener, der mit den *chirurgischen Hilfsmaßnahmen* für den Patienten zu tun hat. Die Chirurgie gründet sich auf eine sichere Kenntnis der Anatomie, die Diagnose der erforderlichen Maßnahmen kann klug kontrolliert werden, und ihre
273] Ausübung (durch einen gediegenen und angesehenen Chirurgen) kann eine Heilung oder wirkliche Verlängerung des Lebens herbeiführen, und dies geschieht ja auch häufig. Aber auch auf diesem Gebiet weiß man noch wenig über die Folgen einer Operation, die darin bestehen können, daß sie den Ätherkörper und demzufolge auch das Nervensystem – durch das dazwischengeschaltete System der Nadis, der ätherischen Entsprechungen der Nerven – nachteilig beeinflussen. Ich möchte als Beispiel annehmen, daß irgendein Organ entfernt wird. Notwendigerweise muß dies bestimmte Folgen haben, und es wird sich unvermeidlich eine Periode schwieriger Neuanpassung im feinstofflichen Mechanismus des Patienten ergeben. Der Körperbezirk, dem die chirurgische Behand-

lung zuteil wurde, und ganz besonders das Zentrum, daß ihm am nächsten liegt, *müssen* darauf reagieren, denn der Energiekreislauf, der von dem Zentrum ausgeht, erfährt ja einen „Kurzschluß", wenn ich mich so ausdrücken darf. Dieser Strom, der bisher durch die chirurgisch behandelte Körperregion floß, muß sich nun über die „Nadis" seinen Weg zu allen Körperteilen bahnen; diese Nadis liegen, wie ihr wißt, dem Nervensystem zugrunde und führen ihm die nötige Energie zu. Nun sind aber die alten Kanäle für den Energiestrom infolge der größeren oder kleinen operativen Maßnahmen entfernt worden. Es müssen also neue Kanäle oder Kraftbahnen geschaffen werden, um die „verstümmelte" Region zu überbrücken, und es muß im Lebensorganismus des Patienten eine grundsätzliche Neuordnung erfolgen. In dieser Hinsicht ist bis jetzt praktisch noch nichts bekannt, ja diese Frage ist noch nicht einmal in den Bereich der fortgeschrittenen Forschung einbezogen worden.

Die neue Medizin kann erst dann wissenschaftlich formuliert oder sinnvoll dargestellt werden, wenn die *Existenz* des Ätherleibes und die Tatsache *allgemein anerkannt wird, daß er ein Werkzeug zur Energieversorgung und der Lebensaspekt der äußeren Form ist.* Die Aufmerksamkeit der Mediziner wird sich dann weniger auf die äußeren, greifbaren, physischen Wirkungen, sondern mehr auf die inneren Ursachen richten, die in den Zentren und den zu diesen gehörenden Wirkungsbereichen zu finden sind.

274] Es sind von mir bereits bestimmte allgemeine, esoterische Tatsachen angegeben worden, die für jene Bereiche gelten, in denen sich eine Krankheit manifestiert:

1. Die unmittelbare Ursache dieser Krankheit kann aus dem Ätherkörper des betreffenden Menschen abgeleitet werden, wenn die Beschwerde örtlich begrenzt ist, oder aus dem Ätherkörper unseres Planeten (insbesondere aus dem des vierten Naturreiches), wenn es sich um Epidemien oder um solche Zustände wie Kriege handelt, also um Wirkungen, die große Menschenmassen in Mitleidenschaft ziehen.

2. Der Ätherkörper ist bisher von der Schulmedizin noch nicht als existent angesehen worden, obwohl neuerdings eine Tendenz dahin geht, *die Lebenskraft oder Vitalität,* die lebenerhaltenden Qualitäten in der Nahrung zu betonen; außerdem gibt man jetzt vitaminhaltige Stoffe, um die lebenswichtigen Reaktionen wieder herzustellen. Das ist ein erstes Anzeichen dafür, daß man unbewußt die Notwendigkeit spürt, die Kraft des Ätherleibes zu verstärken.

3. Der Zustand des Ätherleibes macht den betreffenden Menschen für Krankheit anfällig oder schützt ihn davor; in dem einen Falle wird der Mensch gegen den Ansturm verderblicher oder epidemischer Einflüsse widerstandsfähig gemacht, im anderen Falle nicht, da der Ätherkörper von sich aus nicht stark genug ist.

4. Der Ätherkörper ist das Werkzeug des vitalen, pranischen Lebens; er ist das Gerüst oder die Grundlage des äußeren, uns bekannten Nervensystems, das alle Teile des physischen Organismus nährt und in Bewegung setzt. Die Beziehung zwischen den Zentren, den Nadis und dem gesamten Nervensystem ist das Betätigungsfeld der neuen Medizin und weist auf ein neues, wichtiges Forschungsgebiet hin.

5. Es gibt zwei Hauptursachen für alle Krankheiten:
   a) Sie beruhen vor allem auf einer zu starken oder einer mangelnden Stimulierung der Zentren. Dies bringt einfach
275] die Überfunktion oder Unterfunktion irgendeines Zentrums in einem Körperteil mit sich. Wo der Energiestrom den Forderungen des physischen Körpers in irgendeinem Entwicklungsstadium entspricht, wird verhältnismäßig wenig Krankheit auftreten.
   b) Sie sind zweitens karmische Auswirkungen der drei großen planetarischen Krankheiten Krebs, Tuberkulose und Sy-

philis. Eines Tages wird die Medizin erkennen, daß hinter jeder einzelnen Krankheit (unabhängig von den Folgen eines Unfalles oder Krieges) diese drei Haupttendenzen im menschlichen Körper bestehen. Das ist eine grundlegende, wichtige Aussage.

6. Der Ätherkörper ist das zentrale Sammelbecken für alle inneren Energien des Körpers; die übermittelte Energie besteht daher nicht aus reiner Lebensenergie oder nur aus planetarischem Prana, sondern ist durchtränkt mit den Qualitäten all der Kräfte, die aus der astralen oder emotionellen Ausrüstung, aus dem Denken oder aus dem Seelenkörper kommen. Diese „qualifizierenden Kräfte", die ja das Karma des Einzelmenschen anzeigen, sind letzten Endes die hauptsächlich bestimmenden Kräfte. Sie geben die erreichte Entwicklungsstufe des Menschen an und lassen erkennen, welche Bereiche seiner Persönlichkeit schon beherrscht sind. Sie zeigen also den Zustand seines Karmas an. Damit wird das ganze Thema der Medizin in den Bereich der Psychologie verlegt und das Gesamtproblem karmischer Wirkungen und der Strahltypen aufgeworfen.

7. Diese bestimmenden Faktoren machen den Ätherleib zu dem, was er in einer Inkarnation ist; sie sind ihrerseits wieder Folgen von Handlungen, die in früheren Inkarnationen eingeleitet oder ausgeführt wurden, und sie bilden somit die karmischen Verpflichtungen oder die karmischen Freiheiten (Vorrechte) des Patienten.

8. Diese Grundenergien, die in den Ätherleib einfließen und den physischen Körper bestimmend beeinflussen, sind von zweierlei Art: Erstens die Strahlenergie der Seele, und zweitens
276] die Strahlenergie der Persönlichkeit, die noch mit den Qualitäten der geringeren Kräfte (oder Strahlen) der Mentalnatur, des Astralkörpers und des physischen Körpers durchtränkt ist.

Es sind also insgesamt fünf Energien, die im Ätherleib vorhanden sind, und die der zukünftige Arzt zu berücksichtigen hat.

9. Diagnosen, die sich auf die Anerkennung dieser subjektiven Faktoren gründen, sind in Wirklichkeit keine so verwickelte und komplizierte Angelegenheit, wie es dem erscheinen mag, der heute die fortschrittlichen okkulten Theorien studiert. Die Mediziner des Neuen Zeitalters werden einmal genug wissen, um diese verschiedenen Strahlkräfte mit den ihnen zugehörigen Zentren in Verbindung zu bringen; daher werden sie wissen, welche Kräfteart für bestimmte – gute oder schlechte – Zustände in irgendeinem speziellen Körperbezirk verantwortlich ist. Eines Tages, wenn einmal mehr Forschungen und Untersuchungen angestellt worden sind, wird die Wissenschaft der Medizin von der Tatsache des Ätherkörpers und der ihn bildenden Energien ausgehen. Man wird dann entdecken, daß diese Wissenschaft viel einfacher und weniger kompliziert ist als die gegenwärtige Medizin. Heute ist diese Wissenschaft derart vielseitig und umfangreich, daß zwangsläufig Spezialisten nötig sind, die einen bestimmten Körperbereich und dessen Auswirkungen auf den gesamten physischen Organismus behandeln können. Der durchschnittliche praktische Arzt kann nicht mehr mit der Fülle von Einzelwissen fertig werden, das man heute über den physischen Körper zusammengetragen hat, über seine mannigfachen Systeme, ihre Wechselbeziehung und ihre Wirkung auf die vielen Organismen, aus denen der ganze Mensch besteht. Die Chirurgie wird sich auch weiterhin nur mit den anatomischen Notwendigkeiten der äußeren menschlichen Form befassen; die Medizin jedoch wird in Kürze ihre Aufmerksamkeit auf den Ätherkörper und die ihm eigenen Systeme des Energiekreislaufes, auf seine ineinandergreifenden Beziehungen und den Energiestrom zwischen den sieben Zentren, sowie zwischen den Zentren selbst und

den von diesen beherrschten Bezirken richten. Dies wird einen
277] ungeheuren Fortschritt in einer vernünftigen, nutzbringenden Richtung bedeuten; es wird sich vieles grundlegend vereinfachen; man wird zu richtigeren Heilmethoden kommen, besonders in dem Maße, als sich das Hellsehen entwickelt und von der Wissenschaft anerkannt wird, wenn man es also als eine Erweiterung normaler Sinneswahrnehmung ansieht.

10. Wenn einmal die wahre Astrologie zu ihrem Recht kommt und zu einer geachteten Wissenschaft weiterentwickelt wird, dann können die Horoskope der Seele und der Persönlichkeit miteinander in Beziehung gebracht werden; dann wird der Ätherleib mit Hilfe richtiger astrologischer Schlußfolgerungen überprüft, wodurch der Arzt eine viel sicherere Grundlage hat als heute. Die Astrologie der Vergangenheit beschäftigte sich mit der Persönlichkeit; die Astrologie der Zukunft wird auf die Absichten der Seele hinweisen und wird (unter anderem) auch die Medizin vollständig revolutionieren. Sie muß jedoch denen aus den Händen genommen werden, die an astrologischen Vorhersagen interessiert sind, aus den Händen tausender Menschen, die gegenwärtig viel Zeit damit zubringen, ein Horoskop zu „stellen" (wobei sie versuchen, ihre meist irrigen Schlüsse zu ziehen); sie muß mathematisch geschulten Wissenschaftlern und jenen Menschen anvertraut werden, die ebensoviel Zeit für eine wissenschaftliche, astrologische Schulung aufgewandt haben, als man heute zur Schulung eines achtbaren Arztes, Chemikers oder Biologen braucht.

11. Diese astrologischen Befunde werden sich nicht nur auf die Horoskope der Persönlichkeit und der Seele beziehen, sondern auch den Bereich der Medizin, besonders im Hinblick auf den Ätherleib, beeinflussen. Heute wird jede astrologische Forschung, die man zu medizinischen Zwecken betreibt, auf eine physische Krankheit im physischen Leibe bezogen; in Zukunft

wird sie sich auf den Zustand des Ätherleibes richten. Das ist eine neue, unmittelbar bevorstehende Entwicklungstendenz in der astrologischen Forschung.

278] Bei meinem Bemühen, euch ein Bild von der Medizin der Zukunft zu geben, stehe ich vor einer weiteren Schwierigkeit: Ich denke in Zeiträumen von Zyklen, ihr dagegen nur von wenigen Jahren. Tatsächlich und im Grunde genommen bin ich bemüht, die Richtungen anzugeben, welche die medizinische Forschung in den nächsten zweihundert Jahren einschlagen wird. Nach der heutigen Denkweise geht das Bestreben dahin, wie man einen Menschen hier und jetzt heilen kann; das ist eine natürliche Reaktion, und fortschrittliche Denker versuchen dies jetzt mit Hilfe von sogenannten esoterischen und mentalen Heilmethoden zu erreichen. Es ist aber bisher noch nichts über den Aufbau des Äther- oder Vitalkörpers bekannt, denn es gibt auf diesem Gebiet praktisch noch keine Forschung. Die neuzeitliche Medizin ist sehr alten Ursprungs. Im Laufe der Jahrhunderte hat sie sich immer weiter entwickelt, so daß jetzt moderne Geschicklichkeit, moderne Forschungsmethoden, Techniken und Verfahrensweisen, Heil- und Kurmethoden erstaunliche Erfolge buchen können. Dies wird von den Anhängern neuer, unerprobter Schulen, die nur die erfolglosen Heilversuche hervorheben, oft vergessen; sie schreiben diese Mißerfolge falschen Methoden zu und berücksichtigen keine karmisch bedingten Faktoren. Die neuzeitliche Medizin hat heute solche Erfolge, daß Millionen von Menschen — selbst wenn man sie nicht vollständig heilen kann – am Leben erhalten werden, die in früheren Zeiten mit dem geringeren wissenschaftlichen Können normalerweise gestorben wären. In dieser entwickelten Kunstfertigkeit, in diesem größeren Wissen und in dieser vervollkommneten Sorgfalt, die man dem physischen Werkzeug zuteil werden läßt, liegt heute ein großes Problem, das die ganze Welt angeht, nämlich das Problem der Überbevölkerung unseres Planeten; das führt zu einem Massendasein der Menschheit und folglich zu wirtschaftlichen Problemen, um nur einige Schwierigkeiten zu nennen, die sich daraus ergeben. Diese „unnatürliche“ Erhaltung des Lebens ist die Ursache vieler Leiden und eine ergiebige Quelle für Kriege, was der karmischen Absicht des planetarischen Logos gänzlich zuwiderläuft.

Mit diesem weitreichenden Problem kann ich mich hier nicht beschäftigen. Ich kann nur darauf hinweisen. Es wird erst dann gelöst werden, wenn einmal die Furcht vor dem Tode verschwindet, und
279] wenn die Menschheit die Bedeutung der Zeit und den Sinn der Zyklen verstehen lernt. Es wird einfacher werden, wenn einmal genaue astrologische Feststellungen möglich werden, wenn der Mensch die Stunde seines Abscheidens von dieser äußeren Ebene kennt, wenn er die Technik des „Zurückziehens“ und die Methoden beherrscht, sich *bewußt* aus dem Gefängnis des Körpers zu lösen. Vorher müssen jedoch noch viele Forschungen angestellt werden. Aber die Tatsache, daß das Problem erkannt ist, daß jetzt Überlegungen angestellt und Forschungen betrieben werden, weist darauf hin, daß – karmisch und vom Gesichtspunkt der menschlichen evolutionären Entwicklung aus – die Zeit reif ist für ein Studium des Ätherkörpers, der Strahlen, die seine Manifestation *im Raume* bestimmen, und der Astrologie, die seine Formwerdung *in der Zeit* bestimmt.

Gerade deshalb gibt es in der heutigen Welt so viele Gruppen, die gegen die orthodoxe Medizin revoltieren – fälschlicherweise revoltieren, denn in der fanatischen Begeisterung für ihre spezielle Einstellung zum Problem des Heilens ignorieren sie die wohltätigen Aspekte der bisher entwickelten medizinischen Wissenschaft. So versuchen sie, all das über Bord zu werfen, was viele Zeitalter zum Wissen des Menschen von seinem Organismus, dessen Beziehungen und Versorgung, Heilung und Erhaltung beigetragen haben; sie versäumen es, aus früherer Weisheit Nutzen zu ziehen, und segeln viel lieber in einem Geiste der Auflehnung auf das Meer der Forschung hinaus, voller Vorurteile und völlig ungenügend gerüstet für die vor ihnen liegende Aufgabe.

Naturheilkundige vieler Richtungen, Anhänger der Heilmetho-

den mit Elektrizität oder Licht und Farbe, Diätspezialisten mit unfehlbaren Kuren für alle Krankheiten, die vielen Heilpraktiker, die Verfahren anwenden, welche auf der diagnostischen Methode von Abram beruhen, die vielen Verteidiger der chiropraktischen Methoden, schließlich die verschiedenartigen Heilmethoden, die überhaupt nichts mit der Medizin zu tun haben, es jedoch unternehmen, Heilungen zu erzielen, – sie alle sind Anzeichen für neue, hoffnungsvolle Tendenzen. Dennoch sind sie alle höchst experimenteller Art; man tritt so fanatisch für sie ein, so unter Ausschluß aller bisher anerkannten Heil- und Hilfsmethoden (ausgenommen ihrer eigenen), in so ungestümer Opposition gegen alle Entdeckungen der
280] Vergangenheit, und man ist so wenig gewillt, mit der Schulmedizin zusammenzuarbeiten, daß sie in vielen Fällen eine ausgesprochene, wirkliche Gefahr für die Öffentlichkeit darstellen. Gerade ihre eigene fehlerhafte Denkweise und Einstellung ist weitgehend dafür verantwortlich; durch ihre unzweifelhafte Unkenntnis von der Beschaffenheit des menschlichen Körpers, durch ihre Angriffe auf die bestehenden medizinischen Verfahren (auch wenn deren Wert bewiesen ist), und infolge ihres einseitigen Glaubens an die Unfehlbarkeit ihrer experimentellen Methoden haben sie sich den Angriffen der streng orthodoxen, praktischen und akademischen Medizin ausgesetzt. Dennoch gibt es in den Reihen der Mediziner viele aufgeklärte Menschen, die gern zu einer Zusammenarbeit bereit wären, wenn die kleinen, aber stimmgewaltigen Sekten ihre Ausschließlichkeit aufgeben würden und gewillt wären, zusammen zu arbeiten und all das anzuerkennen, was der göttliche Instinkt im Menschen seit undenklichen Zeiten in bezug auf die Heilung des menschlichen Körpers gelehrt hat. Aus der gemeinsamen Arbeit der neuen experimentellen Richtungen und der älteren erprobten Methoden wird sich die Medizin der Zukunft entwickeln. Der Wert all der vielen Gruppen – der guten wie der indifferenten – liegt in der Tatsache, daß sie den Weg zu neuen Zielen weisen und die Methoden andeuten, wie sich die künftige Medizin weiter entfalten und den Bedürfnissen der Menschen besser anpassen kann. Bis jetzt ex-

perimentieren sie noch zu viel, als daß man ihnen vertrauen könnte, und die Experimente sind noch nicht wissenschaftlich bewiesen. Sie sind bahnbrechende Gruppen und haben einen wirklichen Beitrag zu leisten, aber dies wird nur dann möglich sein, wenn sie sich nicht mehr weigern, auch die Vergangenheit anzuerkennen, und wenn sie bereit sind, in der Gegenwart Kompromisse zu schließen. Die akademische Medizin ist das Ergebnis der von Gott geschenkten Gaben des menschlichen Denkens; sie ist ein erprobtes göttliches Produkt, eine höchst heilsame, wohltätige Kraft in der Welt, trotz menschlicher Schwäche, wirtschaftlicher Ausbeutung und vieler Fehler. Es ist dasselbe wie mit der Religion. Diese beiden großen Wissenschaften müssen ihre reaktionäre, konservative Einstellung
281] aufgeben und dann offenen Sinnes auf neuen Wegen den Zugang zur Göttlichkeit und zu physischem Wohlbefinden zu gewinnen suchen.

Man könnte also folgendes sagen: Der Hauptbeitrag, den ich zur Zeit leiste, besteht darin, daß ich die Ursachen von Krankheit und Siechtum aufzeige; diese werden von der orthodoxen Medizin nicht erkannt, da sie sich nur mit den Wirkungen dieser subtilen Ursachen befaßt, soweit sich diese im physischen Körper und im Nervensystem zeigen. Ich befasse mich nicht (worauf ich schon früher hingewiesen habe) mit Krankheitssymptomen, medizinischen Diagnosen oder Anwendungsmöglichkeiten physischer Mittel, um Heilungen herbeizuführen oder bestimmte Zustände zu bessern. Diese Dinge haben Schritt gehalten mit der wachsenden Fähigkeit des Menschen zu Entdeckungen und Erkenntnissen.

Ich möchte nochmals wiederholen, daß ich den Grundstein für eine neue Einstellung zum Thema: „Der physische Körper in Gesundheit und Krankheit" lege, die sich vor allem mit dem Ätherkörper befassen wird. Dies sollte schließlich dazu führen, daß sich über Energie, über ihre Brennpunkte und Verteilung im Ätherleib ein Wissen ansammelt, das dem schon auf dem Gebiet exakter physischer Erkenntnis gesammelten Wissen gleichkommt, denn exakte Kenntnisse sind ja Tatsachen.

Das Studium der Erbkrankheiten deutet darauf hin, daß eine Erkenntnis von den karmischen Verpflichtungen und Tendenzen des Menschen zu dämmern beginnt. Es ist jedoch falsch zu glauben, daß diese Tendenzen in den Keimen des Lebens und der Substanz zu finden sind, die im Augenblick der Empfängnis zusammengefügt werden, und daß daher der Vater oder die Mutter für die Übertragung verantwortlich seien. Das ist nicht der Fall. Der inkarnierte Mensch hat seine Eltern – vom Gesichtspunkt der Seele aus – ausdrücklich und bewußt im Hinblick darauf ausgesucht, was sie zu seiner *physischen* Ausrüstung in der Inkarnation beitragen können. Der Lebenskörper ist daher so beschaffen, daß der Mensch für eine spezielle Art von Infektion oder Krankheit veranlagt ist; der physische Körper wiederum ist von solcher Beschaffenheit, daß seine Linie des geringsten Widerstandes das Erscheinen und Vorherrschen dessen zuläßt, was ihm aus dem Lebenskörper zukommt; die sich
282] inkarnierende Seele erschafft und entwickelt im Ätherleib ein speziell zusammengesetztes Gefüge, zu dem die gewählten Eltern eine bestimmte Tendenz beisteuern. Der Mensch leistet daher bestimmten Krankheitsarten keinen Widerstand, und dies wird durch sein Karma bestimmt.

Es ist all denen, welche die esoterischen Wissenschaften studieren, wohlbekannt, daß der physische Körper ein bloßer Automat ist, der den Impulsen eines feineren Körpers folgt, dessen Energien die erreichte Entwicklungsstufe genau und zuverlässig anzeigen. Diese Entwicklungsstufe mag sich als Vorherrschaft der Persönlichkeit (durch einen ihrer Körper) oder als Herrschaft der Seele manifestieren. Das sind Tatsachen, welche die Medizin begreifen muß, und wenn sie dies tut, dann wird sie einen großen Schritt vorwärts kommen. Schüler der Esoterik erkennen bereitwillig an, daß der physische Leib auf emotionelle, mentale oder von der Seele kommende Eindrücke automatisch reagiert; der Ätherleib ist jedoch so eng mit dem physischen Körper verwoben, daß es nahezu unmöglich ist, die beiden im Bewußtsein zu trennen; dies wird erst dann möglich werden, wenn die Wissenschaft von der ätherischen Energie und die Entwicklung hellsichtiger Wahrnehmung die Wahrheit dessen beweisen, was ich sage. Auch dies mußte noch einmal gesagt werden.

Die medizinische Wissenschaft kommt rasch in der rechten Richtung vorwärts, da sie das Nervensystem studiert und die Macht des Denkens über den physischen Körper anerkennt. Wenn sie hinsichtlich des physischen Leibes zugibt, daß „dem Gedanken Energie folgt", und dann daran geht, mit imaginären Gedankenströmungen (wie man sie irrtümlicherweise nennt) zu experimentieren, die auf bestimmte Bezirke des Ätherleibes gerichtet werden – dorthin, wo die Esoteriker die Existenz von Energiepunkten oder Zentren angeben — dann wird man viel entdecken. Die Christliche Wissenschaft hatte in ihrer ursprünglichen Grundidee eine vernünftige Auffassung – daß nämlich das Denken ein dauernd bestehender Faktor sei; aber ihre Überbetonung des Denkens, ihre idealistische Darstellung der menschlichen Natur, ihre Erwartung, daß der
283] Mensch schon heute und sofort fähig sei, sich (ohne dazwischenliegende oder notwendige Entwicklungen) als voll entfalteter Gottessohn zu manifestieren, und ihr widerspruchsvoller Standpunkt, die Energie des Denkens hauptsächlich für physische Erfordernisse und Bedürfnisse zu verwenden – all das hat ihre Lehren gründlich entwertet. Wenn die Christliche Wissenschaft die ursprüngliche Absicht der Eingeweihtengruppe, welche die Menschheit durch diese Denkrichtung beeinflussen wollte, ausgeführt und die Grundidee, daß dem Gedanken Energie folgt, richtig weiterentwickelt hätte, dann wäre dies für die medizinische Wissenschaft von großem Nutzen gewesen.

Die Darstellung der Christlichen Wissenschaft war sowohl zu hoch wie zu niedrig, und so ging eine große Gelegenheit verloren; sie hat vom Standpunkt der Hierarchie aus versagt, und ihre Nützlichkeit ist weitgehend zunichte geworden.

Heiler- und Heilergruppen arbeiten noch immer unter großen Beeinträchtigungen; aber sie können jetzt anfangen zu wirken, und zwar auf zweierlei Art und Weise:

1. Sie können durch die Macht gelenkten Denkens Energie in dasjenige Zentrum einströmen lassen, das der bestimmende Faktor in jenem Bezirk des physischen Körpers ist, in dem die Störung liegt. Wenn zum Beispiel der Patient an einem Magengeschwür leidet, so kann die Stimulierung des Solarplexus-Zentrums Heilung bringen, vorsausgesetzt, daß die Arbeit des Heilers *rein mentaler Art* ist und daß die erwarteten Ergebnisse *bloß physischer Art* sind. Andernfalls wird die emotionelle Natur an der Stimulierung teilhaben und es werden ernste Schwierigkeiten auftreten.

2. Sie können ein Zentrum stimulieren, das höher ist als dasjenige, welches den betreffenden Bezirk beherrscht, und sie können somit – durch Verstärkung des höheren Zentrums – die Lebensfülle des niederen reduzieren. Wenn zum Beispiel eine Krankheit oder Störung in bezug auf die Zeugungsorgane
284] besteht – (wie etwa eine Krankheit der Prostata), dann sollte das Kehlzentrum Aufmerksamkeit erhalten. Es ist jenes Zentrum, das schließlich der Empfänger der Energie des niederen schöpferischen Aspektes, der niederen Entsprechung sein muß. Dies nennt man „die Methode, das Feuer wegzuziehen". Dadurch kann das, was ihr in bestimmten Fällen Überreizung, in anderen Entzündung nennt, zum Stillstand gebracht werden.

Diese beiden Möglichkeiten der Energieanwendung und Gedankenkontrolle bilden die okkulte Grundlage für die beiden fundamentalen Methoden, die man anwendet, wenn man Energie in erkrankte Bezirke leitet. Sie bewirken in dem einen Falle eine Intensivierung des Lebens im angeschlossenen Zentrum, womit folglich eine bestimmte Wirkung auf das erkrankte Gebiet ausgeübt wird; oder sie vermindern im anderen Falle den Krafteinstrom und schwächen damit die Macht der Krankheit. Es dürfte also klar sein, daß ein Heiler von den Wirkungen dieser beiden grundlegenden, verschiedenen Methoden viel wissen muß, bevor er es wagen darf, an die Arbeit zu gehen. Andernfalls könnte er das Leiden in dem erkrankten Bezirk sehr vergrößern und sogar erreichen, daß der Patient stirbt, was auch häufig geschieht.

Ich möchte noch auf etwas anderes hinweisen. Bei allen Heilmethoden esoterischer Art ist es ein wesentliches Erfordernis, daß zusammen mit den feineren Hilfeleistungen auch vernünftige medizinische Verfahren orthodoxer Art zur Anwendung kommen. Gerade durch die weise Vereinigung der beiden Behandlungsweisen und durch eine Zusammenarbeit des orthodoxen Arztes und des okkulten Heilers oder der Heilergruppe werden die besten Ergebnisse erzielt werden.

Studierende, die zu heilen versuchen, müssen also zweierlei klar
erkennen: Die Natur der Krankheit, über die ein guter Arzt die
Diagnose stellt, und das Zentrum, das den Krankheitsherd be-
herrscht. Es ist für den durchschnittlichen Heiler-Anfänger oder
für eine Heilergruppe am sichersten, mit einem anerkannten Arzt
zusammenzuarbeiten und sich mit dem Zentrum, das den erkrank-
285] ten Bezirk beherrscht, zu befassen. Eingeweihte Heiler be-
handeln die höhere Entsprechung des beherrschenden Zentrums, wo-
bei sie immer durch die analogen emotionellen und mentalen Zen-
tren wirken. Der gewöhnlichen Heilergruppe ist dies *weder möglich
noch erlaubt.* Je höher die betreffenden Zentren, um die es geht
und die behandelt werden, desto stärkere Wirkungen stellen sich ein
und um so größere Sorgfalt ist nötig.

Bei dem ganzen Vorgang handelt es sich darum, entweder Energie zuzuführen oder Energie abzuziehen; ein angeschlossenes Zentrum stärker zu aktivieren und so die Aufmerksamkeit von jenem Zentrum abzuziehen, welches das erkrankte Gebiet oder Organ beherrscht; oder die Energien, die zwischen zwei Zentren fließen, ins Gleichgewicht zu bringen und dadurch ein gleichmäßiges, ruhiges Wechselwirken herzustellen. Je mehr der Anfänger dieses Thema des Heilens studiert, desto komplizierter wird es ihm erscheinen, bis er einmal mit einem Arzt zusammenarbeiten kann, der die innere Schau besitzt und die Zentren zu sehen vermag, oder mit Patienten, die innerlich ihr Schicksal kennen und mit einer Gruppe zusammenwirken können, die ein brauchbares okkultes Wissen besitzt; dann ist es möglich, die Strahlen des Patienten festzustellen und wenigstens die Art seiner Veranlagung oder seiner Tendenzen kennenzulernen, indem man sein Geburtshoroskop zu Rate zieht.

Ihr könnet nun angesichts alles dessen fragen, ob es euch denn überhaupt möglich ist, eine bestimmte Heilarbeit zu leisten, die wirksam, vernünftig, richtig und erlaubt ist. Das Risiko und die Verantwortung bei einer Überreizung oder zu geringen Stimulierung erscheinen zu groß, das Wissen des Heilers aber zu gering, als daß Versuche erlaubt wären; und das Karma des Patienten ist natürlich (für den durchschnittlichen Heiler) noch nicht feststellbar.

Darauf möchte ich erwidern, daß jede bahnbrechende und experimentelle Arbeit stets mit einem speziellen Risiko verbunden ist. Die Wissenschaft und besonders die Frühzeit der modernen Medizin und Chirurgie haben viele Opfer gefordert. Aber dies hat den ehrlichen Forscher niemals abgeschreckt oder die Vermehrung des Wissens verlangsamt. In diesen Tagen, da Pionierarbeit auf dem Gebiet des okkulten Heilens geleistet wird, muß man denselben Mut
286] aufbringen und dieselben Risiken eingehen. Die Sicherung vom streng gesetzlichen und menschlichen Standpunkt aus wird darin liegen, daß der Patient während der Zeit, in welcher der okkulte Heiler sich bemüht, lebenswichtige Hilfen zu leisten, unter der Aufsicht eines geachteten Arztes steht, der auch die Diagnose stellt.

Die Arbeit des Heilers und der Heilergruppen wird daher die orthodoxe Betreuung ergänzen; man wird die Ergebnisse auf beiden Seiten sorgfältig beobachten und aufschreiben müssen. Jede Gruppe, die zu Heilzwecken gebildet wird, sollte nach bestimmten, festgelegten Richtlinien arbeiten. Hier sind einige, die ich in dieser Übergangszeit als wichtig für den Erfolg vorschlagen möchte:

1. Der Patient, der geheilt werden soll (oder dem man helfen will, wenn eine Heilung unmöglich ist), sollte sich immer in

die Behandlung eines erfahrenen Arztes mit gutem Ruf begeben; wenn das nicht der Fall ist, sollte man ihn dazu ermutigen, einen solchen aufzusuchen.

2. Die Art der Erkrankung sollte durch sorgfältige, orthodox-medizinische Diagnose festgestellt und der Gruppe bekannt gegeben werden.

3. Man sollte außerdem das Alter des Patienten, sein Geburtsdatum und einiges über seine Lebensumstände kennen, damit sich das Interesse besser auf ihn konzentrieren kann; und es sollte auch ein magnetischer Bezirk um ihn hergestellt werden, der die von Gedanken gelenkte Energie der Gruppe anzieht.

4. Der Heiler oder die Heilergruppe sollte einen allgemeinen Begriff haben von der Beschaffenheit und der Anatomie des Körpers, von der Lage der verschiedenen Organe im Körper sowie von der Lage und Wesensart der Zentren, welche die betreffenden erkrankten Gebiete beherrschen. Man sollte Berichte und Abbildungen studieren, aus denen man diese Dinge ersehen kann.

5. Die Kraft der Imagination und der bildlichen Vorstellung sollte in einer Heilergruppe nachdrücklich betont werden, und
287] es sollte die Fähigkeit entwickelt werden, dem Patienten und dem Gebiet in seinem Körper, in dem die Störung liegt, Energieströme zuzusenden.

6. Der Heiler (oder die Heilergruppe) muß berücksichtigen, daß er (oder sie) nicht nur mit mentaler Energie wirkt.
   a) Er selbst erzeugt einen Gedanken heilender Kraft.
   b) Der so geschaffene Brennpunkt konzentrierter Aufmerksamkeit wird zu einem Leitorgan für die Heilkraft oder das Prana.

c) Dieses Prana ist weder mentaler noch astraler Natur. Es ist reine planetarische Substanz oder Lebensessenz, und eben aus dieser Substanz besteht der Lebenskörper unseres Planeten.

d) Der Heiler oder die Heilergruppe eignet sich so viel wie möglich von dieser Substanz an, und durch die Macht vereinten Denkens leiten sie diese Substanz dem betreffenden Zentrum zu und durch es hindurch. *Heilendes Wirken geht in einem Kreislauf vor sich,* das darf man nicht vergessen. Die (von Gedanken gelenkte) pranische Energie wird dem Zentrum nicht deshalb zugesandt, damit sie sich dort aufspeichert. Sie *geht durch das Zentrum hindurch*, zuerst zu dem betreffenden Organ oder Bezirk, wo die Beschwerde liegt, und wird dann an den Gesamtkörper weitergeleitet. Man könnte dies alles als ein Spülungssystem mit reinigender und stimulierender Wirkung ansehen.

In diesen Tagen, wo erste Versuche und Arbeiten in dieser Richtung stattfinden, ist es lediglich möglich, gewisse einfache Regeln zu geben. Auf Grund der Ergebnisse wird sich die Erfahrung einstellen, und die Heilergruppe wird allmählich lernen, *wie* man wirken muß, *wann* man die Methoden ändern, und *was* man beachten muß.

288] Von Anfang an sollten für derartige Arbeiten Aufzeichnungen geführt werden, und bei dieser Arbeit wird der Patient häufig helfen. Daten, zufällige Erscheinungen, Änderungen zum Besseren oder Schlechteren sollten beachtet werden, ebenso Mitteilungen – soweit möglich – über den Allgemeinzustand des Patienten. Deshalb empfehle ich, daß das Heilen in den jetzigen Anfangsstadien dieser Tätigkeit nur bei solchen Kranken versucht wird, die den Mitgliedern der Gruppe gut bekannt sind, oder die von Ärzten oder von Menschen, die zu voller Auskunft bereit sind, der Heilergruppe übergeben und anvertraut wurden.

Menschen, die so krank sind, daß man mit ihrem Weiterleben

nicht mehr rechnen kann, oder die an Krankheiten leiden, die eine spätere Erholung von vornherein ausschließen, sollten von der Heilergruppe *nicht* zur Behandlung angenommen werden, außer wenn man nur eine *Linderung* im Auge hat. Kein Anfänger weiß genug vom Karma, um sich zutrauen zu dürfen, entweder an der Wiederherstellung der Gesundheit oder an der Befreiung durch den Tod zu arbeiten. Wenn sich der Zustand des Patienten jedoch verschlechtert, während er in Behandlung der Heilergruppe steht, so sollte man ihn nicht aufgeben, sondern es kann dann eine bestimmte andere Methode angewandt werden, um ihm den Pfad zum Tode zu erleichtern. Im nächsten Abschnitt will ich auf das Karma des Todes eingehen.

Wenn ihr bedenkt, daß ein Wirken in bezug auf den Ätherleib (als das Werkzeug der Lebenskraft) heute noch ebenso wenig bekannt ist, wie es die Wissenschaft der modernen Medizin im Jahre 1200 nach Chr. war, dann werdet ihr ohne Entmutigung und ohne jene übertriebenen Erwartungen, die heute den Anfänger behindern, an die Arbeit gehen können. Seid euch dessen klar bewußt, daß bis jetzt noch nichts über die Zentren, über die Energiegebiete im Körper und über gelenktes Denken wirklich bekannt ist; macht euch ferner klar, daß ihr euch auf ein großes Forschungsprojekt einlaßt. Nichts, buchstäblich nichts ist in irgendeiner praktischen Weise in bezug auf die Medizin und die Wissenschaft von den Zentren getan worden, obwohl manche Bücher über die Beziehung der Zentren zur psychologischen Forschung und Ausrüstung und zum endokri-
289] nen Drüsen-System versuchsweise mit diesem Thema gespielt haben. Der Forschungsbereich, den ich euch vorschlage, ist vollständig neu. Jene unter euch, die in ihn eindringen, erleben vielleicht nicht mehr die Endergebnisse dessen, was sie jetzt unternehmen. Eure Ungeduld und euer Eifer zu helfen mögen euch behindern; eure Unwissenheit mag euch zu Fehlern verleiten. Geht jedoch weiter; haltet durch; macht sorgfältige Aufzeichnungen und bewahrt alles Schriftliche auf. Dann werden sich die Ergebnisse sicher einstellen.

1. *Karmische Verbindlichkeiten des einzelnen Menschen.*

Wir haben bereits den ersten Punkt unter dieser Überschrift studiert (vielleicht ohne uns alle Folgerungen klar zu machen). Es handelt sich um die karmischen Verbindlichkeiten des einzelnen Menschen, die aus seinen subjektiven Körpern und aus der Gesamt- Persönlichkeit zum Vorchein kommen.

Bei der Erörterung der psychologischen Krankheitsursachen, die ja in den feinstofflichen Körpern in den drei Welten oder dadurch entstehen, daß der Jünger sich angespannt bemüht, den geistigen Weg zu gehen, beschäftigten wir uns eigentlich schon mit Karma oder der Auswirkung, die durch innere Ursachen bestimmter Ereignisse, einer gegebenen Ausrüstung und von Umständen in der äußeren Welt ausgelöst wird. Wir sahen, wie die inneren Körper – vermittelst des Ätherleibes – die äußere Erscheinung des Menschen bestimmen, und daß Krankheit oder Gesundheit weitgehend von ihnen abhängen. Sie sind die unmittelbare karmische Ursache für das Dasein auf der physischen Ebene. Wenn wir diesen Gedanken erweitern und – was ja unvermeidlich der Fall sein muß – vorhergehende Inkarnationen mit einbeziehen, so kommen wir zu dem Schluß, daß der Zustand dieser inneren Körper, ihre Unzulänglichkeit und ihr Reichtum, ihre Mängel und Vorzüge, sowie ihre allgemeinen psychischen und psychologischen Neigungen aus vorigen Leben vererbt und darum für die gegenwärtige irdische Situation verantwortlich sind. Folglich haben wir einfach die Ursachen für die gegenwärtigen Zustände weiter zurück verlegt, und wir könnten, wenn wir wollten, in eine Region mit so viel Komplikationen und Einzelheiten hineingeraten, daß dabei nichts Nützliches her-
290] auskommen würde. Das ganze Problem der Erforschung vergangener Inkarnationen birgt unendliche Möglichkeiten in sich, und wenn ich das Wort „unendlich" verwende, so hebe ich damit sofort das ganze Thema aus dem Herrschaftsbereich des endlichen Denkens heraus. Wir haben es dann mit etwas zu tun, was verstandesmäßig nicht behandelt werden kann.

Karma war für die noch kindhafte Menschheit und für das unentwickelte Einzelwesen eine Gruppenangelegenheit. Der Mensch war Mitglied einer Gruppe, aber ohne etwas von den daraus sich ergebenden Folgerungen und Verantwortlichkeiten zu wissen. Später, als die Wirkungen der Individualisierung in Charakter und Absichten deutlicher wurden und im Temperament klarer hervortraten, wurde auch das Karma persönlicher und bestimmter, und der Mensch kam in die Lage, mehr Ursachen und Wirkungen zu schaffen, beziehungsweise abzuarbeiten. Da die Persönlichkeit aber noch nicht vollständig entfaltet und integriert war, blieb der Mensch noch mit dem Gruppenleben verbunden, und die Wechselbeziehungen nahmen größeren Umfang an. Später wurde die Persönlichkeit zum bewußten Schöpfer eigener Ursachen und nahm bewußt an den Wirkungen Anteil. Auf dem geistigen Pfade erfaßt ihn dann auch das Karma der von ihm gewählten Gruppe und all jener Menschen, mit denen er auf Grund gemeinsamer geistiger Absichten Gemeinschaft sucht; so kommt also zu den vorigen Kategorien karmischer Verantwortlichkeit ein neuer Faktor hinzu. Noch später wird das Karma in den drei Welten erfüllt, überwunden und unwirksam gemacht; gleichzeitig kommt das Karma, das durch den Weltdienst verursacht wird, zu dem hinzu, was der Mensch schon erfahren hat, und er nimmt dann teil an der karmischen Verantwortung der Hierarchie selbst.

Alle diese Stufen:

1. Elementares Gruppenkarma des primitiven Menschen,
2. Individuelles Karma des eigenbewußten, sich entwickelenden Menschen,
3. Mit dem Leben des Jüngers verbundenes Karma,
4. Hierarchisches Karma,

291] müssen zu dem wohlbekannten *Karma der Vergeltung*, das der Jünger schon kennt, hinzugefügt werden; und dazu kommt noch das nationale, rassische und Menschheits-Karma sowie das Erziehungskarma, das sich alle Jünger selbst auferlegen, wenn sie ein Ashram betreten wollen, um sich auf eine Einweihung vorzubereiten.

Es gibt auch ein *Karma der Belohnung*, im Gegensatz zu dem der Vergeltung; diese Art von Karma, die man oft vergißt, wird aber im kommenden Weltzyklus besser bekannt werden. Die Menschheit hat viel böses Karma abgearbeitet, und das in Zukunft verursachte Karma wird nicht so schlimme Wirkungen zeitigen wie das der Vergangenheit. Nicht alles Karma ist schlecht, trotz allem, was der Mensch denken mag. Viel davon ist notwendigerweise – infolge menschlicher Unwissenheit und niederer Entwicklungsstufe – strafend und schmerzlich. Wenn die karmische Vergeltung akut und schrecklich wird wie im heutigen entsetzlichen Weltgeschehen, so zeigt dies an, daß die Menschheit einen Punkt erreicht hat, an dem die Konsequenzen in großem Maßstab und mit Gerechtigkeit zugemessen werden können. Dort, wo Unwissenheit herrscht, haftet am Karma nur sehr wenig Leiden, denn wenn weder ein Gefühl der Verantwortung noch irgendeine Denktätigkeit besteht, gibt es nur wenig wirkliches Schuldgefühl. Der Mensch mag unglückliche Zustände und bedrückende Umstände erleben, aber es fehlt die Fähigkeit, auf solche Zustände mit entsprechendem Schmerz zu reagieren; es gibt wenig gedankliche Reaktionen auf die Auswirkung karmischer Vergeltung. Daran sollte man denken. Die arische Rasse ist jetzt aber mental so weit und in solchem Ausmaß entwickelt, daß das Karma wirklich schrecklich und quälend ist, und sich in weltweiten Zuständen auswirken kann. Andererseits ist die gegenwärtige allgemeine Notlage ein Anzeichen für den Umfang und Erfolg menschlicher Entfaltung, und das ist ein höchst hoffnungsvolles, vielversprechendes Merkmal. In diesem Gedanken liegt die Antwort darauf, warum die guten, heiligen und frommen Diener der Menschheit – in diesem Weltzyklus – eine solche schwere Bürde karmischen Übels tragen.

292] Es ist infolgedessen ganz unmöglich, im Rahmen dieser Abhandlung näher auf dieses Thema Karma einzugehen, das ja viele

Arten menschlichen Übels hervorbringt, einschließlich Krankheit, die nur eine seiner Erscheinungsformen ist. Das Thema ist zu umfassend, zu kompliziert und in seinen Auswirkungen zu weitreichend. Man kann lediglich die Tatache feststellen, daß vergangene Taten und Reaktionen in früheren Inkarnationen einen solchen karmischen Rhythmus hergestellt haben, daß heute alle Aspekte der niederen Natur davon betroffen sind; und zu den gewöhnlichsten und alltäglichen Wirkungen, die das große Gesetz der Vergeltung auslöst, gehören die Krankheiten. Das ist ein Punkt, den die Heiler und sogenannten Metaphysiker sorgfältigst berücksichtigen sollten.

2. *Die durch die sieben Strahlen bedingten Karma-Ursachen.*

Damit wird die Ursache aller menschlichen Widerwärtigkeiten, einschließlich individueller, nationaler und menschheitlicher Krankheiten und Beschwerden noch weiter, bis zum Ursprung der Schöpfung selbst, zurückgeführt. Karma manifestiert sich in jenen Strömen von Energie und Ursubstanz, die in und durch die erschaffene Welt fließen – einschließlich der drei niederen Welten, in denen die lunaren Pitris und die elementaren Essenzen aller Formen wirken. Dieses Urkarma (wenn ich es so nennen darf) ist mitverantwortlich für die Existenz der Krankheit. Es wird uns in den uralten Büchern, die den Meistern zugänglich sind, gesagt, daß die Welt aus einer Substanz erschaffen ist, die schon mit dem Karma eines vorhergehenden Sonnensystem belastet und verunreinigt ist.

Es wird euch klar sein, daß also diese Kraftströme, die von den Herren der sieben Strahlen ausgehen, schädlich beeinflußt und „verunreinigt" sind (wenn ich ein solches Wort gebrauchen darf) durch die Begrenzungen eben dieser großen Wesen; sie sind Götter von unserem Standpunkt aus, in Wirklichkeit aber werdende Götter, auch wenn sie der solaren Gottheit viel näher stehen als das am weitesten vorgeschrittene Menschenwesen der planetarischen Gottheit. Sie sind die „unvollkommenen Götter", von denen in der „Geheim-

293] lehre" gesprochen wird, die planetarischen Logoi der heiligen und nicht heiligen Planeten. Wenn die großen Wesen in unserem Sonnensystem, die den Planeten innewohnen, unvollkommen sind, so muß sich diese Unvollkommenheit unvermeidlich auch in ihren planetarischen Schöpfungen und Manifestationskörpern auswirken und damit einen karmischen Zustand herbeiführen, über den der einzelne Mensch überhaupt keine Macht besitzt; er lebt und entwickelt sich darin und hat daran teil. Es ist für mich natürlich unmöglich, dieses Thema näher zu erläutern. Alles, was ich tun kann oder darf, ist, euch sieben Strophen aus einem der ältesten Bücher der Welt zu geben; es handelt von den durch die sieben Strahlen bedingten Ursachen der Unvollkommenheit in den Erscheinungsformen unseres Planeten. Dazu sollten – wenn es nur möglich wäre – noch jene Strophen hinzugefügt werden, welche die Bedeutung der Unvollkommenheiten klar machen, die von astrologischen Bedingungen herrühren, Wirkungen planetarischer Art hervorrufen und infolgedessen auch mit dem Horoskop unseres planetarischen Logos zu tun haben. Aber diese Dinge sind viel zu schwer verständlich, weitreichend und kompliziert, und sie können erst dann studiert und erörtert werden, wenn die Menschen eine solche Stufe intuitiver Entwicklung erreicht haben, daß sie „Ursachen und Wirkungen als Gesamtprozesse würdigen und sowohl Anfang wie Ende in einem einzigen Zeitenblitz im Raume sehen können". Mit diesen Worten faßte der Meister Serapis einst das Thema zusammen, als Er versuchte, eine Gruppe eingeweihter Jünger in dieser Art, an gewaltige Dinge heranzugehen, zu schulen.

Das „Buch des Karma" enthält die folgenden Strophen, die als Einführung für jene dienen können, welche sich mit den durch die sieben Strahlen bedingten Ursachen der Disharmonie und Krankheit beschäftigen. Dem intuitiven Aspiranten wird sich wohl eine Bedeutung auftun, aber er muß immer daran denken, daß ich lediglich versuche, Strophen in unbefriedigende und ganz unzulängliche Worte zu fassen; es sind Strophen, die mit den bestimmenden Faktoren in der Ausrüstung jener Großen Wesen zu tun haben, deren

Lebenskraft (die wir Energie nennen) alles erschafft, was ist, allen erschaffenen Dingen in den Welten Farbe und Form verleiht und einen gewissen Kräfteanteil zu der Ausrüstung eines jeden Menschenwesens beisteuert. Jeder Mensch eignet sich diese Energie je nach dem Maße seiner Bedürfnisse an, und sein Bedürfnis ist das Zeichen seiner Entwicklung. Die Strophen, die ich ausgewählt habe, stammen aus dem „Buch der Unvollkommenheiten", Teil 14:

294] „Die sieben Unvollkommenheiten brachen hervor und verunreinigten die Substanz von der höchsten bis zur niedersten Sphäre. Sodann folgten die sieben Vollkommenheiten, und beide, – sowohl das, was ganzheitlich und gesund, als auch das, was als Einzelheit und ungesund in einem furchtbaren Sinne bekannt ist – trafen sich auf der Ebene des physischen Lebens (der ätherischen Ebene – A. A. B.).

Und dort kämpften sie miteinander, und führten in den Kampf alles, was sie waren und hatten, alles, was sichtbar und alles, was unsichtbar war innerhalb des dreifachen Ringes (der drei niederen Welten – A. A. B.).

Die sieben Unvollkommenheiten drangen in die sieben Menschenrassen ein, eine jede an ihrem Ort; sie imprägnierten die sieben Punkte in jeder Rasse. (Die sieben planetarischen Zentren, welche unvollkommene Energie übertragen – A. A. B.).

Die sieben Vollkommenheiten schwebten über jeder Rasse, über jedem Menschen in jeder Rasse und über jedem Zentrum in jedem Menschen.

Und so griff der Kampf immer weiter um sich, vom Äußersten zum Innersten, vom Größten Wesen bis zu den kleinsten. Sieben die Zahl der Unvollkommenheiten. Sieben die vollkommenen Ganzheiten; sieben die Zahl der Wege, um das Dunkel der Unvollkommenheit zu vertreiben und das klare, kalte Licht, das weiße, elektrische Licht der vollkommenen Ganzheit zu manifestieren."

Aus dem oben Gesagten könnt ihr, meine Brüder, höchstens eine Vorstellung gewinnen von äonenlangem Streit, von sieben großen Energien, die sich als Dualitäten manifestieren und einen Bereich oder Zyklus von Elend und Trübsal, wie man es nennt, hervorbringen, wenn sie in einem Körper verankert werden (sei es nun der **295]** eines Planeten, eines Menschen oder eines Atoms). Diese Trübsal erzeugt den Drang nach Evolution und ist selbst ***die Ursache*** des Erschaffens von Formen, während dessen *Wirkung* (nämlich das Karma) die endliche Erlösung (oder Befreiung) des Vollkommenen und Guten ist. Diese Dinge sind nicht leicht zu verstehen. Man muß bedenken, daß die sieben Unvollkommenheiten verbunden sind mit der siebenfachen Natur des Einen, in Dem wir leben, weben und sind, und daß diese sieben unvollkommenen Energien in sich den vollkommenen Willen-zum-Guten enthalten, der auf lange Sicht stärker ist als der Wille-zu-schädigen.

Diese Energien strömen durch die sieben Zentren des Planetenkörpers und sind – soweit es uns betrifft – die Energien der sieben Strahlen. In bezug auf den Willen-zu-schädigen, der sich als Krankheit in allen vier Naturreichen manifestieren kann und dies auch tut, habt ihr den Grund, warum ich bei den esoterischen Schülern, für die ich selbst die Verantwortung übernommen habe, die Entwicklung der Harmlosigkeit (des Willens, keinem Wesen Schaden zuzufügen) verlangte. Diese ist nämlich die wichtigste Kraft, um Karma unwirksam zu machen. Ich will euch hier das neunte Gesetz geben und damit eine Gruppe von Gesetzen vervollständigen, dessen Befolgung sich für die Heilung von Krankheit und für die Erhaltung der Gesundheit als wesentlich erweisen werden.

IX. Gesetz.

Vollkommenheit ruft Unvollkommenheit ans Tageslicht hervor. Das Gute treibt stets das Böse aus der Form des Menschen in Zeit und Raum aus. Die Methode, die sowohl vom Vollendeten, als auch vom Guten und Gerechten verwendet wird, ist Harmlosigkeit. Das ist keine negative, passive Geisteshaltung, sondern vollkommene Ausgeglichenheit, eine endgültige Weltanschauung und göttliches Verstehen.

Ihr werdet bemerkt haben, daß das, was ich in diesem Zusammenhang gesagt habe, die ganze Krankheitsfrage in eine ferne Welt der Ursprünge verlegt – in eine Welt, in die der Mensch bis jetzt noch nicht eindringen kann. Gerade deshalb habe ich der Erörterung der Krankheits*ursachen* so viel Zeit gewidmet; mehr als die Hälfte all dessen, was ich zu sagen habe, ist in diesem ersten Teil unserer
296] Erörterung enthalten. Wir haben diesen Teil fast abgeschlossen und gehen nun zu dem über, was viele als den nützlicheren, praktisch brauchbaren Teil der Lehre über dieses Thema ansehen werden. Es ist nie meine Absicht gewesen, mich mit der Pathologie oder mit den Symptomen der vielerlei Beschwerden und Leiden zu befassen, welche die Menschheit verheeren. Ich versuche hauptsächlich die subjektiven Ursachen für die meisten Übel, die den menschlichen Körper befallen, hervorzuheben. Das hat seinen guten Grund. Die übermäßige Bedeutung, die von den Menschen der Krankheit beigemessen wird, ist für die Seele verwirrend, denn dadurch wird der vergänglichen, sich ständig ändernden Formnatur eine ungebührlich hervorragende Stellung eingeräumt, wogegen die Wechselfälle des Körpers – von der Seele aus gesehen – nur insofern von Bedeutung sind, als sie zur Bereicherung der Seelenerfahrung beitragen.

Wichtig sind allein die Ursachen, die der Mensch von einem Leben zum anderen neu schafft; diese wirken sich als Krankheiten, als allgemein bestimmende Faktoren in einer Inkarnation und in der Weise aus, daß sich bei bestimmten Umständen und Ereignissen unheilvolle Folgen einstellen. Der Mensch muß lernen, mit diesen Ursachen fertig zu werden, sie zu erkennen und den Weg der bestimmenden Energie bis zur zugehörigen Wirkung zu verfolgen; dabei verlegt er sich vor allem darauf, die Ursache durch den Widerstand eines geschulten Willens aufzuheben. Karma ist kein unvermeidliches, unentrinnbares, schreckliches Geschehen. Es kann unwirksam gemacht werden; aber dieses Neutralisieren erfordert, besonders wenn es sich um Krankheit handelt, vielerlei Maßnahmen:

1. Man muß die Wesensart der Ursache sowie den Bewußtseinsbereich feststellen, in dem sie entstand.

2. Man muß jene Qualitäten entwickeln, die genau das Gegenteil der wirkenden Ursache sind.

3. Man muß beständig Harmlosigkeit üben, um die Auswirkung der Ursache aufzuhalten und jede weitere Entwicklung des unerfreulichen Zustandes zu unterbinden.

4. Man muß in der äußeren Welt die notwendigen Schritte unternehmen, um den von der Seele gewünschten Zustand her-
297] beizuführen. Dazu gehört:
   a) Daß man sich mit seinen Gedanken in den Zustand fügt und anerkennt, daß die Wirkung *tatsächlich vorhanden ist* – in diesem Falle im Zusammenhang mit Karma – als Krankheit.
   b) Daß man sich um eine vernünftige, orthodox-medizinische Behandlung kümmert.
   c) Der Beistand einer Heilergruppe oder eines Heilers zur Förderung der inneren geistigen Heilung.
   d) Ein klares Erschauen dessen, welchen Sinn und Zweck das Ergebnis haben soll. Es mag zu einer Vorbereitung auf ein nützlicheres Leben auf der physischen Ebene führen, oder zu einer Vorbereitung auf jenen großen Übergang, den man Tod nennt.

Hinter allem einsichtsvollen Denken und Handeln muß jedoch die Anerkennung stehen, daß es bestimmte allgemeine Bedingungen gibt, die sich in diesem Weltenzyklus als physische Beschwerden auswirken, und zwar nicht nur im Menschenreich, sondern auch in den drei untermenschlichen Naturreichen. Das Gesetz der Unvollkommenheiten besteht in der Tat, weil die Großen Realitäten (die man in der ganzen Erscheinungswelt finden kann) ebenfalls in Entwicklung und evolutionärer Entfaltung begriffen sind. Solange Sie daher als geistige Wesen noch nicht eine „vergeistigte Herrschaft" – wie man es nennt – über die Substanz ihrer Ercheinungsformen entwickelt haben, bleiben diese Formen hinter der göttlichen Vervollkommnung zurück. Krankheit ist nur eine Form vorübergehender Unzulänglichkeiten, und der Tod ist nichts anderes als eine Methode, um Energie neu zu konzentrieren, bevor er eine beschleunigte Entwicklung einleitet, die immer und zuverlässig zum Besseren führt.

Durch ein Verstehen der sieben Strophen, die ich euch nun geben will, werdet ihr schließlich imstande sein, die sieben psychologischen Krankheitsursachen auszusondern; diese haften der Substanz aller Formen in diesem Weltenzyklus an, denn alle Formen sind mit der Lebensenergie der „unvollkommenen Götter" erfüllt. Die sieben
298] Geister stehen „vor dem Thron Gottes"; so heißt es in den heiligen Schriften der Welt. Das bedeutet, das Sie noch nicht in der Lage sind, den Thron zu besteigen, weil Sie noch nicht die vollständige göttliche Wesensäußerung erreicht haben. Diese Herren der sieben Strahlen sind größer und – symbolisch gesprochen – auf der geistigen Stufenleiter weiter fortgeschritten als jene großen Wesen, die den Rat des Herrn der Welt in Shamballa bilden. Sie sind die Repräsentanten der sieben Strahl-Energien, die den sieben heiligen Planeten innewohnen, aber noch nicht so göttlich entwickelt sind wie diese. Die Unvollkommenheit ist für die Menschheit ein kompliziertes Problem, nicht nur wegen der Tatache, daß die sieben innewohnenden, lebenspendenden Energien „mit Unvollkommenheit belastet" sind, sondern auch deshalb, weil der Herr der Welt Selbst, vom Gesichtspunkt z. B. eines Sonnenlogos aus, weit davon entfernt ist, vollkommen zu sein; und eben deshalb ist unser Planet, die Erde, *kein* heiliger Planet. Es wird uns gesagt, daß Sanat Kumara der göttliche Gefangene dieses Planeten ist und hier so lange festgehalten wird, „bis der letzte müde Pilger den Weg nach Hause gefunden hat". Dies ist Sein schweres Karma, auch wenn es Ausdruck Seines Wunsches und Seiner Freude ist; die „mü-

den Pilger“ sind die (menschlichen und anderen) Atome Seines Körpers, und sie sind mit Unvollkommenheit beladen, weil Er unvollkommen ist; ihre vollständige „Heilung“ wird für ihn der Zeitpunkt Seiner Erlösung sein.

Denkt also daran, daß die sieben folgenden Strophen die Qualität der herabsteigenden Energie sowie die Makel anzeigen, die diese Energien in sich haben und allen Formen weitergeben, die vom Leben unseres planetarischen Logos erfüllt werden.

Die von den sieben Strahlen herrührenden Ursachen für Disharmonie und Krankheit.

I. „Der Große nahm Sich vor, allein dem von Ihm gewählten Pfade zu folgen. Er vertrug keine Einmischung. Er wurde hart
299] und fest auf Seiner Bahn. Von Ebene zu Ebene schritt diese Verhärtung fort; sie nahm zu und verstärkte sich. Sein Wille war fest, kristallgleich, strahlend, spröde und hart, Er besaß die Fähigkeit zu kristallisieren. Er brachte nicht den Willen zum Leben, sondern den Willen zum Sterben. Tod war Seine Gabe an das Leben. Einzuströmen und Sich auszubreiten gefiel Ihm nicht, Er liebte und suchte die Absonderung.“

Soweit wir die Bedeutung dieser Strophen in bezug auf unser Krankheitsthema verstehen können, erzeugt die Unvollkommenheit dieser göttlichen Energie eine besondere Einstellung, die in der Fähigkeit zum Ausdruck kommt, zu kristallisieren und zu verhärten, zu zermürben und abzunutzen sowie den großen Abstraktionsprozeß herbeizuführen, den wir Tod nennen. Andere Folgen sind die vielen Kristallisationsprozesse, die in der physischen Form vor sich gehen, alle Schwundprozesse und das Altern.

II. „Der Große ergoß Sein Leben in alle Teile und in jeden Aspekt der erschaffenen Welt. Vom Zentrum zur Peripherie und von der Peripherie zum Zentrum stürmte Er und brachte die

Überfülle des Lebens; Er erfüllte alle Seine Formen mit Energie und bewirkte ein Übermaß an Bewegung, endlose Ausdehnung, überreiches Wachstum und ungebührliche Eile. Er wußte nicht, was Er wollte, denn Er wollte alles, begehrte alles, zog alles an sich und gab allem zu viel."

Die Unvollkommenheit dieser großen Energie mit ihrer aufbauenden, lebenspendenden und zusammenhaltenden Kraft war und ist die Fähigkeit, zu überreizen, Wachstum zu bewirken, zusammenzuhäufen, zu viele Formen aufzubauen, zu viele Atome anzuziehen und jene Zustände herbeizuführen, die dazu führen, was esoterisch „das Ersticken am Leben" genannt wird – auch eine Form des Sterbens, aber diesmal als Folge übermäßiger Lebenskraft; dadurch wird der Blutstrom nachteilig beeinflußt, es entstehen Neubildungen innerhalb von Formen, die schon ausgebildet sind, und häufig wird ein Ätherleib geschaffen, der zu mächtig für die äußere, physische Form ist. Andere Folgen sind zum Beispiel das Auftreten von Tumoren, Krebsen, Gewächsen, die Überentwicklung körperlicher Aspekte, zu große Organe oder überzählige Körperglieder.

300] III. „Der Große sammelte hier und da ein. Er wählte und verwarf. Diese Kraft lehnte Er ab und jene nahm Er an. Keine Seiner Absichten verband sich mit den Absichten Seiner sechs Brüder. Er nahm eine Form an und liebte sie nicht; warf sie fort und wählte eine andere. Er hatte keinen festen Zielpunkt oder Plan, lebte in Verblendung und fühlte sich wohl darin. Er erstickte das Gute wie das Böse, wenngleich Er beides benützte. Es gab Maßlosigkeit in der einen Richtung und Verhungern in der anderen. Diese beiden Extreme bestimmten die Wahl Seiner Lebenssubstanz. Er warf jene Dinge zusammen, die nicht zueinander paßten, und sah dann, daß das Ende Sorge und Täuschung war. Er machte Urbilder, aber das Vorhaben befriedigte nicht. Er gab in Verzweiflung auf."

Die Hauptwirkung dieses unvollkommenen „Manövrierens" und Hantierens, wie man es genannt hat, ist vor allem astraler Natur. Sie führt infolgedessen zu physischen Beschwerden und unerwünschten Wirkungen, die wir in dieser Abhandlung schon studiert haben. Da nun diese Energie des dritten Strahles die Energie der Substanz selbst ist, manifestieren sich deren Unvollkommenheiten überreichlich in der Neigung des Menschen zu Krankheiten. Verblendung entsteht aus der übermäßigen Verwendung dieser Energie des dritten Strahles zu egoistischen und persönlichen Zwecken und manifestiert sich vor allem auf der sechsten oder astralen Ebene. Als Folgen dieses Hantierens mit Begierde und des wilden Manövrierens zur Befriedigung in materieller Hinsicht entstehen solche Krankheiten wie Verstimmungen des Magens und der Eingeweide, und die vielen Magenbeschwerden, an denen die zivilisierte Mensch-
301] heit leidet – viel mehr leidet als die wilden Rassen. Gewisse Gehirnkrankheiten sowie schwache Lebenskraft gehören ebenfalls dazu.

IV. „Der Große ging streitbar in den Kampf. Alles, was er traf, schien ihm dazusein, damit Er Seine Kraft daran zeigen könne. Im vierten fand Er ein Schlachtfeld und ging zum Kampfe über. Er sah das Rechte und kannte das Unrechte, doch schwang Er zwischen den beiden hin und her, bekämpfte zuerst das eine, dann das andere, verfehlte aber jedesmal die Wegmitte, in der ein Kampf unbekannt ist. Dort ist Harmonie, Entspannung, Ruhe und friedvolles Schweigen. Er schwächte alle jene Formen, die von seiner Stärke und Macht Gebrauch machten. Und doch suchte Er die ganze Zeit nach Schönheit; Er suchte nach Vortrefflichkeit und sehnte sich nach Frieden. Verweiflung überfiel Ihn auf Seiner Bahn, und der Wille zum Leben konnte sich in der Verzweiflung nicht aufrechterhalten. Und doch war die Schönheit allezeit vorhanden."

Hier haben wir einen deutlichen Hinweis dafür, warum die Menschheit (das vierte Naturreich) so rasch und so leicht der Krankheit unterliegt. Die Kämpfe, zu denen die Menschheit, sowohl als Gruppe wie im Einzelnen, dauernd gefordert wird, vermindern ständig und so lange die Lebenskraft, bis man sie einmal versteht und als Mittel zu Triumph und Fortschritt verwendet. Wo diese Schwäche besteht, schwindet die Widerstandskraft gegen die Krankheit, und es werden praktisch alle Formen von Beschwerden und körperlicher Übel möglich. Verzettelung von Energie führt zu einer ständigen Verringerung dieser Widerstandskraft. Als Folge davon tritt Schwäche, eine schnelle und schlimme Reaktion gegenüber der unserem Planeten selbst eingeborenen Krankheitsanlage ein, und der Mensch wird leicht von Infektionen und ansteckenden Krankheiten befallen. Und eben diese Energie steht hinter dem, was wir Epidemien nennen; die Grippe ist eine ihrer hauptsächlichen Äußerungen.

302] V. „Der Große erhob sich in seinem Zorne und sonderte sich ab. Er fegte die großen Dualitäten beiseite und sah vor allem das Feld der Vielheit. Er brachte überall Spaltungen hervor. Er war mit machtvollen Gedanken darauf aus, Trennungen zu schaffen. Er richtete mit Freuden Schranken auf. Er vertrug keine Verständigung; Er kannte keine Einheit, denn er war kalt, streng, asketisch und immerdar grausam. Er stand zwischen dem zarten, liebevollen Zentrum aller Leben und dem äußeren Bereich sich windender, lebendiger Menschen. Doch stand Er nicht in der Wegmitte, und nichts, was Er tat, reichte aus, um die Kluft zu schließen. Er verbreiterte alle Spaltungen, errichtete Schranken und versuchte, noch weitere Schluchten aufzureißen.“

Es ist außerordentlich schwierig, das Wesen der Unvollkommenheit zu beschreiben, mit der die Energie des Herrn des fünften Strahles behaftet ist. In der Aktivität dieser Energie, die sich vor allem auf der fünften oder Mentalebene bemerkbar macht, wird man schließlich die Quelle für viele psychologische Krankheiten und mentale Störungen finden. Spaltung ist das hervorstechende

Kennzeichen – Spaltung im Einzelmenschen selbst, oder zwischen dem Einzelnen und seiner Gruppe, so daß er asozial wird. Damit habe ich mich in einem früheren Teil dieser Abhandlung beschäftigt, und so brauche ich hier nicht weiter auf diese Schwierigkeiten einzugehen (siehe „Esoterische Psychologie“, Bd. II der „Abhandlung über die sieben Strahlen“.) Andere Folgen zeigen sich in bestimmten Formen von Geisteskrankheiten, in krankhaften Veränderungen des Gehirns und in jenen Lücken zwischen dem physischen Leib und den feineren Körpern, die sich als Schwachsinn und psychologische Störungen zeigen. Eine andere Krankheitsform, die von dieser fünften Strahlkraft herrührt, ist die Migräne, die durch eine mangelnde Verbindung zwischen der Energie rings um die Zirbeldrüse und jener rings um die Hypophyse verursacht wird.

303] VI. „Der Große liebte sich selbst in anderen und in allen Formen. Überall sah Er Gegenstände Seiner Zuneigung, und immer erwies es sich, daß sie Er Selbst waren. Immer goß Er sich in diese anderen aus, verlangte nach Resonanz und erhielt niemals eine. Sicher und unabänderlich verloren sich die Umrisse der so geliebten Formen, wurden trübe und verschwanden. Allmählich verblaßten die Gegenstände Seiner Liebe. Nur eine Welt der Schatten, des Dunstes und Nebels blieb zurück. Und als Er auf sich selbst schaute, sagte Er: Der Herr der Verblendung und der Engel der Verwirrung, das bin ich. Nichts ist mir klar. Ich liebe, und doch scheint alles falsch zu sein! Ich weiß, daß Liebe richtig und der Geist des Universums ist. Was ist also verkehrt?“

Seltsamerweise ist gerade die Macht dieser sechsten Strahlkraft (welche die Begierde nährt) die Ursache so vieler Übel und Krankheiten der Menschheit, die auf der mißbräuchlichen Bestimmung und Funktion des Geschlechtstriebes beruhen. Begierde, Verwirrung, Schwäche, Perversionen und einseitige Entwicklung sexueller und anderer Befriedigungen – all das erwächst aus dem Mißbrauch dieser Energie. Die aus der Begierde entstehende Verwirrung läßt den Menschen heftig nach Befriedigung verlangen und jene – teils richtigen, teils falschen – Schritte tun, die dazu führen. Die Folgen umfassen eine weite Skala, angefangen von sadistischer Grausamkeit und Wollust bis zu jenen Heiraten, die auf rein physischer Begierde basieren, und bis zu jenen Umständen, deren Folgen die vielen Formen von Geschlechtskrankheiten sind. Ein Schlüssel zu diesem ganzen weltumfassenden Problem liegt in den Worten einer alten Schrift, die sagt: „Die Unvollkommenheit des Herrn des sechsten Strahles öffnete die Tür zu einer irrtümlichen Ehe zwischen den Polen“.

> VII. „Der Große sammelte Seine Kräfte und bestärkte Sich in Seiner Absicht, schöpferisch zu wirken. Er schuf das, was äußerlich und sichtbar ist. Er sah Seine Schöpfungen, liebte sie aber nicht, und so zog Er Seine Aufmerksamkeit von ihnen zurück; da
> **304]** starben und verschwanden Seine Schöpfungen. Er hatte keinen dauernden Erfolg und sah nichts als Fehlschläge, solange Er auf dem äußeren Lebenspfad wandelte. Er begriff nicht, wessen die Formen bedurften. Einigen gab Er ein Übermaß an Leben, anderen zu wenig; und so starben beide Arten und konnten nicht die Schönheit des Herrn zeigen, Der ihnen wohl das Leben, aber kein geistiges Verstehen gab. Er wußte damals noch nicht, daß Liebe erhält.“

Die Wirkungen dieser Strahlkraft sind sehr eigenartig und werden noch viel stärker hervortreten als bisher, da dieser Strahl jetzt an die Macht kommt. Gerade diese Energie ist größtenteils die Ursache für Infektionen und ansteckende Krankheiten. Das Leitmotiv für das Wirken des siebten Strahles ist, Leben und Materie auf der physischen Ebene zusammenzuführen. Dies bedeutet jedoch, vom Gesichtspunkt der Unvollkommenheit aus betrachtet, (wenn ihr die Folgerungen verstehen könnt) ein Zusammenbringen des Einen Großen Lebens, der kleineren Leben und der ganzen Lebensfülle des Schöpfungsprozesses. Dies wird symbolisiert durch die allgemeine Vermischung und das endlose Wechselspiel allen Lebens in allen Wesen. Die Folge davon ist daher, daß alle Keime und Bakterien in jenem Medium oder Lebenselement aktiv werden, das sie am besten ernähren kann.

Das sind schwer verständliche Gedankengänge, aber man sollte sich darin vertiefen; ein tiefes Nachdenken darüber wird zum Verständnis führen. Jede Krankheit ist eine Folge der Tätigkeit oder Untätigkeit einer der sieben Energiearten, die auf den Menschenkörper einwirken. Alle physischen Übel entstehen aus dem Ansturm dieser unvollkommenen Energien, die ungestüm auf die Zentren im Körper aufprallen, in sie einströmen und durch sie hindurchgehen. Alles hängt vom Zustand der sieben Zentren im menschlichen Körper ab; durch sie wirken die unpersönlichen Energien, bringen Leben, Krankheit oder Tod, aktivieren die Unvollkommenheit im Körper oder bringen diesem Heilung. Alles hängt, soweit es sich
305] um Menschenwesen handelt, vom Zustand des physischen Leibes, vom Alter der Seele und von den karmischen Möglichkeiten ab.

Ich möchte euch bitten, die Bedeutung des Wortes „Unvollkommenheit" nicht falsch auszulegen; ich habe es dauernd mit Bezug auf jene Großen Wesen verwendet, Die eine Göttlichkeit zum Ausdruck bringen, welche der Menschheit zu keiner Zeit auf diesem Erdenplaneten erreichbar ist. Ihr müßt daran denken, daß dieses Sonnensystem das zweite ist, und daß im ersten System der Nachdruck auf der intelligenten Materialität lag; das Ziel des höchsten Eingeweihten war, vollständige Herrschaft über die Materie zu gewinnen, das Denkprinzip zur Entfaltung zu bringen und einen entschiedenen Materialismus zu demonstrieren. In jenen so fernen Äonen war *dies* ein Zeichen des Erfolges, wogegen es in unserem Sonnensystem eine Schwäche der Menschheit kennzeichnet. Dieses System hat, einschließlich aller Planeten samt unserer Erde, ein anderes Ziel: es muß nämlich der zweite göttliche Aspekt, die Liebe, manifestiert werden, und zwar durch eine Materie, die mit den im ersten System entwickelten Qualitäten durchdrungen ist.

Was damals vollkommen war, ist es heute nicht mehr. Darum wirken die großen Wesen, als Gesamtheit alles Seienden, durch und in einer Substanz, die schon imprägniert und verunreinigt ist von dem, was zurückgelassen werden muß und keiner weiteren Entfaltung unterworfen werden darf.

Das sind die Unvollkommenheiten, mit denen wir uns befassen – die sieben Aspekte intelligenter Materialität; hier hat die Krankheit ihren Sitz und findet ihren Ausdruck. Es wird uns gesagt, daß der physische Leib kein Prinzip ist; im letzten Sonnensystem war er eines. In diesem gibt es andere Prinzipien, und gerade in dem Zusammenprall zwischen dem, was ist, und dem, was sein wird (was ins Sein treten will) finden wir auf der physischen Ebene die Ursachen für Krankheit und Tod. Denkt über diese Dinge nach und beachtet dabei, daß ihr das Bild im großen Rahmen sehen müßt, ja im größtmöglichen Rahmen, wenn ihr zu einem wirklichen Verstehen einiger Ursachen physischer Übel und Krankheiten kommen wollt.

Viertes Kapitel

Beantwortung einiger Fragen

306] Der Anfänger würde viel weniger Fragen stellen, wenn er mehr Geduld hätte und das, was er studiert, besser verstünde. Anfänger müssen die innere Entwicklung abwarten und ihr Bewußtsein nach Anleitung auf normale Weise erweitern. Der Lehrer kann sie jedoch zum Fragen auffordern, und zwar aus folgenden Gründen:

1. Soweit es sich um eine Gruppe handelt, deren Mitglieder sehr intelligent sind, könnten diese durch ihr Fragen große Fortschritte machen, um einander kennen und verstehen zu lernen. Es könnten Verbindungsfäden zwischen ihnen gesponnen werden, die einen engeren Zusammenschluß bewirken.

2. Durch die Fragen kann der Lehrer selbst eine engere Verbindung mit den Ansichten des Studierenden gewinnen. So ist es zum Beispiel mit mir und den westlichen Ansichten über die Heilkunst.

Vergeßt nicht, daß ich letzten Endes ein Orientale bin, mit östlicher Anschauungsweise und Schulung. Ich mag ein viel tieferes Wissen über die Heilkunst und über die Energien, aus denen sich der menschliche Körper zusammensetzt, besitzen als ihr, und dennoch sind mir eure Ansichten, eure Fachausdrücke und eure Denkweisen immer noch etwas fremd. Eure Fragen würden mir helfen, eure Eigenart und eure Grenzen zu verstehen, und mir so die Möglichkeit geben, euch mit größerer Einsicht behilflich zu sein.

3. Intelligente Fragen zu stellen ist eine okkulte Methode, um das Denkvermögen zu konzentrieren, Wissen zusammenzutra-
307] gen, ein Forschungsgebiet kennenzulernen und mögliche Bewußtseinserweiterungen wahrzunehmen.

Über das Wesen der Stauung (Kongestion, Blutandrang).

Wie kann ich euch den Begriff *Stauung* definieren, wenn euer Verständnis für Kraft und Energie und deren Beziehung zueinander im menschlichen Körper bis jetzt noch ganz in den Kinderschuhen steckt? Es ist irreführend zu sagen, daß eine Stauung erstarrte Kraft sei; zu behaupten, sie sei statische Energie, besagt wenig; aus der Feststellung, daß sie unregelmäßige, nicht rhythmische Schwingung sei, kann man kaum klug werden. Mein Problem besteht darin, daß mir die Worte und die korrekten Fachausdrücke fehlen, die euch die esoterische Wahrheit vermitteln könnten.

Stauung könnte vielleicht am besten als eine Hemmung des freien Kräftestroms durch die Zentren (oder ein Zentrum) und durch den ganzen Körper definiert werden. Sie tritt in zwei Formen auf:

1. Jene Stauung, die ihre Wirkung im Zentrum selbst hervorruft und daher auch auf die Drüse einwirkt. Die Energie wird gehemmt, entweder beim Einströmen in das Zentrum (wenn sie also die Drüse nicht beeinflußt, außer im negativen Sinne), oder wenn sie es verläßt (ihre Wirkung also in irgendeiner Weise positiv ist). Wenn das Hindernis beim Einströmen in das Zentrum entsteht, dann wird die Energie zu ihrem Ausgangspunkt zurückgedrängt – also entweder in den Astralleib oder in den Mentalkörper – und es ergibt sich eine psychologische Hemmung. Es besteht kein Antrieb von innen, auf den die angeschlossene Drüse reagieren könnte. Wenn das Abfließen in den physischen Körper blockiert wird, so gibt es keinen freien Kräftestrom; die mit dem Zentrum verbundene Drüse wird unbedingt in Mitleidenschaft gezogen, denn sie wird entweder durch den unrhythmischen Strom überreizt oder unterernährt. Dies beeinflußt wiederum die Drüsensekretion und später den Blutstrom.

2. Jene Stauung, die dann eintritt, wenn der Strom der Energie
308] oder Lebenskraft auf seinem Weg durch den ganzen physi-

schen Körper gewisse Schwächen, verschiedene erkrankte Gebiete und Regionen vorfindet, wo der Fluß aufgehalten oder zu sehr beschleunigt wird. Der Energiestrom kann in bestimmten Gebieten angehalten werden, kann auch Erkrankungsherde im Körper stärken, oder aber heilen und reinigen. Eine zeitweilige Stauung kann ebensogut als Wohltat wie als schädliche Kraft auftreten. Sollte euch dies überraschen?

Ich muß es noch einmal sagen: Das Thema mit dem wir uns beschäftigen, ist ungeheuer weit gespannt; alle früheren Mitteilungen und die Antworten, die ich auf Fragen gebe, sollen nur zeigen, wie schwer verständlich die ganze Angelegenheit ist. Aber wenn ihr Geduld habt und bereit seid, mehr durch inneres Aufnehmen als durch Analyse zu lernen, dann werdet ihr später entdecken, daß ihr – intuitiv und mit Unterscheidungsvermögen – vieles wißt.

Wie man den Ort einer Stauung feststellt.

Es gibt drei Möglichkeiten, wie der Heiler das Vorhandensein und den Sitz einer Stauung oder irgendeiner anderen Krankheitsart, die zu äußeren Beschwerden führt, feststellen kann:

1. Vor allem bietet das Hellsehen dem Heiler die Möglichkeit, durch die innere Schaukraft zu erkennen, wo die Beschwerde liegt. Diese Form der Diagnose ist nicht immer genau und kann durch im Heiler selbst vorhandene Zustände „gefärbt" sein.
2. Es gibt eine Form direkten Wahrnehmens, einen Akt „klaren Erkennens", der eine unfehlbare Seelenfähigkeit ist, sobald ein Mensch in der richtigen Weise dafür geschult wurde. Es ist eine Mischung mentalen und geistigen Wahrnehmens, ein bestimmtes, endgültiges Wissen, eine Intuition, wenn ihr wollt, die es dem Heiler ermöglicht, unfehlbar den Finger auf die Stelle zu legen, wo die Schwierigkeit besteht, und deren Ursache, Wirkung und Ausgang zu erkennen.

3. Es gibt auch eine mehr physische Methode, die auf einer Emp-
309] findungsfähigkeit in der niederen Natur beruht; sie befähigt den Heiler, in seinem eigenen Körper die gleiche Beschwerde zu verspüren wie sie der Patient wahrnimmt. Dies nennt man „okkulte Übertragung". Diese Methode sollte nur von denen angewandt werden, die wissen, wie man absorbiert und zerstreut. In diesem Falle kann der Heiler auch die Ursache der Krankheit in der Weise erfühlen, daß er Energie in das ätherische Gegenstück der physischen Krankheit einströmen läßt, oder er spürt sie als eine extreme Gefühlswallung oder sensitive Reaktion im astralen Gegenstück.

Über die zweifache Ursache von Stauungserscheinungen.

Ich möchte ein paar kurz gefaßte Aussagen machen und diese dann erklären. Erstens: Der subjektive Zustand *allein* kann keine äußere Stauung verursachen. Die Seele hat es so eingerichtet, daß sie sich durch einen Körper zum Ausdruck bringt, der gewisse *Veranlagungen* besitzt.

Zweitens: Das Subjektive *ist* jedoch dann ein verursachender Faktor, wenn es mit den ererbten Tendenzen des physischen Leibes zusammenwirkt; es kann also nicht jede Stauung vermieden werden, denn das subjektive Leben bestimmt den Zustand, und der physische Körper ist für gewisse Krankheiten prädisponiert. Das ist der Wille der Seele. Muß ich darauf hinweisen, daß auf dieser Stufe menschlicher Evolution keine subjektiven Zustände jemals ganz ordnungsgemäß sind?

Drittens: Ein äußerer Zustand allein kann kein ursächlicher Faktor sein. Wenn ich mit meinen wichtigsten Thesen recht habe (und das wird die kommende, neue Wissenschaft beweisen), dann wird man die Beobachtungen der medizinischen Welt den Tatsachen anpassen müssen. Der verursachende Faktor besteht darin, daß äußere und innere, schon vorhandene Faktoren zusammentreffen.

Ich möchte diese Sache noch etwas deutlicher klarmachen, denn es könnte Verwirrung entstehen bei dem Gedanken, daß eine Krankheit die Folge *zweier* Ursachen ist – einer inneren und einer **310]** äußeren. Die subjektive Situation ist die primäre Ursache. Irgendein psychologischer Faktor, der zu einer falschen Energieanwendung führt, aktiviert jene inneren Tendenzen, die dann als lebensbestimmende Triebkräfte ihren Weg in die physische Ebene hinaus finden. Dort kommen sie in Kontakt mit dem physischen Körper, der physischen Ausdrucksform, die bestimmte Veranlagungen, gewisse ererbte Schwächen und mangelhafte Drüsen hat; das alles gehört zu der nötigen Ausrüstung, mit welcher nach dem Willen der Seele bestimmte nötige Lektionen bewältigt werden sollen. Die zwischen den äußeren und inneren Kräften hergestellte Beziehung ist die fundamentale Ursache, die sich in zwei Ursachen manifestiert und irgendeine Form von Krankheit hervorbringt. Es entsteht also wiederum aus dem Zusammenkommen des negativen und des positiven Aspektes ein drittes: das Auftreten einer bestimmten Krankheit.

Wenn ihr von vollkommenen physischen Zuständen redet, so kenne ich keine solchen, weder irgendeinen physischen Körper noch eine physische Umwelt, auf die eine solche Bezeichnung angewandt werden könnte. Es muß sowohl die innere psychologische Situation und Ursache, die subjektive Realität (im kleinen Maßstab) vorhanden sein, wie auch die äußere körperliche Verfassung, die sich als Schwächen oder Unvollkommenheiten manifestieren. Diese wiederum sind Tendenzen aus einem früheren Leben, Prädispositionen, krankhafte erbliche Veränderungen oder latente Störungen, die auf den Interessen oder falschen Handlungen eines früheren Lebens beruhen. Kommen diese beiden bestimmenden Hauptfaktoren zusammen, so wird – nach dem Gesetz – zwangsläufig irgendeine sichtbare Auswirkung als physische Krankheit oder Beschwerde in Erscheinung treten; diese kann bedenklicher Art oder auch ziemlich unbedeutend sein; es kann sich um eine Lebensbedrohung oder auch nur um ein zeitweiliges Unbehagen handeln. Keine äußere Gegebenheit allein genügt, um eine Krankheit herbeizuführen, aber die Schwierigkeit liegt darin, daß die moderne Medizin die Hypothese einer verborgenen Ursache nicht gelten läßt, außer in jenen oberflächlichen Fällen, wenn sie z. B. zugibt, daß Kummer und große Angst schon bestehende Herzbeschwerden verschlimmern können. Sie läßt jedoch jene Faktoren nicht gelten, die auf ein früheres Leben zurückgehen. Bei ansteckenden Krankheiten ist die innere Ursache *gruppenbedingt*, hat demzufolge eine äußere Gruppenwirkung und ist die Auswirkung eines Gruppenkarmas. Die ganze Angelegenheit ist folglich sehr schwierig.

311] Es müssen also, wie ihr seht, zwei Faktoren vorhanden sein, und wenn diese zusammenkommen und stimuliert werden, tritt eine Krankheit in Erscheinung. Man sollte auch daran denken, daß die Frage, warum die Seele einen Körper und den besonderen Körper-Typ wählt, in dem bestimmte Lektionen gelernt und gewisse erzieherische Erfahrungen gemacht werden können, ein nur wenig verstandenes Thema ist. Im Zusammenhang damit möchte ich daran erinnern, daß Krankeit oft eine Art Ausräumungsprozeß ist und letztlich wohltätige Wirkungen hat. Dabei kommt ein innerer, unerwünschter Faktor zur äußeren, sichtbaren Auswirkung. Und wenn die inneren und äußeren Ursachen an das klare Tageslicht gebracht werden, können sie behandelt, verstanden und durch die Trübsal der Krankheit und des Leidens oft auch beseitigt und beendet werden. Aber das ist ein hartes Wort.

Über gewisse Krankheitsarten.

Arthritis und Diabetes sind Krankheiten, deren Ursprung im Astralkörper liegt; wenn ich es jedoch so unzureichend ausdrücken darf, so ist Arthritis mehr äußerlicher Art als Diabetes, da sie die Folge der Befriedigung physischen Verlangens ist, wie etwa die Gier nach Nahrung; das kann in diesem Leben oder in einem vergangenem der Fall gewesen sein. Es gäbe nur wenig oder gar keine Arthritis, wenn die Menschen richtig äßen und die ihnen gemäßen Nahrungswerte und -Wirkungen verstünden. Zuckerkrankheit ist mehr die Folge falscher *innerer* Begierden und nicht so sehr ein Ergebnis falscher *äußerer* Wünsche. Diese inneren Begierden können aus diesem Leben stammen, wie ich schon oben gesagt habe, oder aus einer früheren Existenz übernommen sein. Im letzteren Falle sucht die sich inkarnierende Seele zur Geburt eine Familie aus, die ihr einen Körper mit der Tendenz oder natürlichen Veranlagung zu dieser Krankheit verschaffen wird.

312] Hier steht ein weites Feld für Forschungen offen; man muß die Typen aussondern, die bestimmten Gruppenkrankheiten leicht zum Opfer fallen.

Syphilis und Arthritis fallen in die Kategorie von Krankheiten, die hauptsächlich auf der Befriedigung physischer Begierden beruhen. Krebs und Diabetes gehören mehr in jene Klasse von Krankheiten, die mit inneren, emotionellen Wünschen und dem – bei vielen Menschen heftig unterdrückten – Wunschleben zusammenhängen. Die Infektionskrankheiten, wie etwa Masern und Scharlach, Blattern oder Cholera sind seltsamerweise ausgesprochene Gruppenkranheiten und haben daher besonders mit der Mentalnatur zu tun. Das wird euch überraschen, aber es ist so.

Ein Studierender mit einiger Einsicht in okkulte Ursachen könnte nun annehmen, daß die Menschen, die den Schwerpunkt ihres Bewußtseins von der physischen auf die emotionelle, oder von der emotionellen in die mentale Natur verlegen, sich der Gefahr aussetzen, die alten Krankheiten, wie etwa Syphilis oder Krebs zu erwerben, so wie es den alten Lemuriern erging. Das ist nicht der Fall.

Ich möchte euch daran erinnern, daß die Menschen sich diese Krankheiten nicht deshalb zuziehen, weil sie eine Bewußtseinsverschiebung vorgenommen haben, sondern weil sie gewisse gottgegebene Kräfte und Fähigkeiten mißbraucht haben. Die Bewußtseinsverlagerung und die Krankheit haben nicht im entferntesten miteinander zu tun. Ich möchte ferner daran erinnern, daß die Menschen heute eine Mischung von drei Energiezuständen sind, die wir physisch, emotionell und mental nennen, das sind also die lemurischen, atlantischen und arischen Bewußtseinszustände. Heute ist

kaum jemand ein reiner Typus, das heißt, daß der eine oder andere Zustand ganz vorherrscht. Für gewöhnlich ist eine Mischung aus allen dreien vorhanden. Ihr werdet schwerlich einen Menschen oder Patienten finden, der „den Schwerpunkt seines Bewußtseinslebens aus der physischen in die emotionelle Natur verlagert". Er ist entweder emotionell oder mental veranlagt und nur flüchtig und von einem rein physiologischen Standpunkt aus physisch eingestellt. Die klarsten Grenzlinien kann man bei Jüngern finden, die vorsätzlich und bewußt danach streben, ihr Bewußtseinsleben auf die Mentalebene
313] zu verlegen. Trotzdem leben sie überwiegend noch in einer Region, die wir Kama-Manas nennen, was sowohl den Astral- wie den Mentalzustand bedeutet. Es ist eine Zwischenebene des Bewußtseins. Daher sind nur ganz allgemeine Angaben möglich. Eine solche Verallgemeinerung ist zum Beispiel die, daß syphilitische Zustände ihrem Ursprung nach im allgemeinen mehr physisch bedingt sind als Krebs. Klare Abgrenzungen sind *nicht* möglich, und ihr müßt immer berücksichtigen, daß sich gewisse Krankheiten, die ihren Ursprung in einer sehr weit zurückliegenden Zeit haben, in irgendeiner speziellen Inkarnation auswirken können; die Keime für diesen Zustand haben dann äonenlang in dem sogenannten permanenten Atom geruht; sie müssen daher ganz und gar nicht ihren Ursprung in der jetzigen Inkarnation haben. Nun treten sie plötzlich ins Leben, beeinflussen die gegenwärtige Inkarnation und bieten damit die Gelegenheit zur Befreiung.

Über Fieber.

Fieber ist lediglich das Anzeichen für eine Störung und dient grundsätzlich der Reinigung und Ausmerzung. Es ist nur ein Anzeichen und nicht eine Krankheit an sich. Denkt darüber nach und wendet es auf alle Ebenen an, denn das Fieber der physischen Ebene hat seine astralen und mentalen Gegenbilder. Es handelt sich um überschüssige Energie, die verbrennt und dabei erleichtert und heilt (entweder durch die Unterwerfung der Keime oder der Gruppe von

Energien, welche es verursachten, oder durch die befreienden Macht des Todes). Soweit es möglich und wenn der physische Körper stark genug ist, um die Anstrengung auszuhalten, ist es richtig, dem Fieber eine Zeitlang freien Lauf zu lassen, denn es ist das Heilmittel der Natur für bestimmte unerwünschte Zustände. Fieberanfälle sind nicht nur Warnzeichen für das Vorhandensein von etwas, was Bedrängnis verursacht, sondern sie haben auch einen bestimmten therapeutischen Wert. Es ist aber sorgfältiges Beobachten und Ausgleichen nötig – ein Ausbalancieren gegen die Energien des Körpers. Solange das Fieber zunimmt, ist der Körper ziemlich machtlos und in seinen normalen Funktionen beeinträchtigt. Über die Heilung und richtige Behandlung von Fieberzuständen weiß die orthodoxe **314]** Medizin viel, und dieses Wissen wird so lange ausreichen, bis man einmal die Ursache des Fiebers besser versteht und bis die Ärzte auf die Ursache, und nicht auf die Wirkung Einfluß nehmen können.

Übermäßige Gefühlserregbarkeit ist die astrale Entsprechung zum physischen Fieber und weist auf einen ungezügelten Begierdenkeim hin, der behandelt werden muß, ehe das Fieber nachlassen kann. Ein überaktives, schlecht geregeltes Denken, das zwar sehr eifrig tätig ist, aber keine Kraft hat, etwas Reales zu erreichen, ist das mentale Gegenbild dazu.

Über die Krebsheilung.

Bei jeder bösartigen Krankheit gibt es einen lebensstarken Kern oder dynamischen Energieherd, der langsam oder schnell (je nach Lage des Falles) die Lebenskraft des Menschen absorbiert. In den Frühstadien einer Krankheit wie Krebs ist dieser vitale Kern nicht auffindbar, sondern erst dann, wenn sich die bösartige Situation so stark gefestigt hat, daß es außerordentlich schwer ist, irgendeine Hilfe zu leisten. Eine Heilung ist nur in den Anfangsstadien der Entwicklung möglich und kann nur dann erreicht werden, wenn der Wille des Patienten aufgerufen wird. Es kann in Krebsfällen nur wenig getan werden, wenn der Patient nicht einsichtsvoll mitarbeitet, denn die einzige Methode (auf die ich später eingehen will) ist die, den gelenkten Willen des Patienten und der Heilergruppe zu einer einzigen wirksamen Kräfteeinheit zu verschmelzen. Erst dann wird die aufgerufene und konzentrierte Energie (nach dem alten Gesetz) dem Gedanken folgen, und das Gebiet um den Krebs (also das gesunde Gewebe) so stimulieren, daß die Absorption des geschwächten, erkrankten Gewebes durch das stärkere, gesunde, stattfinden kann. Wenn man die Energie auf den Krebs selbst lenkt, so wird der Krebszustand stimuliert und die Beschwerden verstärken sich um ein vielfaches. Die Heilung und Behandlung des Krebses in den Frühstadien zerfällt daher in zwei Teile:

315] 1. Die Stimulierung des gesunden Gewebes.

2. Den Aufbau des neuen Gewebes, um das erkrankte zu ersetzen, das allmählich absorbiert und abgestoßen wird.

Krebs tritt immer auf, bevor die emotionelle Kraft umgewandelt ist, und zwar deshalb, weil es nur wenige Jünger gibt (und folglich noch viel weniger gewöhnliche Menschen, also die große Mehrheit), welche ihre Gefühlswelt schon in dieser Weise umgewandelt haben. Diesen Zustand des Freiseins von Emotionen findet man so selten, daß man – in diesem Stadium der Weltgeschichte – behaupten kann, daß er überhaupt nicht existiert.

Eine integrierte und aktiv wirksame Persönlichkeit ist für Krebs oder irgendeine andere Krankheit nicht so anfällig wie der emotionelle Typus; sie inkliniert weit mehr zu Herzbeschwerden. Ein voll aktives Leben schützt vor einer Krankheit wie Krebs, jedoch nicht immer. Wenn die Lebenskräfte langsamer fluten und das Alter heranschleicht, dann tritt oft Krebs auf und beweist die Wahrheit meiner ersten Behauptung. In solchen Tagen wie den unseren, in denen Krebs das zweitgrößte Werkzeug der Zerstörung und Sterblichkeit ist (und wenn ich recht habe mit meiner Behauptung, daß Krebs eine planetarische Krankheit ist), dann ist ihm also beinahe jeder Mensch ausgesetzt. Der große prädisponierende Faktor ist Furcht; Trägheit und starke Gefühlserregbarkeit ebenfalls.

Über Dementia praecox. (Jugendirresein).

Was ist das Jugendirresein? Weist das Phänomen auf eine Gruppentradition der Familie hin? Gibt es da irgendeinen Schlüssel für die Tatsache, daß es sich zuerst in der frühen Jugend zeigt. Hat der praktische Arzt recht, wenn er es in die Kategorie der hoffnungslosen Fälle einreiht? Diese und ähnliche Fragen werden ständig von Studierenden und Spezialisten der Heilkunst gestellt.

Diese physischen Krankheitsformen, die unter der Sammelbezeichnung „Geisteskrankheiten“ laufen sind viel schwerer verständ-
316] lich als man sich gemeinhin klar macht. Vom Standpunkt des Esoterikers aus gliedern sie sich in die folgenden, verhältnismäßig einfachen Gruppen:

1. Jene, bei denen die Störung durch den Zusammenbruch des Gehirngewebes entsteht. Von diesen sind weit mehr ausgesprochen syphilitischen Ursprungs als man allgemein zugibt, und ich möchte daran erinnern, daß dies – okkult gesehen – naturgemäß so sein muß, denn die physischen Geschlechtsorgane sind eine niedere Entsprechung zu der positiv-negativen Beziehung, die im Gehirn zwischen den beiden Kopfzentren und der Zirbeldrüse und der Hypophyse besteht.

2. Jene, wo die Beschwerde aus einer Überreizung der Gehirnzellen durch gewisse Energiearten entsteht, die das Übergewicht über andere gewinnen und bestimmte gefährliche Formen des Irreseins hervorbringen.

3. Jene, bei denen es keine reale physische Beschwerde, keine Verletzungen oder erkrankten Gewebe gibt, sondern wo lediglich ein zu lockerer Zusammenhang zwischen dem Ätherleib und dem grobphysischen Körper besteht. Es kann sich da Be-

sessenheit einstellen. Solche Fälle werden häufig (ich möchte fast sagen normalerweise) vom orthodoxen Psychiater und Mediziner als Formen des Irreseins angesehen; in Wirklichkeit sind sie es jedoch nicht. Wenn der betroffene Mensch von einem verständnisvollen Psychologen wieder „in den Besitz seiner selbst" gebracht werden kann – und dies ist durchaus möglich –, dann ist die Störung behoben. Es besteht heute unter den am weitesten vorausschauenden Psychologen ausgesprochen die Tendenz, diese Fälle auf Grund der von mir aufgestellten Hypothese zu behandeln, und das ist schon ein merklicher Fortschritt.

4. Jene Fälle, in denen gewisse vererbte Formen mentaler Unausgeglichenheit auftreten. Diese Formen mangelnden Gleichgewichts werden durch Ereignisse in früheren Inkarnationen verursacht und sind so etwas wie eine Bestrafung oder Vergeltungs-Karma. Um dies zu erreichen, sucht sich die Seele ab-
317] sichtlich als physische Hülle eine Form, die bestimmte erbliche Belastungen aufweisen wird. Wenn die Seele nicht imstande ist, von ihrer Hülle Besitz zu ergreifen – wie im Falle eines unentwickelten Menschen –, dann wird sie von den Herren des Karma dazu gezwungen. Wenn aber der Körper unter der Leitung der Seele stehen kann, weil er hochentwickelt ist, dann geschieht diese Wahl mit Bedacht und Absicht. Ich führe diese verschiedenen Formen von Geisteskrankheit oder Unausgeglichenheit nicht unter verschiedenen Titeln auf, da die Angelegenheit zu kompliziert ist; oft bestehen mehrere prädisponierende Faktoren, oft auch nur Andeutungen von Störungen, die sich vielleicht niemals zu etwas Ernsthaftem entwickeln. Ich gebe nur die Kategorien an und überlasse dem forschenden Akademiker die Aufgabe, auf Grund vieler Versuche die Symptome schließlich zu katalogisieren und ihnen die jeweils entsprechende Ursache zuzuordnen. Die Zeit dafür kommt erst jetzt allmählich.

5. Jene Fälle, in denen das Denkvermögen ungebührlich starr und feststehend ist und das Gehirn so unvernünftig beherrscht, daß es für den betreffenden Menschen nur eine einzige Anschauung und Einstellung zum Leben, und keine Beweglichkeit und Anpassungsfähigkeit zu geben scheint. Solche Menschen können zum Beispiel an dem leiden, was man eine fixe Idee nennt, oder sie können vollständig zum Opfer irgendeines mentalen Gedankens werden, der sie besessen hält. Solche mentalen Besessenheiten können sich über eine ganze Skala erstrecken, angefangen vom milden Fanatismus bis zu religiösem Wahnsinn mit seinen Begleiterscheinungen des Sadismus, der Unbarmherzigkeit und allgemeiner krankhafter Verfassung.

Dementia praecox fällt unter die erste und vierte Gruppe, und ist für gewöhnlich eine Mischung aus den Faktoren, die für beide gelten. Sie ist in jedem Falle vererbt, und wenn dies physisch nicht der Fall zu sein scheint, dann beruht sie auf ererbten astralen Zuständen, die ihrerseits wieder für den physischen Zustand mitbestimmend sind. Sie ist syphilitischen Ursprungs (oft aus anderen Leben herübergeschleppt) und in diesem speziellen Leben völlig unheilbar.

Ihre sexuelle Basis wird durch die Tatsache bewiesen, daß sie sich schon im frühen Jugendalter zeigt. Man kann dem Patienten jedoch in den Anfangsstadien sehr helfen, wenn man die Symptome
318] richtig erkennt, sein Gedankenleben lenkt und die dynamische Wirksamkeit neuer Interessen zu Hilfe nimmt. Eine geistige Motivierung und ähnliche Interessen können manchmal die Entwicklung der Krankheit aufhalten; wo dies der Fall ist und die Angelegenheit vom frühesten Leben an behandelt wird, können die schlimmsten Steigerungen abgewendet werden. In eben dem Maße, als der Patient sich selbst einsichtsvoll zu helfen versucht und außerdem durch die einsichtige Sorgfalt des Arztes geschützt wird, kann er die Beschwerde zum großen Teil neutralisieren, vor allem, soweit

es sich um deren Wiederholung in einem nächsten Leben handelt.

Viele dieser Probleme sind aufs engste mit der Vergangenheit verbunden, und solange nicht die Gesetze, die für die Wiedergeburt bestimmend sind, der Welt bekannt gegeben werden, ist es für mich schwer, auch nur die Vorgänge zu erklären, die für die physische Vererbung, karmische Folgen und das, was man Vergeltungskarma nennt, bestimmend sind. Die Erkenntnis der subtileren Krankheitsformen, die Hilfe des Psychologen in Zusammenarbeit mit der Schulmedizin (die zum Beispiel unzweifelhaft bei der Verordnung glandularer Korrektive herangezogen werden muß) und richtige hygienische Behandlung von Kindheit an werden viel erreichen und allmählich die Mental- und Gehirnkrankheiten ausrotten, die heute so zahlreich sind und so viel Unglück bringen.

Über Euthanasie.

Einige Studierende sind besorgt über die organisierten Bestrebungen, die Euthanasie zu legalisieren, und machen sich Gedanken darüber, daß die Macht über Leben und Tod in die Hände des Arztes gelegt werden soll. Andererseits sind sie sich dessen bewußt, daß in solchen Fällen, wo einem anhaltenden Leiden nicht Einhalt geboten werden kann, auch der menschliche Faktor eine Rolle spielt. Dazu möchte ich folgendes sagen:

Das Problem, das dadurch entsteht, daß man die vorgeschlagene Ausübung der Euthanasie in Erwägung zieht, wird von selbst verschwinden, wenn einmal die Kontinuität des Bewußtseins (die den Tod unwirksam macht) erreicht wird. Das bedeutet, daß in der Entwicklung der Menschheit die Zeit kommen wird, da die Seele
319] *weiß*, daß ihre Frist für das physische Leben vorüber ist, und sich darauf vorbereitet, sich mit vollem Bewußtsein aus der Form zurückzuziehen. Sie wird *wissen*, daß die Dienste der Form nicht länger erforderlich sind und daß diese abgelegt werden muß. Sie wird *wissen*, daß ihr im Denken konzentrierter Wahrnehmungs-

sinn stark und lebenskräftig genug ist, um diesen durch den Prozeß und die Episode des Zurückziehens durchzubringen. Wenn sich dieses Bewußtsein im Menschen entwickelt hat, und wenn dieser Vorgang von der medizinischen Wissenschaft und denen, die den menschlichen Organismus studieren, anerkannt worden ist, dann wird sich die ganze Einstellung zum Tode und zu dessen Begleiterscheinungen, einschließlich Schmerz und Leiden, ganz wesentlich ändern. Dann kann sich der Mensch, dessen Sterbestunde gekommen ist, bestimmter Befreiungsmethoden bedienen, die vom Standpunkt des Durchschnittsmenschen aus als Euthanasie angesehen werden könnten. Man wird Methoden des Zurückziehens studieren und anwenden, wenn der Tod nahe ist, und man wird den Vorgang als ein Sichzurückziehen der Seele, als Befreiungs- und Loslösungsprozeß auffassen. Diese Zeit ist nicht mehr so fern, wie ihr vielleicht denkt.

Derzeit sind mit diesem Verfahren, das Zurückziehen zu beschleunigen, schwere Gefahren verbunden; die gesetzlichen Vorsichtsmaßnahmen werden höchst sorgfältig ausgearbeitet werden müssen, und selbst dann könnten sich schwere und ernste Streitfragen daraus entwickeln. Aber eine gewisse Beschleunigung der Todesprozesse ist in Ordnung und muß noch praktisch ausgearbeitet werden. Gegenwärtig beruht jedoch der Wille des Patienten zum Sterben nicht in erster Linie auf Wissen und mentaler Polarisation oder darauf, daß er die Kontinuität des Bewußtseins erreicht hat, sondern auf emotionellen Reaktionen und einem Zurückschrecken vor Schmerz und Furcht.

Wenn jedoch das Leiden schrecklich ist, wenn absolut keine Hoffnung auf wirkliche Hilfe oder Erholung besteht und wenn der Patient (oder die Familie, wenn er selbst zu krank ist) einverstanden ist, dann sollte etwas getan werden, selbstverständlich unter entsprechenden Sicherungsmaßnahmen. Aber die Zeit des Abgehens wird nicht von Emotionen und Mitleid bestimmt sein, sondern auf geistigem Wissen und richtigem Verstehen der geistigen Möglichkeiten des Todes beruhen.

Über (Krankheits-)Keime.

320] Wie unvollkommen sind Worte, um den Forderungen der Wahrheit zu entsprechen! Wir verwenden das Wort „Keim“, um damit auf den Urheber einer Krankheit oder auf den Ursprung einer Form hinzuweisen. Wir sprechen von einem Keim oder Samen des Lebens, von dem Keim einer Idee; wir deuten hin auf jenen unberührbaren, ungreifbaren Energiekern, der später irgendeine sichtbare Form zur Folge hat. Es mag eine Gedankenform, ein Menschenwesen oder auch eine Krankheit sein, und doch müssen sich alle drei mit demselben Wort begnügen. Wie oft habe ich euch gesagt, daß alles Energie ist, und daß es nichts anderes gibt. Ein Keim ist ein Energiekern, der gewisse lebendige Möglichkeiten in sich birgt; durch ihn werden bestimmte Wirkungen auf das ihn umgebende Energiefeld ausgeübt und somit gewisse Ausdrucksformen hervorgebracht, die auf der physischen Ebene sichtbar sind. Aber alles, was angeführt wurde, ist im letzten Grunde eine Form aktiver Energie, die einen Teil der auf, in und um den Erdenplaneten verfügbaren Energie darstellt.

Bezüglich der Krankheit bleibt ein Keim zwar immer noch ein Energiekern, doch könnte man ihn als eine Energie betrachten, die in Beziehung zu der speziellen Form, die für ihr Wirken empfänglich geworden ist (oder sie bewußt verspürt), nicht in der richtigen Weise funktioniert.

Krankheitskeime sind die erste Folgeerscheinung einer Ursache. Einige wenige sind Teile des planetarischen Übels, das heißt ihr Ursprung liegt so tief im Mentalbereich und ist von solcher Größe, daß der endliche Verstand der Menschen sie noch nicht begreifen kann. Solche Ursachen können ihre Wirkung zum Beispiel als heftige, feurigheiße Verehrung und Hingabe an eine Idee oder Person zeigen, oder sich auswirken als ein ebenso heftiges und hitziges Fieber im physischen Körper, und diesem Fieber wird, je nach seinen Symptomen, von der Medizin ein technischer Name gegeben. Die eigentliche Ursache ist dieselbe, doch dann unterscheiden sich die

Wirkungen in der Persönlichkeit voneinander, je nachdem worauf die Aufmerksamkeit konzentriert oder die Betonung des Lebens gelegt wird. Denkt darüber nach, denn ich habe hier einen Hinweis
321] von wirklicher Bedeutung gegeben.

Als ich von „Konzentration der Aufmerksamkeit" sprach, meinte ich damit nicht irgendeine mentale Einstellung oder einen aufmerksamen Verstand, sondern den Stoß der Lebenskraft in irgendeiner gegebenen Richtung, auf irgendeine Stelle und einen Aspekt des menschlichen Körpers, wohin die gelenkte Lebensenergie strömt. Keime sind lebendige Organismen, seien sie nun groß oder klein. Sie finden ihren Weg in den menschlichen Organismus mit Hilfe der Lebenskraft, die ihrerseits das Herz und den Blutstrom als Verteilungswerkzeuge verwendet. In derselben Art verwendet die Energie des Bewußtseins das Nervensystem und das Gehirn als Verteilungsorgane. Wo angeborene oder ererbte Schwäche besteht, dort ist die Lebenskraft nicht in der richtigen Weise konzentriert, und man wird irgendeine Form von Stauung, von angehaltener Entwicklung oder von Krankheitsneigung finden. Wenn dies der Fall ist, dann finden die Keime einen fruchtbaren Boden, auf dem sie ihre bösartige Tätigkeit entfalten können. Ist die Lebenskraft groß genug und hat sie freie, unbehinderte Zirkulationsmöglichkeit, dann sind diese Veranlagungen nicht vorhanden; der Keim kann sich nicht festsetzen, und es besteht keine Ansteckungsgefahr.

Scharlach zum Beispiel ist ansteckend, doch unterliegen ihm nicht alle, die ihm ausgesetzt sind. Die Fähigkeit, eine Infektion abzuschütteln und gegenüber ansteckenden Krankheiten immun zu bleiben ist vor allem eine Sache der Vitalität (vielleicht der Vitalität in bestimmten Regionen des Körpers, wo gerade der Brennpunkt der Aufmerksamkeit und die Betonung der Lebenskraft liegen mag). Sie kann außerdem auf der Aktivität der Blutkörperchen beruhen, die den Blutstrom in gutem Zustand erhält.

322] Dieser genannte Brennpunkt und Nachdruck ist der gleiche wie bei Tieren, denn es handelt sich nicht um den Brennpunkt des Denkens, sondern um den derLebensenergie im physischen Körper.

Ist diese vorhanden und positiv, so schützt sie. Ist sie negativ und schwach, so läßt sie den physischen Körper (den menschlichen wie tierischen) offen für die Gefahren einer Infektion.

Ich kann diese Dinge nicht ausführlicher erklären, als ich es jetzt getan habe, denn das Problem des Ursprungs und der Methode bleibt unlösbar, und zwar so lange als der Mensch in seiner gegenwärtigen gedanklichen Einstellung und in seiner emotionellen Reaktion auf Schmerz und Krankheit stecken bleibt, und solange er immer wieder denselben übertriebenen Nachdruck auf das *Formleben* legt. Wenn sich einmal ein besserer Sinn für richtige Wertmaßstäbe entwickelt hat und die Menschen anfangen, im Sinne der Seele, der höheren Absichten und der Schicksalsbestimmung zu denken, dann werden sich die Krankheiten, so wie wir sie kennen, in zwei Hauptgruppen gliedern:

1. Jene, die Läuterung bringen und eine Zeit der Umschaltung und der Ruhe für den Körper nötig machen, als Vorbereitung auf die Weiterführung des Erdenlebens.

2. Jene, die zum Zurückziehen der Seele in ihren beiden Aspekten – Lebenskraft und Bewußtsein – führen.

Über Impfungen.

„Welche Bedeutung oder welchen Wert hat eine Impfung vom okkulten oder esoterischen Standpunkt aus?“ Diese Frage bewegt die Heiler oftmals, wenn sie jene weitere Frage stellen, welche der eigentliche Grund ihres Interesses ist: „Beeinflußt sie die feineren Körper? Und wie?“

Es gibt keinen okkulten Maßstab oder Wert in der Impfung, genau so wenig als ein okkulter Standard oder Wert darin liegt, eine Injektion unter die Haut zu geben. Der ganzen Frage der Seren und Impfungen ist von den sogenannten okkulten Heilern eine weit übertriebene Bedeutung beigemessen worden. Der menschliche

323] Körper ist gegenwärtig der Empfänger so ungeheurer Substanzmengen, die von außen in sein Inneres hineingestopft werden, daß die ganze Angelegenheit von größerem *Gewicht,* jedoch von geringerer *Wichtigkeit* ist, als die Menschen denken. Das ist eine paradoxe Feststellung, die ich hier treffe. Falsche Nahrung jeder Art, das jahrhundertelange Einatmen von Rauch, das Atmen in verpesteter Luft, das Einnehmen von Arzneien, Pillen und Tabletten jeder nur möglichen Art, der Raubbau am Pflanzen- und Tierreich auf der Suche nach ihren Bestandteilen, und die Injektion mineralischer Substanzen, Drogen und Seren – da wundert es einen manchmal, welche bemerkenswerte Assimilationskräfte der menschliche Körper hat.

Um der Gerechtigkeit willen möchte ich jedoch daran erinnern, daß, soweit es das physische Wohlbefinden des Menschen betrifft, diese Methoden und Verfahren des Westens zu einer gesünderen Rasse geführt haben als im Osten, zu einer ganz deutlichen Verlängerung des menschlichen Lebens und zu der Ausmerzung vieler schrecklicher physischer Plagen, die unter den Menschen ihren Tribut zu fordern pflegten. Dies gebe ich, als Orientale, unbedingt zu. Ich habe die Lage so beschrieben, um euren Blick vom Speziellen auf das Ganze zu erweitern.

Bezüglich Krankheit und Impfung möchte ich euch daran erinnern, daß es drei Gruppen von Krankheiten gibt, die nicht dem Menschen eigentümlich, sondern unserem Planeten selbst eingeboren sind. Diese Krankheiten sind in sehr verschiedenen Formen in allen Naturreichen anzutreffen. Diese drei Familien oder Gruppen von Krankheiten sind:

1. Die große Gruppe der Krebskrankheiten.
2. Die syphilitische Gruppe.
3. Tuberkulose.

Die meisten Einwände von Ärzten mit okkulten Neigungen beruhen unbewußt auf einem Gefühl, daß es höhere Methoden zur

324] Beherrschung von Krankheiten des Menschen geben sollte als die, dem menschlichen Körper Substanzen zu injizieren, die tierischen Körpern entnommen sind. Das ist ganz sicher und unbedingt richtig, und man wird es eines Tages beweisen. Eine weitere Reaktion dieser Ärzte ist ihr feinfühliger Widerwille, der wiederum meist unerkannt bleibt. Ein viel stärkerer Einwand sollte darauf beruhen, welche Leiden man den Tieren zufügt, von denen man sich die Impfstoffe und andere Substanzen beschafft.

Die Wirkung auf die inneren Körper ist praktisch gleich Null und viel geringer, als die der Krankheiten selbst. Hierin liegt für die Zukunft eine höchst interessante Frage. Wieweit dringen Erkrankungszustände in den menschlichen Körper ein und beeinflussen die inneren Körper vom strukturellen Gesichtspunkt aus? Das ist eine Frage, die ich nicht beantworten will. Die moderne Medizin versucht vor allem auf dreierlei Weise, der jetzigen Krankheit Herr zu werden: durch die Wissenschaft der Hygiene, durch vorbeugende Mittel und durch Impfung. Das sind die niederen Entsprechungen zu Betätigungsarten, die von der Astralebene, von den ätherischen Ebenen und von der Erde selbst ausgehen.

Die Wissenschaft der sanitären Maßnahmen, die Anwendung des Wassers und die zunehmende Kenntnis der Hydrotherapie sind die äußeren, auf Erden sichtbaren Entsprechungen ganz bestimmter innerer Wirksamkeiten auf der Astralebene. Vom Gesichtspunkt des Asprianten aus nennt man diese Methoden Läuterung.

Die Wissenschaft der Vorbeugung (sowohl für Krankheiten wie für den Tod) ist der äußere, irdische Niederschlag gewisser Verfahrensweisen auf der ätherischen Ebene, wodurch Kräfte richtig angewendet und bestimmte zerstörende Faktoren davon abgehalten werden, sich in verderblicher Weise auszuwirken.

Die Impfwissenschaft ist rein physischen Ursprungs und betrifft lediglich den tierischen Körper. Sie wird in Kürze durch eine höhere Methode ersetzt werden, aber dazu ist die Zeit noch nicht reif.

Über Drüsen

325] „Ist es möglich, durch bestimmte Arten der Meditation den Vorder- oder Hinterlappen der Hypophyse anzuregen, wenn dort eine Unterfunktion besteht? Wird eine Meditation, die dazu bestimmt ist, die Persönlichkeit zu integrieren, automatisch diese Störung beseitigen, und wird sie auch die Tätigkeit der anderen wichtigen Drüsen ausgleichend regulieren?"

Hier sind mehrere Fragen gestellt; die ganze Angelegenheit ist zu umfassend für eine gründliche Behandlung innerhalb der verfügbaren Zeit und Grenzen.

Ich möchte jedoch ganz kurz sagen, daß die Stimulierung eines der Hypophysenlappen und ebenso die Stimulierung irgendeiner anderen Drüse durch Meditation eine höchst gefährliche Sache ist, wenn sie von Anfängern unternommen wird. Man kann es tun, jedoch ist es ratsam, dies nur unter der erfahrenen Aufsicht eines jener Menschen zu unternehmen, die mehr wissen und sehen können als ihr. Die Drüsen sind die Folgeerscheinungen der Tätigkeit oder Untätigkeit der Zentren (oder Chakras) im Körper, und sie entwickeln sich parallel zu diesen. Diese Entwicklung hängt vom Strahl und von der Evolutionsstufe ab. Die Angelegenheit ist umfangreich und schwierig, und ihr alle solltet berücksichtigen, daß ein ständiges Verweilen bei den *physischen Faktoren*, die man in der Ausrüstung der Persönlichkeit findet, *nicht* der Weg des Jüngers ist. Er muß, wie ihr ja wißt, nach Integration der Persönlichkeit und danach streben, ein reiner Stromleiter für die Kräfte der Seele zu werden. Eine solche Integration ist normalerweise das Ergebnis von

1. Charakterschulung.
2. Seelenkontakt durch Meditation.
3. Lebensäußerung durch Dienst.

326] Die Ausübung dieser drei Dinge über eine lange Reihe von Jahren wird unvermeidlich die gewünschten Ergebnisse zeitigen, soweit es die Drüsen betrifft, und sofern der Gesamtorganismus den

Druck der Seelenanforderungen aushalten kann, denen man ja in jedem einzelnen Leben genügen muß.

Über den Lebenskörper.

„Welchen Hauptfaktoren muß man Genüge leisten, wenn man einen kräftigen, gesunden Lebenskörper aufbauen will? Ist es einem Menschen mit einem ziemlich schwachen Vitalkörper möglich, diesen zu stärken? Kann nicht ein sogenannter schwacher Vitalkörper gleichzeitig gesund sein, wenn sich die Schwäche nur darin äußert, daß die Durchhaltekraft fehlt und man sich nur langsam von Ermüdung erholt?"

Diese Frage ist präzise und kann kurz beantwortet werden. Das muß sie in der Tat, denn sonst wäre eine lange Erörterung über den Lebenskörper nötig, und dieses Thema ist zu umfassend und es gibt zu viele Folgerungen dabei, als daß man hier davon sprechen könnte. Ich habe darüber viel in meinen verschiedenen Büchern geschrieben.

Wenn ihr von einem *schwachen* Vitalkörper sprecht, so nehme ich an, daß ihr einen solchen meint, der mit dem physischen Körper nur locker verbunden ist und nur lose zusammenarbeitet, der also nur einen schwachen Einfluß auf die äußere Form ausüben kann; eben die enge Integration des Ätherleibes mit der physischen Form ist die Ursache für deren Durchhaltekraft. Ihr habt recht, wenn ihr glaubt, daß man vollkommen gesund sein und doch wenig Widerstandskraft gegen Ermüdungserscheinungen haben kann.

Die Hauptfaktoren für eine Wiederherstellung oder Verbesserung der ätherischen Herrschaft über den Körper sind:

1. Sonnenschein.
2. Sorgfältige Diät mit Betonung der Proteine und Vitamine.
3. Vermeidung von Ermüdung und Kummer.

327] Allen diesen Dingen wirken zur Zeit Klima, Weltzustände, Umwelt und unsere Zivilisation entgegen; der Einzelne muß sich daher in einen Zustand fügen, der seinem individuellen Machtbereich entzogen ist, und auf den er persönlich keinen Einfluß hat.

Ein normales, gesundes, geregeltes Leben ist das beste Mittel, um mehr Lebenskraft zu gewinnen und zu behalten. Ich nehme an, daß ihr dies meint. Ihr müßt jedoch berücksichtigen, daß man in dem Falle, wenn der Ätherkörper geschwächt ist und die Umstände derart sind, daß eine Wiederherstellung der Lebenskraft schwierig oder gar unmöglich erscheint, die karmischen Begrenzungen anerkennen und bereit sein muß, sich ihnen zu unterordnen und den Dingen ihren Lauf zu lassen. Dieses spezielle Leben ist nicht das einzige, das es gibt. Es können daher die Zustände in einer einzelnen Inkarnation oft nicht geändert werden, ja sie werden durch innere Auflehnung und Rebellion nur verlängert. Ein Jünger muß lernen weiterzugehen, trotz und nicht infolge der Umstände.

Über Prana.

Ihr könnt vieles über das Wesen des Prana in den Büchern finden, die ihr besitzt oder besitzen solltet. In meinem Buche „Eine Abhandlung über kosmisches Feuer" und in A. A. B.s Buch „Das Licht der Seele"*) ist das ganze Thema erörtert.

Es genügt, folgendes zu sagen:

1. Was sich in der Erscheinungswelt offenbart, ist nichts anderes als Energie, die eine Form annimmt, Formen verwendet und antreibt, und Formen auseinanderfallen läßt.

2. Diese Energie teilt sich in drei Arten von sogenannten elektrischen Phänomenen, die in der „Geheimlehre" und in „Eine Abhandlung über kosmischer Feuer" als Feuer durch Reibung, Sonnenfeuer und elektrisches Feuer bezeichnet werden.

---

*) „Eine Abhandlung über kosmisches Feuer" engl. Ausg., S. 77-116.
„Das Licht der Seele" engl. Ausg., S. 77, 217-225, 280-282, 329-330, 332.

3. Die Energie, die man auf der physischen Ebene vom ätherischen Aspekt allen Lebens in der Erscheinungswelt erhält oder
328] gewinnt, wird Prana genannt. Dieser ätherische Aspekt der göttlichen Energie ist eine Synthese von verschiedenen Energien. Wenn zum Beispiel die Energie, in der ein Einzelwesen hauptsächlich lebt, wirkt und den Brennpunkt seines Daseins hat, überwiegend astraler Art ist, dann kommt in seiner Ausrüstung ganz besonders die astrale oder emotionelle Gefühlsenergie zum Ausdruck. Der Mensch reagiert dann stets auf physische Energie oder Prana und auf astrale Energie oder die vielen emotionellen Gefühls- und Empfindungskräfte. Diese wirken sich ganz besonders durch die Milz, den Solarplexus und die Kehle aus und beeinflussen in verschiedener Art die physische Milz, den Magen und die Schilddrüse.

4. Wenn ein Mensch an diesen beiden Energiearten Interesse zeigt, so beruht das auf der Tatsache, daß er selbt gewohnheitsmäßig von diesen beiden überflutet ist und daß er auf sie normalerweise und am leichtesten anspricht.

5. Der Energiestrom, der beim Heilen verwendet wird, ist eine Zusammenfassung der Energien, mit denen der Heiler normalerweise wirkt, wobei jene Energieart vorherrscht, die für ihn die allerwichtigste Energie seines Lebens ist. Der durchschnittliche Heiler ohne Einsicht ist meistens bloß ein Übermittler des reinen Prana, der Energie unseres Planeten. Dieses vereinigt sich mit den ätherisch-physischen Energien des Patienten, wenn es durch den Körper des Heilers geht. Dadurch wird der Patient genügend stimuliert, so daß er fähig wird, die schwächende Krankheit abzuschütteln. Einige Heiler können mit dieser Kräfteart *und* mit emotioneller Energie wirken und rufen daher nicht nur im physischen Körper des Patienten, sondern auch in seinem Astralleib eine Aktivität hervor. Dies führt manchmal zu ernsthaften Schwierigkeiten und verhin-

dert oft eine echte physische Heilung, eben wegen des hervorgebrachten astralen Aufruhrs. Darauf kann ich hier nicht wei-
329] ter eingehen. Mentale Heiler (echte mentale Heiler, die wirklich sehr selten sind) verschmelzen Seelenenergie mit den beiden oben erwähnten Kräften, und dadurch entsteht eine Synthese der Persönlichkeitskräfte. Wenn diese Synthese einsichtsvoll fortgesetzt wird, so bringt sie die Heilung des Menschen dadurch zutande, daß sie eine zweckmäßige Ordnung und Harmonie schafft.

Seelisches Heilen übertrifft die drei oben erwähnten Methoden und bewirkt, daß reine Seelenenergie in und durch den Mechanismus des Patienten strömt. In eben dieser Weise wirkte Christus, doch heute gibt es nur wenige, die es können. Man muß es sich jedoch zum Ziel setzen.

Physisches Heilen durch Prana ist etwas ganz Gewöhnliches. Es hält oft eine Zeitlang an, betrifft und behandelt aber lediglich Wirkungen und rührt niemals an die Ursachen. Darum kann die Krankheit wohl gelindert, aber niemals kuriert werden. Die Fähigkeit des mentalen Heilens nimmt jetzt zu und erzielt verhältnismäßig dauerhafte Ergebnisse. Astrales Heilen ist jedoch selten und auch sehr selten erfolgreich. Die Macht der Astralnatur des Heilers und ebenso des Patienten ist zu groß und ihr Zustand meistens viel zu wenig geregelt, um wirksame Arbeit leisten zu können; schuld daran ist die gegenwärtige Polarisierung der Menschheit und der Mangel an richtiger Ausgeglichenheit und Beherrschung der Gefühle.

Über östliche und westliche Körper.

Bei einigen Heilern besteht oft die Frage, ob es einen Unterschied in den Krankheitsursachen und Wirkungen gibt, die man an östlichen oder westlichen Körpern erfahren kann. Ich möchte dazu folgendes sagen:

Die Menschheit ist ein- und dieselbe in der ganzen Welt. Östliche wie westliche Körper neigen zu denselben Krankheiten und zeigen dieselben Symptome; alle leiden an Tuberkulose, an Krebs und an Geschlechtskrankheiten; sie sterben häufig an Lungenentzündung **330]** und Influenza. Durch hygienische Maßnahmen und andere Heilmethoden, die in großem Maßstab angewandt werden, werden uralte Krankheiten (die von der alten Atlantis übernommen sind) wie die Beulenpest und Cholera allmählich ausgerottet. Sie kommen im Osten immer noch zum Vorschein infolge der Stärke der alten Zivilisationen, des Nahrungsmangels, der fehlenden Hygiene und der Bevölkerungsdichte. Es sind dies auch klimatische Krankheiten, die in der kälteren Luft des Nordens vergehen. Gewisse Krankheiten sind die Folgen falscher Ernährung seit ungezählten Jahrhunderten.

Einer der Hauptgründe für den scheinbaren Unterschied (wenn überhaupt einer besteht) kann auch in dem größeren Alter der östlichen Rassen liegen. Die Krankheiten des Alters, die der Jugend und der mittleren Jahre weisen Verschiedenheiten auf; Asien und seine Völker sind sehr, sehr alt. Das „Körpermaterial" wird sehr schnell abgenutzt. Die Japaner jedoch zeigen kein Anzeichen des Alters. Indien ist viel älter als Europa, aber das chinesische und japanische Material ist noch älter, und dennoch zeigt es noch keine Alterserscheinungen. Der Grund dafür liegt in dem außerordentlich verschiedenen Typus des emotionellen Körpers bei der arischen und atlantischen Rasse. Das ganze Problem ist unberechenbar schwierig.

Ich könnte jedoch eure Frage ganz kurz damit beantworten, daß es zwischen den grundsätzlichen Krankheitsursachen in Ost und West keinen Unterschied gibt.

Über das Nervensystem.

Wenn man die Beziehung des Äther- oder Lebenskörpers (mit seinen größeren und kleineren Zentren und seinem Netz von Nadis) zum Nervensystem im menschlichen Körper richtig versteht, kann man zwei große Aspekte der Seelenwirksamkeit begreifen.

Erstens jenen Aspekt des Seelenlebens, der es der Seele ermöglicht, den physischen Mechanismus (den Körper) durch die anspor-
331] nende Tätigkeit dessen, was wir *Leben* nennen, in Inkarnation zu bringen und zu einer Tätigkeit zu zwingen.

Zweitens jenen Aspekt des Seelenlebens, der das physische Werkzeug durch das freie Spiel der Pranaströmungen gesund erhält. Diese Aussage ist ein Versuch, eine große Wahrheit auf eine möglichst einfache Weise auszudrücken. Die wahre Bedeutung der obigen Aussage bildet den nächsten großen Schritt, der auf dem Gebiet wahrer Psychologie und Heilung getan werden muß. Das ganze Thema ist außerordentlich interessant. Einiges davon habe ich schon in „Eine Abhandlung über Weiße Magie“, S. 32–66 behandelt, und es wäre für euch nützlich, diese Seiten zu studieren.

Die allgemeine Situation in diesem Zusammenhang könnte etwa wie folgt umrissen werden:

Ein Menschenwesen besteht aus einer Kombination verschiedener Kräftearten. Da haben wir die Kraft oder Energie der Materie selbst, die man – in ihrer Gesamtheit – als den Energieaspekt der Körperzellen oder Atome ansehen könnte. Das Wort „Zelle“ selbst ist in seiner üblichen Bedeutung die Andeutung eines eingekerkerten Lebens; Leben und Energie sind für den Esoteriker gleichbedeutende Worte. Das ist der dritte Aspekt der Gottnatur, der sich in der Menschheit zum Ausdruck bringt. Wir haben ferner die zweifache Energie, die von der Seele verkörpert oder übermittelt wird; sie könnte verglichen werden mit zwei Energieströmen, die, wenn sie vom Körper losgelöst sind, zu einem einzigen Strom verschmelzen, die sich aber in zwei Ströme teilen, wenn sie in die Materie und Form eintreten. Sie bringen der Materie oder Masse lebender Zellen die Qualitäten Bewußtsein und reines Leben. Man könnte auch folgendes sagen:

a) Der Strom der Lebensenergie findet seinen Weg zum Herzen – zum physischen Herzen – und durchkraftet von da aus (über das physische permanente Atom) den ganzen physischen Körper,

wobei er den Blutstrom als seinen Hauptvermittler, Kontakt-
leiter und Verbindungsweg zwischen dieser zentralen Kraft-
332] station des Lebens und der Peripherie benutzt. Wie wir wis-
sen, ist das Blut das Leben. Diese Lebenstätigkeit ist die Kraft, die alle lebendigen Atome und Zellen des Körpers um sich sammelt und in der Form zusammenhält. Wenn dieser Lebensfaden beim Tode von der Seele zurückgezogen wird, trennen sich die lebendigen Atome, der Körper zerfällt und es tritt die Auflösung ein; die atomischen Leben kehren in das große Kräfte-Sammelbecken, in den Schoß der lebendigen Materie zurück, aus dem sie kamen.

b) Der Energiestrom, der die Seelenqualität der Intelligenz samt der Liebe-Weisheit übermittelt, und der das darstellt, was wir als Bewußtsein mit seinen Fähigkeiten des Kontakts, des Fühlens und des vernünftigen Denkens kennen, dringt nur bis zum physischen Gehirn. Dort konzentriert sich dieser zweite Aspekt und verankert sich in der Region der Zirbeldrüse. Von dort aus beginnt die Seele, im Verlauf der Inkarnations- und Erfahrungsprozesse, mit immer stärkerer Macht, den physischen Körper zu beherrschen, zu sinnvoller Tätigkeit anzuspornen und zu verwenden. Denkt daran, daß der Körper für die Seele lediglich ein Reaktionsapparat auf der physischen Ebene und ein Ausdrucksmittel ist.

Man könnte noch – als dritte, notwendige Aussage – darauf hinweisen, daß die Seele ihre bewußt gelenkte Energie durch den Äther- oder Lebenskörper in den grob-physischen Körper ergießt. Dieser Ätherkörper besteht aus:

1. Sieben größeren Kraftzentren und neunundvierzig kleineren Zentren. Die Hauptzentren befinden sich im Kopf und längs der Wirbelsäule. Die kleineren Zentren sind über den ganzen Körper verstreut.
2. Dem ätherischen Netz, das sich aus Energieströmen zusam-

mensetzt. Es verbindet alle Zentren zu zwei Systemen, einem größeren und einem kleineren, und verbreitet sich von diesen Zentren aus über den ganzen Körper.

3. Den Nadis. Das sind unendlich kleine Energiefäden oder
333] Kräftefasern, die sich strahlenförmig von jedem Teil des Netzes ausbreiten und jedem Teil des dreifachen Nervensystems zugrundeliegen. Ihre Zahl geht in die Millionen; aus ihnen entsteht der empfindende Reaktionsapparat, durch den wir wirken und dessen eine äußere Erscheinungsform der Mechanismus der fünf Sine ist.

Die beherrschende „Kraftstation" befindet sich je nach der erreichten Entwicklungsstufe an verschiedenen Stellen:

1. Die Menschheit niederen Grades verwendet den Solarplexus als den Ort, an dem die Grundenergie zeitweise zusammengezogen wird. Eine geringe Aktivität ist auch im Ajnazentrum erkennbar.
2. Die Durchschnittsmenschheit wirkt teilweise durch den Solarplexus; in der Hauptsache jedoch durch das Ajna- und Kehlzentrum.
3. Die Menschen hohen Grades, die Intelligenz und die Weltaspiranten verwenden das Kopfzentrum, das Ajna-, Kehl- und Herzzentrum, sowie den Solarplexus.

Schließlich könnte man sagen, daß als direktes Ergebnis der inneren Tätigkeit der Zentren, Netze und Nadis der physische Apparat des Herzens, des endokrinen Drüsensystems und des Gehirns entsteht. In diesen allgemeinen Plan, der hier sehr skizzenhaft umrissen wurde, paßt jede alte Heilkunde (besonders die tibetanische, die chinesische und hinduistische) und ebenso auch unsere moderne westliche Wissenschaft hinein. Die Wechselbeziehung zwischen den westlichen und östlichen Methoden muß noch hergestellt werden, und man wird dadurch viel gewinnen. Ausführlicher kann ich darauf nicht eingehen, aber das oben Gesagte dürfte ausreichen, um zu zeigen, daß alle Methoden, die ihr beim Lesen entdecken werdet (und es gibt sehr viele) mit diesem allgemeinen Schema der Energieprozesse im menschlichen Körper in Verbindung gebracht werden können.

Über Diät.

334] Es kann keine festgelegte Ernährungsweise vollständig richtig sein für eine Gruppe von Menschen, die sich auf verschiedenen Strahlen befinden, verschiedene Temperamente und Ausrüstung haben und verschiedenen Altersstufen angehören. Alle Menschen sind einander in einigen Punkten unähnlich; sie müssen herausfinden, was sie als Einzelmenschen benötigen, in welcher Weise sie ihre körperlichen Erfordernisse am besten befriedigen können und welche Substanzart sie am besten zum Dienen befähigt. Jeder Mensch muß dies für sich selbst herausfinden. Es gibt keine *Gruppendiät.* Es ist weder ein gewaltsamer Verzicht auf Fleisch erforderlich noch eine streng vegetarische Diät unbedingt nötig. Es gibt Lebensphasen und manchmal ganze Inkarnationen, in denen sich der Aspirant einer Ernährungsdisziplin unterwirft, wie es andere Perioden oder ein ganzes Leben geben kann, wenn ein striktes Zölibat zeitweise aufgezwungen wird. Aber es gibt andere Lebenszyklen und Inkarnationen, in denen das Interesse und der Dienst des Jüngers in einer anderen Richtung liegen. In späteren Inkarnationen dreht sich das Denken nicht ständig um den physischen Körper; der Mensch arbeitet unbeschwert vom Diätkomplex und ohne sich auf die Formseite des Lebens zu konzentrieren. Er verzehrt die Nahrung, die gerade verfügbar ist und mit der er seine Leistungsfähigkeit am besten erhalten kann. Als Vorbereitungen auf bestimmte Einweihungen wurde in der Vergangenheit eine vegetarische Diät als wesentlich angesehen. Aber dies braucht nicht immer der Fall zu sein, und viele Jünger nehmen vorzeitig an, daß sie sich in Vorbereitung für die Einweihung befinden.

Über die Milz.

Die Milz ist das wichtigste Organ der Lebenskraft, aber es handelt sich um jene Lebenskraft die – unabhängig von der Form – der Materie selbst innewohnt. Die Milz ist darum eng verbunden mit dem physischen Körper unseres Planeten. Sie ist die äußere, materielle Erscheinungform eines sehr wichtigen Zentrums.
335] Es gibt drei Zentren im Körper (mit den ihnen verbündeten äußeren Entsprechungen), die für das Leben von grundlegender Bedeutung sind:

1. Das Herzzentrum und das physische Herz selbst. In diesem ist das Lebensprinzip (der *Geist*aspekt) ansässig. Leben und Geist sind eins.
2. Das Kopfzentrum und das Gehirn, in denen das Bewußtseinsprinzip (der *Seelen*aspekt) ansässig ist.
3. Das Pranazentrum und die Milz, in denen das Leben der Materie selbst (der *Materie*aspekt) ansässig ist.

Man muß berücksichtigen, daß der physische Körper kein Prinzip ist – worauf auch H. P. B. hinweist. Er ist atomische Materie, die durch ätherische Substanz unter der Kontrolle der Seele in einer Form zusammengehalten wird. Er ist in seinen Reaktionen automatisch und leistet ungezählten äußeren Antrieben und inneren Impulsen Folge, hat aber kein Leben, das eine Initiative entwickeln könnte. Er besteht aus Energieeinheiten, wie alles andere in der Natur auch, und hat sein eigenes, individuelles Leben; sein Brennpunkt für die Energieverteilung in diesem Leben ist die Milz.

In der Milz kommen das negative Leben der Materie und die Lebensenergie des positiven Ätherkörpers zusammen. Dann springt ein „Funke", wie man es nennt, über zwischen den inneren, lebendigen Körpern des Menschen (durch Vermittlung des Ätherleibes) und der physischen Ebene. Das ist eine Widerspiegelung auf der niedersten Sprosse der Evolutionsleiter, soweit es den Menschen betrifft, und entspricht der Beziehung zwischen Seele und Körper, oder – auf einer höheren Runde der Spirale – der Beziehung zwischen Geist und Materie.

Über den Vagusnerv.

Zwei starke Zentren sind mit dem Vagusnerv verknüpft: das Herzzentrum und das Zentrum an der Basis der Wirbelsäule. Wenn diese beiden unter die Herrschaft der Seele gebracht werden, die
336] durch das Kopfzentrum (das Brahmarandra) wirkt, dann bewirken sie das Aufsteigen des Kundalinifeuers. Dieses bringt dadurch das ganze Nervensystem in eine besondere rhythmische Tätigkeit und Reaktionsfähigkeit, und das wird durch die Stimulierung und Beherrschung des Vagusnervs erreicht. Nicht der Vagusnerv ist das Werkzeug, um das Kundalinifeuer emporzuheben, sondern es ist umgekehrt. Wenn der Kopf, das Herz und das Zentrum an der Basis der Wirbelsäule in magnetischer, dynamischer Verbindung stehen und eine Strahlungswirkung ausüben, dann beeinflussen sie den Vagusnerv. Dann werden die Feuer des Körpers vereinigt und emporgehoben, wobei sie Läuterung und die „Öffnung aller Tore“ bewirken.

Über das Auge.

Es gibt eine bestimmte Richtung von Wissenschaftlern, die an der Theorie arbeiten, daß das Auge der Anzeigefaktor im menschlichen Körper und der Maßstab oder Schlüssel zu dessen rechtem Verständnis sei. Sie haben schon vieles hinsichtlich der Aussagefähigkeiten des Auges bewiesen, soweit es sich um Krankheit handelt. Damit sind sie auf dem richtigen Wege. Dennoch steckt die Wissenschaft, an der sie arbeiten, noch so sehr in den Kinderschuhen, daß ihre Schlüsse weder völlig bewiesen noch ganz zuverlässig sind.

In naher Zukunft, wenn sich einmal unser planetarisches Leben etwas beruhigt hat, wird die ganze Frage der geistigen Schau und die

Wahrnehmung der inneren Welten durch das Auge einen enormen
Aufschwung erfahren, und es werden dabei Umstände offenbar wer-
den, von denen man sich bisher nichts träumen läßt. Der Mensch
wird in ein neues Leben und in eine Ära höheren Verständnisses
eintreten. Die Lehre über die Iris des Auges ist ein Anzeichen dafür.

Warum sollte man nicht ein wenig über das Auge nachlesen und
dessen okulte Entsprechung zu der erschaffenen Welt und zum gan-
zen Problem des Lichtes bemerken? Die Augen und die Seele stehen
in engem Zusammenhang; dabei ist – in der Sprache des Okkultis-
mus – das rechte Auge der Repräsentant der Seele und daher das
337] Werkzeug der Buddhi, während das linke Auge der Vertre-
ter der Persönlichkeit und das Werkzeug des niederen konkreten
Denkens ist. Es wird für euch interessant sein, das zu lesen, was
man in der „Geheimlehre" und anderen Büchern (einschließlich der
meinen) über dieses Thema finden kann; es führt zwangsläufig zu
dem Schluß, daß hier ein bisher unerschlossenes Forschungsgebiet
liegt, eine Lehre, die ein sorgfältiges Studium zum Nutzen der
Gruppe, wenn nicht aus einem anderen Grunde, rechtfertigt.

Über psychologische Krankheitsursachen.

Zeigen sich „psychologische Krankheitsursachen" zuerst in Ge-
hirnsymptomen an, ehe sie sich an anderen Körperteilen widerspie-
geln? Hierzu kann ein Satz aus „Das Licht der Seele" herangezo-
gen werden:

> „Das Gehirn zum Beispiel ist der „Schatten" oder das äußere Organ des Denkvermögens; der Forscher wird entdecken, daß der Inhalt der Gehirnhöhlung eine Beziehung zu den Aspekten des menschlichen Mechanismus hat, die man auf der Mentalebene findet."

Denkt daran, daß die Lebenskraft durch das Herz wirkt und den
Blutstrom verwendet, während der Bewußtseinsaspekt durch das
Gehirn wirkt und das Nervensystem als Werkzeug benützt. Das ist
der erste und wichtigste Punkt, den man begreifen muß.

Psychologische Krankheitsursachen zeigen sich im Gehirn oder (wenn sie sehr niederen Grades sind) im Solarplexus. Sie machen sich jedoch an diesen Stellen, wo sie auftreten, nicht als Krankheitssymptome bemerkbar. Es handelt sich um Energien oder Kräfte, die – wenn sie mit den Energien des Körpers in Kontakt gebracht werden – als Folgeerscheinung (und nicht vorher)! jene Zustände herbeiführen, die wir mit Krankheit bezeichnen. Die psychologischen Ursachen sind Energieformen, die sich durch die ihnen entsprechenden Körperzentren auswirken, und diese wiederum bestimmen und **338]** prägen das Drüsensystem. Die Sekrete oder Hormone, die infolge dieser esoterischen Stimulierung erzeugt werden, gehen in den Blutstrom, und die Folge dieses ganzen Wechselwirkens kann entweder Gesundheit sein, wobei also gesunde psychologische Ursachen zum Ausdruck kommen, oder aber Krankheit, bei der das Umgekehrte der Fall ist.

Die Möglichkeit zur Krankheit wie auch zu deren Heilung liegt also in der inneren Beziehung zwischen den feineren Energien, die durch bestimmte Zentren wirken, und im angeschlossenen endokrinen System mit seiner Beziehung zum Blutstrom. Diese Erkenntnis fehlt jedoch noch der Schulmedizin. Man begreift schon vieles von der natürlichen, angeborenen Psychologie, aber es besteht noch eine Lücke zwischen dem physischen Körper und dem Ätherleib, und man bringt dem letzteren von seiten der Schulmedizin bis jetzt nur wenig Aufmerksamkeit entgegen. Es gibt noch kein wirkliches Verständnis für die – eben über den Ätherleib gehende – Beziehung zwischen der inneren Psyche und der äußeren Form. Das Studium der Drüsen hat schon etwas Hilfe gebracht, aber die Medizin muß noch einen Schritt weitergehen und das Drüsensystem mit den inneren Zentren in Verbindung bringen.

Über Melancholieprobleme.

Diese Probleme sind sehr schwer einzuordnen, da sie die Folgen sehr verschiedenartiger Ursachen sind. Ich will sie hier aufführen, und diese Liste mag euch vielleicht einmal nützlich sein:

1. Ein Gefühl der Vereitelung, ein gehemmtes Wunschleben, oder die Erkenntnis eines Grundfehlers, der im Leben begangen wurde.
2. Ein Sinn für Dramatik und ein Verlangen, auf der kleinen Bühne des persönlichen Lebens als bedeutend zu erscheinen. Das kann oftmals ganz unbewußt sein und einen wirklich unterbewußten Ursprung haben, oder es handelt sich um eine sorgfältig kultivierte Haltung oder Gewohnheit.
3. Ein Schwächezustand, hauptsächlich ätherischer Art, der das Leben aller Freuden und sehnsüchtigen Wünsche beraubt und immer ein Gefühl der Nichtigkeit mit sich bringt. Dies erfahren viele Frauen, welche die Zeit der Menopause durchmachen.
4. Eine bestimmte Form des Zusammenbruchs in den Zellen,
339] der in irgendeinem speziellen Teil des Gehirns stattfindet.
5. Furcht vor Wahnsinn und vor dem Tode – eine grundlose Furcht, die sich niemals bestätigt, aber tatsächlich eine fixe Idee darstellt, so daß der Mensch das Opfer einer stark entwickelten Gedankenform wird.
6. Eine durch Überempfindlichkeit hervorgerufene Stimmung, die sich in die Leiden und Schmerzen der ganzen Welt versetzt. Jünger können zeitweise davon überwältigt werden.
7. Melancholie kommt sehr selten durch irgendeine Form der Besessenheit zustande, wie etwa Besessenheit durch „eine erdgebundene Wesenheit oder einen lebendigen, vampyrähnlichen Menschen". Einige wenige solcher Fälle sind bekannt geworden, aber sie sind zu selten, als daß man sie als einen wesentlichen Faktor betrachten könnte.
8. Manchmal stellt sich eine Person auf einen Zustand von Massen-Melancholie ein, wie man ihn z. B. in unseren Sanatorien oder Anstalten finden kann. Der Zustand hat dann in Wirklichkeit nichts mit dem Betreffenden zu tun, aber da er sensitiv ist, identifiziert er sich mit jenen, die an akuter Melancholie leiden.
9. Melancholie ist auch als Krankheitssymptom (aber nicht einer

Gehirnkrankheit) ziemlich häufig, und sie verschwindet, wenn die Krankheit richtig behandelt wird.

Ein Mensch kann auch an mehreren solchen Ursachen leiden, wie zum Beispiel vielleicht an der Kombination der Ursachen 1, 2 und 6.

Über Vollmond und Psychosen.

Ein Zweig der künftigen esoterischen Medizin wird sich mit dem Gesetz der Mond- und Sonnenzyklen befassen. Man wird dann als Tatsache beweisen, was man schon immer vermutet hat und was jetzt allgemein anerkannt wird: daß nämlich die Zeitspanne des Vollmonds eine ganz deutliche Wirkung auf unausgeglichene Menschen sowie auf den Traumzustand ausübt und häufig ganz drastisch
340] jene neurotischen und erotischen Zustände herbeiführt, die heute so überhand nehmen.

Der erschreckende Anstieg des Wahnsinns und der Unausgeglichenheit geht auf drei Ursachen zurück.

1. In der heutigen Übergangszeit stoßen die Wassermann- und die Fischekräfte aufeinander; so ist ein Zustand eingetreten, der es sensitiven Menschen sehr schwer macht, überhaupt normal zu leben. Um den Gedanken in einem Symbol auszudrücken: Es ist beinahe so, als wenn die Menschheit, nachdem sie sich auf Erden eingelebt hat, sich nun daran gewöhnen müsse, im Wasser zu leben. Ich spreche hier vom Gesichtspunkt der Form aus.
2. Dazu kommt die intensive geistige und gedankliche Stimulierung, die heute den Massen durch die Hierarchie unseres Planeten zuteil wird. Es ist beabsichtigt, alten Lebensweisen ein Ende zu machen, durch einen Umstellungsprozeß neue Lebensgewohnheiten zu schaffen und so eine neue Zivilisation einzuleiten, die auf einer zunehmend subjektiven Kultur beruht. Ich möchte euch bitten, über diesen letzten Satz nachzudenken.

3. Es strömt mehr Licht von der Astralebene her ein (was gegenwärtig noch nicht erkannt wird) und auch die gewöhnliche Lichtfülle auf der physischen Ebene hat in erstaunlichem Maße zugenommen. Dies führt zu Überempfindlichkeit. Das Arbeiten bei starkem elektrischen Licht und das allgemein grelle Licht, in dem die Menschheit heute lebt, wird seinen Tribut von der Menschheit so lange fordern, bis sich der menschliche Mechanismus *dem Lichte* angepaßt hat. Denkt daran, daß diese allgemeine Verwendung des Lichtes noch nicht einmal hundert Jahre alt, und daß sie eine okkulte Wirkung mit weitreichenden Folgen ist.

Ich erwähne diese drei Faktoren, da sie zu einem großen Teil für die Neigung zu abnormer Empfindlichkeit verantwortlich sind. Studierende des Okkultismus wissen genau, daß zur Zeit des Vollmonds gewisse hohe Kontakte leichter herzustellen sind als zu anderen Zeiten, aber gerade hier liegt die Schwierigkeit, meine Brüder. **341]** Zur Zeit des Vollmonds empfangen (für die Dauer von fünf Tagen) Mond und Erde mehr von der Sonne widergespiegeltes Licht als zu einer anderen Zeit. Dafür gibt es einen subjektiven Grund. Ich kann ihn euch nur durch ein Symbol erklären, das euch entweder die Wahrheit vermitteln oder aber verschleiern kann. Symbolisch gesprochen tritt also die Periode intensivster Meditation unseres planetarischen Logos zur Zeit des Vollmonds in jedem Monat ein; ebenso wie ihr eure Meditation pflegt, so hat Er an seinem hohen Orte zu bestimmten Zeiten einen Kontakt. Dies führt dazu, daß eine Strahlung einströmt und sowohl subjektive wie objektive Energie hereinkommt. Allen wahren Schülern wird daher ihre Arbeit auf der Mentalebene erleichtert; sie werden dann fähig, erfolgreicher zu meditieren und eine Erkenntnis mit größerer Leichtigkeit zu erlangen. Sie nehmen in ganz bestimmter Weise teil an dem, was der Herr Shamballas erreicht.

Wie ihr wißt, ist der Mond eine Schale, eine uralte Form, durch die der planetarische Logos einst seine Wesensäußerung suchte. Er löst sich physisch langsam auf, jedoch noch nicht in astraler Hinsicht, und darum ist er noch mit dem Astralkörper des planetarischen Logos und dadurch auch mit dem Astralkörper aller Menschen eng verbunden. Sein Einfluß auf alle unausgeglichenen Menschen ist folglich zur Zeit des Vollmonds stärker. Man wird schließlich darauf kommen, daß dieser Mangel an Gleichgewicht, um den es sich in Wirklichkeit handelt, letzten Endes zwischen dem Astralkörper, dem Ätherkörper und dem physischen Mechanismus besteht.

Menschen, die entschieden nach Geistigkeit streben, und Menschen, deren Schwerpunkt im Gedankenleben liegt, können aus diesen Vollmondzyklen Nutzen ziehen; diejenigen, die ausgesprochen unausgeglichen, stark astral und emotionell eingestellt sind und häufig von unbeherrschtem Begehren überflutet werden, fühlen sich durch diese Zyklen behindert, überreizt und psychisch verwirrt. Zu dieser Zeit leuchtet der Schleier der Illusion auf, in dessen Gefolge
342] Halluzinationen, astrale Visionen, psychische Antriebe, jene falschen Auslegungen des Lebens und die Überbetonung von Lebensaspekten auftreten, die wir Phobien (krankhafte Angst), Mondsüchtigkeit usw. nennen.

Ich möcht hier eine Andeutung geben, die ich euch zwar nicht beweisen kann, die sich aber in der Zukunft als wahr herausstellen wird. Die sogenannten mentalen Hauptkrankheiten haben selten etwas mit dem Denkvermögen selbst zu tun. Es sind:

1. Krankheiten des Gehirns.
2. Störungen des Solarplexus.
3. Beherrschtsein durch die Astralnatur.
4. Verfrühtes Hellsehen und Hellhören.
5. Besessenheit.
6. Geistesabwesenheit.
7. Seelenlosigkeit.

Das ist natürlich eine weitläufige Verallgemeinerung und hat keine Beziehung zu jener Kategorie von Krankheiten, die sowohl mit der Denkfähigkeit wie mit dem Gehirn zu tun haben. Die Krankheiten der Mystiker gehören ebenfalls in eine andere Kategorie; sie ziehen natürlich das Gehirn in Mitleidenschaft, weisen auf eine mentale Unausgeglichenheit hin und führen zu verschiedenartigen Herzkrankheiten und zu den verschiedenen neurotischen Tendenzen, unter denen die Heiligen der Welt so oft zu leiden hatten.

Eines will ich jedoch zu eurer Ermutigung hinzufügen. Wenn die Menschheit als Ganzes unter die Herrschaft des Sonnenherrn, des Sonnengottes, der Seele kommt, dann werden die Mondzyklen immer mehr von ihrer verderblichen Wirkung verlieren, und es werden die heute so häufigen, verschiedenen neurotischen Leiden und mentalen Krankheiten aussterben. Diese Zeit ist noch nicht da. Es ist für mich nicht leicht, euch über den Mond und seine Phasen mehr mitzuteilen, da dies eines der größten Geheimnisse bildet, die bei der dritten Einweihung offenbart werden.

Über Kräfteverteilung; Bluttransfusion.

343] Statt zwei Fragen habt ihr hier mehrere. Ich möchte sie so aufzählen, daß ihr erkennen könnt, was ich meine, und um sie klar beantworten zu können. Einige dieser Fragen sind Folgerungen und nicht deutlich gestellt, aber wenn ich sie behandeln soll, so müssen sie in Frageform gekleidet werden; und selbst dann ist das Thema noch so umfassend, daß die Zeit nicht ausreicht.

1. Wie kann man eine harmonischere Kräfteverteilung zum Wohle aller erreichen?
2. Könnten uns über dieses Problem der Kräfteverteilung einige spezielle Belehrungen gegeben und einige esoterische Methoden mitgeteilt werden, die unserer Entwicklungsstufe entsprechen?
3. Gibt es für die Tatsache der Blutübertragung . . . irgendeine Entsprechung zu einem Übertragungsprozeß feinstofflicher Energien auf den inneren Ebenen?

4. Gibt es spezielle Mittel außer denen, die wir schon anwenden, mit deren Hilfe diejenigen von uns, welche auf dem zweiten Strahl sind, die Liebesqualität wirksamer auf Brüder auf dem ersten Strahl übertragen können, und umgekehrt?
5. Was für eine Wechselbeziehung und Zusammenarbeit besteht zwischen den Strahlleben und insbesondere zwischen den Wesenheiten des ersten und zweiten Strahles?
6. Wie kann uns das Beispiel der engen Zusammenarbeit und Freundschaft zwischen dem Meister M. und dem Meister K.H. praktische Hilfe und Inspiration geben?

Ihr könnt wohl daraus ersehen, daß es unmöglich ist, diese umfangreiche Gruppe von Themen zu behandeln. Ich will jedoch einige von ihnen so kurz als möglich beantworten oder wenigstens die Richtung anzeigen, in der sich eure Gedanken bewegen sollten.

1. Eine harmonische Kräfteverteilung ist in ihrer Anordnung – und folglich in ihren äußeren Wirkungen verschieden – nicht
344] nur entsprechend dem Strahltypus, sondern auch je nach dem Alter der Seele und dem Standort des Einzelnen auf dem Pfade. Die Anordnung in den feinstofflichen Körpern ist jeweils anders bei dem Probejünger und bei dem vor der Annahme stehenden Jünger, beim angenommenen Jünger und jedem anderen Grade auf dem Pfad der Einweihung. Diese Anordnung wird auf dreierlei Art erreicht oder ist abhängig von dreierlei sich entwickelnden Einflüssen:
   a) Durch ein Leben geistigen Strebens, wie es im physischen Gehirnbewußtsein verspürt wird.
   b) Durch das spontane Erwachen der Zentren in der richtigen geometrischen Stufenfolge. Darauf habe ich schon in einigen meiner Bücher hingewiesen; mehr kann jedoch nicht mitgeteilt werden, da es sich um eines der Geheimnisse der ersten Einweihung handelt. Die Neuordnung und Neuanpassung geht – im technischen Sinne – während der ganzen

Zeit, in der sich ein Mensch auf dem Pfad befindet, weiter und macht Fortschritte.

c) Durch die Dezentralisierung des gesamten bewußten Innenlebens. Der Dienende wird:

1. Mystisch extrovertiert.
2. Einer, „der sich aus dem Mittelpunkt zurückzieht."
3. Einer, „der an der Peripherie des Herzens lebt."
4. Einer, „der über dem zentralen Lotos schwebt."
5. Einer, „der fern steht, alles von weitem sieht und doch in der Form alles Seienden lebt."

Ein Studium dieser bildlichen Sätze mag euch den Schlüssel zu der richtigen Energieverteilung geben.

2. Die zweite Frage ist in der obigen kurzen Aussage schon ein wenig mit beantwortet. In meinen persönlichen Anweisungen an euch alle (Jüngerschaft im Neuen Zeitalter, Bd. I und II) tue ich mein Möglichstes, um zweierlei zu erreichen:

a) Den Bereich des Persönlichkeitsleben zu klären, so daß die höheren Energien freieren Spielraum haben.

345] b) Jene Voraussetzungen zu schaffen und jene richtige Einstellung zu erzielen, die zu einer inneren Harmonie und folglich auch zu harmonischen äußeren Beziehungen führen. Ich möchte euch jedoch zu bedenken geben, daß die innere Harmonie eines Bruders in einer Gruppe nicht ausreichen mag, um Harmonie in einem anderen Bruder oder in der Gruppe herzustellen.

3. Bluttransfusion ist das Symbol für zweierlei: Erstens dafür, daß das Blut das Leben ist, und zweitens, daß es nur ein – alle Formen durchdringendes – Leben gibt, und daß dieses also unter richtigen Bedingungen übertragbar ist. Es ist außerdem ein Akt synthetischen Dienstes. Denkt darüber nach.

4. Eure Frage gibt mir die Gelegenheit, darauf hinzuweisen, daß sogar ein Verständnis und ein Interesse für die Strahltypen (so wie sie zum Beispiel in einer Gruppe vorkommen) an sich schon zu einer subtilen absondernden Einstellung führen

kann.Für keinen inkarnierten Gottessohn auf der physischen Ebene oder in den drei Welten besteht die Notwendigkeit, seine Strahlqualität auf seinen Bruder zu „übertragen". An diesen Strahlqualitäten haben alle gleichermaßen Anteil, und die Seele eines Bruders – die sich in keiner Weise von irgendeiner anderen Seele unterscheidet – wird die notwendige Umwandlung oder Übertragung in das Persönlichkeitsleben bewerkstelligen. Man kann den Vorgang dadurch erleichtern, daß man jene Voraussetzungen für Harmonie und Frieden schafft, unter denen ein Bruder mit möglichst wenig gegensätzlichen Einstellungen in Berührung kommt, und wo die gegenseitige Liebe einen wirksamen Ansporn geben kann. Aber das ist keine Übertragung. Was in *euch* ist, ist auch in allen anderen vorhanden, und die Liebesqualität ist (vor allen anderen Qualitäten) das beherrschende Merkmal aller Strahlen.

5. Diese Frage ist nicht nur eines der Geheimnisse der Okkulten Wissenschaften, sondern auch viel zu weitläufig in ihren Folgerungen und ein zu kompliziertes Problem, als daß ich sie an dieser Stelle behandeln könnte.
6. Die Beziehung zwischen den beiden genannten Meistern kann auf zweierlei Art studiert werden:

346] a) Indem man die erfolgreiche Zusammenarbeit betrachtet, die zwischen den unter Ihnen arbeitenden Jüngergruppen besteht.

b) Indem man jene Menschen studiert (und es gibt deren viele), die eine Persönlichkeit auf dem ersten Strahl und ein Ego auf dem zweiten haben, oder umgekehrt.

Letzten Endes bringen wir, meine Brüder, eine richtige, zu harmonischen Beziehungen führende Kräfteverteilung dadurch zustande, daß wir versuchen, selbstlos zu leben. Für den Probejünger bedeutet dies eine *erzwungene* selbstlose Tätigkeit auf der physischen Ebene. Für den angenommenen Jünger bedeutet es ein Leben frei von all jenen selbstsüchtigen, egoistischen Emotionen, für welche

Selbstmitleid und Selbstdramatisierung charakteristische Beispiele sind; für den Eingeweihten bedeutet es eine gedankliche Haltung, die frei von selbstsüchtigem Denken und von Wichtigtuerei im Gedanken an das Ego ist.

Über Leiden.

Leiden ist im letzten Grunde nur möglich, wenn sich die Seele mit dem Körper identifiziert, oder besser, wenn sich der Geistaspekt der Seele (im Körper) mit der Tierseele identifiziert, welche die Form durchdringt und belebt und deren zeitweiliges Leben darstellt. Bei Bewußtlosigkeit nimmt die Tierseele Schmerz und Leiden wahr, und die Krankenwärter und Beobachter wissen dies genau; aber da gibt es keinen wirklichen Schmerz und keine tatsächliche Qual, da der eigentliche Mensch die Geistseele, entweder durch übermäßige Schmerzen (wie es bei der echten Bewußtlosigkeit der Fall ist) oder durch Betäubungsmittel vertrieben wurde.

Das Leiden der Seele ist, wenn die Persönlichkeit verloren geht, nur ein symbolischer Ausdruck. Es gibt für sie keinen Schmerz oder wirkliches Leiden, und häufig hat sie auch keine Kenntnis von dem Ereignis, denn die Schwingung ist nicht hoch genug, um in jene Ebene einzudringen, auf der die Seele weilt. Falls jedoch eine solche
347] Kenntnis vorhanden ist, erfährt die Seele, wenn ich mich so ausdrücken darf, das Gefühl einer verlorenen Gelegenheit und demnach ein Gefühl der Vereitelung; aber es ist nicht mehr als dieses, denn die Geduld der Seele, wie auch die der Hierarchie, ist unbegrenzt. Gerade weil wir symbolisch sprechen und sagen, daß die Seele leide, dürfen wir dies nicht auch in gewöhnlichen Begriffen auslegen.

Das Leiden Christi oder des planetarischen Logos oder Gottes Selbst ist nicht in Begriffen von Persönlichkeitsreaktionen zu erfassen. Wir gebrauchen zwar die Worte, in Wirklichkeit bedeuten sie sie aber „losgelöste und isolierte Identifizierung“. Sagt euch dies irgend etwas, meine Brüder?

Falsche Identifizierung ist die Ursache für Schmerz und führt zum Leiden, zu Trübsal und verschiedenen anderen Wirkungen. Richtige Identifizierung führt zu verständnisvollem Begreifen der psychologischen Situation des Leidenden, jedoch nicht zu echtem Schmerz und Kummer, wie wir es normalerweise verstehen.

Über planetarische Energie.

Die Gesamtsumme aller Energie bleibt immer gleich, solange unser Erdenplanet mit seinen Formen und Lebensäußerungen andauert. Sie ist ein Teil des großen Energievorrats. Wir bemerken die Verwendung und Wirkung dieser Energie, wenn sie von einer Form (oder von Formen) irgendwelcher Art benutzt wird, nur deshalb, weil sie von ihrem eigenen Platz an einen Ort gezogen wird, wo sie normalerweise nicht wirken würde. Dort schafft sie Situationen und Schwierigkeiten, die eng mit dem Karma und dem Schicksal eines Menschen zusammenhängen. Es gibt eine große, zurückziehende Energie, die wir Tod nennen, und deren Einfluß sich zu einer bestimmten Zeit als viel stärker erweist als die Einflüsse aller Körperatome und -Zellen zusammen. Sie erzeugt die Neigung, sich zurückzuziehen und schließlich die Seelenenergie abzuziehen, die sich dieser Wirkkräfte bedient, wenn sie im Begriffe ist, eine Körperhülle auf der einen oder anderen Ebene zu verlassen. Man könnte sagen, daß die Samen des Todes (die Todeskeime) in unserem Pla-
348] neten und in den Formen verborgen ruhen. Wenn sie stark genug sind, daß man sie erkennen kann, nennen wir sie *Bakterien*, aber dies bezeichnet schon ein bestimmtes Stadium von einer beinahe greifbaren Beweiskraft. Wenn sie ungebührlich stark sind, bringen sie akute Krankheit und darauffolgenden Tod; haben sie schwächere Wirkungen, so nennen wir sie Unwohlsein und bemerken ihre reinigende Wirkung. Diese Verunreinigungen (wie man sie nennen kann, obwohl es keineswegs ein guter Name ist) treten nur dann als solche auf, wenn die Ansammlung von Energien, die wir „Mensch“ nennen, mit diesen verunreinigenden Einflüssen oder

uralten Energiearten in Berührung kommt; die nachfolgende Wirkung ist für das Wohlergehen des physischen Körpers natürlich schlecht.

Über die Umwandlung des Verlangens.

Man darf nicht vergessen, daß das Wunschleben alle Handlungen beherrscht und leitet, wenn die Lebenskraft in der Begierdennatur konzentriert ist; und das ist bei den meisten Menschen der Fall. Aber eine planvolle Gedankenbeherrschung ist nur dann möglich, wenn die Lebensaktivität auf der Mentalebene konzentriert ist. In diesem Falle braucht das Verlangen nicht unterdrückt zu werden, da das Schwergewicht der gesammelten Aufmerksamkeit an anderer Stelle liegt; folglich gibt es auch keine wilde Begierde, die unterdrückt werden muß. Unterdrückung ist der Versuch des im Astralkörper zentralisierten Menschen, den Willensaspekt des Denkens hereinzubringen. Aber dies erreicht er selten. Die Begierde mag zwar durch die intensive Anstrengung, die der Mensch macht, um ein mentales Bewußtsein zu gewinnen, vergehen, aber es findet weder eine wirkliche Unterdrückung statt noch wird der Wille aufgerufen. Wenn das Leben eines Menschen durch das Denkvermögen von den mentalen Bereichen aus geleitet und beherrscht wird, dann findet eine Umwandlung statt; diese Transmutation (durch welche die Astralnatur verändert und umgewandelt wird) kann geistiger Art oder einfach zweckbedingt sein. Begierde kann umgewandelt werden in geistiges Streben oder in eine Haltung, die mit dem Willen des Denkens übereinstimmt, das sie zum Ausdruck bringt. Darum ist es notwendig, die Motive und Ziele sorgfältig zu analysieren.

Über Karma.

349] Ich habe euch schon angedeutet, daß die ganze Frage des Karmas noch nicht genügend verstanden wird. Es besteht ein großes Gesetz von Ursache und Wirkung, doch ist ein bestimmter Aspekt davon niemals hervorgehoben worden; und das menschliche Wissen über das Karma steckt noch ganz in den Anfängen. Man hat Karma stets im Sinne von Unglück ausgelegt, im Sinne von schmerzlichen Folgen, von Irrtum, Strafe und schlimmen Ereignissen, sowohl für den Einzelnen wie für die Gruppe. Und dennoch ist die menschliche Natur so schön, und vieles von dem, was getan wird, ist so gut, so selbstlos und so sehr auf das Glück gerichtet, daß das Üble häufig durch das Gute unwirksam gemacht wird. Es gibt überall – so wenig man es sich klar machen mag – eine Überfülle an gutem Karma von einer Wirkungskraft (unter demselben Gesetz), die der des sogenannten schlechten Karmas gleichkommt. Davon wird immer nur wenig gesprochen. Dieses gute Karma bringt Kräfte zur Wirksamkeit, die sich in irgendeinem speziellen Falle als heilende Energien auswirken können. Auf diese Energien zum Guten, die verdient und *tatsächlich wirksam* sind, kann der Heiler immer rechnen. Das ist der erste Punkt. Denkt darüber nach.

Karma *ist* ein bestimmender Faktor. Aber solange ein Heiler noch kein vorgeschrittener Eingeweihter und daher auch nicht fähig ist, erfolgreich und einsichtsvoll auf den Kausalebenen – wo die Seelen leben – zu wirken, kann er unmöglich entscheiden, ob irgend ein spezieller Fall einer Heilbehandlung zugänglich ist oder nicht. Darum nimmt der Heiler oder praktizierende Jünger in seinem Denken die Möglichkeit der Heilung an (sei sie nun wirklich möglich oder nicht) und glaubt an das gute Karma des Patienten; so geht er daran, alle nur möglichen Hilfsmaßnahmen zu treffen. Das ist der zweite Punkt.

Drittens möchte ich euch und allen, die sich mit der Heilkunst befassen zu verstehen geben, daß viel von dem sogenannten Unglück, das in Krankheit und Tod (besonders in dem letzteren) liegt, auf einer falschen Einstellung gegenüber dem Tode
350] und einer Überschäzung der Wohltätigkeit des Formlebens beruht. Das Freiwerden einer Seele durch Krankheit und Tod ist nicht unbedingt ein unglückliches Ereignis. Eine neue, bessere Einstellung gegenüber dem Phänomen des Todes ist notwendig und

möglich, und steht nahe bevor. Darauf brauche ich hier also nicht näher einzugehen. Aber ich möchte euch damit eine neue Ansicht über das Thema Krankheit und Tod geben.

Werdet ihr auch erstaunt sein, wenn ich behaupte, daß es nach dem Gesetz durchaus möglich ist, „in das Karma einzugreifen?“ Man kann die großen Gesetze übersteigen, und dies ist in der Vergangenheit oftmals geschehen und wird in Zukunft immer häufiger vorkommen. Das Gravitationsgesetz wird sehr oft unwirksam gemacht und täglich überwunden, wenn ein Flugzeug aufsteigt. Die Energie des Glaubens kann höhere Energien in Bewegung setzen, die imstande sind, eine Krankheit unwirksam zu machen oder abzuschwächen. Die ganze Frage des Glaubens und seiner lebenswichtigen Bedeutung und Macht ist ebensowenig verstanden wie das Gesetz des Karma. Es ist ein ungeheures Thema, und ich kann mich nicht weiter darauf einlassen. Aber ich habe genug gesagt, um euch Stoff zum Nachdenken zu geben.

Was die Verlängerung der Lebensspanne anbetrifft, die sich während des letzten Jahrhunderts wissenschaftlicher Erfolge eingestellt hat, so möchte ich darauf hinweisen, daß echte Methoden und die Möglichkeiten eines planvollen Seelenwirkens auf der physischen Ebene stets verzerrt und falsch dargestellt werden durch frühere wissenschaftliche Bemühungen, die zwar richtige Motive haben, jedoch nur ein Symbol in der äußeren Lebenssphäre für kommende und gewöhnlich in der Zukunft liegende Aktionen der Seele sind. Die Lebensspanne wird schließlich willentlich verkürzt oder verlängert werden von Seelen, die bewußt dienen und den Körpermechanismus als ein Instrument verwenden, mit dem man dem Plane nützlich sein kann. Heute wird häufig – sowohl im Alter wie in der Kindheit – ein Leben in der Form erhalten, dem man eine Befreiung zu Recht gewähren könnte. Es dient keinem nützlichen Zweck und verursacht viel Schmerz und Leiden den Formen, welche die Natur (wenn man sie sich selbst überließe) nicht lange verwenden, sondern auslöschen würde. Beachtet dies. Durch die übermäßige
351] Bedeutung, die wir dem Formleben zumessen, durch die allge-

mein vorhandene Todesfurcht – die Furcht vor jenem großen Übergang, dem wir alle ins Auge sehen müssen –, durch unsere Ungewißheit, ob es wirklich eine Unsterblichkeit gibt, sowie durch unser Anklammern an die Form halten wir die natürlichen Vorgänge an und fesseln das Leben, das nach Freiheit ringt, an Körper, die für die Absichten der Seele ganz ungeeignet sind. Versteht mich nicht falsch. Ich will absolut nichts sagen, was eine Belohnung auf den Selbstmord aussetzen könnte. Ich erkläre jedoch ganz ausdrücklich, daß das Karmagesetz oft beiseitegeschoben wird, wenn man Formen vor der Auflösung bewahrt, die verlassen werden sollten, da sie keinem nützlichen Zweck mehr dienen. Diese Erhaltung wird in den meisten Fällen von der Gruppe des betreffenden Patienten erzwungen und nicht von ihm selbst, der häufig ein unbewußter Kranker, ein alter Mensch ist, dessen physische Ausrüstung für Kontakt und Reaktion schon mangelhaft ist, oder aber ein Kleinkind, das nicht normal ist. Diese Fälle sind ganz klare Beispiele für eine Aufhebung des Karmagesetzes.

Die Seele lernt durch innere Angleichung, Zeit in der rechten Weise anzuwenden; oder besser gesagt: das Gehirn, das der einzige zeitbewußte Faktor im Menschen ist, ist nicht länger das beherrschende Attribut; das Denkvermögen, als das Werkzeug der Seele (deren Bewußtsein Vergangenheit, Gegenwart und Zukunft umfaßt) sieht Leben und Erfahrung so, wie sie wirklich sind. Der Tod bedeutet daher nur eine Episode, einen Übergang in einer ungeheuren Reihe von Übergängen. Wenn man diese Haltung der Seele versteht, dann wird sich unsere gesamte Lebensweise und infolgedessen auch unser Sterben vollständig ändern.

Zum Schluß möchte ich jedoch, in nur scheinbarer, aber nicht wirklicher Entkräftung des oben Gesagten wiederholen, daß der Heiler demjenigen, den er heilen will, sein Bestes geben wird. Da er meistens nicht die Fähigkeit des Hellsehens besitzt, da er zeitbewußt ist und unter dem Einfluß des Karmas steht, wird er sein Äußerstes tun, im Rahmen und im Sinne seiner Ausbildung, sowie in Übereinstimmung mit den Anweisungen, die in dieser Abhand-

352] lung über das Heilen gegeben werden. Ihr versteht doch wohl, daß in dieser Zeit und auf der jetzigen Stufe der Menschheitsentfaltung jeder Heiler, der um Hilfe ersucht wird, verpflichtet ist, dem Körper Gesundheit zu verschaffen, um ihm dadurch weitere Lebenserfahrungen zu ermöglichen. Ihr müßt euch außerdem klarmachen, daß vieles, was heute von den Metaphysikern geglaubt, angenommen und gelehrt wird, auf falschen Voraussetzungen beruht, wie etwa das, was über das Wesen der Materie, die Zeit, den Wert der Formexistenz und die Furcht vor dem Tode gesagt wird. Versucht, diese Anschauung und Ansichten aus eurem Bewußtsein auszuschalten, und ihr werdet zu einem richtigeren Ausblick auf die Heilkunst kommen.

Später, in wenigen Jahren, werden wir wahrscheinlich anfangen können, uns mit speziellen Fällen zu beschäftigen. Inzwischen möchte ich jedoch, daß ihr euch an ganz allgemeine Hinweise, Grundgesetze und Vorschläge haltet, und daß ihr die entscheidenden Fragen nicht mit rein physischen Geschehnissen, die zeitweilig oder chronisch auftreten, oder mit Tod und Schicksal trübt oder überschattet.

Man darf jedoch eine Bitte um wirkliche Hilfe niemals zurückweisen. Man darf für keine Bedrängnis, mag sie physisch, mental oder psychologisch sein, ein taubes Ohr haben. Aber ich möchte euch auf die Tatsache aufmerksam machen, daß ein Erfolg im Heilen nicht immer Befreiung von Krankheit und die sogenannte physische Heilung des Patienten zu bedeuten braucht. Ein physischer Erfolg kann einfach heißen, daß der Plan der Seele für den betreffenden Menschen aufgeschoben wird. Als Erfolg könnte man werten, wenn man falsche innere Einstellungen und irrtümliche Gedankengänge richtigstellt und dennoch den physischen Körper so läßt, wie er war; wenn man den Patienten (durch weise Belehrung und Geduld) mit seiner Seele in Konktakt und Harmonie bringt und folglich sein Leben wieder auf die ewigen Wahrheiten hinlenkt. Der Erfolg könnte darin bestehen, daß man den Menschen in der richtigen Weise auf jenes große, sinnvolle Geschehen, das wir Tod nennen, vorbereitet, und ihm auf diese Weise Schmerzerleichterung bringt.

353] Die ganze Heilwissenschaft wird sich schließlich immer mehr verlagern auf das Gebiet vorbeugender Medizin, auf die psychologische Anpassung des Einzelnen in seiner Gruppe und auf die Beschaffung richtiger Lebensbedingungen, richtiger Ernährung und Wohnmöglichkeit für die Menschen. Das erfordert jedoch viel Zeit. Solange die Menschheit noch auf dem Wege ist zu den neuen Lebensmethoden – mit den daraus sich ergebenden Wirkungen besserer Gesundheit und richtigeren Verstehens der Gesundheitsgesetze – müssen alle jene, die als magnetische Zentren in der Welt stehen, entsprechend dem Lichte, das in ihnen lebt, ständig auf die Menschen einzuwirken suchen, um sie zu stützen, zu heilen und ihnen zu helfen, die nötigen Umstellungen und Anpassungen vorzunehmen. Nichts sollte euren Dienst in dieser Richtung aufhalten – nicht einmal die Erkenntnis, daß es Grenzen und Unwissenheit gibt. Tut alles, was ihr könnt, um zu ermutigen und Sympathie zu erwecken, auf unerwünschte Einstellungen hinzuweisen, falschen Lebensweisen ein Ende zu machen und kümmerliche psychologische Ausdrucksweisen – soweit ihr sie seht – nach besten Kräften zu ändern. Denkt dennoch daran, daß eure besten Methoden und Arbeitsweisen wahrscheinlich längst nicht euren künftigen Fähigkeiten entsprechen, und bleibt immer bereit, euren Standpunkt zu ändern, wenn sich ein höherer und besserer Weg zeigt. Vor allem aber gebt allen, die eure Hilfe suchen, das vollste Maß an Liebe, denn Liebe befreit, Liebe korrigiert und klärt alles, und Liebe heilt auf allen drei Ebenen.

Über Gruppenkrankheiten.

Die meisten Übel des Körpers wurzeln letzten Endes in irgendeiner Reaktion auf eine Gruppentätigkeit. Wir werden die Tatsache begreifen müssen, daß der Ausdruck „Gruppenleben und Gruppentätigkeit" nicht nur vergangene Erbanlagen oder ererbte Gruppenneigungen umfaßt, sondern auch auf gegenwärtige Kontakte mit der Welt hinweisen kann, welche die Widerstandskraft in viel hö-

herem Grade schwächen oder stärken als dies allgemein für möglich gehalten wird. Eine der Ursachen für Krebs – der in früheren,
354] gemächlicheren Tagen des Menschheitslebens nicht so weit verbreitet war, denn der *Herden*-Instinkt war noch nicht so mächtig wie heute – liegt in der verstärkten Anreizung des Körpers. Diese Aufputschung wird durch den engen Kontakt verursacht, den wir im täglichen Leben miteinander haben, durch unser zusammengeballtes Massendasein, besonders in den Großstädten. Wenn Zellen lebendige Organismen sind (wie es ja wirklich der Fall ist), dann reagieren sie auf Gruppenorganismen, auf massenweise Zellausströmungen und -Ausstrahlungen. Dieser ständig fließende Energiestrom, der von der Zusammenballung von Körperzellen in der Massenmenschheit ausgeht, kann bei bestimmten Menschentypen zu einer Überreizung in irgendeinem Teil des körperlichen Zellaufbaues führen. Das geschieht meistens dort, wo eine Schwäche im Äther- oder Lebenskörper besteht, wo also die Verteidigungskräfte der Zellen geschwächt sind; daraus ergibt sich häufig Krebs oder ein krebsartiger Allgemeinzustand. Das ist die fundamentale Ursache; die moderne Forschung jedoch befaßt sich mit sekundären Ursachen und Wirkungen dieser ätherischen Schwäche. Ich werde das später ausführlicher erörtern. Es wird euch klar werden, daß, wenn wir anfangen, uns mit dem Lebenskörper zu beschäftigen und ihn mit größerem Verständnis und Wissen zu betrachten, wir in der Lage sein werden, solche Krankheiten wie Krebs viel wirkungsvoller zu behandeln.

Über die Anwendung des Denkvermögens und der Imagination, um Gruppenbewußtsein zu entwickeln.

Wenn ein Mitglied einer Gruppe – etwa einer Heilergruppe – von der Entwicklung des Gruppenbewußtseins spricht, so meint es damit *seine* spezielle Brüdergruppe und *seine* Gruppe als Einheit von mehreren Seelen. Vergeßt nicht, daß eine solche Einheit an sich schon eine trennende Vorstellung vom Gesichtspunkt des größeren

Ganzen aus bedeutet; sie dient jedoch einem nützlichen Zweck, wenn man die Gruppenmitglieder schult, in jenen weiteren Begriffen zu denken. Sie dient als Schrittstein, der vom Bewußtsein der isolierten Persönlichkeit wegführt.

Wenn ihr tatsächlich als eine vollständige Einheit – mehrere Persönlichkeiten und eine Seele – fühlen, denken und wirken könnt, dann wird es verhältnismäßig einfach sein, die Vorstellung auf im-
355] mer weitere Bereiche auszudehnen, euren Horizont zu erweitern und so in einem viel umfassenderen Sinne universal zu werden.

Um das Denken zu diesem Zweck verwenden zu können, muß der Mensch fähig werden, den Unterschied zwischen Analyse und Kritik klar zu verstehen. Das ist schwer und für viele beinahe unmöglich. Spuren der Erleuchtung in dieser Angelegenheit werden sich zeigen, wenn die Gruppe in aller Ernsthaftigkeit aushält. Die Mitglieder müssen lernen, als Gruppe für die gleichen geistigen, mentalen und humanistischen Ideen empfänglich zu werden und so als „telepathische Einheit" in einen gemeinsamen Gedankengang einzuschwingen. Sie alle müssen sich als Gruppe in dieselben Dinge vertiefen, die von der Seele der Gruppe angegeben werden, und nicht von einer Person in der Gruppe, wie es leicht der Fall sein kann. Sie müssen *als Gruppe* lernen, das Denken stetig im Lichte zu halten – das *Gruppendenken,* und nicht das Denken der Einzelnen.

Wenn ihr die Imagination zu diesem Zweck verwendet, so müßt ihr die Fähigkeit entwickeln, die äußeren Formen außer acht zu lassen und euch auf die inneren Lichtfäden zu konzentrieren, die Bruder mit Bruder, Gruppe mit Gruppe, Reich mit Reich in der Wesensäußerung des Lebens Gottes Selbst vereinigen. Gerade die schöpferische Anwendung der Imagination bringt einen integrierten Gruppen-Ätherleib hervor und befähigt euch, diesen Gruppenkörper aus Kraft und Licht als *eine* vollständige Form und als *einen* Ausdruck der Intelligenz, des Willens und des Vorhabens der Gruppe zu sehen – jedoch nicht als Ausdruck des Willens oder der Absicht eines oder mehrerer tonangebender Köpfe in der Gruppe. So können sich diese Qualitäten auf der physischen Ebene in der richtigen Weise auswirken. Wenn sich die Gruppenmitgie vornehmlich mit ihren eigenen Ideen, Plänen und Probl mit der Frage befassen, wie sie all das, was an Licht und Wissen hereinströmen mag, verwenden könnten, dann machen sie jede Möglichkeit, von der gemeinsamen, vereinten Imagination einen solchen schöpferischen Nutzen zu ziehen, zunichte. Es erfordert viel sorgfältige Pflege und Selbsthingabe an die Seele, um davon gänzlich frei zu werden.

Über Heilungsenergie.

356] Von Anfängern wird manchmal die Frage gestellt: „Können wir klar unterscheiden zwischen der Heilungsenergie, die durch die Seele, und der, die durch die Persönlichkeit zum Ausdruck kommt? Können wir ein Verständnis für die Rolle gewinnen, welche die Liebe in der Heilkunst zu spielen hat?" Ich kann ganz kurz darauf antworten.

Wenn wir als Gruppe daran gehen, auf Einzelmenschen, denen wir helfen wollen, einzuwirken, dann werden wir lernen, die verschiedenen Energiearten entsprechend den Bedürfnissen des zu Heilenden anzuwenden. Es wäre für die Absichten der Gruppe wirklich nützlich, wenn ihr alle das studieren würdet, was von Rama Prasad in seinem Buch „Die feineren Naturkräfte" und von Patanjali in „Das Licht der Seele" über das Wesen des Prana gesagt wird, mit dem und in dem wir wirken; ihr solltet euch mit dieser Materie etwas vertraut machen.

Zur Frage selbst: Ein Eingeweihter, ja sogar ein Hellseher niederen Grades kann leicht zwischen den Heilenergien der Seele und denen der Persönlichkeit unterscheiden, der durchschnittliche intelligente Aspirant kann dies jedoch noch nicht. Der Eingeweihte *kennt* die Quelle, aus der irgendeine Art von Heilenergie kommen mag. Er spürt ihre Schwingung und kann ihr bis zu der Ausgangsquelle folgen, indem er eine Willensanstrengung macht, die von der Intuition geleitet wird. Der Hellseher kann das Zentrum, von dem die Heilenergie ausströmt, *sehen*, und dieses Zentrum zeigt ihm dann die Art und Qualität der ausgesandten Kraft an. Alle Energie geht erst in zweiter Linie von der Seele aus, aber im primären Sinne ist alle Energie einfach Leben, das unter irgendeiner Führung wirkt.

Über die Rolle, welche die Liebe im Heilprozeß spielt, kann folgendes gesagt werden: Liebe ist die Lebensäußerung Gottes Selbst. Liebe ist die Bindekraft, die alle Dinge heil und ganz macht (ich möchte, daß ihr über diese Formulierung nachdenkt), und Liebe ist alles, was *ist*. Das Hauptmerkmal für den Unterschied zwischen Seelenenergie und Persönlichkeitskraft für Heilzwecke liegt darin,
357] in welchem Bereich die Liebe zur Anwendung kommt. Die Persönlichkeitskraft ist emotionell, voller Gefühle, und wenn sie angewandt wird, ist sich die Persönlichkeit stets ihrer selbst als des Heilers bewußt; sie ist der dramatische Mittelpunkt auf der Bühne, auf der zwei Schauspieler stehen, der Heiler und derjenige, der geheilt werden soll. Die Seelenenergie wirkt unbewußt und wird von denen gehandhabt, die mit ihrer Seele Kontakt haben und folglich ganz unpersönlich sind; sie selbst sind „von der Bühne abgetreten", wenn ich mich so ausdrücken darf, und befassen sich ausschließlich mit Gruppenliebe, Gruppentätigkeit und Gruppenabsichten.

Warum ist es dann so außerordentlich schwierig, wenn nicht überhaupt unmöglich für ernsthafte Menschen, die Heiler sein möchten, als Gruppe in der geheiligten Heilwissenschaft zusammenzuarbeiten? Weil sie als Einzelmenschen und als Gruppe in ihren individuellen und Gruppenbeziehungen vorwiegend „persönlich" eingestellt sind. Dies kann sich in intensiver Kritik aneinander oder an sich selbst äußern; oder sie sind von ihrer persönlichen Redlichkeit und von ihrem gesunden Urteil absolut überzeugt; diese Sicherheit erlaubt den Betreffenden nicht zu erkennen, daß sie vielleicht mit ihren Gedanken doch nicht ganz so recht haben könnten, wie sie selbst meinen. Diese Vorherrschaft des Persönlichen kann sich auch in einer tiefen Befriedigung über persönliche, subjektive Kontakte zeigen. Eines der oben genannten Hindernisse oder auch alle können vorhanden sein und die Gruppenmanifestation zu einer Persönlichkeitsbekundung machen, so daß eine aufbauende Arbeit unmöglich ist. Dann steigert jeder Versuch nur die Persönlichkeitsreaktionen, und er würde die Persönlichkeiten derer, denen man helfen möchte, sehr stark (und zwar im entgegengesetzten Sinne) beeinflussen.

Wie sollen sie dann vorgehen? Ich möchte darauf hinweisen, daß jedes Gruppenmitglied, das als Einzelmensch von den oben genannten Schwächen der Persönlichkeit und von diesen Einstellungen frei ist, dennoch weiß (und sich zu Recht darüber freut), daß es als Gruppenmitglied an der Gruppenqualität anteil hat. Das ist eine der Schwierigkeiten, die in der Gruppenarbeit gelegentlich auftreten. Teilzunehmen und doch frei von Schwäche zu sein; zu erken-
358] nen, daß die individuellen Erfolge oder Mißerfolge des einzelnen ganz seine eigene Sache sind; teilzuhaben und doch sich nicht beherrschen zu lassen von den mächtigen Gedanken und Ideen der stärkeren Mitglieder der Gruppe; – das ist stets ein Problem. Ich weise darauf hin, weil es in diesem kommenden Zeitalter mit der immer stärker sich entfaltenden Gruppenarbeit wertvoll ist, Gruppensituationen und Gruppenprobleme zu verstehen, um dann in der Gruppenarbeit zusammen mit denen vorwärtszuschreiten, die in der Arbeit zu einem gehören. Ihr werdet dann durch frühere Erfahrungen besser und weiser geworden, durch gemeinsam erfahrene Leiden und Unzulänglichkeiten sowie durch die erlangte Fähigkeit, Mißerfolge in der rechten Weise zu überwinden, als Gruppe verschmolzen sein.

Laßt also wahre, stille, sich nicht beklagende, nicht krittelnde und standhafte Liebe eurer Ziel und die Qualität eures Gruppenlebens werden. Wenn es dann irgendeine bestimmte Arbeit für euch gibt, so werdet ihr sie als Einheit, mit einigem Herzen und Denken tun.

Über Augenblicksheilungen.

Es kann verschiedene Arten von Augenblicksheilungen geben. Wir könnten unter mehreren Möglichkeiten, die dafür in Frage kommen, die folgenden anführen:

1. Die Heilung, die als Folge einer bestimmten – bewußten oder unbewußten – Ausübung des Hatha-Yoga auftritt. Dies geschieht durch die Aussendung eines rein physischen Magnetismus, der zu dem im physischen Körper des Patienten vorhandenen Magnetismus hinzukommt und ausreicht, um eine sofortige Heilung zu bewirken. Der Magnetismus im Körper des Patienten wendet sich, anstatt nach außen zu gehen und auszustrahlen, nach innen, um das physische Kräftepotential zu verstärken, das im Körper inaktiv gehalten wird. Menschen niederen Grades bringen diese Art von Heilung mit Leichtigkeit zustande. Dies gilt gleichermaßen für den Patienten wie für den Heiler. Der angeführte Fall (wohl in der gestellten Frage erwähnt, d. Ü.) gehört in diese Kategorie. Die Heilung wurde von dem betreffenden „Scheich" leicht herbeigeführt,
359] weil die Wunde (ein Biß in den Arm – A.A.B.) selbst zugefügt war, und weil der Patient (wenn ich ihn so nennen darf) vorher die ausgehende Kraft durch einen Willensakt in der Schwebe hielt, so daß er ein Energiepotential erzeugte, das zur Verfügung stand, um dasjenige des Scheichs zu ergänzen; dieses wurde wiederum durch ein Mantram freigemacht. Es sei ausdrücklich bemerkt, daß dies keine geistige Heilung war.
2. Es gibt auch jene Form des Heilens, die deshalb in einem Augenblick erfolgen kann, weil die Krankheit hauptsächlich psychologischer und halluzinatorischer Art ist. Der Heiler kann dann den Patienten in die Lage setzen, die Illusion abzuwerfen und so frei zu sein. Wenn der Wille des Heilers den des Patienten verstärkt, hilft er mit, die Illusion und die trügerische Gedankenform zu zerstören, und der Patient ist frei. Das ist eine psychologische Heilung, und nur ein Beispiel für eine solche.
3. Dann gibt es eine Art der Heilung, die auf zweierlei Weise eintritt – und dies ist die wahre geistige Heilung –:
   a) Wenn der Patient einen plötzlichen und meistens unerwarteten Kontakt mit seiner Seele bekommt; dann ist die See-

lenenergie so groß und mächtig, daß sie durch die Körperhüllen stürmt und ganz deutliche Wirkungen hervorbringt. So werden Heilungen in der einen oder anderen Körperhülle und häufig auch im physischen Körper erzielt. Der physische Zustand oder die Krankheit hält so oft die ungeteilte Aufmerksamkeit des Bewußtseins des betreffenden Menschen gefangen, und so stürmt die Seelenkraft hindurch bis zu dem Punkt konzentrierter Aufmerksamkeit. In diesem Gedanken liegt für viele von euch ein klarer Hinweis.

b) Wenn das schlechte physische Karma des Patienten erschöpft ist und eine physische Krankheit gerade zu dieser Zeit ihm nicht vorbestimmt ist. Dann kann der Heiler, wenn er geistig eingestellt und von Weisheit erfüllt ist, beginnen, genug geistige Energie auf die Situation einwirken zu lassen, um eine Heilung sicherzustellen.

360] Ich vertraue darauf, daß euch diese Antworten vieles sagen. Denkt tief über die Folgerungen nach.

Über die Anwendung des Bildes des Herrn.

Hier berühren wir einen wirklich interessanten Punkt. Sich dem Bild des Herrn zu widmen ist oft von wesentlicher Bedeutung, aber – und dies möchte ich hier besonders betonen – es muß das Bild sein, das man durch Erweiterung des Christusbewußtseins im eigenen Leben gewonnen hat, weil die Stufe bewußter Jüngerschaft erreicht wurde. Wenn ein Mensch auf dieser besonderen Stufe endgültig mit einem Meister und seiner Gruppe verbunden ist, dann tritt er automatisch als Einzelner mit dem Meister aller Meister in Verbindung. Er kann dann über seine eigene Seele und die Seele seiner besonderen Gruppe von der Kraft des Maitreya Buddha zehren. Warum, glaubt ihr, gibt es kein gutes und wahres Bild des Gesegneten? Es gibt nur einige vage Vermutungen, die von den Frommen der frühen Kirche stammen, aber keine genauen Angaben von denen, die Ihn kannten. Der Grund dafür ist ganz klar. Es gibt deshalb kein wahres Bild von Ihm, weil es in unseren Herzen und nicht auf unseren Gemälden sein soll. Wir kommen zu einem Wissen um Ihn, weil Er unser ist, sobald wir sein sind. Versteht ihr, wovon ich spreche? Er ist der Welt-Heiler und -Erlöser. Er wirkt, weil Er die verkörperte Seele alles Wirklichen ist. Er wirkt heute – so wie in Palästina vor zweitausend Jahren – durch *Gruppen.* Dort wirkte Er durch die drei geliebten Jünger, durch die zwölf Apostel, durch die auserwählten siebzig und durch die fünfhundert Erweckten. Denkt über diese wenig hervorgehobene Tatsache nach. Heute wirkt Er durch seine Meister und deren Gruppen und verstärkt dadurch seine Bemühungen in ganz besonderem Maße. Er kann und wird durch alle Gruppen gerade insoweit wirken als sie sich für den geplanten Dienst, für die Ausbreitung der Liebe qualifizieren und bewußt mit der größeren Kraft der inneren Gruppen in Übereinstimmung kommen.

361] Ihr werdet (vielleicht ziemlich bald) feststellen, daß Heilergruppen Mantrams bestimmter Art verwenden, und daß in diesen Mantrams der Name des Gesegneten vorkommt. Aber das Mantram für Sein kommendes Zeitalter steht noch nicht zur Verfügung. Die Welt ist heute noch nicht bereit für die Kraft, die dadurch frei würde. Gibt es heute ein stärkeres Mantram als das oft gesprochene Wort: „Um Christi willen und zum Ruhme Seines Namens"? Diese Worte müssen jedoch mit wirklicher Liebe und festem Willen gesprochen werden, sonst sind sie nur ein leeres Symbol und eine tönende Schelle. Vergeßt dies nicht.

Über den Christus.

Einige Aspiranten und Jünger machen vielleicht die Erfahrung, daß sie sich fast ständig an den Christus erinnern. Der Grund dafür ist der, daß ihr Empfindungsvermögen gegenüber den inneren Ebenen ständig zunimmt, insbesondere aber die Tatsache, daß beim vorgeschrittenen Aspiranten ein Großteil des Astralkörpers dem

Stoff der höchsten Unterebene der Astralebene entnommen ist (und darum dieser Ebene gegenüber empfänglich ist). Ein weiterer Grund ist der, daß der Herr Maitreya mit seinen Helfern ständig der physischen Ebene immer näherkommt. Sein Hauptaugenmerk richtete sich im Jahre 1936 zum ersten Male vornehmlich auf die erste Unterebene der Astralebene. Daher reagierten die dafür empfänglichen Menschen sofort und in der richtigen Weise auf Seine dort zum Ausdruck kommende Energie. Er kommt in Seinem Denken und Wirken näher heran. Sollten die Völker der Welt die gebotene Gelegenheit wahrnehmen, so könnten Seine Kräfte und Seine Aufmerksamkeit tiefer eindringen und hauptsächlich auf den ätherischen Ebenen wirksam werden mit allem, was eine solche Situation als Folgerungen nach sich zieht.

Dies fühlen und wissen viele subjektiv; und darum ist die Gelegenheit für sie – wie auch für euch – groß, immer mehr eine Stromrinne für diese Kraft zu bilden.

Denkt daran, daß die Arbeit, um derentwillen Er kommt und zu der die Ihn begleitende Hierarchie verpflichtet ist, darin besteht, Ihm bei der „Heilung der Völker" zu helfen, wie es in der Bibel
362] heißt. Das ist eine wahre Aussage über eine nahe bevorstehende Tatsache. Diese Heilung wird eintreten, wenn die Menschen guten Willens in aller Welt sich der ihnen gebotenen Gelegenheit gewachsen zeigen; wenn das Werk Christi und seiner Helfer in bestimmterer Form der Aufmerksamkeit der allgemeinen Öffentlichkeit nahegebracht wird, und wenn eine innere Entspannung in der Menschenwelt eintritt, die den Devas ein Wirken erlaubt. Diese Bereitschaft und die Reaktion der Devas auf das bevorstehende Näherkommen Christi wird von vielen hingebenden Dienern subjektiv verspürt, die dadurch etwas verwirrt wurden. Die Devas können nur gespürt und gefühlt werden; die Menschheit kann sie bis jetzt noch nicht über die Gedankenwelt und mit Hilfe des menschlichen Denkapparates erreichen. Es liegt für den Diener keine Gefahr darin, wenn er diese Devakräfte und ihre Wirksam-

keiten – über den Christus und infolge ihres großen Interesses für Seine Arbeit und Sein bevorstehendes Erscheinen – wahrnimmt.

Über den Ausdruck „Mutter der Welt“.

Dieser Begriff kann auf mannigfache Art verwendet werden und kann ganz verschiedene Bedeutungen haben. Er kann bedeuten:

1. Den manifestierten weiblichen Aspekt, der für uns in vielen Weltreligionen als jungfräuliche Mutter und in der christlichen Religion als die Jungfrau Maria symbolisiert wird. Es ist jene Substanz, die der Gottheit ermöglicht, sichtbar in Erscheinung zu treten.

2. Die Natur selbst, die Mutter aller Formen.

3. Ebenso den Mond, als das Symbol des zeugenden, schöpferischen Lebens, das die Formen hervorbringt und darum das Symbol für die Formnatur ist.

4. Die Konzentration der weiblichen Naturkraft in einem Einzelwesen in weiblicher Form, das die „Weltenmutter“ genannt wird. Ein solches Wesen hat es in unserem speziellen planetarischen Leben niemals gegeben, wenn auch die Avatare eines vorhergehenden Sonnensystems, das sich durch das planeta-
263] rische Leben zum Ausdruck brachte, immer diese Form angenommen haben. In diesem Sonnensystem ist es jedoch nicht so. Die Überlieferung solcher Erscheinungen ist rein symbolischer Art und ist ererbt aus dem vorigen Sonnensystem, von dem wir die Materie übernahmen, aus der alle manifestierten Formen gebildet sind. Diese Symbolik hat sich aus den weit zurückliegenden Zeiten des Matriarchats erhalten, als eine Religion bestand, welche die alten Gebräuche des früheren Systems wiederbelebte; in jener Zeit war Lilith das Symbol der Weltenmutter, bis Eva ihre Stelle einnahm.

Über das Gefühl der Nichtigkeit.

Wenn sich ein Heiler um einen totkranken Patienten bemüht, mag ihn ein Gefühl der Nutzlosigkeit oder Unzulänglichkeit überkommen. Ist es ihm denn möglich, genau zu wissen, was er tun kann? Soll er seine Bemühungen fortsetzen, um der neuerlich befreiten Seele zu helfen, in das Licht weiterzuschreiten? Angesichts all seines Wissens (und er mag viel davon besitzen) und trotz seines sehnlichen Wunsches, dem Abscheidenden zu helfen, scheint nichts übrigzubleiben, als beiseitezutreten, mit einem Gefühl äußerster Nichtigkeit, während der geliebte Mensch durch das Tor schreitet, das . . . ja, wohin führt, mein Bruder? Wir können bis an das Tor herangehen, aber es scheint bis jetzt, daß wir nicht weiterschreiten können. Sogar der tiefverwurzelte Glaube an die unsterbliche Seele erweist sich als unzulänglich und dient nur dazu, den dienenden Heiler persönlich zu trösten, reicht aber nicht aus, um ihm zu zeigen, welche Hilfe er geben kann.

Es gibt nur wenig, was ich jetzt sagen kann, da wir zu dieser bedeutsamen Zeit auf die kommende Offenbarung warten. Diese Offenbarung ist unvermeidlich und sicher, und in zweihundert Jahren werden solche Fragen nicht mehr gestellt werden. Für diese Tatsache sind die zunehmende Empfindungsfähigkeit der Menschheit gegenüber den subtileren Gesichtspunkten des Lebens sowie die ungeheuren Forschungsergebnisse auf allen Gebieten die Garantien in der physischen Welt. Diese große Wahrheit und die Garantie dafür wird uns ständig in der Geschichte von der „glorreichen Auferstehung Christi" und von Seinem Erscheinen nach dem Tode vor Augen ge-
364] halten, sowie in dem machtvollen, aber wenig verstandenen Ritual des höchsten Grades der Freimaurerei, mit welchem der Meister erhoben wird.

Eine Hilfe im Zeitpunkt des „Hinübergehens in das Licht" hängt hauptsächlich von zweierlei ab: Erstens davon, wie eng der Kontakt zwischen dem Sterbenden und dem Beobachter ist, und auf welcher Ebene der Kontakt am stärksten ist. Zweitens davon, ob der Beobachter fähig ist, sich von seinen eigenen Gefühlen zu lösen, Abstand zu halten und sich durch einen Akt reinen, selbstlosen Willens mit dem Sterbenden zu identifizieren. Nichts davon ist wirklich möglich, wenn das Band zwischen beiden rein emotioneller Art ist oder auf einer rein physischen Beziehung beruht. Der Kontakt muß tiefer und stärker sein als dies, nämlich eine persönliche Verbundenheit auf allen Ebenen. Wenn ein echter Seelen- und Persönlichkeitskontakt besteht, dann gibt es kaum ein Problem. Aber das kommt nur selten vor. Dennoch habe ich euch hier einen Hinweis gegeben.

Ferner sollte der Beobachter bestimmte Gedankengänge nach Möglichkeit vermeiden. Alles Erforderliche und Mögliche besteht in diesem Zeitpunkt lediglich darin, den Sterbenden auf einem immer mehr sich vertiefenden Strom der Liebe weiterzutragen. Durch die Macht der schöpferischen Imagination, nicht durch intellektuelle Vorstellungen (gleichgültig, wie hoch diese sein mögen), muß man dem Sterbenden helfen, das äußere Gewand abzulegen, in dem er eingeschlossen war und sich während des Lebens abgemüht hat. Dies erfordert einen Akt reinen Selbstvergessens, zu dem bis jetzt nur wenige fähig sind. Die meisten Menschen werden von Furcht oder dem starken Verlangen übermannt, den geliebten Menschen zurückzuhalten, oder sie werden in ihrer Absicht abgelenkt durch die Dienstleistungen, die zur Linderung der Schmerzen und zur Abschwächung des Todeskampfes beitragen; sie sind auch bestürzt über ihre große Unwissenheit über die „Technik des Sterbens", wenn sie einem unerwarteten Fall gegenüberstehen. Sie fühlen sich unfähig zu erkennen, was jenseits der Todespforte liegt, und sie werden von einer gedanklichen Unsicherheit ergriffen, die ein Teil
365] der großen Illusion ist. Es gibt, wie wir wissen, keine Klarheit in diesem Sterbevorgang. Alles ist Ungewißheit und Verwirrung. Aber dies wird bald zu Ende sein, denn der Mensch wird *wissen* und auch *sehen*.

Wenn ihr denen, die in das Licht eingegangen sind, helfen wollt, so begleitet sie mit eurer Liebe und denkt daran, daß sie noch dieselben Menschen sind, denen lediglich die äußere begrenzende Körperhülle fehlt. Dient ihnen, aber begehrt nicht, daß sie euer Verlangen nach ihnen stillen sollen. Geht hin zu ihnen, aber versucht nicht, sie zu euch zurückzubringen.

Gerade das Leben auf der physischen Ebene ist das Fegefeuer, und die Lebenserfahrung ist die Schule drastischer Disziplinierung. Wir wollen weder den Tod noch das fürchten, was darauf folgt. Der weise Jünger müht sich auf dem Felde des Dienstes, erwartet aber ständig und freudig das Aufdämmern des „klaren, kalten Lichtes", in das er eines Tages eintreten wird, womit er dann das Kapitel des Fiebers, der Reibung und des Schmerzes der Erdenerfahrung für eine Zeitlang beschließt. Aber es gibt noch andere Phasen der Lebenserfahrung, in denen den Diener in der heutigen Welt das Gefühl der Nutzlosigkeit und Vereitelung allen Bemühens überkommt.

Vom Blickpunkt eines Jüngers aus könnten wir die intelligenten Menschen in drei Gruppen einteilen, wobei wir gleichzeitig in unserem Gedanken den toten Ballast der gedankenlosen Massen beiseiteschieben, die zwar Verlangen zeigen, bis jetzt aber noch kein Gefühl der Nichtigkeit oder Nutzlosigkeit empfinden. Sie verlangen etwas, und erhalten es; oder sie begehren etwas, was ihnen versagt bleibt, und dann sind sie eifersüchtig oder ärgerlich auf jene, die anscheinend das haben, was sie selbst wollen und verlangen und was dem sinnlichen Leben zusagt. Diese drei Gruppen sind:

1. Jene integrierten und intelligenten *Persönlichkeiten*, die ehrgeizig sind und bewußt vorwärtsdrängen, denen jedoch ihr Streben vereitelt wird. Diese Vereitelung liegt entweder an den Weltzuständen, die zu stark für sie sind, oder daran, daß sie die Macht ihrer eigenen, wachsamen Seele zu spüren be-
366] kommen, die ihnen Hindernisse in den Weg legt, um sie in das Licht zu führen.
2. Jene *mystisch veranlagten* Menschen und jene richtig eingestellten Idealisten mit geistiger Schau, die aber noch nicht das mentale Gerüst aufgebaut haben, um das erschaute Bild durch

rechte Gedankengänge realisieren zu können. Es gibt heute sehr viele solche Menschen, und sie sind in keiner leichten Lage.

3. Jene *Jünger* und *Aspiranten,* die versuchen, in der Welt zu wirken, die jedoch durch karmische Beschränkung, durch falsche Anwendung des Gesetzes oder irgendeine grundlegende Schwäche in ihrer Persönlichkeit in diesem Leben ihr Ziel niemals erreichen; und so werden sie von einem überwältigenden Gefühl der Nichtigkeit überflutet.

Über diesen drei Klassen, die als Gegenpol zu den ringenden Massen fungieren, stehen jene integriert arbeitenden Jünger der Welt, die ihr Ziel erreichen; sie sind viel zu beschäftigt und zu zielbewußt als daß sie ihre Zeit damit verschwenden würden, sich minderwertig zu fühlen oder über Fehler und Mißerfolge zu klagen.

Ihr werdet daher einen Menschen, der mit der Bitte um Hilfe zu euch kommt, mit mehr Einsicht helfen können, wenn ihr sie verständig in die eine oder andere dieser fünf Kategorien einreiht (wobei ihr in euren Gedanken die Möglichkeit offen lassen müßt, daß sie in eine andere, höhere übergehen könnten).

Ein großer Teil der Minderwertigkeitskomplexe, unter denen heute so viele Menschen leiden, beruht ganz deutlich auf ihrer Reaktion gegenüber den einströmenden geistigen Einflüssen. Sie *wissen,* daß sie selbst größer sind als das, was sie erreicht haben; sie erkennen unbewußt und ohne es in Worten ausdrücken zu können ihr göttliches Wesen, aber die beschränkenden Umstände und die Hindernisse der Körpernatur sind noch zu groß, als daß sie in der richtigen Weise günstige Gelegenheiten wahrnehmen und den realen Gegebenheiten entsprechen könnten. Haltet Ausschau nach diesen Seelen und helft ihnen durch wahres Verständnis, durch Anerken-
367] nung und Mitarbeit, und vertreibt so die Illusion des Nicht-Zustandebringens, das sie auf ihren Wegen verfolgt.

Aber Exhibitionismus und neurasthenische Halluzinationen müssen in erster Linie durch eigene Anstrengungen des Betreffenden geheilt werden – durch Dezentralisierung, Änderung der Interessen und Selbstlosigkeit. Neurasthenische Tendenzen werden jedoch wahrscheinlich noch eine Zeitlang eher zu- statt abnehmen, denn die Belastungen und Spannnungen, unter denen ein Mensch heute lebt, sind ja sehr groß. Die gegenwärtige Weltsituation zwingt ihn, Wege des Entkommens zu suchen und bei der heilenden Kraft seiner eigenen schöpferischen Imagination Zuflucht zu finden. Er wird frei und erleichtert, wenn er das Drama des Ganzen und nicht des Teiles akzeptiert und sich beharrlich mit schöpferischer Arbeit auf der physischen Ebene beschäftigt.

Spezifische Schulungsmethoden werden später angewendet werden; die Grundlagen hierfür wurden durch die Arbeit der Psychologen in aller Welt bereits geschaffen.

Über wissenschaftliche Parallelen.

Die Studierenden scheinen zu denken, daß wir – die Lehrer auf der inneren Seite – alle Bücher gelesen haben, die geschrieben wurden, besonders aber jene, welche die neuen, fortgeschrittenen Wahrheiten enthalten, und daß wir auch einen persönlichen Kontakt mit jenen Menschen haben, welche die wachsende Fülle neuen Wissens in der Welt verteilen. Das ist nicht der Fall. Wie kann ich euch die wahre Sachlage erklären? Ich glaube, nur in symbolischer Form.

Wenn wir über die Welt des Intellekts hinblicken und unsere Gedanken zu den Punkten lebendigen Wissens, die wir dort finden, hinwandern lassen, nehmen wir Lichtbereiche wahr (wie wir sie verstehen), die auf der physischen Ebene aufleuchten. Solche Stellen zeigen das schimmernde Licht eines Menschen an, der in der äußeren Welt arbeitet, eines Jüngers oder eines Mitgliedes der Neuen Gruppe der Weltdiener. Ich weiß zum Beispiel, daß (in den Vereinigten Staaten) solche lichte Stellen in Baltimore, Chicago, Cleveland und Rochester zu finden sind. Durch eine besondere Art des Leuchtens zeigt mir dies an, daß sich dort ein Zentrum neuen Wissens über den menschlichen Körper befindet. Ich weiß, daß es
368] auch noch andere Lichtfelder in der ganzen Welt verstreut gibt. Meine Aufgabe und die aller Lehrer besteht in dieser Übergangszeit

darin, diese Menschen anzuspornen und ihr Denken mit Ideen zu befruchten. Nicht jede Theorie, die sie auf ihrer Wahrheitssuche aufstellen, nicht jedes Buch, das sie schreiben, und nicht jede Schlußfolgerung, zu der sie kommen, ist uns bekannt. Sie müssen, wenn sie durch ihre selbstveranlaßten Bemühungen zur Wahrheit gelangen wollen, auch die Verantwortung tragen, ob sie nun Erfolg haben oder nicht.

H. P. B. prophezeihte vor vielen Jahren die Art von Arbeit, die jetzt getan wird, als sie davon sprach, daß die Wissenschaft schließlich eine universale, allgegenwärtige Gottheit anerkennen wird (auch der Äther des Raumes ist eine Wesenheit, sagt sie uns); ferner, daß die Enthüllung des Mysteriums der Elektrizität uns auch die Lösung der meisten Probleme liefern wird. Viele Theorien der modernen Wissenschaft sind in „Eine Abhandlung über kosmisches Feuer" niedergelegt, obwohl die Wissenschaftler noch nicht weit genug gekommen sind, um diese Tatsache zu erkennen; in diesem Buch ist die elektrische Natur oder Wesensart des Menschen dargestellt. Ihr würdet es interessant und hilfreich finden, solche Stellen herauszusuchen. Die Wissenschaft schenkt jedoch der Idee, daß es eine elektrische Kraft der Seele gibt, deren Stärke ständig zunimmt, keine Beachtung. Einige wenige Wissenschaftler unter den am weitesten vorgeschrittenen beginnen jetzt damit. Als nächster Fortschritt steht der Wissenschaft die Entdeckung der Seele bevor, einer Entdeckung, welche die meisten ihrer Theorien umwälzen, wenn auch nicht außer Kraft setzen wird.

Einzelne Studierende könnten dabei behilflich sein, wenn sie einige Postulate eines Wissenschaftlers, an dessen Forschungen sie interessiert sind, aufgreifen und z. B. in meinen Büchern, oder in der „Geheimlehre", jene Abschnitte heraussuchen würden, die ein Licht auf das werfen, was jener sagt, oder die seine Hypothese vielleicht widerlegen. Damit würden sie ihr analytisches Denken erwei-
369] tern und es als einen Überbrückungsfaktor zwischen der Welt menschlicher Wissenschaft und den okkulten Wissenschaften verwenden können.

Über Ionen und Strahlung.

Wissenschaftler haben dahingehende Behauptungen aufgestellt, daß die Luft, die wir atmen, elektrische Teilchen enthalte, die positiv oder negativ geladen sind, und daß sie in der Lage seien, künstlich elektrisierte Luft herzustellen; sie sagen, daß sogar eine offene Flamme an einer Feuerstelle die Luft ionisiere; daß man mit entsprechenden Apparaten entweder die negativen oder die positiven Ionen herausziehen könne; außerdem wird behauptet, daß Patienten, die den positiv geladenen Ionen ausgesetzt waren, Ermüdungserscheinungen, Schwindel und Kopfschmerzen bekamen, wogegen sie ein Gefühl aufheiternder Anregung empfanden, wenn man sie negativ geladenen Ionen aussetzte; positive Ionen erhöhten den Blutdruck und riefen allgemeines Unbehagen hervor, während negative Ionen den Blutdruck senkten und ein Gefühl des Behagens und der Entspanung auslösten.

Es erhebt sich die Frage, ob die Ausstrahlung eines Heilers auch eine ionisierende Wirkung auf die Atmosphäre rund um den Patienten haben könnte. Ich muß darauf hinweisen, daß die Beantwortung einer solchen Frage zweierlei erfordern würde: Erstens die Enthüllung eines jener Mysterien, für welche die Menschheit noch nicht reif ist und zweitens, daß ich eine Antwort geben müßte, die euch überhaupt nicht erklärt werden kann, denn es gibt keine entsprechende Terminologie für die darin verborgene Wahrheit. In dieser Wahrheit liegt die ganze Darstellung der Dualität – die Ursache und Erklärung der Beziehung zwischen den negativen und positiven Aspekten der Lebensprozesse. Einige Dinge kann ich jedoch andeuten:

1. Die negativen und positiven Ionen, mit denen sich der Wissenschaftler beschäftigt, sind ätherischer Art und gehören darum zur physischen Ebene. Diese unsichtbaren Substanzteilchen, die man nur auf Grund ihrer Wirkungen und durch störendes Einwirken auf ihre Aktivität erkennen und nach-

weisen kann, sind Teilchen, die sich in ihrer Beziehung zuein-
370] ander sehr schnell bewegen, gleichzeitig aber selbst von einer größeren beherrschenden Kraft beeinflußt werden, die sie so in Bewegung hält.

2. Im Falle einer Krankheit kann man dem Patienten nur dann wirklich helfen, wenn die positive Strahlung des Heilers den negativen Zustand des Patienten überwindet.
3. Die Strahlung des Heilers muß den Widerstand, den ihr die Krankheit des Patienten entgegensetzt, durchdringen und überwinden – nicht den des Patienten, der gegenüber dem Heiler mental und gefühlsmäßig negativ eingestellt und daher in einer Lage sein mag, in der man ihm helfen soll. Dies geschieht durch die stärkere Ausstrahlung des Heilers. Sein Magnetismus wird dann aktiviert, und er kann nun bewußt und mit Bedacht jene Substanzatome herausziehen und zerstreuen, welche der Sitz und die Quelle der Beschwerden des Patienten sind. Hiermit ist ein Hinweis auf künftige Methoden der physischen Ebene gegeben, wie man eine Krankheit vertreiben kann. Die Fähigkeit, die von einer Quelle außerhalb des physischen Körpers ausgehenden magnetischen Ströme genau und zielbewußt zu lenken, ist noch nicht erkannt, aber sie wird eine der neuen Heilmethoden sein.

Die heilende Strahlung beeinflußt also naturgemäß die Atmosphäre um den Patienten. Diese Strahlung ist jedoch bis jetzt noch ungleichmäßig und nicht richtig gelenkt. Einige Menschen strahlen physischen oder tierischen Magnetismus aus, andere astralen oder mentalen Magnetismus; manche die Energie einer voll integrierten Persönlichkeit. Einige wenige strahlen den Magnetismus der Seele aus, die wichtigste Anziehungsenergie in allen Formen. In Zukunft muß der wahre Heiler durch die Strahlung der Gesamtpersönlichkeit oder der Seele wirken. Ich sage absichtlich „oder", denn es gibt bis jetzt erst wenige, die mit Seelenenergie umgehen können, aber viele, die als integrierte Persönlichkeit wirken könnten, wenn sie

wollten. Und wenn nun ein Mensch diese Fähigkeit des Strahlens erreicht hat, was geschieht dann mit dem Patienten? Wie wird er in einen Zustand gebracht, in dem er exakt auf die magnetische Strah-
371] lung reagieren kann? Wenn er, wie so viele, ein astraler Typ ist, wird er dann auf den Magnetismus eines mentalen Heilers reagieren können? Kann ihm durch die Strahlung eines solchen Heilers geholfen werden, wenn er selbst ein voll integrierter Mensch ist? Wenn ihr mir sagt, daß Christus ja alle Arten von Menschen heilte, so möchte ich darauf hinweisen, daß ich in dieser kurzen Abhandlung nicht die Heilgesetze erörterte, die von einem Meister der Weisheit oder von einem Eingeweihten gehandhabt werden. Sonst würde mein Buch eine unnütze Bemühung sein. Ich schreibe hier für interessierte Aspiranten und für diejenigen, die auf irgendeiner Ebene unterhalb der Seelenebene heilen können, die aber bis jetzt noch nicht wissen, wie sie das tun sollen. Später wird dies alles ausführlicher erläutert werden.

Über Schwingung.

Einige Studierende verlangen, daß ich die Bedeutung des Wortes „Schwingung" definiere und genau angebe, was eine Schwingung ist. Wenn ich euch sage, daß Schwingung eine Illusion ist, so wie die Seele eine Sinneswahrnehmung als Illusion erkennt: werdet ihr dann verstehen? (Ihr seid ja wie alle Menschen begrenzt und behindert durch die Reaktionen einer Reihe von Körperhüllen, die alle Träger von Sinneswahrnehmungen sind.) Wenn ich euch sage, daß eine Schwingungsreaktion daher kommt, daß wir einen Mechanismus besitzen, der für Impulse empfänglich ist, so beantworte ich eure Frage teilweise; aber wenn dies stimmt, was bedeutet das für euch, und von woher kommt der Impuls? Wenn ich euch eine wissenschaftliche Definition gebe (die ihr in jedem guten Lehrbuch über Licht, Farbe oder Ton findet), so leiste ich damit eine Arbeit, die ihr selbst tun könnt; und dafür habe ich keine Zeit. In meinen Büchern gibt es mehrere Definitionen über Schwingung, sei es in Form einer Schlußfolgerung oder einer Begriffsbestimmung; nach diesen könnt ihr suchen und über sie meditieren. Wenn ich euch hier die Beziehung zwischen dem Selbst und dem Nichtselbst erläuterte, zwischen Bewußtheit, die wahrnimmt und der, die wahrgenommen wird, so behandle ich damit einen Stoff, zu dessen Verständnis euch ein sorgfältiges Studium der Gita helfen würde.

372] Einfachheit sei euer Wegweiser, und unbeirrbare Liebe euer Hauptziel. Wählt euch einen Dienstbereich, der seine ganz bestimmten Grenzen hat (denn alle Jünger sind begrenzt, ihr Denken kann nicht einen planetarischen Bereich umfassen), und arbeitet – mental und physisch – innerhalb dieser Grenzen. Die Vollendung irgendeiner selbstauferlegten Aufgabe im Rahmen karmischer Grenzen und der Umweltgegebenheiten, in die euch euer Schicksal hineingestellt hat, ist alles, was von euch verlangt wird. Was bringt ihr jetzt wirklich zuwege? Beschränkt euren Dienst auf den Kontaktbereich, in dem ihr euch befindet, und versucht nicht, den ganzen Planeten einzubeziehen. Gibt es eine größere oder wichtigere Aufgabe als die, euren Auftrag zu erfüllen und ihn an der Stelle zur Vollendung zu bringen, wo ihr mit euren erwählten Gefährten steht?

Glaubt meiner Versicherung, daß ich nicht versuche, mich einer Fragenbeantwortung zu entziehen. Aber wenn ich euch zu der Erkenntnis erwecken kann, daß eine „geistige Begrenzung" notwendig ist (wie man es esoterisch nennt, wenn man die Laufbahn eines Jüngers innerhalb der Grenzen seiner Aufgabe definieren will), und wenn ich euch darauf aufmerksam mache, daß ihr das Ziel erreichen sollt, das ihr euch gestellt habt, als ihr mit der Arbeit anfingt, – dann werde ich euch weit mehr geholfen haben, als wenn ich den Schwingungsbegriff definiert oder euch erklärt hätte, wie große Fortschritte ihr oder andere gemacht, und wodurch ihr dies erreicht habt.

Über Heilschulen der Zukunft.

Diese Heilschulen sollen nicht in naher Zukunft entwickelt werden, nicht vor dem Ende dieses Jahrhunderts. Jetzt wird lediglich die Vorarbeit geleistet und der Grundstein für künftige Entfaltungen gelegt. Die Dinge gehen nicht so schnell vor sich; es muß eine Synthese der Methoden solcher Schulen zustandekommen, die folgende Fächer umfaßt:

1. Psychologische Besserungen und Heilungen.
2. Magnetisches Heilen.
3. Das Beste aus der allopathischen und homöopathischen Pra-
373] xis, das wir nicht aufgeben dürfen.
4. Chirurgisches Heilen in seinen modernen Formen.
5. Elektrotherapie.
6. Wassertherapie.
7. Heilung durch Farbe, Ton und Strahlung.
8. Vorbeugende Medizin.
9. Die wesentlichen Verfahren der Osteopathie und Chiropraxis.
10. Wissenschaftliche Neurologie und Psychiatrie.
11. Die Heilung von Besessenheiten und Geisteskrankheiten.
12. Die Pflege von Auge und Ohr.
13. Stimmkultur, die ganz entschieden eine Heilwirksamkeit hat.
14. Mentale und Glaubensheilung.
15. Seelenharmonisierung und Seelenkontakt.

Dazu kommen noch viele andere Vorgänge und Verfahren, die zur Heilkunst gehören. Einige der älteren Richtungen, wie die Allopathie, erfordern einen Ausscheidungsprozeß, damit der lebenswichtige, rechtmäßige Beitrag herausgeschält werde, den sie zu geben haben. Andere Richtungen moderner und experimenteller Art müssen den Fanatikern aus den Händen genommen werden; denn ehe nicht der Fanatismus mit seiner Blindheit und seinem Mangel an einsichtsvoller Synthese ausstirbt (was unvermeidlich geschehen wird, wenn der sechste Strahl unwirksam wird und das Fischezeitalter zu Ende geht), können die neuen Richtungen nicht so sein, wie sie sollten. Bevor die in dem Buch „Briefe über okkulte Meditation" erwähnten Schulen ins Leben treten können, muß das allen Schulen zugrundeliegende Gute genauer verstanden und müssen die Prinzipien, auf denen sich die wahre Heilkunst aufbaut, besser begriffen werden. Wenn – wie es heute der Fall ist – ein Heiler oder eine Schule den ganzen Nachdruck auf irgendeine allgültige Patentheilung legt und alle Systeme mit anderer Diät und Methode verachtet, dann wird es nicht möglich sein, die wahren Schulen einzurichten.

374] Es kommt nun die Zeit heran, da wir durch einen Zyklus gehen werden, in dem wir die Früchte aller früheren Zeitalter ernten und den Rahm von der Milch menschlicher Erfahrung abschöpfen werden (wenn ich mich so ausdrücken darf). Dann werden wir mit dem Besten, was uns die Vergangenheit übergeben kann, jene neuen Projekte in Gang bringen, welche die Menschheit auf ihrem Wege schneller voranbringen werden. Unter diesen neuen Aufgabenbereichen wird die Heilkunst an erster Stelle stehen, da sie am nötigsten ist.

Wir werden entdecken, daß die Arbeit, die unsere Aufmerksamkeit in Anspruch nimmt, drei Stufen umfaßt; diese werden der Reihe nach und nicht gleichzeitig erreicht werden:

1. Die Schulung in den Prinzipien der Heilkunst, indem wir:
   a) den Grundstein für eine spätere Erweiterung im Neuen Zeitalter legen;
   b) versuchen, das zu erhalten, was gut und nützlich ist, wenn sich jetzt der Nachdruck von dem äußeren Menschen weg auf den feineren Äther- oder Lebensleib verschiebt;
   c) diese Abhandlung über das neue Heilen studieren, die zwar einigermaßen einen Widerhall finden, deren Nützlichkeit und Bestimmung jedoch erst später wirklich erkannt werden wird.
2. Später, wenn eine Gruppe unpersönlich, als Einheit und mit wahrer gegenseitiger Liebe zusammenarbeitet, kann eine solche Gruppe dann beginnen, die Heilung eines bestimmten Falles zu übernehmen. Sie kann zum Beispiel die Behandlung

einer bekannten physischen Krankheit, von Besessenheit oder mentaler Störung übernehmen und – unter der Leitung der Seele oder eines eingeweihten Chelas und in Übereinstimmung mit den in dieser Abhandlung angegebenen Lehren – versuchen, zu heilen und zu helfen. Ihr solltet euch auch mit der Kunst des Sterbens befassen und sie studieren; später einmal wird sich die ganze Welt dafür interessieren.

3. Schließlich werden Hilfsgruppen gebildet werden, die von den Mitgliedern der bahnbrechenden Heilergruppen – unter An-
375] leitung der Seele oder eines eingeweihten Chelas – belehrt und weiterentwickelt werden sollen. Diese Hilfsgruppen werden unter einer Gruppenleitung an der Heilung von Menschen arbeiten. Das wird jedoch noch einige Jahre dauern und erst dann geschehen, wenn die Arbeit der Anfangsgruppe (oder – Gruppen) einigermaßen erfolgreich ist, und wenn die Gruppenmitglieder die beim Heilen notwendigen Methoden und Prinzipien verständnisvoll begriffen haben. Die exoterischen Fortschritte der Heilkunst im Neuen Zeitalter werden sich im Sinne des oben Gesagten entwickeln.

Es gibt heute keine Schule, die man beibehalten sollte. Sie alle verkörpern irgendeine nützliche Wahrheit, ein Prinzip oder eine Idee. Ich möchte darauf hinweisen, daß auch eine synthetische Gruppe immer noch eine abgesonderte und sich absondernde Einheit wäre, und keine solche Gruppe ist unser Ziel. *Wünschenswert ist die Synthese des Lebens und des Wissens*, und nicht die Synthese von Menschen. Wir wollen hoffen, daß es schließlich einmal hunderte und tausende von Gruppen in der ganzen Welt geben wird, die diese neue Einstellung gegenüber dem Heilen zum Ausdruck bringen; die durch ihr gemeinsames Wissen und ihre Ziele verbunden sind; die jedoch all dies nach bestem Können auf ihrem eigenen, speziellen Gebiet, in der ihnen eigentümlichen Weise und mit ihren eigenen Begriffsbezeichnungen zum Ausdruck bringen. Für die Lehrer auf der inneren Seite des Lebens ist die subjektive Lebenseinheit wichtig; sie wollen ein Netz von echten Heilern schaffen, das die ganze Welt umspannt.

Es wird nun ein neuer Anfang gemacht. Wir werden tatsächlich das Wunder des in der Vergangenheit erworbenen Wissensstoffes übernehmen und vieles davon auch weiterhin verwenden; es ist lediglich nötig, die unerwünschten und mißverstandenen Auslegungen bekannter Tatsachen, die falsch angewandten Kenntnisse, selbstsüchtige Interessen, finanzielle Ausbeutung und Gier auszumerzen. Die moderne Chirurgie, die neuzeitlichen hygienischen Methoden und die moderne medizinische Wissenschaft sind voller Wunder und bringen großen Nutzen.

376] *Brief an einen Wissenschaftler.*

Mein Bruder:

Ich habe heute Morgen nach dem Diktat an A. A. B. ein paar Minuten übrig und will versuchen, einiges Licht auf die Fragen zu werfen, die du gestellt hast. Beachte bitte: Ich sage nicht, daß ich sie beanworten will.

Die Entdeckungen der Wissenschaft reichen bis jetzt noch nicht aus, um die Prophezeiungen zu erfüllen, die ich in dem Buch „Eine Abhandlung über die sieben Strahlen“ gegeben habe. Gegen Ende dieses Jahrhunderts, wenn sich die Weltsituation geklärt hat und die Zeit des Neuaufbaues dem Ende zugeht, werden Entdeckungen gemacht werden, die einige bisher unerkannte elektrische Wirkkräfte erschließen werden. Ich weiß kein anderes Wort, das ich für diese elektrischen Strahlen verwenden könnte, die sich bemerkbar machen und zu Möglichkeiten führen werden, die noch weit über die Träume der heutigen Forscher hinausgehen. Die Wissenschaft von der Elektrizität wird im nächsten Jahrhundert von der heutigen ebenso verschieden sein, wie die modernen Anwendungsmethoden der Elektrizität von den wissenschaftlichen Erkenntnissen der Victorianischen Ära.

Zu Deiner Frage über die Versuche, abgeschiedene Seelen zu photographieren, möchte ich dir sagen, daß sich ein Verstehen dieses Vorganges dadurch einstellen wird, daß man das Photographieren von Gedankenformen studiert. Ein Anfang in dieser Richtung wurde von dem großen französischen Wissenschaftler D'Arsonval in Paris gemacht. A. A. B. kann dir einiges darüber berichten, wenn du es noch nicht wissen solltest. Auf Grund dieser Vorarbeit, durch die Vervollkommnung und außerordentlich gesteigerte Empfindlichkeit der Aufnahmeplatten und durch die Verbindung der Elektrizität mit der Photographie wird weitere Erkenntnis kommen. Du magst es für ganz unmöglich halten, Platten von viel größerer Empfindlichkeit herzustellen als diejenigen, die in den bestausgerüsteten Laboratorien schon benützt werden. Aber dennoch ist es möglich. Auf dieser Linie der Gedankenphotographie und der elektrischen Ausrüstung wird man zu der Lösung kommen. Die Gedanken derer, die auf der anderen Seite sind, und ihre Fähigkeit, eigene Ge-
377] dankenformen auszusenden, sowie die Herstellung von entsprechend empfindlichen Negativplatten oder ähnlichem wird ein neues Zeitalter in der sogenannten „Geisterphotographie" einleiten und kennzeichnen. Die Menschen sind häufig mit dem körperlichen Instrument auf dieser Seite des Vorhanges so sehr beschäftigt, daß sie ganz außeracht lassen, welcher Faktor von der anderen Seite aus von denen, die hinübergegangen sind, beigesteuert werden muß.

Die Arbeit wird von dort aus getan werden – mit der grobstofflichen Unterstützung, für die auf dem äußeren Felde der Wissenschaft noch nicht gesorgt worden ist.

Um dies zu erreichen, ist die Mitarbeit eines bewußten Mediums erforderlich (nicht eines Trance-Mediums, sondern jemandes, der bewußt hellsichtig und hellhörend ist). Unter den jetzt heranwachsenden Kindern gibt es viele solche, und in der nächstfolgenden Generation werden es noch viel mehr sein. Der trennende Schleier wird verschwinden durch die Bestätigungen jener tausende, die Erscheinungen sehen und Töne hören können, welche außerhalb des Berührbaren liegen.

Du sagst, daß die Geister behaupten, sie könnten keine Elektrizität vertragen. Gemeint ist, daß sie Elektrizität nicht in der Form vertragen können, wie sie gegenwärtig angewandt wird. Dies ist ein Beispiel für die ungenauen Aussagen, die von unwissenden Medien oder von jenen abgegeben werden, die auf der anderen Seite von den Elektrizitätsgesetzen nicht mehr verstehen als sie wahrscheinlich im physischen Leibe begriffen hatten. In der manifestierten Welt gibt es nichts anderes als Elektrizität, das „Geheimnis der Elektrizität", auf das H. P. B. in der „Geheimlehre" hingewiesen hat. Alles in der Natur ist seinem Wesen nach elektrisch; das Leben selbst ist Elektrizität, aber all das, was wir bis heute kennengelernt und verwendet haben, ist nur physischer Art und hat lediglich Beziehung zu dem, was der physischen und ätherischen Materie aller Formen von Natur aus innewohnt.

Man muß beachten, daß die sogenannten „Geister" in dem illusorischen Astralleib tätig sind, während vorgeschrittene „Geister" nur als Denker wirken, so daß sie also nur durch das Denken und
378] auf keine andere Weise erreicht werden können. Es wird niemals möglich werden, die mentale Hülle zu photographieren; nur der Astralkörper wird „aufnahmefähig", also erreichbar sein. Je gröber und gemeiner ein Mensch im Körper in seinen Wünschen und Begierden war, desto leichter wird man den Abgeschiedenen photographieren können (wenn ihn überhaupt jemand aufnehmen möchte!); und je weiter vorgeschritten ein Mensch ist, umso schwieriger wird es sein, von ihm eine Aufnahme zu machen.

Was das Radio als ein Mittel zur Verbindung mit der „Geisterwelt" betrifft, so sind die gegenwärtig verwendeten elektrischen Geräte in ihrer Schwingungstätigkeit zu langsam (wenn ich einen so unwissenschaftlichen Ausdruck verwenden darf), um dafür geeignet zu sein; wenn astral eingekleidete „Geister" sich dem Geräte nähern, so üben sie gern eine ruinierende Wirkung aus. Dennoch wird der erste, auf der physischen Ebene sichtbare Beweis für ein Dasein nach dem Tode über das Radio kommen, weil der Ton immer dem Sehen vorausgeht. Denke darüber nach. Es gibt jedoch heute noch kein Radio, das empfindlich genug wäre, um Tonwellen von der Astralebene her zu übertragen.

Das Geheimnis harrt also noch künftiger wissenschaftlicher Entdeckungen. Das ist kein Ausweichen meinerseits, sondern einfach die Feststellung einer Tatsache. Die elektrischen Entdeckungen stehen erst in ihrem Anfangsstadium, und alles, was wir haben, ist lediglich ein Vorspiel zu der wirklichen Entdeckung. Die Magie des Radios würde einem Menschen des achtzehnten Jahrhunderts völlig unglaublich erscheinen. Die Entdeckungen und Entwicklungen, die im zwanzigsten Jahrhundert noch vor uns liegen, werden dem Menschen dieses Jahrhunderts ebenso unglaublich erscheinen. Eine große Entdeckung betreffend die Anwendung von Licht durch die Macht und lenkende Kraft des Denkens wird am Ende dieses Jahrhunderts oder zu Beginn des nächsten gemacht werden. Zwei kleine Kinder – das eine lebt in diesem Lande (in den USA), das andere in Indien – werden eine wissenschaftliche Formel entwickeln, die einige der noch bestehenden Lücken in der Skala der Lichtschwingungen aus-
379] füllen wird und die von den hochfrequenten Strahlen und Wellen, so wie ihr sie jetzt habt, weiterführt. Das wird Instrumente erfordern, die man sich jetzt nicht einmal im Traum vorstellen kann, die aber wirklich durchaus möglich sind. Sie werden so empfindlich sein, daß man sie durch die Kraft des menschlichen Auges – mit konzentriert gelenktem Denken – in Bewegung setzen kann. Von da an wird eine sinnlich wahrnehmbare Verbindung mit der Geisterwelt möglich sein. Ich kann dir lediglich den Schlüssel geben.

Außerdem bin ich behindert durch die völlige Unwissenheit A. A. Bs. in diesen Dingen, die das Wissen eines Elektrofachmannes voraussetzen. Es gibt bei ihr keinen Saatgedanken, auf den ich einwirken oder von dem aus ich die Idee weiterentwickeln könnte. Sie kann erklären, was ich meine, wenn du sie darum bittest. Aber selbst wenn sie eine solche Schulung hätte, wie du sie hast, könnte ich keine klaren Erläuterungen geben, da zuerst die Entdeckung gemacht werden muß, die alle derzeitigen Ideen revolutionieren wird, obwohl sie aus eben diesen hervorgehen wird. Eine gewöhnliche Abhandlung über Elektrizität, wie sie heutzutage von Elektroingenieuren studiert wird, würde auch für die gelehrtesten Menschen vor zweihundert – oder sogar noch vor hundert – Jahren völlig unverständlich gewesen sein, und ebenso ist es jetzt. Arbeite in der Zwischenzeit an der Gedankenphotographie als einem Ausgangspunkt der kommenden Wissenschaft, denn aus dieser und der allmählichen Entwicklung empfindlicher Registrier- und Aufzeichnungsmethoden für feinere Phänomene werden sich neue Ideen und Möglichkeiten ergeben. Bedeutet es etwas für dich, wenn ich sage, daß Elektrizität und Photoverfahren eng verbunden sind, da der Mensch seinem Ursprung und Wesen nach elektrisch ist? Das muß auf der physischen Ebene mit Hilfe der dazu nötigen empfindlichen Apparate bewiesen werden.

Februar 1944.

II. Teil

Die Grunderfordernisse für das Heilen

380] Wir kommen nun zu einem neuen Abschnitt in der Besprechung der Strahlen und Krankheiten. Er dient wesentlich mehr praktischen Zwecken als der (für *euch* alle) ausgesprochen theoretische Teil, den wir eben abgeschlossen haben. Vieles von dem, was ich bisher gesagt habe, ist für euch eine etwas fragliche Wahrheit (wobei ich das Wort „fraglich" in seinem wirklichen Sinne, nämlich als „Fragen herausfordernd", verwende). Für diejenigen von euch, deren Intuition schon weit entwickelt ist, war es bestenfalls eine „möglicherweise stimmende" Hypothese. Ich möchte euch hier bitten, diese Ausdrucksweise zu beachten, so paradox sie auch scheinen mag. Ihr habt keine direkten Mittel, um zu erfahren, wie wahr sie vielleicht ist. Vieles von dem Mysterium des Lebens und Lebendseins wird klar werden in dem Maße, als immer mehr Aspiranten in der Welt bewußt in dem Reich der Ursachen zu wirken beginnen. In der Hierarchie gibt es keine Zweifelsfragen, außer in jenen Dingen, die mit der nicht vorauszusehenden Art menschlicher Reaktionen zu tun haben. Sogar bezüglich der unbestimmbaren Aktionen der Menschheit können die Meister meistens abschätzen, was geschehen wird, doch lehnen sie es esoterisch ab, „über die auf der Ebene irdischen Lebens freigelassenen Energien nachzudenken, aus der Besorgnis, daß Gegenenergien aus dem hierarchischen Zentrum vielleicht die Realität des freien menschlichen Willens behindern könnten". Ich zitiere hier einen der Meister, der auf einer Konferenz im Jahre 1725 sprach.

381] Was ich euch in dem vorigen Abschnitt gesagt habe, ist für mich unbezweifelbare Wahrheit und tatsächlich erwiesen; für euch mag es eine ausreichende Hypothese oder auch eine zweifelhafte, nicht annehmbare Auslegung der zugrundeliegenden Krankheitsursachen sein.

Die Menschheit hat eine sehr lange Vergangenheit hinter sich, in der sogenannte Sünden und Irrtümer, falsches Tun und falsche Einstellungen ein sehr schweres Karma aufgehäuft haben, das in unserer Zeit (zum Glück für die Menschheit) sehr schnell abgearbeitet wird. Das ungeheure Interesse an Krankheiten, das sich heute zeigt, der konzentrierte Einsatz aller Hilfsmittel medizinischer und chirurgischer Wissenschaft für die kämpfenden Kräfte – (Hilfsmittel, die später zur Unterstützung der Zivilbevölkerung in den verwüsteten Ländern beider Hemisphären mobilisiert werden müssen) – die umfangreichen Forschungen, die in unseren Krankenhäusern und Lehrstätten durchgeführt werden, die sich jagenden Entdekkungen der Wissenschaft, sowie die ständige Tendenz zu einer dringend nötigen Vereinfachung – all das wird in Kürze große Veränderungen in der Behandlung von Krankheiten bringen und dazu führen, daß viele schreckliche, vererbte Krankheiten ausgerottet werden.

Die Inspiration und das Einströmen okkulten Wissens über die Jünger und Eingeweihten der Welt wird viele Veränderungen in den Methoden mit sich bringen; die kommende Offenbarung neuer und doch ganz einfacher Gesundheitsgesetze und die zwangsläufig folgende Verschmelzung der Schulmedizin mit der Psychologie und den geistigen Heilweisen wird uns einen völlig neuen Zugang zu dem ganzen Fachgebiet erschließen; die immer mehr zunehmende Verwendung des *Feuers* als Reinigungsmittel (sowohl in bezug auf den Erdboden als auch auf den Leichnam) wird dabei viel helfen. Das Verfahren, Fieber als Heilmittel für gewisse Krankheitsformen zu erzeugen, und die (häufig auch von der Natur angewandte) Methode, große Gebiete des Erdbodens der Einwirkung des Feuers auszusetzen, wird sich zu einer neuen, außerordentlich hilfreichen Wissenschaft entwickeln. Dazu wird es jedoch erst später kommen. Ich zeige lediglich schwache Tendenzen in dieser Richtung auf. Der
382] Mensch steht – auf allen Wissensgebieten – auf einem Höhepunkt, der durch die rasche Entfaltung des menschlichen Bewußtseins erreicht wurde; und darauf folgt ein wesentlich größeres Ver-

stehen und Begreifen der bestimmenden Ursachen, die vieles von dem bewirken, was heute den physischen Körper des Menschen quält und bedrängt.

Die neue Gelehrsamkeit und das kommende Wissen werden sich als Folge dessen einstellen, daß die Intuition erwacht, daß eine große Zahl vorgeschrittener und entwickelter Seelen auf Erden lebt, und daß Hierarchie und Menschheit in eine engere Beziehung zueinander kommen. Die (langsam fortschreitende) Verschmelzung der Energien dieser beiden planetarischen Zentren wird größere Veränderungen und Entfaltungen mit sich bringen, und dies nicht nur in den Wahrnehmungsfähigkeiten des Menschen, sondern auch in seinem physischen Körper. Es wird sich eine viel größere Widerstandkraft gegen angeborene und vererbte Krankheiten, sowie eine echte Fähigkeit entwickeln, Infektionen zu widerstehen; dadurch werden viele Schmerzen und Leiden verschwinden. Die Verminderung der Summe menschlichen Karmas durch das Erleben dieses planetarischen Krieges (1914–1945) wird es den nach Inkarnation strebenden Seelen ermöglichen, sich Körper zu erschaffen, die von den Neigungen zu krankhafter Enwicklung frei sind. Die Meister sind gänzlich frei von Krankheit, da sie das Karma in den drei Welten vollständig überwunden haben und erlöst sind.

Die während der letzten fünfzig Jahre entwickelte Fähigkeit, der *weltweiten Krankheit Tuberkulose* Schach zu bieten, wird diese Krankheit überhaupt ausrotten, wenn man sie auch in den dicht bevölkerten Gebieten des Orients und in jenen Landstrichen bekämpft, die bisher unter unzulänglicher ärztlicher Betreuung leiden. Die *syphilitischen Krankheiten* werden jetzt schon mit Hilfe der kürzlich entdeckten Heilmittel rasch unter Kontrolle gebracht, obwohl diese Drogen von den Meistern lediglich als Linderungsmittel und als oberflächlich in Zeit und Raum betrachtet werden. Solche Krankheiten werden allmählich und in der richtigen Weise vollständig ausgerottet werden, wenn die Menschheit ihr Bewußtsein mehr auf die Mentalebene verlagert, sich also abwendet vom Bereich astraler

und sexueller Begierden mit ihren Reflexwirkungen im automatisch
383] reagierenden physischen Körper. Die *dritte große planetarische Krankheit, der Krebs,* kann bis jetzt noch nicht grundsätzlich bezwungen werden; die verhältnismäßig einfache Methode der Chirurgie scheint gegenwärtig die einzig mögliche Heilweise zu sein. Die Art und Weise, wie man dem Auftreten des Krebses vorbeugen kann, und die Ursache seines Entstehens sind noch unbekannt; das gesamte Gebiet ist weitgehend auf Vermutungen angewiesen, und es sind noch sehr viele Untersuchungen und Forschungen notwendig. Man wird schließlich darauf kommen, daß viele kleinere Leiden, Infektionen und eine ganze Reihe ähnlicher physischer Übel auf die eine oder andere dieser drei Grundkrankheiten zurückzuführen sind; diese wiederum hängen ganz klar mit dem Mißbrauch der Energien der drei Hauptstrahlen zusammen. Es könnte folgendes gesagt werden:

1. Die syphilitischen Krankheiten entstehen durch den Mißbrauch der Energie des dritten Strahles, der schöpferischen, intelligenten Energie der Substanz selbst.
2. Tuberkulose ist die Folge des Mißbrauchs der Energie des zweiten Strahles.
3. Krebs ist eine geheimnisvolle, subtile Reaktion auf die Energie des ersten Strahles, den Willen-zum-Leben, der einer der Aspekte dieses Strahles ist. Er wirkt sich daher in einer Überaktivität und einem Wachstum der Körperzellen aus, deren Willen-zum-Leben zerstörend auf den Organismus wirkt, in dem sie sich befinden.

Ich habe euch hier nur eine Andeutung gegeben, deren Nutzwert derzeit nicht sehr groß ist. Eine Menge okkulter Forschung bleibt noch von der Medizin in dieser Richtung zu leisten, aber das wird erst dann möglich sein, wenn man die Wissenschaft von den Strahlen besser versteht und man den tatsächlichen Beweis für das Vorhandensein der fünf grundlegenden Energien in jedem Menschen (die Energien seiner fünf bestimmenden Strahlen) erbringen kann;

die Menschen werden eines Tages lernen, mit Leichtigkeit ihren Strahltypus und die Strahlen zu bestimmen, die ihre dreifache Persönlichkeit beherrschen.

384] In jeder Richtung, in der sich das Verstehen des Menschen erweitert, wird immer mehr die Gelegenheit sichtbar, dasjenige, was als Neues herankommt, einzulassen und zu beherrschen. Das Tor zum Abenteuer (im höchsten Sinne) steht weit offen, und nichts hat jemals die Menschheit davon zurückhalten können, durch dieses Tor hindurchzuschreiten. Zu allen Zeiten ist der Mensch durch diese Pforte gegangen und in neue, reichere Forschungsregionen eingetreten; und der Entdeckung folgte dann die praktische Anwendung.

Heute läßt das Tor, das sich öffnet, den Menschen eintreten in eine Welt der inneren Bedeutung (oder zugrundeliegenden Absicht) – eine Welt, die der Vorhof zur Welt der Ursachen ist. Wirkung; sinnvolle Absicht; Ursache. In diesen drei Worten liegt der Schlüssel zum Wachstum des menschlichen Bewußtseins. Die meisten Menschen leben heute in der Welt der Wirkungen und haben keine Ahnung davon, daß es sich nur um Wirkungen handelt. Einige wenige beginnen jetzt, in der Welt der Bedeutung zu leben, während Jünger und jene, die in der Welt der Hierarchie wirken, immer deutlicher die Ursachen wahrnehmen, die zu den Wirkungen führen, welche ihnen die Bedeutung offenbart. Deshalb können wir nun beginnen, die Grunderfordernisse zu erörtern, denen ein Mensch nachkommen muß, bevor er auf dem Pfade künftiger Erleuchtung weiterschreiten kann. Diese Erleuchtung wird zwangsläufig alle Furcht vor dem Tode beseitigen und sich mit diesem Thema befassen, das so lange Zeit die Menschen in tiefe Verzweiflung und Angst getrieben hat. Ich meine hier auch die erforderliche Einstellung, zu der alle diejenigen kommen müssen, welche Heilung und Überwindung der Krankheit suchen und von physischen Übeln frei werden wollen; sie müssen sich diese Haltung, besonders in gedanklicher Hinsicht, erarbeiten. Diese Erfordernisse werden sowohl beim Übermittler der Heilkraft wie beim Patienten mentales Interesse erwecken. Außerdem gehen sie auch den Gesamtmenschen an.

Man hat bisher allgemein angenommen, daß das Hauptererfordernis für die Heilkunst der Glaube sei. Aber das ist nicht der Fall.
385] Der Glaube hat damit wenig zu tun. Die Heilung beruht auf bestimmten wichtigen, grundlegenden Faktoren, an denen der Glaube überhaupt keinen Anteil hat. Das Bemühen des Patienten, Glauben zu erringen, wirkt sich oft sehr nachteilig aus, da es ihn hindert, von den Schwierigkeiten loszukommen, die zwischen ihm und der vollständigen Heilung liegen. Wenn Christus so häufig den Glauben (oder eigentlich jene Qualität, die in unseren westlichen Heiligen Schriften als Glaube übersetzt worden ist) hervorhob, so meinte er in Wirklichkeit die Anerkennung des Gesetzes, vor allem die Erkenntnis des Karma und das Wissen um die göttliche Bestimmung. Wenn man dies begreift, wird sich eine neue Denkweise einstellen, sowohl gegenüber Gott wie gegenüber den Umständen. Die Vorbedingungen, die ich hervorheben möchte, könnten folgendermaßen aufgezählt werden:

1. Ein Erkennen des großen Gesetzes von Ursache und Wirkung – wenn es möglich ist. Diese Möglichkeit besteht nicht immer, wenn es sich um einen völlig unerleuchteten Menschen handelt.
2. Eine richtige Diagnose der Krankheit durch einen fachkundigen Arzt und später durch einen geistig Hellsehenden, – wenn diese Fähigkeit von dem eingeweihten Heiler entwickelt wurde.
3. Ein Glaube an das Gesetz des unmittelbar wirkenden Karma. Damit meine ich die Fähigkeit des Patienten oder des Heilers, zu erkennen, ob es das Schicksal des Patienten ist, geheilt zu werden, oder ob man ihm helfen muß, den großen Übergang zu vollziehen.
4. Eine Bereitschaft anzuerkennen, daß eine Heilung – vom Standpunkt der Seele aus – nachteilig und im Grunde unerwünscht sein kann. Es werden manchmal durch die Kraft des Heilers Menschen geheilt, die bestimmungsgemäß das tätige

Leben auf der physischen Ebene *nicht* wieder aufnehmen sollten.

5. Die aktive Zusammenarbeit zwischen Heiler und Patient – eine Zusammenarbeit, die auf gegenseitigem Verstehen beruht.
6. Eine entschlossene Bereitschaft auf Seiten des Patienten, das hinzunehmen, was immer der von der Seele bekundete Wille sein mag. Man könnte es eine Bezeigung göttlicher Gleichgültigkeit nennen.
7. Ein Bemühen des Heilers wie des Patienten, die „Harmlosig-
386] keit" (den Willen, niemandem zu schaden), vollständig zum Ausdruck zu bringen. Es lohnt sich, über deren Wert sorgfältig nachzudenken. Das ist im Grunde ein Hinweis auf die Beziehung beider Teile zu ihren Gefährten.
8. Ein Bemühen auf Seiten des Patienten (außer, wenn er zu krank ist), jene Aspekte und Merkmale seines Wesens zu berichtigen und in Ordnung zu bringen, die sich einer richtigen geistigen Wahrnehmung widersetzen könnten. Das ist eine der Bedeutungen, die in dem Ausdruck „das Werk der Rückerstattung" verborgen liegen, obwohl das nicht die wichtigste Bedeutung ist.
9. Die bedachtsame Ausmerzung von Eigenschaften, Gedankengängen und Wünschen, die das Einströmen geistiger Kraft behindern könnten – einer Kraft, welche die Seele enger mit dem Körper in den drei Welten vereinigen und eine erneute Lebensäußerung einleiten, oder die Seele mit ihrem Ursprung vereinigen und ein neues Leben auf den Seelenebenen veranlassen könnte. Das betrifft also die Beziehung des Patienten zu seiner Seele.
10. Die Fähigkeit sowohl des Heilers wie des Patienten, sich in die Seelengruppe einzugliedern, mit der sie beide subjektiv verbunden sind; oder in anderen Fällen: Persönlichkeit und Seele zu integrieren; und wenn sie die nötige Entwicklungs-

stufe erreicht haben: sich noch enger mit der Ashramgruppe des Meisters zu vereinigen.

Diese zehn Forderungen mögen einfach erscheinen, sind es aber keineswegs. Oberflächlich scheinen sie vielleicht mit dem Charakter, mit Qualität und Fähigkeiten zu tun haben; im Grunde aber betreffen sie die Beziehung von Seele und Körper zueinander, und es geht um Integration oder Zurückziehung. Das in jedem Falle erstrebte Ziel besteht darin, eine ununterbrochene harmonische Ver-
387] bindung zwischen dem Heiler (oder der Heilergruppe) und dem Patienten herzustellen, der die wissenschaftliche Betreuung erhält.

Eine der ersten Maßnahmen, die ein Heiler treffen muß, ist die, daß er einen einfachen Vorschriftenplan aufstellt, nach welchem sich der Patient richten sollte. Diese Anweisungen müssen einfach sein, denn wenn der Patient wirklich krank ist, ist er außerstande, auch nur die einfachste physische Anstrengung auf sich zu nehmen, um eine andere Einstellung zu erreichen. Das wird oft vergessen.

Es gibt ein paar Dinge, die ich gern erläutern möchte, und die ihr eurerseits dem Patienten klarmachen müßt.

1. Die Heilung kann nicht garantiert werden. Die Patienten müssen sich darüber klar sein, daß die Fortdauer des physischen Lebens nicht das höchste Ziel ist. Es *kann* so sein, wenn der Dienst, der geleistet werden soll, von wirklicher Bedeutung ist, wenn noch Verpflichtungen zu erfüllen bleiben, und wenn noch andere Lektionen gelernt werden müssen. Die körperliche Existenz ist jedoch nicht das höchste Gut des Daseins. Freisein von den Begrenzungen des physischen Körpers ist wahrhaft wohltuend. Die Patienten müssen lernen, das Gesetz des Karmas zu erkennen und anzunehmen.
2. Furcht ist unnötig. Eines der ersten Ziele des Heilers sollte sein, dem Patienten zu einem glücklichen, vernünftigen und erwartungsvollen Ausblick auf seine Zukunft zu verhelfen – ganz gleich, was diese bringen mag.

Es wird euch klar sein, daß ihr da die Gelegenheit habt, eine neue Einstellung gegenüber dem ganzen Problem von Krankheit und Heilung zu gewinnen und die Menschheit darin zu schulen, einen besseren und glücklicheren Wertmaßstab für Krankheit und Gesundheit zu gewinnen.

388] Es wird ferner einleuchten, daß das Wort „Rückerstattung" die hohe Kunst betrifft, dem Patienten dasjenige wiederzugeben, dessen er bedarf, damit er dem Leben in der richtigen Weise gegenübertreten kann – dem Leben in einem physischen Körper und auf der physischen Ebene, oder der Fortsetzung des Lebens in anderen Bereichen, die dem Durchschnittsmenschen unsichtbar bleiben und als problematisch und ungreifbar angesehen werden. Zur Rückerstattung kann auch gehören, daß der Patient ein von ihm verübtes Unrecht wiedergutmachen muß, ehe er das empfangen kann, was er als erfolgreiche Behandlung betrachtet; sie betrifft jedoch vor allem die Wirkung der Heilergruppe, wenn sie zuerst den Kontakt mit dem Patienten herstellt. Das darf nicht vergessen werden. Manchmal, wenn das Karma des Patienten es anzeigt, muß ihm der Wille zum Leben wiedergegeben werden; in anderen Fällen muß man ihn dazu bringen, daß er die Furcht zurückweist (Furcht vor dem Leben oder Furcht vor dem Tode), wodurch er den Mut wiedergewinnt; es mag nötig sein, ihn in einer unter allen Umständen festen, sicheren Haltung zu bestärken, wodurch die Bereitschaft wiederhergestellt wird, mit Verständnis und Freude alles auf sich zu nehmen, was die Zukunft etwa bringen mag; es kann außerdem die Wiederherstellung harmonischer Beziehungen mit der Umwelt des Patienten, mit Familie und Freunden dazu gehören, so daß folglich alles in der richtigen Weise bereinigt, ein Geist der Liebe erweckt und dasjenige unwirksam gemacht wird, das vielleicht ein tiefverwurzeltes falsches Denken war.

Ihr seht also, daß die Befolgung eines Heilrituals nur *ein* Abschnitt der zu leistenden Arbeit ist, und daß die Beziehung zwischen Heiler und Patient letzten Endes pädagogischer Art ist; es muß eine Erziehung sein, die auf den physischen Zustand des Kranken

abgestimmt wird. Wenn ihr in dieser Richtung arbeitet, werdet ihr merken, daß es nötig ist, kurze Andeutungen über die erforderliche Arbeit zu machen und auf die Rückerstattungen hinzuweisen, die zu leisten der Patient bereit sein muß, damit das Einströmen der Heilkraft erleichtert wird. Er muß dazu veranlaßt werden, „die Schiefertafel blank zu machen" (wenn ich einen solchen symboli-
389] schen Ausdruck verwenden darf), wenn die Heilung nach dem Gesetz des Karma erfolgreich sein soll.

Dieser Abschnitt der Vorbereitungsarbeit ist nicht leicht. Bei Patienten, die sehr schwer krank sind, ist sie vielleicht nicht möglich. Alle Heiler werden merken, daß die Heilarbeit sehr beschleunigt oder andererseits die Aufgabe, den Weg durch die Pforten des Todes zu erleichtern, sehr vereinfacht wird, wenn sie mit Menschen arbeiten, die geistig gesinnt sind und deren Leben schon seit langer Zeit auf rechten Bemühungen und dem richtigen Bestreben basiert, „dem Kaiser zu geben, was des Kaisers ist, und Gott das, was Gottes ist". Schließlich ist doch der Tod an sich ein Werk der Rückerstattung oder Wiederherstellung. Dazu gehört, daß man die Substanz an die drei Substanzwelten zurückgibt, und zwar bereitwillig und freudig; es bedingt außerdem, daß die menschliche Seele der Seele wiedergegeben wird, von der sie ausging, und daß diese Wiederaufnahme in Freude geschieht. Ihr alle müßt lernen, auf den Tod als einen Akt der Rückerstattung zu blicken; wenn ihr das könnt, wird er in einem neuen Licht und in einer neuen Bedeutung erscheinen, und zu einem integralen – anerkannten und erwünschten – Teil eines fortdauernden Lebensprozesses werden.

Wenn ich gefragt würde, welches die Hauptaufgabe aller Heilergruppen ist, so wie die Hierarchie in der Zukunft sie am Werk sehen möchte, so würde ich sagen: Es ist die Aufgabe, die Menschen auf das vorzubereiten, was wir als den Rückerstattungsaspekt des Todes ansehen sollten, um so diesem bisher gefürchteten Feind der Menschheit eine neue, glücklichere Bedeutung zu geben. Wenn ihr in dieser von mir angedeuteten Richtung weiterdenkt, werdet ihr feststellen, daß das ganze Thema des Todes immer wieder auf-

taucht, und daß dies zu einer neuen Einstellung dem Sterben gegenüber führen wird; man wird dann, wenn dieses unvermeidliche und ganz vertraute Ereignis eintritt, dem Betreffenden eine glückliche Erwartung einprägen. Die Heilergruppen müssen sich darauf vorbereiten, sich mit dieser Grundgegebenheit allen Lebens zu befassen, denn ein großer Teil ihrer Arbeit wird darin bestehen, das Prinzip
390] des Todes zu erläutern. Wie uns gesagt wird, muß die Seele zu dem zurückkehren, der sie gab. Bis jetzt war und ist das eine zwangsweise und gefürchtete Wiedererstattung, die Furcht erweckt und Männer und Frauen in aller Welt nach Heilung des physischen Körpers rufen läßt; damit wird dessen Bedeutung überbetont, und man hält die Verlängerung der irdischen Existenz für den wichtigsten Faktor im Leben. In dem nächsten Zyklus müssen diese falschen Einstellungen aufhören; der Tod wird zu einem normalen Vorgang werden, den man versteht – zu einem Vorgang, der ebenso normal ist wie die Geburt, jedoch weniger Schmerz und Furcht hervorruft. Dieser mein Kommentar ist eine Art Prophezeiung und sollte als solche betrachtet werden.

Ich möchte euch daher folgende elementare Tatsache einschärfen: Jede Heilergruppe, die im Sinne der neuen Richtung wirken möchte, muß vorher versuchen, etwas von jenem Aspekt des Todes zu verstehen, den man „den großen Wiederherstellungsprozeß" oder die „große Rückerstattung" nennt. Es handelt sich um die Kunst, den Körper verständig, in der richtigen Weise und im richtigen, vorgesehenen Zeitpunkt der Quelle zurückzuerstatten, aus der seine Grundbestandteile gekommen sind, und die Seele dem Urquell ihres eigentlichen Seins zurückzugeben. Ich bin hier sehr sorgfältig in der Wahl meiner Worte, da ich möchte, daß ihr höchst sorgfältig und vernünftig über das sogenannte Rätsel des Todes nachdenkt. Es ist ein Rätsel für den Menschen, aber kein Rätsel für Jünger und solche, die die Weisheit kennen.

Heilergruppen und einzelne Heiler werden es zu Zeiten für notwendig finden, ihren Patienten die Tatsache vor Augen zu stellen, daß es einen Tod gibt. Jünger aus meinem Ashram und aus dem

Ashram des Meisters K. H. befassen sich u. a. auch damit, das Thema des Todes bei ihren Unterhaltungen mit anderen Wahrheitssuchern, bei Erörterungen untereinander und besonders mit denen, die sie heilen wollen, einfließen zu lassen. Das ist kein leichtes Vorhaben, und es darf nicht in einer überstürzten Weise ausgeführt werden; aber es ist ein Thema, dem man nicht ausweichen darf und kann. Heilergruppen, die von einem Ashram aus wirken, **391]** legen nicht so sehr Wert auf *körperliche* Heilung, sondern auf den richtigen Zeitpunkt und auf die Zyklen der Arbeit oder des Lebens auf der physischen Ebene, sowie auf die Zyklen der Rückerstattung oder des physischen Todes.

Dieser ganze Abschnitt „Die Grunderfordernisse", mit dem wir uns jetzt beschäftigen, bezieht sich eigentlich und tatsächlich auf die Sterbevorgänge, auf die Zustände in der materiellen Welt oder auf die drei Welten des Dienstes während der Inkarnation. Die *Rückerstattung* des Körpers an das allgemeine Substanz-Reservoir oder an den Dienst in der äußeren Welt des täglichen physischen Lebens, die *Rückgabe* der Seele an ihre Quelle, die Seele auf ihrer eigenen Ebene, oder umgekehrt zur vollen Verantwortlichkeit im Körper,– das ist das Thema dieses ersten Teiles. Die *Ausschaltung* des Lebensprinzips und des Bewußtseinsaspektes wird im zweiten Teil behandelt, und es geht dabei nicht um das Thema der Charakterbildung, wie einige annehmen könnten. Ich habe die charakterlichen und persönlichen Qualitäten in meinen einführenden Bemerkungen zu diesem Abschnitt berührt, da alles wahre Verstehen der Grundprinzipien des Todes und des Lebens durch rechtes Handeln erleichtert wird, das auf rechtem Denken beruht und schließlich in rechte Charakterbildung mündet. Ich will jedoch nicht weiter auf diese elementaren Grundvoraussetzungen eingehen. Die Integrationsvorgänge, insoweit ich sie hier erörtern möchte, betreffen die Integration der Seele in den dreifachen Körper, wenn das Karma es so bestimmt, oder in das Seelenreich, wenn nach karmischer Bestimmung das, was wir „Tod" nennen, dem Menschen bevorsteht.

Wir behandeln daher in diesem zweiten Abschnitt das Problem des Todes oder die Kunst des Sterbens. Das ist etwas, dem alle ernsthaft kranken Menschen unvermeidlich ins Auge sehen müssen, und worauf sich diejenigen, die bei guter Gesundheit sind, durch richtiges Denken und vernünftige Voraussicht vorbereiten sollten. Die krankhafte Einstellung der meisten Menschen gegenüber dem Tode und ihre Weigerung, darüber nachzudenken, während sie bei guter Gesundheit sind, ist etwas, das geändert und mit Bedacht gewandelt werden muß. Christus zeigte Seinen Jüngern die rechte Haltung, als Er von Seinem Kommen und dem bevorstehenden
392] Sterben durch die Hand Seiner Feinde sprach; Er schalt sie, als sie Sorge zeigten, und erinnerte sie daran, daß Er zu Seinem Vater ginge. Da Er ein Eingeweihter hohen Grades war, meinte Er, daß Er – okkult gesprochen – im Begriffe war, die „Rückerstattung an die Monade" zu vollziehen. Gewöhnliche Menschen und solche, die noch unter dem Grade eines Eingeweihten der dritten Stufe stehen, vollziehen die „Rückerstattung an die Seele". Die Angst und die krankhafte Abneigung, die das Todesthema für gewöhnlich hervorruft, und die mangelnde Bereitschaft, ihm verständnisvoll ins Auge zu sehen, entstehen dadurch, daß die Menschen den physischen Körper für so wichtig nehmen, sich mit ihm leicht identifizieren; sie beruht außerdem auf der ihnen angeborenen Furcht vor der Einsamkeit und dem Verlust alles bisher Vertrauten. Und doch ist die Einsamkeit, die nach dem Tode eintritt, wenn der Mensch sich ohne physischen Körper wiederfindet, nichts im Vergleich zu der Einsamkeit bei der Geburt. Bei der Geburt findet sich die Seele in einer neuen Umwelt und in einen Körper versenkt, der zuerst gänzlich unfähig ist, für sich selbst zu sorgen oder mit den Umweltbedingungen einen intelligenten Kontakt aufzunehmen – und zwar eine lange Zeit hindurch. Der Mensch tritt in die Inkarnation ohne eine Erinnerung an die Identität der inkarnierten Seelengruppe, mit der er sich jetzt verbunden sieht, oder welche Bedeutung sie für ihn hat. Diese Einsamkeit schwindet erst allmählich in dem Maße, als er seine eigenen persönlichen Kontakte herstellt, wenn er diejenigen

entdeckt, die ihm geistesverwandt sind, und wenn er schließlich jene Menschen um sich sammelt, die er seine Freunde nennt. Nach dem Tode ist das anders, denn der Mensch findet auf der anderen Seite des Vorhangs alle diejenigen wieder, die er kennt und die mit ihm in seinem physischen Dasein verbunden waren; er ist niemals allein in dem Sinne, was die Menschen unter Einsamkeit verstehen. Er ist sich auch derer bewußt, die noch im physischen Körper weilen; er kann sie sehen, kann sich in ihre Empfindungen versetzen und auch auf ihre Gedanken einstellen, denn das physische Gehirn, das ja bei ihm nicht mehr vorhanden ist, wirkt nicht mehr als Hinderungsgrund. Wenn die Menschen nur mehr wüßten, so würden sie
393] sich vor der Geburtserfahrung fürchten und nicht vor dem Tode, denn die Geburt wirft die Seele in das wirkliche Gefängnis, und der physische Tod ist nur der erste Schritt auf dem Wege zur Befreiung.

Ein weiteres Schreckgespenst, das die Menschheit dazu bringt, den Tod als eine Katastrophe anzusehen, ist die von Theologen, besonders von den protestantischen Fundamentalisten und der römisch-katholischen Kirche den Menschen eingeimpfte Furcht – die Angst vor der Hölle, vor den zu erwartenden Strafen, die meistens in keinem Verhältnis zu den Irrtümern und Vergehen der Lebensdauer stehen, und die Angst vor schrecklichen Dingen, die ihnen von einem zornigen Gotte aufgeladen werden. Dem Menschen wird gesagt, daß er sich diesen Dingen unterwerfen müsse; vor ihnen gebe es kein Entrinnen, außer durch die stellvertretende Versöhnung. Wie ihr ja selber wißt, gibt es weder einen zornigen Gott, noch eine Hölle, und auch keine stellvertretende Sühne. Es gibt nur ein einziges großes Prinzip der Liebe, welches das ganze Universum beseelt; da ist die Gegenwart des Christus, die die Menschheit auf das tatsächliche Vorhandensein der Seele und darauf hinweist, daß wir durch die lebendige Kraft dieser Seele gerettet werden; die einzige Hölle ist die Erde selbst, wo wir lernen, an unserer eigenen Erlösung zu arbeiten – dazu angetrieben durch das Prinzip der Liebe und des Lichtes, angespornt durch das Beispiel Christi und den inneren

Drang unserer eigenen Seele. Diese Lehre über die Hölle ist ein Überbleibsel der sadistischen Denkrichtung, die von der christlichen Kirche des Mittelalters eingeschlagen wurde und die auch in den irrtümlichen Lehren auftritt, die man im Alten Testament über Jehova, den Stammesgott der Juden, findet. Jehova ist *nicht* Gott, der planetarische Logos, das Ewige Herz der Liebe, Den Christus offenbarte. In dem Maße, als diese irrtümlichen Gedanken aussterben, wird auch die Höllenvorstellung in der Erinnerung der Menschen verblassen; an deren Stelle wird ein einsichtiges Verstehen des Gesetzes treten, das einen jeden Menschen dazu bringt, an seiner eigenen Erlösung auf der physischen Ebene zu arbeiten, – das ihn dazu führt, das Unrecht zu berichtigen, welches er vielleicht in seinen Erdenleben verübt hat, und das ihn schließlich so weit bringt, daß „seine Schiefertafel völlig sauber wird".

Ich versuche hier nicht, euch in eine theologische Diskussion zu verwickeln. Ich möchte lediglich darauf hinweisen, daß anstelle der gegenwärtigen Furcht vor dem Tode ein einsichtiges Verstehen der
394] Wirklichkeit und die Vorstellung des Fortlebens treten muß, wodurch alle Unruhe beseitigt wird; und ich möchte besonders den Grundgedanken betonen, daß *ein* Lebenskern und *eine* bewußte Wesenheit ihre Erfahrungen in vielen verschiedenen Körpern sammelt.

Um nun meine allgemeine Darstellung zusammenzufassen, könnte gesagt werden: Grauen und Angst vor dem Tode gründen sich auf die Liebe zur Form – zu unserer eigenen Form, zu den Formen derer, die wir lieben, und zur Form der uns vertrauten Umgebung und Umwelt. Doch diese Art von Liebe läuft all unseren Lehren über die geistigen Realitäten zuwider. Die Hoffnung auf die Zukunft, die Hoffnung auf unser Loskommen von dieser schlecht begründeten Furcht liegt darin, daß wir bestrebt sind, die absolute Tatsache der ewigen Seele anzuerkennen, und daß diese Seele geistgemäß, aufbauend und göttlich in den materiellen Hüllen leben soll und muß. In diese Idee tritt wiederum der Gedanke der Rückerstattung ein. Falsche Vorstellungen werden daher vergessen; die Idee

…erzung stellt sich ebenfalls ein, so, daß eine richtige Ein-…tellung erlangt wird. Die Integration verlangt Erwägung und Beachtung, so daß der Mensch im Leben der Seele aufgeht, anstatt im Leben des Körpers. Sorgen, Einsamkeit, Not und Bedrängnis, Verfall und Verlust – alles das sind Ideen, die verschwinden müssen, wenn die allgemeine Reaktion gegenüber dem Tode ebenfalls schwindet. In dem Maße, wie die Menschen lernen, bewußt als Seelen zu leben und den Schwerpunkt ihres Bewußtseins in die seelischen Bereiche zu verlegen, und wenn sie anfangen, die Form oder die Formen lediglich als Mittel der Wesensäußerung anzusehen – dann werden die alten, düsteren Gedanken über den Tod allmählich vergehen; an deren Stelle wird eine neue, freudigere Einstellung zu dieser großen Erfahrung treten.

Ihr werdet bemerken, daß die verschiedenen Ausdrücke, die ich bei der Erörterung der Grunderfordernisse gewählt habe, um ihrer speziellen Bedeutung willen gewählt wurden:

1. *Das Werk der Rückerstattung* bezeichnet das Zurückgeben der Form an das Grundreservoir der Substanz, oder die Rückkehr der Seele, der göttlich-geistigen Energie, zu ihrem Ursprung – entweder in die Bereiche der Seele oder in die der Monade, je
395] nach ihrer Entwicklungsstufe. Diese Rückerstattung ist in der Hauptsache das Werk der Menschenseele innerhalb des physischen Körpers, und daran ist sowohl das Herz- wie das Kopfzentrum beteiligt.
2. *Die Kunst der Ausmerzung.* Dieser Ausdruck bezieht sich auf zwei Aktivitäten des inneren Geistesmenschen: Auf die Beseitigung aller Vorherrschaft des dreifachen niederen Menschen und auf das Bestreben, in den konkreten Bereichen der Mentalebene wieder ein Brennpunkt strahlenden Lichtes zu werden. Das betrifft vor allem die menschliche Seele.
3. *Die Integrationsvorgänge.* Diese haben mit der Arbeit des befreiten geistigen Menschen zu tun, wenn er sich in den höheren Bereichen der Mentalebene mit der Seele (der Überseele)

vereinigt. Der Teil kehrt zum Ganzen zurück, und der Mensch begreift die wahre Bedeutung der Worte Krischnas: „Nachdem ich dieses ganze Universum mit einem Teil meiner selbst durchdrungen habe, bleibe Ich bestehen". Auch er, das bewußt Erfahrung suchende Bruchstück, welches das kleine Universum der Form in den drei Welten durchdrungen hat, verbleibt. Er erkennt sich als einen Teil des Ganzen.

Aus diesen drei Vorgängen besteht der TOD.

Es wird euch klar sein, daß, wenn die Menschheit diesen Ausblick auf den Tod oder auf die Kunst des Sterbens erlangt, ihre gesamte Einstellung eine wohltätige Wandlung erfahren wird. Im Laufe der Zeit wird gleichzeitig damit im telepathischen Bereich eine Verbindung zwischen den Menschen hergestellt werden; die Menschen werden immer mehr an Intelligenz zunehmen, und ihr Bewußtsein wird sich immer stärker im Denkbereich konzentrieren. Diese telepathische Verbindung wird eine ganz allgemeine Erscheinung sein; dafür bürgt der moderne Spiritismus, obwohl diese Verzerrung (eine sehr bedenkliche Verzerrung) weitgehend auf dem Wunschdenken der Menschheit beruht, wobei nur sehr wenig echte Telepathie mitspielt. Die telepathische Verbindung, die heute zwi-
396] schen einem Medium (sei es nun in Trance oder nicht) und dem hinterbliebenen Verwandten oder Freunde tatsächlich zustandekommt, besteht aber *nicht* zwischen dem, der die Befreiung durch den Tod erlebt hat, und dem noch in der Form Lebenden. Daran sollte man denken. In der Zwischenzeit, so lange das Denken noch keine normalen telepathischen Fähigkeiten hat, mag es (wenn auch sehr selten) eine mediale Vermittlung geben, die auf Hellsehen und Hellhören, aber *nicht* auf Trance beruht. Das erfordert immer noch einen Kontakt über eine dritte Stelle, und so ist diese mediale Übermittlung gänzlich astral; sie ist daher voller Trugbilder und Irrtümer. Das wird aber immerhin einen Schritt vorwärts bedeuten

gegenüber den gegenwärtigen mediumistischen Séancen, die den Toten einfach ignorieren und dem Fragenden nur das übermitteln, was das Medium in seiner Aura liest – seine Erinnerung an die persönliche Erscheinung, bedeutsame Erinnerungen, die im Bewußtsein des Fragenden aufgespeichert sind, und Wunschgedanken zu der erbetenen Mitteilung, weil der Fragende glaubt, daß ein Mensch, – weil er tot ist – weiser sein müsse als zuvor. Wenn es dem Medium zu Zeiten gelingt, eine echte Verbindung herzustellen, so nur deshalb, weil der Fragende und der Tote mentale Typen sind und daher eine echte telepathische Verbindung zwischen ihnen besteht, die das Medium auffängt.

Die Menschheit macht Fortschritte, entwickelt sich, und ihr Gedankenleben wird immer stärker. Die Verbindung zwischen Toten und Lebenden muß und kann nur auf mentalen Ebenen zustandekommen, und zwar bevor die Integrationen stattfinden; die wirkliche Trennung der Verbindung erfolgt erst dann, wenn die Menschenseele vor der neuen Inkarnation wieder in die Überseele absorbiert wird. Das tatsächliche Bestehen der Verbindung bis zu diesem Zeitpunkt wird jedoch die Todesfurcht vollständig ausmerzen. Bei Jüngern, die in eines Meisters Ashram arbeiten, wird sogar dieser Integrationsprozeß keine Schranke bilden. Auf den nächsten Seiten will ich einige Lehren darüber geben, was man die „Kunst des Sterbens“ nennen könnte, und damit will ich das ergänzen, was ich in „Eine Abhandlung über Weiße Magie“ gesagt habe.

Derzeitige Einstellungen gegenüber dem Tode.

397] Ich habe es unternommen, mit euch die Todesvorgänge zu erörtern und etwas ausführlicher das Phänomen des Todes zu besprechen – die vertrauteste Erfahrung im Leben der sich immer wieder inkarnierenden Wesenheit oder Seele (wenn sich das physische Gehirn nur daran erinnern und sich dessen bewußt werden könnte!). Ich möchte hier einige Erläuterungen betreffend die Einstellung des Menschen gegenüber der Erfahrung der „Rückerstattung“ geben. Das ist ein eigentümlich okkultes Wort, das vom Eingeweihten viel verwendet wird, wenn er vom Tode spricht. Die Haltung oder Reaktion, die sich am meisten mit dem Tode verknüpft, ist die der Furcht. Diese Furcht beruht auf der – gegenwärtigen – Unsicherheit, ob es tatsächlich die Unsterblichkeit gibt. Obgleich die Tatsache irgendeiner Art des Weiterlebens von psychischen Forschungsgruppen bewiesen wurde, bleibt die Unsterblichkeit oder die Weiterexistenz dessen, was wir für gewöhnlich meinen, wenn wir vom „Ich“ sprechen, bis jetzt immer noch im Bereich des Wunschdenkens oder des Glaubens. Dieser Glaube kann sich gründen auf christliche Glaubenssätze, auf religiöse Behauptungen – die auf verstandesmäßigen Überlegungen beruhen – und auf der mehr wissenschaftlichen Stellungnahme, die so argumentiert: Nach ökonomischer, zwangsläufiger Logik kann das, was sich seit so langer Zeit entwickelt hat und das höchste Ergebnis der Evolution darstellt, nicht verloren gehen. Es ist interessant zu bemerken, daß es auf unserem Planeten keinen Beweis für irgendein höheres Evolutionsprodukt als das Menschenreich gibt; sogar für den materialistischen Denker liegt die Einzigartigkeit des Menschen in den manigfachen Bewußtseinsstufen und darin, daß er für die Forschung eine weite Skala von Bewußtseinsstufen darstellt – angefangen von der des ungebildeten Wilden, über alle Zwischenstufen gedanklicher Leistungsfähigkeit bis hinauf zu den am weitesten vorgeschrittenen Denkern und Genies, die schöpferischer Künste, wissenschaftlicher Entdeckungen und geistiger Wahrnehmung fähig sind.

Um es ganz einfach zu sagen: die Frage, die durch das Todesthema aufgeworfen wird, ist die: Wo ist das „Ich“, der Inhaber des Körpers, wenn dieser Körper verlassen wird und zerfällt? Gibt es eigentlich einen solchen Bewohner?

398] Die menschliche Geschichte berichtet vom endlosen Suchen nach Sicherheit über dieses Thema; diese Suche gipfelt heute in den zahlreichen Gesellschaften, die den Versuch unternehmen, die

Unsterblichkeit zu beweisen und in jene Festungen des Geistes einzudringen, die augenscheinlich dem „Ich" eine Freistätte gewähren, jenem Ich, das auf der physischen Ebene tätig war, und das bisher auch den eifrigsten Sucher genarrt hat. Hinter dieser wilden Suche steht als Antrieb die Furcht. Es ist eine unerfreuliche Tatsache, daß die meisten Menschen (abgesehen von einigen wenigen erleuchteten Wissenschaftlern und einsichtigen Suchern), die sich auf die meist fragwürdigen Praktiken des Séance-Raumes einlassen, gefühlsbedingte Typen sind, die sich leicht überzeugen lassen und nur zu gern bereit sind, dasjenige als Beweis anzunehmen, was der intelligentere Sucher sofort zurückweisen würde.

Ich möchte hier klar meine Stellungnahme zu der großen spiritistischen Bewegung darlegen, die in der Vergangenheit so vieles getan hat, um die Tatsache des Weiterlebens zu beweisen, die aber auch in einigen Entwicklungsstadien so viel dazu beitrug, die Menschheit irrezuleiten und zu täuschen. Unter diesen Sammelnamen reihe ich auch die verschiedenen psychischen Forschungsgruppen ein, nehme aber alle echte wissenschaftliche Arbeit aus. Keine von diesen Gruppen hat bisher ihr Anliegen bewiesen. Die Geheimnistuerei und die Dummheit des durchschnittlichen Séance-Raumes sowie die Arbeit der Medien haben dennoch das Vorhandensein eines unerklärlichen Faktors aufgezeigt; die Laboratorien des wissenschaftlichen Forschers haben sogar das kaum einmal bewiesen. Auf jeden Fall eines wirklich annehmbaren Erscheinens eines exkarnierten Menschen kommen viele tausend Fälle, die mit Leichtgläubigkeit, telepathischer Verbindung (mit den Hinterbliebenen, nicht aber mit jemandem, der hinübergegangen ist), mit dem Sehen von Gedankenformen durch den Hellseher, mit dem Hören von Stimmen durch den Hellhörenden und ebenso mit Betrügerei erklärt werden können. Man beachte, daß ich von „annehmbaren Erscheinungen" eines zurückkehrenden Geistes spreche. Es gibt genug Beweise, die den Glauben an ein Weiterleben rechtfertigen und überzeugen, daß es tatsächlich so etwas gibt. Aufgrund der unerklärlichen Kontakt-

399] phänomene mit dem vermeintlichen Toten, die beobachtet, erforscht und bewiesen wurden, und in Anbetracht des Charakters der Menschen, welche die Tatsache dieser Phänomene bezeugen, können wir behaupten, daß ein Etwas die „Rückerstattung" des materiellen Körpers an das ewige Substanzreservoir überlebt. Und von dieser Voraussetzung gehen wir aus.

Heute wird uns die Erscheinung des Todes immer vertrauter. Der Weltkrieg hat gewaltsam Millionen von Männern und Frauen — Zivilisten und die Soldaten in den verschiedenen Abteilungen der Streitkräfte aller Völker — in jene unbekannte Welt getrieben, die alle diejenigen aufnimmt, welche die physische Form verlassen. Die Zustände sind heute derart, daß trotz der uralten, tiefverwurzelten Todesfurcht im Bewußtsein der Menschen die Erkenntnis aufdämmert, daß es viel schlimmere Dinge gibt als den Tod; die Menschen haben erfahren, daß Hungersnot, Verstümmelung, dauerndes physisches Unvermögen, mentale Unfähigkeit infolge des Krieges und der Belastungen durch den Krieg, der Anblick von Schmerz und Todesnot, die nicht erleichtert werden können, in der Tat schlimmer sind als der Tod; viele wissen und glauben auch (denn das ist die Größe des Menschengeistes), daß das Zurücklassen der Werte, für welche die Menschen seit jeher gekämpft haben und gestorben sind, und die für das Leben des freien menschlichen Geistes als wesentlich erachtet werden, von größerer Bedeutung ist als der Todesvorgang. Diese Anschauung, die ein Merkmal der feinfühligen und richtig denkenden Menschen unserer Zeit ist, kommt jetzt in großem Maßstab zum Vorschein. Das bedeutet — Seite an Seite mit der uralten Furcht — die Erkenntnis einer unbesiegbaren Hoffnung auf bessere Zustände, die anderswo zu finden sind; das braucht nicht unbedingt ein Wunschdenken zu sein, sondern ist vielleicht ein Anzeichen für ein verborgen ruhendes, subjektives Wissen, das langsam an die Oberfläche kommt. Es ist etwas im Gange — als Folge menschlicher Trübsal und menschlichen Denkens; das spüren die Menschen heute, und diese Tatsache wird später be-

wiesen werden. Dieser inneren Zuversicht und subjektiven Erkenntnis stehen alte Denkgewohnheiten entgegen: die ausgesprochen materialistische Einstellung der Gegenwart, die Furcht vor
400] Täuschung, und der Widerstreit zwischen dem Wissenschaftler und dem religiösen oder kirchlich gesinnten Menschen. Der erstere lehnt es mit Recht ab, das zu glauben, was noch unbewiesen bleibt und der Beweisführung auch nicht zugänglich zu sein scheint, während religiöse Gruppen und Organisationen keinerlei dargelegter Wahrheit trauen, die sie nicht selbst in ihren eigenen Begriffen formuliert haben. Dieser Standpunkt legt einen ungebührlichen Nachdruck auf den Glauben und macht so alle begeisterte Forschung lächerlich. Die Entdeckung, daß Unsterblichkeit eine Tatsache ist, wird von den Menschen ausgehen; sie wird dann schließlich von den Kirchen angenommen und von der Wissenschaft bewiesen werden, aber das wird nicht eher geschehen, als bis die Nachwehen des Krieges vorbei sind und diese planetarische Unruhe sich gelegt hat.

Es braucht kaum gesagt zu werden, daß das Problem des Todes auf der Liebe zum Leben beruht, dem tiefsten Instinkt der menschlichen Natur. Die Feststellung, daß unter dem göttlichen Gesetz nichts verloren geht, ist eine Erkenntnis der Wissenschaft; die ewige Fortdauer in der einen oder anderen Form wird universal als Wahrheit angesehen. Aus dem Wirrwarr von Theorien wurden drei große Thesen aufgestellt, die den denkenden Menschen wohlbekannt sind. Es sind die folgenden:

1. *Der streng materialistische Standpunkt*, demzufolge die Erfahrung und Äußerung des bewußten Lebens nur so lange dauert, wie die physische, berührbare Form existiert; nach dem Tode und dem darauf folgenden Zerfall des Körpers gibt es keinen bewußten, tätigen, sich als wesensgleich erkennenden Menschen mehr. Das „Ich"-Gefühl, das Bewußtsein der Individualität im Gegensatz zu allen anderen Persönlichkeiten vergeht mit dem Verschwinden der Form; man

glaubt, daß die Persönlichkeit nur die Gesamtsumme des Bewußtseins der Körperzellen sei. Diese Theorie verweist den Menschen auf dieselbe Rangstufe wie jede andere Form in den drei anderen Naturreichen; sie beruht darauf, daß
401] der durchschnittliche Mensch unfähig ist, das aus einer Körperhülle zurückgezogene Leben zu empfinden; sie ignoriert alle Beweise für das Gegenteil und sagt, daß das „Ich" (oder die unsterbliche Wesenheit) nach dem Tode nicht mehr existiere, da wir ja dessen Weiterbestehen (mit Augen) nicht sehen und (greifbar) beweisen können. Diese Theorie wird heute nicht mehr von so vielen Menschen vertreten wie in früheren Jahren — besonders im materialistischen, victorianischen Zeitalter.

2. *Die Theorie der bedingten Unsterblichkeit.* Diese Theorie wird immer noch von einigen fundamentalistischen und theologisch engstirnigen Richtungen, und auch von einigen wenigen Angehörigen der Intelligenz, besonders von solchen mit egoistischen Neigungen, vertreten. Nach dieser These können nur diejenigen, die eine bestimmte Stufe geistiger Bewußtheit erreichen oder eine ganz bestimmte Sammlung theologischer Behauptungen annehmen, die Gabe der persönlichen Unsterblichkeit empfangen. Die stark intellektuellen Menschen argumentieren auch zu Zeiten, die krönende Gabe an die Menschheit sei ein entwickeltes, kultiviertes Denkvermögen, und diejenigen, welche diese Gabe besäßen, wären gleichfalls des ewigen Fortlebens teilhaftig. Eine dieser Glaubensrichtungen behauptet, daß diejenigen, die sich gegen die zwangsweise Annahme der von ihr aufgestellten (angeblich unbezweifelbaren) theologischen Glaubenssätze sträuben oder diese gar verleugnen, entweder der vollständigen Vernichtung anheimfallen (so wie nach der materialistischen Theorie) oder eine ewige Bestrafung zu erwarten haben, was also gleichzeitig eine Art Unsterblichkeit andeutet. Infolge der dem menschlichen Herzen eingeborenen

Güte sind nur sehr wenige Menschen so rachsüchtig oder gedankenlos, um diese Darlegung als annehmbar anzusehen; natürlich müssen wir in diese Kategorie auch die gedankenlosen Menschen einreihen, die sich einer geistigen Verantwortung dadurch entziehen, daß sie an die theologischen Erklärungen und Behauptungen blind glauben. Die (kirchen-) christliche Auslegung, wie sie von den orthodoxen und fundamentalistischen Richtungen geboten wird, erweist sich als unhaltbar, wenn man vernünftig über sie nachdenkt; eines der Argumente, das die Richtigkeit dieser Auslegung verneint, ist die Tatsache, daß die Christenheit eine lang-
402] dauernde Zukunft annimmt, aber keine Vergangenheit. Überdies ist es eine Zukunft, die gänzlich von der Handlungsweise des Menschen in dieser gegenwärtigen Lebensepisode abhängt und in keiner Weise die Unterschiede und verschiedenartigen Merkmale erklärt, welche die Menschheit kennzeichnen. Sie ist nur haltbar auf Grund der Theorie einer anthropomorphen Gottheit, deren Wille — so wie er sich praktisch auswirkt — eine Gegenwart gewährt, die keine Vergangenheit hat, sondern nur eine Zukunft. Die Ungerechtigkeit dieses Tatbestandes wird allgemein erkannt, aber der unerforschliche Wille Gottes darf nicht in Frage gestellt werden. Noch hängen Millionen an diesem Glauben, aber er ist nicht mehr so stark wie noch vor etwa hundert Jahren.

3. *Die Theorie der Reinkarnation,* die allen meinen Lesern so vertraut ist, wird im Westen immer volkstümlicher; im Osten ist sie immer anerkannt worden (wenn auch mit vielen törichten Zusätzen und Auslegungen). Diese Lehre ist ebenso stark verzerrt worden wie die Lehren Christi oder Buddhas oder Shri Krishnas durch die engstirnigen und beschränkten Ansichten der Theologen. Die Grundtatsachen eines geistigen Ursprunges, eines Abstieges in die Materie, eines Aufstieges mit Hilfe ständiger Inkarnationen in einer Form — bis diese Formen das innewohnende Geistbewußt-

sein in vollendeter Weise zum Ausdruck bringen — und einer Reihe von Einweihungen am Ende des Inkarnationszyklus werden heute viel bereitwilliger angenommen und anerkannt als jemals zuvor.

Das sind die hauptsächlichen Erklärungen für die Probleme der Unsterblichkeit und den Fortbestand der menschlichen Seele; sie gehen darauf aus, die ewigen Fragen und Zweifel des Menschenherzens nach dem Woher, Warum, Wohin und Wo zu beantworten. Nur die letzte der vorgeschlagenen Erklärungen bietet eine wirklich vernunftgemäße Antwort darauf. Ihre Annahme hat sich verzögert, da sie von dann an, als H. P. Blavatsky diese Urwahrheit im letzten Viertel des neunzehnten Jahrhunderts für die moderne Welt formulierte, stets in einer so dummen, ungeschickten Art und Weise dargestellt worden ist. Die Verbreitung
403] dieser Lehre wurde auch dadurch gehemmt, daß die östlichen Rassen, die immer daran geglaubt haben, im Westen als Heiden angesehen wurden, und diese „beugen sich in ihrer Blindheit vor Holz und Stein", wie eine Stelle in eurer Fundamentalistenhymne lautet. Wie seltsam ist diese Vorstellung für die Menschen östlicher Länder, wenn sie sehen, daß die religiösen Menschen des Westens das Gleiche tun, da ja auch sie vor den christlichen Altären auf den Knien liegen, auf denen Standbilder des Christus, der Jungfrau Maria und der Apostel stehen.

Die Okkultisten in der Welt haben — über die theosophischen Gesellschaften und andere sogenannte okkulte Vereinigungen — der Darstellung der Wahrheit über die Reinkarnation dadurch sehr geschadet, daß sie überflüssige, unwichtige, ungenaue und rein spekulative Einzelheiten hinzufügten, die sie als Wahrheit über die Todesvorgänge und die Umstände ausgeben, in denen sich der Mensch nach dem Tode befindet. Diese Einzelheiten beruhen weitgehend auf der hellsichtigen Schau prominenter astraler Medien in der theosophischen Gesellschaft. In den heiligen Schriften der Welt sind aber diese Einzelheiten nicht zu finden,

und auch H. P. B. gab keine in der „Geheimlehre“ an. Ein Beispiel für diesen ungenauen und törichten Versuch, Licht auf die Theorie der Wiedergeburt zu werfen, ist die Behauptung, daß den abgeschiedenen Menschenseelen eine bestimmte, begrenzte Zeit zwischen den Inkarnationen auf der physischen Ebene und der Rückkehr zur physischen Wiedergeburt vorgeschrieben ist; es werden da viele Jahre der Abwesenheit angegeben, die vom Alter der abgeschiedenen Seele und ihrer Stufe auf der Evolutionsleiter abhängen. Wenn — so wird uns gesagt — die Seele sehr weit entwickelt ist, verlängert sich die Abwesenheit von der physischen Ebene; gerade das Umgekehrte ist der Fall. Vorgeschrittene Seelen und diejenigen, deren intellektuelle Fähigkeiten sich rasch entwickeln, kehren sehr bald zurück, da sie auf den Zug oder Einfluß der in der äußeren Welt bereits bestehenden Verpflichtungen, Interessen und Verantwortlichkeiten in feinfühliger Weise reagieren. Die Leute vergessen leicht, daß die „Zeit“ eine Reihenfolge von Ereignissen und Bewußtseinszuständen ist, die
404] vom physischen Gehirn registriert werden. Wo kein physisches Gehirn vorhanden ist, gibt es auch nicht das, was die Menschheit unter Zeit versteht. Die schrittweise Beseitigung der durch die Form auferlegten Schranken bringt eine ständig zunehmende Erkenntnis des Ewigen Jetzt. Bei denen, die durch das Tor des Todes geschritten sind und die noch immer in Zeitbegriffen denken, beruht dies auf Verblendung und auf dem Weiterbestehen einer mächtigen Gedankenform. Das zeigt an, daß sie auf der Astralebene polarisiert (oder verankert) sind. Das ist die Ebene, auf der führende theosophische Schriftsteller und Medien gewirkt und auf die sie ihre Schriften begründet haben. Sie sind ganz ehrlich in dem, was sie sagen, versäumen jedoch, die illusorische Natur aller Entdeckungen zu erkennen, die auf astralem Hellsehen beruhen. Die Wahrnehmung und Anerkenntnis eines ausgesprochenen Zeitelements und die ständige Betonung der Zeitbestimmung sind charakteristisch für alle hochentwickelten Menschen in Inkarnation und für diejenigen, deren niederes kon-

kretes Denkvermögen ein mächtiger Faktor ist. Kinder und kindliche Rassen auf der einen Seite, und andererseits jene hochentwickelten Menschen, deren abstraktes Denkvermögen (mit Hilfe des ausdeutenden niederen Denkens) funktionstüchtig ist, haben meistens kein Zeitgefühl. Der Eingeweihte verwendet das Zeitelement in seinen Beziehungen und im Umgang mit denen, die auf der physischen Ebene leben; in seinem Innern aber ist er davon frei und erkennt nirgends im Universum einen Zeitfaktor an.

Deshalb kann man aus dem Begriff „Unsterblichkeit" die Zeitlosigkeit ableiten, und es wird damit gelehrt, daß diese Zeitlosigkeit für dasjenige besteht, was unvergänglich oder nicht zeitbedingt ist. Das ist eine Aussage, die sorgfältige Betrachtung erfordert. Der Mensch inkarniert sich keineswegs unter irgendeinem zeitlichen Drang. Er inkarniert sich unter dem Druck seiner karmischen Verbindlichkeiten, infolge der Zugkraft dessen, was er als Seele in Gang gesetzt hat, und weil er das Bedürfnis empfindet, bestehende Verpflichtungen zu erfüllen; er inkarniert sich außerdem aus einem Verantwortungsgefühl heraus und um Anforderungen zu genügen, die eine frühere Übertretung der Gesetze über rechte menschliche Beziehungen ihm auferlegt haben. Wenn
405] einmal alle diese Forderungen, Seelennotwendigkeiten, Erfahrungen und Verantwortlichkeiten erfüllt sind, tritt er für immer in das „klare, kalte Licht der Liebe und des Lebens" ein und bedarf nicht länger (soweit es ihn selbst angeht) des Kindheitsstadiums der Seeelenerfahrung auf Erden. Er ist frei von karmischen Belastungen in den drei Welten, steht aber immer noch unter dem Impuls karmischer Notwendigkeit, die ihm auch die letztmögliche Unze Dienst abfordert, die er zu leisten in der Lage ist — denjenigen gegenüber, die noch unter dem Gesetz karmischer Verbindlichkeit stehen. Es gibt also drei Aspekte für das Gesetz des Karmas, insofern es das Prinzip der Wiedergeburt betrifft:

1. *Das Gesetz der karmischen Verpflichtung,* welches das Leben in den drei Welten menschlicher Evolution beherrscht und

bei der vierten Einweihung vollständig außer Kraft tritt.

2. *Das Gesetz der karmischen Notwendigkeit.* Es bestimmt das Leben des vorgeschrittenen Jüngers und des Eingeweihten von der zweiten Einweihung an bis zu einer bestimmten Einweihung, die höher ist als die vierte; diese Einweihungen ermöglichen es ihm, sich auf den Weg der Höheren Evolution zu begeben.
3. *Das Gesetz der karmischen Umgestaltung* (Transformation). Das ist ein geheimnisvoller Ausdruck, der für die Vorgänge gilt, die man auf dem Höheren Wege durchmacht. Diese befähigen dann den Eingeweihten, überhaupt von der kosmisch-physischen Ebene abzugehen und auf der kosmischen Mentalebene zu wirken. Das betrifft das Freiwerden solcher Wesen wie Sanat Kumara und Seiner Gefährten im Rat von Shamballa von der Last kosmischen Verlangens, das sich auf unserer kosmisch-physischen Ebene als geistiger Wille manifestiert. Das sollte für euch ein fesselnder Gedanke sein. Es ist jedoch klar, daß ich über dieses Thema kaum etwas sagen kann. Das dazu notwendige Wissen besitze ich noch nicht.

406] Wir wollen uns nun einem anderen Aspekt unseres Themas zuwenden. Es gibt — im weiteren Sinne — drei große Todesvorgänge.

Da ist erstens die ständige Wiederkehr des physischen Todes. Diese ist uns allen vertraut durch ihre außerordentliche Häufigkeit — wenn wir es nur erkennen könnten; dann würde nämlich die derzeit vorhandene Todesfurcht sehr schnell verschwinden. Dann haben wir den „zweiten Tod“, von dem die Bibel spricht, der in diesem gegenwärtigen planetarischen Zyklus mit dem Erlöschen aller astralen Bindungen zu tun hat, die den Menschen beherrschen. In einem weiteren Sinne wird dieser zweite Tod bei der vierten Einweihung zu Ende geführt, weil dann sogar das geistige Streben stirbt, da es nicht mehr benötigt wird; der Wille des Eingeweihten ist nun fest und unerschütterlich, und die astrale Sensitivität ist nicht mehr erforderlich.

Man findet auf einer viel tieferen Ebene ein seltsames Gegenstück zu dieser Erfahrung, und zwar im Auslöschen aller astralen Emotionen, das für den einzelnen Aspiranten zur Zeit der zweiten Einweihung erfolgt. Damit ist eine Episode abgeschlossen, und dies wird bewußt wahrgenommen. Zwischen der zweiten und dritten Einweihung muß der Jünger beweisen, daß er gegenüber Astralismus und Gefühlswallungen dauernd unempfänglich ist. Der zweite Tod, den ich hier meine, hat mit dem Tode oder Verschwinden des Kausalkörpers bei der vierten Einweihung zu tun. Das ist das Kennzeichen, daß der Aufbau der Antahkarana vollendet und eine direkte, unbehindert fortdauernde Verbindung zwischen der Monade und der Persönlichkeit hergestellt ist.

Der dritte Tod findet statt, wenn der Eingeweihte endgültig und ohne Aussicht auf eine Rückkehr alle Beziehungen zur kosmisch-physischen Ebene abbricht. Dieser Tod liegt notwendigerweise für alle Mitglieder der Hierarchie noch weit in der Zukunft und ist gegenwärtig nur einigen wenigen im Rat von Shamballa möglich und erlaubt. Es ist jedoch kein Prozeß, den auch Sanat Kumara durchmachen wird. Er ging schon vor vielen Äonen durch diese „Umgestaltung“, und zwar während jener großen Katastrophe, die das lemurische Zeitalter einleitete; diese Katastrophe wurde durch Sein kosmisches Erlebnis herbeigeführt, und
407] weil es dringend notwendig war, von außerplanetarischen Wesenheiten Energie einströmen zu lassen.

Ich habe diese kurzen Zusammenfassungen gegeben, um euer allgemeines Verständnis für das zu erweitern, was die Meister „die Ausweitung des Todes im Raume“ nennen. Dennoch werden wir uns auf den folgenden Seiten auf den Tod des physischen Körpers und der feineren Körper in den drei Welten beschränken; wir werden uns außerdem mit den Vorgängen beschäftigen, die die Wiederaufnahme der Menschenseele in die Geistseele auf ihrer eigenen Ebene, der höheren Mentalebene, bewirken. Wir werden die erneute Einverleibung von Substanz und die Aneignung von Materie zwecks Wiederverkörperung erörtern.

Wir werden also die drei Hauptprozesse betrachten, auf die ich früher hingewiesen habe; sie umfassen drei Zeitspannen und führen schließlich gemäß dem Gesetz der Wiedergeburt zu weiteren Vorgängen. Es sind folgende Prozesse:

1. *Der Prozeß der Rückerstattung.* Dieser Vorgang umfaßt die Zeitspanne, während der sich die Seele von der physischen Ebene und von ihren beiden sichtbaren Aspekten (dem grobphysischen Körper und dem Ätherkörper) zurückzieht. Dies betrifft die Kunst des Sterbens.
2. *Der Prozeß der Ausmerzung.* Dieser Vorgang bezieht sich auf das Leben der Menschenseele nach dem Tode in den beiden anderen Welten menschlicher Evolution. Er betrifft die Beseitigung des astral-mentalen Körpers durch die Seele, so daß sie „bereit ist, unbehindert an dem ihr eigenen Orte zu stehen".
3. *Der Prozeß der Integration.* Er umfaßt die Zeitspanne, während der sich die befreite Seele wieder ihrer selbst als des Engels der Gegenwart bewußt wird und wieder in der Seelenwelt aufgeht; so kommt sie in einen Zustand nachdenklicher Betrachtung. Später bereitet sie sich, getrieben durch
408] das Gesetz der Karmischen Verpflichtung oder Notwendigkeit, zu einem neuerlichen Abstieg in die Form vor.

Der Erfahrungsbereich (des Todes, wie ihn der Durchschnittsmensch kennt) besteht aus den drei Welten menschlicher Evolution — der physischen Welt, der Welt der Gefühle und Begierden, und der Mentalebene. Diese Welt ist eigentlich vom Gesichtspunkt des Todes aus zweifach, und daher kommt auch der Ausdruck „der zweite Tod". Diesen Ausdruck habe ich vorhin für den Tod oder die Zerstörung des Kausalkörpers verwendet, in dem die Seele bisher gewirkt hat. Man kann jedoch diesen Ausdruck in einem noch wörtlicheren Sinne auf die zweite Phase des Todesvorganges in den drei Welten beziehen. Er betrifft dann lediglich Formen, nämlich jene Träger der Wesensäußerung, die sich unterhalb der formfreien Bereiche der kosmisch-physischen Ebene befinden. Diese mit Formen erfüllten Bezirke sind (wie ihr wohl wißt, da dieses Wissen das ABC der okkulten Lehre bildet) der Bereich, in welchem das konkrete, niedere Denkvermögen wirkt, dann die sogenannte Astralebene, auf welche die emotionelle Natur reagiert, und außerdem die zweifache physische Ebene. Der physische Körper besteht aus der grobphysischen und der ätherischen Hülle. Wenn wir den Tod eines Menschen besprechen, müssen wir folglich das Wort „Tod" mit zwei Phasen verbinden, für die es maßgebend ist:

1. *Phase:* Der Tod des physisch-ätherischen Körpers. Dieser umfaßt zwei Stadien:
   a) Es werden die Atome, aus denen der physische Körper besteht, an die Quelle zurückgegeben, aus der sie kamen. Diese Quelle ist die Gesamtheit der Materie unseres Erdplaneten, aus welcher der grob-physische Körper unseres planetarischen Lebensträgers besteht.
   b) Die ätherische Hülle, die aus einer Zusammenballung von Kräften besteht, gibt diese Kräfte an das allgemeine Energie-Sammelbecken zurück. *Dieser zweifache Vorgang bildet den*

409] *Prozeß der Rückerstattung.*

2. *Phase:* Die „Zurückweisung" (wie man es manchmal nennt) der mentalen und emotionellen Hülle. Diese beiden bilden in Wirklichkeit nur einen einzigen Körper; ihm haben die frühen Theosophen (richtigerweise) den Namen „Kama-Manasischer Körper" oder Träger des Wunsch-Denkens gegeben. Ich habe schon an anderer Stelle gesagt, daß es so etwas wie die Astralebene oder den Astralkörper nicht gibt. So wie der physische Körper aus Materie besteht, die nicht als ein Prinzip angesehen wird, genauso gehört auch der Astralkörper — soweit es die

knatur angeht — in dieselbe Kategorie. Das ist für euch schwer verständlich, da Begierde und Gefühl eine solche Realität besitzen und so verheerend wichtig sind. Aber vom Blickpunkt der Mentalebene aus ist der Astralleib buchstäblich eine „Erdichtung“ der Einbildungskraft; er ist *kein* Prinzip. Die massenhafte Anwendung der Imagination im Dienste des Verlangens hat dennoch eine illusorische Scheinwelt, die Welt der Astralebene, geschaffen. Während der physischen Inkarnation, und solange sich ein Mensch noch nicht auf dem Pfade der Jüngerschaft befindet, ist die Astralebene sehr real mit der ihr eigenen Lebenskraft und Aktivität. Nach dem ersten Tode (dem Tod des physischen Leibes) bleibt sie noch genauso real. Aber ihre Wirkungskraft schwindet allmählich; der mentale Mensch beginnt, seinen eigenen wahren Bewußtseinszustand zu erkennen (sei dieser nun entwickelt oder nicht entwickelt); so wird der zweite Tod möglich, und er findet statt. *Diese Phase bildet den Prozeß der Ausmerzung.*

Wenn diese beiden Abschnitte der Kunst des Sterbens vorüber sind, hat sich die exkarnierte Seele von der Herrschaft der Materie befreit; sie ist (durch die Entwicklungsabschnitte der Rückerstattung und der Ausmerzung) zeitweilig von aller Verunreinigung durch Substanz geläutert. Dies wird nicht durch irgendeine Tätigkeit der Seele in der Form — der Menschenseele —
410] erreicht, sondern resultiert aus dem Wirken der Seele auf ihrer eigenen Ebene, indem sie nämlich den Bruchteil ihrer selbst, den wir die Menschenseele nennen, zurück und an sich zieht. Dies wird also hauptsächlich durch die überschattende Seele bewirkt, nicht etwa von der Seele in der Persönlichkeit. Die Menschenseele reagiert in diesem Stadium nur auf den Zug oder die Anziehungskraft der Geistseele, die (mit wohlerwogener Absicht) die Menschenseele aus den sie einkerkernden Hüllen herauszieht. Später einmal, wenn der Evolutionsprozeß weiter fortgeschritten ist und die Seele immer mehr die Kontrolle über die Persönlichkeit er-

langt, wird die Seele *innerhalb* der einkerkernden Hüllen die Sterbevorgänge bewußt und mit Absicht herbeiführen. In den Anfangsstadien wird dieses Freiwerden mit Hilfe der überschattenden Seele erfolgen. Und wenn einmal der Mensch *als Seele* auf der physischen Ebene lebt, wird er selbst — bei vollem ununterbrochenen Bewußtsein — die Zurückziehungsprozesse durchführen und dann (mit zielbewußter Absicht) „aufsteigen zu dem Ort, von dem er kam". Das ist in den drei Welten die Entsprechung zur göttlichen Auffahrt des vollendeten Gottessohnes.

Einiges von dem, was ich über das Thema des Todes schon in meinen anderen Schriften mitgeteilt habe, könnte hier gut angefügt werden. Mit diesem Vorschlag verfolge ich eine ganz bestimmte Absicht. Der Tod ist in dieser Zeit immer um euch; das starke Verlangen des Menschengeistes nach Licht über diese Dinge hat einen Höhepunkt erreicht; es ruft unvermeidlich eine Antwort von der Hierarchie hervor. Außerdem habe ich die Hoffnung, daß Studierende etwas Bedeutsames unternehmen werden, um mitzuhelfen, das Licht über die Todesvorgänge, nach dem die Menschheit heute verlangt, zu verbreiten.

Über den Tod

(Auszüge aus anderen Schriften)

411] Wozu diese blinde Gewalt? Warum Tod? Warum dieser Zerfall der Formen? Warum die Vernichtung der Kraft, die zusammenhält? Warum Tod, o mächtiger Gottessohn?"

Kaum hörbar kommt die Antwort: „Ich besitze die Schlüssel zu Leben und Tod. Ich binde und löse wieder. Ich, der Zerstörer, bin."

Eine Abhandlung über die sieben Strahlen, Bd. I, S. 88

Die Absicht des Herrn vom ersten Strahl ist die, sich hinter die anderen göttlichen Aspekte zu stellen, und wenn diese ihren Zweck erreicht haben, die erbauten Formen zu zerstören.

Er ist der Meister des Todesdramas in allen Naturreichen; er bringt die Zerstörung von Formen, wodurch Kraft freigesetzt und der „Eintritt ins Licht durch die Pforte des Todes" möglich wird.

Sieben Strahlen, Bd. I, S. 89

a) „Halte deine Hand zurück, bis die Zeit gekommen ist. Dann schenke die Gabe des Todes, o Öffner des Tores."

S. 90

b) „Dann löse das Kleid los von dem, was sich hinter dessen vielen Falten verbirgt. Lege die verschleiernden Hüllen beiseite. Zeige Gott der Welt. Nimm Christus herab vom Kreuz."

S. 95

Als erster Schritt, der die Tatsache der Seele bestätigen soll, muß ein Weiterleben erwiesen werden, obwohl damit die Tatsache der Unsterblichkeit nur bedingt bestätigt wird . . . . Daß etwas den Tod überlebt und daß etwas fortbesteht, nachdem der Körper zerfallen ist, wird immer wieder erwiesen. Wenn dies nicht die Wahrheit ist, dann sind wir Opfer von Massenhalluzinationen, und Gehirn und Verstand von Tausenden registrieren falsch und geben falsche Auskunft, sind krank und abnorm. Es ist schwerer, an solch eine massenhafte, gigantische Geistesstörung zu glauben, als das Gegenteil, nämlich eine Bewußtseinserweiterung, anzunehmen.

S. 126

a) Die Zunahme der Wahrnehmung ätherischer Dinge und die wachsende Zahl der Menschen mit hellsichtigen und hellhörigen Eigenschaften erbringt immer wieder die Bestätigung
412] für die Existenz der Astralebene und des ätherischen Gegenstücks der physischen Welt. Immer mehr Menschen nehmen diese subjektive (innere und feinstoffliche) Welt wahr; sie sehen Gestalten umherwandeln, die entweder sogenannte „Verstorbene" sind oder solche, die während des Schlafes ihr Körperkleid abstreiften.

b) Im Laufe der nächsten 200 Jahre werden wir die Idee des Todes abtun, oder vielmehr wir werden unsere bisherigen Auffassungen über den Tod gänzlich aufgeben, denn die Existenz der Seele wird als unumstößliche Tatsache erwiesen werden. Man wird erkennen und wissen, daß die Seele eine Wesenheit ist, die mit ihren treibenden Impulsen und ihrer geistigen Kraft hinter allen Erscheinungsformen wirkt .. Unsere wesensgemäße Unsterblichkeit wird als Tatsache der menschlichen Natur bewiesen werden.

S. 124

Innerhalb der nächsten Jahre wird die Tatsache des Fortbestehens und der immerwährenden Existenz aus dem Stadium der Zweifel in das Stadium der Gewißheit rücken ... Die Tatsache, daß ein Mensch, der seinen physischen Körper verlassen hat, auch weiterhin ein bewußt lebendes Wesen bleibt, wird nicht länger angezweifelt werden. Man wird den Beweis haben, daß er sein Dasein in Gefilden jenseits der physischen Welt fortsetzt. Man wird wissen, daß er weiterlebt, wach und bei vollem Bewußtsein ist. Diese Tatsache wird auf verschiedene Weise bewiesen werden:

a) Ein neues Sehvermögen des menschlichen Auges wird den ätherischen Körper sichtbar machen; ... man wird sehen, daß der Mensch diesen ätherischen Körper innehat.

b) Die ständig wachsende Anzahl jener Menschen, die die Fähigkeit haben, das „wiedergeöffnete dritte Auge" zu benützen, wird auch dazu beitragen, die Wahrheit der Unsterblichkeit zu beweisen, denn diese Personen werden mühelos
413] den Menschen erkennen, der sowohl seinen ätherischen als auch seinen physischen Körper abgelegt hat.

c) Eine Entwicklung auf dem Gebiete der Fotografie wird diese Tatsache weiter stützen.

d) Diejenigen, die hinübergingen, werden dereinst vermittels des Radios eine Verbindung herstellen, die exakter wissenschaftlicher Untersuchung zugänglich ist.

e) Die Wahrnehmungs- und Kontaktfähigkeit des Menschen wird derartig gesteigert werden, daß er imstande sein wird, „durch und durch" zu sehen; das wird ihm das Wesen der vierten Dimension offenbaren und wird die bis dahin ungesehene subjektive Welt mit der bekannten äußeren Welt zu einer neuen Welt vereinigen. Der Tod wird seinen Schrecken verlieren, und damit wird die alte Todesfurcht verschwinden.

S. 212/13

Ihr müßt immer daran denken, daß das Bewußtsein dasselbe bleibt, ob in oder außerhalb der physischen Inkarnation; ja die Entwicklung kommt sogar leichter voran, wenn sie durch das Gehirnbewußtsein nicht begrenzt und bedingt wird.

Jüngerschaft im Neuen Zeitalter, Bd. I, S. 81 (engl.)

Das Gesetz des Opfers und des Todes ist der vorherrschende Faktor auf der physischen Ebene. Die Zerstörung der Form, um dem Leben in seiner fortschreitenden Entwicklung Raum zu verschaffen, ist eine der grundlegenden Methoden der Evolution.

Eine Abhandlung über kosmisches Feuer, S. 569

a) Das Gesetz der Auflösung ist ein Aspekt des Todesgesetzes. Es ist das Gesetz, das die Zerstörung der Form regelt, damit das innewohnende Leben in seiner Fülle erstrahlen möge ... Dieses Gesetz zerbricht die Formen, und das Gesetz der Anziehung zieht den Stoff dieser Formen in seine Ursprungsquellen zurück.

S. 580

b) Das Gesetz des Todes herrscht in den drei Welten.

414] S. 596

c) Das Gesetz des Opfers ist das Gesetz des Todes in den feine-

ren Körpern, während das, was wir „Tod“
sprechende Vorgang im physischen Leibe

d) Das Gesetz des Todes und des Opfers regelt die allmä… Auflösung verdichteter Formen und deren Aufopferung zugunsten des sich entwickelnden Lebens.

S. 596

e) Wenn alle Einheiten oder Zellen im Körper des planetarischen Logos ihr Ziel erreicht haben, wird auch Er von der grobstofflichen Manifestation befreit und stirbt physisch.

S. 509

Okkult geht der TOD wie folgt vor sich:

a) Im ersten Stadium wird die Lebenskraft der ätherischen Hülle aus dem grob-physischen Körper zurückgezogen; infolgedessen „fällt dieser der Verderbnis anheim“ und wird „an die Elemente verstreut“. Der objektive Mensch vergeht und kann mit dem physischen Auge nicht mehr wahrgenommen werden, obwohl er noch in seinem Ätherleib lebt. Wenn einmal die ätherische Schau entwickelt ist, wird man einen ganz anderen Maßstab an den Todesgedanken anlegen. Wenn die Mehrheit der Menschen sehen kann, wie ein Mensch in seinem ätherisch-physischen Körper wirkt, wird das Ablegen des groben Körpers ganz richtig einfach als Befreiung angesehen werden.

b) Im zweiten Stadium wird die Lebenskraft aus dem Ätherkörper abgezogen, und dadurch wird dieser entkräftet . . .

c) Im dritten Stadium wird die Lebenskraft aus der astralen oder emotionellen Form abgezogen, so daß sie in ähnlicher Weise zerfällt; das Leben wird an anderer Stelle konzentriert. Es hat durch das Dasein auf der physischen Ebene
415] zusätzliche Lebenskraft gewonnen und durch die emotionelle Erfahrung mehr Farbe erhalten.

d) Im letzten Stadium zieht sich das menschliche Atom aus der mentalen Hülle zurück. Nach dieser vierfachen Zurückziehung sind die Lebenskräfte ausschließlich in der Seele zentralisiert...

S. 735—737

Das Gesetz der Anziehung zerbricht die Formen und zieht deren Bestandteile in die Ursprungsquellen zurück, ehe es sie wieder neu aufbaut. Auf dem Pfad der Evolution sind die Auswirkungen dieses Gesetzes wohlbekannt; sie bestehen nicht nur im Zerstören verlassener Hüllen, sondern auch im Zerbrechen von Formen, in denen sich große Ideale verkörpern... Sie alle zerfallen mit der Zeit unter dem Einfluß dieses Gesetzes.

Das durchschnittliche menschliche Denkvermögen kann die Auswirkungen dieses Gesetzes derzeit am deutlichsten auf der physischen Ebene erkennen. Wir können den Zusammenhang zwischen der atmischen (geistigen) Ebene und der physischen Ebene verfolgen — denn es kommt auf der niederen Ebene als das Gesetz des Opfers und des Todes zum Ausdruck — aber seine Wirkungen lassen sich ebensogut auf allen anderen fünf Ebenen beobachten. Es ist das Gesetz, das die letzte Hülle zerstört, welche die vollendete Seele absondert.

S. 581

Wenn der „Wille zum Leben“ dahinschwindet, dann hören die „Söhne der Notwendigkeit“ auf, objektive Erscheinungsformen hervorzubringen... Wenn der Denker auf seiner eigenen Ebene seine Aufmerksamkeit von seinem kleinen System in den drei Welten abzieht und alle seine Kräfte wieder in sich sammelt, dann hört das Dasein auf der physischen Ebene auf, und alles kehrt in das Kausalbewußtsein zurück... Das manifestiert sich auf der physischen Ebene in der Weise, daß der strahlende Ätherkörper durch die Scheitelöffnung entweicht, worauf der Zerfall des physischen Leibes folgt. Das äußere Körpergefüge
416] vergeht und die grob-physische Form zerfällt.

S. 85

a) Der Ätherkörper ist in Wirklichkeit ein Netzwerk feiner Kanäle, die Bestandteile einer einzigen, ineinandergeflochtenen, feinen Schnur sind; ein Teil dieser Schnur ist das magnetische Bindeglied, das den physischen Körper mit dem astralen verbindet, und das nach dem Zurückziehen des Ätherleibes aus dem grob-physischen Körper zur Zeit des Todes abreißt oder abbricht. (Siehe: Der Prediger Salomo XII. 6)

S. 98

Später „wird man mit Hilfe bestimmter Forschungsmethoden die Tatsache beweisen, daß das Leben des physischen Körpers nach dem Tode weiterbesteht; und in diesem Zusammenhang wird man erkennen, daß das Äthergewebe ein wichtiger Faktor ist".

S. 429

Der Tod ist „eine Art Einweihung oder der Schritt in einen Zustand der Befreiung".

Eine Abhandlung über die sieben Strahlen, Bd. I, S. 227

Der Tod und der Ätherkörper

Es ist nicht unsere Absicht, Tatsachen anzuführen, damit die Wissenschaft sie nachprüfe, oder gar die Richtung des nächsten Schrittes zu zeigen, den die wissenschaftlichen Forscher gehen müssen; wenn wir es vielleicht dennoch tun, so geschieht das nur gelegentlich und ganz nebenbei. Wir sind hauptsächlich bestrebt, Hinweise auf die Entwicklung und die Entsprechung des dreifachen Ganzen zu geben, das das Sonnensystem zu dem macht, was es ist — zu dem Träger oder der Ausdrucksform, durch die eine große kosmische WESENHEIT, der Sonnenlogos, tätige Intelligenz manifestiert mit der Absicht, in vollkommener Weise den Liebesaspekt Seines Wesens kundzutun. Hinter diesem Vorhaben steht eine noch mehr esoterische und tiefer liegende Ab-

sicht, die im Willensbewußtsein des Höchsten Wesens verborgen
417] ruht; sie wird zwangsläufig später ersichtlich werden, wenn das gegenwärtige Ziel erreicht ist. Der zweifache Wechsel von objektiver Manifestation und subjektiver Verdunkelung, das periodische Ausatmen, dem das Einatmen all dessen folgt, was durch die Evolution vorangebracht wurde, bringt im System eine der grundlegenden kosmischen Schwingungen zum Ausdruck und ist das Leitmotiv jener kosmischen WESENHEIT, deren Körper wir sind. Die Herzschläge des Logos (wenn man es so unzulänglich ausdrücken darf) sind der Ursprung aller zyklischen Evolution. Darum wird auch jenem Entwicklungsaspekt, den man den „Herz- oder Liebe-Aspekt" nennt, so viel Bedeutung beigemessen, und daher kommt das Interesse, das durch ein Studium des Rhythmus erweckt wird. Dies gilt nicht nur im kosmischen und makrokosmischen Sinne, sondern ebenso beim Studium des menschlichen Einzelwesens. Hinter allem physischen Gefühl oder Sinn für Rhythmus, Schwingung, Zyklen und Herzschläge stehen die dazugehörigen subjektiven Entsprechungen — Liebe, Gefühl, Emotion, Verlangen, Harmonie, Synthese und geordnete Reihenfolge —, und hinter diesen Analogien liegt der Urquell von allem, die Identität jenes Höchsten Wesens, das sich dadurch zum Ausdruck bringt.

Darum bleibt das Studium des Pralaya (oder des Zurückziehens des Lebens aus der ätherischen Hülle) dasselbe, ob man nun das Sichzurückziehen des ätherischen Duplikats des Menschen, unseres Planeten oder des Sonnensystems studiert. Die Wirkung bleibt die gleiche, und die Konsequenzen sind ähnlich.

Was ist die Folge dieses Zurückziehens, oder besser: was verursacht jenes Etwas, das wir Tod oder Pralaya nennen? Da wir in dieser Abhandlung streng den Lehrbuch-Stil einhalten wollen, bleiben wir auch weiterhin bei der tabellarischen Methode. Das Zurückziehen des ätherischen Doppels eines Menschen, eines Planeten und eines Systems kommt durch folgende Ursachen zustande:

a) *Das Verlangen hört auf.* Dies sollte das Ergebnis jedes Evolutionsprozesses sein. Der wahre Tod tritt nach dem Gesetz
418] deshalb ein, weil das Ziel erreicht wurde und somit das Streben aufhört. Dies gilt, wenn ein Zyklus vollendet ist und sich dem Abschluß nähert, für den Einzelmenschen genau so wie für den Himmlischen Menschen und für den Logos selbst.

b) Durch Verlangsamung und allmähliche Abschwächung des zyklischen Rhythmus *wird die angemessene Schwingung erreicht* und das Werk vollendet. Wenn die Schwingung oder der Ton in vollkommener Weise verspürt oder ausgesandt wird, dann verursacht sie (im Augenblick der Vereinigung mit anderen Schwingungen) die völlige Zerstörung der Formen.

Wie wir wissen, ist Bewegung durch drei Qualitäten gekennzeichnet:

1. Trägheit 2. Beweglichkeit Rhythmus

Diese drei werden genau in der obigen Reihenfolge erlebt; sie setzen einen Zeitraum langsamer Tätigkeit voraus, dem ein solcher mit äußerst starker Bewegung folgt. Diese mittlere Periode verursacht gelegentlich (wenn der genaue Ton und Schwingungsgrad gesucht wird) chaotische Zeiten des Experimentierens, des Erlebens und geistigen Verstehens. Auf diese beiden Bewegungsgrade (Wesensmerkmale des Atoms, des Menschen, des Himmlischen Menschen oder der Gruppe, und des Logos oder der Gesamtheit) folgt eine Epoche des Rhythmus und der Festigung, in welcher der Gleichgewichtspunkt erreicht wird. Nach Ausgleich der Gegensatzpaare, der das Gleichgewicht herstellt, ist das Pralaya die zwangsläufige Folgeerscheinung.

c) *Der physische Körper wird* — durch die Zerstörung des Gewebes — *von dem feineren Körper* auf den inneren Ebenen *getrennt.* Das hat eine dreifache Wirkung:

1. Das Leben, das die physische Form (sowohl die grobstoffliche wie die ätherische) beseelte, das vom permanenten Atom ausgegangen war und von dort aus „das sich Bewegende und das Ruhende" (in Gott, im Himmlischen Menschen, im Menschen und auch im Atom der Materie) durchdrang, wird völlig in das Atom
419] auf der Ebene der Abstraktion zurückgezogen. Diese „Ebene der Abstraktion" ist für die betreffenden Wesenheiten jeweils eine andere:

a) Für das physisch-permanente Atom ist es die atomische Unterebene.
b) Für den Menschen ist es die Kausalhülle.
c) Für den Himmlischen Menschen ist es die zweite Ebene des monadischen Lebens, seine Heimat.
d) Für den Logos ist es die Adi-Ebene.

Dies sind die Stätten, wohin die Einheit in das Pralaya verschwindet. Wir müssen hier berücksichtigen, daß es sich immer um Pralaya handelt, wenn man es *von unten her* betrachtet. Vom höheren Blickpunkt aus — wo man sieht, wie das Feinere ständig das Dichte überschattet, wenn es sich nicht in objektiver Manifestation befindet —, ist Pralaya schlechthin Subjektivität, also nicht das, „was nicht ist", sondern einfach das Esoterische.

2. Wenn das ätherische Doppel eines Menschen, eines planetarischen Logos und eines Sonnenlogos zerstört wird, verliert es seine Polarisation in bezug auf das ihm innewohnende Wesen und erlaubt daher ein Entweichen. Der Ätherkörper ist (um es mit anderen Worten auszudrücken) nicht länger eine Kraftquelle der Anziehung und auch kein tatsächlich magnetischer Punkt mehr. Er wird unmagnetisch, und das große Gesetz der Anziehung beherrscht ihn nicht mehr; so tritt nun für die Form das Zerfallsstadium ein. Das Ego läßt sich nicht mehr von seiner Form auf der physischen Ebene anziehen, geht zum Einatmen über und zieht sein Leben aus der Hülle heraus. Der Zyklus geht zu Ende,

das Experiment ist gemacht, das Ziel (das ja jeweils von Leben zu Leben und von Inkarnation zu Inkarnation verschieden ist) ist erreicht; es bleibt nichts mehr, was noch begehrt werden könnte. Das Ego, die denkende Wesenheit, verliert daher das Interesse an der Form und wendet seine Aufmerksamkeit nach innen. Seine Polarisation ändert sich, und die physische Hülle wird schließlich fallengelassen.

420] Der planetarische Logos verfolgt in seinem größeren Zyklus (der zusammengefaßten Masse der winzigen Zellzyklen in seinem Körper) denselben Kurs; Er läßt sich nicht mehr nach unten oder außen ziehen und wendet seinen Blick nach innen; Er sammelt in sich die Masse der kleineren Lebewesen seines Körpers, des Planeten, und trennt die Verbindung. Die äußere Anziehung hört auf, und alles strebt hin zum Zentrum, anstatt sich an der Peripherie seines Körpers zu zerstreuen.

Im Sonnensystem vollzieht der Sonnenlogos denselben Vorgang; von Seiner hohen Stätte der Zurückgezogenheit aus läßt Er sich nicht länger durch Seinen Manifestationskörper anziehen. Er zieht sein Interesse zurück, und so fallen die Gegensatzpaare, der Geist und die Materie des Körpers, auseinander. Mit dieser Trennung hört das Sonnensystem, dieser „Sohn der Notwendigkeit" oder des Verlangens, auf zu bestehen und verläßt das objektive Dasein.

3. Dies führt schließlich zur Zerstrahlung der Atome des Ätherkörpers in ihren Urzustand. Das subjektive Leben, die Synthese von Willen und Liebe in tätiger Erscheinungsform, wird zurückgezogen. Die Partnerschaft wird aufgelöst, und damit zerbricht die Form; der Magnetismus, der ihren Aufbau und ihre äußere Gestalt zusammengehalten hat, ist nicht mehr da, und so wird die Zerstreuung vollständig. Die Materie besteht zwar weiter, nicht aber die Form.

Das Werk des zweiten Logos ist beendet, und die göttliche Inkarnation des Sohnes ist abgeschlossen. Aber die Fähigkeit oder die naturgegebene Qualität der Materie bleibt ebenfalls bestehen;

und am Ende einer jeden Manifestationsepoche ist die Materie (obwohl sie wieder in den Urzustand zerteilt ist) aktiv-intelligent, bereichert mit dem Gewinn aus der gestalteten Welt, nämlich mit gesteigerter Strahlungsaktivität und latentem Tätigkeitstrieb, die sie durch Erfahrung erworben hat. Wir wollen es erläutern: Die Materie des Sonnensystems war in undifferenziertem Zustand aktiv-intelligent, und das ist alles, was man über sie aussagen kann. Diese aktiv-intelligente Materie war Stoff, der durch seine frühere Erfahrung mit Qualität begabt worden war und durch eine frühere Inkarnation eine Tönung oder Beimischung erhalten
421] hatte. Jetzt ist diese Materie in einer Form, das Sonnensystem befindet sich nicht im Pralaya, sondern in objektiver (gestalteter) Existenz; in dieser objektiven Existenz soll dem Wesensgehalt des Logos eine weitere Qualität hinzugefügt werden, nämlich die der Liebe und Weisheit. Daher wird beim nächsten Sonnenpralaya, am Ende der einhundert Jahre Brahmas, die Materie des Sonnensystems von aktiver Intelligenz *und* von tätiger Liebe durchdrungen sein. Dies bedeutet buchstäblich, daß die Gesamtmasse atomaren Sonnenstoffes schließlich nach einem anderen Leitton schwingen oder pulsieren wird als beim ersten Morgendämmern der Manifestation.

Wir können dies sowohl in bezug auf den planetarischen Logos wie auch auf den Einzelmenschen ausarbeiten, denn die Analogie gilt auch hier. In winzigem Maßstab haben wir eine Entsprechung in der Tatsache, daß in jeder neuen menschlichen Lebensepoche der Mensch einen höher entwickelten physischen Körper mit größerer Empfänglichkeit annimmt; dieser ist auf einen höheren Ton gestimmt, ist dementsprechend mehr verfeinert und hat einen anderen Schwingungsgrad. In diesen drei Gedanken liegen viele Mitteilungen, wenn man sie sorgfältig studiert und logisch weiterführt.

d) *Durch die Umwandlung des Violett in das Blau.* Darauf können wir nicht näher eingehen. Wir machen einfach die Aussage und überlassen die Ausarbeitung jenen Studierenden, deren Karma es erlaubt und deren Intuition ausreicht.

e) *Mit dem Entweichen des Lebens sollte die Form allmählich zerfallen.* Es ist hier interessant, die Reflexwirkung zu beobachten, denn die größeren Bildekräfte und Devas (die Wirkkräfte während der Manifestationszeit), welche die Form in ihrem Aufbau und in ihrer äußeren Gestalt dadurch zusammenhalten, daß sie die Pranaströmungen umwandeln, anwenden und kreisen lassen, verlieren ebenfalls ihre Anziehungskraft auf die Materie der Form und wenden ihre Aufmerksamkeit anderen Dingen zu. Auf dem Pfade des Ausatmens (sei es nun das Ausatmen des Menschen, des Planeten oder des Logos) werden diese aufbauenden Devas (auf demselben Strahl wie die Einheit, die sich manifestieren will, oder auf einem komplementären Strahl) durch den Willen und das Verlangen des betreffenden Wesens angezogen und erfüllen ihre Aufgabe als Bauleute. Auf dem Pfad des Einatmens (beim Menschen, Planeten oder Logos)
422] werden sie nicht länger angezogen; die Form beginnt sich daher aufzulösen. Sie ziehen ihr Interesse zurück, und so beginnen die Kräfte (ebenfalls Wesenheiten), welche die Werkzeuge der Zerstörung sind, mit der notwendigen Auflösung der Form; sie zerstreuen sie — wie man es okkult ausdrückt — in „die vier Winde des Himmels", oder an die Regionen der vier Atemzüge, — eine vierfache Trennung und Verteilung. Hiermit ist ein Hinweis zur sorgfältigen Erwägung gegeben.

Obwohl noch keine Bilder vom Totenbett und von dem dramatischen Entweichen des pulsierenden Ätherkörpers aus dem Kopfzentrum gezeichnet worden sind, wie man hätte annehmen können, so sind dennoch einige Regeln und Absichten erwähnt worden, die für dieses Zurückziehen maßgebend sind. Wir haben gesehen, daß das Ziel eines jeden Lebens (sei es das eines Menschen, eines Planeten oder eines Logos) darin bestehen sollte, eine bestimmte Absicht zu verwirklichen und auszuführen. Diese Absicht ist die Entwicklung einer für den Geist besser geeigneten Form. Sobald diese Absicht erreicht ist, interessiert sich der Bewohner der Form nicht mehr für sie: Die Form zerfällt, da sie seinen Bedürfnissen gedient hat. Das ist nicht immer der Fall im menschlichen Leben, nicht einmal in jedem Planetenzyklus. Das Mysterium des Mondes ist das Mysterium eines Fehlschlages. Wenn man dies versteht, führt es zu einem edlen Leben und bietet ein Ziel, das unserer besten Bemühungen würdig ist. Findet einmal dieser Gesichtspunkt der Wahrheit universelle Anerkennung — und das wird geschehen, wenn die Einsicht der Menschheit groß genug geworden ist —, dann wird die Evolution mit Gewißheit vorankommen, und die Fehlschläge werden weniger zahlreich sein.

Eine Abhandlung über kosmisches Feuer, S. 128—133

Jedes Zerreißen von Bindegliedern bringt schmerzliche Reaktionen mit sich. Aber wenn ihr es nur klar erkennen könntet: das Zerreißen der Bindungen der äußeren physischen Ebene ist das am wenigsten schmerzliche und das am kürzesten dauernde von allen solchen Ereignissen. Der Tod selbst ist ein Teil der großen Illusion und existiert nur deshalb, weil wir Hüllen um uns herum gezogen haben. Wir alle sind, wenn wir auf dem Gebiet der Verblendung (dem neuen Bereich, in dem die Menschheit
423] *bewußt* zu wirken lernen muß) arbeiten, geehrt worden, und man hat uns vertraut. Der Tod kommt zu allen, aber für Jünger sollte er nicht die übliche Täuschung und Trübsal mit sich bringen. Ich möchte zu euch sagen: Schaut nicht auf die Vergangenheit zurück. In dieser Richtung liegen Verblendung und Bedrängnis. Für die meisten ist das die übliche Richtung und die Linie des geringsten Widerstandes. Aber das ist nicht der Weg für euch. Achtet weder auf die Enthüllungen, noch auf die illusorischen Freuden derer, die sich auf der Trennungslinie zwischen Sichtbarem und Unsichtbarem herumtreiben. Auch das ist nicht der

Weg für euch. Ihr seid keine unglücklichen, beraubten Jünger, die angstvoll auf den trennenden Vorhang schauen und auf irgendein Zeichen hoffen, das vielleicht zum Vorschein kommt und euch davon überzeugt, daß alles in Ordnung ist . . .

Strebt hinauf zu den Höhen der Seele, und wenn ihr jenen Gipfel des Friedens und jene Höhe der Freude, auf der eure Seele unerschütterlich steht, gesucht und gefunden habt, dann schaut in die Welt der *lebendigen* Menschen — eine dreifache Welt, in der sich alle — inkarnierten und exkarnierten — Menschen befinden. Entdeckt dort das, was eure Seele erkennen kann und wird. Die Trugbilder der eigenen Not und Bedrängnis, die Maya der Vergangenheit verzerren einem stets den Blickpunkt. Nur die Seele steht befreit von Illusion, und nur die Seele sieht die Dinge so, wie sie sind. Steigt darum zur Seele hinauf.

Jüngerschaft im Neuen Zeitalter, Bd. I, S. 463 (engl.)

Fünftes Kapitel

Der Prozeß der Rückerstattung

424]

An das Thema des Todes, das wir nun erörtern wollen, müssen wir, soweit wir es überhaupt vermögen, im Geiste regelrechter wissenschaftlicher Forschung herangehen. Der Furchtkomplex kommt durch den Akt des Sterbens in das menschliche Bewußtsein. Der eigentliche Grund für diese Furcht ist der, daß man nicht an das Weiterleben glaubt; und doch handelt es sich um die allergewöhnlichste Erscheinung auf unserem Planeten. Denkt daran. Der Akt des Sterbens ist das große, universelle Ritual, das unser ganzes planetarisches Leben beherrscht; aber nur im Menschengeschlecht und andeutungsweise, nur ganz schwach, auch im Tierreich findet man die Furchtreaktion. Wenn ihr nur die ätherische Welt so sehen könntet, wie diejenigen auf der inneren Seite sie erfahren und schauen, würdet ihr erkennen, wie der große planetarische Akt der Rückerstattung unaufhörlich und pausenlos vor sich geht. Ihr würdet sehen, daß in der ätherischen Welt eine großartige Tätigkeit im Gange ist; da bringen die Anima Mundi, die Weltseele, die Tierseele und die Menschenseele ständig die Substanz aller physischen Formen wieder in das große Sammelbecken der Wesenssubstanz zurück. Diese Wesenssubstanz ist eine ebenso lebendige, gelenkte Einheit wie die Weltseele, von der man so viel hört. Dieses Wechselspiel des Todesprinzips mit dem Prinzip des Lebens bewirkt die grundlegende Aktivität der Schöpfung. Die antreibende, leitende Kraft ist das Denken Gottes, des planetarischen Logos, der im Verfolg seiner göttlichen Absichten bei diesem Vorgang alle die Hilfsmittel bei sich hat,
425] durch die Er sich manifestiert.

Die Furcht des Menschen vor dem Tode ist vor allem darauf zurückzuführen, daß das Reich der Seelen, das fünfte Naturreich (verhältnismäßig allzu lange Zeit in diesem Weltenzyklus) das Verlangen hatte, durch eine Form zum Ausdruck zu kommen, und es für notwendig erachtete, Erfahrung durch die Materie zu suchen, um diese schließlich frei beherrschen zu können. Die Anzahl der Seelen derer, die sich von der Wesensäußerung in den drei Welten abwenden, ist im Vergleich zu der Gesamtzahl der Seelen, die nach Erfahrung in den drei Welten verlangen, verhältnismäßig so gering, daß man behaupten könnte, der Tod habe bis zu dem Zeitalter, das wir das christliche nennen, siegreich regiert. Heute stehen wir jedoch vor einer vollständigen Wandlung dieses Zustandes aufgrund der Tatsache, daß die Menschheit — in einem viel größeren Maßstab als je zuvor — eine notwendige Neuorientierung erlangt; die höheren Werte und das Leben der Seele, in das man eintreten kann, wenn das Denken in seinen höheren und niederen Aspekten beharrlich bleibt, beginnen die Herrschaft anzutreten. Dies wird zwangsläufig eine neue Einstellung gegenüber dem Tode mit sich bringen; er wird als ein natürlicher, wünschenswerter Vorgang betrachtet werden, durch den man zyklisch hindurchgeht. Die Menschen werden schließlich die Bedeutung der Worte Christi verstehen, als Er sagte: „Gebet dem Kaiser, was des Kaisers ist, und Gott, was Gottes ist." Damit wies Er auf den großen Akt der Rückerstattung hin, den wir Tod nennen. Denkt über diese Geschichte nach und erkennt die Symbolik der Seele, die — wie der Fisch im Wasser — in der Universalseele enthalten ist und eine Metallmünze, das Symbol der Materie, festhält.

In einer der alten Schriften steht folgendes symbolische Wort:

Es sprach der Vater zum Sohne: Geh aus und nimm an dich, was nicht dein ist, und das, was nicht dein eigen, sondern Mein
426] ist. Betrachte es als dein Eigentum und suche nach dem Grund für sein Erscheinen. Laß es erscheinen, als sei es du selbst. Entdecke so die Welt des Blendwerkes, die Welt der tiefen Illu-

sion, die Welt der Falschheit. Dann lerne daraus, daß du das genommen hast, was nicht das Ziel des Strebens deiner Seele ist.

Und wenn dieser Augenblick in einem jeden Zyklus kommt, und die Täuschung und der Diebstahl zutage tritt, dann wirst du eine Stimme hören. Gehorche dieser Stimme. Es ist die Stimme dessen in dir, was Meine Stimme hört, eine Stimme, nicht gehört von denen, die gerne stehlen. Immer wieder wird der Befehl ausgehen: „Erstatte *die gestohlenen Güter* zurück. Lerne, daß sie nicht für dich bestimmt sind.“ Und in größeren Abständen wird diese Stimme wiederkommen: „Erstatte *die geborgten Güter;* zahle deine Schulden ab.“

Und dann, wenn du alle diese Dinge gelernt hast, wird die Stimme wiederum sprechen: „Gib freudig das zurück, was Mein war, was dein war und was nun wieder unser ist. Du bedarfst nicht länger der Form. Sei frei.“

Die Symbolik der obigen Worte ist klar.

Zwei Hauptgedanken werden helfen, das Todesproblem zu klären, mit dem wir uns nun befassen: Erstens der große Dualismus, der stets in der Erscheinungswelt vorhanden ist. Eine jede Dualität hat ihre eigene Ausdrucksform, unterliegt ihren eigenen Gesetzen und sucht sich ihre eigenen Ziele. In Zeit und Raum jedoch verschmelzen die Gegensätze ihre Interessen zum Nutzen beider, und gemeinsam erschaffen sie die Erscheinung einer Einheit. Geist-Materie, Leben-Erscheinung, Energie-Kraft — sie alle haben ihren eigenen emanierenden Aspekt; sie alle haben Beziehung zueinander, haben ein gegenseitiges, zeitweiliges Ziel und erschaffen so im Einklang miteinander das ewige Fließen, das zyklische Ebben und Fluten des Lebens in Manifestation. Aus
427] dieser Beziehung zwischen Vater-Geist und Mutter-Materie tritt der Sohn ins Dasein, und seine Lebensvorgänge finden im Kindheitsstadium innerhalb der mütterlichen Aura statt; mit ihr identifiziert, strebt er doch immer danach, ihrer Herrschaft zu entkommen. Wenn die Reife erreicht ist, verstärkt sich das Problem, und der „Zug“ des Vaters beginnt allmählich den Be-

sitzanspruch der Mutter zu verdrängen; schließlich ist die Macht der Materie (oder der Mutter) über ihren Sohn (die Seele) gebrochen. Der Sohn, das Christuskind, frei von der Bevormundung und den klammernden Händen der Mutter, lernt den Vater kennen. Ich spreche in Symbolen zu euch.

Zweitens: Alle Vorgänge der Inkarnation, des Lebens in der Form und der Rückerstattung der Materie an die Materie (durch die Wirksamkeit des Todesprinzips) und der Seele an die Seele erfolgen nach dem großen, allgültigen Gesetz der Anziehung. Könnt ihr euch vorstellen, daß einmal die Zeit kommen wird, da der Mensch den klar erkannten und von ihm willkommen geheißenen Todesvorgang mit dem einfachen Satz beschreiben wird: „Es ist die Zeit gekommen, da die Anziehungskraft meiner Seele verlangt, daß ich meinen Körper verlasse und ihn dem Ort zurückgebe, von dem er kam"? Stellt euch die Wandlung im Menschenbewußtsein vor, wenn der Tod einmal als ein Akt einfachen, bewußten Verlassens der Form angesehen wird — der Form, die zeitweilig um zweier bestimmter Ziele willen angenommen wurde:

a) Um die Herrschaft in den drei Welten zu erlangen.
b) Um der je nach der Evolutionsstufe „gestohlenen, geborgten oder zu Recht angeeigneten" Substanz der Formen die Gelegenheit zu geben, einen höheren Vollkommenheitsgrad dadurch zu erreichen, daß die dynamische Kraft des Lebens über die Seele — auf die Form einstürmt.

Dies sind bedeutsame Gedanken. Sie sind schon früher zum Ausdruck gebracht worden, wurden aber als symbolisch, als Trost oder Wunschdenken abgetan. Ich lege sie euch als in der Praxis unvermeidliche Tatsachen vor, als eine Methode und einen Vor-
428] gang, der uns ebenso vertraut ist wie jene rhythmischen und zyklischen Tätigkeiten, die das Leben des Durchschnittsmenschen bestimmen — aufstehen und zu Bett gehen, essen und

trinken und alle die periodisch wiederkehrenden Angelegenheiten, denen er nachzugehen pflegt.

Ich habe mich mit dem Todesproblem schon in dem Buch „Eine Abhandlung über Weiße Magie“ beschäftigt, wo ich mich besonders auf die physischen Vorgänge des Sterbens konzentrierte, und zwar vom Gesichtspunkt des Zuschauers oder Beobachters aus. Ich versuchte dort anzudeuten, wie die Haltung des Zuschauers sein sollte. Hier möchte ich ein etwas anderes Bild zeigen und angeben, was die scheidende Seele erfährt. Wenn dabei Dinge wiederholt werden, die ihr schon wißt, so handelt es sich immerhin um bestimmte grundsätzliche Wiederholungen und Aussagen. Ich will sie hier ganz kurz aufzählen. Betrachtet sie bitte als grundlegend und als Tatsachen:

1. Die Zeit für das Scheiden einer inkarnierten Seele ist gekommen. Die Seele hat in der vergangenen Zeit:
   a) sich einen physischen Körper von einer bestimmten Art und Beschaffenheit angeeignet, der den Erfordernissen und dem Alter der Seele entspricht.
   b) Sie hat diesen physischen Leib mit Hilfe des Ätherkörpers mit Energie erfüllt und ihn somit zur Lebenstätigkeit angespornt für die Dauer einer Frist, die sie sich für ihr physisches Unternehmen gesetzt hat.

2. Es treten zwei Haupt-Energieströme in den physischen Körper ein, bringen dessen Aktivität, Qualität und Ausdrucksweise hervor und prägen das äußere Erscheinungsbild.
   a) *Der Strom des dynamischen Lebens.* Er ist im Herzen verankert. Dieser Strom dynamischer Energie betritt den Körper über den Kopf und geht hinunter zum Herzen, wo er während der Lebenszeit konzentriert ist. Ein kleinerer Strom der Universalenergie oder des Prana, der sich von der individualisierten Lebenskraft unterscheidet, betritt den physischen Körper über die Milz.

Er geht dann zum Herzen hinauf, um sich mit dem
429] größeren und wichtigeren Lebensstrom zu vereinigen. Der Lebensstrom durchkraftet den zur Einheit verbundenen physischen Leib und hält ihn zusammen. Der Strom der Pranaenergie belebt die einzelnen Atome und Zellen, aus denen der Körper aufgebaut ist.

b) *Der Strom des individuellen Bewußtseins.* Er ist im Kopf verankert, ist ein Aspekt der Seele und offenbart die Bewußtseinsart, die ihrerseits wieder die erreichte Evolutionsstufe anzeigt. Dieser Energiestrom wirkt ebenfalls in Verbindung mit einem Strom von Persönlichkeitskraft; diese Kraft ist durch Verlangen (emotionale und astrale Empfindung) gekennzeichnet und betritt den Körper über das Solarplexuszentrum. Dieses verbindet den Menschen mit der gesamten Astralebene und dadurch mit der Welt der Verblendung. Bei unentwickelten Menschen und beim durchschnittlichen Menschentypus ist der Solarplexus der Brennpunkt des Bewußtseins, und die Energie wird vom Brennpunkt des Bewußtseins im Kopf ohne irgendeine Erkenntnis registriert. Eben deshalb verläßt die Seele (zur Zeit des Todes) den Körper über den Solarplexus, und nicht über den Kopf. Beim entwickelten Menschen, beim mental veranlagten Einzelmenschen, beim Aspiranten, Jünger oder Eingeweihten zieht sich der Bewußtseinsfaden über den Kopf aus dem Körper zurück.

3. Die Gruppenseele aller Formen im Tierreich zieht das Lebensprinzip — nach dem Gesetz der Anziehung — aus jeglicher physischen Form über das Sonnengeflecht, das Gehirn des Durchschnittstieres, zurück. Hochentwickelte und zu Haustieren gewordene Tiere beginnen das Gehirn in größerem oder geringerem Maße zu benutzen; aber das Lebensprinzip und der Empfindungsaspekt (oder das Tierbewußtsein) werden noch immer über den Solarplexus zurück-

430] gezogen. So findet man also auf allen Stufen des Evolutionsprozesses bestimmte interessante Energiedreiecke.

a) Bei Tieren und bei jenen Menschen, die nur wenig mehr als Tiere sind, bei Schwachsinnigen und bestimmten Menschen, die scheinbar ohne irgendeinen Zentralpunkt individuellen Bewußtseins geboren sind, ist die folgende Dreiheit wichtig:
   Die Gruppenseele
   Der Solarplexus (das Sonnengeflecht)
   Die Milz (das Pranazentrum)
b) Bei Menschen niedrigen Grades, die jedoch schon individualisiert sind, und bei emotionellen Durchschnittstypen muß die folgende Dreiheit beachtet werden:
   Die Seele
   Das Kopfzentrum
   Der Solarplexus
c) Bei hoch entwickelten und jenen Menschen, die sich auf dem Pfade der Jüngerschaft befinden, ist folgendes Dreieck beim Tode aktiv:
   Die Seele
   Das Kopfzentrum
   Das Ajnazentrum.

Bei all diesen Dreiheiten besteht eine zweifache Beziehung zum Lebensprinzip:

a) Durch das Herz, wo das Leben der Seele in der Form konzentriert ist.
b) Durch die Milz, die ständig und rhythmisch von der universalen Lebensessenz (dem Prana) durchströmt wird.

Die ganze Angelegenheit ist natürlich ziemlich schwer verständlich und für jene, die auf dem rein menschlichen Niveau bleiben, bis jetzt noch nicht beweisbar. Wenn ihr jedoch die

obigen drei Punkte derzeit als Hypothesen annehmt, wird euch
431] das helfen, eure Gedanken über dieses ganze Thema der Rückerstattung zu klären.

4. Der nächste Punkt bedarf keines Beweises, denn er ist allgemein anerkannt: Das Wünschen oder Verlangen ist für den Todesvorgang genauso bestimmend wie für die Vorgänge der Lebenserfahrung. Wir sagen ständig: Wenn der Wille zum Leben fehlt, dann ist der Tod die unausbleibliche Folge. Dieser Wille zum Leben, sei es nun die Zähigkeit des physischen Körpers, der wie ein Elementarwesen lebt, oder die zielbewußte Absicht der Seele, ist ein Aspekt des Wünschens oder besser: er ist eine Auswirkung des geistigen Willens auf der physischen Ebene. Es besteht daher eine ineinandergreifende Beziehung zwischen
   a) der Seele auf ihrer eigenen Ebene;
   b) dem Astralkörper,
   c) dem Solarplexuszentrum.

Diese Beziehung hat bisher im Zusammenhang mit der Kunst des Sterbens wenig Beachtung gefunden. Dennoch rechtfertigt sie sorgfältiges Nachdenken.

Ihr werdet bemerken, daß ich mich hier mit dem Thema des Todes nur insoweit beschäftige, als er — durch Krankheit oder Alter bedingt — in Sicht kommt. Ich denke hier nicht an den Tod durch Krieg oder Unfall, durch Mord oder Selbstmord. Diese und andere Todesursachen gehören in eine ganz andere Kategorie; es kann sein, daß bei diesen nicht einmal das individuelle Karma oder Schicksal eine Rolle spielt, wie etwa im Kriegsfalle. Da wird eine ungeheure Zahl von Menschen getötet, aber das hat nichts zu tun mit dem Gesetz von Ursache und Wirkung als einem Faktor, der die Seelenlaufbahn eines Einzelmenschen beeinflußt. Das ist nicht die Rückerstattung, wie sie von einer individuellen Seele für die Erfüllung ihres Schicksals

geplant ist. Der Tod durch Kriegsereignisse untersteht der richtunggebenden zyklischen Absicht des planetarischen Logos, der durch den Rat von Shamballa wirkt. Diese hohen Wesen, die die Weltenvorgänge lenken, wissen, daß nun eine Zeit gekom-
432] men ist, da die Beziehung zwischen dem planetarischen Übel und den Kräften des Lichtes (oder des Guten) einen Punkt „explosiven Gegensatzes“ (wie man es nennt) erreicht hat. Diesem muß man freien Lauf lassen, wenn sich die göttliche Absicht ungehindert auswirken soll. Darum läßt man die Explosion zu; dennoch ist während der ganzen Zeit ein kontrollierender Machtfaktor vorhanden, auch wenn dieser vom Menschen nicht erkannt wird. Da diese Wesen (die den Willen Gottes zur Auswirkung bringen) in keiner Weise mit dem Formleben verbunden sind, können sie infolgedessen die nur relative Bedeutung des Lebens in der Form gerecht einschätzen; die Zerstörung der Formen bedeutet für sie nicht den Tod in dem Sinne, wie wir ihn verstehen, sondern einfach und allein einen Befreiungsprozeß. Nur der begrenzte Gesichtskreis derer, die sich mit der Form identifizieren, hat die Todesfurcht großgezogen. Der Zyklus, in dem wir jetzt leben, hat die größte Zerstörung menschlicher Formen in der gesamten Geschichte unseres Planeten gebracht. *Es sind aber keine Menschenwesen vernichtet worden.* Ich möchte, daß ihr diese Feststellung beachtet. Auf Grund dieser Massenvernichtung hat die Menschheit sehr rasche Fortschritte gemacht hinsichtlich einer gelasseneren Einstellung gegenüber dem Tode. Das ist jetzt noch nicht klar ersichtlich, aber in einigen Jahren wird sich die neue Einstellung abzuzeichnen beginnen, und es wird die Angst vor dem Tod allmählich aufhören. Dazu wird auch in großem Maße die gesteigerte Sensitivität des menschlichen Reaktionsapparates beitragen, die zu einer Verinnerlichung oder zu einer Neuorientierung des menschlichen Denkens mit nicht vorhersagbaren Ergebnissen führt.

Die fundamentale Ursache aller Kriege ist die im Gefühl und im Denken verwurzelte separatistische Einstellung. Dieser grund-

legende Individualismus oder die zufriedene Anerkennung des Isolationismus führt zu all den sekundären Ursachen des Krieges: Gier, die wirtschaftliche Katastrophen herbeiführt; Haß, der nationale und internationale Reibungen hervorruft; Grausamkeit, die zu Schmerz und Tod führt. Die Wurzeln des Todes reichen daher tief hinab; das, was wir im üblichen Sinne Tod nennen, ist das Ende einer Epoche des Sonderseins als Einzelwesen auf der physischen Ebene. Folglich ist der Tod ein Prozeß
433] des Einswerdens. Wenn ihr nur ein wenig tiefer in die Dinge hineinschauen könntet, dann würdet ihr erkennen und verstehen, daß der Tod das individualisierte Leben in ein weniger verkrampftes und beschränktes Dasein freigibt und schließlich — wenn der Todesvorgang bei allen drei Körperhüllen in den drei Welten abgeschlossen ist — in das Leben der Universalität entläßt. Dies ist ein Grad unaussprechlicher Glückseligkeit.

Das Gesetz der Anziehung bestimmt das Sterben, so wie es auch alles andere in der manifestierten Schöpfung regelt. Es ist das Prinzip des Zusammenhaltens, das bei harmonischer Integration des ganzen Körpers diesen unversehrt erhält, seinen Rhythmus und seine zyklischen Lebensvorgänge festigt und seine verschiedenen Teile miteinander verbindet. Es ist das große koordinierende Prinzip in allen Formen, denn es ist — innerhalb der Seele — die primäre Auswirkung des ersten Aspektes der Göttlichkeit, des Willensaspektes. Diese Aussage mag euch überraschen, da ihr ja gewohnt seid, das Gesetz der Anziehung als eine Auswirkung des zweiten Aspektes der Liebe-Weisheit anzusehen. Das Anziehungsprinzip ist in allen Formen anzutreffen, angefangen vom kleinsten Atom bis zu jener Form des Erdenplaneten, durch den sich unser Planetarischer Logos zum Ausdruck bringt. Obgleich es das kohäsive Prinzip und die Ursache der Integration ist, so ist es auch das Mittel, durch das die „Rückerstattung" bewerkstelligt und die Menschenseele in periodischen Abständen wieder in die überschattende Seele aufgesogen wird. Dieser Aspekt des Anziehungsgesetzes hat bis jetzt nur geringe Beachtung ge-

funden. Der Grund dafür liegt darin, daß dieser Aspekt die höchste Manifestation dieses Gesetzes ist und daher mit dem Willensaspekt der Gottheit sowie mit dem Willensaspekt der Monade zusammenhängt. Eine Klärung wird sich nur in dem Maße einstellen, als die Shamballakraft in dem kommenden Zyklus immer mehr zu einer direkten Wirksamkeit kommt und die Menschen zu unterscheiden beginnen — denn das müssen und werden sie — zwischen dem Eigenwillen und dem geistigen Willen, zwischen Entschlossenheit, Absicht, Plan, Zielsetzung und festgelegter Wegrichtung. Das Gesetz der Anziehung hat (wie auch alles andere in der manifestierten Schöpfung) drei Abschnitte oder
434] Aspekte, deren jeder mit den drei göttlichen Aspekten verbunden ist:

1. Es verbindet Leben und Form, Geist und Materie — den dritten Aspekt.

2. Es bestimmt den zusammenhängenden Integrationsprozeß, der die Formen hervorbringt — den zweiten Aspekt.

3. Es bewirkt jene Unausgeglichenheit, die schließlich zur Auflösung führt, wodurch die Form überwunden wird, soweit es das Menschenwesen betrifft; das kommt in drei Entwicklungsphasen zustande, die wir folgendermaßen benennen:
   a) *Die Rückerstattung*, die zur Auflösung des Körpers und zur Rückkehr seiner Elemente, Atome und Zellen zu ihrem Ausgangsquell führt.
   b) *Die Ausmerzung*, bei der es sich um denselben Grundvorgang handelt in bezug auf die Kräfte, aus denen der Astral- und Mentalkörper bestand.
   c) *Die Absorption*, die Methode, durch welche die Menschenseele wieder in ihren Ursprung, die überschattende, universelle Seele einverleibt wird. Dies ist eine Wirkungsweise des ersten Aspektes.

Alle diese Phasen erläutern oder beweisen, wenn man sie richtig versteht, die einzigartige Wirkungskraft des Gesetzes der Anziehung und dessen Beziehung zum Gesetz der Synthese, das über den ersten göttlichen Aspekt herrscht. Integration führt schließlich zur Synthese. Die vielen zyklischen Integrationen, die in dem großen Lebenskreislauf einer inkarnierten Seele stattfinden, führen am Ende zur Synthese von Geist und Seele, dem Ziel des menschlichen Evolutionsprozesses. Nach der dritten Einweihung bewirkt dies die vollständige Befreiung des Menschen von dem „Zug" der Substanz in den drei Welten, so daß er fähig wird, mit vollem Verständnis das Gesetz der Anziehung in seinen verschie-
435] denen Abschnitten zu handhaben, soweit es den Schöpfungsprozeß betrifft. Später wird er dann noch andere Phasen bemeistern lernen.

Ein wichtiger Punkt ist da zu beachten. Das Wort „Erde zu Erde, und Staub zu Staub", das uns aus den Begräbniszeremonien des Westens so vertraut ist, bezieht sich auf diesen Akt der Rückerstattung und kennzeichnet die Rückkehr sowohl der physischen Körperelemente in das ursprüngliche Materie-Sammelbecken als auch der Substanz des Lebenskörpers in das allgemeine Äther-Reservoir. Die Worte „Der Geist soll zurückkehren zu Gott, der ihn gab", sind ein verzerrter Hinweis auf das Aufgehen der Seele in der Universalseele. Die üblichen Zeremonien versäumen es jedoch hervorzuheben, daß gerade diese individualisierte Seele (die im Begriffe ist, wieder absorbiert zu werden) durch einen Akt des geistigen Willens diese Rückerstattung anordnet und in Gang bringt. Man vergißt im Westen, daß dieser „Befehl zur Rückerstattung" seit undenklichen Zeiten von jeder Seele in einer physischen Form schon sehr oft gegeben worden ist; auf diese Weise verstärkt der erste göttliche Aspekt — die Monade auf ihrer eigenen Ebene — beharrlich und unausweichlich ihre Macht über ihren Manifestationskörper vermittels ihres Spiegelbildes, der Seele. Auf diese Weise kommt der Willensaspekt immer mehr zur Wirksamkeit, bis schließlich auf dem Pfade der Jüngerschaft die

geistige Entschlossenheit zur höchsten Entwicklung gebracht ist und der Wille auf dem Pfade der Einweihung bewußt zu wirken beginnt. Es ist doch wohl der Beachtung wert, daß eben dadurch, daß der Befehl mit Bedacht von der Seele auf ihrer eigenen Ebene an ihren Schatten in den drei Welten ergeht, die Seele den ersten, höchsten Aspekt der Göttlichkeit zum Ausdruck zu bringen lernt; und dies geschieht zuerst und sehr lange Zeit hindurch einzig und allein durch den Todesvorgang. Die Schwierigkeit liegt gegenwärtig darin, daß verhältnismäßig wenige Menschen seelenbewußt sind, und daß infolgedessen die meisten Menschen die „okkulten Befehle“ ihrer eigenen Seelen gar nicht bewußt wahrnehmen. In dem Maße, wie die Menschheit seelenbewußt wird (und dies wird eine der Auswirkungen sein, die sich aus der Qual und Angst des letzten Krieges ergeben), wird sie im Sterben einen „befohlenen Vorgang“ sehen, der vollbewußt und im verständnisvollen Erkennen der zyklischen planvollen Absicht aus-
436] geführt wird. Damit endet dann naturgemäß die heute überhandnehmende Furcht; auch wird dadurch die Neigung zum Selbstmord aufhören, die sich in diesen schwierigen Zeiten in so verstärktem Maße zeigt. Die Sünde des Mordes beruht in Wirklichkeit auf der Tatsache, daß sie in die Seelenabsicht eingreift, und nicht eigentlich auf dem Töten eines speziellen menschlichen Körpers. Darum ist auch der Krieg nicht Mord, wie so viele wohlmeinende Fanatiker glauben; er ist die Zerstörung von Formen mit der wohltätigen Absicht (wenn man den göttlichen Willen erforschen könnte) des planetarischen Logos. Es sind jedoch die bösen Motive, die die Kriegsurheber auf der physischen Ebene zu Übeltätern machen. Wenn der Krieg nicht stattfände, würde das planetarische Leben durch das, was wir „höhere Gewalt“ (oder Naturereignisse) nennen, die Menschenseelen in großem Maßstab und in Übereinstimmung mit Seinem liebevollen Vorhaben zurückrufen. Wenn böse Menschen einen Krieg anzetteln, bringt Er aus dem Bösen Gutes hervor.

Ihr könnt also erkennen, warum die okkulten Wissenschaften

so viel Nachdruck auf das zyklische Gesetz legen, und warum das Interesse an der Wissenschaft der zyklischen Manifestation immer mehr zunimmt. Der Tod scheint oft so sinnlos zu sein; das ist nur deshalb so, weil die Absicht der Seele nicht bekannt ist. Durch den Inkarnationsvorgang bleibt die vergangene Entwicklung verborgen; von uralten Vererbungen und Umweltbedingungen weiß man nichts, und das Wahrnehmungsvermögen für die Stimme der Seele ist noch nicht allgemein entwickelt. Das sind jedoch Dinge, die schon sehr bald Anerkennung finden werden; die Enthüllung ist schon unterwegs, und ich lege den Grundstein dazu.

Es liegt mir viel daran, daß ihr die von mir bereits gegebenen Lehren versteht, bevor wir zu dem weitergehen, was erklärender Natur oder neu ist. Studiert sie mit Sorgfalt, so daß das Todesthema in euren Gedanken eine wahrere und vernünftigere Gestalt annehmen kann. Versucht, diesbezüglich einen neuen Standpunkt zu gewinnen, und erkennt die Gesetzmäßigkeit, den Sinn und die Schönheit der Absicht in dem, was bisher Gegenstand des Schreckens und großer Furcht gewesen ist.

Später werde ich versuchen, euch einen flüchtigen Einblick in
437] den Todesprozeß zu geben, wie ihn die Seele erlebt, wenn sie den Akt der Rückerstattung vollzieht. Meine Mitteilungen mögen euch vielleicht theoretisch oder hypothetisch erscheinen; auf jeden Fall sind es Feststellungen, deren Richtigkeit nur von wenigen unter euch nachgeprüft werden kann. Sicherlich aber können sie, meine Brüder, vernünftiger und heilsamer, stichhaltiger und schöner sein als die gegenwärtige Dunkelheit, die trüben Hoffnungen und unglücklichen Vermutungen und oft auch Verzweiflung, welche heute jedes Totenbett überschatten.

1. Vom Wesen des Todes.
Auszüge aus anderen Schriften.

Man muß das Ganze für wesentlich bedeutsamer ansehen als den Teil, und zwar nicht als einen Traum, eine Vision, eine Theorie, einen Vorgang des Wunschdenkens, eine Hypothese oder einen Drang. Es wird als eine naturgegebene Notwendigkeit und als unvermeidlich erkannt. Es umfaßt auch den Tod, aber den Tod als Schönheit, als Freude, als tätigen Geist, als die Vollendung alles Guten.

Eine Abhandlung über die sieben Strahlen, Bd. V (engl.)

Der Tod ist — wenn wir es nur erkennen könnten — eines der Dinge, die wir am häufigsten erleben. Wir sind viele Male gestorben und werden auch immer wieder sterben. Der Tod ist hauptsächlich eine Bewußtseinsangelegenheit. In dem einen Augenblick sind wir bewußt auf der physischen Ebene, und einen Augenblick später haben wir uns auf eine andere Ebene zurückgezogen und sind dort aktiv bewußt. Nur solange, als unser Bewußtsein sich mit dem Formaspekt identifiziert, wird der Tod für uns seinen alten Schrecken behalten. Aber sobald wir uns als Seelen erkennen und feststellen, daß wir fähig sind, nach Belieben unser Bewußtsein oder unseren Gewahrseinssinn in irgendeiner Form, auf jeder Ebene oder in jeder Richtung innerhalb der Formgestalt Gottes zu konzentrieren, werden wir keinen Tod mehr kennen.

Eine Abhandlung über Weiße Magie, S. 527—528

Denkt also über diese Lehre von der Zurückziehung (Abstraktion) nach. Sie gilt für alle Lebensvorgänge und wird euch das
438] ewige herrliche Geheimnis des Todes mitteilen, das der Eingang zum Leben ist.

Eine Abhandlung über die sieben Strahlen, Bd. V

In dieser Regel findet man zwei Hauptgedanken, die beide mit dem ersten göttlichen Aspekt verknüpft sind: der Gedanke des TODES und das Wesen des WILLENS. Im kommenden Jahrhundert werden *Tod* und *Wille* ganz zwangsläufig eine neue Bedeutung für die Menschheit erhalten, und es werden viele alte Ideen verschwinden. Der Tod ist für den denkenden Durchschnittsmenschen ein katastrophaler Krisenhöhepunkt. Er bedeutet das Aufhören und das Ende alles dessen, was man geliebt hat, was einem vertraut ist und was man sich wünscht. Er ist ein jäher Sturz in das Unbekannte, in die Ungewißheit, und der plötzliche Abschluß aller Pläne und Projekte. Ganz gleich, wieviel echter Glaube an die geistigen Werte vorhanden sein mag; ganz gleich, wie klar und vernunftgemäß man über die Unsterblichkeit denken mag; ganz gleich, wie schlüssig der Beweis für die Fortdauer und die Ewigkeit ist: es bleibt dennoch ein Zweifel, die Möglichkeit eines endgültigen Erlöschens, und ein Ende aller Tätigkeit, aller Herzreaktionen, allen Denkens, aller Gefühlsregungen, Wünsche, Bestrebungen und Absichten, die den Kern des menschlichen Wesens und Daseins bilden. Die Sehnsucht und Entschlossenheit zum Weiterleben, und das Gefühl eines Weiterbestehens beruhen noch immer (auch bei den entschiedensten Gläubigen) auf einer Wahrscheinlichkeit, auf einer unsicheren Grundlage und auf dem Zeugnis anderer —, die in Wirklichkeit niemals zurückgekehrt sind, um die Wahrheit zu erzählen. Der Kernpunkt allen Denkens über dieses Thema hat mit dem zentralen „Ich", der Integrität oder Ganzheit der Gottheit zu tun.

Ihr werdet bemerken, daß sich in dieser Regel der Akzent vom „Ich" auf die Bestandteile verschiebt, aus denen das Gewand des Selbstes besteht; das ist ein Punkt, der Beachtung verdient. Die dem Jünger gegebene Mitteilung ist dazu bestimmt, daß er an der Auflösung dieses Gewandes und für die Rückkehr der kleineren
439] Lebewesen in das allgemeine Sammelbecken lebendiger Substanz arbeitet. Der Ozean des Seins wird nirgends erwähnt. Sorgfältiges Nachdenken wird hier zeigen, daß dieser geordnete Vorgang der Loslösung, den das Gruppenleben im Falle eines Einzelmenschen wirksam werden läßt, eines der stärksten Argumente für die Tatsache der Kontinuität und für die individuelle, identifizierbare Fortdauer ist. Beachtet diese Worte. Der Brennpunkt der Tätigkeit verschiebt sich von dem aktiven Körper auf die tätige Wesenheit in diesem Körper, den Herrn über seine Um-

gebung, den Beherrscher seiner Besitzungen und denjenigen, der der Atem selbst ist, der die Lebewesen in das Substanz-Sammelbecken entläßt oder sie nach seinem Willen zurückruft, damit sie wieder die Verbindung mit ihm eingehen.

Eine Abhandlung über die sieben Strahlen, Bd. V

Erstens: der Ewige Pilger beschloß nach seinem eigenen, freien Willen und Antrieb, „okkult" zu sterben, und nahm einen Körper oder eine Reihe von Körpern an, um die Lebewesen der Formnatur, die er verkörperte, emporzuheben oder zu veredeln; indem er dies tat, „starb" er selbst in dem Sinne, daß für eine freie Seele der Tod und die Annahme einer Formgestalt — und somit das Eintauchen des Lebens in der Form — gleichbedeutend sind.

Zweitens: Damit wiederholt die Seele im kleinen Maßstabe das, was der Sonnenlogos und der planetarische Logos ebenfalls getan haben und noch tun. Die großen Leben kommen während der Manifestationszeit unter die Herrschaft dieser Seelengesetze, obwohl Sie nicht von den Gesetzen der natürlichen Welt (wie wir sie nennen) beherrscht oder geleitet werden. Ihr Bewußtsein identifiziert sich nicht mit der Erscheinungswelt, wenngleich sich unseres mit dieser so lange identifiziert, bis wir unter die Herrschaft der höheren Gesetze kommen. Durch den okkulten „Tod" dieser großen Wesenheiten können alle geringeren Lebewesen leben, und so ist ihnen Gelegenheit geboten.

Sieben Strahlen, Bd. V

Die Todeskräfte sind heute weit und breit aktiv, aber es handelt sich um den Tod der Freiheit, den Tod der freien Rede, den
440] Tod des freien menschlichen Handelns, den Tod der Wahrheit und der höheren geistigen Werte. *Diese* sind die wesentlichsten Faktoren im Menschheitsleben. Der Tod der physischen Hülle ist unwichtig im Vergleich zu diesen, und er wird durch Wiedergeburt und neue Gelegenheit leicht wieder berichtigt . . . Die Zerstörung der Form in der Schlacht ist von geringer Bedeutung für

diejenigen, die wissen, daß die Reinkarnation ein Grundgesetz der Natur ist *und daß es keinen Tod gibt.*

Junibotschaft 1940

Ihr sagt, daß es bis jetzt nur Glaubensüberzeugungen hinsichtlich der Unsterblichkeit gibt, aber noch keine sicheren Beweise. In der Häufung der Zeugnisse, in der inneren Gewißheit und Zuversicht des menschlichen Herzens, in der Tatsache des Glaubens an eine ewige Fortdauer als eine Idee im Denken der Menschen liegt ein sicherer Hinweis. Aber das Anzeichen wird der Überzeugung und dem Wissen weichen, ehe noch ein weiteres Jahrhundert vergangen ist, denn es wird ein bestimmtes Ereignis stattfinden, und der Menschheit wird eine Offenbarung gegeben werden, die Hoffnung in Gewißheit und Glauben in Wissen verwandeln wird. In der Zwischenzeit wollen wir eine neue Einstellung gegenüber dem Tode pflegen und eine neue Lehre vom Tode einführen. Er soll nicht mehr das eine Problem sein, das wir nicht beherrschen können und das uns unvermeidlich überwältigt; wir wollen vielmehr beginnen, unseren Übergang auf die andere Seite zu leiten und einiges von der Methode dieses Überganges zu verstehen.

Eine Abhandlung über weiße Magie, S. 534

Wofür ich mich einsetze, ist lediglich eine vernünftige Annäherung an den Tod; ich versuche nur, den Vorschlag zu machen, daß man, wenn sich der Schmerz erschöpft hat und Schwäche eingetreten ist, dem Sterbenden erlauben sollte, sich — selbst wenn er anscheinend bewußtlos ist — auf den großen Übergang vorzubereiten. Vergeßt nicht, daß Schmerz Kraft verzehrt und einen starken Einfluß auf den Nervenapparat hat. Ist es unmöglich, sich eine Zeit vorzustellen, da der Akt des Sterbens ein triumphales Ende des Lebens sein wird? Ist es unmöglich, eine Zeit zu schauen,
441] da die Stunden auf dem Sterbebett nur ein glorreiches Vorspiel zu einem bewußten Abgang sein werden? Wenn der Mensch daran geht, die Bürde der physischen Hülle abzulegen, kann das

nicht für ihn und seine Umwelt die lang erwartete und freudvolle Erfüllung bedeuten? Könnt ihr euch nicht die Zeit vorstellen, wenn an Stelle von Tränen, Furcht und der Weigerung, das Unvermeidliche anzuerkennen, der Sterbende und seine Freunde sich gegenseitig über die Stunde verständigen würden und nichts als Glück das Hinübergehen kennzeichnen würde? Daß in die Gedanken der Zurückbleibenden kein Kummer eintreten und das Sterbebett als ein glücklicheres Ereignis betrachtet werden wird als Geburt und Hochzeit? Ich sage euch, daß dies ziemlich bald von den einsichtsvollen Menschen und nach und nach von allen so feierlich empfunden werden wird.

Weiße Magie. S. 533—534

Es ist hier die Bemerkung interessant, daß der Tod vom Gesetz der Befreiung beherrscht wird und nicht vom Gesetz der Begrenzung. Der Tod wird nur von Menschenwesen als ein Faktor erkannt, mit dem sich eigenbewußte Wesen beschäftigen müssen, und er wird nur von ihnen mißverstanden, da sie ja von allen inkarnierten Wesen am stärksten in Blendwerk und Täuschung befangen sind.

Weiße Magie, S. 570

Wenn man das wahre Wesen des Dienstes begreift, wird man entdecken, daß er ein Aspekt jener göttlichen Energie ist, die immer unter dem Zerstörungsaspekt wirkt, denn sie zerstört die Formen, um zu befreien. Dienst ist eine Erscheinungsform des Erlösungsprinzips; Tod und Dienst bilden zwei Aspekte dieses Prinzips. Dienst rettet, erlöst und befreit das eingekerkerte Bewußtsein auf verschiedenen Ebenen. Die gleiche Aussage kann über den Tod gemacht werden. Aber nur, wenn der Dienst aus einem intuitiven Verstehen aller Tatsachen des Falles geleistet, einsichtsvoll ausgedeutet und im Geiste der Liebe auf der physi-
442] schen Ebene vollzogen werden kann, wird er seine Mission in angemessener Weise erfüllen können; andernfalls wird es Mißerfolge geben.

Weiße Magie, S. 573

Die Furcht vor dem Tode.

Die Todesfurcht beruht auf folgendem:

a) Dem Grauen vor dem endgültigen Losreißungsprozeß im Todesakt selbst.
b) Dem Entsetzen vor dem Unbekannten und Unerklärlichen.
c) Dem Zweifel an der schließlichen Unsterblichkeit
d) Der Trauer, die Lieben zurücklassen zu müssen oder zurückgelassen zu werden.
e) Aus alten Zeiten stammende Reaktionen auf vergangene, gewaltsame Tode — alte Erinnerungen, die tief im Unterbewußtsein liegen.
f) Einem Anklammern an das Formleben, weil der Mensch sich im Bewußtsein vorwiegend mit diesem identifiziert.
g) Alten Irrlehren über Himmel und Hölle, beides unerfreuliche Aussichten für gewisse Typen.

Weiße Magie, S. 327

Mit dem Fortschreiten der Zeit und noch vor dem Ende des nächsten Jahrhunderts wird man endgültig erkennen, daß es den Tod in dem Sinne, wie man ihn heute versteht, nicht gibt. Die Kontinuität des Bewußtseins wird so allgemein entwickelt sein, und so viele der höchsten Menschentypen werden in den beiden Welten gleichzeitig wirken, daß die alte Furcht vergehen wird; der Verkehr zwischen der astralen und der physischen Ebene wird so sehr gefestigt und wissenschaftlich kontrolliert sein, daß die Arbeit der Trance-Medien zu Recht und glücklicherweise zu Ende gehen wird. Die übliche Tätigkeit als Trance-Medium und die Materialisationen unter Kontrollen und indischen Führern sind genau solche Verirrungen des Verkehrs zwischen den beiden Ebenen, wie es die sexuellen Perversionen und die Verzerrungen der
443] wahren Beziehungen und des Verkehrs zwischen den Geschlechtern sind. Ich meine hier nicht das Wirken von Hell-

sehern, gleichgültig, wie armselig es sein mag, noch die Inbesitznahme des Körpers durch Wesenheiten hohen Ranges, sondern die unerfreulichen Phänomene der Materialisations-Séancen, des Ektoplasmas, und die blinde, unintelligente Tätigkeit alter atlantischer, degenerierter und erdgebundener Seelen, wie es die durchschnittlichen indischen Vorsteher und Anführer sind. Es gibt nichts, was man von ihnen lernen könnte, und vieles, was man meiden sollte.

Die Herrschaft der Todesfurcht ist beinahe zu Ende, und wir werden bald in eine Zeit des Wissens und der Gewißheit eintreten, welche unserer Furcht den Boden entziehen wird. In bezug auf die Furcht vor dem Tode kann wenig getan werden, außer daß man den ganzen Gegenstand auf eine wissenschaftlichere Ebene erhebt und — in diesem wissenschaftlichen Sinne — die Menschen sterben lehrt. Es gibt eine Methode des Sterbens, ebenso wie es eine des Lebens gibt, aber sie ist im Westen zum größten Teil verloren gegangen und auch im Osten beinahe ganz dahin, außer in einigen wenigen Zentren, wo Wissende leben. Später können wir uns vielleicht mehr damit befassen, aber die Studierenden, die dieses lesen, können in ihren Gedanken festhalten, mit welcher Einstellung sie an dieses Thema heranzugehen haben; und vielleicht werden sie beim Studium, Lesen und Denken auf interessantes Material stoßen, das nach und nach gesammelt und veröffentlicht werden könnte.

Weiße Magie, S. 328—329

Furcht vor dem Tode und Depression stellen für den Menschen in diesem Zeitalter und Zyklus den Hüter der Schwelle dar. Beide weisen auf Empfindungsreaktionen gegenüber psychologischen Faktoren hin und können nicht durch die Anwendung einer anderen Wirkungskraft, wie etwa des Mutes, behandelt werden. Man muß ihnen mit der Allwissenheit der Seele, die durch das Denkvermögen wirkt, begegnen — und nicht mit ihrer Allmacht. Hierin liegt ein okkulter Hinweis.

Weiße Magie, S. 337

Der Instinkt der Selbsterhaltung hat seine Wurzel in einer dem Menschen angeborenen Todesfurcht; dadurch, daß es diese Furcht
444] gab, hat sich die Menschheit bis zu ihrer gegenwärtigen Langlebigkeit und Lebensdauer durchgefochten.

Weiße Magie, S. 664

Definition des Todes.

Der Tod selbst ist ein Teil der großen Illusion und besteht nur infolge der Schleier, die wir um uns herum gezogen haben.

Sieben Strahlen, Bd. V

Die Menschen vergessen jedoch gern, daß wir jede Nacht in den Stunden unseres Schlafes für die physische Ebene sterben und woanders lebendig und tätig sind. Sie vergessen, daß sie schon eine Gewandtheit im Verlassen des physischen Körpers erreicht haben; und nur, weil sie noch keine Rückerinnerung an dieses Hinausgehen und an die darauffolgende Zwischenzeit tätigen Lebens in das physische Gehirnbewußtsein mitbringen können, ist es ihnen unmöglich, Tod und Schlaf miteinander in Beziehung zu bringen. Letzten Endes ist der Tod nur eine längere Zwischenzeit in dem Leben der Tätigkeit auf der physischen Ebene; man ist nur für einen längeren Zeitraum „verreist". Aber der Vorgang des täglichen Schlafengehens und der Vorgang des gelegentlichen Sterbens sind identisch, mit dem einen Unterschied, daß im Schlaf der magnetische Faden oder Energiestrom, an dem die Lebenskräfte entlang laufen, unversehrt bleibt und der Weg der Rückkehr in den Körper ist. Im Tode ist dieser Lebensfaden gebrochen oder abgerissen. Wenn das geschehen ist, kann die bewußte Wesenheit nicht mehr in den grob-physischen Körper zurückkehren, und dieser Körper, dem nun das Zusammenhalteprinzip fehlt, zerfällt und löst sich auf.

Weiße Magie, S. 528—529

Die Zurückziehungs- oder Abstraktionsvorgänge stehen (wie ihr also sehen könnt) in logischem Zusammenhang mit dem Lebensaspekt; sie werden durch einen Akt des geistigen Willens in Gang gebracht und bilden das „Auferstehungsprinzip, das in dem Wirken des Zerstörers verborgen liegt", wie es in einem alten
445] esoterischen Spruch heißt. Die niederste Erscheinungsform dieses Prinzips ist der Vorgang, den wir *Tod* nennen — *der in Wirklichkeit ein Weg ist, um das* von Bewußtsein erfüllte *Lebensprinzip* aus den Körperformen in den drei Welten *zurückzuziehen.*

So wird die große Synthese sichtbar; Zerstörung, Tod und Auflösung sind in Wirklichkeit nichts anderes als Lebensvorgänge. Zurückziehung ist ein Anzeichen für ein Weitergehen, für Fortschritt und Entwicklung. Mit eben diesem Aspekt des Lebensgesetzes (oder des Gesetzes der Synthese, wie es in bestimmten umfassenderen Zusammenhängen genannt wird) beschäftigt sich der Eingeweihte in besonderem Maße.

Sieben Strahlen, Bd. V

Die erstrebenswerte Einstellung zum Leben ist die eines Beobachters und nicht die eines Teilnehmers an einem tatsächlichen Experiment und eines aktuellen Erlebens in den drei Welten (der physischen, emotionalen und mentalen) . . . Eingeweihten Jüngern kommen die Tätigkeiten und Reaktionen ihrer Persönlichkeit immer weniger zu Bewußtsein, denn bestimmte Aspekte der niederen Natur sind nun so weit beherrscht und geläutert, daß sie unter die Schwelle des Bewußtseins abgesunken und instinktiv geworden sind; daher wird man ihrer genau so wenig gewahr, wie ein schlafender Mensch sich der rhythmischen Funktionen seiner schlafenden physischen Hülle bewußt ist. Das ist eine tiefe und weitgehend unerkannte Wahrheit. Sie hat mit dem ganzen Todesvorgang zu tun, und man könnte sie als eine der Definitionen für den Tod ansehen; in dieser Wahrheit liegt der Schlüssel zu den geheimnisvollen Worten „das Sammelbecken des Lebens".

Der Tod ist in Wirklichkeit Unbewußt-heit hinsichtlich dessen, was in der einen oder anderen Form wirksam sein mag, in einer Form jedoch, deren sich die geistige Wesenheit gänzlich unbewußt ist. Das Sammelbecken des Lebens ist die Stätte des Todes, und dies ist die erste Lektion, die der Jünger lernt ...

Sieben Strahlen, Bd. V

Sinn und Zweck des Todes.

Durch den Vorgang des Todes findet ein großes Einswerden
446] statt. Im „Herabfallen eines Blattes", das mit dem Mutterboden, auf den es fällt, wesensgleich wird, haben wir ein Miniaturbild dieses großen ewigen Einswerdens, bewirkt durch den Vorgang des Werdens und des Sterbens als Folge des Sterbeprozesses.

Sieben Strahlen, Bd. II, S. 199

Ich spreche über den Tod als einer, der die Sache von beiden Seiten — von der äußeren Welterfahrung und der inneren Lebensäußerung — her kennt: Es gibt keinen Tod. Es gibt, wie ihr wißt, den Eintritt in ein reicheres Leben. Es gibt Befreiung von den Beeinträchtigungen der fleischlichen Hülle. Den Losreißungsprozeß, der so sehr gefürchtet wird, gibt es nicht, ausgenommen in Fällen gewaltsamen und plötzlichen Todes, und dann sind die einzig wirklichen Unannehmlichkeiten ein augenblicklanges, überwältigendes Gefühl drohender Gefahr und Vernichtung und etwas, was einem elektrischen Schock sehr nahe kommt. Nichts weiter. Für den Unentwickelten ist der Tod tatsächlich Schlaf und Vergessen, denn das Denkvermögen ist noch nicht genügend erweckt, um reagieren zu können, und der Speicher der Erinnerungen ist praktisch noch leer. Für den guten Durchschnittsbürger ist der Tod die Fortsetzung des Lebensprozesses im Bewußtsein und die Beibehaltung der Interessen und Tendenzen des Lebens. Sein Bewußtsein und sein Wahrnehmungssinn bleiben unverändert dieselben. Er spürt keinen großen Unterschied, wird wohl betreut und ist sich oft gar nicht bewußt, das Todesereignis durchgemacht zu haben. Für den schlechten, äußerst egoistischen Menschen, für den Verbrecher und jene wenigen Menschen, die nur für die materielle Seite leben, ergibt sich jener Zustand, den wir „erdgebunden" nennen. Die Ketten, mit denen sie sich an die Erde geschmiedet haben, und die erdwärts gerichtete Neigung aller ihrer Begierden zwingen sie, nahe bei der Erde und in der Nähe ihres letzten Aufenthaltes in der irdischen Umgebung zu bleiben. Sie suchen verzweifelt und mit allen Mitteln, den Kontakt mit ihr wiederherzustellen und zurückzukommen. In einigen wenigen Fällen hält große persönliche Liebe zu den Zurückgelassenen oder das Versäumnis einer erkannten, dringenden Pflicht die Guten und Schönen in einem ähnlichen Zustand fest.

Für den Aspiranten ist der Tod ein unmittelbarer Eingang in eine Sphäre des Dienstes und der Wesensäußerung, an die er gut
447] gewöhnt ist und die er sofort als altvertraut erkennt. In den Stunden des Schlafes hat er ein Betätigungsfeld des Dienens und Lernens entwickelt. Dort wirkt er jetzt die ganzen vierundzwanzig Stunden hindurch (um in Zeitbegriffen der physischen Ebene zu sprechen) anstelle der gewohnten wenigen Stunden seines irdischen Schlafes.

Weiße Magie, S. 327—328

Der wahre Tod tritt nach dem Gesetz ein, wenn das Ziel erreicht ist und darum das Sterben aufhört. Wenn das ätherische Doppel eines Menschen, eines planetarischen Logos und eines Sonnenlogos zerbricht, verliert es seine Polarisation (oder Verankerung) in seinem Bewohner und erlaubt so diesem das Entkommen. Es ist (um es anders auszudrücken) keine Quelle der Anziehung, kein magnetischer Brennpunkt mehr. Es wird unmagnetisch, und das große Gesetz der Anziehung verliert seine Herrschaft darüber; darum folgt die Auflösung der Form.

Eine Abhandlung über kosmisches Feuer, S. 129—130 (engl.)

„Das Gesetz verlangt den Einlaß dessen, was eine Änderung bewirken kann."

Unter Berücksichtigung dessen, was ich an anderer Stelle mitgeteilt habe, wird einem klar, daß das, was Eingang finden muß, jener lebenswichtige, konzentrierte Wille ist, der — einmal bei einem Einzelmenschen, einer Gruppe, einem Volk, einem Naturreich (einem planetarischem Zentrum), und in unserem Planeten als Ganzem, das heißt also in allen planetarischen Zentren gleichzeitig in Bewegung gebracht — eine Erregung, einen veränderten Rhythmus, eine neue Tendenz und Triebkraft, ein Auf- und Entstehen und demzufolge ein Sichzurückziehen verursacht. Die Veränderungen, die beim Tod des physischen Körpers in den Zentren stattfinden, sind bis jetzt noch nie beobachtet oder aufgezeichnet worden; für das Auge des Eingeweihten sind sie jedoch ganz klar erkennbar und erweisen sich als höchst interessant und aufschlußreich. Gerade die Erkenntnis des Zustandes der Zentren ermög-
448] licht dem Eingeweihten — wenn er daran geht, Heilung zu schenken — zu wissen, ob die physische Heilung des Körpers erlaubt ist oder nicht. Er kann im Anschauen erkennen, ob das Willensprinzip der Zurückziehung, auf das ich hingewiesen habe, aktiv vorhanden ist oder nicht. Denselben Vorgang kann man bei Organisationen und Zivilisationen beobachten, wenn deren Formaspekt zerstört wird, damit sich das Leben zurückziehen und sich später in einer angemesseneren Form wieder aufbauen kann. Das Gleiche gilt auch für die großen Einweihungsvorgänge, bei denen nicht nur das Bewußtsein erweitert wird, sondern die auch in dem Todes- oder Zurückziehungsprozeß wurzeln, der zu Auferstehung und Aufstieg führt.

Was eine Änderung bewirkt, ist eine Entladung (um einen gänzlich unzulänglichen Ausdruck zu verwenden) gelenkter und konzentrierter Willensenergie. Diese besitzt eine so starke magnetische Qualität, daß sie das Leben der Zentren an sich zieht; dadurch bewirkt sie die Auflösung der Form, zugleich aber auch die Befreiung des Lebens. Der Tod im üblichen Sinne des Wortes

kommt zum Einzelmenschen, wenn der Wille-zum-Leben im physischen Körper schwindet und der Wille zum Zurückziehen an seine Stelle tritt. Dies nennen wir Tod. Beim Tod im Kriege handelt es sich dann nicht um den individuellen Willen zum Zurückziehen, sondern um die zwangsweise Teilnahme an einer Gruppenzurückziehung. Von ihrer eigenen Stätte aus erkennt die Seele des Einzelmenschen das Ende eines Inkarnationszyklus und ruft ihr Leben zurück. Dies bewirkt sie durch eine Entladung der Willensenergie, die stark genug ist, um die Änderung herbeizuführen ... Christus meinte diese Zurückziehung in bezug auf das dritte große planetarische Zentrum, die Menschheit, als Er sagte (und Er sprach als Repräsentant der Hierarchie, des zweiten planetarischen Zentrums, in das alle Menschenwesen, die eine Einweihung erlangen, esoterisch „zurückgezogen werden"): „Wenn ich erhöht sein werde, werde ich alle Menschen zu Mir ziehen." Ein anderes Wort als dieses wird am Ende des Zeitalters gesprochen werden, wenn nämlich der Herr der Welt von Shamballa
449] aus (dem ersten planetarischen Zentrum) sprechen und der Hierarchie das Lebensprinzip entziehen wird; dann wird alles Leben und alles Bewußtsein im planetarischen Kopfzentrum — der Großen Ratskammer von Shamballa — konzentriert sein.

„Das Gesetz verlangt, daß die so bewirkten Änderungen die Form beseitigen, Qualität ans Licht bringen und den Nachdruck auf das Leben legen."

Hier werden die drei großen Aspekte — Form, Qualität und Leben — zueinander in Beziehung gebracht, und der Kernpunkt des Evolutionszieles — LEBEN — wird in seinem wahren Lichte erkannt. Beachtet diese Ausdrucksweise. Die Form oder Erscheinung, die ihren Zweck erfüllt hat, verschwindet, ihr Tod tritt ein. Die Qualität, die göttliche Haupteigenschaft, die auf diesem Planeten entwickelt wird, tritt die Herrschaft an; sie „ist sich ihrer selbst bewußt" — wie die alten Schriften es ausdrücken. Sie ist wesensgleich geworden und individuell, hat aber keine Form zum Werkzeug, außer der jenes größeren Ganzen, in dem sie ihren

Platz findet. Weder Form noch Qualität (weder Körper noch Bewußtsein) sind das Wichtigste in dem neuen Daseinszustand, sondern einzig und allein der Lebensaspekt; der Geist auf seiner eigenen Ebene wird zur beherrschenden Macht. Ein schwaches, undeutliches Erkennen der Bedeutung dessen mag in euch aufdämmern, wenn ihr daran denkt, daß unsere sieben Ebenen nur die sieben Unterebenen der kosmisch-physischen Ebene sind. Die Entwicklung der Empfindungsfähigkeit in dieser siebenfältigen Evolution muß deshalb durchgemacht werden, damit der Eingeweihte fähig werde, auf der kosmischen Astralebene zu wirken, wenn er sich nach den höheren Einweihungen zurückgezogen hat. Er wird dann gänzlich von unserem planetarischen Leben abgezogen. Nur ein einziger Umstand könnte dies verhindern, und zwar der, daß er sich verpflichtet, eine Zeitlang im planetarischen Wirkungsbereich zu dienen. Von solchen Mitgliedern der Hierarchie, die sich zu dieser Arbeit verpflichten, wird behauptet, sie hätten das buddhische Bewußtsein; und der Weg ihres Abstiegs ist (okkult verstanden) der vom Ewigen Pilger, dem Herrn der Welt, dann zum Buddha und dann zum Christus. Sie bleiben auf Grund freier Wahl wesenseins mit der „im Lichte erlebten Qualität", und sie wirken für die Dauer ihres freiwillig geleisteten
450] Dienstes mit dem Bewußtseinsaspekt, um später dann den Schwerpunkt auf den Lebensaspekt zu legen ...

Eine Abhandlung über die sieben Strahlen, Bd. V

Die achtzehn Feuer müssen verlöschen; die geringeren Lebewesen (die das Prinzip der Form, des Verlangens und Denkens, also die Gesamtheit aller Schöpferkraft, die auf magnetischer Liebe beruht, in sich verkörpern) müssen in das Sammelbecken des Lebens zurückkehren; nichts darf zurückbleiben als das, was sie zum Sein veranlaßte: der zentrale Wille, der an den Wirkungen seiner Ausstrahlung oder seines Atems erkannt wird.

Diese Zerstreuung, dieser Tod oder diese Auflösung ist in Wirklichkeit eine große Wirkung, die von der zentralen Ursache ausgeht; folglich lautet das Gebot: *„Dies müssen sie durch Erweckung des Willens zustandebringen“* ... Der Jünger findet seine Gruppe in des Meisters Ashram und bemeistert bewußt und mit voller Klarsicht den Tod — den lange gefürchteten Feind des Daseins. Er entdeckt, daß Tod einfach eine Wirkung ist, die vom Leben und durch seinen bewußten Willen herbeigeführt wird; daß er eine Methode ist, mit der er die Substanz lenkt und die Materie beherrscht. Dies wird ihm deshalb bewußt möglich, weil er — nachdem er Gewahrsein für zwei göttliche Aspekte (schöpferische Tätigkeit und Liebe) entwickelt hat — nun in dem höchsten Aspekt konzentriert ist und sich als den WILLEN, das Leben, den Vater, die Monade, den Einen, erkennt.

Sieben Strahlen, Bd. V

Ein großer Aufruhr in allen Naturreichen hat diese Zeit und Generation charakterisiert; das herausragende Merkmal dieses Aufruhrs ist eine gewaltige Zerstörung aller Formen göttlichen Lebens in jedem Reich gewesen. Unsere moderne Zivilisation hat einen Todesstoß empfangen, von dem sie sich nie mehr erholen wird; man wird ihn jedoch eines Tages als den „befreienden Stoß“ und als das Signal für das erkennen, was besser und neuer ist und dem sich entwickelnden Geist erleichtert, in Erscheinung zu treten. Große, durchdringende Energien und die von ihnen er-
451] weckten Kräfte sind im Widerstreit zusammengestoßen, und dieser Kampf hat — bildlich gesprochen — das Mineralreich in die Himmel erhoben und Feuer vom Himmel herabgebracht. Ich spreche hier von Tatsachen, nicht nur symbolisch. Die Körper von Männern, Frauen und Kindern, wie auch von Tieren, sind zerstört worden; die Formen des Pflanzenreiches und die Wirkkräfte des Mineralreiches sind zersetzt, zerstreut und vernichtet worden. Das zusammenhängende Leben aller planetarischen Formen wurde vorübergehend aus dem Zusammenhang gerissen. Eine alte Prophezeiung hat das so ausgedrückt: „Kein echter vereinter Laut schwingt von einer Form zur anderen, von

einem Leben zum anderen. Nur ein Schmerzensschrei, ein Verlangen nach Rückerstattung und ein Ruf nach Befreiung von Qual, Verzweiflung und fruchtlosem Bemühen geht hinaus von hier nach dort."

All dieser Aufruhr des — geistigen, psychologischen und physischen — „Erdbodens" der Welt, alle diese Zerreißung der Formen und der vertrauten Umrisse unseres planetarischen Lebens *mußte* stattfinden, ehe die Hierarchie in das öffentliche Bewußtsein treten konnte; all das mußte auf die Menschenseelen einwirken, bevor das Neue Zeitalter anbrechen konnte, das die Wiederherstellung der Mysterien und die Rehabilitierung der Völker der Erde mit sich bringt. Beides geht Hand in Hand. Das ist einer der Hauptpunkte, den ich hervorheben möchte. Die Zerstörung, die Auflösung und die völlig chaotischen Zustände, die seit den letzten fünfhundert Jahren in allen Naturreichen bestehen, haben endlich zu entsprechenden physischen Zuständen geführt. Das ist gut und wünschenswert; es kennzeichnet das Vorspiel zum besseren Aufbau einer besseren Welt, die Schaffung geeigneter Lebensformen und richtigerer menschlicher Anschauungen sowie eine vernünftigere Einstellung zur Wirklichkeit. Das Beste soll erst kommen.

Es wird jetzt alles sehr schnell an die Oberfläche gebracht — das Gute und das Schlechte, das Wünschenswerte und das Un-
452] erfreuliche, das Vergangene und das Künftige (denn beide sind eins); die Pflugschar Gottes hat ihr Werk nahezu vollbracht; das Schwert des Geistes hat eine schlechte Vergangenheit von der strahlenden Zukunft getrennt, und beide erscheinen im Auge Gottes als notwendige Beiträge; unsere materielle Zivilisation wird rasch einer mehr dem Geiste zugewandten Kultur Platz machen; unsere Kirchenorganisationen mit ihren begrenzenden und verwirrenden Gotteslehren werden bald der Hierarchie mit den von ihr ausgehenden klaren, den Tatsachen entsprechenden, intuitiven und undogmatischen Lehren weichen.

Eine Abhandlung über die sieben Strahlen, Bd. V

Intensives Verlangen nach von Gefühlen beherrschtem Dasein oder Verhaftetsein ist jeder Form angeboren, erneuert sich ständig von selbst und ist sogar dem Weisesten bekannt.

Wenn das Leben oder der Geist sich zurückzieht, stirbt die Form, okkult. Wenn das Denken des Ego oder des höheren Selbstes sich auf seiner eigenen Ebene beschäftigt, geht keine Energie hinaus zu der Materie der drei Welten, und deshalb ist dort kein Formaufbau und kein Anklammern an die Form möglich. Dies stimmt sowohl mit der okkulten Binsenwahrheit: „Dem Gedanken folgt Energie", sowie auch mit der Lehre überein, daß der Körper des Christusprinzips (der Buddhikörper) sich erst dann harmonisch einzuordnen beginnt, wenn die niederen Impulse vergehen ... Das Anklammern an die Form oder die Anziehungskraft der Form auf den Geist ist der große involutionäre Impuls. Die Zurückweisung der Form und folglich die Auflösung der Form ist der große Evolutionsantrieb.

Das Licht der Seele, S. 137—138 (engl.)

Wenn die Ursache — das Verlangen — ihre Wirkung, nämlich die Persönlichkeit oder den Formaspekt des Menschen, hervorgebracht hat, dann wird die Form so lange weiterleben, als der Wille zum Leben besteht. Sie wird durch die mentale Lebenskraft in sichtbarer Form erhalten. Dies hat sich in den Annalen der Medizin immer wieder gezeigt, denn es hat sich herausgestellt, daß das Leben auf der physischen Ebene wahrscheinlich so lange
453] andauert, als der Entschluß zum Leben besteht; in dem Augenblick jedoch, da dieser Wille zurückgezogen wird, oder wenn der Bewohner des Körpers nicht mehr an der Manifestation als Persönlichkeit interessiert ist, tritt der Tod ein, und es kommt zur Auflösung des Gedankenbildes, des Körpers.

Das Licht der Seele, S. 397 (engl.)

Es gibt zwei Hauptlinien der Evolution: Eine, die mit der Materie und der Form, und die zweite, die mit der Seele, dem Bewußtseinsaspekt, dem Denker in der Form, zu tun hat. Der Weg und der Verlauf des Fortschrittes ist für beide verschieden. Wie schon erwähnt, identifiziert sich die Seele lange Zeit hindurch mit dem Formaspekt und strebt danach, dem „Pfad des Todes" zu folgen; denn das ist der dunkle Pfad für den Denker tatsächlich. Später hört diese Identifizierung durch angestrengtes Bemühen auf; die Seele wird ihrer selbst gewahr, erkennt ihren eigenen Pfad (oder ihr Dharma) und folgt dann dem Weg des Lichtes und des Lebens. Man sollte jedoch immer daran denken, daß für jeden der beiden Aspekte der eigene Pfad der rechte ist, und daß die Impulse, die im physischen Körper oder im Astralleib verborgen liegen, an sich nicht falsch sind. Sie werden in gewisser Hinsicht verkehrt, wenn sie von ihrer rechten Anwendung abgedrängt werden, und diese Erkenntnis war es, die den Jünger im Buch Hiob ausrufen ließ: „Ich habe das, was recht war, verkehrt." Die zwei Entwicklungswege sind voneinander getrennt und verschieden; das muß jeder Aspirant lernen.

Das Licht der Seele, S. 402—403 (engl.)

Die Kunst des Sterbens.

Die Seele mit dem Sitz im Herzen ist das Lebensprinzip, das Prinzip der Selbstbestimmung, der Zentralkern positiver Energie, vermittels dessen alle Körperatome am richtigen Platz festgehalten und dem von der Seele ausgehenden „Willen zum Sein" untergeordnet werden. Dieses Lebensprinzip verwendet den Blutstrom als Ausdrucksmittel und Kontrollorgan, und infolge der
454] engen Verbindung des endokrinen Systems mit dem Blutstrom werden die beiden Aspekte der Seelentätigkeit zusammengebracht, um den Menschen zu einem lebendigen, bewußt wirkenden Wesen zu machen, das von der Seele beherrscht wird und die Absichten der Seele in allen Tätigkeiten des täglichen Lebens zum Ausdruck bringt.

Der Tod ist darum in der Tat ein Vorgang, bei dem diese beiden Energieströme aus dem Herzen und dem Kopf zurückgezogen werden, was dann den völligen Verlust des Bewußtseins und die Auflösung des Körpers zur Folge hat. Der Tod unterscheidet sich vom Schlaf insofern, als *beide* Energieströme herausgezogen werden. Im Schlaf wird nur der Energiefaden zurückgezogen, der im Gehirn verankert ist, und wenn dies geschieht, wird der Mensch bewußtlos. Damit meinen wir, daß sein Bewußtsein oder sein Gewahrseinssinn an anderer Stelle konzentriert ist. Seine Aufmerksamkeit ist nicht mehr auf greifbare, physische Dinge gerichtet, sondern wendet sich einer anderen Welt des Seins zu und sammelt sich in einem anderen Rüstzeug oder Mechanismus. Beim Tode werden beide Fäden zurückgezogen oder im Lebensfaden vereint. Die Lebenskraft hört auf, mit Hilfe des Blutstroms den Körper zu durchdringen, und das Herz stellt seine Funktion ein, ebenso wie das Gehirn aufhört zu registrieren; und so tritt Stille ein. Das Haus ist leer; jede Tätigkeit hört auf, ausgenommen jene erstaunliche, unmittelbare Wirksamkeit, die das Vorrecht der Materie selbst ist und in dem Zersetzungsprozeß zum Ausdruck kommt. Von gewissen Aspekten aus gesehen, zeigt darum dieses Geschehen die Einheit des Menschen mit allem auf, was materiell ist; es beweist, daß er ein Teil der Natur selbst ist, und mit Natur meinen wir den Körper jenes Einen Lebens, in dem wir „leben, weben und sind". In diesen drei Worten: leben, weben und sein — haben wir die ganze Angelegenheit beschlossen. *Sein* ist Wahrnehmung, Eigenbewußtsein und Selbstäußerung, und dafür sind Kopf und Gehirn des Menschen die äußeren Symbole. *Leben* ist Energie, Verlangen in der Form, Zusammenhalt und Anhängen an eine Idee, und dafür sind Herz und Blut die exoterischen Symbole.

455] *Weben* weist hin auf das Hineinwachsen und Reagieren der seienden, wahrnehmenden, lebendigen Wesenheit in und auf das universelle Tätigsein, und dafür sind Magen, Bauchspeicheldrüse (Pancreas) und die Leber die Symbole.

Es muß auch beachtet werden, *daß der Tod daher unter der bewußten Leitung des Ego erfolgt, ungeachtet dessen, wie wenig ein Menschenwesen sich dieser Leitung bewußt sein mag.* Bei den meisten Menschen geht der Prozeß automatisch vor sich, denn wenn die Seele ihre Aufmerksamkeit zurückzieht, ist der Tod die unabwendbare Reaktion auf der physischen Ebene — sei es, daß der zweifache Faden der Lebens- und Vernunftenergie, oder sei es, daß nur der mit der Denkkraft ausgestattete Faden zurückgezogen wird; in diesem Falle bleibt der Lebensstrom noch in Funktion durch das Herz, aber es besteht keine intelligente Wahrnehmung mehr. Die Seele betätigt sich anderwärts und ist auf ihrer eigenen Ebene mit eigenen Angelegenheiten beschäftigt.

Eine Abhandlung über weiße Magie, S. 530—32

Ehe ich ausführlicher auf dieses Thema eingehe, möchte ich noch auf das „Gewebe im Gehirn" verweisen, das bei den meisten Menschen unversehrt, beim erleuchteten Seher jedoch nicht vorhanden ist.

Wie ihr wißt, haben wir im menschlichen Körper einen Lebenskörper, der das Gegenstück zum physischen Leib ist, diesem zugrundeliegt und ihn durchdringt; er ist größer als der physische Körper, und wir nennen ihn den Ätherkörper oder Doppelgänger. Er ist ein Energiekörper und besteht aus Kraftzentren und Nadis oder Kraftfäden. Diese liegen dem Nervenapparat — den Nerven und Ganglien — zugrunde oder sind das Gegenstück dazu. An zwei Stellen im menschlichen Lebenskörper gibt es nun *Ausgänge* für die Lebenskraft. Die eine Öffnung liegt im Sonnengeflecht und die andere im Gehirn, am Scheitel. Zum Schutze beider ist über sie ein engverwobenes Netz aus Ätherstoff gebreitet, das aus ineinandergeflochtenen Schnüren von Lebensenergie besteht.

Während des Todesvorganges schlägt der Druck der Lebensenergie gegen das Gewebe, so daß es schließlich durchlöchert wird
456] und eine Öffnung entsteht. Aus dieser strömt die Lebens-

kraft in dem Maße heraus, wie die Wirkungskraft des abziehenden Einflusses der Seele zunimmt. Bei Tieren, bei Kindern und bei Männern und Frauen, die völlig im physischen und astralen Körper polarisiert sind, ist das Sonnengeflecht das Ausgangstor; also wird hier das Gewebe durchbohrt, so daß der Ausgang frei wird. Bei mentalen Typen und den höher entwickelten Menschen wird das Gewebe am Scheitel des Kopfes in der Gegend der Fontanelle zerrissen, so daß auf diese Weise das denkende, vernünftige Wesen heraustreten kann . . .

Im Todesprozeß sind also die beiden Hauptausgänge: Das Sonnengeflecht (Solarplexus) für das astral polarisierte, physisch eingestellte Menschenwesen und damit für die große Mehrheit, und das Kopfzentrum für den mental polarisierten und geistig orientierten Menschen. Dies ist die erste und wichtigste Tatsache, die man berücksichtigen muß, und man wird leicht erkennen, wie die Tendenz eines Lebens und der Brennpunkt des Lebensinteresses die Art des Ausgangs beim Tode bestimmen. Man kann auch verstehen, daß die Bemühung, das astrale Leben und die emotionale Natur zu beherrschen und das Selbst auf die Gedankenwelt und die geistigen Dinge hin auszurichten, eine bedeutsame Wirkung auf das Erscheinungsbild des Todesvorganges ausübt.

Wenn der Studierende klar denkt, dann wird es ihm deutlich sein, daß der eine Ausgang für den geistigen und hochentwickelten Menschen gilt, während der andere das Menschenwesen niederen Grades betrifft, das kaum über den Tierzustand hinausgekommen ist. Was gilt nun für den Durchschnittsmenschen? Es wird jetzt ein dritter Ausgang vorübergehend verwendet: genau unter der Spitze des Herzens finden wir ein anderes ätherisches Gewebe, das eine Ausgangsöffnung bedeckt. Wir haben also folgende Situation:

1. Der Ausgang im Kopf, der von dem intellektuellen Typus, von Jüngern und Eingeweihten der Welt benutzt wird.

2. Der Ausgang im Herzen, der von dem gütigen, wohlgesinn-
457] ten Menschen benutzt wird, dem guten Bürger, der ein einsichtsvoller Freund und Mitarbeiter philanthropischer Bestrebungen ist.
3. Der Ausgang in der Region des Solarplexus oder Sonnengeflechts, den der emotionale, unintelligente, gedankenlose Mensch und derjenige verwendet, dessen tierische Natur stark ist.

Das ist der erste Punkt in den neuen Mitteilungen, die während des nächsten Jahrhunderts allmählich zum allgemeinen Wissensgut im Westen werden sollen. Vieles davon ist den Denkern des Ostens schon bekannt und gewissermaßen ein erster Schritt zu einem vernünftigen Verstehen des Todesvorganges.

Weiße Magie, S. 535—537

In bezug auf die „Technik des Sterbens" kann ich jetzt nur einen oder zwei Vorschläge machen. Ich beschäftige mich hier nicht mit dem Verhalten der anwesenden Beobachter, sondern nur mit jenen Punkten, die der hinübergehenden Seele den Übergang erleichtern.

Erstens: „Laßt Stille im Zimmer herrschen." Das ist natürlich häufig der Fall. Man muß bedenken, daß der Sterbende für gewöhnlich bewußtlos sein mag. Diese Bewußtlosigkeit scheint eingetreten zu sein, ist aber nicht wirklich. In neunhundert von tausend Fällen ist eine Gehirn-Wahrnehmung vorhanden mit vollem Bewußtsein für die Ereignisse, aber es besteht eine vollständige Lähmung des Willens, sich zu äußern, und völlige Unfähigkeit, die Energie aufzubringen, die Leben andeuten würde. Wenn Stille und Verständnis das Krankenzimmer beherrschen, kann die scheidende Seele mit Klarheit bis zur letzten Minute ihr Werkzeug in Besitz behalten und angemessene Vorbereitungen treffen.

Wenn man später einmal mehr über Farben weiß, wird man nur orangefarbene Lichter im Krankenzimmer eines Sterbenden

erlauben, und diese werden nur dann mit entsprechender Zeremonie aufgestellt werden, wenn bestimmt keine Möglichkeit zur Besserung mehr besteht. Orange unterstützt die Sammlung im Kopf, so wie Rot das Sonnengeflecht anregt und Grün eine be-
458] stimmte Wirkung auf das Herz und die Lebensströme hat.

Wenn man einmal mehr vom Ton versteht, wird man bestimmte Arten von Musik anwenden; bis jetzt gibt es jedoch noch keine Musik, welche die Arbeit der Seele bei ihrem Scheiden aus dem Körper erleichtern könnte, obwohl gewisse Töne auf der Orgel sich als wirksam erweisen werden. Wenn im genauen Todesaugenblick des Menschen eigener Ton angestimmt wird, dann wird dieser Ton die beiden Energieströme einander angleichen und schließlich den Lebensfaden zerreißen; das Wissen darüber weiterzugeben ist jedoch noch zu gefährlich, und deshalb kann es erst später gegeben werden. Ich möchte damit in die Zukunft weisen und die Richtung andeuten, in der sich künftige okkulte Studien bewegen werden.

Man wird außerdem entdecken, daß ein Druck auf gewisse Nervenzentren und Arterien das Werk erleichtern wird. (Diese Wissenschaft vom Sterben wird, wie viele Schüler wissen, in Tibet in Verwahrung gehalten.) Ein Druck auf die Halsschlagader und bestimmte große Nerven in der Kopfregion und auf eine besondere Stelle an der Medulla oblongata (dem verlängerten Mark) wird hilfreich und wirksam sein. Eine genaue Wissenschaft vom Tode wird später unvermeidlich ausgearbeitet werden, aber erst, wenn die tatsächliche Existenz der Seele erkannt und ihre Beziehung zum Körper wissenschaftlich bewiesen sein wird.

Mantrische Sprüche werden ebenfalls angewandt und von den Umstehenden in ganz bestimmter Weise in das Bewußtsein des Sterbenden eingeprägt werden, oder dieser selbst wird sie mit Bedacht und in Gedanken anwenden. Christus zeigte uns ihre Anwendung, als Er laut rief: „Mein Vater, in Deine Hände befehle ich meinen Geist.“ Und wir haben ein weiteres Beispiel in den Worten: „Herr, nun lässest Du Deinen Diener in Frieden

fahren." Der ständige Gebrauch des heiligen Wortes, das halblaut und in einer Tonlage (auf die der sterbende Mensch augenscheinlich reagiert) gesungen wird, kann später auch einen Teil des Übergangsrituals bilden, begleitet von der letzten Ölung, wie sie in der katholischen Kirche erhalten ist. Die letzte Ölung hat eine okkulte, wissenschaftliche Grundlage. Das Kopfende des
459] Sterbenden sollte auch symbolisch nach Osten gewendet und Füße und Hände gekreuzt sein. In dem Zimmer sollte nur Sandelholz verbrannt werden und keinerlei anderes Räucherwerk erlaubt sein, denn Sandelholz ist das Rauchwerk des ersten oder Zerstörer-Strahles, und die Seele ist ja daran, ihre Behausung zu zerstören.

Weiße Magie, S. 540—541

Wenn es einen Faktor gibt, den die Aspiranten erkennen müssen, dann ist es der, sich von der Großen Illusion zu befreien. Arjuna wußte dies und erlag doch der Verzweiflung. Aber in der Stunde der Not verließ Krishna ihn nicht, sondern legte in der Gita die einfachen Regeln nieder, wie man Depression und Zweifel überwinden kann. Sie können kurz wie folgt aufgezählt werden:

1. Erkenne dich als unsterbliches Wesen.
2. Beherrsche dein Denken, denn durch dieses Denken kann das Unsterbliche erkannt werden.
3. Lerne verstehen, daß die Form nur der Schleier ist, der den Glanz der Göttlichkeit verhüllt.
4. Erkenne, daß das Eine Leben alle Formen durchdringt, daß es also keinen Tod, kein Elend, keine Trennung gibt.
5. Löse dich deshalb von der Formseite und komm zu Mir und verweile an dem Orte, wo Licht und Leben ist, so endet die Illusion.

Weiße Magie, S. 335—336

Ein Meister der Weisheit erlernt die Bedeutung jeder einschränkenden Form; dann übernimmt er die Kontrolle und Handhabung des Gesetzes auf der der Form entsprechenden Ebene. Dann ist er der Form entwachsen und legt sie um anderer und höherer Formen willen ab. So macht Er durch das Opfer und den Tod der Form stetig Fortschritte. Stets wird die Form als Gefängnis erkannt; immer muß sie als Opfer sterben, damit das Leben in ihr immer wieder vorwärts und aufwärts eilen kann. Der Pfad der Auferstehung setzt Kreuzigung und Tod
460] voraus und führt von dort zu dem Berge, von dem aus die Auferstehung möglich ist.

Briefe über okkulte Meditation, S. 270

2. *Der Akt der Rückerstattung.*

Wenn ich nun das Bewußtsein der scheidenden Seele (beachtet diese Ausdrucksweise) bespreche, die den Rückerstattungsakt vollzieht, möchte ich wieder darauf hinweisen, daß ich mich mit einem Thema beschäftige, für das es keine sinnlich wahrnehmbare, physische Beweisführung gibt. Gelegentlich werden Menschen, die schon genau an dem Punkte stehen, wo die physische Rückerstattung ganz abgeschlossen ist, wieder in das physische Dasein zurückgebracht. Das ist aber nur dann möglich, solange die bewußte Wesenheit noch den Ätherkörper in Besitz hat, obwohl das Ablegen des grob-physischen Körpers in jeder Hinsicht beendet ist. Obwohl der Ätherleib den ganzen physischen Körper durchdringt, ist er doch viel größer als dieser; der Astralkörper und die Mentalnatur können immer noch ätherisch polarisiert bleiben, selbst wenn der Tod des physischen Leibes tatsächlich eingetreten und die Zurückziehung schon im Gange ist; dieser Tod bedeutet also das Aufhören der Herztätigkeit und die Konzentration der ätherischen Grundkräfte im Gebiet des Kopfes, des Herzens und des Sonnengeflechts.

Die ätherischen Kräfte werden zuerst einmal in den über die Körperform hinausragenden Teil des ätherischen Einflußbereiches zurückgezogen, ehe jene letzte Zerstreuung eintritt, die den Menschen befreit, so daß er als menschliche Seele im Einflußbereich seiner Astralhülle weiterbesteht. Hier haben wir einen einigermaßen neuen Aspekt des Todesprozesses. Die Zurückziehung des Ätherleibes aus dem physischen Körper ist oft erörtert und dargestellt worden. Aber selbst, wenn sie vollzogen wurde, ist der Tod noch nicht endgültig; es bedarf noch einer sekundären Aktivität des Seelenwillens. Diese zweitfolgende Tätigkeit führt dazu, daß alle ätherischen Kräfte in den Urquell entlassen werden, aus dem sie hervorgingen; dieser ist das allgemeine Kräfte-
461] Sammelbecken. Vergeßt nicht, daß der Ätherleib kein eigenes, ihn kennzeichnendes Leben hat. Er ist nur ein Verschmelzungsprodukt all der Kräfte und Energien, die den physischen Körper beseelten und ihn während seines äußeren Lebenslaufes zur Tätigkeit anspornten. Berücksichtigt außerdem, daß die fünf Zentren entlang der Wirbelsäule nicht im physischen Körper liegen, sondern sich an ganz bestimmten Punkten in der entsprechenden ätherischen Substanz befinden; sie sind (auch im Falle des unentwickelten, noch mehr aber beim durchschnittlichen Menschen) mindestens fünf Zentimeter vom physischen Rückgrat entfernt. Die drei Kopfzentren liegen ebenfalls außerhalb des grobphysischen Körpers. Wenn ihr das im Auge behaltet, werdet ihr leichter die Aussage verstehen können, daß der physische Körper *an sich* leer ist, wenn die beobachtenden Sachverständigen den Tod feststellen, daß aber der Mensch vielleicht trotzdem noch nicht wirklich tot ist. Ich möchte euch auch daran erinnern, daß dies für die vielen kleineren Zentren genauso wie für die großen Zentren gilt, die uns so vertraut sind.

Die letzten kleineren Zentren, die „ins Nichts dahinschwinden", um in die Gesamtheit der ätherischen Substanz aufgelöst zu werden, sind die beiden, die in der Region der Lungen liegen und eng mit diesen verbunden sind. Auf diese beiden Zentren wirkt

die Seele ein, wenn sie aus irgendeinem Grunde wieder in den grob-physischen Körper zurückgerufen wird. Wenn diese Zentren zu einer zurückkehrenden oder neuen, einwärts gerichteten Tätigkeit gebracht werden, kehrt der Lebensatem in die verlassene physische Form zurück. Die unbewußte Erkenntnis dieser Tatsache bildet den Anlaß für das Verfahren, das normalerweise in allen Fällen von Ertrinken oder Erstickung angewandt wird. Wenn ein Mensch einer Krankheit unterliegt und folglich der physische Körper geschwächt ist, sind solche Wiederherstellungsübungen nicht möglich und sollten nicht angewandt werden. Bei plötzlichem Tod durch Unfall, Selbstmord, Mord, infolge unerwarteter Herzanfälle oder durch die Kriegsereignisse ist der Schock derart, daß die sonst gemächlich verlaufende Seelenzurückziehung vollständig aufgehoben wird; die Räumung des physi-
462] schen Körpers und die vollständige Auflösung des Ätherleibes erfolgen praktisch gleichzeitig. In normalen Fällen, wenn der Tod durch Krankheit eintritt, geht das Entweichen langsam vor sich, und es besteht die Möglichkeit, für eine kürzere oder längere Zeitspanne zurückzukehren, falls die Krankheit nicht so bösartig ist, daß sie einen zu großen Verfall des betreffenden physischen Organismus verursacht hat. Das kommt öfters vor, besonders, wenn der Lebenswille stark oder die Lebensaufgabe nicht ganz erfüllt und nicht richtig abgeschlossen ist.

Noch auf einen anderen Punkt möchte ich eingehen; er betrifft den ewigen Streit, der zwischen der Dualität des grob-physischen Körpers und des Ätherleibes ausgetragen wird. Das physische Element (diesen Namen gibt man dem integralen Leben des physischen Körpers) und die Seele, welche versucht, die Gesamtheit der miteinander verbundenen Energien des Ätherkörpers zurückzuziehen und aufzulösen, stehen in heftigem Kampf miteinander, und dieser Prozeß ist oft hitzig und langwierig. Eben dieser Kampf wird in der langen oder kurzen Zeit der Bewußtlosigkeit ausgetragen, die so viele Todesszenen kennzeichnet. Es gibt esoterisch gesehen zwei Arten des Komas: Einmal das „Koma

des Kampfes", das dem wirklichen Tode vorausgeht; und außerdem das „Koma der Wiederherstellung", das eintritt, wenn die Seele zwar den Bewußtseinsfaden oder -aspekt, nicht aber den Lebensfaden zurückgezogen hat, in dem Bemühen, dem physischen Element Zeit zu geben, damit es seine Herrschaft über den Organismus wiedergewinnen und somit die Gesundheit wiederherstellen kann. Bis jetzt erkennt die moderne Wissenschaft noch nicht den Unterschied zwischen diesen beiden Aspekten des Koma. Wenn einmal später die ätherische oder hellsichtige Schau weiter verbreitet ist, wird man die Beschaffenheit des gerade herrschenden Komas erkennen, und es werden dann nicht länger Hoffnung oder Verzweiflung herrschen. Die Freunde und Verwandten des Bewußtlosen werden genau wissen, ob sie einer großen, endgültigen Zurückziehung aus der gegenwärtigen Inkarnation zuschauen, oder ob sie einfach einen Wiederherstellungsprozeß beobachten. Im letzteren Falle behält die Seele immer noch — durch die Zentren — die Gewalt über den phy-
463] sischen Körper, aber sie hält vorübergehend alle Anregungsprozesse auf. Ausgenommen davon sind das Herzzentrum, die Milz und zwei kleinere Zentren, die mit dem Atemapparat verknüpft sind. Diese werden in normaler Weise weiter aktiviert, wenn auch in geringerem Maße; dadurch bleibt die Kontrolle über den physischen Körper erhalten. Wenn die Seele auf den echten Tod ausgeht, übernimmt sie zuerst einmal die Herrschaft über die Milz, sodann über die zwei kleineren Zentren und schließlich über das Herzzentrum; damit stirbt der Mensch.

Das oben Gesagte wird euch einen kleinen Begriff von den vielen Einzelheiten des Sterbens geben, die noch von der orthodoxen Medizin entdeckt werden müssen und die erst dann offenbart werden, wenn die Menschheit eine gesteigerte Feinfühligkeit erreicht hat.

Ich möchte euch bitten, daran zu denken, daß wir uns bei allen gegenwärtigen Betrachtungen mit den Reaktionen und Tätigkeiten der Seele beschäftigen, die mit Bedacht ihren inkarnierten

Aspekt zurückruft, weil ein Lebenszyklus beendet ist. Die Frist,
die diesem Lebenslauf gesetzt ist, mag lang oder kurz sein, je
nach den Absichten, die damit verbunden sind; sie mag nur ein
paar kurze Jahre umfassen oder auch ein Jahrhundert. Vor dem
siebten Lebensjahr ist die Lebenskraft des physischen Elements
weitgehend der bestimmende Faktor. Die Seele ist im Äther-
körper zentralisiert, beansprucht aber die Zentren nicht voll;
sie übernimmt lediglich eine sanft pulsierende Kontrolle und
eine sanft antreibende Aktivität — die ausreicht, um das Be-
wußtsein zu erhalten, die mannigfachen physischen Vorgänge zu
aktivieren und die Ausbildung des Charakters und der Anlagen
einzuleiten. Diese treten bis zum einundzwanzigsten Jahr immer
deutlicher hervor und festigen sich zu dem, was wir die Persön-
lichkeit nennen. Bei Jüngern ist die Herrschaft der Seele über
die ätherischen Zentren gleich von Anfang des physischen Da-
seins an viel stärker. Wenn das vierzehnte Jahr erreicht ist, kann
die Beschaffenheit und Wesensart der inkarnierten Seele sowie
ihr ungefähres Alter oder ihre Erfahrung bestimmt werden; die
464] physischen, astralen und mentalen Elemente stehen unter
Kontrolle, und die Seele, der innewohnende geistige Mensch,
bestimmt schon die Lebenstendenzen und die Entscheidungen,
die im Leben getroffen werden.

Wenn beim gewöhnlichen Menschen der Tod beabsichtigt ist,
ist der Kampf zwischen dem physischen Element und der Seele
ganz ausgeprägt; dieses Sterben wird „lemurisches Scheiden" ge-
nannt; beim Durchschnittsmenschen — bei dem der Brennpunkt
des Lebens in der Begierdenatur liegt — wird der Kampf zwi-
schen dem Astralelement und der Seele ausgetragen, und dieses
Sterben nennt man „den Tod eines Atlantiers"; bei Jüngern ist
dieser Kampf fast ganz mentaler Art; dabei geht es dann oft
einerseits um den Willen zu dienen und den Entschluß, einen
bestimmten Aspekt des Planes zu erfüllen, andererseits um den
Willen, in voller Kraft zum Ashramzentrum zurückzukehren.
Bei Eingeweihten gibt es keinen Kampf, sondern lediglich ein

bewußtes, wohlüberlegtes Sichzurückziehen. Recht sonderbar: wenn es hier einen Streit zu geben scheint, so findet er zwischen den beiden Elementarkräften statt, die dann in der Persönlichkeit zurückbleiben: dem physischen Element und dem Mentalleben. In der Ausrüstung eines Eingeweihten hohen Grades findet man kein astrales Element. Das Verlangen ist vollständig überwunden, soweit es des Menschen eigene Natur betrifft.

Faktoren, denen sich die sich zurückziehende Seele gegenübersieht.

Beim physischen Tod und beim Rückerstattungsprozeß muß sich die Seele also mit den folgenden Faktoren befassen:

1. Mit dem physischen Element, dem integrierten und geordneten Leben des physischen Körpers, das unablässig bestrebt ist, unter dem Einfluß der Anziehungskräfte all seiner Bestandteile und deren gegenseitigem Einwirken zusammenzuhalten. Diese Kraft wirkt durch eine Anzahl kleinerer Zentren.
2. Mit dem Ätherkörper, dessen Leben durch die sieben Haupt-
465] zentren zum Ausdruck kommt, die auf astrale, mentale und seelische Antriebsenergien reagieren. Er wirkt auch durch bestimmte kleinere Zentren, die nicht dazu bestimmt sind, auf jenen Aspekt der menschlichen Ausrüstung zu reagieren, der nach H. P. B.s Aussage kein Prinzip ist — den grobphysischen Mechanismus.

Es gibt also zwei Gruppen von kleineren Zentren: jene, die auf das Leben der dichten Materie, auf den Mutteraspekt, ansprechen; sie sind unverkennbar auf dem involutionären Bogen und stammen aus dem vorigen Sonnensystem, in welchem der Mensch mittels dieser geringeren Zentren gelenkt wurde; es waren damals nur ganz wenige der größeren Zentren bei den Eingeweihten und vorgeschrittenen Jüngern jener Zeit schwach angedeutet. Zweitens gibt es jene kleineren Zentren, die für Energien empfänglich sind, die über die Hauptzentren einströmen; diese kommen dann unter die Herrschaft des Astralkörpers und der Mentalausrüstung. Ihr könnt daraus ersehen, warum ich schon früher in dieser Abhandlung auf die kleineren Zentren hinwies. Dessen ungeachtet könnte es für euch von Interesse sein, wenn ich noch einmal die Stellen angebe, an denen sich die einundzwanzig kleineren Zentren befinden.

1. Zwei liegen vor den Ohren, nahe der Stelle, wo die Kinnbacken zusammentreffen.
2. Je eines liegt gerade über jeder Brust.
3. Eines liegt an der Stelle, wo sich die Schlüsselbeine treffen, nahe der Schilddrüse. Diese bildet mit den beiden Brustzentren ein Kräftedreieck.
4. Je eines liegt in jeder Handfläche.
5. Je eines liegt in beiden Fußsohlen.
6. Zwei liegen gerade hinter den Augen.
7. Zwei sind mit den Keimdrüsen verbunden.
8. Eines liegt in der Nähe der Leber.
9. Eines steht mit dem Magen in Zusammenhang; es ist daher
466] mit dem Solarplexus verbunden, aber nicht identisch mit ihm.
10. Zwei sind mit der Milz verbunden; sie bilden eigentlich ein einziges Zentrum, da die beiden übereinander gelagert sind
11. Je eines liegt in den Kniekehlen.
12. Es gibt ein mächtiges Zentrum, das in engem Zusammenhang mit dem Vagusnerv steht. Es ist sehr stark und wird von manchen Schulen als ein Hauptzentrum angesehen; es liegt nicht an der Wirbelsäule, sondern nicht weit entfernt von der Thymusdrüse.
13. Eines liegt in der Nähe des Solarplexus und verbindet diesen mit dem Zentrum an der Basis der Wirbelsäule; dadurch

wird ein Dreieck gebildet zwischen dem Sakralzentrum, dem Solarplexus und dem Zentrum an der Basis der Wirbelsäule.

Die beiden in dieser Aufstellung genannten Dreiecke haben eine sehr reale Bedeutung. Eines liegt über und eines unter dem Zwerchfell.

Man kann also den Tod abermals als einen zweifachen Vorgang ansehen, der vor allem mit dem Ätherkörper zu tun hat. Zuerst einmal wird die ätherische Substanz gesammelt und zurückgezogen, so daß sie nicht länger den grob-physischen Organismus durchdringt, und danach wird sie in jenem vorstehenden Teil des Ätherleibes *verdichtet* (dieses Wort ist mit Bedacht gewählt), der den dichten Körper immer wie eine Hülle umgeben, aber nicht durchdrungen hat. Dieser Teil ist manchmal irrtümlicherweise die Gesundheitsaura genannt worden; er kann während des Sterbens leichter und erfolgreicher photographiert werden als zu irgendeiner anderen Zeit, da sich hier die zurückgezogenen Kräfte mehrere Zentimeter außerhalb des berührbaren Körpers ansammeln. Gerade in diesem Zeitpunkt der sich zurückziehenden Seele wird das „Wort des Todes" gesprochen, und
467] nur vorher ist noch eine Rückkehr zum physischen Leben möglich, so daß die zurückgezogenen ätherischen Kräfte wieder den Körper durchdringen können. Die Verbindung mit allen zurückgezogenen Kräften wird bis zu diesem Zeitpunkt über den Kopf, das Herz oder den Solarplexus, wie auch über die beiden kleineren Brustzentren aufrechterhalten.

Die ganze Zeit hindurch konzentriert sich das Bewußtsein des Sterbenden entweder im emotionellen (astralen) Körper oder in der Mentalhülle; das hängt von der Evolutionsstufe ab. Der Sterbende ist nicht bewußtlos, wie der Zuschauer vielleicht annehmen mag, sondern ist sich dessen voll bewußt, was vorgeht. Wenn er stark auf das physische Leben konzentriert und wenn dieses das beherrschende Verlangen ist, das er am intensivsten empfindet, kann sich dadurch der Kampf verstärken. Das physische Element kämpft dann heftig um sein Dasein, die Begierdenatur kämpft, um das Sterben zu verzögern, und die Seele strebt nach Zurückziehung und Rückerstattung. Das kann einen Todeskampf mit sich bringen — wie es auch häufig geschieht —, der den Zuschauern ganz deutlich sichtbar ist. In dem Maße, wie die Menschheit weiterschreitet und sich entwickelt, wird dieser dreifache Kampf viel seltener werden; das Verlangen nach dem Dasein auf der physischen Ebene wird nicht mehr so anziehend erscheinen, und die Wirksamkeit des Astralkörpers wird schwinden.

Ich wünschte, ihr könntet euch ein (symbolisches) Bild machen sowohl von einem Menschen, der voll in der Inkarnation steht und in dieser Phase seiner Erfahrung verwurzelt ist, als auch von einem Menschen, der sich aus dieser Erfahrung zurückzieht. Das Bild zeigt im kleinen Maßstab eine Wiederholung der großen planetarischen Vorgänge von Involution und Evolution; es betrifft jene Tätigkeiten, die ein konzentriertes Hinstreben in der einen der beiden Richtungen bewirken; es ähnelt dem, was man ein Einströmen von Licht und Leben in ein Gefäß auf der physischen Ebene nennen könnte, oder aber eine Intensivierung der Ausstrahlung dieses Lebens und Lichtes, die so stark ist, daß beide durch die evokative Kraft der Seele zurückgezogen und wieder in das Zentrum des Lebens und des Lichtes herein-genommen werden, aus dem sie ursprünglich kamen. Ich habe euch hier
468] (wenn ihr es nur erkennen könntet) eine Definition der Einweihung gegeben, jedoch in etwas ungewöhnlichen Ausdrücken. Vielleicht könnten einige Zeilen aus dem *Totenbuch,* das sich in den hierarchischen Archiven befindet, das Gesagte etwas erläutern und euch helfen, ein neues Bild vom Tod zu gewinnen. Dieses Buch enthält die sogenannten „Formeln, die dem Pralaya vorausgehen". Sie behandeln alle Todes- und Zurückziehungsvorgänge und gelten für den Tod aller Formen, sei es nun der einer Ameise, eines Menschen oder eines Planeten. Die Formeln haben nur mit den beiden Aspekten von Leben und Licht zu tun —

deren erster durch den TON, der zweite durch das WORT bedingt ist. Die Schrift, die ich meine, betrifft das Licht, und das WORT, das das Licht von der Form abzieht oder es in ihr verdichtet.

„Denke daran, o Chela, daß es in den bekannten Sphären nichts anderes gibt als Licht, das dem WORT antwortet und Folge leistet. Wisse, daß dieses Licht herabsteigt und sich konzentriert; wisse, daß es von dem erwählten Brennpunkt aus die eigene Sphäre erhellt; wisse auch, daß das Licht aufsteigt und dasjenige im Dunkel zurückläßt, was es — in Zeit und Raum — erleuchtet hat. Dieses Herab- und Heraufsteigen nennen die Menschen Leben, Dasein und Sterben; Wir, die Wir den Erleuchteten Weg gehen, nennen es Tod, Erfahrung und Leben.

Licht, das herabsteigt, verankert sich auf der Ebene der zeitbedingten Erscheinung. Es wirft sieben Fäden nach außen, und sieben Lichtstrahlen pulsieren an diesen Fäden entlang. Einundzwanzig kleinere Fäden werden von diesen ausgestrahlt, so daß die neunundvierzig Feuer glühen und brennen. Auf der Ebene des manifestierten Lebens ergeht das Wort: Siehe! Ein Mensch ist geboren!

Mit fortschreitendem Leben tritt die Qualität des Lichtes in Erscheinung; es mag trübe und dunkel sein oder auch strahlend hell und klar. So gleiten die Lichtfunken in der
469] großen Flamme hin und her; sie kommen und gehen. Dies nennen die Menschen Leben; sie nennen es das wahre Dasein. So betrügen sie sich selbst, doch dienen sie damit der Absicht ihrer Seele und fügen sich in den größeren Plan ein.

Und dann ertönt ein WORT. Der herabgestiegene, strahlende Lichtfunke steigt auf; er folgt dem schwach gehörten Ton, der ihn zurückruft, und wird von seinem Urquell angezogen. Dies nennt der Mensch Tod, und dies nennt die Seele Leben.

Das WORT erhält das Licht am Leben; das WORT zieht das Licht zurück, und nur *DAS* bleibt übrig, was das WORT selbst ist. Dieses WORT ist Licht. Das LICHT ist LEBEN, und LEBEN ist GOTT."

Die Manifestation des Ätherkörpers in Zeit und Raum enthält zwei „Augenblicke des Glanzes", wie man es esoterisch nennt. Da ist erstens der Augenblick vor der physischen Inkarnation, wenn das herabsteigende Licht (welches das Leben mit sich bringt) mit aller Intensität um den physischen Körper herum verdichtet wird und eine Verbindung mit dem der Materie selbst innewohnenden Licht, das sich in jedem Substanzatom befindet, herstellt. Dieses sich verdichtende Licht konzentriert sich sodann an sieben Stellen seines Wirkungsbereiches, so daß sieben Hauptzentren geschaffen werden, die seine Wesensäußerung und sein Dasein auf der physischen Ebene — esoterisch gesprochen — leiten und bestimmen werden. Dies ist ein Augenblick großer Strahlung; es ist beinahe so, als ob ein Funke pulsierenden Lichtes zu einer Flamme ausbricht, und als ob in dieser Flamme sieben Kernpunkte verstärkten Lichtes Gestalt annähmen. Dies ist ein Höhepunkt im Werdegang der Inkarnation; er liegt nur eine ganz kurze Zeitspannne vor der physischen Geburt. Er führt die Geburtsstunde herbei. Der nächste Abschnitt in dem Vorgang — so wie ihn der Hellseher sieht — ist das Stadium der Durchdringung, während dessen „die sieben zu den einundzwanzig und dann zu den vielen werden"; die Lichtsubstanz, der Energieaspekt der Seele, beginnt den physischen Körper zu durchdringen;
470] das Schöpferwerk des Äther- oder Lebenskörpers ist vollendet. Die erste Bestätigung dieses Geschehens auf der physischen Ebene ist der „Laut", den das neugeborene Kind ausstößt. Es ist der Höhepunkt des Werdegangs. Der von der Seele ausgeführte Schöpfungsakt ist jetzt vollbracht; ein neues Licht erstrahlt an einem dunklen Ort.

Der zweite Augenblick des Glanzes kommt bei der Umkehrung dieses Prozesses; er kündigt die Zeit der Rückerstattung und die endgültige Zurückziehung der der Seele wesenseigenen Energie an. Das Gefängnis des Fleisches wird durch das Zurückziehen von Licht und Leben aufgelöst. Die neunundvierzig Feuer im physischen Organismus sterben ab; ihre Wärme und ihr Licht werden in die einundzwanzig Lichtpunkte und diese wiederum in die sieben Hauptzentren absorbiert. Dann wird das „Wort der Rückkehr" ausgesprochen, und der Bewußtseinsaspekt, die Qualitätsnatur, das Licht und die Energie des inkarnierten Menschen werden in den Ätherleib zurückgezogen. Ebenso zieht sich das Lebensprinzip vom Herzen zurück. Dann folgt ein strahlendes Aufflammen reinen elektrischen Lichtes; der „Lichtkörper" bricht schließlich jeden Kontakt mit der grob-physischen Hülle ab, konzentriert sich eine kurze Zeit lang im Lebenskörper und verschwindet dann. Der Rückerstattungsakt ist vollzogen. Dieses ganze Geschehen — die Verdichtung der geistigen Elemente im Ätherleib und später die Zurückziehung und Zerstreuung dieses Körpers — würde außerordentlich beschleunigt werden, wenn man an Stelle des Begräbnisses die Verbrennung einführte.

Zwei Hauptgründe für die Verbrennung.

Okkult gesprochen ist die Verbrennung aus zweierlei Gründen notwendig. Sie beschleunigt das Loskommen der feinen Körperhüllen (die noch die Seele umgeben) vom Ätherleib, so daß die Befreiung in ein paar Stunden anstatt in einigen Tagen erfolgt; außerdem ist sie ein sehr notwendiges Mittel, um die Astralebene
471] zu reinigen und „die Abwärtstendenz" des Verlangens aufzuhalten, welche die sich inkarnierende Seele so stark behindert. Diese Tendenz kann dann keinen Ansatzpunkt finden, weil das Feuer seinem Wesen gemäß den formschaffenden Aspekt des Verlangens zurücktreibt und ein Hauptausdruck

des Göttlichen ist; zu diesem hat die Astralebene keine echte Beziehung, da sie ganz von der menschlichen und nicht von der göttlichen Seele geschaffen wurde. „Unser Gott ist ein verzehrendes Feuer", steht in der Bibel, und diese Feststellung bezieht sich auf den ersten göttlichen Aspekt, den Aspekt des Zerstörers, der das Leben freiläßt. „Gott ist die Liebe" kennzeichnet den zweiten Aspekt und schildert Gott als inkarniertes Dasein. „Gott ist ein eifernder Gott" ist ein Ausdruck, der auf Gott als fest umrissene und begrenzte, egozentrische und nicht sich erweiternde Form hinweist. Der zerstörende Laut; das anziehende Wort; die individualisierte Sprache!

Zur Zeit des Todes schwindet die Sprache, wenn das WORT intoniert und die Rückerstattung erzwungen wird; später hört man auch das WORT nicht mehr, da es vom LAUT ausgelöscht oder absorbiert wird; dann wird all das vollständig ausgemerzt, was diesen stört. Es tritt dann Schweigen ein, und auch der LAUT selbst ist nicht mehr zu hören; vollständiger Friede folgt dem Akt der letzten Integration. Hiermit ist in okkulter Sprache der ganze Todesvorgang beschrieben.

Es ist wichtig, und man sollte beachten, daß die Kunst des Sterbens nach dem grundlegenden, fundamentalen Gesetz der Anziehung vor sich geht, und daß der Liebesaspekt, der zweite Aspekt der Göttlichkeit, die Anziehung bewirkt. Ich schließe hier die plötzlichen Todesfälle aus. Bei diesen ist das Geschehen die Folge des Zerstörers oder des ersten göttlichen Aspektes. Die Bedingungen sind hier andere; eine individuelle karmische Notwendigkeit mag dabei überhaupt nicht vorliegen, sondern es stehen dann vielleicht sehr dunkle oder mit einer Gruppe zusammenhängende Gründe hinter einem solchen Geschehen. Das Thema ist derzeit noch so unverständlich oder dunkel, daß ich nicht versuchen werde, es aufzuhellen. Ihr wißt noch nicht genug
472] vom Karmagesetz, von karmischer Gruppenschuld oder von Beziehungen und Verpflichtungen, die in vergangenen Leben hergestellt wurden. Wenn ich zum Beispiel sage, daß die Seele

gelegentlich „das Tor des Schutzes offen läßt, so daß die Todeskräfte ganz frisch eintreten können (da sie keinen Konzentrationspunkt hinter dem Tor haben)“, damit „frühere, jetzt fällige Strafen schneller ausgelöscht werden“, dann könnte ihr daraus ersehen, wie dunkel und verwirrend die ganze Angelegenheit sein kann.

Bei allem, was ich hier schreibe, beschäftige ich mich lediglich mit den normalen Todesvorgängen — mit dem Tode, der sich einstellt als Folge von Krankheit, hohen Alters oder des zwingenden Willens der Seele, die einen bestimmten Erfahrungszyklus abgeschlossen hat und die normalen Wege benutzt, um gesteckte Ziele zu erreichen. In diesen Fällen ist der Tod *normal,* und dies muß die Menschheit mit größerer Geduld, Einsicht und Hoffnung begreifen.

Nach dem Gesetz der Anziehung übt die Seele am Ende eines Lebenslaufes mit voller Absicht ihre Anziehungskraft derart aus, daß sie die der Materie innewohnende Anziehungskraft aufhebt. Dies ist eine klare Definition der grundsätzlichen Todesursache. Dort, wo kein Seelenkontakt bewußt hergestellt wurde, wie es ja bei den meisten heute lebenden Menschen der Fall ist, tritt der Tod als ein unerwartetes oder trauriges vorzeitiges Ereignis ein. Und dennoch *ist er eine echte Seelenwirksamkeit.* Dies ist die erste große geistige Idee, die verkündet werden muß, wenn man die Furcht vor dem Tode bekämpfen will. Das Sterben geht nach diesem Gesetz der Anziehung vor sich und besteht in der stetigen, wissenschaftlich begründeten Zurückziehung des Lebenskörpers aus dem grob-physischen Körper; dies führt schließlich zur Ausschaltung jeglichen Seelenkontaktes in den drei Welten.

Die Reihenfolge der Ereignisse beim Tode.

Um diese Angelegenheit noch vollständiger zu klären, halte ich es für das beste, wenn ich die Reihenfolge der Ereignisse be-

schreibe, die am Totenbett vor sich gehen; dabei möchte ich euch daran erinnern, daß es drei Stellen gibt, an denen die endgültige
473] Zurückziehung erfolgen kann: Da ist erstens der Kopf bei Jüngern und Eingeweihten sowie bei vorgeschrittenen Mentaltypen; zweitens das Herz bei Aspiranten, Menschen guten Willens und bei all denen, die ein gewisses Maß an Einheitlichkeit in ihrer Persönlichkeit erreicht haben und versuchen — soweit es an ihnen liegt — das Gesetz der Liebe zu erfüllen; und drittens der Solarplexus bei den unentwickelten und emotionell polarisierten Personen. Ich kann lediglich die Etappen des Prozesses aufzählen und muß es euch überlassen, sie als eine interessante und mögliche Hypothese hinzunehmen, die noch der Beweisführung harrt; ihr könnt auch daran glauben, ohne zu zweifeln, weil ihr Vertrauen zu meinem Wissen habt; oder aber ihr könnt sie als phantastisch, unbeweisbar und überhaupt bedeutungslos zurückweisen. Ich möchte euch die erste dieser drei Möglichkeiten empfehlen, dabei bleiben eure Gedankengänge unbeeinflußt; diese Einstellung zeigt einen offenen Sinn an und wird euch gleichzeitig vor Leichtgläubigkeit und Engstirnigkeit bewahren. Diese Stadien sind also folgende:

1. *Die Seele läßt — von ihrer eigenen Ebene aus — ein „Wort der Zurückziehung" ertönen,* und dadurch wird sogleich ein innerer Prozeß und eine Reaktion im Menschen auf der physischen Ebene veranlaßt.
   a) *Am Sitz der Krankheit stellen sich bestimmte physiologische Vorgänge ein,* und zwar in bezug auf das Herz, dadurch werden auch die drei großen Systeme in Mitleidenschaft gezogen, die den physischen Menschen so stark bestimmen: der Blutstrom, das Nervensystem mit seinen verschiedenen Äußerungsformen und das endokrine Drüsensystem. Mit diesen Auswirkungen will ich mich nicht befassen. Die Pathologie des Todes ist wohlbekannt, und man hat sie exoterisch weitgehend studiert; vieles bleibt

noch zu entdecken und wird später entdeckt werden. Ich beschäftige mich vor allem mit den subjektiven Reaktionen, die letzten Endes die pathologischen Vorbedingungen für den Tod schaffen.

b) *An den Nadis läuft eine Schwingung entlang.* Die Nadis sind bekanntlich das ätherische Gegenstück zum gesamten Nervensystem und liegen jedem einzelnen Nerv im gesamten physischen Körper zugrunde. Sie sind ganz ausge-
474] sprochen die Vermittler der Leitimpulse der Seele, da sie auf die Schwingungstätigkeit reagieren, die von dem ätherischen Gegenstück des Gehirns ausgeht. Sie leisten dem gebietenden WORT Folge, reagieren auf den „Zug" der Seele und bereiten sich dann für die Zurückziehung vor.

c) *Der Blutstrom wird* in einer ganz besonderen, okkulten Weise *beeinflußt.* Es heißt: „Das Blut ist das Leben"; es wird infolge der beiden vorhergehenden Stadien innerlich verändert, hauptsächlich aber durch eine von der modernen Wissenschaft bis jetzt noch nicht entdeckten Wirksamkeit, die durch das Drüsensystem ausgelöst wird. Die Drüsen spritzen auf den Ruf des Todes hin in den Blutstrom eine Substanz ein, die wiederum das Herz angreift, in dem der Lebensfaden verankert ist. Diese Substanz im Blut wird als „todbringend" angesehen und ist eine der Hauptursachen für das Koma und für den Verlust des Bewußtseins. Sie verursacht eine Reflextätigkeit im Gehirn, und ihre Wirkung wird bis jetzt noch von der orthodoxen Medizin bezweifelt, doch wird man ihr Vorhandensein später erkennen.

d) *Ein psychisches Zittern tritt ein;* es bewirkt die Lockerung oder den Bruch des Zusammenhanges zwischen den Nadis und dem Nervensystem; der Ätherkörper wird dadurch von seiner dichten Hülle abgesondert, obwohl er noch immer jeden ihrer Teile durchdringt.

2. An diesem Punkt *tritt häufig eine Pause* von kürzerer oder längerer Dauer ein. Sie wird gewährt, damit der Lockerungsprozeß so glatt und schmerzlos wie möglich vor sich gehen kann. Diese Lockerung der Nadis beginnt in den Augen. Der Loslösungsprozeß zeigt sich in der Entspannung und Furchtlosigkeit, die man bei Sterbenden so oft feststellen
475] kann; sie zeigen sich in einem Zustand des Friedens und der Bereitschaft, zu gehen, und sind augenscheinlich außerstande, sich noch irgendwie gedanklich anzustrengen. Es ist, als ob der Sterbende — obwohl noch bei Bewußtsein — alle seine Kräfte für die letzte Zurückziehung sammeln würde. Dies ist das Stadium, in dem — wenn erst die Todesfurcht ein für allemal aus dem Menschendenken beseitigt ist — die Freunde und Verwandten des Scheidenden „ein Fest für ihn veranstalten" und sich mit ihm freuen werden, weil er den Körper verläßt. Zur Zeit ist das nicht möglich. Der Kummer und der Schmerz regiert, und so geht dieses Stadium unerkannt vorbei und wird nicht genutzt, wie es eines Tages geschehen wird.
3. *Danach beginnt der organisch gefügte Ätherleib* — durch die Aktivität der Nadis von allen seinen Nervenverbindungen losgelöst — *sich* zum endgültigen Abgang *zu sammeln.* Er zieht sich aus den Extremitäten zurück, hin zum erforderlichen „Ausgangstor", und verdichtet sich im Gebiet um dieses Tor, wo er auf den letzten „Zug" der leitenden Seele wartet. Bis zu diesem Punkt ist alles nach dem Gesetz der Anziehung vor sich gegangen — nach dem magnetischen, anziehenden Willen der Seele. Nun macht sich ein anderer „Zug" oder Anziehungsimpuls bemerkbar. Der grob-physische Körper, die Gesamtheit der Organe, Zellen und Atome, wird jetzt durch die Tätigkeit der Nadis immer mehr aus der Zusammenhaltekraft des Lebenskörpers befreit; er beginnt auf die Anziehung der Materie selbst zu reagieren. Dies ist der sogenannte „irdische" Zug, der durch jene ge-

Was lohnt sich zu lernen

Gibt es in uns auch Aspekte, die uns nicht gut gesammen sind

Alchimist

Padberg

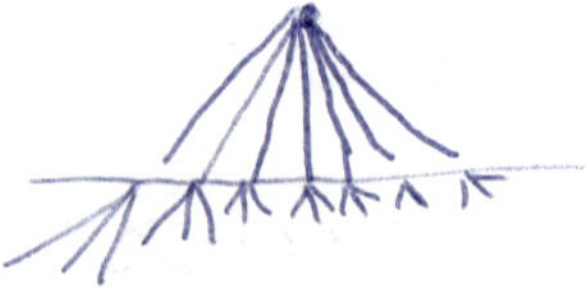

Mental

Physis

7 Sinne

Auge Nase

Ohr Mund

Hände

Herz fühlen lieben

Kleinhirn empfangen

heimnisvolle Wesenheit ausgeübt wird, die wir den „Erdgeist“ nennen. Diese Wesenheit befindet sich auf dem involutionären Bogen und ist für unseren Planeten das, was das physische Element für den physischen Körper des Menschen ist. Diese Lebenskraft der physischen Ebene ist dem Wesen nach das Leben und das Licht der Atomsubstanz — der Materie, aus der alle Formen geschaffen sind. Diesem Sammelbecken involutionären und materiellen Lebens wird die Substanz aller Formen zurückgegeben. Die Rückerstattung der Materie der Form, die von der Seele während eines
476] Lebenslaufes benutzt wird, besteht darin, diesem „Cäsar“ (oder Kaiser) der involutionären Welt das zurückzugeben, was sein ist, während die Seele zu Gott zurückkehrt, Der sie ausgesandt hat.

Daraus geht hervor, daß in diesem Stadium ein zweifacher Prozeß vor sich geht:

a) Der Lebenskörper wird auf seinen Austritt vorbereitet.

b) Der physische Körper reagiert auf die Auflösungskräfte.

Man könnte sagen, daß noch eine dritte Wirksamkeit hinzukommt. Es ist die des bewußten Menschen, der sein Bewußtsein allmählich und stetig in die astrale und mentale Hülle zurückzieht, als Vorbereitung auf die vollständige Zurückziehung des Ätherleibes — wenn die rechte Zeit dafür gekommen ist. Der Mensch verliert allmählich sein Interesse an der äußeren Welt und zieht sich immer mehr in sich selbst zurück. Bei einem vorgeschrittenen Menschen findet dies bewußt statt; seine lebendigen Interessen und sein Bewußtsein für die Beziehungen zu anderen bestehen weiter, auch während er die Gewalt über sein physisches Dasein verliert. Im hohen Alter kann dieses Sichloslösen leichter festgestellt werden als beim Tod durch Krankheit; und häufig kann man sehen, wie die Seele oder der lebendige, interessierte innere Mensch die Herrschaft über die physische, also illusorische Wirklichkeit verliert.

4. *Wiederum folgt eine Pause.* An diesem Punkt kann das physische Element manchmal seinen Einfluß auf den Ätherkörper wieder zurückgewinnen, wenn dies der Seele wünschenswert erscheint, wenn also der Tod nicht auf dem Programm des inneren Planes steht, oder wenn das physische Element eine solche Macht besitzt, daß es den Sterbeprozeß verlängern kann. Dieses Elementarleben wird manchmal Tage und Wochen lang kämpfen. Wenn aber der Tod unabwendbar ist, ist die Pause an dieser Stelle äußerst kurz — manchmal dauert sie nur Sekunden. Das physische Element
477] hat seine Gewalt verloren, und der Ätherleib wartet auf den letzten „Ruck" von der Seele her, die nach dem Gesetz der Anziehung wirkt.

5. *Der Ätherleib tritt aus dem grob-physischen Körper heraus* — schrittweise und an dem gewählten Austrittsort. Wenn dieser Austritt vollzogen ist, nimmt der Lebenskörper ungefähr den Umriß der Form an, die er vorher belebte; dies geschieht unter dem Einfluß der Gedankenform, die sich der Mensch all die Jahre hindurch von sich gemacht hat. Diese Gedankenform besteht in jedem Menschen, und sie muß zerstört werden, ehe das zweite Stadium der Ausmerzung endgültig abgeschlossen ist. Darauf wollen wir später zurückkommen. Obwohl der Ätherkörper nun aus dem Gefängnis des physischen Körpers befreit ist, so ist er doch noch nicht von dessen Einfluß frei. Es besteht immer noch eine geringfügige Verbindung zwischen beiden, und diese hält den geistigen Menschen immer noch in der Nähe des eben verlassenen Körpers fest. Deshalb behaupten Hellseher oft, daß sie sehen, wie der Ätherkörper um das Totenbett oder den Sarg herumschwebt. Noch immer durchdringen ihn jene integrierenden, zusammenhaltenden Energien, die wir den Astralleib und die Mentalhülle nennen, und im Mittelpunkt ist ein Lichtkern, der auf die Anwesenheit der Seele hindeutet.

6. *Der Ätherleib zerteilt und zerstreut sich allmählich* in dem Maße, wie die Energien, aus denen er besteht, reorganisiert und zurückgezogen werden; sie lassen dann nur noch die Pranasubstanz zurück, die eins wird mit der Ätherhülle des Planeten selbst. Dieser Zerstreuungsprozeß wird, wie ich schon früher gesagt habe, durch die Verbrennung sehr gefördert. Beim unentwickelten Menschen kann es sein, daß der Ätherkörper noch eine lange Zeit hindurch in der Nähe seiner äußeren, zerfallenden Schale verweilt, da der „Zug" der Seele nicht so stark ist wie der des materiellen Aspektes. Wenn der Mensch fortgeschritten ist und sich daher in seinem Denken von der physischen Ebene losgelöst hat, kann die Auflösung des Lebenskörpers sehr rasch vor sich gehen. Ist sie einmal vollzogen, dann ist der Rückerstattungsprozeß
478] beendet; der Mensch ist — wenigstens zeitweilig — befreit von allen Reaktionen gegenüber der Anziehungskraft der physischen Materie. Er weilt in seinen feineren Körpern und ist bereit für den großen Akt, den ich die „Kunst der Ausmerzung" genannt habe.

Zum Schluß dieser unzulänglichen Betrachtung über das Sterben des physischen Körpers in seinen beiden Aspekten drängt sich noch ein Gedanke auf: Der Gedanke an die Integrität oder Unverletzlichkeit des inneren Menschen. *Er bleibt er selbst.* Er ist unberührt und unbehindert; er ist frei und unabhängig in bezug auf die physische Ebene, und er reagiert jetzt nur mehr auf drei vorbestimmende Faktoren:

1. Auf die Qualität seiner astral-emotionellen Ausrüstung.
2. Auf den Mentalzustand, in dem er gewohnheitsmäßig lebt.
3. Auf die Stimme der Seele, die ihm oft fremd, manchmal aber wohlbekannt ist und die geliebt wird.

Die Individualität geht nicht verloren; derselbe Mensch ist noch immer auf dem Erdenplaneten vorhanden. Es ist nur das verschwunden, was ein integraler Teil der greifbaren Erscheinung unseres Planeten war. Das, was geliebt oder gehaßt wurde, was für die Menschheit nützlich oder eine Belastung war, was ihr gedient hat oder für sie wertlos war —, all das bleibt weiter bestehen und ist noch immer in Berührung mit den qualitativen und gedanklichen Daseinsvorgängen; und es wird immer dableiben — individuell, in seinen Eigenschaften bestimmt durch den Strahltypus, als Teil des Seelenreiches, und als ein hoher Eingeweihter aus eigenem Recht.

3. Zwei wichtige Fragen.

Ich habe auf den vorhergehenden Seiten versucht, einen Einblick in das wahre Wesen dessen zu geben, was wir Tod nennen. Der Tod ist die — bewußte oder unbewußte — Zurückziehung der inneren, lebendigen Wesenheit aus der äußeren Hülle und deren innerer, lebenerfüllter Entsprechung; und schließlich ist er das Zurücklassen des feineren Körpers oder der feineren Körper, je nach der Evolutionsstufe des Menschen. Ich habe auch zu zeigen versucht, daß dieser wohlvertraute Prozeß etwas ganz Normales ist.

Das Entsetzen, das den Tod auf dem Schlachtfeld oder durch einen Unfall begleitet, besteht in dem Schock, der jählings den
479] Ätherleib durchzuckt; das erfordert zwangsläufig eine rasche Umstellung der Kräfte dieses Körpers sowie eine plötzliche und unerwartete Neuordnung seiner Bestandteile als Reaktion auf eine bestimmte Maßnahme, die der Mensch in seinem kamamanasischen Körper notgedrungen vornehmen muß. Diese Maßnahme bezweckt keineswegs, den inneren Menschen wieder in den Ätherkörper zurückzubringen, sondern erzwingt ein Zusammenfinden der verstreuten Aspekte dieses Körpers nach dem Gesetz der Anziehung, damit seine endgültige, vollständige Auflösung stattfinden kann.

Bevor ich nun unser Thema (Die Kunst der Ausmerzung) durchnehme, möchte ich noch zwei Fragen beantworten, die mir sehr wichtig erscheinen; sie werden häufig von ernsthaften und intelligenten Schülern gestellt:

Die erste Frage gibt eigentlich der Enttäuschung über die hier gegebenen Unterweisungen Ausdruck. Man könnte sie wie folgt fassen: Warum greift der tibetanische Lehrer nicht bestimmte oder grundlegende Krankheiten auf, warum behandelt er nicht deren Pathologie, warum gibt er keine Heilmittel dafür an oder schlägt keine Behandlungsweisen vor, warum zeigt er nicht die direkten Ursachen auf und erläutert im einzelnen die Genesungsvorgänge? Weil es in technischer Hinsicht wenig gibt, meine Brüder, das ich dem hinzufügen könnte, was die Medizin bereits über die Symptome und den Sitz einer Krankheit sowie über die allgemeinen Tendenzen des Krankheitsverlaufes ermittelt hat. Beobachtung, Experimente, Erprobung und Irrtum, Erfolg und Mißerfolg haben dem modernen Menschen ein umfassendes und ganz genaues Wissen über die äußeren Aspekte und Wirkungen der Krankheit vermittelt. Die Zeit und ständig geschulte Beobachtung haben ebenfalls ganz spezifische Heilmittel, Linderungsverfahren oder Vorbeugungsmaßnahmen (wie etwa die Impfung gegen die Pocken) aufgezeigt, und diese haben sich nach vielen Jahren als hilfreich erwiesen. Überdies steigern Forschung und Versuch sowie die ständig zunehmenden Behandlungsmöglichkeiten, welche die Wissenschaft bietet, die Fähigkeit des Menschen, zu helfen, manchmal zu heilen, häufig den Zustand zu bessern und die Schmerzreaktionen zu vermindern. Die medizinische Wissenschaft
480] und chirurgische Geschicklichkeit haben derart gewaltige Fortschritte gemacht, daß die Dinge, die man heute weiß und bis zu einem gewissen Grade begreift, in ihren wissenschaftlichen und therapeutischen Aspekten zu umfassend und verwickelt wurden; es traten daher die Spezialisten in Erscheinung — jene Fachleute, die sich auf ein spezielles Gebiet konzentrieren und sich also nur mit bestimmten Erkrankungsformen befassen. Darin erlangen

sie große Geschicklichkeit, Erfahrung und Wissen, und sie haben häufig Erfolge aufzuweisen. All dies ist gut, trotz allem, was Eigenbrötler, Anhänger einer Lieblings-Heilmethode oder gar jene sagen mögen, die gegen den akademischen Arzt voreingenommen sind und irgendeinen Kult oder eines der neueren Heilverfahren vorziehen.

Der Grund, warum es diese neueren Wege und Verfahren gibt, liegt in folgendem: Die Medizin hat derartige Fortschritte gemacht, daß sie jetzt die Grenzen des rein physischen Betätigungsfeldes erreicht hat und nun daran geht, in das Reich des Unberührbaren vorzustoßen und damit der Welt der Ursachen näherzukommen. Eben aus diesem Grunde habe ich meine Zeit nicht damit verschwendet, Einzelheiten von Krankheiten darzustellen, spezielle Krankheiten, deren Symptome oder Behandlung aufzuzählen oder zu erörtern, weil all das in den verfügbaren Lehrbüchern erschöpfend behandelt ist; außerdem kann man diese Dinge in ihren vielen und verschiedenartigen Stadien in unseren großen Krankenhäusern erfahren.

Ich habe mich jedoch mit den verborgenen Ursachen von Krankheiten — wie etwa der Tuberkulose, der Syphilis oder dem Krebs — beschäftigt, die im individuellen Menschen, in der Menschheit als Ganzem wie auch in unserem Planeten angelegt sind. Ich habe den psychologischen Ursprung der Krankheit verfolgt und auf ein praktisch ganz neues Feld hingewiesen, in dem die Krankheit — vor allem in den Anfangsstadien — studiert werden kann.

Wenn einmal die psychologische Grundlage der Krankheit klar erkannt und deren Realität vom orthodoxen Arzt, Chirurgen, Psychologen und Priester anerkannt wird, dann werden sie alle in diesem sich entfaltenden Bereich gegenseitigen Verstehens zusammenarbeiten; das, was heute verschwommen „vorbeugende Medizin" genannt wird, wird dann zu seinem Recht kommen. Ich möchte diesen Bereich der medizinischen Praxis lieber definieren als die planvolle Zusammenfassung jener Methoden, *nach*
481] *denen sich die Krankheiten vermeiden lassen*, und die Ent-

wicklung jener Verfahrensweisen, nach denen man dem Menschen von Jugend auf eine richtige psychologische Schulung geben kann; dadurch, daß man den rechten Nachdruck auf den inneren, geistigen Menschen legt, werden jene Zustände unwirksam gemacht und jene Gewohnheiten vermieden, die heute unvermeidlich zu Konstitutionsmängeln, zu eindeutig symptomatischen Krankheiten und schließlich zum Tode führen.

Bei der obigen Aussage denke ich nicht an irgendeine bekräftigende oder spekulative Wissenschaft, wie etwa an die Christliche Wissenschaft oder an jene Geistesrichtungen, die alle Krankheiten auf die Denkkraft zurückführen. Ich denke vielmehr an die unmittelbare Notwendigkeit rechter psychologischer Schulung, die sich auf ein Wissen um die Konstitution des Menschen, auf die Wissenschaft von den sieben Strahlen (die Kräfte, die den Menschen bestimmen und ihn zu dem machen, was er ist), und auf die esoterische Astrologie gründen. Ich denke an die praktische Anwendung von Kenntnissen, die bisher als etwas eigenartig und als esoterisch angesehen wurden und denen sich jetzt allmählich die allgemeine Aufmerksamkeit zuwendet; die letzten fünfundzwanzig Jahre haben darin schon große Fortschritte gebracht. Ich denke weder an die Abschaffung der medizinischen Behandlung noch daran, für die neueren Behandlungsmethoden einzutreten, die alle noch im Versuchsstadium stecken, aber zur medizinischen Gesamtwissenschaft etwas beizutragen haben; aus diesem gemeinsamen Beitrag sollte sich eine umfassendere und elastischere Einstellung gegenüber dem Patienten ergeben.

Das Bild, das ich in dem Kapitel über den psychologischen Hintergrund aller Krankheiten kurz umrissen habe, wird bis zur Vollendung noch viel Zeit erfordern; bis dahin ist der Beitrag der Medizin unentbehrlich. Trotz Fehler, falscher Diagnosen und vieler Irrtümer kann die Menschheit nicht ohne Ärzte, Chirurgen und Krankenhäuser auskommen. Sie sind dringend nötig, und das wird noch jahrhundertelang so sein. Diese Feststellung ist kein Grund zur Enttäuschung. Die Menschheit kann nicht sofort

in einen Zustand vollkommener physischer Gesundheit versetzt werden, obwohl eine richtige psychologische Schulung und Erziehung von Kindheit an im Laufe weniger Jahrzehnte schon viel erreichen kann. Die unguten Zustände haben sich seit langem
482] entwickelt. Die moderne Medizin muß viel aufgeschlossener werden, weit mehr bereit (nach angemessener wissenschaftlicher Überprüfung), das gutzuheißen, was ungewöhnlich ist und eine Neuerung bedeutet. Die Schranken, die von der spezialisierten Medizin errichtet worden sind, müssen abgebrochen werden, die neuen Schulen müssen gesucht, untersucht und belehrt, und schließlich in die orthodoxen Reihen aufgenommen werden. Die neuen Richtungen, etwa diejenigen, die sich mit der Elektrotherapie befassen, die Chiropraktiker, die Diätbefürworter, die behaupten, sie könnten alle Krankheiten durch die rechte Ernährung heilen, die ziemlich exzentrischen Naturheilkundigen und noch viele andere Kulte und Schulen dürfen nicht so überheblich und sicher sein, daß sie das Gesamtbild haben, daß *ihre* Art des Vorgehens die einzige sei oder daß sie ein universelles Allheilmittel haben, das allein einzigartig und unfehlbar sei. Diese Gruppen — besonders die Chiropraktiker — haben ihrer Sache ganz ausgesprochen geschadet und ihre Bemühungen gelähmt durch die laut verkündete Sicherheit (auf einem Gebiet, das noch im Versuchsstadium steckt), und durch die ständigen Angriffe auf die Schulmedizin. Die letztere wiederum hat sich selbst dadurch Schranken gesetzt, daß sie nicht erkennen wollte, was an den neueren Schulen gut und richtig ist; sie ist zur Gegnerschaft gebracht worden, weil diese Gruppen nach Anerkennung schrien und weil ihnen wissenschaftliche Methoden fehlten. Die orthodoxe Medizin will die Öffentlichkeit schützen, und sie muß das unbedingt tun, um Katastrophen zu vermeiden, die von Fanatikern und durch unerprobte Methoden herbeigeführt würden; aber sie ist in dieser Hinsicht zu weit gegangen. Die Denkrichtung, für die ich mich hier in diesen Unterweisungen einsetze, wird ebenfalls angegriffen und abgelehnt werden, und zwar noch für lange Zeit.

Die mentalen und psychologischen Wirkungen des Weltkrieges werden jedoch die Anerkennung der psychologischen Grundlagen der Krankheit und anderer Beschwerden sehr beschleunigen; die moderne Medizin steht daher vor ihrer größten Chance.

Eine Verbindung von echter medizinischer Wissenschaft (wie sie der Mensch seit alten Zeiten unter der Inspiration seines göttlichen Wesens hervorgebracht hat) mit den neueren Behandlungsweisen, wie sie in den vielen neu auftretenden Schulen angewandt
483] werden, mit Praxis und Versuch, mit der Anerkennung der Energien, die durch die sieben Zentren des Lebenskörpers wirken und den Menschen bestimmend beeinflussen, sowie mit den astrologischen Einflüssen, die auf ihn ebenfalls einwirken, und zwar *über den inneren Menschen* —, all dies wird schließlich die neue medizinische Denkweise hervorbringen, die den Menschen bei guter Gesundheit erhält und die Krankheit in den Frühstadien zum Stillstand bringt; und sie wird schließlich jenen Zyklus im Menschheitsleben einleiten, in dem Krankheit und Beschwerden Ausnahmen und nicht die Regel sein werden, wie es heute der Fall ist, und in welchem der Tod als ein glückliches vorbestimmtes Freiwerden und nicht wie heute als ein gefürchteter Feind angesehen werden wird.

Die zweite Frage hat ganz spezifisch mit den Todesvorgängen zu tun. Man hat gefragt: Wie ist die Einstellung des Tibeters gegenüber der Feuerbestattung, und unter welchen Bedingungen sollte man diese vollziehen? Es ist sehr erfreulich und ein großes Glück, daß die Verbrennung heutzutage immer mehr zur Regel wird. In nicht allzu ferner Zeit wird das Erdbegräbnis gegen das Gesetz verstoßen, und die Verbrennung wird gesetzlich vorgeschrieben werden, und zwar als eine Gesundheits- und Hygienemaßnahme. Jene ungesunden, psychischen Plätze, die man Friedhöfe nennt, werden schließlich genauso verschwinden, wie jetzt die Ahnenverehrung zu Ende geht, sowohl im Osten — mit seinem Ahnenkult — wie auch im Westen mit seinem ebenso törichten Kult der Erbmasse.

Mit Hilfe des Feuers werden alle Formen aufgelöst; je schneller die menschliche physische Hülle zerstört wird, desto schneller wird ihre Herrschaft über die sich zurückziehende Seele gebrochen. Es ist in der üblichen theosophischen Literatur eine Menge Unsinn erzählt worden über die zeitliche Reihenfolge des Abbaus der feineren Körper. Es sollte jedoch gesagt werden, daß die Verbrennung in dem Augenblick möglich ist, wenn durch den orthodoxen Arzt der *wirkliche* Tod wissenschaftlich festgestellt wurde und man ganz sicher ist, daß kein Lebensfunke mehr im physischen Körper zurückgeblieben ist. Dieser vollständige oder wirkliche Tod tritt ein, wenn der Bewußtseinsfaden und der Lebensfaden vollständig aus dem Kopf und dem Herzen zurückgezogen
484] worden sind. Gleichzeitig haben hier Ehrfurcht und eine gelassene, nichts überstürzende Haltung ihren rechtsmäßigen Platz. Die Familie des Toten braucht einige Stunden, um sich an die Tatsache des bevorstehenden Verschwindens der äußeren, normalerweise geliebten Formgestalt zu gewöhnen; ebenso sind die vom Staat oder von der Gemeinde vorgeschriebenen Formalitäten genau zu beachten. Dieses Zeitelement gilt hauptsächlich für die Hinterbliebenen, also für die Lebenden und nicht für den Toten. Die Behauptung, daß der Ätherleib nicht in die Flammen gestürzt werden dürfe, und der Glaube, daß man ihn eine bestimmte Anzahl von Tagen umhertreiben lassen müsse, haben ebenfalls überhaupt keine echte Grundlage. Vom Ätherischen aus gesehen besteht kein Grund zur Verzögerung. Wenn sich der innere Mensch von seiner physischen Hülle zurückzieht, zieht er sich gleichzeitig aus dem Ätherkörper zurück. Es stimmt, daß dieser dazu neigt, lange Zeit auf dem „Feld der Ausstrahlung“ zu verweilen, wenn der physische Körper begraben ist, und oft besteht er so lange weiter, bis der grobe Körper vollständig zerfallen ist. Das Verfahren des Mumifizierens, das in Ägypten angewandt wurde, und das der Einbalsamierung, die man im Westen praktiziert, waren und sind die Ursache dafür, daß der Ätherleib manchmal jahrhundertelang fortbesteht. Dies ist besonders dann der

Fall, wenn die Mumie oder der Einbalsamierte im Leben einen schlechten Charakter hatte; der umherschwebende Ätherleib ist dann oft „besessen“ von einer bösen Wesenheit oder einer bösen Kraft. Dies ist die Ursache für die Angriffe und die Unglücksfälle, die sich oft an die Fersen derer heften, welche uralte Gräber und deren Bewohner, alte Mumien, aufstöbern und diese samt ihrem Besitz ans Tageslicht bringen. Dort, wo die Verbrennung üblich ist, wird nicht nur der physische Körper sofort zerstört und an den Substanzquell zurückgegeben, sondern es wird auch der Lebenskörper unverzüglich aufgelöst, und dessen Kräfte werden durch die Flammenströme in das Sammelbecken der Lebensenergien weggetrieben. Er war ja immer ein zugehöriger Teil dieses Sammelbeckens, sei es nun geformt oder in formfreiem Zustand

485] Nach Tod und Verbrennung bestehen diese Kräfte immer noch weiter, aber sie werden in das *ihnen entsprechende* Ganze absorbiert. Denkt über diese Aussage nach, denn sie wird euch den Schlüssel zum schöpferischen Wirken des Menschengeistes geben. Wenn mit Rücksicht auf die Gefühle der Angehörigen oder wegen behördlicher Vorschriften eine Verzögerung notwendig ist, sollte die Verbrennung innerhalb von sechsunddreißig Stunden nach dem Tod erfolgen; wenn kein Grund zur Verzögerung besteht, kann sie mit Recht nach zwölf Stunden erlaubt werden. Es ist jedoch gut, wenn man zwölf Stunden wartet, um sicher zu sein, daß der Tod auch wirklich eingetreten ist.

Sechstes Kapitel

Die Kunst der Ausmerzung

486] Um wieder den Faden unserer Unterweisung aufzunehmen, wollen wir jetzt die Tätigkeit des inneren, geistigen Menschen betrachten, der seinen physischen und ätherischen Körper verlassen hat und sich nun in der Hülle des feinen Körpers aufhält — eines Körpers, der aus Astral- oder Empfindungssubstanz und aus Mentalsubstanz besteht. Infolge der stark emotionellen und gefühlsverhafteten Polarisation des Durchschnittsmenschen hat sich die Vorstellung eingebürgert, daß der Mensch sich nach dem wirklichen Tode zu allererst in seinen Astralkörper und dann später in seinen Mentalkörper zurückzieht. Das ist jedoch nicht ganz richtig. Grundlage dieser Vorstellung ist ein Körper, der sich hauptsächlich aus Astralstoff zusammensetzt. Nur wenige Menschen sind bis jetzt so entwickelt, daß die Hülle, in der sie sich nach dem Tode befinden, zum Großteil aus Mentalsubstanz besteht; nur Jünger und Eingeweihte, die meistens in der Gedankenwelt leben, befinden sich nach dem Tode unmittelbar auf der Mentalebene. Die meisten Menschen entdecken, daß sie sich auf der Astralebene befinden, in eine Hülle aus astralem Stoff gekleidet und einer Zeit der Ausmerzung in dem illusorischen Reich der Astralebene überantwortet.

Wie schon früher erwähnt, hat die Astralebene kein wirkliches Dasein, sondern ist nur eine illusorische Schöpfung des Menschengeschlechts. Von nun an wird sie jedoch (durch die Niederlage der Kräfte des Bösen und infolge des katastrophalen Rückschlages, den die Schwarze Loge erlitt) allmählich zu einer sterbenden Schöpfung werden; und in der Schlußepoche der Menschheitsgeschichte
487] (in der siebenten Wurzelrasse) wird sie nicht mehr vorhan-

den sein. Heute ist das noch nicht der Fall. Die Empfindungssubstanz, aus der die Astralebene besteht, wird immer noch zu Illusionsformen zusammengezogen und bildet immer noch eine Schranke auf dem Pfade der nach Befreiung strebenden Seele. Diese Substanz hält noch immer die vielen Menschen gefangen, die im Zeitpunkt des Ablebens hauptsächlich für ein Leben des Begehrens, des Wunschdenkens und der Gefühlserregungen empfänglich sind. Diese Menschen sind noch immer die überwiegende Mehrheit. Die Astralebene entstand in den Tagen der Atlantis; den mentalen Bewußtseinszustand gab es damals praktisch noch nicht, obwohl die „Söhne des Denkens“ ihren Platz an einem Orte hatten, der heute die höheren Bereiche dieser Ebene darstellt. Das mentale permanente Atom war in jener Menschenform ebenfalls praktisch inaktiv, und folglich gab es keinen „Anziehungsimpuls“ von dieser Ebene her, wie es heute der Fall ist. Viele Menschen haben noch atlantisches Bewußtsein, und wenn sie aus dem physischen Bewußtseinszustand weggehen und ihren zweifachen physischen Körper ablegen, stehen sie vor dem Problem, den Astralleib auszumerzen; sie haben aber nur wenig zu tun, um sich aus einem mentalen Gefängnis zu befreien. Dies sind die unentwickelten Durchschnittsmenschen, die nach Ausschaltung des Kama- oder Begierdenkörpers kaum noch etwas zu tun haben; es gibt keine Mentalhülle, die sie in einen mentalen Bewußtseinszusammenhang hineinziehen könnte, denn es fehlt das mental polarisierte Kraftfeld; die Seele befindet sich in den höheren Mentalbereichen noch „in tiefer Meditation“ und ist sich ihres Schattens in den drei Welten überhaupt nicht bewußt.

Die Kunst der Ausmerzung umfaßt also drei Kategorien:

1. So wie sie von den Menschen ausgeübt wird, die rein astrale Eigenschaften und Konstitution haben. Diese nennen wir „kamische“ Menschen.
2. So wie sie von jenen ausgeglichenen Menschen angewendet
488] wird, die integrierte Persönlichkeiten sind und „kamamanasische“ Individualitäten genannt werden.

3. So wie sie von vorgeschrittenen Menschen und Jüngern aller Grade ausgeübt wird, deren Bewußtsein hauptsächlich in der Welt des Denkens zentralisiert ist. Diese nennt man „manasische" Menschen.

Alle werden von denselben Grundgesetzen beherrscht, doch liegt der Schwerpunkt jedesmal an anderer Stelle. Ihr müßt bedenken, daß dort, wo es kein physisches Gehirn gibt und das Denken unentwickelt ist, der innere Mensch praktisch in einer Umhüllung aus Astralstoff *erstickt* wird und lange Zeit hindurch in dem versunken ist, was wir die Astralebene nennen. Der kamamanasische Mensch hat die sogenannte „Freiheit des zweifachen Lebens"; er sieht sich im Besitz einer zweifachen Form, die es ihm ermöglicht, nach Belieben mit den höheren Regionen der Astralebene und mit den niederen Regionen der Mentalebene in Berührung zu kommen. Ich möchte euch wieder daran erinnern, daß es kein physisches Gehirn gibt, das diese Kontakte registrieren könnte. Das Bewußtsein für einen Kontakt hängt von der naturgemäßen Aktivität des inneren Menschen und dem besonderen Zustand seiner Fassungskraft und Wahrnehmung ab. Der Manasmensch besitzt einen durchscheinenden Mentalkörper mit einer Lichtdichte, die in direktem Verhältnis zu seinem Freisein von Begierde und Emotionen steht.

Diese drei Menschentypen machen einen ähnlichen Ausscheidungsprozeß durch, verfahren aber dabei nach verschiedenen Methoden. Um der Klarheit willen könnte gesagt werden:

1. *Der kamische Mensch* merzt seinen Astralkörper durch Abnutzung aus und verläßt ihn über das astrale Gegenstück zum Solarplexus-Zentrum. Diese Abnutzung kommt deshalb zustande, weil auf dieser Stufe alle innewohnenden Begierden und Gefühlsregungen mit der tierischen Natur und dem physischen Körper zusammenhängen — die es beide ja jetzt nicht mehr gibt.

2. *Der kama-manasische Mensch* wendet zwei Methoden an. Das ist ganz natürlich so, da er zuerst einmal seinen Astralleib und dann seine Mentalhülle beseitigt.

489] a) Er stößt den Astralkörper mit Hilfe seines wachsenden Verlangens nach dem Gedankenleben ab. Er zieht sich allmählich und stetig in den Denkkörper zurück, so daß der Astralkörper esoterisch abnimmt und schließlich verschwindet. Dies geschieht meistens unbewußt und kann eine ziemlich lange Zeit erfordern. Wenn jedoch der Mensch über dem Durchschnitt steht und daran ist, ein Manasmensch zu werden, erfolgt dieses Verschwinden plötzlich und dynamisch; dann steht der Mensch in seinem Mentalkörper frei da. Dies geschieht schnell und bewußt.

b) Er zerbricht den Mentalkörper durch einen Akt des menschlichen Willens und auch deshalb, weil die Seele beginnt, allmählich sich ihres Schattens bewußt zu werden. Der innere Mensch wird daher zur Seele hingezogen, wenn auch noch etwas schwach. Dieser Prozeß geht verhältnismäßig schnell vonstatten und hängt vom Ausmaß des manasischen Einflusses ab.

3. *Der Manasmensch*, der jetzt in seinem Mentalkörper konzentriert ist, hat ebenfalls zweierlei zu vollbringen:

a) Er muß sich von allen astralen Rückständen, die vielleicht seinen durchscheinenden Mentalkörper noch verfärben, freimachen und sie auflösen. Der sogenannte Astralkörper ist jetzt als Teil der Wesensäußerung praktisch nicht mehr vorhanden. Der Mensch erreicht dies dadurch, daß er in verstärktem Maße Licht von der Seele hereinruft. Eben das Seelenlicht löst in diesem Stadium die Astralsubstanz auf, so wie das vereinigte Seelenlicht der Gesamtmenschheit schließlich die — wiederum sogenannte — Astralebene auflösen wird.

b) Er muß den Mentalkörper durch die Anwendung bestimmter Machtworte zerstören. Diese Worte werden dem Jünger über das Ashram seines Meisters mitgeteilt. Sie führen Seelenkraft in einem sehr verstärktem Maße heran und bewirken folglich eine derartige Bewußtseinserweiterung im Mentalkörper, daß dieser zerbricht und
490] für den inneren Menschen kein Hindernis mehr bildet. Er kann jetzt als freier Sohn des Denkens im Ashram seines Meisters stehen, und er „wird nicht mehr hinausgehen“.

Das Geschehen unmittelbar nach dem Tode.

Unmittelbar nach dem Tode und besonders, wenn eine Verbrennung stattgefunden hat, ist sich der Mensch im kama-manasischen Körper seiner Umwelt ebenso bewußt und ihr gegenüber ebenso aufmerksam wie zu der Zeit, als er noch auf der physischen Ebene lebte. Diese Ausdrucksweise läßt einen gewissen Spielraum in bezug auf den Umfang des Bewußtseinsbereiches und des Wahrnehmungsvermögens, denn einen ähnlichen Spielraum muß man den auf der physischen Ebene Lebenden zuerkennen. Die Menschen sind sich der Umstände oder des unmittelbaren Erlebens nicht alle in gleichem Maße bewußt. Da jedoch die meisten mehr emotionell als physisch bewußt sind und in hohem Maße in ihrem Astralkörper polarisiert leben, ist der Mensch mit dem Bewußtseinszustand, in dem er sich befindet, sehr vertraut. Vergeßt nicht, daß eine Ebene dem Wesen nach ein Bewußtseinszustand und *nicht* eine Örtlichkeit ist, wie so viele Esoteriker zu denken scheinen. Sie wird erkannt durch die konzentrierte Reaktion des eigenbewußten Menschen, der ständig und deutlich seiner selbst gewahr — ein Empfinden für das, was in seiner Umwelt vorgeht, und für die von ihm ausgehenden Wünsche hat; fortgeschrittene Menschen, die in höheren Regionen der

Astralebene wirken, haben ein Empfinden für ausstrahlende Liebe und für geistiges Leben. Der Mensch beschäftigt sich völlig mit dem, was ihn während seiner Inkarnation interessiert und was mit dem kamischen Prinzip zu tun hat. Darf ich wieder daran erinnern, daß es jetzt kein physisches Gehirn mehr gibt, das auf Impulse, die vom inneren Menschen ausgehen, reagieren kann, und daß es auch kein Geschlecht mehr im physischen Sinne gibt. Die Spiritisten würden gut daran tun, dies zu berücksichtigen, denn dann würden sie die Torheit wie auch die Unmöglichkeit jener
491] geistigen Heiraten begreifen, die von gewissen Richtungen der spiritistischen Bewegung gelehrt und praktiziert werden. Der Mensch in seinem Astralleib ist jetzt frei von den rein tierischen Impulsen, die auf der physischen Ebene normal und richtig sind, jetzt aber für ihn im kamischen Körper keine Bedeutung mehr haben.

Bleiben wir also beim Durchschnittsmenschen, so tritt die Frage auf: Was sind seine ersten Reaktionen und Handlungen nach der Rückgabe des physischen Körpers an das universale Substanz-Sammelbecken? Ich möchte einige dieser Reaktionen aufzählen:

1. Er wird bewußt seiner selbst gewahr. Das bringt eine Klarheit der Wahrnehmung mit sich, die dem Durchschnittsmenschen während seiner Inkarnationszeit unbekannt blieb.
2. Zeit, (die ja die Aufeinanderfolge von Ereignissen ist, insofern sie vom physischen Gehirn registriert werden), existiert jetzt nicht mehr, so wie wir diesen Begriff verstehen; und wenn der Mensch nun seine Aufmerksamkeit dem klarer hervortretenden emotionellen Selbst zuwendet, so folgt *unausweichlich* ein Augenblick direkten Seelenkontaktes. Das ist der Tatsache zuzuschreiben, daß sogar beim unwissendsten und wenigst-entwickelten Menschen der Augenblick der vollständigen Rückerstattung nicht unbemerkt von der Seele vorübergeht. Dies hat eine bestimmte Wirkung auf die Seele, wie etwa ein langer, starker Zug an einem Glok-

kenseil, wenn ich ein so einfaches Gleichnis verwenden darf. Eine kurze Sekunde lang antwortet die Seele, und diese Antwort ist derart, daß der Mensch, der in seinem Astralkörper oder eigentlich in seiner kama-manasischen Hülle weilt, die Erfahrungen der vergangenen Inkarnation wie eine Landkarte vor sich ausgebreitet sieht. Er erlebt ein Gefühl der Zeitlosigkeit.

3. Hat der Mensch nun diese Erfahrungen erkannt, dann tritt folgendes ein: Er sondert jene drei Erlebnisse heraus, die im vergangenen Leben die bestimmenden Hauptfaktoren gewesen sind; sie sind auch die Schlüssel zu der nächsten Inkarnation. Alles andere wird vergessen, alle geringeren Erfahrungen schwinden aus seinem Gedächtnis und hinterlas-
492] sen nichts anderes in seinem Bewußtsein als das, was man esoterisch „die drei Samen oder Keime der Zukunft" nennt. Diese drei Keime sind in einer besonderen Weise mit dem permanenten physischen und astralen Atom verbunden, und damit entsteht jene fünffache Kraft, welche die Formen erschafft, die später einmal erscheinen sollen. Man könnte folgendes sagen:

a) *Der erste Keim* entscheidet später über die Beschaffenheit der physischen Umwelt, in welcher der zurückkehrende Mensch seinen Platz finden wird. Er hat mit der Qualität dieser künftigen Umwelt zu tun und bestimmt somit den nötigen Kontaktbereich oder Kontaktraum.

b) *Der zweite Keim* bestimmt die Beschaffenheit des Ätherleibes, also der Hülle, durch welche die Strahlkräfte mit dem grob-physischen Körper in Berührung kommen können. Er grenzt das ätherische Gerüst oder das Lebensgewebe ab, um das die hereinkommenden Energien kreisen werden, und er hat besonders mit demjenigen Zentrum zu tun, welches in der kommenden Inkarnation das lebendigste und aktivste der sieben sein wird.

c) *Der dritte Keim* gibt den Schlüssel zur Astralhülle, in der sich der Mensch in der nächsten Inkarnation polarisieren wird. Vergeßt nicht: Ich spreche hier von Durchschnittsmenschen, nicht von fortgeschrittenen Persönlichkeiten, von Jüngern oder Eingeweihten. Dieser Keim nun bringt — durch die Kräfte, die er anzieht — den Menschen wieder mit all denen in Verbindung, die er vorher geliebt hat, oder mit denen er einen engen Kontakt hatte. Man kann als Tatsache annehmen, daß die Gruppenidee subjektiv für alle Inkarnationen bestimmend ist und daß der wiederverkörperte Mensch nicht nur auf Grund eigenen Verlangens nach physischer Erfahrung in die Inkarnation gebracht wird, sondern auch auf den Gruppenimpuls hin sowie in Übereinstimmung mit dem Gruppenkarma und mit seinem eigenen. Dies ist ein Punkt, der nachdrücklicher hervorgehoben werden sollte. Hat man dies erst einmal wirklich begriffen und verstanden, dann wird ein Großteil der Furcht verschwinden, die
493] durch den Gedanken an den Tod hervorgerufen wird. Die Vertrauten und Geliebten bleiben, denn die Beziehung zu ihnen ist über viele Inkarnationen hin fest hergestellt worden; der „Alte Kommentar" sagt dazu:

> „Diese Keime des feststellenden Erkennens sind nicht einzig für dich und mich, sondern auch für die Gruppe da; innerhalb der Gruppe verbinden sie in Zeit und Raum den einen mit dem anderen. Nur in den niederen dreien werden diese miteinander Verbundenen ihr wahres Dasein finden. Wenn einmal eine Seele die andere Seele erkennt, und zwar am Sammelplatz in Rufweite des Meisters, dann werden diese Keime verschwinden."

Daraus geht hervor, wie notwendig es ist, die Kinder dazu zu erziehen und zu schulen, aus Erfahrung Erkenntnis und Nutzen zu gewinnen, denn wenn sie dies einmal gelernt haben, wird es diese dritte Tätigkeit auf der Astralebene nach dem Tode sehr erleichtern.

4. Hat der Mensch dieses „Aussondern seiner Lebenserfahrung" vollbracht, dann wird er diejenigen suchen und automatisch finden, die — wie ihm der dritte Keimeinfluß anzeigt — einen ständigen Anteil an dem Gruppenerleben haben, zu dem er als Element bewußt oder unbewußt gehört. Ist die Verbindung einmal wieder hergestellt, dann handelt der Mensch so, wie er es auf Erden in Gemeinschaft mit seinen Vertrauten und entsprechend seinem Temperament und seiner Evolutionsstufe tun würde. Wenn diejenigen, die ihm am nächsten stehen und die er zutiefst liebt oder haßt, noch physisch inkarniert sind, wird er sie ebenfalls aufsuchen und wird — ebenso wie er es auf Erden tat — in ihrer Nähe bleiben; er nimmt ihr Tun und Treiben wahr, auch wenn sie nichts davon wissen (außer sie seien hochentwickelt). Ich kann hier keine Einzelheiten über das gegenseitige Geben und Nehmen oder über die Kontaktarten und -methoden mitteilen. Bei jedem Menschen ist es anders; jedes Temperament ist weitgehend ein Einzelfall. Ich versuche lediglich, gewisse
494] grundsätzliche Verhaltensweisen klarzumachen, die der Mensch vor dem Akt (oder den Akten) der Ausmerzung einhält.

Diese vier Tätigkeiten erstrecken sich über verschieden lange Zeitspannen — vom Blickpunkt derer aus gesehen, „die unten leben"; der Mensch auf der Astralebene nimmt ja keine Zeit wahr. Allmählich erschöpft sich die Verlockung und Verblendung (höheren oder niederen Grades), und der Mensch kommt nun in das Stadium, in dem er — da das Denken nun schärfer und beherrschender ist — *weiß,* daß er bereit ist für den zweiten Tod und für die vollständige Ausmerzung des Kamakörpers oder der kamamanasischen Hülle.

Was man hier stets beachten muß, ist die Tatsache, daß nach der Rückerstattung der beiden physischen Hüllen der innere Mensch vollbewußt ist, wie ich schon früher gesagt habe. Das physische Gehirn und die wirbelnden ätherischen Kräfte (die bei den meisten Menschen etwas in Unordnung sind) sind nicht mehr vorhanden. Diese beiden Faktoren haben Studierende zu dem Glauben verleitet, daß die Erfahrungen des Menschen auf den inneren Ebenen der drei Welten ein verschwommenes Sichtreibenlassen, ein halbbewußtes Erleben darstellen oder eine Lebenswiederholung anzeigen — außer bei sehr weit vorgeschrittenen Menschen, Jüngern und Eingeweihten. Aber das ist nicht der Fall. Ein Mensch ist sich auf den inneren Ebenen nicht nur seiner selbst als eines Einzelwesens bewußt — mit seinen eigenen Plänen und Lebensinteressen — so wie er es auf der physischen Ebene war, sondern er ist sich auch in derselben Weise der ihn umgebenden Bewußtseinszustände bewußt. Er mag vielleicht der Täuschung der Astralwelt verfallen sein oder den telepathischen Eindrücken der mannigfachen Gedankenströmungen unterliegen, die von der Mentalebene ausgehen, aber er ist auch seiner selbst und seines Denkens (oder des bisher entfalteten manasischen Lebens) in einer viel stärkeren Weise bewußt als zu der Zeit, da er sich noch des physischen Gehirns bedienen mußte und der Brennpunkt seines Bewußtseins zwar der des Aspiranten, jedoch im Gehirn verankert war. Sein Erleben ist jetzt viel reicher und intensiver als in der Inkarnation. Wenn ihr darüber noch ein wenig nachdenkt, werdet
495] ihr erkennen, daß dies notwendigerweise so sein muß.

Man darf daher annehmen, daß die Kunst der Ausmerzung viel genauer und wirksamer ausgeübt wird als die Rückerstattung der physischen Hülle. Außerdem muß man noch einen weiteren Punkt in Betracht ziehen. Auf der inneren Seite *wissen* die Menschen, daß das Gesetz der Wiedergeburt den Verlauf der Lebenserfahrung auf der physischen Ebene bestimmt; sie erkennen dann, daß sie vor dem Abstoßen des kama-manasischen oder des manasischen Körpers lediglich eine Übergangszeit zwischen den Inkarnationen durchmachen und daß sie sich folglich zwei großen Erfahrungen gegenübersehen:

1. Ein (je nach der Entwicklungsstufe langer oder kurzer) Augenblick, in dem ein Kontakt mit der Seele oder dem Sonnenengel hergestellt wird.
2. Nach dieser Kontaktnahme findet eine ziemlich heftige Hinwendung zum Erdenleben statt, die zu dem führt, was man den „Vorgang des Abstiegs und des Rufens" nennt, in dessen Verlauf der Mensch:
   a) Sich wieder auf eine physische Inkarnation vorbereitet.
   b) Seinen eigenen, wahren Ton in die Substanz der drei Welten aussendet.
   c) Die permanenten Atome wiederbelebt, die im Kausalkörper ein Kräftedreieck bilden.
   d) Die nötige Substanz zusammenholt, um seinen künftigen Manifestationskörper zu bilden.
   e) Diese mit den Qualitäten und Merkmalen ausstattet, die er bereits durch seine Lebenserfahrung errungen hat.
   f) Auf der Ätherebene die Substanz seines Lebenskörpers so anordnet, daß die sieben Zentren Gestalt annehmen und zu Empfängern der inneren Kräfte werden können.
   g) Mit Bedacht diejenigen auswählt, die ihn mit der für ihn notwendigen grob-physischen Hülle versorgen werden; dann wartet er auf den Augenblick der Inkarnation. Esoterische Schüler sollten nicht vergessen, daß die Eltern
496] nur den grob-physischen Körper beisteuern. Sie beschaffen lediglich einen Körper von einer bestimmten Qualität und Art, ein Werkzeug des Kontaktes mit der Umwelt, das die sich inkarnierende Seele braucht und verlangt. Sie können auch ein gewisses Maß an Gruppenverkettung beisteuern, falls die Seele schon eine lange Erfahrung besitzt und eine echte Gruppenbeziehung bereits besteht.

Diesen beiden kritischen Augenblicken sieht sich der exkarnierte Mensch bewußt gegenüber; und er weiß auch —, in den Grenzen, die ihm seine Evolutionsstufe setzt — was er tut.

Die Devachan-Erfahrung.

Ich möchte auch darauf hinweisen, daß diese bewußte Aktion — die Kunst der Ausmerzung — und dieses Gewahrsein des Vorganges und der Zielsetzung in Wirklichkeit den Bewußtseinszustand darstellen, der von den orthodoxen Theosophen das „Devachan" genannt wird. Über diese Erfahrung gibt es viele Mißverständnisse. Die allgemeine Vorstellung geht dahin, daß der Mensch — nachdem er sich vom Astral- und Mentalkörper losgemacht hat — in eine Art von Traumzustand eintritt, in dem er vergangene Ereignisse im Lichte der Zukunft noch einmal erlebt und betrachtet; und daß er dann durch so etwas wie eine Ruheperiode — eine Art Verdauungsprozeß — hindurchgeht als Vorbereitung auf eine neue Geburt. Diese etwas irrige Idee ist deshalb entstanden, weil der Zeitbegriff noch immer die theosophischen Darlegungen der Wahrheit beherrscht. Wenn man sich jedoch klar macht, daß man außerhalb der Lebenserfahrung auf der physischen Ebene keine Zeit kennt, dann klärt sich die ganze Vorstellung vom Devachan. Vom Augenblick der vollständigen Trennung vom grob-physischen und ätherischen Körper an — und mit dem Einsetzen der Ausmerzung — *ist sich der Mensch der Vergangenheit und Gegenwart bewußt;* ist dann die Ausmerzung vollbracht, die Stunde des Kontaktes mit der Seele gekommen und
497] die Manashülle im Abbau begriffen, so wird er unmittelbar *der Zukunft gewahr,* denn die Vorherschau ist eine Eigenschaft des Seelenbewußtseins, dessen der Mensch eine Zeitlang teilhaftig wird. Darum werden Vergangenheit, Gegenwart und Zukunft als eins gesehen; das Erkennen des Ewigen Jetzt entwickelt sich schrittweise von einer Inkarnation zur anderen und infolge der

ständigen Wiederverkörperung weiter. Dies bildet eine (für den normalen Zustand des vorgeschrittenen Menschen charakteristische) Bewußtseinsstufe, die man Devachanzustand nennen kann.

Es ist nicht meine Absicht, die Methode der Ausmerzung eingehend zu schildern. Die Menschheit befindet sich heute auf so vielen verschiedenen Stufen, die zwischen den drei bereits beschriebenen liegen, daß es unmöglich wäre, genaue und präzise Angaben zu machen. Abnutzung ist verhältnismäßig leicht zu verstehen; der Kamakörper stirbt ab, denn da von der physischen Substanz kein Ruf mehr kommt, der eine Begierde erweckt, gibt es nichts mehr, womit dieser Körper genährt werden könnte. Der Astralkörper entsteht durch das gegenseitige Einwirken zwischen der physischen Ebene — die ja kein Prinzip ist — und dem Prinzip des Begehrens; bei der Wiedergeburt wird dieses Prinzip von der Seele im Mentalkörper mit dynamischer Absicht angewandt, um den Ruf umzukehren; dann folgt die Materie dem Ruf des sich inkarnierenden Menschen. Der kamische Mensch wird nach einem langen Abnutzungsprozeß frei in einer keimhaften Mentalhülle stehengelassen; diese Zeitspanne des halbmentalen Lebens ist außerordentlich kurz und wird beendigt von der Seele, die plötzlich „ihr Auge auf den Wartenden" richtet; und mit dieser gezielten Wirkungskraft lenkt sie den individuellen kamischen Menschen augenblicklich auf den hinunterführenden Pfad der Wiedergeburt. Der sich zurückziehende kama-manasische Mensch reagiert auf den „Zug" eines rasch sich entwickelnden Mentalkörpers. Dieses Sichzurückziehen wird immer schneller und dynamischer, bis schließlich der Probejünger — unter dem Einfluß des ständig wachsenden Seelenkontaktes — den kama-manasischen Körper *als Einheit* zerschmettert, und zwar durch einen Willensakt der Seele. Ihr werdet bemerken, daß die „Devachan"-Erfahrung bei dieser Mehrheit notwendigerweise kürzer
498] ist als bei der kamischen Minderheit; denn die devachanische Methode, auf den Ablauf des Erlebten zurückzublicken und dessen Folgen oder Auswirkungen zu erkennen, wird allmählich

auch vom Menschen auf der physischen Ebene angewandt, so daß ihm der Sinn und die Bedeutung der zugrundeliegenden Absicht bewußt wird und er ständig durch die Erfahrungen lernt, die er in der Inkarnation macht. So werdet ihr auch begreifen, daß die Fortdauer des Bewußtseins sich allmählich ebenfalls entwickelt; das Gewahrsein des inneren Menschen beginnt sich auf der physischen Ebene sichtbar zu manifestieren, zuerst mit Hilfe des physischen Gehirns und später unabhängig von diesem materiellen Gerüst. Ich habe hier einen ganz deutlichen Hinweis gegeben auf ein Thema, das in den nächsten zweihundert Jahren weite Beachtung finden wird.

Der Manasmensch, die integrierte Persönlichkeit, wirkt, wie wir gesehen haben, auf zweierlei Arten, die notwendigerweise von der erreichten Integration abhängig sind. Diese Integration ist von zweierlei Art:

1. Die der integrierten Persönlichkeit, die im Denkvermögen konzentriert ist und eine ständig zunehmende Verbindung mit der Seele gewinnt.
2. Die des Jüngers, dessen integrierte Persönlichkeit jetzt rasch in die Seele eingegliedert und von dieser absorbiert wird.

In diesem Stadium entwickelter Denkfähigkeit und ständiger Gedankenkontrolle (die auf der Tatsache beruht, daß das menschliche Bewußtsein jetzt endgültig in der Mentalhülle konzentriert und dort dauernd verankert ist), erfolgt die frühere Zerstörung des Astralkörpers durch Abnutzung und durch „dynamisches Entgegenwirken" schon während der Inkarnation. Der inkarnierte Mensch will sich nicht mehr vom Verlangen beherrschen lassen; das, was vom illusorischen Astralkörper übrigbleibt, wird jetzt vom Denken beherrscht; die Triebe nach Befriedigung des Verlangens werden mit vollbewußter Absicht zurückgewiesen, entweder wegen selbstsüchtigen, ehrgeizigen Strebens und
499] gedanklicher Zielstrebigkeit der integrierten Persönlichkeit, oder unter der Inspiration der Seelenabsicht, die das Denkvermögen ihren Plänen unterordnet. Wenn der Mensch diese

Evolutionsstufe erreicht hat, kann er die letzten zurückbleibenden Spuren allen Verlangens mit Hilfe der *Erleuchtung* auflösen. In den Anfangsstadien des reinen Manas- oder Mentallebens geschieht dies durch die Erleuchtung, die durch Wissen kommt und bei der hauptsächlich das der Mentalsubstanz eingeborene Licht beteiligt ist. Später, wenn Seele und Denkvermögen eine enge Verbindung miteinander eingehen, beschleunigt und unterstützt das Licht der Seele diesen Prozeß. Der Jünger verwendet dann mehr okkulte Methoden, aber auf diese möchte ich hier nicht eingehen. Der Abbau des Mentalkörpers erfolgt nicht mehr durch die zerstörende Macht des Lichtes selbst, sondern wird mit Hilfe bestimmter Töne beschleunigt; diese werden vom Jünger erkannt, und irgend ein älterer Eingeweihter oder der Meister selbst geben ihm gegen Ende des Inkarnationszyklus die Erlaubnis, sie in zweckentsprechenden Wortformen anzuwenden.

Das zehnte Heilgesetz.

Ich möchte nun bestimmte Grundvoraussetzungen angeben, die wir beim Studium des dritten Teiles beachten müssen, in welchem wir die Grundgesetze des Heilens besprechen. Diese Gesetze und Regeln habe ich euch schon mitgeteilt, aber ich möchte sie jetzt genauer ausführen.

Wir haben etwas ausführlicher die Vorgänge studiert, die unmittelbar stattfinden, wenn sich das Lebensprinzip zurückzieht oder aus dem Körper zurückgezogen wird. Es besteht bei diesen beiden Vorgängen ein Unterschied, der sich auf die evolutionäre Entwicklung gründet. Wir haben den Rückzug des Lebensprinzips und des Bewußtseins aus den feineren Körpern in den drei Welten verfolgt und jetzt den Punkt erreicht, wo wir es nicht mehr mit dem durchschnittlichen oder unentwickelten Menschen
500] zu tun haben. Wir befassen uns jetzt mit der bewußten Tätigkeit der Seele in bezug auf ihren Formaspekt.

Beim unentwickelten oder durchschnittlichen Menschen spielt die Seele beim Tode eine sehr geringe Rolle; ihr Beitrag besteht lediglich in dem Entschluß, den Zyklus des inkarnierten Lebens zu beenden, bevor es wieder zur physischen Ebene zurückkehrt. Die „Keime des Todes“ stecken in der Formnatur und zeigen sich als Krankheit oder Altersschwäche (im technischen Sinne, nicht in der Bedeutung der Umgangssprache); die Seele verfolgt ihre eigenen Interessen auf ihrer Ebene so lange, bis die Integration oder enge Beziehung zwischen Seele und Form durch den Evolutionsprozeß derart echt und stark geworden ist, daß die Seele sich mit ihrer Manifestationsform zutiefst eins weiß. Man könnte also sagen, daß die Seele erst auf dieser Stufe sich zum ersten Male wirklich inkarniert hat, sie „steigt wahrhaft in die Erscheinungswelt herab“ mit ihrer ganzen Natur und Wesenheit. Dies ist ein Punkt, der wenig hervorgehoben oder erkannt worden ist.

In den früheren Leben der inkarnierten Seele und in den meisten Zyklen der Lebenserfahrung kümmert sich die Seele nur sehr wenig um das, was vor sich geht. Die Erlösung der Substanz, aus der alle Formen erschaffen sind, verläuft in naturgegebener Weise, wobei das „Karma der Materie“ die bestimmende und treibende Kraft ist. Darauf folgt zur gegebenen Zeit das Karma, das durch die Verschmelzung von Seele und Form geschaffen wurde, obwohl die Seele in den Anfangsstadien nur sehr wenig Verantwortung hat. Das, was in der dreifachen Seelenhülle geschieht, ist notwendigerweise das Ergebnis der der Substanz selbst innewohnenden Tendenzen. Im Laufe der Zeit und der wiederholten Inkarnationen wird indes durch die Wirkung der innewohnenden Seelenqualität allmählich das Gewissen wachgerufen, und so entsteht mit Hilfe des Gewissens (des angewandten Unterscheidungssinnes, der mit zunehmender Gedankenkontrolle entwickelt wird) ein
501] erwachendes und schließlich ein erwachtes Bewußtsein. Dieses manifestiert sich in erster Linie als Verantwortungsbewußtsein; dadurch kommt es allmählich zu einer immer stärkeren Identifizierung der Seele mit ihrem Werkzeug, dem dreifachen niederen

Menschen. Die Körper werden dann ständig immer reiner; die Keime des Todes und der Krankheit sind nicht mehr so mächtig; die Feinfühligkeit gegenüber der inneren Seelenerkenntnis nimmt so lange zu, bis einmal der eingeweihte Jünger stirbt, entweder *durch einen Akt seines geistigen Willens oder infolge des Gruppenkarmas oder des nationalen oder planetarischen Karmas.*

Krankheit und Tod sind dem Wesen nach Gegebenheiten, die der Substanz innewohnen; genau so lange, wie ein Mensch sich mit dem Formaspekt identifiziert, untersteht er auch dem Gesetz der Auflösung. Dieses Gesetz ist ein grundlegendes, natürliches Gesetz, das für das Leben der Form in allen Naturreichen maßgebend ist. Wenn der Jünger oder der Eingeweihte sich mit der Seele identifiziert und wenn die Antahkarana mit Hilfe des Lebensprinzips erbaut ist, dann kommt der Jünger aus dem Herrschaftsbereich dieses universalen Naturgesetzes heraus und benutzt oder verläßt den Körper nach Belieben auf Geheiß des geistigen Willens, oder weil er die Schwierigkeiten der Hierarchie oder die Absichten Shamballas erkennt.

Wir kommen jetzt zu einem neuen Gesetz, das an die Stelle des Todesgesetzes treten soll und nur für diejenigen gilt, die sich auf den letzten Stufen des Pfades der Jüngerschaft und auf dem Pfade der Einweihung befinden.

X. Gesetz.

Höre, o Chela, auf den Ruf, der vom Sohn an die Mutter ergeht, und befolge ihn dann. Das Wort geht hinaus, daß die Form ihren Zweck erfüllt hat. Das Denkprinzip (das fünfte Prinzip, A.A.B.) paßt sich an und wiederholt dann das Wort. Die wartende Form gibt Antwort und löst sich ab. Die Seele steht frei da. Folge, o Aufsteigender, dem Ruf, der aus dem Bereich der Verpflichtung kommt; erkenne den Ruf, der vom Ashram oder aus der Ratskammer kommt, wo der Herr des Lebens selbst wartet. Der Ton geht hinaus. Seele und Form müssen gemeinsam dem Lebensprinzip entsagen und so der

Monade erlauben, frei zu werden. Die Seele antwortet. Dann zerbricht die Form die Verbindung. Das Leben ist jetzt befreit und besitzt die Eigenschaft bewußten Wissens, die Früchte aller Erfahrung. Dies sind die gemeinsamen Gaben der Seele und der Form.

502] Ich habe euch den Unterschied klarmachen wollen zwischen Krankheit und Tod beim Durchschnittsmenschen und bestimmten entsprechenden Vorgängen bewußter Auflösung, wie sie beim vorgeschrittenen Jünger oder Eingeweihten erfolgt. Diese letzteren Vorgänge erfordern eine Methode, die sich nur langsam entwickelt, und während dieser Entwicklungszeit ist der Jünger (in den Anfangsstadien) noch immer das Opfer einer Krankheit — indem bestimmte Tendenzen der Formgestalt, wie bei allen Naturformen, entstehen. Diese Tendenzen führen in der Folge zum Tode, von der gemäßigten Krankheit und dem friedlichen darauffolgenden Tode bis zu den Situationen, in denen der Tod durch einen Willensakt herbeigeführt wird — wobei Zeit und Art und Weise von der Seele bestimmt und vom Gehirn bewußt wahrgenommen und festgehalten werden. Schmerz zeigt sich in beiden Fällen, jedoch wird der Schmerz auf dem Pfade der Einweihung weitgehend ausgeschaltet, nicht weil ihm der Eingeweihte ausweichen will, sondern weil die Empfindungsfähigkeit der Form gegenüber unerwünschten Kontakten verschwindet; und damit verschwindet auch der Schmerz. Dieser wacht über die Form und beschützt die Substanz; er warnt vor Gefahren; er weist auf ganz bestimmte Stadien im Evolutionsprozeß hin; er hat mit dem Prinzip zu tun, auf Grund dessen die Seele sich mit der Substanz identifiziert. Wenn die Identifizierung aufhört, verlieren Schmerz und Krankheit und auch der Tod ihre Gewalt über den Jünger; die Seele ist dann diesen Erfordernissen nicht mehr unterworfen; der Mensch ist frei, da Krankheit und Tod Qualitäten sind, die in der Form beschlossen liegen und den Wechselfällen des Formlebens ausgesetzt sind.

503] Der Tod ist für den Menschen genau dasselbe, was die Freisetzung des Atoms zu sein scheint; dies hat die große wissenschaftliche Entdeckung der Auslösung der Atomenergie bewiesen. Der Atomkern wird gespalten (diese Formulierung ist wissenschaftlich unkorrekt). Dieses Ereignis in der Lebenserfahrung des Atoms läßt eine gewaltige Lichtfülle und eine große Kraft freiwerden; auf der Astralebene hat das Phänomen des Todes eine mehr oder minder ähnliche Wirkung, und es entspricht so ziemlich der Erscheinung, die durch die Entfesselung der Atomenergie auftritt. Jeder Tod hat — in allen Naturreichen — ungefähr dieselbe Wirkung; er zerschlägt und zerstört die substantielle Form und dient so einem aufbauenden positiven Zweck; das Ergebnis ist weitgehend astraler oder psychischer Art und dient dazu, einen Teil der umhüllenden Verblendung zu zerstreuen. Die Massenzerstörung von Formen, zu der es in den wenigen Jahren des letzten Krieges kam, hat beträchtliche Veränderungen auf der Astralebene hervorgerufen und einen riesigen Teil der bestehenden Weltverblendung zerstört; das ist sehr, sehr gut. Diese Ereignisse sollten dazu führen, daß sich dem Einströmen der neuen Energieart weniger Widerstand entgegenstellt; es sollte dadurch das Hervortreten jener Ideen erleichtert werden, welche die nötigen Erkenntnisse in sich verkörpern. Man wird jetzt die neuen Ideen und Begriffe erkennen können, und deren Eindringen in den Bereich des menschlichen Denkens wird davon abhängen, ob man die neuen „Impressions-Kanäle" bildet, durch welche das Denken der Menschen empfänglich werden kann für hierarchische Pläne und für die Absichten Shamballas.

Dies sei jedoch nur nebenbei bemerkt. Meine Ausführungen sollen dazu dienen, euch einige Beziehungen zwischen dem Tode und einer aufbauenden Tätigkeit sowie den umfassenden Nutzen zu zeigen, den der Tod als ein Wiederaufbauvorgang bringt. Dadurch wird euch der Gedanke nahegebracht, daß dieses große Gesetz des Todes — das die Substanz in den drei Welten beherrscht — wohltätig und verbessernd wirkt. Ohne weiter darauf einzugehen, möchte ich euch daran erinnern, daß dieses Gesetz des Todes, das in den drei Welten menschlicher Evolution mit

solcher Kraft regiert, die Wiederspiegelung einer kosmischen Absicht ist, die über die kosmisch-ätherische Ebene unseres Sonnensystems, über die kosmisch-astrale Ebene und über die kosmische
504] Mentalebene herrscht. Die todbringende Energie emaniert als Wesensäußerung des Lebensprinzips jenes größeren LEBENS, das alle sieben Planetensysteme umfaßt, die selbst wiederum das Leben unseres Sonnensystems zum Ausdruck bringen. Wenn wir jedoch mit unseren Gedanken und in dem Bemühen zu verstehen in dieses Reich der reinen Abstraktion eintreten, so ist es Zeit, Halt! zu rufen und unser Denken auf die mehr praktischen Wege des planetarischen Lebens und zu den Gesetzen zurückzurufen, die das vierte (menschliche) Naturreich beherrschen.

Wir sind nun (nach diesem Versuch, vom Universalen zum Besonderen vorzudringen, wie es immer die okkulte Methode ist), in der Lage, im dritten Teil der Abhandlung zum letzten Punkt überzugehen, der von den grundlegenden Erfordernissen handelt; wir müssen jetzt besprechen, auf welche Art und Weise das Todesprinzip vom Jünger oder Eingeweihten angewandt wird. Ich möchte, daß ihr meine Ausdrucksweise für diesen Gedanken beachtet. Dieses Thema wollen wir nun unter dem Titel „Die Integrationsvorgänge“ behandeln.

Siebtes Kapitel

Die Integrationsvorgänge

505] Wir wollen dieses Geschehen, das von der in den drei Welten bewußt wirkenden Seele klug genutzt wird, in zwei Hauptabschnitten betrachten:

Erstens: Die Vorgänge, die den Inkarnationszyklus dadurch beenden, daß die Integration von Seele und Persönlichkeit vollständig abgeschlossen ist. Wir wollen dies von drei Gesichtspunkten aus studieren:

1. Die Bedeutung der Integration.
2. Die Geisteshaltung der Seele.
3. Die Ausmerzung der Gedankenform der Persönlichkeit.

Zweitens: Die Folgen davon:
Im Ashram des Meisters, soweit es den Jünger betrifft.

Hinsichtlich der Art und Weise, wie der befreite Jünger jetzt einen Körper für die Kontakte auf der physischen Ebene und für den Dienst in den drei Welten schaffen kann — diesmal nicht nach dem Gesetz der Notwendigkeit, sondern nach dem Gesetz des Dienstes, so wie es der Eingeweihte versteht.

Aus den bisherigen Ausführungen dürfte wohl klar geworden sein, welche Wirkungen der Tod im physischen Körper (ein uns
506] außerordentlich vertrautes Ereignis) und ebenso in der astralen oder mentalen Hülle auslöst — in jenen Zusammenballungen bedingender Energie, die uns zwar objektiv nicht so bekannt sind, deren Vorhandensein jedoch selbst die Psychologie zugeben muß, und die — wie wir glauben — mit dem Tode des physischen

Körpers zerfallen und verschwinden müssen. Ist euch indes auch der Gedanke gekommen, daß der Hauptaspekt des Todes, um den es beim Menschen letzten Endes geht, der Tod der Persönlichkeit ist? Ich spreche hier nicht in abstrakten Begriffen, wie alle Esoteriker, wenn sie an der Auslöschung einer Qualität (oder mehrerer Qualitäten) arbeiten, die das persönliche Selbst kennzeichnen. Sie sprechen davon, diese oder jene Eigenschaft „auszurotten" oder „abzutöten", das niedere Selbst „vollständig zu unterdrücken", und was dergleichen mehr ist. Hier spreche ich von der tatsächlichen Zerstörung, Auflösung und endgültigen Zerstreuung dieses geliebten, wohlbekannten persönlichen Selbstes.

Man muß bedenken, daß das Leben einer Persönlichkeit die folgenden Abschnitte umfaßt:

1. Den langsamen, allmählichen Aufbau der Persönlichkeit im Laufe einer langen Zeitepoche. Während vieler Inkarnationen ist der Mensch keine Persönlichkeit; er ist bloß Mitglied der Masse.
2. Auf dieser Stufe gibt es praktisch keine bewußte Identifizierung der Seele mit der Persönlichkeit. Der in den Hüllen verborgene Seelenaspekt wird lange, lange Zeit hindurch vom Leben dieser Hüllen beherrscht; er macht sich nur durch die sogenannte „Stimme des Gewissens" bemerkbar. Im Laufe der Zeit steigert sich indessen nach und nach das aktive intelligente Leben des Menschen und kommt in Harmonie durch die Energie, die aus den Erkenntnisblättern des egoischen Lotos oder aus der intelligenten Wahrnehmungsnatur der Seele auf ihrer eigenen Ebene ausströmt. Dies führt schließlich zur Integration der drei niederen Hüllen zu einem einzigen wirksamen Ganzen. Damit ist der
507] Mensch eine Persönlichkeit.
3. Das Persönlichkeitsleben des nun in sich ausgeglichenen Einzelmenschen bleibt während vieler Leben bestehen und gliedert sich ebenfalls in drei Abschnitte:

a) Die Phase, in der das Leben der Persönlichkeit vorherrscht und angriffslustig ist; es wird geprägt durch den Strahltypus, ist von Natur aus selbstsüchtig und sehr individualistisch.
b) Eine Übergangsphase, in der ein Kampf zwischen Persönlichkeit und Seele tobt. Die Seele ist bestrebt, sich allmählich vom Formleben zu befreien, und dennoch ist die Persönlichkeit letzten Endes von dem Lebensprinzip abhängig, das ihr von der Seele verliehen wurde. Mit anderen Worten: Der Kampf zwischen dem Seelenstrahl und dem Persönlichkeitsstrahl hat begonnen; es ist Krieg zwischen zwei konzentrierten Energieaspekten. Dieser Kampf findet mit der dritten Einweihung sein Ende.
c) Im letzten Abschnitt herrscht die Seele; das führt zum Tode und zur Zerstörung der Persönlichkeit. Dieser Tod beginnt, wenn die Persönlichkeit, der Hüter der Schwelle, vor dem Engel der Gegenwart steht. Das Licht des Sonnenengels löscht dann das Licht der Materie vollständig aus.

Die Phase der „Herrschaft“ ist durch die völlige Identifizierung der Persönlichkeit mit der Seele gekennzeichnet; das ist eine Umkehrung des früheren Zustandes, als sich die Seele mit der Persönlichkeit identifiziert hatte. Das ist auch gemeint, wenn wir von der Integration oder Verschmelzung dieser beiden reden; sie sind nun eins. Von diesem Entwicklungsstadium sprach Paulus, als er (in dem Brief an die Epheser) darauf hinwies, daß „Christus aus zweien einen neuen Menschen macht“. Es handelt sich dabei hauptsächlich um die letzten Stadien auf dem Probepfad, wenn die bewußte Arbeit beginnt, die dann auf dem Pfade der Jüngerschaft bis zur Vollendung fortgesetzt wird. Es ist die Stufe des praktisch und erfolgreich Dienenden, jene Phase, in der alles
508] Sinnen und Trachten, die Lebensarbeit des Menschen ganz der Erfüllung hierarchischer Absichten geweiht ist. Der Mensch

beginnt dann, auf Ebenen und von Ebenen aus zu wirken, die nicht zu den drei Welten der gewöhnlichen Evolution gehören, aber dennoch ihre Wirkungen und erstrebten Ziele in diesen drei Welten haben.

Die Bedeutung der Integration.

Von den meisten Lehrern und Aspiranten wird der Nachdruck auf die Verschmelzung der Persönlichkeit und deren richtige Einstellung zur Welt der geistigen Werte gelegt. Man sollte bedenken, daß dies zwar richtig, aber nur eine Anfangsstufe ist. Die Integration des Denkvermögens, der Gefühlsnatur und des Gehirns ist das Hauptmerkmal aller fortgeschrittenen Menschen — der bösen, der sehr bösen, der guten und der sehr guten. Sie ist aber noch kein Zeichen geistigen Lebens, ja häufig ganz das Gegenteil davon. Ein „Hitler" oder irgendein ehrgeiziger Mensch, der ein durch und durch egoistisches oder auf Grausamkeiten gerichtetes Leben führt, ist eine Persönlichkeit, die alle Kraft ihres Denkvermögens für böse Ziele einsetzt; die emotionelle Natur ist so beschaffen, daß sie diesen egoistischen Zielen kein Hindernis in den Weg legt; und das sehr leistungsfähige Gehirn ist bei einem solchen Menschen empfänglich für die Pläne und Methoden der beiden feineren Hüllen und führt die Befehle der Persönlichkeit aus.

Ich möchte darauf hinweisen, daß die meisten Menschen *keine* Persönlichkeiten sind, wie gedankenlos sie auch über ihre Persönlichkeit reden mögen. So ist zum Beispiel das Anfangsziel der großen Masse der Aspiranten und Schüler vor allem einmal das, den niederen dreifachen Menschen zu integrieren, so daß sie wirksame Persönlichkeiten werden, bevor sie wirksame Seelen werden können. Ihre Arbeit hat den Zweck, das Bewußtseinsleben in der Persönlichkeit zu konzentrieren, wobei sie jenen Inkarnationszyklus übergehen, in dem die Persönlichkeit sich niederen, egoistischen Zielen widmet. Weiter fortgeschrittene

Schüler widmen sich der Aufgabe, eine noch höhere Integration
509] von Seele und Persönlichkeit zu erreichen, die zu jener letzten Integration führt, durch welche der höchste Aspekt, der des monadischen Lebens, wirksam wird.

Es gibt heute in der Welt viele wirklich integrierte Persönlichkeiten. Diese können — da Seele und Persönlichkeit integriert sind — den Pfad der Angenommenen Jüngerschaft beschreiten. Das ist eine außerordentlich hoffnungsvolle Entwicklung, wenn ihr deren Bedeutung und Tragweite nur erkennen könntet. So erhebt sich die Frage, wie denn die anderen, die jetzt erst eine neue geistige Einstellung gewinnen, eine angemessene Integration ihrer Persönlichkeit entwickeln können. Dies wird ihnen niemals gelingen, wenn sie sich über- oder unterschätzen. Viele sind geneigt, sich wegen ihres natürlichen Eigenwillens oder weil sie okkulte Studierende sind, als Persönlichkeiten zu betrachten. Sie vergessen, daß ein okkulter Aspirant nach dem forscht, was verborgen ist — in ihrem Falle also nach jenem verborgenen, integrierenden Faden, der es ihnen ermöglicht, die drei Körper zu verschmelzen und sich somit den Namen „Persönlichkeit" wirklich zu verdienen. Einige von ihnen können in diesem Leben keine Persönlichkeiten werden, doch können sie die gedankliche Vorstellung von der Möglichkeit und dem Wesen der Persönlichkeit entwickeln; sie sollten an das Wort denken: „So, wie ein Mensch in seinem Herzen denkt, so ist er." Es ist keine Zeitverschwendung, sondern ein sehr notwendiger Werdegang, *den ein jedes Mitglied der Hierarchie durchgemacht hat.*

Studium und Meditation zusammen sind die Faktoren, die von allen Aspiranten angewandt werden sollten, wenn sie die notwendige Integration zustande bringen und in der Folge ein Leben des Dienstes führen wollen. Auf diese Weise kann der Aspirant beides prüfen: den Grad seiner Integration und den Grad der Dienstbefähigung, der durch diese Integration zustande kam. Wenn die Aspiranten ihr Leben auf der physischen Ebene mit Sorgfalt studieren wollten, dann würden sie entdecken, daß sie

entweder auf die herkömmlichen Vorstellungen von gutem Willen oder Gutsein automatisch reagieren, oder daß sie sich gefühlsmäßig betätigen, weil sie gerne helfen; weil sie es gerne sehen, daß man sie gern hat; weil sie gerne Leiden lindern (da sie das Unbehagen verabscheuen, das sich bei ihnen durch das Leiden anderer einstellt); weil sie an die Lehren Christi glauben, Der
510] umherging und Gutes tat — oder aus einer natürlichen, tiefliegenden Lebensneigung heraus. Das ist eine hoffnungsvolle und zu einem guten Ende führende Entfaltung.

Sobald die Phase der physischen und emotionellen Integration vorüber ist, kommen die Aspiranten schließlich darauf, daß nun eine Zeit verständnisvollen Dienstes folgt; zuerst werden sie aus Mitleid dazu bewogen, dann sind sie von dessen grundsätzlichem Wert überzeugt; danach kommt ein Stadium rein geistigen Ehrgeizes, dann folgen sie demütig dem Beispiel der Hierarchie, und schließlich werden sie durch die Wirksamkeit der reinen Liebe dazu bewogen. Diese reine Liebe kommt immer mehr zum Ausdruck, je weiter die Integration von Seele und Persönlichkeit fortschreitet. Alle diese Entwicklungsphasen der Absichten und Methoden sind an ihrer Stelle richtig, und zwar gerade so lange, als sie einen Lehrwert besitzen und solange die nächsthöheren Stufen verschwommen und nebelhaft bleiben. Sie werden unrichtig, wenn sie beibehalten und fortgesetzt werden, obgleich die nächste Stufe schon klar erschaut, jedoch nicht befolgt wird. Denkt darüber nach. Es ist wertvoll, wenn man sich die wahre Bedeutung dieser verschiedenartigen Integrationsphasen klarmacht, wie sie nach dem Gesetz der Evolution in Erscheinung treten.

Alle diese Stufen auf dem Wege der Integration führen zu jenem Höhepunkt, wo die Persönlichkeit — reich an Erfahrung, machtvoll in ihrer Äußerung, neu orientiert und hingebungsvoll — einzig und allein zum Mittler des Seelenlebens zwischen Hierarchie und Menschheit wird. Auch darüber solltet ihr nachdenken.

Die Geisteshaltung der Seele.

Und wie ist nun die Haltung der Seele auf ihrer eigenen Ebene, während alle diese Phasen, Stufen und Erkenntnisse im Leben der Persönlichkeit vor sich gehen? Eine Betrachtung dessen setzt vor allem einmal die Anerkenntnis der drei Aspekte des Denkvermögens voraus, die auf der mentalen Ebene (wie wir sie
511] nennen) zu finden sind:

1. *Das niedere, konkrete Denken* ist das gedankliche Verhalten des winzigen Seelenaspektes, der ursprünglich zur Zeit der Individualisierung in die Manifestation „eingesenkt" wurde. Dieser Aspekt wurde während der langen Reihe von Inkarnationen immer mehr empfänglich für das ihn überschattende Selbst. Dieses sagt zu seinem inkarnierten Aspekt: „Nachdem ich dieses ganze Universum mit einem Bruchteil meiner Selbst durchdrungen habe, bleibe Ich." Der „Zug" dieses überschattenden „bleibenden Selbstes" ist das, was den Bruchteil zu seinem Ursprung zurückzieht.
2. *Der Sohn des Denkens,* die Seele, die Frucht des Denkens des Universalen Geistes, die denkende, wahrnehmende, unterscheidende, zergliedernde Wesenseinheit oder geistige Wesenheit. Dieser Aspekt des Einen Lebens ist gekennzeichnet durch reines Denken, durch reine Vernunft, reine Liebe und reinen Willen. Ein „Meister des Opfers", der durch Inkarnationserfahrung, durch Integration und Wesensäußerung die Aufgabe übernommen hat, die Materie zu erlösen und die Substanz in den Himmel zu erheben. Das sind bekannte Wahrheiten und alte Redensarten, und doch bleiben sie für euch größtenteils nur Theorie. Ihr könnt diesen theoretischen Tatbestand prüfen, indem ihr euch selbst fragt: Was tue ich als Seele (wenn ich überhaupt als Seele wirke), um meinen stofflichen Aspekt, meine drei Körper und die Substanz, aus der sie bestehen, auf höhere Ebenen der Wesensäußerung zu erheben?

3. *Das höhere, abstrakte Denkvermögen* ist für die Seele das, was der — in den Wissensblättern des egoischen Lotos verkörperte — niederste Seelenaspekt für das konkrete Denkvermögen ist. Dieses abstrakte Denken ist der niederste Aspekt der Geistigen Triade.

Sobald einmal die Integration von Persönlichkeit und Seele stattgefunden hat, kann die Seele — in ihrem eigenen Körper und Wesen und auf ihrer eigenen Ebene — beginnen, eine höhere Integration (oder verbindende Beziehung) zu pflegen, die sie schließlich zwischen sich und der Geistigen Triade herstellen muß. **512]** Eine auf einer niederen Ebene vollbrachte Leistung ermöglicht stets eine andere Leistung auf einer höheren. Es kann keine echte höhere Vervollkommnung geben, solange nicht der niedere, widergespiegelte Aspekt Schritt für Schritt bemeistert und als Werkzeug für noch höhere Wirksamkeiten benutzt und erkannt worden ist.

Die Geisteshaltung der Seele im Verlauf der niederen Integration kann folgendermaßen kurz zusammengefaßt werden:

1. In den Anfangsstadien des Inkarnationskreislaufes besteht eine völlige Teilnahmslosigkeit. Der sogenannte „eingebettete" Aspekt entspricht durchaus der langwierigen, ermüdenden Aufgabe, die Körper zu entwickeln, ihre Haupteigenschaften zu entfalten und die bittere Erfahrung der Blindheit und Unwissenheit durchzumachen. Dieser Zeitraum ist weitaus der längste, und währenddessen befaßt sich die Seele mit ihren eigenen Lebensinteressen auf ihrer eigenen Erfahrungsebene, auf ihrem eigenen Strahl und unter dem Einfluß des Meisters, der schließlich einmal das Denken der sich entwickelnden Wesenheit leiten wird — wenn und sobald diese sich willig beeinflussen läßt. Vergeßt nicht, daß dieses Reich oder diese Ansammlung von Seelen von den Christen das Reich Gottes genannt wird und beim Okkul-

n die geistige Hierarchie unseres Planeten heißt. Bedenkt auch, daß der Zweck dieses geballten Lebens darin besteht, die geistige Polarisation des planetarischen LEBENS bewußt zu erkennen.

2. Mit fortschreitender Evolution werden die drei — nun erschaffenen und entwickelten — Körperhüllen stark, und ihre Schwingung wird mächtig genug, um die Aufmerksamkeit der mit sich selbst beschäftigten Seele bis zu einem gewissen Grade auf sich zu lenken. Die erste Reaktion ist eine *Reizung*. Das okkulte Gereiztsein ist nicht schlechte Laune, wie sie bei Menschen zum Ausdruck kommt, sondern die Reaktion auf einen Kontakt — eine Reaktion, die nicht angenehm ist. Mit anderen Worten: es gibt eine Reibung. Ihr werdet daher die Bedeutung der Aussage besser verstehen, daß nämlich die letzte Fessel, die vom Meister
513] abgeworfen wird, die Reizung ist. Die Persönlichkeit zieht nicht länger die Aufmerksamkeit auf sich; also hört die Reibung auf, und nichts bleibt bestehen als ein reiner Leitungsweg, durch den geistige Energie strömen kann. Reizung in eurem Sinne findet dann statt, wenn euer Persönlichkeitswille, eure Selbstachtung, eure Ideen und Pläne von jemand anderem beeinträchtigt werden. Es ist nicht diese Form der Reizbarkeit, die vom Meister abgeworfen wird.

   Die zweite Reaktion besteht darin, daß eine Meditation stattfindet und dadurch Kraft erzeugt wird; diese soll später in den drei Welten dazu benützt werden, die Seelenenergie innerhalb der Form zu steigern und jenen Wissensbereich zu schaffen, der von den Gedankenformen bevölkert wird, in die sich die Persönlichkeit später hineinwagt. Die Seele bereitet sich also auf ihre eigene Neuorientierung zum LEBEN hin sowie auf ihre Wesensäußerung in den drei Welten vor, nicht aber darauf, Lebenserfahrung zu gewinnen.

3. Wenn die Persönlichkeit die Oberhand gewinnt, bringt die Seele einen neuen Faktor in das Leben ihres Spiegelbildes

hinein: die sich inkarnierende Seele. Sie mobilisiert und konzentriert die Energie des Seelenstrahles und bringt diesen durch einen Willensakt in direkten Kontakt mit dem Persönlichkeitsstrahl. Dies löst bei den drei Strahlen des dreifachen niederen Menschen einen Reflex aus, wobei diese Strahlen stimuliert und erweckt werden und der Ätherleib in einen solchen Zustand kommt, daß die Zentren, durch welche die Persönlichkeitsstrahlen strömen, und das Kopfzentrum, das für den Seelenstrahl empfänglich ist, eine größere Aktivität entfalten können. Das Ajna-Zentrum, durch das die Persönlichkeit wirkt, verstärkt seine Aktivität, und es geschieht zweierlei:

a) Das Persönlichkeitsleben wird immer stärker, und der Mensch entwickelt sich zu einer kraftvollen Individualität.

b) Das Kopfzentrum beginnt, auf das Ajnazentrum und ganz allmählich auch auf das Zentrum an der Basis der Wirbelsäule einen Einfluß auszuüben. Der Eigenwille wie
514] auch alle anderen Eigenschaften nehmen zu.

4. Die Seele befindet sich nun, wie die Esoteriker sagen, in einem „Umkehrprozeß"; sie zeigt jetzt großes Interesse für ihr Spiegelbild in den drei Welten, und dann geschehen drei Dinge:

   a) Das niedere konkrete Denken wird für die von der Seele kommende Erleuchtung zugänglich.

   b) Die Energie des Seelenstrahles strömt in zunehmendem Maße in die Persönlichkeit ein und verstärkt deren Konflikte.

   c) Der Pfad des Menschen um den Tierkreis — vom Widder über die Fische zum Stier — kehrt sich um, und der Mensch schreitet nun links herum vorwärts.

Alle diese Faktoren bringen auf dem Probepfad heftige Kämpfe mit sich, die sich noch verstärken, sobald der Mensch den Pfad der Jüngerschaft betritt. Die Wirkungskraft der Persönlichkeit, die herrscht und selbst beherrscht wird, ist das, was eine intensive karmische Wirksamkeit auslöst. Die Ereignisse und Umstände in der Erfahrung des Jüngers häufen sich schnell und stürmisch an. Seine Umwelt ist von der höchsten Qualität, die in den drei Welten zur Verfügung steht; seine Erfahrung schwankt zwischen den Extremen hin und her; er arbeitet seine karmischen Verpflichtungen ab und zahlt in rascher Folge die Strafe für seine früheren Fehler.

Während dieser ganzen Zeit folgt Inkarnation auf Inkarnation; und der wohlbekannte Vorgang des Todes, der zwischen den Erfahrungszyklen eintritt, geht weiter. In dem Maße aber, wie sich das niedere Denkvermögen entwickelt, gehen alle drei Tode — der physische, astrale und mentale — in einem immer wacheren Gewahrseinszustand vor sich. Der Mensch verläßt seine ätherische, astrale und mentale Hülle nicht mehr schlafend und unwissend, sondern das Verlassen jeder dieser Hüllen wird zu einem ebensolchen Ereignis, wie es der physische Tod ist.

Schließlich kommt einmal die Zeit, da der Jünger mit überlegter Absicht, bei vollem Bewußtsein und mit wirklichem Wissen seine verschiedenen Hüllen verläßt. Unbeirrbar übernimmt die Seele die Herrschaft, und dann führt der Jünger durch einen Akt des Seelenwillens den Tod herbei und weiß genau, was er
515] tut.

Die Ausmerzung der Gedankenform „Persönlichkeit".

Bei der Besprechung dieses Themas, die nur sehr kurz sein kann, muß man zweierlei bedenken:

1. Daß wir lediglich nur eine Idee im Denken der Seele betrachten und es zu tun haben mit der Grundtatsache der Illusion, die den ganzen Lebenszyklus beherrscht und so die Seele als Gefangenen in der Form festgehalten hat. Für die Seele bedeutet die Persönlichkeit zweierlei:

a) Die Fähigkeit der Seele, sich mit der Form zu identifizieren; dies wird von der Seele zuerst erkannt, wenn die Persönlichkeit beginnt, auf ein gewisses Maß an wirklicher Integration zu reagieren.

b) Eine Gelegenheit zur Einweihung.

2. Daß die Ausmerzung der Persönlichkeits-Gedankenform — die bei der dritten Einweihung beendet ist — für die Seele auf ihrer eigenen Ebene eine große Einweihung bedeutet. Aus diesem Grunde wird die dritte Einweihung als die erste Haupteinweihung angesehen, da die beiden vorigen kaum eine Wirkung auf die Seele haben und nur die inkarnierte Seele betreffen, das „Bruchstück" des Ganzen.

Das sind Tatsachen, die wenig erkannt und in bisherigen Veröffentlichungen nur selten hervorgehoben werden. Bis jetzt wurde der Nachdruck auf die Einweihungen gelegt, da sie den Jünger in den drei Welten betreffen. Aber ich befasse mich speziell mit den Einweihungen, insofern sie eine Wirkung auf *die Seele* ausüben oder nicht ausüben, — auf die Seele, die ihr Spiegelbild, die Persönlichkeit in den drei Welten, überschattet. Was ich gesagt habe, wird daher für den durchschnittlichen Leser wenig Bedeutung haben.

Vom Blickpunkt des persönlichen Selbstes aus, das sich als den Hüter der Schwelle betrachtet, hat man die mentale Verfassung (oder den mentalen Zustand) unzureichend so geschildert, als ob eine völlige Auslöschung im Lichte der Seele stattfände; der
516] Glanz der Gegenwart, der von dem Engel umgewandelt wird, sei derart, daß die Persönlichkeit mit ihren Forderungen und Bestrebungen vollständig verschwindet. Nichts bleibe übrig als die leere Schale, die Hülle und das Werkzeug, durch welches das Sonnenlicht strömen kann, um der Menschheit zu helfen. Dies stimmt bis zu einem gewissen Grade, ist jedoch letzten Endes nur ein Versuch des Menschen, die umwandelnde und

verklärende Wirkung der dritten Einweihung in Worte zu fassen — was man gar nicht kann.

Unendlich schwieriger ist der Versuch, den ich hier mache, nämlich die Haltung und die Reaktionen der Seele zu schildern, des einen Selbstes, des Meisters im Herzen, wenn sie die erstaunliche Tatsache ihrer eigenen Wesensbefreiung feststellt und ein für allemal erkennt, daß sie nun unfähig ist, in irgendeiner Weise auf jene niederen Schwingungen in den drei Welten zu reagieren, die ihr durch ihr Kontaktwerkzeug, die Persönlichkeitsform, übermittelt werden. Diese Form ist nun zu einer solchen Übertragung unfähig.

Wenn die Seele diese Erkenntnis endgültig gewonnen und angenommen hat, besteht ihre zweite Reaktion darin, daß diese gewonnene Freiheit jetzt ihre eigenen Forderungen mit sich bringt, nämlich das Verlangen:

1. Nach einem Leben des Dienens in den drei Welten, die ihr so vertraut und die nun vollständig überwunden sind.
2. Nach einem überschattenden Gefühl ausstrahlender Liebe gegenüber denen, die bis jetzt noch nach Befreiung streben.
3. Nach einer Erkenntnis des wesentlichen Dreiecks, das nun zum Mittelpunkt des Vorstellungslebens der Seele geworden ist:

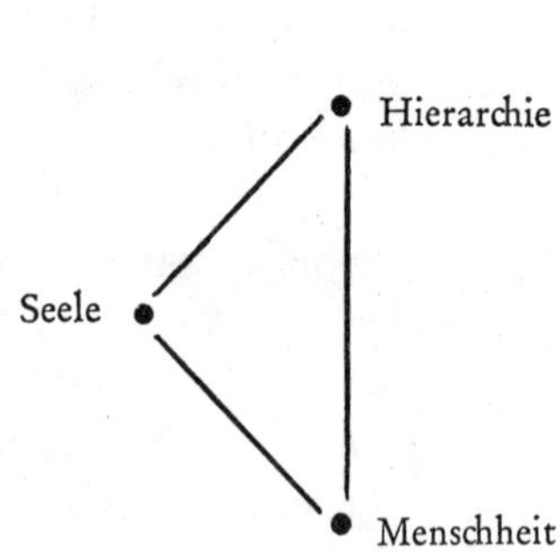

517] Die Seele schwingt jetzt zwischen den beiden Punkten oder dem Gegensatzpaar hin und her und wirkt als invokatives und zugleich evokatives Zentrum.

Es kann sein, daß keine der obigen Erkenntnisse im Gehirnbewußtsein oder im Denken der erleuchteten Persönlichkeit registriert wird. Theoretisch mag vielleicht etwas von den im Menschen wohnenden Möglichkeiten undeutlich erschaut werden, doch das Bewußtsein ist nicht mehr das des dienenden Jüngers in den drei Welten, der sein Denkvermögen, die Gefühle und den physischen Körper dazu verwendet, um Befehle und hierarchische Absichten so weit wie möglich auszuführen. Das ist mit dem Tode des Persönlichkeitsbewußtseins verschwunden. Das Bewußtsein ist jetzt das der Seele selbst, das keine Absonderung kennt, das instinktiv tätig und geistig besessen ist von den Plänen des Reiches Gottes; auch ist es völlig frei von den Verlockungen oder auch nur dem geringsten Zwang der Materie und Form. Die Seele jedoch ist immer noch empfänglich für die Substanzenergie und darin eingebettet, und ihre höhere Entsprechung wirkt immer noch auf den Unterebenen der kosmisch-physischen Ebene, auf den Ebenen des Buddhi, des Atma, der Monade und des Logos.

Was muß also stattfinden, damit das Leben der Seele reich und vollständig und so völlig inklusiv (oder universal) werde, daß die drei Welten einen Teil ihres Bewußtseins- und ihres Dienstbereiches darstellen? Die einzige Möglichkeit, um euch klarzumachen, was die Seele nach der dritten Einweihung tun muß, ist die, das Geschehen auf zweierlei Art zusammenzufassen:

1. Die Seele wird nun ein bewußter Schöpfer, da der dritte Aspekt — der während des langen Inkarnationszyklus durch die Erfahrungen in den drei Welten entwickelt und bemeistert wurde — eine Stufe vollkommener Wirksamkeit erreicht hat. Um es technisch auszudrücken: Die Energie der Wissensblätter und die Energie der Liebeblätter sind jetzt

so wirksam verschmolzen und vereinigt, daß zwei der inneren Blätter, die das Juwel im Lotos umgeben, nicht mehr als
518] Schleier vor diesem Juwel wirken. Ich spreche hier symbolisch. Infolge dieses Ereignisses ist der Tod oder die Ausmerzung der Persönlichkeit die erste Tätigkeit im Drama der bewußten Schöpfung; und die erste Form, die von der Seele geschaffen wird, ist ein Ersatz für die Persönlichkeit. So wird ein Werkzeug für den Dienst in den drei Welten geschaffen. Dieses Mal ist es jedoch ein Werkzeug ohne eigenes Leben, ohne eigenes Verlangen, ohne eigenen Ehrgeiz und ohne eigene Denkkraft. Es ist einfach nur eine Substanzhülle, die vom Seelenleben erfüllt, gleichzeitig jedoch empfänglich und geeignet ist für die Zeitepoche, die Rasse und die Umweltbedingungen, unter denen die schaffende Seele arbeiten will. Denkt diese Aussage zu Ende und hebt die Worte „geeignet für" hervor.

2. Dann bereitet sich die Seele auf die kommende vierte Einweihung vor. Diese ist grundsätzlich eine monadische Erfahrung und führt, wie ihr wißt, zum Verschwinden oder zur Zerstörung des Seelenträgers, des Kausalkörpers; damit wird — über die Antahkarana — eine direkte Beziehung zwischen der Monade auf ihrer eigenen Ebene und der neugeschaffenen Persönlichkeit hergestellt.

Diese beiden Punkte sind hier in der Reihenfolge okkulter Lehren, die jetzt herausgegeben werden, zum ersten Male dargestellt; allerdings haben frühere Hinweise schon den Weg für diese beiden Tatsachen vorbereitet. Ebenso sind Mitteilungen gegeben worden über den Mayavirupakörper, durch den ein Meister wirkt und mit den drei Welten in Kontakt kommt, und den Er mit Vorbedacht als Werkzeug für seine Pläne und Absichten erschafft. Er ist ein ausgesprochener Ersatz für die Persönlichkeit und kann nur dann erschaffen werden, wenn die alte Persönlichkeit (die während des Inkarnationszyklus aufgebaut und ent-

wickelt wurde) ausgemerzt worden ist. Ich ziehe das Wort „ausgemerzt“ dem Wort „zerstört“ vor. Das Gefüge bleibt zur Zeit der Ausmerzung bestehen, sein abgesondertes Leben ist jedoch
519] dahin. Wenn ihr über diese Aussage verständig nachdenkt, werdet ihr erkennen, daß jetzt eine ganz vollständige Integration möglich ist. Das Persönlichkeitsleben ist absorbiert worden; die Persönlichkeitsform ist noch da, aber sie besteht jetzt ohne wirkliches eigenes Leben; dies bedeutet, daß sie zum Empfänger von Energien und Kräften werden kann, die der tätige Eingeweihte oder Meister braucht, um die Errettung der Menschheit weiterzuführen. Für Studierende ist es wertvoll, die drei „Erscheinungen Christi“ zu studieren, wie sie im Evangelium berichtet werden:

1. Seine verklärte Erscheinung auf dem Berge der Verklärung. Diese Episode schildert symbolisch die strahlende Seele und auch die drei verlassenen Körper der Persönlichkeit; sie weist auch auf den künftigen Aufbau eines Manifestationskörpers hin. Petrus sagt: „Herr, laß uns hier drei Hütten bauen“, oder Tabernakel (Hüllen).
2. Seine Erscheinung als die Wahrheit selbst (schweigend, jedoch anwesend) vor den Schranken des Richterstuhles des Pilatus — verworfen von der Welt der Menschen, aber anerkannt von der Hierarchie.
3. Seine strahlenden Erscheinungen nach der Einweihung der Auferstehung:
   a) Den Frauen am Grabe — womit Seine Verbundenheit mit der Menschheit symbolisiert wird.
   b) Den beiden Jüngern auf dem Wege nach Emmaus — als Symbol für Seine Verbundenheit mit der Hierarchie.
   c) Den zwölf Jüngern in dem oberen Saal — als Symbol für Seine Verbindung mit der Ratshalle des Herrn der Welt in Shamballa.

So könnt ihr daraus das tatsächliche Wesen der Ereignisse erkennen, auf die ich früher in dieser Unterweisung hingewiesen

habe. Der Jünger, der (im technischen ebenso wie im mystischen Sinne) den Einfluß der Persönlichkeit ausgemerzt hat, besitzt nun die sogenannte „Freiheit des Ashrams“; er kann sich nach Belieben unter seinen Mitjüngern und Eingeweihten bewegen. In seiner Vibration und Wesensart gibt es nichts mehr, was den Rhythmus
520] des Ashrams stören könnte; es gibt nichts, was das „beruhigende Dazwischentreten“ des Meisters erfordert, wie es häufig in den Frühstadien der Jüngerschaft der Fall ist; nichts kann jetzt diese höheren Kontakte und Einflußsphären stören, die bisher dem Jünger verschlossen blieben, weil sich seine eigene Persönlichkeit so störend hineingedrängt hatte.

III. TEIL

Die Grundgesetze des Heilens

521] Wir haben jetzt zwei Abschnitte in der Besprechung der Heilkunst abgeschlossen. Wir haben uns flüchtig mit den Ursachen der Krankheit beschäftigt und haben festgestellt, daß sie als Ganzes gesehen von drei Hauptquellen ausgehen: Vom psychologischen Zustand des Patienten, von seinen karmischen Verpflichtungen und von jenen Verbindlichkeiten, die er durch seine Gruppenverbundenheit auf sich geladen hat, sei es nun die mit seiner Umwelt, seiner Volkszugehörigkeit oder mit der ganzen Menschheit. Dann habe ich bestimmte Grunderfordernisse (Bedingungen und grundsätzliche Einstellungen) besprochen, die zwischen dem Heiler und dem Patienten hergestellt werden müssen, und zum Schluß ging ich auf das Thema des Todes ein. Ich gab einen Überblick darüber, welche Rolle er für die drei vergänglichen Körperhüllen spielt, und hob sein göttliches Wesen und seinen aufbauenden Zweck hervor. Jetzt aber kommen wir zu dem Abschnitt, in dem die Heilgesetze und die Regeln kurz besprochen werden müssen, die den Heilungsprozeß bestimmen sollten.

Wir haben gesehen, daß es zehn Gesetze und sechs Regeln gibt. Das zehnte Gesetz ist, wie man feststellen wird, viel zu schwer verständlich, als daß man es ausführlich erläutern könnte; es betrifft das Lebensprinzip, von dem wir bis jetzt noch nichts wissen, und hat mit den Absichten der Monade zu tun. Alle okkulte Lehre, die direkt von der Hierarchie ausgeht, enthält den lebendigen Keim dessen, was später folgen wird. In der „Geheimlehre“ zum Beispiel wies H. P. B. (unter meiner Anleitung) gelegentlich sehr kurz und dunkel auf die Antahkarana hin; damit ließ sie den Keim zurück, der schließlich — wenn er einmal voll
522] entfaltet ist — anzeigen wird, welchen Erfordernissen diejenigen genügen müssen, die den Weg der Höheren Evolution beschreiten können, nachdem sie die höheren Einweihungen emp-

fangen haben. In diesem zehnten Gesetz senke ich also den Keim ein für eine viel spätere Untersuchung der Probleme des Lebens und des Todes.

Ich möchte euch hier daran erinnern, daß ein Gesetz in Wirklichkeit die Wirkung ist, die das Leben einer größeren Wesenheit ausübt, insofern diese eine geringere in ihre Lebensvorgänge einbezieht. Es verkörpert jene klar umrissene Absicht oder jenen planvoll gelenkten Willen eines sich entfaltenden Lebens, gegen den die bekundete Absicht oder der entschiedene Wille dessen, was umschlossen ist, völlig hilflos ist. Ihr könntet vielleicht einwenden, meine Brüder, daß diese Feststellung den freien Willen der individuellen Einheit, die derart umschlossen oder eingehüllt ist, verneint. Sicherlich spricht das gegen den Formaspekt der Erscheinungswelt — gegen jenen Aspekt zum Beispiel, dessen sich ein Menschenwesen am meisten bewußt ist. Aber in diesem Grundverhältnis zwischen dem Höheren oder Größeren und dem Niederen oder Geringeren wird das Höhere ganz bestimmt die Oberhand gewinnen und schließlich die geringeren Gesetze der Formnatur, die wir heute die Naturgesetze nennen, wirkungslos machen.

Desgleichen steht auch die Seele in allen Formen grundsätzlich im Kampf mit diesen Formen, und ihr eigenes, für sich bestehendes Leben wird bestimmt durch die höheren Gesetze, die ja die Gesetze ihres eigenen Wesens sind; sie gehorcht und unterwirft sich diesen freiwillig, da sie nicht den geringsten Wunsch hat, etwas anderes zu tun. Es besteht daher keine eigentliche Beschränkung des freien Willens des betreffenden Wesens; da ist lediglich ein Widerstand von seiten dessen, was wir das „Nichtselbst" oder den materiellen Aspekt nennen. Dieser könnte die Grundursache aller Krankheit genannt werden.

Was wir die Naturgesetze nennen, das war das Höchste, was das göttliche Leben im ersten Sonnensystem erreichen konnte. Es sind hauptsächlich die Gesetze, die dem Lebensaspekt der Form innewohnen und daher in sich die Keime des Todes tragen. Die

Gesetze der Seele, welche die Naturgesetze unterwerfen und unwirksam machen, sind die höchsten, die in der Menschheit (als dem
523] gegenwärtig höchsten Naturreich) einen Widerhall finden können; wenn einmal diese Gesetze erfüllt sind, wird auch das Ziel erreicht sein, das dem zweiten Sonnensystem gesetzt ist. Die Gesetze des Lebens selbst werden schließlich die Gesetze der Seele verdrängen und die Naturgesetze völlig ausschalten und unwirksam machen; diese Gesetze werden ein Kennzeichen des dritten Sonnensystems sein — der letzten Persönlichkeitsäußerung des Sonnenlogos durch die sieben Planetarischen Logoi mit ihren mannigfachen Formen und Seelenäußerungen.

Drei Gruppen von Gesetzen.

Es gibt demnach drei Gruppen von Gesetzen, welche die Wesensäußerung der lebendigen Absicht oder Zielsetzung in diesem zweiten Sonnensystem bestimmen; eine Gruppe ist entwickelt, die zweite in Entwicklung begriffen, während die dritte noch latent und relativ gesehen noch im Ruhezustand ist.

1. Die Naturgesetze — die auf Absonderung hinarbeitenden Gesetze der Formnatur.
2. Die Gesetze der Seele — die vereinenden Gesetze der Gruppengeschlossenheit.
3. Die Gesetze des Großen Lebens — die dynamischen Gesetze des Seins selbst.

Wir werden uns jetzt mit ganz bestimmten Aspekten der Seelengesetze beschäftigen, denn sie betreffen die harmonische Ganzheit und Wirksamkeit der Seele in der Form. Das muß sorgfältig beachtet werden. Krankheit ist etwas, das die Integrität oder Harmonie der Formnatur angreift, die vom inneren, geistigen Menschen benutzt werden muß, um in den drei Welten, seiner Umwelt während der Inkarnation, Kontakte herstellen zu können. Die zehn Gesetze, die wir erörtern werden, könnten also als die zehn Untergesetze zu dem *Grundgesetz der essentiellen Ganzheit* angesehen werden. Sie bilden neun Einzeldarstellungen oder Aspekte dieses einen Gesetzes; das müßt ihr besonders sorgfältig berücksichtigen. Mit eben diesen Gesetzen muß der wirkliche Heiler stets arbeiten.

524] Die sechs Regeln behandeln nur die Anwendung dieser einmal erkannten Ganzheit oder Integrität auf die Zustände und die Lage, der sich der Heiler gegenübersieht. Die Ganzheit verlangt Konzentration, Anspannung und Ausdrucksverleihung (die gleichzeitig vergegenwärtigt, bewußt hervorgebracht und dynamisch angewandt werden müssen).

Die für den Heiler erforderlichen Qualitäten.

In den Gesetzen und Regeln, die ich bereits mitgeteilt habe, sind bestimmte notwendige Merkmale des Heilers erwähnt und gewisse unumgängliche Erfordernisse angedeutet. Diese sollten wir zu allererst besprechen, da sie nicht nur Qualitäten und Denkweisen darstellen, die für die erfolgreiche Ausübung der Heilkunst wesentlich sind, sondern weil sie auch aufzeigen, warum bis zur Gegenwart von den zur Zeit bestehenden Heilschulen praktisch keine erfolgreiche oder systematische Heilung irgendeines Patienten erreicht worden ist. Es hat Fälle gegeben, die ich „Zufallsheilungen“ nennen möchte, weil nämlich der Patient auf jeden Fall geheilt worden wäre, denn die Stunde seines Abschieds war noch nicht gekommen. Überlegte, bewußte Heilung mit vollem Verständnis ist nur dann eingetreten, wenn der Heiler ein Eingeweihter hohen Grades war, der sich das Leben und Wesen Christi zum Vorbild nahm.

Wir wollen jetzt die angedeuteten Qualitäten und Geisteshaltungen betrachten, und ich will sie kurz aufzählen und erklären.

1. *Die Fähigkeit, mit der Seele in Verbindung zu kommen und als Seele zu wirken.* „Die Kunst des Heilers besteht darin, die Seele freizumachen." Man denke einen Augenblick darüber nach, was diese Fähigkeit alles umfaßt. Der Heiler steht nicht nur in unmittelbarer, bewußter Verbindung mit seiner eigenen Seele, sondern er kann auch durch diesen Seelenkontakt leicht mit der Seele seines Patienten in Fühlung kommen.
2. *Die Fähigkeit, den geistigen Willen zu beherrschen.* Das spezielle, für die Heilung erforderliche Gesetz muß „durch den geistigen Willen zur Wirksamkeit gebracht werden". Dies erfordert, daß der Heiler eine Verbindung mit der Geisti-
525] gen Triade herzustellen vermag. Daher muß die Antahkarana schon bis zu einem gewissen Grade im Aufbau begriffen sein.
3. *Die Fähigkeit, eine telepathische Verbindung herzustellen.* Der Heiler muß „den inneren Gedanken- und Begierdenzustand seines Patienten kennen".
4. *Er muß genaues Wissen haben.* Wir lesen, daß er „genau wissen muß, wie und wodurch die Abhilfe kommen muß". Dies ist ein äußerst wichtiger Punkt, den die sogenannten Heiler in solchen Bewegungen wie der Christlichen Wissenschaft, der Unitybewegung und anderen vollständig übersehen. Die Heilung stellt sich nicht ein auf Grund intensiver Bekräftigung der Gottnatur oder durch einfaches Ausströmen von Liebe und durch die Äußerung einer verschwommenen Mystik. Die Heilung erfolgt durch vollendete Beherrschung einer exakten Wissenschaft, der Wissenschaft vom Kontakt, von der Impression und Invokation, sowie durch ein gründliches Verstehen des subtilen Systems des Ätherkörpers.
5. *Die Fähigkeit, das Bewußtsein des Patienten umzukehren, neu zu orientieren und zu „erheben".* Der Heiler muß „die starr nach unten gerichteten Augen zur Seele erheben". Das bezieht sich auf die Augen des Patienten. In dieser Aussage

liegt jedoch ein Vorbehalt, denn wenn der Patient noch nicht auf der Evolutionsstufe steht, wo dies möglich ist und er mit seiner eigenen Seele in Kontakt kommen kann, dann ist die Arbeit des Heilers unvermeidlich vergeblich. Der Wirkungsbereich des Heilers ist daher streng auf diejenigen begrenzt, die Glauben haben. Glauben heißt jedoch „Zeugnisablegen für unsichtbare Dinge"; eine solche Bezeugung aber mangelt heute den meisten Menschen. Glaube ist nicht Wunschdenken oder eine künstlich erweckte Hoffnung. Er ist die Bekräftigung einer wohlbegründeten Überzeugung.

6. *Die Fähigkeit, Seelenenergie an die Stelle zu leiten, wo sie benötigt wird.* „Das dritte oder geistige Auge lenkt dann die Heilkraft." Dies setzt beim Heiler eine wissenschaftliche Verfahrensweise voraus, ebenso das ordnungsgemäße Funktionieren des Mechanismus im Kopf, Kräfte zu empfangen und auf ein Ziel zu lenken.

7. *Die Fähigkeit, magnetische Reinheit und die notwendige Strahlung zum Ausdruck zu bringen.* „Der Heiler muß magnetische Reinheit erlangen ... und eine vertreibende Strahlung
526] gewinnen." Dazu ist große persönliche Selbstdisziplin im täglichen Leben und die *Gewohnheit* reinen Lebens notwendig. Reinheit hat unvermeidlich und automatisch Strahlung im Gefolge.

8. *Die Fähigkeit, die Funktion des Mechanismus im Kopf zu überwachen.* Der Heiler muß „die Zentren im Kopf miteinander verbunden halten". Der wahre Heiler hat in seinem Kopf ein magnetisches Feld hergestellt, das sich durch eine deutlich erkennbare Strahlung darstellt oder zum Ausdruck bringt.

9. *Macht über die eigenen Zentren.* Der Heiler muß „die notwendige Energie in dem benötigten Zentrum konzentrieren". Das Zentrum in der Körperhülle des Patienten, das dem Sitz der physischen Beschwerde am nächsten liegt, muß für die Energie aufnahmefähig gemacht werden, die aus dem

entsprechenden Zentrum des Heilers zu ihm hinüberströmt. Daraus könnt ihr ersehen, wieviel Wissen und Energie der echte Heiler beherrschen muß.

10. *Die Befähigung, sowohl exoterische wie esoterische Methoden bei der Heilung nutzbringend anzuwenden.* Der Heiler wird „Methoden des okkulten Heilens verwenden, obwohl die gewöhnlichen medizinischen und chirurgischen Methoden nicht vernachlässigt werden". Ich habe ständig das von Gott geschenkte Wesensmerkmal der experimentellen Medizin betont; damit möchte ich die Befähigung der heutigen Medizin, aber noch viel mehr des metaphysischen Heilens kennzeichnen. Es ist nicht nötig, bei einem Knochenbruch oder bei solchen Beschwerden, die von der orthodoxen Medizin schon bemeistert werden, einen geistigen Heiler zuzuziehen. Es kann indes die Gemütsverfassung und der Allgemeinzustand des Patienten zurecht unterstützt werden, während gleichzeitig erfahrene Chirurgie und medizinisches Wissen zur Linderung der Leiden angewandt werden. Dies wird von den sogenannten metaphysischen Heilern gern vergessen. Man wird die Heiler schließlich in zwei Gruppen einteilen:

527] a) Diejenigen, zu denen wirklich nur die geschulten geistigen Heiler gehören.

b) Heiler mit weniger entwickelten Fähigkeiten, die jedoch genug Strahlkraft und Magnetismus haben, um beim gewöhnlichen Heilungsprozeß mithelfen zu können. Diese werden für gewöhnlich unter der Anleitung des geistigen Heilers wirken.

11. *Die Befähigung, magnetisch zu wirken.* „So kann er die lebendige Heilkraft über den Patienten ausgießen". Dies geschieht in der Weise, daß der Heiler sein geistiges Rüstzeug systematisch ko-ordiniert oder harmonisiert, wobei er die Hände als Leitorgane benutzt. Auf diese Weise kann die Krankheit geheilt, gelindert oder verschlimmert werden, so-

gar bis zum Tode. Darum ist die Verantwortung des Heilers groß.

12. *Die Fähigkeit, mit Strahlung zu wirken.* „So kann seine Gegenwart das Seelenleben des Patienten nähren." Dies kommt wiederum durch innere Harmonisierung zustande, aber das Vollzugsorgan der Strahlung ist dann die Aura und nicht die Hände.

13. *Die Fähigkeit, stets absolut harm-los (moralisch vorbildlich) zu leben.* „Die vom Vollendeten angewandte Methode ... ist Harmlosigkeit." Dies erfordert, wie uns gesagt wird, eine wirkliche innere Ausgeglichenheit, eine universale Weltanschauung und ein übermenschliches einsichtsvolles Verstehen. Wie viele Heiler vereinigen diese drei Eigenschaften in sich und wirken dazu noch durch Liebe?

14. *Die Fähigkeit, den Willen zu beherrschen und durch Liebe zu wirken.* „Der Heiler ... muß den Willen im Zaum halten." Dies ist eine der am schwersten zu entwickelnden Qualitäten, denn der Wille des Heilers ist häufig so stark entschlossen, eine Heilung zu erzielen, daß sein Bemühen, das Heilverfahren anzuwenden, völlig wirkungslos gemacht wird. Andererseits wieder macht häufig das sentimentale und mystische Verlangen, den Patienten zu lieben, alle Bemühungen zunichte, den Willen im Zaum zu halten. Denkt daran, meine Brüder: der geistige Wille muß wie ein stiller,
528] tiefer Kraftquell hinter aller Äußerung der Liebesenergie gegenwärtig sein.

15. *Die Befähigung, schließlich mit dem Gesetz des Lebens umgehen zu können.* Darüber kann nur wenig gesagt werden, denn dieses Gesetz kann nur von jenen gehandhabt werden, die das Bewußtsein der Geistigen Triade schon entwickelt haben oder dabei sind, es rasch zu entwickeln; solche Menschen sind heute noch sehr selten.

Beim Studium dieser Erfordernisse besteht kein Grund zur Entmutigung, denn es trägt dazu bei, allen Heilern im Neuen Zeitalter das für sie nötige Ziel zu setzen. Es erklärt auch, warum die verschiedenen Heilsysteme, die heute in der ganzen Welt (insbesondere in den anglo-amerikanischen Ländern) angewandt werden, bisher in hohem Maße erfolglos geblieben sind — trotz ihrer Behauptungen. Keines dieser Systeme würde — wenn richtig beglaubigte, wissenschaftlich genaue Protokolle geführt würden (was praktisch nirgends der Fall ist) — mehr als nur einen sehr kleinen Prozentsatz an Heilerfolgen verzeichnen können, die auf rein geistiger Heilung beruhen. Der Anteil wirklich Geheilter beträgt nicht einmal eine von einer Million „Heilungen". Diese „Kurierten" wären zu gegebener Zeit auf jeden Fall wieder gesund geworden, wenn man sie der Natur oder der gewöhnlichen medizinischen (bzw. chirurgischen) Behandlung überlassen hätte.

Heute ist jedoch die geistige Anregung in der Welt so groß, und es reagieren darauf so viele Menschen, daß sich nun aus den Reihen der Durchschnittsmenschen eine große Gruppe unaufhaltsam dem Pfad der Jüngerschaft nähert. Diese Entwicklung wird in den nächsten fünfhundert Jahren viele Heiler hervorbringen, die bis zu einem gewissen Grade die oben von mir genannten Bedingungen erfüllen werden.

Die von den verschiedenen Systemen wie der Unity-Bewegung und der Christlichen Wissenschaft vertretenen Philosophien sind grundsätzlich richtig und verkünden die fundamentalen Binsenwahrheiten (dennoch die wesentlichen Wahrheiten), die all dem zugrundeliegen, was ich oben gesagt habe. Die Menschen werden jedoch nicht durch die Verkündung von Binsenwahrheiten, durch
529] die Bekräftigung der Gottnatur oder durch die Behauptung abstrakter Theorien geheilt. Sie werden zur gegebenen Zeit deshalb geheilt werden, weil der Heiler im Neuen Zeitalter die Fähigkeit hat, in sich selbst und in seinem täglichen Leben die *Qualität der Gottnatur* zum Ausdruck zu bringen; weil er die geistige Fähigkeit besitzt, die Seele seines Patienten anrufen zu

können; weil er auch magnetisch rein ist und durch die Macht einer speziellen Energieausstrahlung den Patienten dazu anspornen kann, sich mit Hilfe seines inneren Mechanismus selbst zu heilen. Der Heiler im Neuen Zeitalter wird die Befähigung besitzen, die folgenden Kontakte leicht und verständnisvoll herzustellen:

1. Mit seiner eigenen Seele.
2. Mit der Seele des Patienten.
3. Mit der speziellen Energieart, die sich entweder im Seelen- oder im Persönlichkeitsstrahl des Patienten befindet.
4. Mit einem eigenen Zentrum, das er zur Übermittlung von Energie benötigt, die in jene Körperregion des Patienten gesandt werden soll, die von einem bestimmten Zentrum beherrscht wird.
5. Mit jenem Zentrum im Ätherkörper des Patienten, das über den Bezirk herrscht, in dem die Krankheit sitzt.

Ihr könnt euch vorstellen, daß dies viel technisches Wissen erfordert. Zusätzlich muß der Heiler außerdem jene geistige Wahrnehmungsfähigkeit besitzen, die es ihm ermöglicht, das „Karma des Augenblicks", wie man es esoterisch nennt, intuitiv zu erkennen, denn dadurch weiß er dann, ob eine Heilung gestattet, ausführbar oder unmöglich ist. Dies ist eine Form der Erkenntnis, die zur Zeit kein Heiler in der Welt besitzt, ganz gleich, was er vielleicht behauptet. Dennoch sage ich wiederum: das ist kein Grund zur Entmutigung.

Wirklich nötig ist jedoch — und das wird im Laufe der Jahrzehnte eintreten —, daß Jünger und Menschen mit geistiger Einstellung den medizinischen Beruf ergreifen und sich in den Methoden der orthodoxen Medizin, ihr exoterisches Wissen von der
530] physischen Anatomie und den pathologischen Symptomen, von den akademischen Heilmitteln und von Heilbehandlungen der Krankheit vervollkommnen. Zu diesem technischen Wissen

und Verständnis werden sie ein gewisses Maß an esoterischen Kenntnissen hinzufügen; sie werden dann — während sie ihren Beruf ausüben — anfangen, die exoterische Weisheit mit der erlangten esoterischen zu verbinden. Dies wird zuerst rein experimentell geschehen; aus der Erfahrung jedoch, die sie durch die Nutzung beider Wissensgebiete gewinnen, wird eine neue medizinische Wissenschaft entstehen, die sich auf zwei als besonders wichtig erkannte Faktoren gründet:

1. Eine ständig zunehmende Fülle von Wissen und Kenntnissen über die dichte physische Körperhülle. Dieses Wissen ist von den Männern der Wissenschaft über die Jahrhunderte hin zusammengetragen worden und ist weitgehend bewiesen und richtig.
2. Ein ständig wachsendes Verstehen der Natur des Ätherkörpers, der Zentren, der Übertragung und des Kreislaufs bestimmter beherrschter Energien.

Diese Verbindung von zwei Wahrheitsaspekten wird sehr erleichtert durch die sich steigernde Sensitivität und beinahe hellsichtige Wahrnehmung der sich entwickelnden Menschheit. Eines der bemerkenswertesten Ergebnisse des vergangenen Weltkrieges ist die erstaunlich gesteigerte Fähigkeit zur nervösen Reaktion. Diese nervöse Empfänglichkeit ist gegenwärtig anomal, und ihre Folgen sind beklagenswert. Der Grund dafür liegt darin, daß der Nervenapparat des Durchschnittsmenschen (und damit meine ich sein Nervensystem samt den zugrundeliegenden Nadis) den an ihn gestellten Forderungen noch nicht gewachsen ist. Die Zeit wird jedoch alles dies in Ordnung bringen.

Sowohl die metaphysischen Heiler wie die akademischen Mediziner neigen heute dazu, sich gegenseitig äußerst heftig abzulehnen. Im ganzen genommen ist der Schulmediziner weniger fanatisch und exklusiv als der moderne Metaphysiker. Der erstere
531] kennt zu gut die Grenzen der gegenwärtigen medizini-

schen Errungenschaften. Der sogenannte geistige Heiler jedoch erkennt gegenwärtig noch keine Grenzen, und dies ist eine ausgesprochene Schwäche von ihm. Beide Gruppen müssen schließlich sich zu einer gemeinschaftlichen Arbeit finden und dürfen keine Gegenspieler mehr sein. Beide haben viel voneinander zu lernen, und sie müssen erkennen, daß die speziellen Wissensgebiete, deren Vertreter sie sind, in gleicher Weise göttliche Ausdrucksformen sind und die Fähigkeit des Menschengeistes anzeigen, zu suchen, aufzuzeichnen, zu entdecken und Wahrheiten zu formulieren, so daß andere daraus Nutzen ziehen können.

Ich möchte nochmals eure Aufmerksamkeit auf die Tatsache lenken, daß beide Gruppen viel zu tun haben: — die eine damit, in das Reich des Feinstofflichen, Unberührbaren einzudringen (und dies geschieht jetzt rasch), und die andere damit, von ihren verschwommenen Abstraktionen und unpraktischen Verallgemeinerungen herabzusteigen, um die *Tatsachen* über das Objektive und Greifbare erkennen zu lernen; das geschieht bis jetzt noch nicht; das sogenannte metaphysische Heilen geht in einem Nebel von Worten und hochtrabenden Behauptungen verloren.

Die Aufrichtigkeit der meisten Anhänger dieser Richtungen soll nicht bezweifelt werden; ihre Motive sind fast durchweg ehrlich und gut. In beiden Gruppen findet man Scharlatane und auch eine, wirklich kleine, Minderheit egoistischer und unwissender Ausbeuter der Menschen. Dazu gehören sowohl Ärzte wie Metaphysiker, die nach geschäftlichem Erfolg streben; sie sind jedoch in der Minderheit. Auf dem ehrlichen Forscher und Menschheitsfreund in beiden Gruppen beruht die Zukunftshoffnung der medizinischen Wissenschaft, die ja versucht, die Not der Menschheit zu beheben — einer Menschheit, die in steigendem Maße feinfühlig wird und sich innerlich orientiert.

Achtes Kapitel

Aufzählung und Anwendung der Gesetze und Regeln

532] Bemerkung: Bestimmte Regeln gehören zu bestimmten Gesetzen und werden von mir in dem ihnen zukommenden Zusammenhang besprochen. Ich habe A. A. B. gebeten, hier noch einmal die zehn Gesetze samt den jeweils zugehörigen Regeln anzugeben. Die Regeln sind neu numeriert.

I. Gesetz.

Jede Krankheit ist das Ergebnis gehemmten Seelenlebens; das gilt für alle Formen in allen Reichen. Die Kunst des Heilers besteht darin, die Seele freizumachen, so daß ihr Leben durch die Aggregate von Organismen strömen kann, aus denen jede Form besteht.

II. Gesetz.

Krankheit entsteht durch drei Einflüsse und ist diesen unterworfen. Es sind dies: 1. Des Menschen eigene Vergangenheit, womit er den Preis für weit zurückliegenden, uralten Irrtum zahlt. 2. Das allen Menschen gemeinsame Erbteil an jenen verdorbenen Energieströmen, die Gruppenursprungs sind. 3. Er hat, wie alle Naturformen, teil an dem, was der Herr des Lebens Seinem Körper auferlegt. — Diese drei Einflüsse nennt man „Das Urgesetz des Teilhabens am Übel". Dieses Gesetz muß eines Tages jenem neuen, „seit Urzeiten herrschenden Gesetz des Guten" weichen, das hinter allem steht, was Gott geschaffen hat. Dieses Gesetz muß durch den geistigen Willen des Menschen zur Wirksamkeit gebracht werden.

533]

I. Regel.

Der Heiler soll sich darin schulen, die innere Gedanken- oder Begierdenstufe des Patienten zu erkennen. Dadurch kann er erfahren, aus welcher Quelle die Störung kommt. Er soll Ursache und Wirkung miteinander in Beziehung setzen und dann genau die Stelle erkennen, durch welche die Abhilfe kommen muß.

III. Gesetz.

Krankheiten entstehen dadurch, daß sich die Lebensenergie eines Menschen grundlegend zentralisiert. Von der Ebene, auf der diese Energien konzentriert sind, gehen auch jene bestimmenden Bedingungen aus, die zu schlechter Gesundheit führen und die sich daher als Krankheit, oder aber als Freisein von Krankheit auswirken.

IV. Gesetz.

Sowohl physische wie psychologische Krankheit hat ihren Ursprung im Guten, Schönen und Wahren; sie ist nur ein verzerrtes Spiegelbild göttlicher Möglichkeiten. Die gehemmte Seele, die nach voller Ausdrucksverleihung eines göttlichen Wesenszuges oder einer inneren, geistigen Realität strebt, erzeugt in der Substanz ihrer Hüllen eine Reibungsstelle. Auf diesen Punkt konzentrieren sich die Augen der Persönlichkeit, und das führt zur Krankheit. Die Kunst des Heilers besteht nun darin, die nach unten gerichteten Augen nach oben, auf die Seele, den wahren Heiler innerhalb der Form zu lenken. Dann lenkt das geistige oder dritte Auge die Heilkraft, und alles ist gut.

II. Regel.

Der Heiler muß durch Reinheit des Lebens magnetische Reinheit erlangen. Er muß sich jene austreibende Strahlung aneignen, die sich in jedem Menschen dann zeigt, wenn er die Zentren im Kopf miteinander verbunden hat. Sobald dieses magnetische Feld hergestellt ist, dringt auch die Strahlung hinaus.

V. Gesetz.

Es gibt nichts als Energie, denn Gott ist Leben. Im Menschen begegnen sich zwei Energien, jedoch sind noch fünf andere anwesend.

Für eine jede gibt es eine zentrale Kontaktstelle. Der Widerstreit dieser Energien mit den Kräften und der Kräfte untereinander verursacht die körperlichen Beschwerden des Menschen. Der Widerstreit zwischen der ersten und zweiten dauert viele Zeitalter lang, bis einmal der Bergesgipfel — die erste große Bergspitze — erreicht ist. Der Kampf zwischen den Kräften erzeugt alle Krankheiten, alle Übel und körperlichen Schmerzen, die Erlösung im Tode suchen. Die zwei, die fünf und somit die sieben samt dem, was sie erzeugen, besitzen das Geheimnis. Dies ist das fünfte Heilgesetz in der Welt der Form.

534]

III. Regel.

Der Heiler konzentriere die nötige Energie in dem benötigten Zentrum. Dieses Zentrum soll demjenigen entsprechen, das bedürftig ist. Die beiden sollen im Einklang schwingen und miteinander die Kraft vermehren. So soll die wartende Form zu ausgeglichener Betätigung gebracht werden. So sollen die beiden und die eine unter rechter Leitung heilen.

VI. Gesetz.

Wenn die Bilde-Energien der Seele im Körper tätig sind, besteht Gesundheit, ungetrübtes Wechselwirken und rechte Funktion. Wenn jedoch die Lunarherren und jene Wesen, die unter der Herrschaft des Mondes und auf Geheiß des niederen persönlichen Selbstes wirken, als Bildekräfte auftreten, so führt dies zu Krankheit, Siechtum und Tod.

VII. Gesetz.

Wenn Leben oder Energie unbehindert und infolge rechter Lenkung zu ihrer äußeren Erscheinungsform (der angeschlossenen Drüse) strömt, dann spricht die Form darauf an, und die Beschwerde verschwindet.

IV. Regel.

Eine sorgfältige Krankheitsdiagnose, die sich auf die festgestellten äußeren Symptome gründet, wird bis zu dem Grade vereinfacht werden, daß man, wenn einmal das betreffende Organ erkannt und damit isoliert ist, das ihm zunächst liegende Zentrum im Ätherkörper bestimmten Methoden okkulten Heilens unterwirft; daneben werden jedoch auch die gewöhnlichen medizinischen oder chirurgischen Heilverfahren zur Anwendung kommen.

535]

VIII. Gesetz.

Krankheit und Tod sind die Folge zweier wirkender Kräfte. Die eine ist der Wille der Seele, der zu seinem Instrument sagt: Ich ziehe die Lebensessenz zurück. Die andere ist die magnetische Kraft des planetarischen Lebens, die zu dem Leben in dem atomischen Gefüge sagt: Die Stunde der Wiederaufnahme ist da. Kehre zu mir zurück! So handeln alle Formen nach dem zyklischen Gesetz.

V. Regel.

Der Heiler muß versuchen, seine Seele, sein Herz, sein Gehirn und seine Hände zu verbinden. So kann er die lebendige Heilkraft über den Patienten ausgießen. Das ist *magnetisches Wirken.* Entweder heilt es die Krankheit oder es verschlimmert den schlechten Zustand, je nach dem Wissen des Heilers.

Der Heiler muß versuchen, seine Seele, sein Gehirn, sein Herz und seine aurische Ausstrahlung zu verbinden. So kann seine Gegenwart das Seelenleben des Patienten stärken. Dies ist *Wirken durch Ausstrahlung.* Die Hände sind nicht nötig. Die Seele erweist ihre Kraft. Des Patienten Seele reagiert, da sich seine Aura für die aus der Aura des Heilers kommende, von Seelenenergie durchflutete Strahlung empfänglich zeigt.

IX. Gesetz.

Vollkommenheit ruft Unvollkommenheit ans Tageslicht hervor. Das Gute treibt stets das Böse aus der Form des Menschen in Zeit und Raum aus. Die Methode, die sowohl vom Vollkommenen als auch vom Guten verwendet wird, ist Harmlosigkeit. Das ist keine negative, passive Geisteshaltung, sondern vollkommene Ausgeglichenheit, eine abgeschlossene Weltanschauung und göttliches Verstehen.

VI. Regel.

Der Heiler und die Heilergruppe müssen ihren Willen im Zaum halten. Nicht der Wille soll angewandt werden, sondern die Liebe.

X. Gesetz.

Höre, o Jünger, auf den Ruf, der vom Sohn an die Mutter ergeht, und gehorche dann. Das Wort geht hinaus, daß die Form ihren Zweck erfüllt hat. Das Denkprinzip paßt sich an und wiederholt dann das Wort. Die wartende Form gibt Antwort und löst sich ab. Die Seele ist frei.

Folge, o Aufsteigender, dem Ruf, der aus dem Reich der Verpflichtung kommt; erkenne den Ruf, der vom Ashram oder aus der Ratskammer kommt, wo der Herr des Lebens Selbst wartet. Der Ton geht hinaus. Seele und Form müssen beide zusammen dem Lebensprinzip entsagen und so der Monade erlauben, frei zu werden. Die Seele antwortet. Dann zerbricht die Form die Verbindung. Das Leben ist jetzt befreit und besitzt die Eigenschaft bewußten Wissens, die Früchte aller Erfahrung. Dies sind die Gaben, die Seele und Form gemeinsam schenken.

Bemerkung zum X. Gesetz: Mit diesen Worten wird ein neues Gesetz verkündet, das an die Stelle des Todesgesetzes tritt und nur für diejenigen gilt, die sich auf den letzten Stufen des Pfades der Jüngerschaft und auf dem Pfade der Einweihung befinden.

Die Anwendung der Gesetze und Regeln.

Auf den letzten Seiten habe ich die wesentlichen Punkte klar herausgestellt, indem ich — auch auf die Gefahr hin, euch etwas zu entmutigen — auf bestimmte wesentliche Erfordernisse für den Heiler im Neuen Zeitalter hingewiesen habe; ich teilte auch mit, welche Kontakte er leicht und schnell herstellen muß, wenn er eine Heilung unternimmt. Ebenso gab ich eine Begriffsbestimmung für das Wesen der Gesetzmäßigkeit. Dies war die Vorbereitung zu einer Betrachtung der Gesetze, nach denen sich der Heiler richten, und der Regeln, denen er automatisch und intuitiv gehorchen muß. Wir könnten diese Gesetze und Regeln sowohl in bezug auf den Heiler als auch in Beziehung zueinander erörtern, denn einige Regeln sind mit einem Gesetz, das für den Heiler bestimmend ist, eng verbunden.

Aus der oben angegebenen Definition des Gesetzes dürfte es euch wohl klar geworden sein, daß Krankheit, Tod, Unwahrheit,

Falschheit und Verzweiflung im letzten Grunde unserem Planeten selbst innewohnen, da unser planetarischer Logos ein „unvollkommener Gott" ist (wie ich schon früher erklärt habe, als ich H. P. B. bei der Abfassung der „Geheimlehre" half). Nach der gegenwärtigen großen Weltkrise — die auch damit zusammenhing, daß unser planetarischer Logos auf dem kosmischen Pfad weitergeschritten ist und daher eine kosmische Einweihung erfahren hat — werden Seine Unvollkommenheiten spürbar vermindert sein. Es wird weniger Trübsal und Krankheit auf Erden geben, wenn erst einmal die notwendigen planetarischen Um-
537] stellungen erfolgt sind. Ihr selbst werdet dies nicht mehr erleben, denn Neuordnungen solchen Ausmaßes brauchen Jahrhunderte, um sich auszuwirken. Was ich über die zukünftigen Heilmethoden zu sagen habe, wird noch für lange Zeit ohne praktischen Wert sein; die Theorie und die Anzeichen für eine solche Möglichkeit müssen jedoch besprochen und erörtert werden. Die medizinische Praxis und das chirurgische Wissen werden auch noch lange eine nützliche Rolle in der vorbeugenden Medizin, bei den Linderungsmethoden und Heilvorgängen spielen. In steigendem Maße werden auch viele psychologische Heilmethoden Anwendung finden, und diese werden mit den beiden genannten Hand in Hand gehen; dazu werden außerdem die Dienste des geistigen Heilers kommen. Auf diese Weise wird sich unaufhaltsam eine allseitige Annäherung an den ganzen Menschen entwickeln, und die Notwendigkeit dafür wird heute schon überall von fortschrittlich denkenden Ärzten anerkannt Auf diese Weise und ebenso durch Versuch und Irrtum wird man viel lernen.

Die Heilvorgänge, die ich kurz angeben und durch diese Gesetze und Regeln andeuten will, sind grundsätzlich neu. Sie beruhen nicht auf Versicherungen, wie bei der Christlichen Wissenschaft oder anderen Sekten, die mental heilen wollen; sie stützen sich nicht auf beglaubigte Quellen und behaupten auch nicht, Ergebnisse zu zeitigen, die erst dann möglich sein werden, wenn

die Menschheit einen viel höheren Grad der Vollkommenheit erreicht hat als sie jetzt besitzt oder in absehbarer Zeit entwikkeln kann. Ich habe schon mehrmals in dieser Abhandlung gesagt: Nichts ist grundsätzlich falsch an den Behauptungen, die von diesen Gruppen und Organisationen über *den* Menschen aufgestellt werden, der zur Seelenäußerung und zur Verwirklichung des Christusbewußtseins gelangt ist. Falsch dagegen ist die Behauptung, daß der gewöhnliche Mensch (der diese vorgeschrittene Evolutionsstufe offensichtlich noch nicht erreicht hat) diese Wunderheilungen entweder an sich selbst oder bei anderen vollbringen könne. Nur sehr wenige Menschen haben bis jetzt diesen Punkt erreicht, und ein Heiler, der dies vollbracht hat, ist in diesen Sekten und Organisationen tatsächlich eine große Seltenheit. Der Heiler im Neuen Zeitalter wird die Grenzen, die bestimmenden Umstände sowie das Schicksal erkennen und anerkennen. Dies
538] fördert in ihm die Entwicklung erkenntnis-verleihender Kräfte. Er ist sich auch geistig bewußt, daß die Heilung des physischen Körpers nicht immer das höchste geistige Wohl oder Beste bedeutet. Die Überschätzung und die ernste, ängstliche Sorge um das Formleben, um die physische Hülle, ist *nicht* von oberster Bedeutung.

Der Heiler im Neuen Zeitalter wird überhaupt nicht auf den physischen Körper einzuwirken suchen; da er Okkultist ist, sieht er diesen Körper nicht als Prinzip an. Er arbeitet praktisch ausschließlich mit dem Ätherleib und mit den Lebensenergien, indem er diese Energien entsprechend der zielgelenkten Absicht auf den physischen Körperautomaten einwirken läßt. Sie werden dann je nach der Reaktion dieses Körpers, der ja von vielen Faktoren bestimmend beeinflußt wird, ihre Wirkungen hervorrufen. Diese Energien, die durch den Ätherkörper des Patienten geleitet werden oder von diesem ausgehen, können eine Heilung bringen, *wenn* die Bestimmung des Patienten es erlaubt; oder sie können den Krankheitsherd so stimulieren, daß die Krankheit in eine Krise getrieben wird und der Patient stirbt. Dies kommt häufig vor, wenn Sektenheiler herangezogen werden, die nichts von den Heilgesetzen wissen und deren Betätigung auf der Vorstellung beruht, daß die Gottnatur bereits entfaltet und verwirklicht sei, was nur ganz selten vorkommt.

Es ist ein viel höheres Maß an geistiger Wahrnehmung und gedanklichem Erfassen erforderlich, ehe das System, das ich euch darlege, wirksam wird. Alles, was ich in meinen Schriften gebe, ist weitgehend bahnbrechender Natur, und das sollte berücksichtigt werden.

Wir wollen nun das erste Gesetz studieren; es ist mit keiner Regel ergänzt, da es eine fundamentale Aussage ist, welche die wichtigste, allem zugrundeliegende Theorie andeutet, nach welcher der Heiler arbeiten wird.

I. Gesetz.

Jede Krankheit ist das Ergebnis gehemmten Seelenlebens; das gilt für alle Formen in allen Reichen. Die Kunst des Heilers besteht darin, die Seele freizumachen, so daß ihr Leben durch die Aggregate von Organismen strömen kann, aus denen jede besondere Form besteht.

539] Dieses Gesetz besagt: Infolge der Tatsache, daß der dreifache niedere Mensch nicht unter der Herrschaft seiner Seele steht, kann Krankheit ihn vernichten. Da der freie Energiefluß, der von der Seele hereinströmt, gehemmt und verstopft wird, kann die Krankheit im physischen Körper Fuß fassen. Der physische Organismus wird in der richtigen Weise mit der schöpferisch-regenerierenden Energie des wahren Menschen, der Seele auf ihrer eigenen Ebene, versorgt. Ist dieser Einstrom von der Seele zu den sieben Lebenszentren vollständig unbehindert, so ergibt sich jene vollkommene Gesundheit, die der Eingeweihte des vierten Grades aufweist, es sei denn, er werde in seinem Falle irgendein erzieherisches, experimentelles oder veranlassendes Karma erprobt. Abgesehen von diesen oder planetarischen Gegebenheiten bedarf jedoch ein Eingeweihter hohen Grades in der Regel keines Heilers; in ihm ist nichts, was eine Heilung nötig hätte.

Was muß der Heiler tun, wenn er beim Patienten den Hemmungszustand erkennt, auf den die Krankheit hinweist? Trachtet er, in gesetzmäßiger Weise auf die Seele des Patienten einzuwirken? Versucht er, diese Seele dahin zu bringen, daß sie (von ihrer eigenen Ebene aus) in bestimmter Weise auf den Menschen einwirkt, wobei er die Übertragung der Energie von der Seele zum Denken, vom Denken zum Astralkörper und von dort zur ätherischen Hülle überwacht? Keineswegs. Bei wirklich ernsthaften Krankheiten ist der Zustand des Patienten für gewöhnlich derart, daß es ihm nicht möglich ist, bewußt oder unbewußt auf die Hilfsversuche des Heilers in der erforderlichen Weise zu reagieren. Jegliche mentale Anstrengung geht ganz und gar über seine Kraft, und er könnte daher das Bemühen seiner Seele, Energie zu übertragen, nicht unterstützen. In seinem Astralkörper konzentriert sich für gewöhnlich alle Tätigkeit auf den ausdrücklichen, großen Wunsch, zu leben und die Krankheit loszuwerden, *es sei denn,* die Krankheit sei so schwer, daß der Patient das Stadium erreicht hat, in dem er sich um nichts mehr kümmert und der Wille zum Leben ihn zusehends verläßt. Zu diesen Schwierigkeiten muß man die Tatsache hinzurechnen, daß nur sehr wenige Menschen so vollständig integriert sind, daß sie auf eine seelische Stimulierung hin sich wie eine einheitliche Per-
540] sönlichkeit verhalten können. Für gewöhnlich sind sie in dem einen oder anderen ihrer drei Körper polarisiert, und auch diese Tatsache ist für den Heiler eine starke Behinderung. Außerdem ist der Mensch auch sehr häufig so intensiv mit der Krankheit und dem Schmerz in seinem grob-physischen Körper beschäftigt, daß die höheren Einwirkungen, die vielleicht vom Denk- oder Seelenkörper kommen wollen, einfach keinen Einlaß finden. Was sollte der geschulte, unterrichtete Heiler dann tun?

Er muß erstens erkennen, daß der Ätherkörper am allerwichtigsten und diejenige Hülle ist, mit der er sich hauptsächlich befassen muß. Er konzentriert sich also auf diesen Energiekörper. Dazu ist es jedoch nötig, bestimmte Tatsachen zu ermitteln und dann bestimmte Kontaktpunkte für eine fördernde Einwirkung brauchbar zu machen.

Als erste Tatsache ist zu ermitteln, bis zu welchem Grade sich die Seele ihrer Persönlichkeit bemächtigt hat und wie stark sie diese im Augenblick noch beherrscht. Da der Patient noch lebt, weiß der Heiler, daß die Seele ganz bestimmt noch durch Herz- und Kopfzentrum des Ätherleibes wirkt, wodurch sie ja das Bewußtseins- und das Lebensprinzip im physischen Menschen verankert. Wenn der Patient bewußtlos ist, steigern sich in manchen Fällen die Schwierigkeiten für den Heiler beträchtlich; in anderen Fällen können sie jedoch auch vermindert werden. Wenn das Bewußtseinsprinzip aus dem Kopfzentrum im Ätherkörper zurückgezogen wird, dann weiß der Heiler, daß der Tod eintreten kann; sein Weg ist damit viel klarer vorgezeichnet, besonders, wenn das Lebenslicht im Herzen sich verdunkelt. Wenn das Bewußtsein noch voll und ganz vorhanden ist, erkennt er, daß immer noch die Möglichkeit der Heilung besteht, und er kann also mit größerem Vertrauen seine Arbeit fortsetzen. Diese Aussage gilt für den Durchschnittsmenschen. Bei Eingeweihten ist es etwas anderes, denn sie bleiben häufig auch während des ganzen Todesvorganges voll bewußt.

Ihr könnt also erkennen, wie grundsätzlich notwendig es für den Heiler im Neuen Zeitalter ist, entweder hellsichtig zu sein
541] oder — was noch weit besser ist — echte geistige Wahrnehmungsfähigkeit (die ja unfehlbar ist) zu besitzen. Seine erste Aufgabe besteht darin, den Ätherkörper des Patienten zu erforschen oder „okkult zu sehen", und so ein Wissen über folgende Punkte zu gewinnen:

1. Über die Kraft, mit der die Seele ihren Ätherkörper beeinflußt. Dies wird von dem Lichtpunkt im Kopfzentrum und dem Bereich, den dieser erhellt, angezeigt.
2. Über den Zustand des ätherischen Zentrums, das jenen Bereich beherrscht oder bestimmt, innerhalb dessen das physische Leiden liegt.

3. Über die Beziehung der Zentren oberhalb des Zwerchfells zu denen darunter; dies gibt nämlich dem Heiler einen allgemeinen Hinweis auf die Evolutionsstufe des Menschen, den er heilen soll.

Hat er diese Punkte nach bestem Vermögen ermittelt, so wird er, nach dem Gesetz vom „gehemmten Seelenleben“, versuchen, durch die Kraft seiner eigenen Seele (die auf den höheren Unterebenen der Mentalebene und durch sein Kopfzentrum wirkt) den Kern des Seelenlebens im Ätherkörper des Patienten zu stimulieren. Er wird dies in der Absicht tun, wenn möglich ein stärkeres Einströmen von Seelenenergie des Patienten in das Kopfzentrum zu erreichen, damit der Lebensfaden dem Herzen wieder mehr Leben zuführen kann. Auf diese Weise wird des Patienten eigene „Lebendigkeit“ die gewünschte Heilung bewirken; er wird anscheinend von der Natur selbst geheilt oder auf natürliche, normale Weise durch ausreichende Lebenskraft; so wird es ihm möglich, die Krankheit abzuschütteln.

Wenn der Heiler also dieses Gesetz anerkennt und mit ihm arbeitet, sind die folgenden Kontaktstellen zu beachten und zu benutzen:

1. Die Seele des Patienten, die in seinem Ätherkörper ver-
542] ankert ist.
2. Die Seele des Heilers, die damit beschäftigt ist, den Punkt für den Seelenkontakt zu stimulieren:

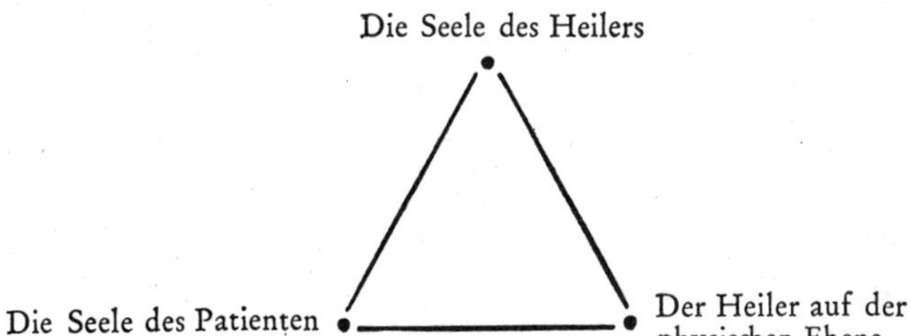

Dadurch wird der Lebenskörper des Heilers mit dem des Patienten in Verbindung gebracht, und zwar über ihre beiden Kopfzentren und über das Herz des Patienten, denn dort ist das Lebensprinzip konzentriert, das von allen Vorgängen stark in Mitleidenschaft gezogen und beeinflußt wird.

3. Wenn dieses Energiedreieck reibungslos funktioniert und vom Kopfzentrum des Patienten her eine hinreichende Resonanz erkennbar ist — wodurch ein stärkerer Seelenkontakt hergestellt wird, so daß Seelenenergie in das Kopfzentrum einströmt und von dort zum Herzzentrum weiterfließt —, dann wird der Heiler (durch einen Willensakt und mit Hilfe eines Invokationsmantrams) versuchen, diesen verstärkten Lebensstrom über das Herz dem erkrankten Bezirk zuzuführen; dabei benutzt er jeweils das entsprechende Zentrum, das diesen Bezirk des Körpers beherrscht. Dies muß mit der größtmöglichen Vorsicht geschehen, damit der Strom nicht zu plötzlich kommt und dadurch Unheil anrichtet. Ebenso muß besondere Sorgfalt in allen Fällen von Herzkrankheit aufgewandt werden; Embolien zum Beispiel, die sich als lebensbedrohend erweisen, entstehen häufig durch eine heftige Äußerung des Willens zum Leben auf seiten des Patienten, denn dadurch strömt das Lebensprinzip in einer Hochflut herein. Dies bringt dem Herzen eine zu plötzliche Stoßwelle und sowohl den Blutstrom wie die Embolie in plötzliche Bewegung, was dann zum Tode führt. Ich drücke dies alles ganz unfachmännisch aus und
543] gebe mich damit offen der Kritik der Fachleute preis; aber ich tue es, um dem nicht vorgebildeten Leser einen allgemeinen Begriff von den damit verbundenen Gefahren zu geben und beim Enthusiasten Vorsicht zu wecken.

Dieses Gesetz behandelt bestimmte grundlegende Voraussetzungen, und es gibt kaum noch etwas, was ich an Nützlichem über dessen Tragweite sagen könnte. Wer die Voraussetzungen akzeptiert und daraus die Konsequenzen zieht, wird viel dabei lernen. Was ich mitgeteilt habe, ist nur ein kleiner Bruchteil dessen, was ich hätte sagen können, aber ich habe hier dem Studierenden ein einfaches, wirksames Verständnis für bestimmte wesentliche, grundlegende Vorstellungen und Begriffe vermittelt.

Nun wollen wir zur Besprechung des zweiten Gesetzes und der ersten Regel übergehen.

II. Gesetz.

Krankheit entsteht durch drei Einflüsse und ist diesen unterworfen. Es sind dies: 1. Des Menschen eigene Vergangenheit, womit er den Preis für weit zurückliegenden, uralten Irrtum zahlt. 2. Das allen Menschen gemeinsame Erbteil an jenen verdorbenen Energieströmen, die Gruppenursprungs sind. 3. Er hat, wie alle Naturformen, Teil an dem, was der Herr des Lebens Seinem Körper auferlegt. — Diese drei Einflüsse nennt man „Das Urgesetz des Teilhabens am Übel". Dieses Gesetz muß eines Tages jenem neuen, „seit Urzeiten herrschenden Gesetz des Guten" weichen, das hinter allem steht, was Gott geschaffen hat. Dieses Gesetz muß durch den geistigen Willen des Menschen zur Wirksamkeit gebracht werden.

Dieses Gesetz ist in seinen Aussagen sehr umfassend und stellt eigentlich die Zusammenfassung zweier Gesetze dar, von denen eines schon derzeit in Kraft ist, während das andere erst später einmal zur Geltung kommen wird. Wir wollen um der Klarheit willen — und weil die Menschen meistens so unachtsam lesen — dieses Gesetz in seine verschiedenen Aussagen aufgliedern, um dadurch einen besseren Begriff von seiner Tragweite zu gewinnen:

1. Krankheit ist das Ergebnis dreier Einflüsse und diesen unterworfen; diese Einflüsse sind:

544] a) Des Menschen Vergangenheit, womit er den Preis für weit zurückliegenden, uralten Irrtum zahlt.

b) Seine (und auch jedes anderen Menschen) Erbmasse an jenen verdorbenen Energieströmen, die Gruppenursprungs sind.

c) Er hat, wie alle Naturformen, Anteil an dem, was der Herr des Lebens Seinem Körper auferlegt.

2. Diese drei Energiearten werden das „Urgesetz des Teilhabens am Übel" genannt.
3. Das „Gesetz des seit Urzeiten herrschenden Guten" steht hinter allem, was Gott geschaffen hat.
4. Dieses Gesetz wird eines Tages das „Urgesetz des Teilhabens am Übel" verdrängen.
5. Es wird durch den geistigen Willen des Menschen zur Wirksamkeit gebracht werden.

Dieses Gesetz führt die Gedanken des Menschen zurück zu dem Grundgesetz des Karma, dem man nicht entgehen kann, wie ihr wißt, und das der Heiler der Neuzeit in den gegenwärtigen Heilsekten und -organisationen beständig übersieht. Mit diesen Einflüssen und vorbestimmenden Ursachen haben wir uns schon beschäftigt, weshalb hier eine weitere Erörterung überflüssig ist; man könnte lediglich noch darauf hinweisen, daß sowohl für den Patienten wie für den Heiler ganz besonders jener Gedanke hilfreich ist, daß nämlich die Krankheit ihre Wurzeln in der Vergangenheit (der Gruppe oder des Einzelmenschen) hat und letzten Endes eine wohltätige Möglichkeit sein könnte, um uralte Schulden abzutragen. Dies bewirkt im Patienten eine positive Haltung der Hinnahme oder Bejahung — nicht ein blindes Sich-fügen in das Schicksal, was zu Untätigkeit führt, sondern eine Denkweise, die in ihm ein Gefühl der Verantwortung für rechtes Handeln erzeugt. Dieses rechte Vorgehen wird entweder zur vollen Abzahlung der Strafe durch den wohlbekannten Todesvorgang führen oder zum Erfolg der Maßnahmen, die ergriffen wurden, um die Gesundheit wieder herzustellen. Der Heiler aber wird die mächtigen Kräfte erkennen, die durch den Patienten wirken, und
545] sich bereitfinden, das vorbestimmte Schicksal walten zu lassen; in beiden Fällen wird dann die fieberhafte Ängstlichkeit, die so oft vorhanden ist, sich nicht in die Absichten des Heilers wie

des Patienten einmischen und das ordnungsgemäße Geschehen stören und behindern.

Zum zweiten ist es für den Patienten wichtig, daran zu denken, (wenn sein Zustand es erlaubt), daß das, was er erduldet, das Schicksal und Los der meisten Menschen ist, und daß er damit nicht allein steht. Eine rechte Nutzanwendung der Krankheit ist ein wichtiges Moment, um das Sondersein und das Gefühl des Alleinleins und der Isolierung abzustoßen; eben deshalb bewirkt ein richtiges Verhalten bei schlechter Gesundheit eine Linderung der Krankheitsneigung und eine Erweiterung der Sympathien. Teilhabenlassen und ein Gefühl allgemeinen Teilhaftigseins muß meistens auf mühsame Art gelernt werden — so verlangt es wiederum das Gesetz.

In diesem Gesetz haben wir den Schlüssel zu dem, was schließlich einmal die Krankheit von der Erde hinwegfegen wird. Ich möchte es ganz einfach ausdrücken. Wenn die Mehrheit der Erdenbewohner sich immer rascher dem Guten und der Rechtschaffenheit, wie es die Bibel nennt, zuwendet, und wenn die Menschenmassen sich dem guten Willen zuneigen (der zweiten Hauptäußerung eines Seelenkontaktes und seelischen Einflusses im Leben des Einzelmenschen wie der Menschheit — die erste ist ja das Veranwortungsgefühl), dann wird die Krankheit — wenn auch nur schrittweise — ständig abnehmen, schwächer werden und schließlich überhaupt nicht mehr vorkommen. Dies geschieht jetzt schon langsam und ganz allmählich; es zeigt sich zwar noch nicht in einem Verschwinden der Krankheit, jedoch im Erlangen einer besseren und richtigeren Einstellung. In Wirklichkeit bedeutet dies, daß der Kontaktweg zwischen dem Menschen und seiner Seele und der Seele der Menschheit geradliniger und durchlässiger wird. Es kommt eine geistige Ausrichtung und Harmonisierung zustande. Daraus könnt ihr also wieder ersehen, warum im Leben des Heilers so viel Wert auf Kontakt und innere Ausrichtung gelegt werden muß, und warum so wenige Erfolg haben. Man findet heute unter den Heilern nur wenig — wenn überhaupt

einen — Kontakt und wenig persönliches Verständnis für diese
546] Notwendigkeit, ebenso auch kein wirkliches Verstehen der Methoden, nach denen sie vorgehen sollten.

Es ist nützlich, diesen wichtigen Punkt zu begreifen, denn dadurch werden Enttäuschungen vermieden. Die Krankheit wird in der gegenwärtigen Epoche, die ein Neues Zeitalter ankündigt, nicht auf wunderbare Weise und ganz plötzlich aus der Welt verschwinden. Wäre es so, dann müßte man folgern, daß das Gesetz des Karma keine Geltung mehr hat, aber das ist nicht der Fall.

Der letzte Satz dieses zweiten Gesetzes gibt einen grundlegenden Hinweis auf die Zeitepoche: Das Gesetz des vorherrschenden Guten wird durch den geistigen Willen des Menschen zur Wirksamkeit gebracht werden. Was bedeutet das? Es besagt, daß Krankheit erst dann ganz ausgerottet werden und nur das Gute herrschen kann, wenn wirklich eine große Anzahl von Menschen von der Geistigen Triade beherrscht und geleitet wird, wenn sie die Antahkarana aufgebaut haben und daher den geistigen Willen anwenden können. Es wird natürlich ein allmählicher Prozeß sein, der in den Anfangsstadien kaum wahrnehmbar ist. Und warum ist das so? Weil das Böse, Verbrechen und Krankheit die Folgen der großen Ketzerei des Abgesondertseins sind, und weil Haß und nicht Liebe regiert. Vergeßt nicht: Wer seinen Bruder haßt, ist ein Mörder — für immer das Symbol des Hasses. Bis jetzt existiert noch nicht das Gefühl der Allverbundenheit und des Einsseins mit allem, außer bei vorgeschrittenen Jüngern und Eingeweihten; das Massenbewußtsein und die Manifestation des Herdeninstinkts dürfen nicht mit dem Gefühl des Einsseins verwechselt werden, das den richtig eingestellten Menschen kennzeichnet. Im Neuen Zeitalter wird die Lehre von der Antahkarana und der Konstitution des Menschen — vor allem vom Gesichtspunkt der „drei periodischen Körper" und nicht so sehr von dem des dreifachen niederen Menschen aus — große Bedeutung erlangen, und zwar besonders in den höheren Schulen; damit wird eine gesunde Grundlage für die esoterischen Schulen geschaffen, die allmählich

entstehen werden. So wird die Menschheit zu neuen Ausblicken kommen. Man wird das Wesen des Geistigen Willens lehren, im Gegensatz zu dem des egoistischen, persönlichen Willens; mit seiner Hilfe werden erstaunliche neue Wirkkräfte — und zwar auf
547] gefahrlose Weise — für das tägliche Leben freigemacht werden.

Bis jetzt haben selbst Jünger kaum eine Vorstellung von der außerordentlichen Macht des triadischen Willens. Es kann hier bestätigt werden, daß diejenigen Heiler, die ein triadisches Bewußtsein haben und die Wirkungskraft des monadischen Lebens und Willens (über die Geistige Triade) zur Anwendung bringen können, immer Erfolg haben werden; sie werden keine Fehler begehen, denn sie haben genaue geistige Wahrnehmung, derzufolge sie wissen, ob eine Heilung möglich ist; und mittels ihres Willens können sie dann sicher und machtvoll auf das Kopfzentrum des Patienten einwirken. Sie werden ihre Heilkräfte notwendigerweise auf diejenigen beschränken, die im Kopf konzentriert leben. Sie werden die dort verankerte Seele zu wirksamer Tätigkeit anspornen, wodurch eine echte Selbstheilung gefördert wird.

Aus all dem geht hervor, wie verhältnismäßig einfach diese Gesetze sind, wenn man sie sorgfältig durchdenkt, und in wie schöner Weise sie miteinander verbunden sind. Beherrscht und versteht man das eine, so wird damit das Verstehen des nächsten erleichtert.

Man vergesse nicht, daß das Kopfzentrum dasjenige ist, durch das der Wille wirkt; unter Berücksichtigung dieser Tatsache bringt die Mitteilungen, die im Anfangsteil dieser Unterweisung über das erste Gesetz gemacht wurden, mit dem hier Gesagten in Verbindung. Wenn diese Gesetze gründlich von denen studiert werden, die geistig heilen lernen möchten, und wenn sich der Heiler bemüht, sein Leben nach diesen Regeln einzurichten, dann wird in seinem Denken ein bestimmtes Leitbild fürs Heilen und eine Heilmethode Gestalt annehmen, wodurch die Wirksamkeit seines Dienstes außerordentlich gesteigert wird. Ihr habt sicher schon bemerkt, daß ich keine Regeln und Gesetze für spezielle Krank-

heiten gebe. Ich fürchte, daß dies viele ernsthafte Praktiker sehr enttäuscht. Sie würden es gewiß lieber sehen, wenn ich ihnen sagte, was man tun sollte, um etwa Leberkrebs, Lungenentzündung, Magengeschwüre oder bestimmte Formen von Herzkrankheit zu heilen. Das habe ich aber nicht im Sinn. Meine Arbeit geht auf viel grundsätzlichere Dinge aus als diese. Ich befasse mich mit den
548] Ursachen, und zwar vor allem mit dem Ätherkörper, der ja Energien entweder verteilt oder sie zurückhält, wenn sie in Kräfte umgewandelt werden; ich beschäftige mich mit dem Bewußtseinszustand des Heilers und mit den Theorien, die er in sich aufnehmen sollte, mit seinem Vermögen, die Beziehung der Seele zu ihren Manifestationsträgern (beim Heilen also besonders zum Ätherleib) zu erkennen, und mit der Tatsache, daß die Zentren, die man in jedem Bezirk des Körpers findet, eine Kontrolle ausüben; denn sie verteilen entweder Energie frei und unbehindert und erhalten den Körper bei guter Gesundheit, oder sie führen — infolge Unterentwicklung und gehemmter Tätigkeit — jene Zustände herbei, in denen Krankheit möglich und wahrscheinlich wird.

Ihr könnt also erkennen, wie sehr der Heilvorgang vereinfacht wird, wenn wir die Ursachen erkennen und uns darüber klar werden, daß sie für die Funktion des Körpers auf der äußeren Ebene verantwortlich sind. Der Heiler muß stets die nachstehende Reihenfolge an Tatbeständen berücksichtigen:

1. Die Seele, die sich wirksam betätigt durch
2. das Denkvermögen und den Astralkörper, deren Energien
3. den Ätherkörper entscheidend prägen — also einen Wirbel von Energien, die sich in zahlreichen größeren und kleineren Zentren konzentrieren.
4. Die sieben Hauptzentren, die bestimmte Körperregionen beherrschen, und zwar mittels
   a) der Nadis,
   b) der Nerven,

c) des endokrinen Drüsensystems,
d) des Blutstroms.

Diese vier Gruppen beeinflußter Aspekte des Menschen haben mit dem Leben und Bewußtsein zu tun, also mit den zwei Hauptaspekten der Seele, wenn sie sich auf der physischen Ebene in Manifestation befindet.

549] Die orthodoxe Medizin beschränkt sich bis jetzt notwendigerweise auf die objektiven Symptome und deren unmittelbar sichtbare Ursache, also auf Wirkungen und nicht auf die wirklichen Ursachen. Die Heilung, mit der ich mich befasse, richtet sich auf die Reorganisierung und Wiederbelebung des Ätherkörpers mit der Absicht, hinter den äußeren, formalen Anzeichen einer schlechten Körperverfassung zu jenem Energieträger zu gelangen, der — bei rechter Funktion und harmonischer Zusammenarbeit — den physischen Körper in gutem Zustand erhält und vor Krankheit bewahrt. Das Wissen, das der Heiler im Neuen Zeitalter benötigt, ist also mehr grundsätzlicher Art und weniger spezifiziert. Er beschäftigt sich mit Bezirken, nicht mit Organen, mit Energien und ihren Verteilungsstellen, nicht mit den Einzelheiten des physischen Körpers, mit der Struktur der Organe und ihrer schlechten Funktion. Er kümmert sich um die sieben ätherischen Zentren, um die Nadis, durch die sie auf das Nervensystem einwirken und es (abgesehen von der Strahlung) stimulieren; er beobachtet mit Sorgfalt das Nervensystem und den Blutstrom, den die Zentren durch ihre Strahlwirkung auf und durch die darin befindlichen Hormone beeinflussen. Der Leitgedanke all seiner Arbeit ist jedoch die genau gelenkte Verteilung, und sein Hauptaugenmerk gilt den Leitungswegen für diese Verteilung — dem gesamten System der ätherischen Zentren.

Ich möchte euch daher bitten, über alle diese Mitteilungen mit eifriger Sorgfalt nachzudenken. Das Leitmotiv für gute Gesundheit ist im esoterischen Sinne das *Miteinanderteilen* oder die *Verteilung*, genau so wie es auch das Leitbild für das allgemeine Wohl-

ergehen der gesamten Menschheit ist. Die wirtschaftlichen Mißstände in der Menschheit entsprechen ziemlich genau der Krankheit beim Einzelmenschen. Es fehlt der freie Strom der Lebensnotwendigkeiten zu den Verteilungsstellen; diese sind träge, die Lenkung der Verteilung ist falsch. Die Übel und Plagen der Menschheit werden nur dann geheilt und vermindert werden, wenn die Menschen überall das neuzeitliche Prinzip des Miteinander-Teilens richtig begreifen und vernünftig anwenden. *Nur durch die richtige Energieverteilung werden auch die Krankheiten des physischen Körpers beim Einzelmenschen geheilt werden.* Das ist ein grundlegendes (ich möchte fast sagen *das* grundlegende) Prinzip allen geistigen Heilens. Im Grunde genommen setzt dies schließlich eine wissenschaftliche Anerkennung des Ätherkörpers
550] unseres Planeten und folglich auch des Menschen voraus.

Wir kommen nun zur Besprechung der ersten Regel.

I. Regel.

Der Heiler soll sich darin schulen, den inneren Gedanken- oder Begierdengrad des Patienten zu erkennen. Dadurch kann er erfahren, aus welcher Quelle die Störung kommt. Er soll Ursache und Wirkung miteinander in Beziehung setzen und dann genau die Stelle erkennen, durch welche die Abhilfe kommen muß.

Es dürfte euch wohl klar sein, daß die erste Regel, die der Heiler beachten und beherrschen muß, notwendigerweise sehr wichtig ist. Ihre Folgerungen sind grundsätzlich und wesentlich, wenn man eine Heilung erzielen will oder wenn der Heiler keine Zeit damit verschwenden möchte, das Unmögliche zu versuchen. Es sind vier Gebote in der Regel enthalten:

1. Der Heiler muß sich darin üben zu erkennen, ob der Patient mental oder astral (emotionell) eingestellt ist.
2. Er kann und muß daher die psychologische Grundlage der bestehenden Beschwerde feststellen.
3. Er wird dann den Sitz der Wirkung (der Krankheit) durch

die Wahrnehmung der ihr zugrundeliegenden Ursache feststellen können.

4. Dies wird ihm zu der Erkenntnis verhelfen,
   a) um welche Region es sich handelt und
   b) welches Zentrum im Ätherkörper diese Region beherrscht.

Ihr werdet jetzt auch verstehen, warum ich meine Untersuchung über Krankheit und Heilung mit einer Darstellung der psychologischen Ursachen begonnen habe. Diese erste Regel bezieht sich auf den ganzen ersten Abschnitt meiner Lehren und
551] ist, wie ihr seht, ganz auf die Praxis ausgerichtet.

Wenn man die Polarisation der Persönlichkeit kennt, ergeben sich zwei wichtige Anhaltspunkte: Den Zugang gewinnt man entweder über das Kopf- oder das Herzzentrum, *wenn* der Patient hoch entwickelt ist; es ist anzunehmen, daß der Heiler dies aus den charakterlichen Merkmalen und der Lebensleistung des Patienten erkennen kann. Oder aber ist der Zugangspunkt das Kehl- oder das Solarplexus-Zentrum, *wenn* der Patient ein gewöhnlicher, durchschnittlich fortgeschrittener Mensch ist. Falls er ganz unentwickelt ist und auf einer verhältnismäßig niederen Stufe steht, dann ist der Solarplexus oder das Sakralzentrum die Kontaktstelle, durch die man ihm zu Hilfe kommen kann. Es ist bemerkenswert, daß, wenn ein Mensch auf der Evolutionsleiter so tief steht, man ihn ätherisch über das Sakralzentrum erreichen muß, er oft ganz leicht geheilt werden kann und viel schneller als andere Typen auf das anspricht, was man oft eine „ätherische Behandlung" nennt. Mit ein Grund hierfür liegt darin, daß sein Denkvermögen und seine Gefühle keine wirklichen Hindernisse bieten, so daß alle verfügbaren Energien unbehindert dem erkrankten Bezirk zugeleitet werden können.

Ist der Heiler hellsichtig, so kann er mit Leichtigkeit die Eintrittsstelle der Heilkräfte feststellen, da das „eintretende Licht" dann am hellsten ist; das Licht des Zentrums gibt also selbst die notwendige Auskunft. Ist er ein sehr fortgeschrittener Heiler,

so macht er von keinerlei psychischer Wahrnehmung Gebrauch, sondern reagiert unmittelbar nach dem Kontakt auf eine vom Patienten kommende Impression, die so stark ist, daß sie nicht abgeleugnet werden kann und wahrscheinlich völlig genau und verläßlich ist. Man muß jedoch berücksichtigen, daß infolge der Integrität der menschlichen Seele und infolge der Tatsache, daß jede Seele ihrem eigenen Wesen nach ein Meister ist, beim Heiler immerhin die Möglichkeit besteht, sich gelegentlich zu irren, auch wenn er Eingeweihter ist. Es wird sich ihm ganz deutlich ein Punkt zeigen, von wo an der geistige Mensch (von dem der Patient nur ein Spiegelbild ist) zu herrschen beginnt, und über den
552] er nicht hinausgehen kann und darf — außer als Seele auf gleicher Ebene mit des Patienten Seele. Es gibt zum Beispiel Situationen, in denen ein vorgeschrittener Jünger oder hoher Eingeweihter (mit der zielbewußten Absicht, seine physische Hülle zu verlassen) den Kräften der Auflösung, der Begrenzung und Zerstörung gestattet, seine äußere physische Form niederzubrechen und zu zerstören. Wenn dies der Fall ist, bemerkt der Heiler vielleicht gar nicht diese Absicht; er verspürt jedoch einen Widerstand und ist gezwungen, von seinen Heilbemühungen abzulassen.

Wenn der Patient ein rein mentaler Typus ist und der Heilvorgang über ein höheres Zentrum, das Kopfzentrum, eingeleitet werden muß, dann sollte der Heiler sich vernünftigerweise die bewußte Mitarbeit des Patienten sichern, damit ihrer beider Willen in Übereinstimmung wirken; das wird eine positive Beziehung zwischen beiden zur Folge haben. Ist der Patient nicht so hoch entwickelt, wird der Heiler sich bemühen, im Patienten einen Geist hoffnungsvoller Ergebung zu erwecken; da in einem solchen Falle die emotionelle Natur stärker ist als bei dem weiter vorgeschrittenen Typus, ist die Aufgabe des Heilers natürlich schwerer. Er wird sehr häufig gegen Angst, Gefühlsreaktionen verschiedener Art, Furcht und Vorahnungen ankämpfen müssen. Der psychologische Zustand ist also schwankend, und der Heiler

wird sich sehr anstrengen müssen, damit der Patient in seinen emotionellen Reaktionen beständig bleibt, ruhig und gelassen wird. Dieser Gemütszustand muß erreicht werden, wenn die Heilenergien wirksam zum richtigen Zentrum und zu dessen beherrschtem Bezirk strömen sollen. Dies kann dadurch erreicht werden, daß vor Beginn der Behandlung eine harmonische Beziehung zwischen Heiler und Patient hergestellt wird. Die Heiler im Neuen Zeitalter werden sich — genauso wie die heutigen Ärzte — ebenfalls einen eigenen Klientenkreis gewinnen, und sie werden so die Konstitution und das Temperament derer kennenlernen, zu deren Behandlung sie vielleicht gerufen werden; sie werden sie außerdem — wenn nötig — in bestimmten Heilprozessen und Methoden zur späteren Verwendung unterrichten;
553] diese Zeit liegt jedoch noch in ferner Zukunft.

Ist der Patient ein unentwickelter Mensch und steht er sehr tief auf der Evolutionsleiter, so wird er psychologisch sowohl von der uneigennützigen und geläuterten Persönlichkeit des Heilers als auch dadurch beherrscht, *daß der Heiler seinen Willen dem Ätherkörper des Patienten aufzwingt.* Dies bedeutet nicht, daß einer negativ-empfänglichen Person eine Willensenergie aufgenötigt wird, wodurch der Patient zu einer Handlungsweise gezwungen und sein ohnehin schon geringfügiger freier Wille gefährdet würde. Es bedeutet vielmehr, daß dem Patienten die Autorität des Wissens und der geistigen Stabilisierung aufgezwungen wird, wodurch man ihm Vertrauen und die Bereitschaft zu gehorchen einflößt.

Das sind also die ersten Maßnahmen, die ein Heiler ergreifen muß, der sich mit dem Patienten und dessen — niederer — Psyche befaßt. Es sind dies folgende:

1. Der Heiler gewinnt die Mitarbeit der Persönlichkeit des vorgeschrittenen Menschen; nur die Persönlichkeit bedarf der Heilung.
2. Der Heiler erweckt in der Persönlichkeit des Durchschnitts-

menschen einen Zustand hoffnungsvoller Ergebenheit; ein solcher Patient ist für eine verständnisvolle Mitarbeit noch nicht zugänglich, aber er kann sich so weit in die Hand nehmen, daß er die Hindernisse seiner Persönlichkeit auf ein Minimum reduziert.

3. Der Heiler flößt dem Patienten *Vertrauen* ein, so daß dieser den Vorschlägen des Heilers Folge leistet. Das ist alles, was der unentwickelte Mensch tun kann.

Es dürfte wohl klar sein, daß derartige Verallgemeinerungen nicht auf jeden Menschentypus und die vielen Zwischentypen und -stufen angewandt werden können. Der Heiler muß seine Mitmenschen wahrhaft lieben, und er muß außerdem ein geschulter Psychologe sein; das bedeutet, daß er sowohl als Seele wie auch als wahrnehmender Denker wirken muß.

554] Es sollte hier noch etwas anderes beachtet werden. Ein Problem, das der Heiler bei mentalen Typen zu gewärtigen hat, ist die Neigung des Patienten, alle von der Seele kommenden Energien entweder im Kopf oder zum mindesten oberhalb des Zwerchfells festzuhalten; das heißt nicht, daß nicht alle Körperregionen unter dem Zwerchfell gewohnheitsmäßig mit den nötigen Energien versorgt würden, sondern daß die dortigen Funktionen weitgehend automatisch sind und der Betreffende sich nicht darum kümmert, Energie bewußt zu dem unterhalb des Zwerchfells liegenden Zentrum und zu dem von diesem beherrschten Bezirk zu lenken. Es mag notwendig werden, ihn dazu anzuweisen, wenn er mit dem Heiler zusammenarbeiten und eine Heilung erreichen möchte. Seine mentale Einstellung und die Aktivität des Kopfzentrums werden eine große Hilfe sein, vorausgesetzt, er nimmt die Unterweisung über die Kunst der Energielenkung an. Dies kann er für gewöhnlich, wenn er nicht zu krank oder zu sehr damit beschäftigt ist, einen bewußten Kontakt mit seinem Körper aufrechterhalten. Ist er nicht in der Lage, seine Aufmerksamkeit zu konzentrieren, entweder infolge von Schmerz, aus Mangel an physischem Bewußtsein oder wegen großer Schwäche, dann wird der Heiler hauptsächlich als Seele mit der Seele arbeiten müssen; er muß dann darauf vertrauen, daß die Verbindung zwischen der Seele des Patienten und dem Ätherkörper ausreichend vorhanden ist, um eine Heilung zu fördern, wenn dies dem betreffenden Menschen bestimmt ist.

Wenn die Ursache der Beschwerde jedoch im Emotional- oder Astralkörper liegt, dann ist die Aufgabe des Heilers nicht so einfach; er muß dann als Seele — in seinem Kopfzentrum konzentriert — wirken, wobei er aber die benötigte Energie über sein genau eingestelltes Solarplexuszentrum leitet und auf diesem Wege die emotionelle Natur des Patienten überwacht und steuert. Ich meine hier den Solarplexus des Heilers, dem er allerdings im allgemeinen keine besondere Aufmerksamkeit im eigenen Leben schenkt. Der Heiler hat sich eine Gewandtheit im willentlichen Gebrauch aller seiner Zentren angeeignet und betrachtet sie als Verteilungsstellen für gelenkte Energie. Diese Energie zielt *nicht* auf das Heilen ab, was ich zu beachten bitte, sondern es ist die Seelenenergie des Heilers, die danach strebt, ein Zentrum im Körper des Patienten unter ihre Kontrolle zu bringen, weil der Patient so stark von Gefühlen beherrscht ist; die Seelenenergie ist
555] ferner bestrebt, dieses Zentrum wieder zu einer Empfangsstation für die Heilenergien einzurichten, die von der Seele des Patienten ausgehen. Das aber ist eine ganz andere Sache, die man sehr sorgfältig berücksichtigen sollte.

Der Heiler benützt daher normalerweise zwei Zentren: sein eigenes Kopfzentrum sowie jenes Zentrum in seinem Körper, das der erkrankten Region und dem sie beherrschenden Zentrum entspricht. Bei jedem Heilversuch, der erfolgreich sein soll, muß eine sympathische Beziehung hergestellt werden. Ein uraltes Buch in den Archiven der Meister drückt das folgendermaßen aus: „Seele zu Seele, die beiden sind eins; Punkt zu Punkt, sie müssen zusammen leiden; Ort zu Ort, sie sehen sich vereinigt, und so bringt der zweifache Energiestrom die Heilung."

Eine der Hauptschwierigkeiten, die sich dem Heiler entgegenstellen —, besonders, wenn er verhältnismäßig unerfahren ist — ist das, was sich aus einer solchen hergestellten sympathischen Beziehung ergeben kann. Es kann leicht etwas eintreten, was wir „Übertragung" nennen könnten. Der Heiler zieht sich den Zustand der Krankheit oder des Leidens zu oder übernimmt ihn, zwar nicht im tatsächlichen Gehalt, jedoch in den Symptomen. Das kann ihn unfähig machen oder zum mindesten die freie Wirksamkeit der Heilbehandlung stark behindern. Das ist eine Täuschung und eine Illusion, die darauf beruht, daß der Heiler die Fähigkeit erworben hat, sich mit seinem Patienten zu identifizieren; eine weitere Ursache ist auch seine Ängstlichkeit und sein großes Verlangen, Erleichterung zu bringen. Der Heiler hat sich so sehr der Nöte des Patienten angenommen und sich so weit von seinem eigenen positiven Bewußtsein abgesetzt, daß er versehentlich negativ geworden und zeitweilig ungeschützt ist. Entdeckt er in sich selbst diese Tendenz, so liegt das Heilmittel darin, sowohl durch das Herzzentrum wie durch das Kopfzentrum zu wirken und einen ständigen Strom positiver Energie der Liebe dem Patienten entgegenzuschicken. Dies schirmt ihn gegen die Krankheit, jedoch nicht gegen den Patienten ab. Er kann dies erreichen, indem
556] er durch das Herzzentrum im *Brahmarandra* (im Kopfzentrum) wirkt und dadurch die Wirkungskraft seiner Behandlung verstärkt. Das setzt jedoch eine hohe Entwicklungsstufe des Heilers voraus. Der durchschnittliche geistige Heiler muß Kopf- und Herzzentrum durch einen entschiedenen Willensakt verbinden. Dann wird er erkennen, daß die Liebe, die von ihm zum Patienten strömt, jedes Zurückfluten unerwünschter Ausstrahlungen vom Patienten verhindert. Dies muß so sein, denn wenn ein solcher Strom vorhanden wäre, würde er der Heilung des Patienten entgegenwirken.

Der Heiler, der dem inneren Drange zum Heilen nachkommt, muß also, wie ihr sehen könnt, eine sehr strenge Schulung durchmachen, bevor seine eigene Ausrüstung — die Persönlichkeit, sein

Ätherkörper und dessen Zentren — der Seele so sehr untergeordnet sind, daß sie der Heilkunst kein Hindernis bieten. Er muß daher selbst folgendes lernen:

1. Rasche, harmonische Angleichung zwischen Seele, Denkvermögen, Kopfzentrum und physischem Gehirn.
2. Die Anwendung des von der Seele erleuchteten Denkens zur psychologischen Diagnose der Krankheitsursache, die er behandeln will.
3. Methoden zur Herstellung einer sympathischen Verbindung mit dem Patienten.
4. Methoden, um sich vor jeglicher Übertragung zu schützen, die durch diese Verbindung entstehen könnte.
5. Die Herstellung einer rechten Beziehung zu dem Patienten, sei es entweder die der Zusammenarbeit, der Ergebung oder der geistigen Beherrschung.
6. Physische Diagnose und Feststellung der Region, der Hilfe gebracht werden muß auf dem Wege über das sie beherrschende Zentrum.
7. Die Kunst der Zusammenarbeit mit der Seele des Patienten, so daß sein Ätherleib alle einströmenden Energien zusammenfaßt, um dem erkrankten Gebiet Hilfe zu bringen. Dazu gehört die direkte Wirksamkeit des Ätherkörpers des
557] Heilers in Verbindung mit einer erneuten Aktivität des Ätherkörpers des Patienten.
8. Die Methode, die Heilkraft zurückzuziehen, wenn die des Patienten für das Vorhaben ausreicht.

Ich glaube, daß ich euch hier alles angegeben habe, was ihr zum unmittelbaren Studium und Nachdenken braucht. Ich habe euch gezeigt, daß die Heilkunst kein verschwommener, mystischer Vorgang, kein Wunschdenken oder bloß von guten Absichten beseelt ist. Ich habe darauf hingewiesen, daß sie als allerelerstes die Beherrschung der Wissenschaft vom Seelenkontakt voraussetzt;

dazu die ständige Übung der harmonischen Ausrichtung und das klare Verstehen der Wissenschaft von den Zentren oder — buchstäblich — einer neuzeitlichen Form des Laya-Yoga. Die Heiler der Zukunft werden Jahre drastischer Schulung durchmachen müssen, und das braucht nicht zu überraschen, denn der normale medizinische Beruf erfordert Jahre harter Arbeit und intensiven Studiums. Viele Heiler im Neuen Zeitalter werden orthodoxes Studium und Wissen mit der Kunst des geistigen Heilens verbinden.

Wenn geschulte Heiler geistige Wahrnehmungsfähigkeiten und ein wirklich brauchbares Wissen über den Ätherkörper besitzen, wenn sie die Energien erkennen, aus denen dieser besteht oder die er übermitteln kann und übermittelt, wenn sie die feinstoffliche Konstitution des Menschen verstehen und die Methoden beherrschen, Energie von einem Punkt oder Ort zum anderen zu leiten, wenn sie dann noch mit einem umfassenden medizinischen Wissen oder in enger Gemeinschaft mit dem orthodoxen Arzt oder Chirurgen arbeiten können, dann werden erstaunliche Wandlungen zustandekommen. Den Menschen wird eine große Erleuchtung zuteil werden.

Und darauf müssen wir uns vorbereiten — nicht in erster Linie wegen der Heilung des physischen Körpers, sondern wegen der Bewußtseinserweiterung des Menschengeschlechts, welche dieses neue esoterische Studium mit sich bringen wird.

Wir haben uns mit einer Reihe von fundamentalen Realitäten beschäftigt, die von allen Heilern, die danach streben, nach der neuen Art esoterischen Heilens zu arbeiten, unbedingt beherrscht
558] werden müssen. Was ich gesagt habe, ist darum von außerordentlicher Wichtigkeit. Jede von mir angegebene Einzelheit könnte die Grundlage für längere Erörterungen abgeben, aber das ist (in dieser Abhandlung) nicht möglich, denn ich versuche lediglich, Hinweise auf künftige Möglichkeiten zu geben. Ich möchte außerdem Mißtrauen erregen gegen die Art und Weise, wie gegenwärtig die Metaphysiker an dieses Thema der Krankheit und

ihrer Heilung herangehen; und ich möchte das Vertrauen der Öffentlichkeit in die sogenannten Heilmethoden des Neuen Zeitalters untergraben (wenn mir ein solch drastischer Ausdruck gestattet ist): das Vertrauen auf die Methoden der Christlichen Wissenschaft, der Mental Science und aller dieser Richtungen, die eine Heilung dadurch erzielen wollen, daß sie Behauptungen aufstellen; sie bekräftigen die Göttlichkeit des Menschen und behaupten, daß die ihm eingeborene und innewohnende Göttlichkeit die Heilung unbedingt garantiere. Diese Behauptung ist Verblendung und Täuschung, wie ich schon oft zu zeigen versuchte.

Nun wollen wir uns mit einem Gesetz beschäftigen, das — richtig verstanden — beweist, in welch unzulänglicher Weise der moderne Metaphysiker an dieses Thema herangeht; und obwohl es unsere Unterweisungen über das Heilen auf eine vernünftige Grundlage stellt, schiebt es doch die Ära wahren okkulten Heilens zweifellos in eine fernere Zeit hinaus. Dieses dritte Gesetz lautet folgendermaßen:

III. Gesetz.

Krankheiten entstehen dadurch, daß sich die Lebensenergie eines Menschen grundlegend zentralisiert. Von der Ebene, auf der diese Energien zusammengeballt sind, gehen auch jene maßgebenden Bedingungen aus, die zu schlechter Gesundheit führen und die sich daher entweder als Krankheit, oder aber als Freisein von Krankheit auswirken.

Dieses Gesetz weist darauf hin, daß der Heiler zunächst einmal erkennen und feststellen muß, von welcher Bewußtseinsebene die vorherrschende Energie im Ätherkörper ausgeht. Ich möchte hier daran erinnern, daß H. P. B. in der „Geheimlehre" sagt, daß eine Ebene und ein Bewußtseinszustand gleichbedeutende Ausdrücke sind, die sich vollständig auswechseln lassen; in allen meinen
559] Schriften versuche ich, nicht die Ebene (wie man es nennt) der Materie oder Substanz zu betonen, sondern das Bewußtsein, das sich in diesem Umweltsbereich bewußter Substanz zum Ausdruck bringt.

Es wird uns in diesem uralten Gesetz versichert, daß Krankheit eine Wirkung sei, die von der grundlegenden Konzentration der Lebensenergie eines Menschen herrührt. Diese Lebensenergie ist nicht dasselbe wie die Energie oder Kraft des Bewußtseins, aber das Bewußtsein ist stets der leitende Faktor bei jeder Äußerung des innewohnenden Lebens, denn es gibt grundsätzlich nur eine einzige Hauptenergie — die Lebensenergie. Dort, wo das Bewußtsein des Menschen konzentriert ist, zieht die Lebensenergie ihre Kräfte zusammen. Wenn das Bewußtsein auf der Mental- oder der Astralebene konzentriert ist, sammelt und verankert sich die Lebensenergie nicht so stark im Herzzentrum (dem Zentrum, wo das Lebensprinzip wohnt), sondern es gelangt nur ein Teil dieser lebendigen Energie in den physischen Körper (über den Ätherleib). Der größere Teil wird zurückgehalten (ein unzulängliches Wort) auf der Ebene, wo sich das Bewußtsein hauptsächlich betätigt; oder anders ausgedrückt: die Wesensäußerung hängt wesentlich von dem Bewußtseinszustand ab, der jener Gewahrseinszone oder jener Kontaktstelle mit dem göttlichen Ganzen oder dem göttlichen Bewußtsein entspricht, die von der Evolutionsstufe des Menschen ermöglicht wird.

Die Aufgabe des Heilers besteht also darin, herauszufinden, wo sich dieser Bewußtseinsschwerpunkt befindet; das führt uns zu einer Bemerkung zurück, die ich über den Zustand des Patienten gemacht habe, der im wesentlichen entweder ein mentaler oder ein emotioneller Typ und sehr, sehr selten in seinem Bewußtsein wirklich rein physisch eingestellt ist. Dort, wo sich das Bewußtsein fest in der Seele verankert hat, wird es wenig Krankheit geben; die physischen Krankheiten des hochentwickelten Patienten sind dann die Folgen einstürmender Seelenenergie in eine dazu nicht bereite physische Körperhülle; auf dieser Stufe werden ihn nur Hauptkrankheiten angreifen. Er ist nicht mehr empfänglich
560] für die kleinen Beschwerden und ständigen kleinen Infektionen, die das Leben des durchschnittlichen oder unentwickelten Menschen so anstrengend und schwer machen. Er mag vielleicht an

Herzbeschwerden leiden, an Nervenkrankheiten und Leiden, die den oberen Teil des Körpers sowie jene Bezirke betreffen, die von den Zentren oberhalb des Zwerchfells beherrscht werden. Die Schwierigkeiten jedoch, die durch die kleineren ätherischen Zentren (von denen es ja viele gibt) oder durch die Zentren unter dem Zwerchfell verursacht werden, sind für gewöhnlich nicht vorhanden — es sei denn (wie es bei einem sehr weit vorgeschrittenen Jünger der Fall sein kann), er nehme vorsätzlich Zustände auf sich, die durch seinen Weltdienst für die Menschen verursacht wurden.

Da die meisten Menschen heute auf der Astralebene (oder im Astralkörper) polarisiert sind, wird der Ausgangspunkt für eine der größten Krankheitsursachen sogleich erkennbar. Wenn sich das Menschheitsbewußtsein auf die Mentalebene verlagert — und das geschieht jetzt allmählich —, dann werden die allgemein bekannten und vorherrschenden Krankheiten aussterben; nur die Krankheiten der mentalen Typen oder die Krankheiten der Jünger werden noch zurückbleiben und den Frieden des einzelnen Menschen stören. Mit diesen habe ich mich in einem früheren Bande dieser Abhandlung befaßt („Eine Abhandlung über die sieben Strahlen", Bd. II, S. 666—671).

Die Vertreter der Mental Science haben recht mit ihrer Erkenntnis, daß die Gefühlserregungen des Menschen (wie sie sich in jener schwächlichen Nachahmung der Wirklichkeit bekunden, die man Gedanken nennt) für viele Krankheiten verantwortlich sind. Sie haben recht mit ihrem Bemühen, den Patienten zu einer Änderung seiner emotionellen Einstellungen zu veranlassen und in anderer Weise auf Leben, Umstände und Menschen zu reagieren. Aber ihr Glaube, daß dies ausreiche, ist hoffnungslos falsch; dadurch, daß sie alle wissenschaftlichen Verfahren, die mit dem Ätherleib zu tun haben, ignorieren, haben sie nichts, was die emotionelle Natur mit der physischen Hülle verbindet, und daher besteht eine Lücke in ihren Schlußfolgerungen; folglich ist auch ihre
561] Methode fehlerhaft. Dies macht ihre Bemühungen nutzlos,

außer vom Charakterstandpunkt aus. Wenn sie wirklich eine Heilung zustandebringen, so nur deshalb, weil in jedem Falle dem Patienten vorbestimmt war, sich wieder zu erholen; sie haben allerdings insofern einen nützlichen Zweck erfüllt, als sie einen charakterlichen Zustand korrigiert haben, der ihn ständig in die Gefahr brachte, krank zu werden. Sie haben keine Heilung erarbeitet, und wenn sie dies behaupten, so täuschen sich beide, Heiler wie Patient. Alle Täuschung ist gefährlich und hinderlich.

Es könnte hier nützlich sein, wenn ich in großen, allgemeinen Zügen einige Krankheitstypen angebe, die durch eine Zentralisierung der Lebenskraft (auf der Astralebene zum Beispiel) entstehen könnten. Ich werde sie nur aufzählen und möchte sie nicht im einzelnen besprechen, denn solange der moderne Heiler *die tatsächliche Existenz des Ätherkörpers* nicht *anerkennt* und wissenschaftlich und einsichtig mit ihm und den ihn bestimmenden Kraftzentren arbeitet, wäre alles vergebens, was ich über Verfahrensweisen sagen könnte. Ich bin bemüht, bestimmte grundlegende Annahmen aufzustellen, wie zum Beispiel die Existenz des Ätherleibes.

1. Ständige Selbstbetrachtung (Innenschau), alle Formen krankhafter Unterdrückung und ein zu drastisch erzwungenes Schweigen bei fundamentalen Gefühlserregungen können zu ernsthaften Leberstörungen, ständigen Magenbeschwerden und zu Krebs führen.
2. Wo Haß und tiefe Abneigung im Bewußtsein vorhanden sind, oder wo ein Mensch in einem Zustand ständiger Erbitterung gegen eine Person oder eine Gruppe lebt, oder auch wo das Gefühl vorhanden ist, mißbraucht zu werden, besteht tatsächlich die Möglichkeit, daß der Blutstrom in Mitleidenschaft gezogen wird; der Mensch wird dann für ständige Infektionen, für Geschwüre, eiternde Entzündungen und die verschiedenen Blutzustände anfällig, die ausgesprochen septischer Natur sind.

3. Eine reizbare Natur, jemand, der sich stets in einem Zustand übertriebener Geschäftigkeit und schlechter Stimmung befindet, ein Mensch, der aufbraust, wenn die Dinge nicht
562] so gehen, wie er es wünscht — bei all diesen Typen kann es zu katastrophalen Explosionen kommen, die man als Gehirnbeschwerden und zeitweilige Geisteskrankheiten diagnostizieren kann; es können daraus ständige Kopfschmerzen entstehen, welche die Konstitution untergraben und unvermeidlich einen Schwächezustand mit sich bringen.
4. Ein gehemmtes Geschlechtsleben oder ein Zustand, in dem ein unverheirateter Mensch keine normale Äußerung für einen natürlichen, universalen Vorgang findet und für den darum das Geschlecht ein Geheimnis (und gleichzeitig der ständige unerkannte Gegenstand seiner Gedanken) bleibt, führt:
   a) Zu einem Zustand großer Entkräftung und folglich zu unvermeidlicher schlechter Gesundheit, die das Leben jenes Menschentypus — der sogenannten typischen alten Jungfer oder des Junggesellen — begleitet. Man braucht wohl kaum zu erwähnen, daß es viele solcher unverheirateter Menschen gibt, die dem Leben in gesunder Weise gegenüberstehen und nicht unter diese Kategorie fallen.
   b) Zu dem ständigen Bemühen, die Aufmerksamkeit des anderen Geschlechts zu erregen, bis dies zu einer nervösen und ganz ungesunden Tendenz wird.
   c) Zu der Entwicklung homosexueller Gewohnheiten oder zu jenen Perversionen, die das Leben so vieler intelligenter Menschen nachteilig beeinflussen.
   d) Zu jenen bösartigen und anderen Geschwülsten (Tumoren), welche die Zeugungsorgane angreifen und den Menschen vielfach zu einem operativen Fall machen.

Es gibt noch weitere mögliche Entwicklungen, doch möchte ich mich dabei nicht weiter aufhalten. Ich habe hier genug angedeutet, um die Gefahr zu zeigen, die ein Gefühl der

Vereitelung und ein krankhaftes (wenn auch im Augenblick unbewußtes) Interesse am Geschlecht mit sich bringen. Dies kann sich auch in einem Traumleben zeigen, welches das Gehirn, das Denkvermögen und die Zeugungsorgane eng miteinander verbindet; es beweist sowohl die Tatsache, daß ein astrales Verlangen die physische Begierde erweckt, wie auch meine Behauptung, daß der physische Körper auto-
563] matisch auf den astralen Einfluß reagiert — auch wenn er in den Stunden des Schlafes unbewußt ist. Das Heilmittel ist, wie ihr natürlich wißt, ein voll-schöpferisches äußeres Leben, besonders ein solches, das für die Mitmenschen von Nutzen und nicht bloß eine Umwandlung des Geschlechtstriebes in irgendeine Form schöpferischen Denkens ist. Dieses bleibt lediglich Denken und nimmt auf der äußeren Ebene menschlichen Lebens keine Gestalt oder Form an.

5. Selbstbemitleidung, eine so weit verbreitete Schwäche, führt zu akuten Verdauungsstörungen, zu Darmbeschwerden, zu Katarrhen und Kopferkältungen beim Durchschnittsmenschen, während es beim weiter entwickelten Menschen zu chronischen Bronchialschwierigkeiten, Magengeschwüren und ungesunden Zuständen für Zähne und Ohren führt.

Ich könnte noch viele andere emotionelle Zustände aufzählen, die bei jenen Menschen Krankheit hervorbringen, bei denen solche Zustände vorherrschen; doch dürfte dies schon genügen, um dem experimentierenden Heiler einen Hinweis und Schlüssel für gewisse mögliche Ursachen der physischen Beschwerden zu geben, zu deren Behandlung er aufgefordert ist. Er wird außerdem, wie ich schon an anderer Stelle angedeutet habe, Zustände berücksichtigen müssen, die aus früheren Inkarnationen übernommen sind oder sich als Ergebnis eines Gruppen-, National- oder Erdenkarmas entwickelt haben.

Zu diesem Gesetz gehört keine Regel, da wir uns immer noch mit der Erklärung der Ursachen beschäftigen, welche die sichtbare

Krankheit hervorbringen; diese Ursachen müssen begriffen und als Arbeitstheorien anerkannt werden, bevor der Heiler sich wirksam mit der Situation befassen kann.

Wir kommen jetzt zur Besprechung eines Gesetzes, das in seiner Bedeutung und in seiner Bestimmungskraft so umfassend ist, daß man es als Aussage über die Ursache *aller* Krankheit jeglicher Art und zu jeder Zeit in der Lebensgeschichte der Menschheit oder des individuellen Menschen auffassen kann. Es wird hier aufgeführt und nur deshalb als 4. Gesetz angesehen, weil erst die wichtigsten
564] Behauptungen der drei vorhergehenden Gesetze anerkannt, erwogen und studiert werden müssen. Außerdem ist es das Hauptgesetz, welches das Erscheinen der Krankheit im vierten Naturreich, dem Menschenreich, bedingt. Im wesentlichen ist es ein Gesetz, das mit der vierten Schöpferischen Hierarchie verbunden ist; es wurde von Eingeweihten, die in der vierten (atlantischen) Wurzelrasse wirkten, endgültig aufgestellt und als ein Gesetz bejaht, das vor allem für die Menschheit gilt. Seltsamerweise wird zu der Zeit, wenn die Menschheit einmal bewußt auf der vierten oder buddhischen Ebene wirken kann, die Krankheit aussterben, und dann wird die vierte Schöpferische Hierarchie endgültig von dieser großen Beschränkung befreit sein.

IV. Gesetz.

Sowohl physische wie psychologische Krankheit hat ihren Ursprung im Guten, Schönen und Wahren; sie ist nur ein verzerrtes Spiegelbild göttlicher Möglichkeiten. Die gehemmte Seele, die nach voller Ausdrucksgebung eines göttlichen Wesenszuges oder einer inneren, geistigen Realität strebt, erzeugt in der Substanz ihrer Hüllen eine Reibungsstelle. Auf diesen Punkt konzentrieren sich die Augen der Persönlichkeit, und das führt zur Krankheit. Die Kunst des Heilers besteht nun darin, die nach unten gerichteten Augen nach oben, auf die Seele — den wahren Heiler innerhalb der Form — zu lenken. Dann lenkt das geistige oder dritte Auge die Heikraft, und alles ist gut.

Dieses Gesetz beginnt mit einer der paradoxen Behauptungen der okkulten Lehre: Daß Gut und Böse dasselbe seien, wenn auch im umgekehrten Sinne, oder daß sie die entgegengesetzten Seiten einer einzigen Realität bildeten.

Da der Mensch eine Seele und geistig dazu bestimmt ist, als Seele zu wirken, kommt es zu einer Reibung zwischen Seele und Persönlichkeit; diese Reibung ist eine — wenn nicht sogar *die* — Hauptursache aller Krankheit. Hierin liegt ein Schlüssel zum Verständnis des Ausdrucks „Feuer durch Reibung", des dritten Aspekts der erhabenen „Feuernatur" Gottes, denn „unser Gott ist ein verzehrendes Feuer". Es wird uns auch gesagt, daß Sein Wesen
565] durch *elektrisches Feuer,* durch *Sonnenfeuer* und *Feuer durch Reibung* zum Ausdruck komme. Diese drei Feuer wurden ausführlich in „Eine Abhandlung über kosmisches Feuer" besprochen; Andeutungen darüber wurden bereits in der „Geheimlehre" gemacht.

Dieses Gesetz sagt aus: Da der Mensch von göttlicher Art ist, erzeugt der innere Drang nach Göttlichkeit Widerstände in den Trägern der Wesensäußerung; dieser Widerstand setzt sich in irgendeinem Bezirk des physischen Körpers fest und erzeugt einen Reibungspunkt; die Reibung wiederum führt an dieser Stelle zu einer Entzündung, und daraus entsteht schließlich die eine oder andere Krankheit. Es ist doch möglich, nicht wahr, daß ihr hier einen weiteren Schlüssel habt — den Schlüssel zu einem Problem, das in metaphysischen Kreisen so viel Unruhe verursacht hat: Warum leiden denn vorgeschrittene Menschen, geistige Führer und diejenigen, die dem geistigen Leben zugewandt sind, so häufig an physischen Beschwerden? Wahrscheinlich deshalb, weil sie auf der Stufe sind, auf der die den physischen Körper durchströmende Energie der Seele einem entsprechend heftigen Widerstand von seiten dieses Körpers begegnet. Die entstehende Reibung ist so heftig, daß sie unverzüglich eine Krankheit zur Folge hat. Das gilt nicht für Jünger, die durch die zweite Einweihung geschritten sind; ihr Erkrankungsproblem hat andere Gründe.

Wir wollen dieses vierte Gesetz Satz für Satz vornehmen und versuchen, dessen Sinn ein wenig zu analysieren:

1. *Sowohl die physische wie die psychologische Krankheit hat ihre Wurzeln im Guten, Schönen und Wahren. Nur ist sie ein verzerrtes Spiegelbild göttlicher Möglichkeiten.*

Ich habe gezeigt, daß die Krankheit grundsätzlich psychologischer Natur ist; es gibt jedoch auch Krankheiten, die daraus entstehen, daß der grob-physische Körper (und nicht nur die feineren Körper) dem Ansturm der höheren Energien Widerstand leistet; oder sie sind schon in der planetarischen Substanz oder Materie der Erde selbst eingewurzelt. Vergeßt nicht, daß der physische Körper aus solcher Materie aufgebaut ist. Dieser
566] erste Teil des vierten Gesetzes sagt uns, daß drei Aspekte der Gottnatur Krankheit herbeiführen. Dies klingt beim ersten Lesen unmöglich, doch ein sorgfältiges Studium wird die grundsätzlich darin liegende Wahrheit offenbaren. Wie kann das Gute, das Schöne und das Wahre Krankheit irgendwelcher Art verursachen? Wir wollen sehen.

a) *Das Gute.* Was ist das Gute? Ist es nicht der Ausdruck des Willens zum Guten? Wird und sollte sich dieser Wille nicht auf der physischen Ebene in dem auswirken, was wir den guten Willen unter den Menschen nennen? Ist es nicht möglich, daß die Seele, die ständig (auf ihrer eigenen Ebene) bestrebt ist, sich nach dem Plan zu richten, der den göttlichen Willen zum Guten verwirklicht, sich bemüht, ihre dreifache Ausdrucksform (die Persönlichkeit) zur Bezeigung guten Willens anzutreiben, und zwar auf der richtigen Stufe evolutionärer Entfaltung, und wenn sie aktiv und wirksam ist? Durch den Widerstand der Formnatur, die für die gewünschte göttliche Wesensäußerung noch nicht ausreicht, entsteht jedoch sofort eine Reibung, und so ergibt sich eine

Krankheit. Ich glaube, daß auch eine kurze Erwägung der obigen Fragen euch beweisen wird, wie aller Wahrscheinlichkeit nach die Neigung der Seele „zum Guten" Widerstand auf der physischen Ebene hervorrufen kann, so daß der dadurch im Bewußtsein des Menschen erzeugte Aufruhr Krankheit hervorbringen kann und dies auch tut. Dieser Krankheitstypus löst viele Beschwerden bei vorgeschrittenen Menschen, Aspiranten und Jüngern aus. Die „Reibung" führt dann zu einer sekundären Reaktion und zu jenen psychologischen Zuständen, die wir als „Depression, Minderwertigkeitskomplex und Gefühl des Versagens" bezeichnen. Diese spezielle Krankheitsursache, „das Gute", trifft vor allem die mentalen Typen.

b) *Das Schöne.* Hier haben wir ein Wort, welches das Verlangen aller Menschen nach dem kennzeichnet, was sie als wünschenswertes Ziel ihrer Lebensgestaltung betrachten, für das
567] sie sich gern abmühen und anstrengen. Das Schöne betrifft — als göttlicher Aspekt gesehen — die *Qualität* des Lebens. Ich möchte hier auf unsere Anfangsdefinition über die Worte Geist-Seele-Körper im ersten Band dieser Abhandlung verweisen; wir definierten sie als Leben-Qualität-Erscheinung. Das Leben ist die Energie, die den göttlichen Willen zum Guten zum Ausdruck bringt; Qualität ist die Energie, welche die Seele zum Ausdruck bringt, und diese Energie wirkt zur Zeit hauptsächlich durch das Wunschleben und das Streben aller Menschen auf jeder Evolutionsstufe, dasjenige zu besitzen, zu erwerben und zu genießen, was sie als schön betrachten. Eine Definition des „Schönen" und der Bereich menschlicher Wünsche ist sehr verschieden, je nach der Evolutionsstufe; alles hängt jedoch von der Lebensanschauung dessen, der wünscht, und davon ab, auf welcher Sprosse der Evolutionsleiter er steht. Das Unvermögen des Menschen, zu irgendeiner Zeit das zu erreichen, was er für „schön" hält, bestimmt seine Empfänglichkeit für Krankheit, die auf der

dadurch erzeugten inneren Reibung beruht. In dem gegenwärtigen Stadium der Menschheitsentwicklung geraten die meisten Menschen in krankhafte Zustände infolge der Reibung, die aus ihrem Streben nach „dem Schönen" entsteht — einem Streben, das als evolutionärer Drang erzwungen wird, da sie ja tatsächlich Seelen *sind* und unter dem Einfluß der Qualität des zweiten göttlichen Aspektes stehen.

c) *Das Wahre.* Es ist gesagt worden, daß das Wahre oder die Wahrheit gerade so viel an göttlicher Wesensäußerung ist, wie ein Mensch auf seiner jeweiligen Evolutionsstufe und in dem betreffenden Stadium seiner Inkarnationsgeschichte kundtun kann. Diese Ausdrucksverleihung der Wahrheit setzt voraus, daß hinter dem, was er darin erreicht hat, noch vieles liegt, was er nicht zu manifestieren vermag; seine Seele bleibt sich dessen jedoch ständig bewußt. Diese Unfähigkeit, gemäß dem höchsten Ideal zu leben, dessen sich der Mensch — auf seinem speziellen Niveau — bewußt ist und das er in seinen klarsten und besten Augenblicken erfassen kann, er-
568] zeugt unvermeidlich einen Reibungspunkt, selbst wenn der Mensch das gar nicht merkt. Eine der hauptsächlichen Erscheinungsformen dieser besonderen Reibung und der Erkrankungszustand, der dadurch auftritt, ist der Rheumatismus. Dieser ist heute und schon seit Jahrhunderten weit verbreitet; vom medizinischen Standpunkt gibt es keine festgestellte oder dafür verantwortliche Ursache, obwohl unter den orthodoxen Medizinern viele Überlegungen und Schlußfolgerungen angestellt worden sind. Er greift vornehmlich das Knochengerüst an und entsteht in Wirklichkeit durch das Unvermögen der Seele, „das Wahre" im Menschen, dem Werkzeug der Seele in den drei Welten, zum Ausdruck zu bringen. Der Mensch wiederum ist sich des Unerreichbaren stets bewußt — ganz gleich, wie tief er auf der Evolutionsleiter stehen mag; er empfindet ständig einen Drang zum Besseren. Dieser hat nichts zu tun mit der Äuße-

rung des Willens zum Guten oder zum „Schönen“ (obwohl er sich auch dessen mehr oder minder bewußt sein mag), sondern ist unverkennbar bestrebt, auf der physischen Ebene etwas zum Ausdruck zu bringen, was dem Ideal des Menschen, so wie er es sieht, näher steht und sich auf der physischen Ebene befindet. Es tritt daher Reibung ein, und so folgt Krankheit irgendwelcher Art. Es ist interessant, daß diese Unfähigkeit, „das Wahre“ zum Ausdruck zu bringen, oder „Die Wahrheit zu sein“, die eigentliche Todesursache jener Menschen ist, die noch unter der Stufe der Jüngerschaft stehen und noch nicht die erste Einweihung durchgemacht haben. Die Seele wird der Reibungsreaktion ihres Werkzeuges müde und beschließt, das Experiment dieser speziellen Inkarnation zu beenden. So tritt der Tod ein als Folge der erzeugten Reibung.

Beim Studium dieser Ideen sollte man folgendes berücksichtigen:

a) *Das Gute* beherrscht den Menschen mittels des Kopfzentrums, und die Reibung entsteht deshalb, weil das Zentrum
569] an der Basis der Wirbelsäule untätig ist. Dieses Zentrum kontrolliert die Manifestation des ersten göttlichen Aspektes im Menschen durch sein Wechselwirken mit dem Kopfzentrum. Diese wechselseitige Einwirkung findet allerdings erst dann statt, wenn der Mensch die Stufe des Jüngers oder des Eingeweihten erreicht hat.

b) *Das Schöne* herrscht durch das Herzzentrum, und die Reibung kommt zustande durch das Unvermögen des Solarplexus-Zentrums, darauf zu reagieren. Deshalb entsteht ein Reibungszustand. Die Beendigung dieses Zustands und die Erweckung der richtigen Reaktion von seiten des Solarplexus tritt ein, wenn dessen Kräfte emporgehoben und mit der Energie des Herzzentrums verschmolzen werden.

c) *Das Wahre,* als eine Äußerung des Göttlichen, findet seinen Konzentrationspunkt im Kehlzentrum; das Unvermögen der Persönlichkeit, zu reagieren und das Wahre zum Ausdruck zu bringen, läßt sich an der Beziehung des Sakralzentrums zum Kehlzentrum erkennen. Fehlt diese Beziehung, so kommt es zur Reibung. „Das Wahre" wird erst dann wirklich zum Ausdruck gebracht werden, wenn einmal die Kräfte des Schöpferzentrums unter dem Zwerchfell zu dem Schöpferzentrum der Kehle emporgehoben sind. Dann wird „das Wort", das der Mensch seinem Wesen nach ist, „Fleisch werden", und dann wird eine wahre Äußerung der Seele auf der physischen Ebene zu bemerken sein.

2. *Die gehemmte Seele, die nach voller Wesensäußerung eines göttlichen Wesensmerkmals oder einer inneren geistigen Realität strebt, erzeugt in der Substanz ihrer Hüllen eine Reibungsstelle.*

Einen Großteil dieser Aussage habe ich schon oben behandelt. Ich möchte jedoch eure Aufmerksamkeit auf die Tatsache lenken, daß in diesem Satz ausdrücklich betont wird, daß *die Seele* für das Entstehen der Reibung die Ursache ist. In der Analyse des vorigen Satzes lag der Akzent auf der Persönlichkeit, da ihr Unvermögen zu reagieren die Reibung und damit die Krankheit herbeiführte. Könnte es
570] nicht sein, daß wir in diesem Satz den Schlüssel zu dem gesamten Problem des Schmerzes, der Trübsal und sogar des Krieges haben? Ich möchte dies eurem sorgfältigen und wenn möglich erleuchteten Denken anempfehlen.

3. *Auf diesen Punkt konzentrieren sich die Augen der Persönlichkeit und das führt zur Krankheit.*

Hier haben wir einen höchst interessanten Hinweis auf das Mittel der Kraftlenkung. Die okkulte Bedeutung des Auges und dessen eigentliche Symbolik wird wenig verstanden. Dieser Hinweis hat in Wirklichkeit nichts mit den Augen im physischen Körper zu tun. Die Worte: „Die Augen der Persönlichkeit" beziehen sich hier auf die konzentrierte Aufmerksamkeit der Persönlichkeit, die vom Mental- und Astralkörper ausgeht, den beiden eigentlichen Augen der

inkarnierten Seele. Der Gebrauch dieser beiden Fenster oder Augen der Seele führt zu einer Konzentration von Energie (in diesem Falle reiner Persönlichkeitsenergie) in der ätherischen Hülle. Diese Energie wird dann in die erkrankte Region und damit zur Reibungsstelle geleitet. Die Reibung wird aufrechterhalten und verstärkt durch die Kräfte, die sich darauf konzentrieren. Die Menschen haben nur wenig Ahnung davon, wie sehr sie — objektiv gesehen — die Wirkungskraft der Krankheit dadurch erhöhen, daß sie ständig an die Krankheit denken und der Körperregion, wo die Krankheit sitzt, so viel Beachtung schenken. Man läßt mentale und emotionelle Energien auf die erkrankte Region einwirken, und die „Augen der Persönlichkeit" sind ein mächtiger Faktor, um die Krankheit zu verlängern und zu nähren. In diesem Satz finden wir ferner den klaren, eindeutigen Hinweis auf die Tatsache, daß mental und emotionell bedingte Zustände zu Krankheiten führen. Die Wirksamkeit der Seele und die einströmende Seelenenergie müssen über die feineren Körper in den physischen Körper eindringen; der Reibungspunkt (das Ergebnis des Widerstandes) entsteht zuerst im Mentalkörper, tritt dann noch stärker im Astralkörper auf und wird im physischen Körper
571] reflektiert. Diese drei (und das ist das Abc des Okkultismus, das jedoch manchmal vergessen wird) bilden zusammen die Persönlichkeit; und so findet man die Reibung natürlich überall.

Es könnte für euch interessant sein, zu der oben gemachten Bemerkung auch noch all das mit heranzuziehen, was ich in meinen anderen Schriften über die Augen gesagt habe. Wie ihr ja wißt, (und wie auch in der „Geheimlehre" angegeben) ist das rechte Auge das „Auge des Buddhi", das linke das „Auge des Manas"; dieses hat (wenn es mit Buddhi in Verbindung steht) mit dem höheren Denken zu tun und mit dem Menschen, wie er schließlich einmal erscheinen wird.

Beim Durchschnittsmenschen und vor erreichter Vollendung übermittelt das rechte Auge die Energie des Astralkörpers, die bewußt auf einen Gegenstand gelenkt wird, während das linke Auge die Energie des niederen Denkens weiterleitet. In der Mitte zwischen diesen beiden lenkenden Augen befindet sich das Ajna-Zentrum, das wie ein drittes Auge oder eine Leitstelle für die vereinten und verschmolzenen Energien der Persönlichkeit wirkt; wenn dieses dritte Auge erwacht und zu wirksamer Tätigkeit gelangt ist, kommt es mit dem, was wir „das Auge der Seele" nennen, in Verbindung; dieses befindet sich an einer Stelle im höchsten, obersten Kopfzentrum. Das Auge der Seele kann dem Ajna-Zentrum Energie zuleiten und tut es auch; und es übermittelt selbst (vor der vierten Einweihung) die Energie der Geistigen Triade. Diese esoterische Wechselbeziehung kommt erst dann zustande, wenn die Seele ihr Werkzeug, die Persönlichkeit, beherrscht und alle niederen Tätigkeiten auf der physischen Ebene unter ihre Führung bringt.

Beim vollendeten Menschen bestehen demnach folgende Verteilungsstellen für Energien:

1. Das Auge der Seele . .	Werkzeug der Geistigen Triade . .	Wille
2. Das dritte Auge	Werkzeug der Seele	Liebe
3. Das rechte Auge	Verteiler der buddhischen Energie	
4. Das linke Auge	Übermittler rein manasischer Energie	
5. Das Ajnazentrum . . .	Sammel- und Leitungsstelle für alle diese Energien	

572] Beim Jünger und bei dem Menschen, der als Seele zu wirken beginnt, finden wir folgendes:

1. Das dritte Auge	Verteiler der Seelenenergie
2. Das rechte Auge	Werkzeug der Astralenergie
3. Das linke Auge	Werkzeug der niederen Mentalenergie
4. Das Ajnazentrum . . .	Sammelstelle für diese drei Energien

Beim gewöhnlichen Menschen ist die Situation folgendermaßen:

1. Das rechte Auge . . . . Werkzeug der Astralenergie
2. Das linke Auge . . . . Werkzeug der Mentalenergie
3. Das Ajnazentrum . . . Verteilungsstelle

In dem Maße, wie das okkulte Wissen zunimmt, wird sich eine ganze Wissenschaft der Energieverteilung über die Augen und ihre symbolische Funktion entwickeln, und man wird ihren esoterischen Sinn und Zweck verstehen. Die Zeit dafür ist noch nicht gekommen, obwohl man zum Beispiel schon weiß, daß die auf einen Menschen gerichtete Kraft des menschlichen Auges Aufmerksamkeit auf sich ziehen kann. Einen Hinweis kann ich euch noch geben: der Sehnerv ist ein Symbol für die Antahkarana, und der ganze Aufbau des Augapfels ist eines der schönsten Symbole für die dreifache Gottheit und den dreifachen Menschen.

4. *Die Kunst des Heilers besteht in dem Bestreben, die nach unten gerichteten Augen nach oben, auf die Seele, den wahren Heiler innerhalb der Form, zu lenken.*

In seiner am leichtesten erkennbaren und gewöhnlichsten Bedeutung besagt dieser Satz einfach, daß der Heiler dem Patienten helfen muß, den Blick von sich wegzuwenden und die Energie so emporzuheben und in eine neue Richtung zu lenken, daß die „Reibungsstelle" nicht länger Gegenstand der Aufmerksamkeit ist; dem Patienten wird ein neues Interessengebiet aufgezeigt. Dies zu erreichen ist seit langem das Bestreben aller Heiler gewesen, aber es liegt eine noch viel tiefere esoterische Bedeutung darin, als man sich bisher klargemacht hat; es fällt mir schwer,
573] das zu erklären.

Wir haben gesehen, daß die (für die Krankheit verantwortliche) Reibungsstelle dadurch verursacht wurde, daß das Gute, Schöne und Wahre mit den Kräften des niederen Menschen im

Widerstreit steht. Wir haben auch gesehen, daß dies ein Grundgesetz ist, das der Heiler — wie er weiß — anerkennen und mit dem er einsichtsvoll arbeiten muß. Wie kann er also dieses Gesetz anwenden und die Ergebnisse herbeiführen, um die er sich bemüht?

Diese herabströmenden Seelenenergien treten über die ätherische Hülle in den physischen Körper ein und sind verantwortlich für die Reibungsstelle und deren Folgeerscheinung „Krankheit"; sie sind über die Sutratma „in einen Kontakt herabgeströmt" und sie sind in drei Hauptzentren verankert, wie ihr ja wißt. Von diesen aus werden sie je nach des Menschen Natur, Strahl, Entwicklung, Schwächen und Begrenzungen an die verschiedenen Gebiete des physischen Körpers verteilt, und sie verursachen dort entweder Reibungsstellen oder manifestieren sich als göttliche Qualitäten. Wo Reibung und folglich Krankheiten aufgetreten sind und der Patient das Glück hat, einen geschulten okkulten Heiler zur Hand zu haben (entweder einen Eingeweihten oder einen vorgeschrittenen Jünger), werden diese Energien — mit oder ohne Mitarbeit des Patienten — zurückgesandt zu ihren Verteilungsstellen, den drei höheren Zentren, und zwar je nach der Energieart, welche die Beschwerde verursacht. Sie können nicht völlig (über das Kopfzentrum) aus dem Körper hinausgesandt werden, denn in diesem Falle würde der Mensch sterben; aber sie können esoterisch „von der Reibungsstelle weg, zu ihrem Ausgangspunkt, aber nicht zu ihrer Quelle zurückgetrieben werden"; so drückt es ein uraltes Buch über Heilfragen aus.

Die Energie wird aus dem infizierten Gebiet (um ein ungeeignetes Wort zu verwenden, aber es fehlen uns die richtigen Bezeichnungen für diese neuen Wissenschaften) in die Reibungsstelle und von dort zu dem Zentrum zurückgesandt, das dieses Gebiet beherrscht und über welches die Seelenenergie in den grob-physischen Körper eingeströmt war.

574] Der Heiler arbeitet daher mit den beiden Aspekten des physischen Körpers gleichzeitig — dem materiellen und dem ätherischen. In diesem Zentrum wird die betreffende Energie gesammelt und dann in eines der drei Hauptzentren zurückgeleitet; oder sie wird (wenn eines dieser drei Zentren selbst betroffen ist) gesammelt und in das Kopfzentrum getrieben und dort zurückgehalten. Man muß also berücksichtigen, daß diese Arbeitsphase des Heilers in zwei Teile zerfällt:

1. Das Stadium des esoterischen „Emporhebens“ oder „Austreibens“. Dieses gliedert sich wiederum in zwei Phasen:
   a) Die Phase, in der die Energie gesammelt wird.
   b) Die Phase, in der sie wieder in ihrem Verteilungszentrum zusammengezogen wird.
2. Das Stadium, *nachdem* die Arbeit des Heilers vollbracht ist und es dem Patienten entweder besser geht oder die Arbeit ohne Erfolg blieb. In diesem Stadium wird die „ausgetriebene“ Energie in das Zentrum und in den Bereich zurückgeleitet, wo die Reibungsstelle lag.

Es dürfte euch wohl klar sein, daß diese Art des Heilens nur dem sehr geschulten Heiler möglich ist, und deshalb brauche ich diese Methode nicht weiter auszuführen. Dennoch ist es von Zeit zu Zeit nützlich, auf die fernen Ziele hinzuschauen.

Im Hinblick auf diese Feststellung kann man derzeit lediglich die Aufmerksamkeit des Patienten (wenn er fähig ist, überhaupt auf Ratschläge einzugehen) auf die Seele richten und ihm in einfacher Weise helfen, sein Bewußtsein so nahe als möglich an der Seele zu halten. Dies wird dazu beitragen, die Leitungswege zu reinigen, über welche Energie herabfließen und auch automatisch zurückgezogen werden kann, denn dem Gedanken folgt Energie.

Im letzten Grund ist die echte esoterische Heilung eine einfache Sache im Vergleich zu den vielseitigen und komplizierten Einzelheiten des menschlichen Mechanismus und dessen Krankheiten,
575] mit denen der moderne Arzt fertig werden muß. Der geistige Heiler befaßt sich mit dem *Bezirk*, in dem sich die Krankheit

befindet, mit dem diesen beherrschenden *ätherischen Zentrum* und dessen höherer Entsprechung, und mit *den drei von der Seele kommenden Energien,* die die Ursache dafür sind, daß die Reibungsstelle oder die Reibungsstellen entstehen.

Zu seiner restlichen Arbeit gehört die Anwendung der schöpferischen Imagination, der Fähigkeit zur bildlichen Vorstellung, sowie eine Kenntnis wissenschaftlichen Denkens, das auf dem fundamentalen und universellen Gesetz beruht: „Dem Gedanken folgt Energie". Diese bildhafte innere Vorstellung und das wissenschaftliche Denken ziehen (soweit es die Heilung angeht) nicht den Aufbau von Gedankenformen nach sich; sie erbringen die Fähigkeit, Energieströme in Gang zu setzen und zu lenken.

5. *Dann leitet das dritte Auge die Heilkraft, und alles ist gut.*

Das hier erwähnte dritte Auge ist das des Heilers, und nicht das des durchschnittlichen Patienten; der Heiler benutzt es in Verbindung mit dem Auge der Seele. Soll ein sehr weit vorgeschrittener Mensch geheilt werden, der fähig ist, bewußt mitzuarbeiten, dann kann auch das dritte Auge des Patienten tätig sein; auf diese Weise können zwei sehr starke Ströme gelenkter Energie in das Gebiet einströmen, in dem die Reibungsstelle liegt. In gewöhnlichen Fällen jedoch, wo man beim Patienten kein okkultes Wissen erwarten kann, leistet der Heiler allein alle Arbeit, und das ist auch wünschenswert. Die Mitarbeit eines unerfahrenen Menschen und eines solchen, der sich gefühlsmäßig in seine Beschwerde verstrickt hat, ist keine rechte Hilfe.

Die wenigen Hinweise, die ich bei der Untersuchung der Sätze gegeben habe, aus denen das IV. Gesetz besteht, bieten viel Stoff zum Nachdenken. Wir wollen nun zur Besprechung der dazugehörigen Regel übergehen.

576] Beim Studium dieser Gesetze und Regeln sollte man berücksichtigen, daß *die Gesetze* dem Heiler auferlegt sind und die unabänderlichen Bedingungen darstellen, unter denen er arbeiten muß; er kann und darf sie nicht umgehen. *Den Regeln* jedoch unterwirft er sich selber; sie bilden die Bedingungen, nach denen er sich richten sollte, wenn er Erfolg haben will. Vieles hängt davon ab, daß er die Regeln richtig versteht und sie auch richtig auszulegen vermag. Sie sind eine Übersetzung oder Neufassung der uralten Regeln, die seit dem Anfang der Zeiten für alle okkulten Heiler, die unter hierarchischer Einwirkung arbeiteten, richtunggebend waren. In der Frühzeit ihrer Anwendung, im Zeitalter des alten Lemurien, waren sie den damaligen Mitgliedern der Hierarchie überlassen und von diesen angenommen worden; damals mußten sie anders übersetzt werden als in der heutigen Zeit; ihre heutige Bedeutung kommt erst jetzt allmählich zum Vorschein. Man könnte folgendes sagen:

1. *In den lemurischen Zeiten* wurden diese Regeln nur von den Mitgliedern der Hierarchie verstanden und angewendet. Wer kein Mitglied war, konnte sie nicht erfahren oder mit ihnen arbeiten.
2. *In den atlantischen Zeiten* wurden sie soweit veröffentlicht, daß auch Jünger, die noch keine Eingeweihten waren oder erst die erste Einweihung hinter sich hatten, sie erhielten und benutzen durften. Gerade deren atlantische Auslegung beeinflußt auch heute noch weitgehend die moderne Einstellung dazu, doch ist diese der heutigen Gelegenheit und dem stärker mental bestimmten Menschentypus nicht mehr angemessen.
3. *In unserer arischen Rasse* kommt jetzt eine neue Bedeutung zum Vorschein, und eben diese und die neue Auslegung werde ich mitzuteilen versuchen.

Die erste Regel war nicht Gegenstand der neuen Auslegung, da sie in ihren Folgerungen so offensichtlich modern war. Tatsächlich gehörte sie nicht zu dem alten Originaltext, dem diese wichtigen Regeln entnommen sind, sondern ist verhältnismäßig sehr neu, da sie in den frühen Tagen des christlichen Zeitalters formuliert wurde.

577] Es ist eine klare, präzise Regel, die aussagt, was die wesentlichen Gedanken des Heilers sein sollten.

1. Er muß die Art des Denkens kennen, die den Patienten bestimmt.
2. Er muß fähig sein, zum Ursprung der Beschwerde oder zu ihrem psychologischen Ausgangspunkt durchzudringen; deshalb muß er Gedankenkraft anwenden.
3. Er muß fähig sein, Ursache und Wirkung miteinander zu verbinden; das verbindende Werkzeug ist immer das Denkvermögen.

Im alten Lemurien und im Zeitalter der Atlantis war das Denkvermögen praktisch im Ruhezustand und überhaupt noch nicht wirklich tätig; erst in dieser gegenwärtigen Rasse gewinnt die Mentalnatur des Menschen die Oberhand, und darum ist es jetzt richtig, diese Regeln in einer neuen, unserer Zeit angepaßten Weise (gegründet auf das Denkprinzip) auszulegen; damit wollen wir uns nun beschäftigen.

II. Regel.

Der Heiler muß durch ein reines Leben magnetische Reinheit erlangen. Er muß sich jene austreibende Strahlung aneignen, die sich in jedem Menschen zeigt, sobald er die Zentren im Kopf miteinander verbunden hat. Wenn dieses magnetische Feld hergestellt ist, dringt auch die Strahlung hinaus.

Der Osten hat stets auf die magnetische Reinheit Gewicht gelegt, jedoch die physische Reinheit, so wie der Westen sie versteht, vollständig ignoriert; der Westen hat die äußere physische Reinheit hervorgehoben, weiß aber dafür nichts von der magnetischen; diese letztere beruht weitgehend (zwar etwas irrtümlicherweise, doch nicht ganz) auf der Wirkung der aurischen Ausstrahlung und deren Reinheit oder Unreinheit. Dem Heiler wird in dieser Regel folgendes angeraten:

1. Er soll magnetische Reinheit durch eine reine Lebensweise gewinnen.
2. Er soll eine austreibende Strahlung dadurch erlangen, daß er die Zentren im Kopf miteinander verbindet.
3. Er soll ein magnetisches Feld in der Weise herstellen, daß er
578] dieses Strahlungsfeld benützt.

Das Ergebnis ist: AUSSTRAHLUNG.

Der interessante Teil dieser Regel besteht darin, daß sie die beiden möglichen Formen geistigen Heilens — das ausstrahlende und das magnetische — in einer einzigen Tätigkeit verbindet. Der echte Heiler verbindet ganz von selbst beide Heilmethoden und verwendet beide gleichzeitig und automatisch; denn er wirkt ja durch das magnetische Feld, das im Einflußbereich der drei Kopfzentren oder in dem Dreieck enthalten ist, das entsteht, wenn man diese derart verbindet.

Im lemurischen Zeitalter erreichte der Heiler seinen Zweck durch drastische physische Selbstdisziplinierung, wodurch er die nötige Reinheit erlangte. Wie ihr wißt, war es das Ziel der hierarchischen Bemühungen in jenen Tagen, den primitiven Menschen die Anwendungsmöglichkeiten und den Zweck des physischen Körpers sowie dessen intelligente Beherrschung zu lehren. Der Mensch, der den Körper bemeisterte und ihn so beherrschte, wie ein Maschinist eine Maschine kontrolliert, wurde damals als Eingeweihter angesehen. Heute ist es die Beherrschung der Persönlichkeit, die einen Menschen zum Eingeweihten macht. Das Zölibat, sorgfältige Ernährungsmethoden, ein gewisses Maß an körperlicher Reinlichkeit und die Anfangsgründe des Hatha-Yoga (keimhafte physische Körperbeherrschung — vor allem Kontrolle

der Muskeltätigkeit) wurden im lemurischen Zeitalter streng betont. War diese sogenannte Reinheit erreicht, so gestattete sie den freien Fluß der Pranaströme vom Heiler zum Patienten über das Sakral- und Kehlzentrum — wobei der geistige Heiler durch das Kehlzentrum wirkte, während die Empfangsstelle beim Patienten im Sakralzentrum lag; weder das Herz noch die Kopfzentren kamen zur Anwendung. Prana ist — um es für unsere Zwecke zu definieren — die Lebenskraft unseres Planeten, seine Lebensausstrahlung; eben dieses Prana wird vom natürlichen Heiler (einem Menschen ohne jede Schulung, ohne viel wesentliches Wissen oder mit nur geringer, wenn überhaupt einer geistigen Orientierung) verteilt oder übermittelt. Er heilt, weiß aber nicht, wie oder warum; das Prana fließt einfach wie ein starker Strom tierischer
579] Lebenskraft oder Vitalität durch ihn hindurch, meistens vom Milzzentrum und nicht von einem der sieben Zentren aus.

Diese drastischen physischen Maßnahmen der Selbstdisziplinierung werden heute oft von wohlmeinenden Aspiranten unternommen: sie leben im Zölibat und streng vegetarisch, üben Entspannung und betreiben verschiedenartige Leibesübungen in der Hoffnung, den Körper unter Kontrolle zu bringen. Diese Formen der Zucht wären sehr gut für den unentwickelten und niedersten Menschentyp; es sind jedoch nicht die Methoden, die vom Durchschnittsmenschen oder vom praktischen Aspiranten angewandt werden sollten. Konzentration auf den physischen Körper dient nur dazu, dessen Wirkungskraft zu steigern, dessen Begierden zu nähren und *das* an die Oberfläche des Bewußtseins zu bringen, was unterhalb der Bewußtseinsschwelle gesichert abgeschlossen sein sollte. Der echte Aspirant sollte sich mit der Beherrschung seiner Gefühlswelt, und nicht der physischen Natur, beschäftigen, und er sollte danach streben, sich auf der Mentalebene zu konzentrieren, als Vorbereitung auf einen festen Kontakt mit der Seele.

In den atlantischen Zeiten wurde allmählich damit begonnen, die Aufmerksamkeit vom grob-physischen Körper auf die emo-

tionelle Hülle zu verschieben. Der Eingeweihte jener Zeit belehrte seine Jünger darüber, daß der physische Leib in Wirklichkeit ein Automat sei, und daß man, um Reinheit zu erlangen, auf den Begierdenkörper sowie auf die Art und Qualität der gewohnheitsmäßigen Wünsche achten müsse. Daher begann sich in dieser Rasse der persönliche Magnetismus zum ersten Male zu zeigen. Der frühe, primitive Lemurier war nicht im mindesten magnetisch, so wie wir diesen Ausdruck verstehen; im Zeitalter der Atlantis jedoch zeigte sich in gewissem Grad eine magnetische Strahlung, wenn auch nicht in dem Ausmaß, wie es heute häufig der Fall und möglich ist. Um die Köpfe der vorgeschrittenen Atlantier konnte man den ersten schwachen Umriß des Heiligenscheines sehen. Die magnetische Reinheit wurde eine Möglichkeit und ein
580] Ziel, hing jedoch von der Beherrschung der Gefühle und der Reinigung der Begierdennatur ab; das führte automatisch zu einer viel größeren Reinheit in der grob-physischen Hülle, als der lemurische Eingeweihte jemals erreichen konnte. Die Krankheiten des Körpers wurden subtiler und komplizierter, es traten die ersten psychologischen Krankheiten und jene mannigfachen Leiden auf, die ausgesprochen auf Gefühlserregungen beruhen. Mit dieser Art Beschwerden haben wir uns schon in einem früheren Teil dieser Abhandlung befaßt. Der Heiler wirkte in jenen Tagen durch das Solarplexus-Zentrum und — wenn er Eingeweihter war — durch das Herz. Es gab noch kein magnetisches Feld oder Energiegebiet im Kopfe.

Heute, in unserer arischen Rasse, ist die magnetische Reinheit nicht von physischen Zuchtmaßnahmen abhängig; sie resultiert noch immer — beim Großteil der Menschen — aus der Disziplinierung der Gefühle; beim echten Heiler im Neuen Zeitalter jedoch hängt sie von „dem erleuchteten magnetischen Bezirk im Kopf" ab. Dieser bietet der Seele ein Feld der Betätigung, denn sie wirkt durch die Kopfzentren und konzentriert sich in dem von diesen umschlossenen magnetischen Feld. Wenn alle Kräfte des Körpers und die zielgerichtete Aufmerksamkeit des Heilers im

Kopf konzentriert sind, wenn der Astralkörper still ist und das Denkvermögen als Übermittler von Seelenenergie an die drei Kopfzentren wirkt, dann entsteht eine Strahlung oder Energieausströmung, die eine mächtige Kraft beim Heilen ist. Die Strahlung ist intensiv, nicht so sehr, was den uns bekannten Lichtaspekt, sondern was das Ausmaß der Ausstrahlung betrifft, die den Patienten erreichen und das bedürftige Zentrum mit wirksamer Energie aufladen kann. *Alle* Zentren im Körper des Patienten können für diese Energie empfänglich sein, und nicht nur eines, wie bei den beiden früheren Heilungsarten.

Wenn es das Karma (oder der Lebensplan) des Patienten erlaubt, werden diese Energiestrahlen (die von dem magnetischen Feld im Kopf des Heilers ausgehen) zu dem, was man eine „austreibende Strahlung" nennt; sie können die Kräfte vertreiben, welche die Krankheit erzeugen oder verschlimmern. Wenn diese austreibende Strahlung wegen des Schicksals des Patienten nicht
581] imstande ist, eine physische Heilung herbeizuführen, kann sie dennoch darauf verwandt werden, subtilere Schwierigkeiten zu vertreiben, wie etwa Furcht in der einen oder anderen Form, emotionelle Unausgeglichenheit und gewisse psychologische Schwierigkeiten, die das Problem, dem der Patient gegenübersteht, außerordentlich verstärken.

Die Heiler täten gut daran, folgendes zu berücksichtigen:

Wenn die drei Zentren im Kopf miteinander verbunden sind, wenn also das magnetische Feld hergestellt und die Strahlung vorhanden ist, kann der Heiler das Ajnazentrum als lenkendes Vollzugsorgan für diese „Austreibende Strahlung" verwenden. Es ist interessant, daß die beiden Hauptzentren im Kopf (die dem Atma-Buddhi, oder der Seele entsprechen) das Kopfzentrum und das Alta-Major-Zentrum sind; sie entsprechen — genauso wie die beiden Kopfdrüsen Zirbeldrüse und Hypophyse — esoterisch den Verteilungsstellen des rechten und des linken Auges. Damit haben wir also im Kopf drei Dreiecke, von denen zwei Energieverteiler sind, während das dritte Kraft ausstrahlt.

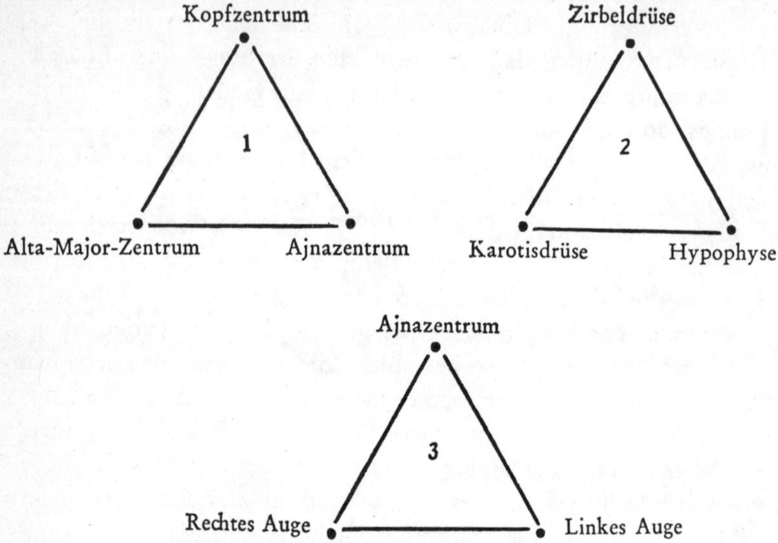

582] Mit diesen Dreiecken arbeitet der geschulte Heiler schließlich, und er wendet sie bewußt an. Die Zeit, da dies möglich sein wird, liegt aber noch in ferner Zukunft. Heute muß er durch bildhafte innere Vorstellung und durch die Kraft der schöpferischen Imagination wirken. Indem er sich innerlich die Beziehung dieser verflochtenen Dreiecke vorstellt und diese — beginnend mit dem ersten — übereinanderlegt, leistet er eine ganz bestimmte Arbeit, nämlich schöpferische *Fixierung* (Festlegung), dann schöpferische *Belebung* und schließlich schöpferische Lenkung. Mit diesen drei Worten Fixierung, Belebung und Lenkung finden wir die Ergebnisse dessen angezeigt, was der Heiler erreichen kann, wenn er diese Regel befolgt. Die Aufmerksamkeit wird fixiert, festgelegt; das magnetische Feld wird geistig belebt; dann wird die erzeugte lebendige Strahlung verteilt und in richtiger Weise durch das dritte Dreieck gelenkt. Das klingt nach einem etwas komplizierten Verfahren, doch nach ein wenig Übung wird diese Heilmethode des Fixierens, Belebens und Lenkens eine beinahe augenblickliche und automatische Sache.

Wir kommen jetzt zur Besprechung eines langen, etwas komplizierten Gesetzes, das so viel Themen zu behandeln versucht, daß es beim ersten Lesen leicht verwirrend wirken kann.

V. Gesetz.

Es gibt nichts als Energie, denn Gott ist Leben. Im Menschen begegnen sich zwei Energien, es sind aber noch fünf andere da. Für eine jede gibt es eine zentrale Kontaktstelle. Der Widerstreit dieser Energien mit den Kräften, und der Kräfte untereinander verursacht die körperlichen Beschwerden des Menschen. Der Widerstreit zwischen der ersten und zweiten dauert viele Zeitalter lang, bis einmal der Bergesgipfel — die erste große Bergspitze — erreicht ist. Der Kampf zwischen den Kräften bringt alle Krankheiten, alle Übel und körperlichen Schmerzen hervor, die im Tode Erlösung suchen. Die zwei, die fünf, also die sieben samt dem, was sie bewirken, besitzen das Geheimnis. Dies ist das fünfte Heilgesetz in der Welt der Formen.

583] Es ist bisher unmöglich gewesen, den Inhalt dieses Gesetzes bekanntzugeben, da man erst heute Lehren über das LEBEN (und das Leben als Energie) veröffentlichen kann. Auch die Lehre über die fünf und die zwei Energien, die sich im Menschen begegnen, ist erst kürzlich von mir herausgegeben worden, und zwar zum ersten Male in allen Einzelheiten, obgleich schon in der „Geheimlehre" darauf hingewiesen wurde. Ich frage mich manchmal, ob irgend jemand von euch sich über die epochemachende Bedeutung der Lehren klar ist, die ich über die sieben Strahlen als Energie-Manifestationen veröffentlicht habe. Überlegungen über das Wesen der göttlichen Trinität hat es in den Erörterungen und Gedanken vorgeschrittener Menschen immer gegeben, und zwar von Anfang der Zeiten an und seit die Hierarchie mit ihrer äonenlangen Aufgabe begann, das menschliche Bewußtsein zu beeinflussen und anzuregen. Aber Mitteilungen über die sieben Geister vor dem Thron der Trinität gab es im allgemeinen nicht, und nur ein paar alte und neue Schriftsteller haben auf die Natur dieser großen Wesen hingedeutet. Jetzt kann mit all dem, was ich euch über die sieben Strahlen und die sieben Strahlherren mitgeteilt habe, viel mehr entdeckt werden; diese sieben großen Lebensträger können als die Essenzen und aktiven Energien verstanden und erkannt werden, die allem innewohnen, was sowohl auf der physischen Ebene wie auch auf allen anderen Ebenen göttlicher Wesensäußerung manifestiert und greifbar ist. Wenn ich dies sage, so schließe ich damit nicht nur die kosmisch-physische Ebene (die aus unseren sieben Sonnensystem-Ebenen besteht), sondern auch die kosmische Astral- und Mentalebene mit ein.

Vom Heiler wird erwartet, daß er bestimmte Grundideen dieses Gesetzes anerkennt, die dazu dienen, sein Verständnis zu entwickeln; es werden bestimmte umfassende und allgemeine Grundsätze aufgestellt, die eine gesunde, vernünftige Grundlage für alle künftige Arbeit bilden sollen. Der Hauptpunkt, den man berücksichtigen muß, ist der, daß dieses Gesetz gänzlich mit der (groben und ätherischen) physischen Ebene und mit den Wirkungen zu tun hat, die durch den Widerstreit zwischen den Energien und den Kräften im physischen Körper entstehen. Die Kräfte sind jene Energien, die in irgendeiner Form eingeengt und eingekerkert sind — in einem Körper, in einer Ebene, einem Organ, einem Zentrum.

584] Die Energien sind jene Ströme gelenkter Energie, die auf diese eingekerkerten Kräfte (wenn ich sie so nennen darf) aus dem Innern einer größeren oder umfassenderen Form, von einer feineren Ebene her ungestüm einwirken und so einen Kontakt mit einer schwerfälligeren Schwingungskraft herstellen. Eine Energie ist subtiler und mächtiger als die Kraft, auf die sie einwirkt oder mit der sie in Kontakt kommt; die Kraft ist weniger stark, *ist aber dafür verankert.* In diesen letzten Worten habt ihr den Schlüssel zu dem Problem der ursächlichen Beziehung von Energien untereinander. *Freie* Energie ist vom Blickpunkt des verankerten Kontaktpunktes aus gesehen in gewisser Weise weniger wirksam (innerhalb einer begrenzten Sphäre) als die Energie, die dort schon verankert ist. Dem Wesen nach ist sie stärker, aber nicht in der Auswirkung. Denkt darüber nach! Ich möchte diesen Punkt nicht erläutern. Im Leben des Aspiranten ist die Energie des Solarplexus-Zentrums (infolge langer Benutzung, Konzentration und Gewohnheit) in ihrer Wirkung auf das Leben stärker als die Energie des Herzzentrums, das erst allmählich und sehr langsam in wirksame Aktion tritt. Um es weiter zu erläutern: Die Energien der Persönlichkeit haben eine viel größere Macht, das Leben des Durchschnittsmenschen bestimmend zu beeinflussen, als die Energie der Seele, die äonenlang versucht hat, ihren Manifestationsträger, die Persönlichkeit, zu beherrschen. Zwar hat sie im Kreislauf der Inkarnationen sehr lange keinen Erfolg damit gehabt, aber trotzdem sind im letzten Grund die Herz- und Seelenenergie unendlich viel stärker als die des Solarplexus oder der Persönlichkeit. Nur haben der Energie des Herzzentrums und der der Seele äonenlang empfängliche Träger (oder Ausdrucksmittel) in den drei Welten gefehlt.

In gewisser Weise vereinfacht dies das Problem des Heilers, denn als erstes muß er entscheiden, ob die Seelenenergie oder die Persönlichkeitsenergie die Herrschaft hat; das ist etwas, was sich sehr leicht feststellen läßt. Die Lebenstendenzen des Patienten, seine Lebensweise und die Art seines Dienstes, der Charakter, den er bekundet — alle diese Dinge sind Hinweise auf die Wirkkräfte, die sein sichtbares äußeres Dasein bestimmen. Wenn ein Mensch ein wirklicher Aspirant ist und bewußt danach strebt, den Pfad der Jüngerschaft zu beschreiten, wird er diese Ermittlung durch völlige Offenheit unterstützen; erfolgt jedoch von seiten der Persönlichkeitskräfte auf den Seelenimpuls des Heilers keine Reaktion, dann bemerkt die Persönlichkeit die Gelegenheit nicht und ist sich der Einwirkung gar nicht bewußt. Diese Sachlage kann also
585] vom Heiler leicht ermittelt werden.

Dieses Gesetz ist lang und enthält Aussagen von außerordentlicher Bedeutung. Es wäre im Interesse unseres Themas nützlich, diese Aussagen mit äußerster Sorgfalt zu studieren, um deren Bedeutsamkeit und wahren Sinn voll zu erfassen; dieses Verstehen muß auf dem Bewußtseinsniveau eines Eingeweihten, und nicht auf dem des durchschnittlichen oder unerleuchteten Menschen erfolgen. Wir werden daher jeden Satz für sich vornehmen und dessen Sinn zu ergründen suchen. In diesem Gesetz sind sieben Aussagen enthalten, von deren Bedeutung euch exoterisch zwar schon vieles bekannt ist, was aber in Beziehung zur Heilkunst nochmals ausgeführt werden kann.

1. *Es gibt nichts als Energie, denn Gott ist Leben.*

Dies ist eine umfassende, allgemeine Aussage, die dem Eingeweihten vieles mitteilen mag, dem durchschnittlichen Denker jedoch wenig sagt, denn für diesen bedeutet Leben im wesentlichen bloß das, was eine Erscheinungsform hervorbringt, was sie am Dasein erhält und die Anwesenheit dieses Lebens durch irgendeine Wirksamkeit ständig kundtut — eine Wirksamkeit, die ihre lebendige Kraft manifestiert. Wir beziehen jedoch irrtümlicherweise den Ausdruck *Leben* auf die Fähigkeit einer Form, ihre Qualität und Beschaffenheit zu manifestieren und zum Ausdruck zu bringen. Aber Lebendigsein und Qualität bestehen unabhängig von der Form und wirken sich oft besser und nützlicher durch die Anwendung des Todesgesetzes aus.

Die Tatsache der Göttlichkeit und des göttlichen Ursprunges wird durch die Tatsache des Lebens bewiesen. Dies wird oft übersehen, und so wird der Akzent auf die Vorstellung gelegt, daß das Leben eine Form erschafft und erhält, welche die Lebensessenz
586] in sich verankert und die Realität ihres Daseins beweist.

Das Leben der Einen Quelle aller manifestierten Formen ist es, das ursächliche Beziehungen und wesentliche Qualitäten erschafft, und obwohl man dies unaufhörlich behauptet hat, bleibt es dennoch eine bedeutungslose Binsenwahrheit. Wenn die Menschen jedoch Gott als Energie und sich selbst als Aspekte dieser Energie zu erkennen beginnen, wenn sie anfangen, bewußt mit Energien zu wirken und den Unterschied zwischen Energien und Kräften in Zeit und Raum zu erkennen, und wenn die Seele einmal zu größerer Wirksamkeit gelangt, dann wird man die Tatsache des Lebens in einer neuen und beinahe furchtbaren Weise erkennen. Man sollte bedenken, daß die Seele eine zweitrangige Energie ist, welche die Existenz der Hauptenergie beweist und die Ursache für das Erscheinen der dritten Energieform ist — der berührbaren und objektiven Welt. Man wird einmal wissen, daß von der Seele im Interesse der Form das LEBEN angerufen werden kann. Hierin liegt ein Hinweis und Schlüssel zu unserem Gesamtthema.

Bis heute hat man die Technik der Annäherung an den Lebensaspekt — die Antahkarana und die Wirkkraft, den geistigen Willen — noch nicht in einem nützlichen Sinne verstanden. Heute werden die ersten schwachen Hinweise auf den Gebrauch der Antahkarana und ihren Zweck in bezug auf die Persönlichkeit und die Geistige Triade nur von ein paar Schülern in der Welt studiert; deren Zahl wird ständig zunehmen in dem Maße, als ein Kontakt zwischen Persönlichkeit und Seele zustande kommt, als diese beiden zur Einheit werden und mehr Menschen die Einweihung erlangen. Infolgedessen wird der Daseins*zweck* des vierten Naturreiches (als eines Übermittlers der höheren geistigen Energien an die drei niederen Reiche) allmählich in Erscheinung treten, und die Menschen werden in Gruppenform bewußt die „Errettung" (im esoterischen Sinne natürlich) dieser anderen Lebensgruppen unternehmen. Der Makrokosmos mit seiner Zielsetzung und seinen Antrieben wird sich zum ersten Male im Menschenreich in einer neuen, kraftvolleren Weise widerzuspiegeln beginnen; und die Menschheit wird dann ihrerseits zum
587] Makrokosmos der drei niederen Zustände bewußter Lebewesen werden — des Tier-, Pflanzen- und Mineralreiches.

Alles das ist ein tiefes Geheimnis, aber es ist es nur deshalb geblieben, weil das vierte Reich mangelhaft entwickelt ist. Von der ursprünglichen Absicht war abgewichen worden. Deren Wirksamkeit und Dienstbereich konnten jedoch erst dann erkannt werden und zur Entfaltung kommen, wenn in der Menschheit dieser höchste Aspekt, der Willensaspekt, durch den Aufbau und die Benutzung der Antahkarana bewußt zum Ausdruck gebracht worden war. Über die Regenbogenbrücke kann der Lebensaspekt strömen, und darauf wies Christus hin, als Er sagte, daß Er gekommen sei, damit es auf Erden „ein Leben in größerer Fülle" gäbe. Das Leben hat es immer gegeben, aber wenn einmal das Christusbewußtsein mit seiner Strahlung existiert, (wie es heute, wenn auch in kleinem Umfang, der Fall ist) und wenn es eine wirklich gewaltige Anzahl derer gibt, die es zum Ausdruck bringen, dann kann man daraus folgern, daß die Antahkarana fest hergestellt ist; dann kann die Regenbogenbrücke überschritten und überquert werden, und es kann Leben in Fülle in einem neuen, anspornenden Sinne, und ein frisches, antreibendes Gefühl durch die Menschheit auch in die untermenschlichen Naturreiche einströmen. Dies ist ein Beweis für die Göttlichkeit und ein hervorragendes Zeugnis für den göttlichen Ursprung des Menschen, und auch die Hoffnung (die rettende Hoffnung) der Welt.

Die Energie und die Kräfte bilden die Gesamtheit alles dessen, was *ist.* Dies ist eine weitere grundsätzliche Binsenwahrheit, auf der sich die Wissenschaft des Okkultismus aufbaut, und die von der Heilkunst anerkannt werden muß. Es gibt nichts anderes in Manifestation, was immer es auch sei. Krankheit selbst ist eine Form aktiver Energie, die sich in Kräften kundtut, welche zerstören oder den Tod herbeiführen. Wenn also unsere Grundvoraussetzung richtig ist, dann ist Krankheit ebenfalls eine Form göttlicher Wesensäußerung; denn was wir als Übel erkennen, ist auch die Umkehrung dessen, was wir gut nennen. Werden wir den Wert des Themas herabsetzen oder einen falschen Eindruck schaffen, wenn wir das Böse (mindestens soweit es die Krankheit betrifft) als ein an die unrechte Stelle gebrachtes oder falsch eingeordnetes Gutes ansehen? Werdet ihr mich mißverstehen, wenn

588] ich sage, daß Krankheit eine Energie ist, welche nicht so wirkt, wie es wünschenswert ist oder dem Plan entspricht? Einströmende Energien werden mit Kräften in Verbindung gebracht, und es ergeben sich daraus gute Gesundheit, starke und angemessene Formen und lebenskräftige Tätigkeit; dieselben einströmenden Energien können indes mit denselben Kräften in Beziehung gebracht werden, und es entsteht eine Reibungsstelle, daraus ein erkrankter Bezirk, Schmerz, Leiden und vielleicht sogar Tod. Die Energien und Kräfte sind von der gleichen wesentlich göttlichen Beschaffenheit, doch das Problem entstand durch die Art, wie die Beziehung hergestellt wurde. Wenn man diesen Satz studiert, wird einem klar, daß eine Definition wie diese benutzt werden kann, um alle Arten von Beschwerden zu umfassen, und daß im Grunde der Beziehungsaspekt die letzte Ursache für die gute oder schlechte Situation ist. Diese Aussage ist für all euer Denken außerordentlich wichtig.

2. *Im Menschen begegnen sich zwei Energien, aber fünf weitere sind anwesend. Für eine jede gibt es eine zentrale Kontaktstelle.*

Die beiden Energien, die sich im Menschen begegnen, sind die beiden Aspekte der Monade, des Einen in Manifestation; die Monade manifestiert sich ihrem Wesen nach als Dualität. Sie offenbart sich als Wille und Liebe, als Atma-Buddhi, und wenn diese beiden Energien mit dem Denkvermögen, dem dritten Aspekt der Gottnatur, in Verbindung gebracht worden sind, erschaffen sie die Seele und sodann die dinghafte manifestierte Welt. Dann sind auf unserem Planeten Wille, Liebe und Denken (Intelligenz) oder Atma-Buddhi-Manas in Manifestation.

Wenn die Seele sich als Bewußtsein und Leben im Menschenwesen verankert, bringt dieses das dritte Etwas hinzu, das in jeder Substanz verborgen ruht oder karmisch vorhanden ist: Manas oder Denken; dieses ist aus dem vorigen Sonnensystem übernom-

men (oder in der Substanz aufgelöst enthalten). Damals wurde die Intelligenz entfaltet und in der Substanz festgehalten, um damit die Grundlage für die evolutionäre Entwicklung dieses zweiten Sonnensystems zu schaffen. Vergeßt nicht: Die sieben Ebenen
589] unseres Sonnensystems bilden die sieben Unterebenen der kosmisch-physischen Ebene; Geist ist daher Materie in ihrer höchsten Ausdrucksform, und Materie ist Geist in seiner niedersten. Das Leben differenziert sich in Willen und Liebe, in große antreibende Energien, welche die Grundlage des gesamten Evolutionsprozesses bilden und dessen unabwendbare Vollendung voranbringen und herbeiführen.

Atma-Buddhi verankern sich als Energien im Seelenkörper (im egoischen Lotos), und ihre vereinte Wirksamkeit erweckt einen Widerhall in der Substanz der Mentalebene, die dann ihren eigenen Beitrag liefert. Durch diese Reaktion entsteht etwas, was wir das höhere Denken nennen; dieses ist von so subtiler Wesensart und hat eine so dünne, zarte Ausstrahlung, daß es sich zwangsläufig mit den beiden höheren Aspekten verbinden und ein Teil der Geistigen Triade werden muß. Der Kräftewirbel, der unter der Einwirkung des göttlichen Willens entsteht, der die göttliche Absicht zum Ausdruck bringt und mit dem Sein (als Identität und nicht als Qualität) eins ist, bringt den egoischen Lotos, die Körperhülle der „sich als wesensgleich erkannt habenden Seele“ hervor, die in die äußere Erscheinungsform getrieben wurde durch das dritte Ergebnis der atmisch-buddhischen Einwirkung auf die drei Welten; das konkrete Denken und der menschliche Verstand treten in Erscheinung. Es besteht daher eine seltsame Ähnlichkeit zwischen den drei göttlichen Aspekten in Manifestation und dem geistigen Menschen auf der Mentalebene.

Die Entsprechung ist folgendermaßen:

Die Monade . . . . . . Das abstrakte Denken
Die Seele . . . . Der egoische Lotos
Die Persönlichkeit . . . Das niedere oder konkrete Denkvermögen.

Die Monade, diese unbestimmte, unklare Abstraktion, scheint äonenlang keine Beziehung irgendwelcher Art zur Seele und zur Persönlichkeit zu haben. Diese beiden waren und sind mit der Aufgabe beschäftigt, zur rechten Zeit und unter dem Antrieb der
590] Evolution sich eng miteinander zu verbinden oder eins zu werden. Das abstrakte Denken bleibt ebenfalls äonenlang etwas Unfaßbares außerhalb der Äußerungs- und Denkungsweise des Menschen, der kama-manasisch (oder Gefühl und niederes Denken), und dann schließlich Seele und konkretes Denken (oder Erleuchter und Übermittler der Erleuchtung) ist. Man kann aus diesen Entsprechungen viele Aufschlüsse gewinnen, wenn man ihnen angemessene Beachtung schenkt.

Beim Menschen finden wir also zwei Hauptenergien verankert; die eine ist unerkannt, und ihr geben wird den Namen GEGENWART, die andere erkannt, und wird nennen sie den Engel der GEGENWART. Dies sind die Monade und die Seele (der Sonnenengel). Die eine verkörpert den monadischen Strahl, die andere den Seelenstrahl, und beide prägen aktiv oder durch subtile Wirkungen die Persönlichkeit.

Die anderen fünf anwesenden Energien sind der Strahl des Denkvermögens oder die einwirkende Kraft des Mentalkörpers, der Strahl der emotionellen Natur und der Strahl des physischen Körpers, dazu als vierter Strahl der Strahl der Persönlichkeit. Der Strahl des physischen Körpers steigt esoterisch „aufwärts zum Verbindungspunkt, wogegen die anderen herabsteigen“, um eine alte Schrift zu zitieren. Der Strahl der Persönlichkeit ist eine Folgeerscheinung oder das Ergebnis eines riesigen Kreislaufs von Inkarnationen. Wir haben also:

1. Den monadischen Strahl.
2. Den Seelenstrahl.
3. Den Strahl des Denkvermögens.
4. Den Strahl der Gefühlsregungen.
5. Den Strahl des physischen Körpers.

6. Den Strahl der Persönlichkeit.
7. Den planetarischen Strahl.

Der planetarische Strahl ist immer der dritte Strahl der aktiven Intelligenz, da er unsere Erde bestimmend beeinflußt, große Wirkungskraft besitzt und den Menschen befähigt, „seine
591] Angelegenheiten in der Welt des planetarisch-physischen Lebens zu betreiben".

Ich habe nur gelegentlich an anderer Stelle auf diese Strahlen hingewiesen und wenig über den planetarischen Strahl gesagt; ich legte das Hauptgewicht auf eine andere Untersuchung der bestimmenden Strahlen und gab darin nur fünf Strahlen an, die einen praktischen Nutzen für den Menschen haben. Es sind dies:

1. Der Seelenstrahl.
2. Der Persönlichkeitsstrahl.
3. Der mentale Strahl.
4. Der astrale Strahl.
5. Der Strahl des physischen Körpers.

Mit der Erschaffung und Entwicklung der Antahkarana muß jedoch auch der Strahl der Monade hinzugefügt werden und damit muß auch das polare Gegenteil, die planetarische „Lebendigkeit", der dritte Strahl, anerkannt werden. Ich habe hier einen für euch sehr wichtigen Punkt mitgeteilt. Alle diese Energien spielen eine aktive Rolle im Lebenszyklus jedes Menschen und können nicht vom Heiler völlig außer acht gelassen werden, auch wenn die Mitteilungen darüber heute noch verhältnismäßig nutzlos sind.

3. *Der Widerstreit dieser Energien mit den Kräften und der Kräfte untereinander verursacht die körperlichen Beschwerden des Menschen.*

Ihr werdet hier bemerken, daß diesem Gesetz zufolge Krankheiten auf zweierlei Art zustandekommen:

1. Durch den Streit von Energien mit Kräften.
2. Durch den Streit der Kräfte untereinander.

Es liegt auf der Hand, daß dieser zweifache Kampf zu erwarten ist. Unter die erste Kategorie fällt der Kampf, der im Leben der Persönlichkeit stattfindet, wenn die Seele ihre Aufmerksamkeit deutlich ihren Trägern zuwendet und versucht, diese unter ihre Herrschaft zu bringen. Je mehr der Mensch entschlossen ist, seine
592] Persönlichkeit der Kontrolle der Seele zu unterstellen, um so intensiver wird der Kampf, der folglich sehr ernsthafte physische Situationen mit sich bringt. In diese Kategorie gehören wohl die meisten Krankheiten der Jünger und Mystiker; sie sind hauptsächlich nervöser Art und greifen oft das Herz oder den Blutstrom an. In den meisten Fällen werden sie sich auf die Region oberhalb des Zwerchfells beschränken, also auf jene Gebiete, die vom Kopf-, Kehl- und Herzzentrum beherrscht werden. In diese Kategorie gehört auch eine Anzahl der sogenannten „Grenzfälle"; doch beschränken sich diese auf die Übertragung von Energien (unter der Einwirkung der Seele) vom Solarplexus zum Herzen; und die dabei beteiligte „Grenzlinie" ist einfach das Zwerchfell.

In diese erste Gruppe gehören auch noch jene Beschwerden, die zum Beispiel auftreten, wenn die Energie des Astralkörpers mit den Kräften des Ätherleibes zusammenprallt; es entsteht ein emotioneller Aufruhr und damit eine bedenkliche Situation im Solarplexus, denn Magen-, Darm- und Leberstörungen sind die Folgen. All dies ergibt sich aus dem Konflikt zwischen Energien und Kräften. Hier kann ich lediglich einen Hinweis geben auf die Art des Problems, das mit der einen oder anderen dieser beiden Kategorien verknüpft ist; das Thema ist ungeeignet für die kurze Behandlung, die ich hier geben will.

In der zweiten Kategorie, die den Streit zwischen Kräften untereinander betrifft, spielt der Ätherkörper eine Rolle, denn die betreffenden Kräfte sind diejenigen in den größeren und kleineren Zentren; es geht um ihre Beziehung zueinander und ihre innere Reaktion auf den Ansturm von Energien, die von außerhalb des Ätherkörpers kommen. Diese Kräfte und ihr Wechselwirken verursachen die alltäglichen Übel des Menschen und stiften Unruhe in den physischen Organen und in den Bezirken des physischen Körpers, die um die Zentren herum liegen.

593] Diese Kräfte sind für die meisten Menschen tatsächlich die bestimmenden Faktoren und zwar äonenlang oder bis zu der Zeit, da die Seele „ihre Aufmerksamkeit darauf richtet", sich die volle Herrschaft über ihren Mechanismus in den drei Welten anzueignen. Diese sekundären Schwierigkeiten, die sich aus dem Wechselspiel zwischen den Zentren ergeben, fallen in drei Kategorien, und diese sollten sorgfältig beachtet werden:

1. Das Wechselwirken zwischen:
   a) Den Zentren über dem Zwerchfell, das heißt dem Kopf, der Kehle und dem Herzen, und ganz gelegentlich dem Ajnazentrum.
   b) Den Zentren unter dem Zwerchfell, und deren Beziehung zueinander.
2. Die Beziehung bestimmter Zentren zueinander, wie sie nach dem Gesetz der Transmutation (Umwandlung) zustandekommt, oder der Prozeß, bei dem die Kräfte vom einen zum anderen Zentrum emporgehoben werden:
   a) Vom Sakralzentrum zum Kehlzentrum.
   b) Vom Solarplexus zum Herzzentrum.
   c) Vom Zentrum an der Basis der Wirbelsäule zum Kopfzentrum.

3. Die Einwirkung der „Energie" (beachtet die technische Genauigkeit meiner Ausdrucksweise) der Zentren oberhalb des Zwerchfells auf die unterhalb dessen befindlichen Zentren.

   Das ist ein umgekehrter Vorgang zu dem, der stattfindet, wenn die Kräfte unter dem Zwerchfell zu den Zentren darüber erhoben werden. Bei dieser dritten Art von Beziehung haben wir es mit der Wirkungskraft des Magnetismus zu tun, bei der anderen Beziehung kommt die Strahlung zum Ausdruck. Diese beiden sind auf einer bestimmten Entwicklungsstufe eng miteinander verbunden.

594] Auf Grund aller dieser Beziehungen ergeben sich Möglichkeiten für Beschwerden und Störungen, die eine unerwünschte Wirkung auf die in dem betreffenden Bereich liegenden physischen Organe haben. Solange die Beziehung der Zentren über dem Zwerchfell zu denen darunter noch in den Anfängen steckt, ist der Mensch sich im allgemeinen überhaupt nicht dessen bewußt, was da vor sich geht; er ist einfach das Opfer der Stimulierung, die vom emanierenden Zentrum auf jenes Zentrum ausgeübt wird, das die Energie empfängt; oder er ist das Opfer einer Schwächung (die natürlich viele Formen physischer Übel hervorrufen kann), wenn die Zentren auf die Stimulierung reagieren. Es ist alles eine Frage des Gleichgewichts oder der Ausgeglichenheit, und danach muß der einsichtige Mensch und der Aspirant streben.

Wir kommen jetzt zu einer sehr doppelsinnigen Aussage, die absichtlich so gehalten ist:

4. *Der Streit zwischen der ersten und zweiten dauert viele Zeitalter lang, bis einmal der Bergesgipfel — die erste große Bergspitze — erreicht ist.*

Dies bezieht sich unklar (und wieder absichtlich) auf den Konflikt zwischen den Energien über dem Zwerchfell — die normalerweise von der Seele auf ihrer eigenen Ebene kommen — und den Kräften darunter. Es ist ein großer und hartnäckiger Kampf; er beginnt, wenn das Solarplexuszentrum die Herrschaft und Macht gewinnt, wodurch Krisen wie in den Zeiten der Atlantis eintreten. Da die meisten Menschen immer noch atlantisches Be-

wußtsein haben, weil sie hauptsächlich von ihrer Gefühlsnatur beeinflußt werden, entstehen diese Krisen auch heute. Schließlich beginnt der Solarplexus — metaphysisch gesehen — auf den magnetischen „Ruf" des Herzzentrums hin eine Strahlungswirkung auszuüben. Nach der ersten Einweihung kommt es zur ersten großen wechselseitigen Beeinflussung zwischen den beiden, und es entfaltet sich die erste geordnete Tätigkeit. „Was oben ist, wird nun mit dem verbunden, was unten ist; was aber unten ist, verliert sein Eigensein in dem, was oben ist", sagt der „Alte Kom-
595] mentar". Die Mutter wird aus den Augen verloren, da das Christuskind die Aufmerksamkeit auf sich gezogen hat. Die Seele übernimmt die Herrschaft und führt den Aspiranten von Berggipfel zu Berggipfel.

Bei der ersten Einweihung und in steigendem Maße bei allen weiteren gerät die Energie in einen großen Kampf mit den Kräften; Seelenenergie flutet in den Ätherkörper, und alle Zentren werden zu „Kampfplätzen", wobei ein bestimmtes Zentrum zu größerer Bedeutung kommt als die übrigen. Es ist nicht mehr ein Kampf „zwischen den Kräften untereinander", sondern einer zwischen den Energien und Kräften, und eben dies verschärft die Prüfungen für die Einweihung so sehr; gerade daraus entstehen so viele physische Übel bei denen, die die erste und zweite Einweihung erwirkt haben oder sich darauf vorbereiten. Das ist auch die Ursache für die Krankheiten der Heiligen!

Eines Tages wird eine große Wissenschaft von den Zentren auftreten, die das ganze verwickelte Problem klärt; die Zeit dafür ist jedoch noch nicht gekommen. Wenn heute diese Wissenschaft offen gelehrt würde, so wäre die Folge, daß die Gedanken der Menschen sich den Zentren und den von diesen beherrschten Gebieten zuwenden würden und nicht den Energien, die durch sie strömen. Es gäbe eine ungesunde und unerwünschte Stimulierung oder Schwächung der Substanz der Zentren, und folglich akute Krankheiten. Ewig gilt das Gesetz „Dem Gedanken folgt Energie", und: Die Energie kann entweder strahlender oder magnetischer Art sein, sie darf aber nicht statisch in einem Zentrum festgehalten werden. Die echte Wissenschaft von den Zentren wird erst dann frei und offen gelehrt werden können, wenn die Menschen wenigstens die Anfangsgründe der Gedankenlenkung und die Kontrolle der Energie-Impulse kennen.

5. *Der Kampf zwischen den Kräften bringt alle Krankheiten, alle Übel und körperliche Schmerzen hervor, die durch den Tod Erlösung suchen.*

596] Es gibt einen interessanten Unterschied, der beachtet werden sollte. Wenn der Tod eintritt, so ist er die Folge:

1. Des Kampfes zwischen den Kräften, und nicht zwischen Energien und Kräften. Kampfplatz ist der Ätherleib, und nicht der physische Körper, und es kommen keine Energien von außen herein, da der Mensch zu krank ist.
2. Des Verlustes des Willens-zum-Leben. Der Patient hat nachgegeben, der innere Kampf ist zu viel für ihn; er kann keine äußere Energie mehr heranführen, um die streitenden Kräfte zu bekämpfen; er hat den Punkt erreicht, an dem er dies auch nicht mehr will.

Diese beiden Situationen im Sterbeprozeß sind typische Anzeichen für das Schicksal des Patienten und sollten vom Heiler sofort beachtet werden. Dieser sollte dann seine Erfahrung und Kenntnisse dazu verwenden, dem Menschen sterben zu helfen, und nicht versuchen, eine Heilung herbeizuführen. Das Eintrittstor für die lebenspendenden Energien ist versiegelt; nichts kann hereinkommen, um dem Heiler bei der Arbeit zu helfen; der Streit zwischen den Kräften — sei er allgemeiner Natur oder auf einen bitteren Kampf in bestimmten Gebieten beschränkt — bringt so viel Reibung mit sich, daß nirgendwo Hoffnung besteht, außer im Tode. Man könnte auch noch darauf hinweisen, daß das Wort

Krankheit sich in diesem Satz auf die Reibungsstelle oder die akute Beschwerde bezieht; *alle Übel,* das bedeutet die allgemeine Reaktion des Menschen auf den Bezirk der Störung sowie die allgemeine, durch die Krankheit verursachte Unfähigkeit, während der Ausdruck *körperliche Schmerzen* auf das Übelbefinden in der Region, in der die Krankheit liegt, sowie auf die Art der Erkrankung hinweist. Alle Worte in diesen Regeln und Gesetzen sind sehr sorgfältig gewählt, und wenn sie auch vom Standpunkt des Übersetzers aus unzureichend sind, so sind sie doch nicht überflüssig, sondern bringen verschiedene Bedeutungen zum Ausdruck.

6. *Die zwei, die fünf und damit die sieben, dazu das, was sie erzeugen, halten das Geheimnis umschlossen.*

597] Die Aufzählung ist eine Art Zusammenfassung dessen, was schon vorher angegeben worden ist; ihre oberflächlichste Bedeutung, die außerdem für den Heiler am nützlichsten ist, könnte einfach wie folgt erklärt werden:

> Der Heiler muß die beiden Hauptenergien beachten, die in jeder Persönlichkeit vorhanden sind: den Seelen- und den Persönlichkeitsstrahl. Er muß dann berücksichtigen, daß er zu diesen beiden noch drei einwirkende Strahlen hinzufügen muß, was die fünf oben erwähnten ergibt: den Strahl des Denkvermögens, den Strahl des Astralkörpers und den Strahl des physischen Körpers.

Diese Aufzählung wird sich im allgemeinen für alle gewöhnlichen oder durchschnittlichen Menschen als ausreichend erweisen. Wenn der Patient jedoch ein sehr weit vorgeschrittener Mensch ist, muß man zwei weitere Energien hinzufügen, die eine reale Wirkungskraft besitzen: den Strahl der Monade und den Strahl unseres Planeten (den dritten Strahl). Ist dieser planetarische Strahl sehr aktiv (wie es bei weit vorgeschrittenen Menschen und bei denen der Fall ist, die eine sehr hohe Stufe allgemeiner Integration erreicht haben), so übt er eine starke Wirkung aus; das planetarische Prana strömt durch den planetarischen Strahl machtvoll herein und kann zur Heilung verwendet werden. Einer der Gründe, warum der allgemeine Gesundheitszustand aller sehr weit vorgeschrittenen Menschen normalerweise gut ist, ist der, daß die Prana-Energie des Erdplaneten frei durch die Körperhüllen des Menschen fließen kann. Auf diese Energie stützt und verläßt sich der Meister, der durch einen verhältnismäßig vollkommenen Körper wirkt, um diesen bei guter Gesundheit zu erhalten. Das ist eine ziemlich neue Mitteilung, die — wenn man sie anerkannt hat — sowohl einfach wie auch vernunftgemäß erscheint. „Das, was sie erzeugen" bedeutet in diesem Falle und für den Heiler die äußere, berührbare Formgestalt; es gibt noch andere Bedeutungen, doch mit ihnen brauchen wir uns hier nicht zu beschäftigen.

Das erwähnte „Geheimnis" ist die Offenbarung der Art und Weise, wie man sich gute Gesundheit erhalten kann. Es ist nicht das Geheimnis, wie man den physischen Körper heilt, wenn „kör-
598] perliche Übel" vorhanden sind. Aber es gibt ein Geheimnis der guten Gesundheit, das allen Eingeweihten oberhalb der dritten Einweihung bekannt ist; sie können es einfach anwenden, wenn sie nur wollen. Es kann jedoch vorkommen, daß sie von dieser Möglichkeit nicht Gebrauch machen, es sei denn, daß sie sich mit anderen Teilen des Planes befassen, die nichts mit der Menschheit zu tun haben. Wenn sie zu denen gehören, die sich mit der Bewußtseinsentfaltung der Menschen beschäftigen und für das Menschenreich und in diesem wirken, dann mag es sein, daß sie das Geheimnis zwar wissen, sich aber dennoch dafür entscheiden, keinen Nutzen daraus zu ziehen, da sie das Bedürfnis haben, sich mit der Menschheit vollständig eins zu fühlen; deshalb beschließen sie, bewußt an allen menschlichen Erfahrungen Anteil zu nehmen und in einer Weise zu sterben, die auch für alle

übrigen Menschen gilt. Die ganze Frage der Wesensangleichung liegt jeder Manifestation zugrunde; das Sich-identifizieren (Wesensgleichwerden) mit (oder von) Geist und Materie ist ja das Geheimnis jedes göttlichen Phänomens. Eine der Hauptursachen für die Krankheit ist, wie ihr ja wißt, die Leichtigkeit, mit der sich die Menschen mit dem Formaspekt identifizieren (mit den vielen innerhalb des Einflußbereichs der Persönlichkeit begrenzten *Kräften).* Der Mensch versäumt es, sich mit dem Erzeuger der Form, dem wahren geistigen Menschen, sowie mit all den Energien zu identifizieren, die er zu dirigieren sucht und die er später im Evolutionszyklus unbedingt lenken wird.

Es gibt hier auch noch eine geheime Bedeutung, die sich auf die sieben Strahlen bezieht, insofern sie sich im Menschenreich auswirken; die Kenntnis dieses Geheimnisses ermöglicht es einem Meister, Epidemien und weit verbreitete Krankheiten zu kontrollieren; damit habt ihr aber derzeit nichts zu tun. Nebenbei gesagt: das verhältnismäßige Verschontbleiben von Seuchen und Epidemien, die sich für gewöhnlich im Gefolge eines Krieges einstellen, beruhte zum Teil darauf, daß die Hierarchie dieses siebenfache Wissen angewandt hat; dazu kam noch die wissenschaftliche Erfahrung der Menschen selbst.

In diesem Zusammenhang möchte ich (lediglich des Interesses wegen) erwähnen, daß es derzeit zwei beauftragte Mitglieder der
599] Hierarchie — den Mahachohan und seinen Repräsentanten auf dem siebten Strahl — gibt, die beide im vollständigen Besitz dieses Geheimnisses sind; sie werden von fünf anderen Meistern darin unterstützt, das gewonnene Wissen anzuwenden. Diese fünf Meister befassen sich hauptsächlich mit der Deva-Evolution, die — wie ihr wißt — mit der Form zu tun hat; in diesem speziellen Fall befassen sie sich mit den heilenden Devas. Diese sieben Mitglieder der Hierarchie werden ihrerseits wieder sowohl von einem Buddha der Aktivität als auch vom Repräsentanten des Erdgeistes unterstützt. Da haben wir wieder die zwei, die fünf, und die sieben — eine andere Aufzählung, die zusammen die

Neun, die Zahl der Einweihung, ergibt. Diese zahlenmäßige Beziehung bringt den Menschen zu der Stufe, auf der er „eingeführt wird in das Reich der Vollkommenheit und keine weiteren Schmerzen und Leiden mehr kennt; so wird sein Denken von dem abgelenkt, was unten ist, hin auf das, was oben ist".

Ich habe diesen Aspekt in der Beziehung der Menschheit zur Frage der Gesundheit erwähnt, um euch zu zeigen, wie subtil und esoterisch die Dinge sind, mit denen wir uns beschäftigen; damit soll der einzelne Patient einen Sinn für die richtige Größenordnung bekommen, soweit es seine körperlichen Übel oder sogar seinen Tod betrifft.

7. *Dies ist das fünfte Heilgesetz in der Welt der Form.*

Das fünfte Gesetz befaßt sich hauptsächlich mit dem fünften Prinzip des Denkens oder des Manas; dieses Prinzip macht einen Menschen zu dem, was er ist; es macht ihn zu einem Gefangenen in der Form und auf unserem Planeten, und es macht ihn daher verwundbar und schutzlos gegenüber Angriffen auf den Formaspekt; diese bilden einen Teil des äonenlangen Kampfes des Bösen gegen das Gute. Wenn der Sohn des Denkens — der ein Gottessohn ist — dieses fünfte Prinzip beherrscht und anwendet, wird es den geistigen Menschen befähigen, sich von jeglicher Form und damit von Krankheit und Tod zu befreien.

600] Es ist klar, daß der Heiler, der sich in der Heilkunst schult, bestimmte außerordentlich einfache, jedoch esoterische Tatsachen genau und deutlich erfassen muß:

1. Das Heilen ist einfach und dem Wesen nach die kunstgerechte Handhabung von Energien.
2. Er muß sorgfältig unterscheiden zwischen Energien und Kräften.
3. Wenn er nach wirklichem Erfolg strebt, muß er lernen, die richtige Stufe des Patienten auf der Evolutionsleiter so genau wie möglich zu bestimmen.

4. Die Kenntnis der Zentren ist ein unumgängliches Erfordernis.
5. Er selbst muß als Seele durch seine Persönlichkeit wirken.
6. Seine Beziehung zum Patienten geht über die Persönlichkeit (es sei denn, der Patient ist sehr hoch entwickelt).
7. Er muß das Zentrum bestimmen, das die Region beherrscht, in der die Reibungsstelle liegt.
8. So wie alles andere in den okkulten Wissenschaften sind sowohl Krankheit wie Heilung Aspekte des großen „Beziehungssystem", das die ganze Schöpfung beherrscht.

Wenn der Heiler diese acht Punkte vornimmt, über sie nachdenkt und sich mit ihnen gründlich beschäftigt, wird er eine vernünftige Grundlage für alle Arbeit schaffen, die geleistet werden muß; sie sind verhältnismäßig einfach, und so ist es verständlich, daß jeder Mensch ein Heiler sein kann, wenn er es will und wenn er bereit ist, sich den Erfordernissen anzupassen. Die allgemein übliche Vorstellung, daß jemand zum Heiler „geboren" und damit einzigartig sei, ist in Wirklichkeit nur ein Anzeichen dafür, daß es eines seiner Hauptinteressen ist. Wegen dieses Interesses also wandte sich seine Aufmerksamkeit der Heilkunst und folglich der Kontaktnahme mit Patienten zu; da das Gesetz, das die Gedanken beherrscht, sich unvermeidlich auswirkt, entdeckt er, daß seinem Denken Energie folgt und durch ihn zum Patienten
601] strömt. Tut er dies mit Bedacht, dann ergibt sich daraus oft eine Heilung. Jeder Mensch (ob Mann oder Frau), der denkt und liebt, kann ein Heiler sein, wenn er dafür wirklich Interesse hat und den inneren Antrieb zum Dienen verspürt. Es ist an der Zeit, daß die Menschen diese Tatsache begreifen. Der ganze Heilvorgang wird von Gedanken gelenkt; es handelt sich dabei entweder um die Hinlenkung von Energieströmen oder um deren Zurückziehung, und das ist wieder nur eine andere Ausdrucksweise für Strahlung und Magnetismus. Jeder Eingeweihte ist ein Heiler, und je weiter fortgeschritten er ist, desto weniger

beschäftigt er sich mit den verwickelten Einzelheiten der Zentren und Kräfte, der Energien und ihrer Lenkung. Er heilt automatisch, wie z. B. der Eingeweihte Petrus; von dem lesen wir, daß „der Schatten des vorbeigehenden Petrus jeden von ihnen heilte". Der Hauptunterschied, den man in der Zwischenzeit (von vielen tausenden von Jahren) zwischen der oben erwähnten Heilweise und dem Wirken eines weniger vorgeschrittenen Heilers erkennen kann, besteht darin, daß diejenigen Heiler, die sowohl geschulte Ärzte und anerkannte Mediziner als auch geistige Heiler sind, einen großen Vorteil gegenüber dem ungeschulten Heiler besitzen; denn ihre Diagnose der Krankheit wird wahrscheinlich genauer und ihre Vorstellungskraft größer sein, da sie ja durch ihr Studium mit dem Aufbau des Körpers vertraut sind und die Pathologie kennen. Es wird noch für eine sehr lange Zeit richtig und gut sein, wenn der geistige Heiler stets in Verbindung mit einem erfahrenen Arzt arbeitet. Der Heiler wird das nötige okkulte Wissen beisteuern. Die Zeit, da ein jeder nette, freundliche und geistig eingestellte Mensch sich als Heiler niederläßt, sollte vorbei sein; Jahre sorgfältigen Studiums über das Wesen der Energie, über die Strahltypen und die Zentren sollten jeder Heilpraxis vorausgehen; dafür sollte man mindestens drei Jahre aufwenden. Wenn zu diesem Studium dann das Wissen des geschulten Mediziners hinzukommt, der an unseren besten medizinischen Fakultäten promoviert hat, dann wird die ärztliche Behandlung des menschlichen Körpers in einer neuen und besseren Weise erfolgen, als es heute der Fall ist. Dann wird
602] das orthodoxe und okkulte Wissen des Heilers, seine Vorstellungsgabe und die Fähigkeit zur Gedankenlenkung reale und praktische Wirkungen haben.

Die zum 5. Gesetz gehörende Regel bestätigt die Notwendigkeit dieses okkulten Wissens, denn sie stellt ganz eindringlich gewisse grundlegende Gebote auf.

III. Regel.

Der Heiler konzentriere die nötige Energie in dem erforderlichen Zentrum. Dieses Zentrum soll demjenigen entsprechen, das bedürftig ist. Die beiden sollen im Einklang schwingen und miteinander die Kraft vermehren. So soll die wartende Form zu ausgeglichener Betätigung gebracht werden. So sollen die beiden und die eine unter rechter Leitung heilen.

Diese Regel setzt ein Wissen über die Zentren voraus, das ja, wie ihr wißt, noch in den Kinderschuhen steckt; in den meisten Fällen weiß man lediglich den Sitz des Zentrums. Das reicht jedoch aus — besonders beim ungeschulten Heiler. Ein zu genaues Wissen von der Gestaltung, dem Zustand und der Empfänglichkeit eines Zentrums würde ihn behindern, denn seine Gedanken würden von der Energie und ihren Bewegungen abgelenkt werden auf die Einzelheiten der Form.

Die hier gegebene Regel fordert folgendes: Nachdem der Heiler sich mit seiner Seele in Harmonie gebracht und Seelenenergie „angezapft" hat (wodurch er sich zu einer Stromleitung für geistige Kraft macht), soll er diese Energie in dasjenige seiner eigenen Zentren leiten, das jenem Zentrum (beim Patienten) entspricht, dem die Region mit der Reibungsstelle untersteht. Wenn die Krankheit oder die physische Beschwerde zum Beispiel mit dem Magen oder der Leber zu tun hat, wird der Heiler seine Seelenenergie in das in der ätherischen Wirbelsäule liegende Solarplexus-Zentrum leiten. Sollte der Patient an Herz- oder Lungenbeschwerden leiden, so wird der Heiler das Herzzentrum benutzen, während er das Kehlzentrum für Krankheiten der Bronchialwege, der Kehle, des Mundes und der Ohren in Anspruch nimmt.

603] Es sind daher zwei Dinge wichtig, die den Heiler selbst betreffen:

1. Er muß so genau wie möglich seine eigene Entwicklungsstufe erkennen, denn das zeigt ihm, ob er fähig ist oder

nicht, mit einem oder allen Zentren zu arbeiten. Um irgendeines seiner Zentren bei der Heilarbeit verwenden zu können, muß er sie bis zu einem gewissen Grade erweckt haben und in der Lage sein, bewußt und durch Gedankenkraft, mit Hilfe des Willens Energie in einem beliebigen Zentrum zu konzentrieren. Das bedeutet nicht, daß alle Zentren schon erweckt und richtig wirksam sind. Es sollte jedoch — wenn er überhaupt heilen will — bedeuten, daß er nicht einzig und allein auf die Zentren unter dem Zwerchfell angewiesen ist, sondern daß durch eine Anstrengung des geistigen Willens ein Gedankenstrom auch in die höheren Zentren geleitet werden kann. Viele Aspiranten bringen dies mit viel größerer Leichtigkeit fertig als sie annehmen.

2. Wenn der Heiler einem seiner Zentren Energie zuleitet, bevor er diese an ein Zentrum im Körper des Patienten weitergibt, darf er nicht das Risiko persönlicher Überreizung eingehen. Das ist sehr wichtig. Bei gewöhnlichen Menschen liegen so viele Krankheiten und physische Beschwerden im Unterleib, daß der Heiler ständig den Solarplexus verwenden muß; dies könnte ihn in einen bedenklichen Zustand übermäßiger Gefühlserregbarkeit und sogar des akuten Astralismus versetzen. Er würde dann das Opfer seiner guten Absichten und seines geistigen Dienstes, denn die Konsequenzen wären dennoch schlecht; Energie ist eine unpersönliche Kraft und ein rein unpersönliches Wirkungsmittel. Reinheit der Absichten, selbstloser Dienst und guter Wille sind kein echter Schutz, trotz der banalen Binsenwahrheiten der sentimentalen Okkultisten. Die Anwesenheit dieser an sich wünschenswerten Bedingungen verstärkt sogar die Schwierigkeit, denn die Seelenenergie wird mit
604] großer Gewalt einströmen. Der Heiler wird erst gegen Ende seiner Schulungszeit alle diese Gefahren erkennen und die Möglichkeiten richtig einschätzen können sowie ein wissenschaftliches und technisches Verständnis für die Schutzmaß-

nahmen erlangen. Derzeit ist die Gefahr noch nicht so groß (da den Gedanken der Menschen die Durchschlagskraft fehlt und sie unfähig sind, Gedanken zu lenken); deshalb besteht die wichtigste Schutzmaßnahme heute in der Fähigkeit des Heilers, sein Bewußtsein stetig im Kopfzentrum festzuhalten, wobei das „Auge der Lenkung“ auf das bedürftige Zentrum gerichtet ist. Dies erfordert eine zweifache Konzentration, und der Heiler muß danach streben, sich diese Fähigkeit anzueignen.

Gerade hier kann der Heiler den Unterschied zwischen Ausstrahlung und Magnetisierung erkennen. Wenn er die vom Kopf (dem Sitz der Seelenenergie) ausgehende und durch die Macht des Denkens gesteuerte Seelenenergie im entsprechenden Zentrum konzentriert hat, endet der Strahlungsprozeß. Dieser besteht aus zwei Etappen:

1. Das Stadium, in dem die Seele Energie in das Kopfzentrum einstrahlte.
2. Das Stadium, in dem der Heiler einen Strahl dieser Energie vom Kopfzentrum in das „benötigte Zentrum“ lenkt; dort wird er konzentriert und festgehalten.

Von diesem benötigten Zentrum aus wird nun der Gleichlauf mit dem entsprechenden Zentrum im Körper des Patienten hergestellt; das geschieht nicht dadurch, daß der Heiler einen Strahl in dieses Zentrum übersendet. Die Anpassung wird vielmehr dadurch erreicht, daß die Wirkungskraft des Heilerzentrums bei dem des Patienten eine Reaktion hervorruft; es wirkt wie ein Magnet, indem es eine merkliche Strahlung aus dem Patienten hervorlockt. Diese „erhellt“ (esoterisch) die Reibungsstelle in dem umliegenden Bezirk und kann es dem Heiler — wenn er hellsichtig ist — ermöglichen, den Sitz der Störung klarer zu erkennen und damit zu einer genaueren Diagnose zu kommen. Für gewöhnlich

605] ist der geistige Heiler von der Diagnose des zugezogenen Arztes abhängig, wenn er nicht selbst einer ist.

Nun kommt es auf der ätherischen Ebene zu einem Wechselwirken zwischen Heiler und Patient. Die Energien ihrer beiden gleichgestimmten Zentren stehen nun in harmonischer Verbindung miteinander, und so hat der Heiler an dieser Stelle zu entscheiden, ob die Behandlung eine austreibende oder eine anregende Methode erfordert. Er muß daher ermitteln, ob das Zentrum des Patienten überreizt ist — ob also etwas von der überschüssigen Energie ausgetrieben (oder abgezogen) werden sollte, oder ob ein Schwächezustand besteht und die Energie des betreffenden Zentrums behutsam vermehrt werden muß.

Es besteht jedoch noch eine dritte Möglichkeit, die hier erwähnt werden soll; sie braucht mehr Zeit, ist aber in jedem Falle mehr wünschenswert. Diese Methode besteht darin, jenes Gleichgewicht der Energien (zwischen Heiler und Patient) herzustellen, das die Energie im Bereich der Reibungsstelle festhält und der Natur selbst gestattet, die Heilung ohne Hilfe herbeizuführen. Das ist nur dann möglich, wenn die harmonische Verbindung zwischen Patient und Heiler vollständig ist. Dann besteht die einzige Aufgabe des Heilers darin, die Situation konstant zu erhalten, dem Patienten Zutrauen zu den in ihm liegenden Kräften zu geben und ihn zu geduldigem Warten zu ermuntern. Die Heilung halt dann länger an, und der Patient hat auch niemals das Empfinden eines psychischen Schocks, wie es vorkommen kann, wenn eine plötzliche Stimulierung oder drastische Austreibung angewandt wird.

Wir haben also, wie ihr seht, drei Methoden, wie der Heiler die in seinen Zentren konzentrierte Kraft durch zielsichere Lenkung verwendet:

1. Zur Austreibung überschüssiger Energie aus einem überreizten Zentrum.
2. Zur deutlich erkennbaren Stimulierung von Zentren des
606] Patienten.

3. Zur Erhaltung eines Gleichgewichtszustandes, so daß die Heilung durch die Natur erfolgen kann.

Im ersten Falle verstärkt der Heiler absichtlich die Wirkkraft der in seinem Zentrum aufgespeicherten Energie, so daß sie außerordentlich magnetisch wird und die überschüssige Energie aus dem Zentrum des Patienten abzieht; im zweiten Falle schickt der Heiler einen kräftigen Strahl seiner eigenen Energie in das entsprechende Zentrum im Körper des Patienten; dies ist ein Akt der Strahlung und sehr wirksam. Im dritten Falle wird eine Wechselbeziehung hergestellt, welche das Gleichgewicht erhält und eine stetige, normale Tätigkeit in dem Zentrum fördert, das den Sitz der Störung beherrscht.

Ihr werdet auch bemerken, daß alle diese Vorgänge von der Entscheidung des Heilers abhängen (sie sind ja verhältnismäßig einfach, wenn man sie einmal begriffen hat). Hier können nun Fehler gemacht werden, und deshalb wäre es sehr ratsam, daß derjenige, der in der von mir angegebenen Richtung zu arbeiten sucht, langsam und mit angemessener Behutsamkeit vorgeht, auch wenn er dann vielleicht keine Wirkungen und Erfolge aufweisen kann. Es ist besser, beim Patienten und in seinem Zustand keinen Erfolg zu haben, als gewaltsam durch eine unkluge Entscheidung durch die Macht des Denkens und durch allzu große Beflissenheit den Tod des Patienten dadurch beschleunigt herbeizuführen, daß man die nötige Energie plötzlich abzieht oder ein Zentrum stimuliert, das ohnedies schon überreizt und überaktiv ist.

Letzten Endes ist es das Ziel der drei Methoden, mit denen man dem Patienten durch direktes Einwirken auf die betreffenden Zentren helfen will, eine ausgeglichene, gesundheitsfördernde Tätigkeit herbeizuführen. Dies kann man bei einem vorgeschrittenen Menschen viel leichter erreichen als bei jemandem, bei dem das Zentrum normalerweise untätig und unerweckt ist; denn bei diesem resultiert die Störung viel eher aus der Wirkungsweise eines der einundzwanzig geringeren Zentren, die im Körper liegen, als
607] aus einer solchen der sieben Hauptzentren. In solchen Fällen

kann dem Patienten viel leichter durch die orthodoxe Medizin und Chirurgie geholfen werden als durch eine geistige Heilbehandlung. Eben deshalb gewinnt der geistige Heiler erst jetzt an Bedeutung; seine Arbeit wird deswegen überhaupt möglich, weil die Menschheit sich jetzt so rasch entwickelt, daß die Menschen zum ersten Male fähig sind, aus diesen Gesetzen und Regeln in nennenswertem Maße Nutzen zu ziehen.

Die Worte im letzten Satz der dritten Regel „die beiden und die eine" wollen besagen, daß die im Heiler vereinigte Energie — die im Kopfzentrum konzentrierte Seelenenergie und die Energie des „benötigten Zentrums" sowie die Energie des Zentrums, das die Reibungsstelle im Körper des Patienten beherrscht — die Heilung bewirken, vorausgesetzt natürlich, daß das Schicksal des Patienten die Heilung erlaubt.

VI. Gesetz.

Wenn die Bilde-Energien im Körper tätig sind, besteht Gesundheit, ungetrübtes Wechselwirken und rechte Funktion. Wenn jedoch die Lunarherren und jene Wesen, die unter der Herrschaft des Mondes und auf Geheiß des niederen persönlichen Selbstes wirken, als Bildekräfte auftreten, so führt dies zu Krankheit, Siechtum und Tod.

Dies ist ein außerordentlich interessantes Gesetz, da es sich grundsätzlich mit Ursachen beschäftigt — vor allem mit Ursachen, über die der Durchschnittsmensch keine bewußte Kontrolle hat; interessant ist es auch deshalb, weil es okkult ein winziges, mikrokosmisches Abbild der universalen oder makrokosmischen Situation gibt. Es hat mit dem gesamten Problem des Übels, des Schmerzes und Leidens (den großen Mysterien unseres kleinen Planeten) zu tun — nur in ein paar Sätzen, aber es sind Sätze, die eine ungeheure Tragweite haben. Gerade die Einfachheit dieses großen Naturgesetzes verhüllt die weitreichenden Bedeutungen seines normalen Wirkens. Es weist ganz einfach auf die folgenden Tatsachen hin, die ich numerieren möchte, weil

608] das Zerlegen eines Abschnittes in seine klaren, einfachen Aussagen ein vernünftiger Weg ist, um zum Verständnis zu gelangen.

1. Wenn die Seele die ihr zugehörige Form beherrscht, besteht Gesundheit.
2. Die Seele ist der Erbauer der Form, die aufbauende Kraft in Manifestation.
3. Dies gilt sowohl für den Mikrokosmos wie für den Makrokosmos.
4. Die Ergebnisse sind vollständiges Wohlsein, rechte Beziehung und richtige Tätigkeit.
5. Wenn die Seele die Vorherrschaft nicht hat, wenn also die Kräfte der Formnatur die bestimmenden Faktoren sind, dann ist es um die Gesundheit schlecht bestellt.
6. Die Erbauer der Form sind die „Lunarherren", die physischen, astralen und mentalen Elementarwesen.
7. Aus diesen, in ihrer dreifachen Gesamtheit, besteht die Persönlichkeit.
8. Sie stehen okkult unter der Leitung des Mondes, dem Symbol der Form, oft die „Mutter der Form" genannt.
9. Die Ausstrahlung, die vom Monde kommt, trägt die Keime des Todes und der Krankheiten in sich, weil der Mond ein „toter Planet" ist.

Wie ihr bemerken könnt, führt alles wieder zurück auf die Quelle der Hauptenergie, die den Körper beherrscht. Obwohl die Seele die Quelle allen Lebens und Bewußtseins ist, tut sie äonenlang nichts anderes, als lediglich die Form am Leben und bei Bewußtsein zu erhalten; das geschieht so lange, bis die Form jene Evolutionsstufe erreicht hat, auf der sie ein nützliches und geeignetes Instrument ist (und es immer noch mehr wird), das von der Seele als Mittel der Wesensäußerung und zum Dienst verwendet werden kann. Das Karma bestimmt dann die Qualität und Be-

schaffenheit des physischen Körpers. Er kann gesund sein, weil er in einer bestimmten Inkarnation (oder in einer Reihe von Inkarnationen) nicht mißbraucht wurde; oder er ist nicht gesund, weil er den Preis des Irrtums zahlen muß. Gute Gesundheit hängt nicht unbedingt von bewußtem Kontakt mit der Seele ab. Dieser
609] kann sehr wohl volle Gesundheit verleihen, doch in den meisten durchschnittlichen Fällen hängt dies außerdem von der Lebensweise und den Absichten der Persönlichkeit in diesem und in früheren Leben ab. Die Seele kann erst dann wirkliche Hilfe bringen, wenn der Wille der Persönlichkeit auf geistige Veredlung und auf ein moralisch reines Leben gerichtet ist.

Dieses Gesetz enthält auch die Folgerungen jener grundlegenden Beziehung, welche die dreifache Formgestalt des Menschen zu einem integralen Teil des makrokosmischen Ganzen macht. Alle Formen in allen Reichen werden von den Lunarherren auf einen Impuls hin erschaffen, der vom planetarischen Logos ausgeht und in Übereinstimmung mit dem Erdengeist wirkt — der Gesamtheit aller Lunarherren und der drei Arten von energiegeladener Substanz, die an der Schöpfung des physischen, astralen und mentalen Körpers beteiligt sind. Die Beziehung des planetarischen Logos zu diesem Erdengeist (die Beziehung eines in Evolution befindlichen Wesens zu einem, das in der Involution steht) ist ein (verzerrtes und unter dem Einfluß der Verblendung stehendes) Spiegelbild der Beziehung, welche die Seele zu dem Elementarwesen der Persönlichkeit in den drei Welten hat. Es ist sehr nützlich, wenn der Heiler sich vergegenwärtigt, daß er sich bei der Behandlung einer Krankheit in Wirklichkeit mit involutionären Lebewesen befaßt und versucht, mit Elementarwesen zu arbeiten. Die natürliche Tendenz dieser elementaren Leben, die sich alle auf dem involutionären Bogen befinden, geht dahin, seine Anstrengungen und die der Seele zu behindern und zu vereiteln; das ist für die Elementarwesen die Art und Weise ihrer Entwicklung, und das wird sie schließlich auf den evolutionären Bogen bringen.

Wenn die Zeit kommt, daß die Seele die bewußte Herrschaft in der Form und über diese übernehmen und schließlich eine ihren spirituellen Bedürfnissen entsprechende Form erschaffen kann, so wird ihr dies deshalb möglich, weil die Elementarwesen — die Gesamtheit des Elementarwesens der Persönlichkeit — eine Entwicklungsstufe erreicht haben, auf der sie bereit sind, sich auf den Pfad der Rückkehr zu begeben. Das Wirken der Seele hat niemals das rein egoistische Ziel, sich ein Ausdrucksmittel in den drei Welten zu schaffen, wie es dem nachlässigen
610] und oberflächlichen Denker manchmal erscheinen könnte. Von der Seele aus gesehen geschieht das ganz nebenbei; es ist zwar eine notwendige Tätigkeit, schließt aber auch die Opfertat in sich, die Substanz zu erretten und die Evolution der Materie zu fördern. Der „Alte Kommentar" sagt es folgendermaßen: „Die Mutter (Substanz-Materie) wird durch die Geburt des Sohnes erlöst (des Christus im Innern, des Geistbewußtseins)." Dies gilt sowohl für den Makrokosmos wie für den Mikrokosmos.

Hierin liegt das Geheimnis des planetarischen Leidens und des Todes. Wie ihr wißt, ist unser planetarischer Logos (wenn man die Wahrheit vom Blickpunkt des Makrokosmos aus betrachtet) einer der „unvollkommenen Götter" der „Geheimlehre", obwohl über unser menschliches Begreifen hinaus vollkommen — das Begreifen einer Lebenseinheit in einem der Reiche, die Seinen Manifestationskörper bilden. Es gibt noch kein echtes Gleichgewicht zwischen Geist und Materie, wenn auch der Gleichgewichtspunkt beinahe erreicht ist. Die involutionären Kräfte sind noch immer stark, und noch immer werden die geistigen Energien blockiert — wenn auch heute viel weniger als in der früheren Menschheitsgeschichte. Die nächstfolgende große menschliche Rasse wird einen Gleichgewichtspunkt erreichen, der das sogenannte goldene Zeitalter einleiten wird. Es wird dann viel weniger Reibungsstellen auf unserem Planeten und somit bei den Menschen geben; blockierte Bereiche und vergebliche Aktivität werden aussterben. Man kann die Bestätigung dessen am Körper eines vorgeschrittenen Menschen oder eines inkarnierten Eingeweihten feststellen, bei dem sich diese Errungenschaft in hohem Grade und über lange Zeiträume hin auswirkt. Gleichlaufende Entsprechungen sind im allgemeinen richtig.

Dieses Gesetz zeigt uns ein erstaunliches Bild (und noch dazu ein hoffnungsvolles), besonders wenn man bestimmte, in der heutigen Welt bestehende Tatsachen betrachtet und sie mit den Bedingungen vor Hunderten von Jahren vergleicht. Das Bewußtsein der Menschheit ist überall wach geworden; auch die am wenigsten entwickelten Rassen erhalten jetzt eine Ausbildung und Erziehung, was notwendigerweise die Entdeckung des Denkvermögens nach sich zieht. Der gute Wille wird als für die Ent-
611] wicklung der Welt notwendig erkannt, und die Menschen merken, daß „kein Mensch für sich allein lebt", noch auch irgendeine Nation; sie kommen darauf, daß es einfach dem gesunden Menschenverstand und der Klugheit entspricht, die Lebensbedingungen *für alle* Menschen zu verbessern. Dies ist eine neue Denkweise und ein neuer sehr hoffnungsvoller Standpunkt. Die Menschen lernen einander kennen und verstehen; die Völker kommen in engeren Kontakt miteinander; die Staatsmänner aller Nationen arbeiten angestrengt in gemeinsamen Beratungen an dem Problem, die menschlichen Lebensbedingungen zu verbessern; überall wird nachgedacht, überlegt, abgeschätzt, und überall sehen wir das Streben nach Freiheit und wahreren Werten. Was sonst ist dies, als das Bemühen der Menschheitsseele, Krankheit auszurotten, ungesunde Gebiete wieder gesund zu machen und Reibungsstellen auszumerzen? Ist es nicht dies, was der erkrankte geistige Mensch in seinem eigenen Körper zu erreichen trachtet, und worin ihm der Heiler zu helfen sucht?

Infolgedessen müssen die „Lunarherren" und die Kräfte der Substanz sich endlich der Energie der Seele ergeben, und das ist für sie sehr nützlich und wohltätig, ob es sich nun um mikrokosmische oder um makrokosmische Kräfte handelt.

Zu den Dingen, über die sich Studierende oft den Kopf zerbrechen, gehört die Behauptung, daß der physische Körper kein Prinzip sei. H. P. B. legt besonderes Gewicht auf diese Tatsache. Die Menschen neigen dann leicht (außer wenn sie theosophische Fanatiker sind) zur Ansicht, daß H. P. B. sich ungenau ausgedrückt habe oder die Schüler absichtlich irreführe. Das Wesen eines Prinzips wird noch wenig verstanden. Doch nur durch ein richtiges Verstehen dessen, was ein Prinzip ist, kann man die Schönheit und Richtigkeit seiner Aussage begreifen. Was ist es denn im letzten Grunde? Es ist das, was — makrokosmisch gesehen — auf jeder unserer sieben Ebenen (den sieben Unterebenen der kosmisch-physischen Ebene) zur Entwicklung kommt. Es ist der Keim oder Same auf jeder Unterebene, der irgendeinen Aspekt des sich entfaltenden göttlichen Bewußtseins in sich birgt; es ist das, was grundsätzlich mit irgendeiner Art von Empfindungs-
612] fähigkeit zusammenhängt, das, worauf die Körper, wie sie im Lauf der Entwicklung herausfinden, reagieren. Ein Prinzip ist ein Keim des Gewahrseins, der in sich alle Entwicklungsmöglichkeiten zum Vollbewußtsein auf irgendeiner Ebene göttlicher Aktivität enthält. Es ist das, was ein Erkennen oder Wissen und die bewußte Reaktion auf die Umwelt ermöglicht; was eine aufeinanderfolgende und „sich entfaltende" Empfindungstätigkeit kennzeichnet, die zu einem — möglichen und unausbleiblichen — göttlichen Verstehen führt.

Der physische Körper — und in einem sehr viel geringeren Maße der Astral- und Mentalkörper — funktioniert automatisch als Aspekt eines göttlichen Reaktionsapparates, eines mechanistischen Systems, das es dem Himmlischen Menschen (dem planetarischen Logos) und dem geistigen Menschen ermöglicht, bewußt auf das reagieren zu können, was nach dem göttlichen Plan durch einen Mechanismus zu einem Kontakt kommen soll. Jetzt ist der physische Körper als einziger so vollständig entwickelt, daß er in unserem planetarischen Entwicklungsplan keine Möglichkeit zur Weiterentwicklung hat, außer insoweit, als der geistige Mensch sie bewirken kann; die meisten Wirkungen zeigen sich zudem im Ätherkörper und nicht im grob-physischen. Dies ist ein Punkt, der wenig verstanden wird, aber äußerst wichtig ist.

Der grob-physische Körper erreichte seine höchste Entwicklungsstufe und die größte Bedeutung (vom Gesichtspunkt mentaler Beachtung und hierarchischer Einwirkung) im vorigen Sonnensystem. Damals war er das göttliche Ziel des ganzen Evolutionsprozesses. Das ist heute für die Menschheit schwer verständlich. Es ist mir nicht möglich oder für mich ratsam, die Evolutionsstufen anzugeben, welche dieser göttliche Mechanismus durchlief, um für die Aufgaben im gegenwärtigen Sonnensystem gerüstet zu sein. In dieser göttlichen Inkarnation unseres planetarischen Logos (durch das Medium des kleinen Erdenplaneten) ist der physische Körper *kein* Ziel, sondern lediglich etwas, das vorhanden ist und hingenommen, angepaßt und in den allge-
613] meinen Evolutionsplan eingefügt werden muß. Dieser Plan hat ausschließlich mit dem Bewußtsein zu tun. Der physische Körper ist lediglich (nicht mehr und nicht weniger) ein Bewußtseinsträger auf der physischen Ebene. Der Gegenstand größter Bedeutung und Beachtung ist jedoch der Ätherkörper als Ausdrucksform der feineren Hüllen und deren Bewußtseinszustände. Der physische Körper ist wichtig, weil er das Instrument jeder Art bewußter Reaktion ist; er reagiert auf eine ganze Skala von Impulsen, angefangen von solchen des niedersten Menschentyps bis hinauf zum Bewußtsein eines Eingeweihten des dritten Grades — dieses noch eingeschlossen. Die Körper und Formen des innewohnenden bewußten Lebens in den drei untermenschlichen Reichen haben ein entsprechendes, wenn auch weniger schwieriges Problem zu bewältigen; ich bespreche hier jedoch nur den physischen Körper des Menschen, der kein Prinzip ist, weil er in keinem Falle ein Ziel darstellt; er ist nicht der Same oder Keim für irgend etwas. Jede Veränderung, die man im physischen Körper herbeiführt, ist zweitrangig, verglichen mit dem Ziel, bewußt auf die Offenbarung einer sichtbar werdenden Göttlichkeit rea-

gieren zu können. Mir schien es notwendig, das zu betonen, da über dieses Thema bei den Menschen so viel Verwirrung herrscht.

Um es zusammenzufassen: Der physische Körper ist kein Prinzip; er ist nicht Hauptgegenstand der Aufmerksamkeit des Aspiranten; er reagiert automatisch auf das sich allmählich entfaltende Bewußtsein in allen Naturreichen; er bleibt ständig dasjenige, auf das eingewirkt wird, und nicht das, was einen eigenen Einfluß ausüben kann; er ist im aktiven Prozeß nicht wichtig, denn er ist Empfänger und nicht das, was eine Tätigkeit auslöst. Wichtig ist das sich entfaltende Bewußtsein, die Reaktion des innewohnenden geistigen Menschen auf das Leben, auf Umstände, Ereignisse und die Umwelt. Der physische Körper antwortet auf Impulse. Wenn er irrtümlicherweise selbst zum Gegenstand der Aufmerksamkeit wird, so zeigt dies einen Rückschritt an; und darum ist es weder wünschenswert noch in Übereinstimmung mit dem vorgesehenen Plan, physischen Zuchtmaßnahmen, dem Vegetarismus, der Diät und dem Fasten, und den gegenwärtigen Me-
614] thoden des (sogenannten) mentalen und göttlichen Heilens eine besondere Beachtung zu schenken. Wenn man also dem physischen Körper ungebührliche Aufmerksamkeit schenkt und übertriebene Bedeutung zumißt, so ist dies reaktionär und gleicht der Verehrung des goldenen Kalbes bei den Kindern Israels; es ist die Umkehrung dessen, was einmal wichtig war, heute aber auf einen geringeren Platz und unter die Schwelle des Bewußtseins verwiesen werden sollte.

Ich habe mich hier mit diesem Problem beschäftigt, da uns im VII. Gesetz die Wichtigkeit der endokrinen Drüsen vor Augen geführt wird; daher ist es nötig, daß wir an dieses Thema vom richtigen Gesichtspunkt aus herangehen. Die endokrinen Drüsen sind ein greifbarer Bestandteil des physischen Körpers; sie sind also ein Teil jener erschaffenen Erscheinungsform, die nicht als Prinzip gilt. Immerhin sind sie wirksam und mächtig und dürfen nicht übersehen werden. Es ist sehr wesentlich, daß die Studierenden diese Drüsen als Wirkungen und nicht als Ursachen von Ereignissen, Vorgängen und Zuständen im Körper ansehen. *Der Zustand des physischen Körpers ist stets* — ganz gleich, was seine Opfer glauben und behaupten mögen — *durch innere Ursachen bedingt; er ist niemals selbst eine Ursache.* Er reagiert in diesem Sonnensystem und auf unserem Planeten automatisch und wird von Ursachen beeinflußt, die auf den inneren Ebenen oder durch das Wirken der Seele hervorgerufen wurden. Beachtet bitte die Bedeutung dieser Aussage. Der physische Körper besitzt kein wirklich eigenes Leben, sondern ist — in diesem Zyklus — einfach empfänglich für Impulse, die von irgendwoher kommen. Seine Errungenschaft und sein Triumph bestehen darin, daß er *tatsächlich* ein Automat ist. Wenn ihr dies entsprechend würdigt, können wir gefahrlos zur Besprechung des VII. Gesetzes und der IV. Regel übergehen.

VII. Gesetz.

Wenn Leben und Energie unbehindert und infolge rechter Lenkung zu ihrer äußeren Erscheinungsform (der angeschlossenen Drüse) strömt, dann spricht die Form darauf an, und die Beschwerde verschwindet.

615] Ein interessanter Faktor, den die Studierenden beachten sollten, ist die *Lehre von den Vermittlern,* die uns in reicher Fülle überliefert wurde und die in allen okkulten Lehren als außerordentlich wichtig angesehen wird. Sie ist in der christlichen Lehre mit Bezug auf Christus betont (aber auch unrichtig ausgelegt) worden; die christliche Kirche stellt Ihn hin als den Vermittler zwischen einem zornigen Gott und einer mitleiderregenden, unwissenden Menschheit. Das war zwar keinesfalls der Zweck Seines Kommens und Wirkens, doch brauche ich hier auf die wirkliche Absicht nicht einzugehen. Ich habe dieses Thema an anderer Stelle im Zusammenhang mit der neuen Weltreligion besprochen („Die Probleme der Menschheit", Kapitel VI, und „Die Wiederkunft Christi", Kapitel V). Auch in der esoterischen Darstellung (die eng mit den christlichen Lehren verbunden ist) wurde gelehrt,

daß die Seele der Vermittler (oder das Zwischenglied) zwischen Monade und Persönlichkeit sei; derselbe Gedanke kommt auch bei vielen anderen Religionen vor. So wird z. B. Buddha als der Vermittler zwischen Shamballa und der Hierarchie dargestellt, der in dieser Eigenschaft einmal im Jahr auftritt. Die Hierarchie selbst ist der Vermittler zwischen Shamballa und Menschheit; die ätherische Ebene (und damit meine ich den kosmischen, planetarischen und individuellen Ätherkörper) ist das Zwischenglied zwischen den höheren Ebenen und dem grob-physischen Körper. Das ganze System jeder okkulten oder esoterischen Offenbarung gründet sich auf diese wunderbare Lehre von der gegenseitigen Abhängigkeit, von einer planvoll eingerichteten, bewußten Verbindung, und von der Energie-Übertragung von einem Aspekt göttlicher Manifestation zu einem anderen. Überall und durch alles hindurch findet man Kreislauf und Übertragung, und daß Energie in einer bestimmten Weise von einer Form in eine andere strömt, und zwar stets durch einen dafür geeigneten Mechanismus. Dies gilt für die Involution, für die Evolution und auch in einem geistigen Sinne; dieser letztere ist von den anderen beiden etwas verschieden, was allen Eingeweihten der höheren Grade wohl bekannt ist. Es könnte eine ganze Doktorarbeit über Energieübermittler geschrieben werden, und sie würde am Ende auch
616] die Lehre von den Avataren enthalten. Ein Avatar ist ein Wesen, das (neben einer selbst-übernommenen Aufgabe und einem vorbestimmten Schicksal) eine besondere Gewandtheit oder Fähigkeit hat, mit Energien zu arbeiten, die durch den Ätherkörper eines Planeten oder eines Sonnensystems übermittelt werden; dies ist jedoch ein tiefes Mysterium. Es wurde in einer besonderen Weise und in Beziehung zu kosmischen Energien von Christus aufgezeigt, der zum ersten Male in der planetarischen Geschichte die kosmische Energie der Liebe *direkt* auf die physische Ebene unseres Planeten und in einer besonderen Weise auch auf das vierte Naturreich, die Menschheit, übertrug. Dies sollte euch anzeigen, daß — obwohl die Liebesenergie der zweite Aspekt der Göttlich-

keit ist — Christus vier Qualitäten dieses Aspektes verkörperte und der Menschheit (und damit auch den anderen Naturreichen) übermittelte — die einzigen vier, welche sich die Menschheit zu eigen machen konnte. Nur eine von diesen vieren beginnt jetzt zum Ausdruck zu kommen — die Qualität des guten Willens. Die anderen drei werden später offenbart werden; eine von ihnen hat in einem besonderen Sinne mit der Heilqualität der Liebe zu tun. Nach dem Neuen Testament wurde diese Qualität von Christus „Wirkkraft" (virtue) genannt (eine etwas ungenaue Übersetzung des ursprünglich gebrauchten Wortes); Christus wandte sie an, wenn Heilkraft von ihm genommen worden war, und er sagte dann: „Es ist eine Wirkkraft von mir ausgegangen."

Ich habe eure Aufmerksam deshalb darauf gelenkt, weil diese Wahrheit eine direkte Beziehung zu dem VII. Gesetz hat. Wir haben im Zusammenhang mit allen Heilprozessen gesehen, daß der grob-physische Körper esoterisch als bloßer Automat angesehen wird; er ist nur ein Empfänger übermittelter Energien. Wir haben ferner gesehen, daß der Ätherkörper in (oder als Grundlage) jeder Form selbst ein Übertragungsgebilde für Energien ist, die von irgendeiner Quelle herkommen — wobei die Quelle hauptsächlich der Ort ist, wo das Leben in der Form grundsätzlich am stärksten zur Geltung kommt. Für den Durchschnittsmenschen ist dies gewöhnlich der Astralleib, von dem astrale oder emotionelle Energie ausgeht; dort wird sie verankert, bevor sie in den Ätherkörper übertragen wird. Man findet jedoch in den meisten
617] Fällen eine größere oder kleinere Beimischung von mentaler Energie. Später wird Seelenenergie, die durch das geläuterte Denkvermögen verstärkt (wenn ich ein solches Wort gebrauchen darf) und von der Persönlichkeit übermittelt wurde, den Ätherkörper bestimmend beeinflussen und folglich die Aktivität des physischen Körpers überwachen und lenken.

Dieses Gesetz bringt uns die Tatsache nahe, daß der grob-physische Körper seinerseits unter der Einwirkung subjektiver Energien ein „Übertragungswerkzeug" hervorbringt und automatisch die Aktivität des Ätherkörpers wiederholt. Er erschafft (darauf hin, daß Energien vom Ätherkörper über die sieben Hauptzentren einströmen) ein ineinandergreifendes, grob-physisches Gefüge, das wir das „endokrine Drüsensystem" nennen. Diese Drüsen wiederum bewirken — infolge der vom Ätherkörper einströmenden Energie — die sogenannte Hormonsekretion, deren Produkte von den Drüsen direkt in den Blutstrom geleitet werden.

Es ist nicht meine Absicht, mich bei der Besprechung dieses Themas in technische Einzelheiten zu verlieren; ich schreibe für Leser ohne Fachkenntnisse, nicht aber für die Mediziner, die offen zugeben, daß sie bis jetzt noch wenig darüber wissen. Der medizinische Forscher weiß wenig über die Beziehung der endokrinen Drüsen zum Blut und zu der Gesamtphysiologie des Menschen; er weiß wenig über die Beziehung der verschiedenen Drüsen zueinander. Diese bilden ein ineinander verwobenes Leitsystem von lebenswichtiger Bedeutung, das von den sieben ätherischen Zentren in Verbindung gehalten, beseelt und gelenkt wird. Dieser Faktor wird vom akademischen Wissenschaftler auf diesem Gebiet natürlich übersehen; und er wird auch so lange über die Ursache und die wahren Folgen im ungewissen bleiben, bis er dasjenige erkennt und anerkennt, was die endokrinen Drüsen hervorbringt. Die Drüsen sind direkte Materialisationen der sieben Energiearten, welche durch die sieben ätherischen Zentren strömen. Sie
618] beherrschen alle Körperregionen. Das Entstehen der Drüsen ist ganz klar eine Auswirkung der strahlenden und magnetischen Wirksamkeit aller Energien, denn sie werden durch die Ausstrahlung der sieben Zentren hervorgebracht; ihre Wirkung ist jedoch — im einzelnen oder insgesamt — magnetischer Art. Die Strahlung zieht grob-physische Atome zusammen und verdichtet sie an den richtigen Stellen im physischen Körper, so daß sie als Organe zur Verteilung eines Aspektes der einströmenden Energie in den Blutsrom und damit in den grob-physischen Körper fungieren können. Ich möchte darauf aufmerksam machen,

daß auf diese Weise nur *ein* Aspekt der Energie weitergeleitet wird — derjenige, der dem dritten Aspekt aktiver intelligenter Substanz entspricht; die anderen beiden latenten Aspekte werden als reine Energie übermittelt; sie wirken auf ganze Bezirke ein, nicht aber auf irgendeinen örtlich begrenzten Brennpunkt. Eine Drüse ist ein solcher Punkt.

Es liegt mir viel daran, daß dieses Thema der Drüsen und deren Beziehung zu den Zentren richtig verstanden wird. Die ganze Angelegenheit ist eng mit der Heilkunst verknüpft. Die Heilenergie (die in ein Zentrum geleitet wird, das über den Bezirk der Reibungsstelle herrscht) bewirkt unter anderem die Stimulierung der zugehörigen Drüse und deren gesteigerte Tätigkeit. Die Drüsen sind im letzten Grunde die Vermittler zwischen Heiler und Patient, zwischen Zentrum und grob-physischem Körper, sowie zwischen dem Ätherleib und seinem automatischen Gegenstück, der empfangenden physischen Form.

Wir wollen nun die Betrachtung über die Vollzugsorgane der Zentren, die endokrinen Drüsen, fortsetzen. Ich möchte klarmachen, daß die Zentren mittels dieses endokrinen Systems direkt und dynamisch in der Weise wirken, daß sie einen Energiestrahl oder Stromstoß aussenden, der vom Kern des Zentrums ausgeht. Dadurch bestimmen und beherrschen sie ganze Körperregionen, und zwar durch jene Aspekte der Zentren, die wir symbolisch
619] „Die Lotosblätter" nennen. Im innersten Kern des Lotos ist die Lebenskraft konzentriert, und wenn sie nach außen in die zugehörige Drüse strömt, nimmt sie die Qualität der Energie des Zentrums an, denn die Lebenskraft ist ihrem Wesen nach neutral, ohne Eigenart. Der Lebensstrahl (wenn man ihn so nennen darf), der sich im Herzen eines jeden Zentrums befindet, ist monadisch mit seinem Ursprung wesenseins, und wenn er mit den Lotosblättern in Kontakt kommt, besitzt er als naturgegebene Haupteigenschaft Anziehungsenergie; alle Energie, die von der einen Quelle in diesem Sonnensystem ausgeht, ist ursächlich mit jener Energie verbunden, die wir Liebe nennen, und diese Energie ist

magnetische Anziehung. Die Lotosblätter und der umliegende Energiebereich, der die Form des Lotos bildet, sind mit einer der sieben untergeordneten Energiearten ausgestattet; diese emanieren von den sieben Strahlen, die — als Repräsentanten des mannigfachen Schöpfers — der einen, einzigen Quelle entspringen.

Innerhalb des Sonnensystems gibt es, wie ihr wißt, die sieben heiligen Planeten, welche die Sachwalter oder die Manifestanten dieser sieben Strahlen, dieser sieben Qualitäten der Gottnatur sind; innerhalb unseres Erdplaneten — der ja kein heiliger Planet ist — befinden sich ebenfalls sieben Zentren, die im Laufe der Evolution zu Empfängern der sieben Strahlqualitäten von den sieben heiligen Planeten werden; so bildet sich (innerhalb des solaren Wirkungsbereiches) ein ineinandergreifendes Energiesystem. Drei dieser Zentren, welche die drei Hauptstrahlen repräsentieren, sind uns schon wohlbekannt:

1. Shamballa . . . . . Der Strahl der Macht oder Absicht.
Der erste Aspekt.
Die Energie des Willens.

2. Die Hierarchie . . . Der Strahl der Liebe-Weisheit.
Der zweite Aspekt.
Die Energie der Liebe.

3. Die Menschheit . . Der Strahl der aktiven Intelligenz.
Der dritte Aspekt.
Die Energie des Denkens.

620] Es gibt noch vier weitere Zentren; sie bilden mit den drei oben genannten die sieben Zentren oder die sieben planetarischen Energiebrennpunkte, welche die körperliche Manifestation unseres planetarischen Logos bestimmen. Vermittels dieser Zentren führt der Herr der Welt Seine Absichten auf unserem Planeten aus. Er wirkt von Seinem eigenen Standort auf einer kosmischen

Ebene aus und durch Seine Göttliche Persönlichkeit, Sanat Kumara.

In gleicher Weise findet man im Mikrokosmos, dem Menschen, die Entsprechung zu diesen sieben Zentren. Es gibt da ebenfalls sieben Hauptzentren, welche die von den sieben planetarischen Zentren — den Sachwaltern der sieben Aspekte der Strahlkraft — ausgehenden Energien empfangen; diese sieben Energien — die nicht alle die gleiche Wirkungskraft besitzen — bestimmen die Wesensäußerung des Menschen in den drei Welten, machen ihn zu dem, was er zu jeder Zeit in der Inkarnation ist, und zeigen (durch ihre positiven oder negativen Wirkungen auf die Zentren) seine Evolutionsstufe an.

Zwei dieser Zentren im Menschen befinden sich im Kopf, die anderen fünf liegen entlang der Wirbelsäule. Diese ist das physische Symbol für jene wesensgemäße Harmonisierung, die das unmittelbare Ziel einer gelenkten Beziehung zueinander ist; sie wird vom geistigen Menschen bewußt gefördert und kommt als Folge rechter Meditation zustande.

Meditation ist eine Methode des Denkens, die schließlich zu richtiger, unbehinderter Beziehung und Verbindung führt; dies ist ein anderer Name für harmonische innere Ausrichtung. Es wird also eine direkte „Leitung" hergestellt, nicht nur zwischen der einen Quelle (der Monade) und ihrer Ausdrucksform (der geläuterten und beherrschten Persönlichkeit), sondern auch zwischen den sieben Zentren im menschlichen Ätherleib. Damit werden — und vielleicht erscheint euch das erstaunlich — die Ergebnisse der Meditation auf die Grundlage physischer oder besser ätherischer Wirkungen gestellt, und ihr seht diese vielleicht als niedersten
621] Entwicklungsabschnitt solcher Ergebnisse an. Das liegt daran, daß ihr euch vor allem um eure mentale Reaktion gegenüber der erzielten Harmonisierung oder Ausrichtung kümmert; es geht euch um die Befriedigung, die ihr aus einer solchen Ausrichtung gewinnt, bei der ihr eine neue Welt oder Welten von Erscheinungen wahrnehmt; und es geht euch um die neuen Vorstellun-

gen und Ideen, die infolgedessen auf euch einstürmen. Die wahren Ergebnisse sind jedoch (als göttlich und esoterisch wünschenswert) richtige innere Ausrichtung, rechte Verbundenheit und klare Leitungswege für die sieben Energien im mikrokosmischen System, denn dann kann schließlich das Göttliche voll zum Ausdruck kommen. Im Ätherleib des Christus waren alle sieben Zentren richtig reguliert, richtig harmonisiert, wirklich erweckt und wirksam, und angemessen empfänglich für alle sieben Energieströme, die von den sieben planetarischen Zentren kommen; diese brachten ihn daher in harmonische Verbindung und voll erkannten Kontakt mit Dem Einen, in Dem Er lebte, webte und war. Die physiologische Folge dieser vollständigen „Willfährigkeit der sieben" (wie man es manchmal nennt) gegenüber den einströmenden geistigen Energien, in ihrer richtigen Reihenfolge und im entsprechenden Rhythmus, war die, daß in Christus ein vollkommenes endokrines System entstand. Alle Seine Drüsen (sowohl die Hauptdrüsen wie die kleineren) waren in der richtigen Weise wirksam; dadurch wurde Er zu einem „vollkommenen Menschen", der physisch vollendet, emotionell gefestigt und mental beherrscht war. In modernen Begriffen ausgedrückt: Die „Verhaltensweise" des Christus — begründet in der Vollkommenheit Seines Drüsensystems als Folge richtig erwachter und energieerfüllter Zentren — machte Ihn für die ganze Welt zu einem sichtbaren Abbild göttlicher Vollkommenheit. Er war von unserer Menschheit der erste, der diese Evolutionsstufe erreichte, und der „älteste in einer großen Familie von Brüdern", wie Paulus es ausdrückt. Die üblichen Bildnisse von Christus bestätigen selbst, wie unrichtig sie sind, denn sie zeugen nicht von einer drüsenmäßigen Vollkommenheit; sie sind voll Schwäche und Süßigkeit, zeigen jedoch wenig Stärke, wenig wache Kraft und Geistlebendigkeit. Und es ist uns das Versprechen gegeben worden, daß wir in dieser Welt so sein können, wie Er ist.

622] Das ist ein Versprechen, das dem richtigen Verstehen der Wissenschaft von den Zentren zugrunde liegt; die tatsächliche

Realität der Zentren wird allen Menschen bewiesen werden, wenn die Zentren allmählich unter die Herrschaft der Seele gebracht, in richtiger Weise und wissenschaftlich wirksam gemacht und in einen Zustand echter „Lebendigkeit" versetzt werden; wenn sie anfangen, die gesamte Körperregion, in der sich ein solches Zentrum befindet, bestimmend zu beeinflussen; und wenn sie dann — untereinander — jeden Teil des menschlichen Körpers unter ihren strahlenden und magnetischen Einfluß bringen.

Die Zentren sind es, die den Körper zusammenhalten und ihn zu einem zusammenhängenden, energieerfüllten und aktiven Ganzen machen. Wie ihr wißt, zieht sich beim Tode der Bewußtseinsfaden aus dem Kopfzentrum, der Lebensfaden aus dem Herzzentrum zurück. Es wurde aber bisher noch nicht darauf hingewiesen, daß sich dieses zweifache Zurückziehen auf jedes Zentrum im Körper auswirkt. Der im Kopfzentrum verankerte Bewußtseinsfaden verleiht den Blättern des „tausendblättrigen Lotos" (wie er in der östlichen Literatur heißt) bestimmte Qualitäten; die Blätter dieses Lotos stehen in Beziehung zu den Blättern in den anderen Hauptzentren des Ätherkörpers und üben eine deutlich qualifizierende Wirkung (sowohl strahlender wie magnetischer Art) auf sie aus. Das Kopfzentrum wirkt in dieser Weise ununterbrochen auf die Zentren ein, und wenn diese Fähigkeit bewußter Reaktion aus dem Kopfzentrum zurückgezogen wird, hat dies sofort eine Wirkung in den Blättern aller Zentren. Die qualifizierende Energie wird zurückgezogen und verläßt den Körper über das Kopfzentrum. Dieselbe allgemeine Verfahrensweise gilt für den im Herzen verankerten Lebensfaden, nachdem er — in Verbindung mit dem Bewußtseinsfaden — in das Kopfzentrum hinein und hindurchgegangen ist. Solange der Lebensfaden im Herzen verankert ist, stimuliert er alle Körperzentren und erhält sie in ständiger Funktion; er sendet seine Lebensfäden genau in den Mittelpunkt eines jeden Lotos, in das Herz des Zentrums hinein. Dieses wird manchmal „das Kleinod im Lotos" genannt,
623] obwohl dieser Ausdruck häufiger für den monadischen

Kern des egoischen Lotos auf dessen eigener Ebene gebraucht wird. Wenn der Tod eintritt und der Lebensfaden von der Seele „aufgespult“, vom Herzen in den Kopf, und von dort in den Seelenkörper zurückgezogen wird, dann trägt er mit sich das Leben eines jeden Zentrums im Körper; infolgedessen stirbt dieser und zerfällt; er bildet nicht länger ein zusammenhängendes, bewußtes, lebendiges Ganzes.

Mit den Zentren verbunden ist das endokrine Drüsensystem, das in genauem Einklang mit ihnen reagiert. Während der Inkarnation strömt Leben oder Energie durch dieses System, unbehindert und unter richtiger Leitung (wenn es sich um den hochentwickelten Menschen handelt), oder behindert, gehemmt und unvollkommen gelenkt beim durchschnittlichen oder unentwickelten Menschen. Vermittels dieses steuernden Drüsensystems reagiert die menschliche Körperform auf die Energien der Umwelt — oder auch nicht. Bezogen auf unser Thema des Heilens: Ein Mensch kann krank und schwach, oder gesund und stark sein, je nach dem Zustand der Zentren und ihrer materialisierten Ausdrucksformen, der Drüsen. Man muß stets berücksichtigen, daß es hauptsächlich die Zentren sind, durch welche die Seele auf der physischen Ebene wirkt und Leben und Qualität zum Ausdruck bringt, und zwar entsprechend der erreichten Evolutionsstufe; das Drüsensystem ist lediglich eine — unvermeidliche und unausbleibliche — Auswirkung der Zentren, durch welche die Seele wirkt. Die Drüsen geben daher vollen Aufschluß über die Evolutionsstufe des Menschen; und je nach dieser Stufe sind sie verantwortlich für Mängel und Unzulänglichkeiten, oder aber für positive Leistungen und bereits erreichte Vervollkommnungen. Das Verhalten und Betragen des Menschen auf der physischen Ebene wird bestimmt, gelenkt und bedingt durch die Beschaffenheit seiner Drüsen, und diese wiederum werden bestimmt, gelenkt und bedingt durch die Beschaffenheit, Qualität und Lebendigkeit der Zentren; diese werden ihrerseits von der Seele bestimmend beeinflußt, und zwar mit zunehmender Wirksamkeit, je weiter

624] die Evolution voranschreitet. Bevor die Seelenkontrolle einsetzt, werden sie beeinflußt, qualifiziert und beherrscht durch den Astralkörper, und später durch das Denkvermögen. Das Ziel des Evolutionszyklus besteht darin, diese Herrschaft der Seele, dieses Prägen und Gestalten durch die Seele herbeizuführen; heute stehen die Menschen auf allen nur denkbaren Stufen dieses Entwicklungsprozesses.

Ich bin mir bewußt, daß vieles von dem oben Gesagten wohlbekannt und nur eine Wiederholung ist. Aber ich hielt es für wesentlich, alles das noch einmal zu sagen, damit es euch ganz klar wird.

Es wird euch ferner einleuchten, daß sich das Karma in jedem individuellen Leben durch die Drüsen auswirken muß, die ja die Reaktion des betreffenden Menschen auf die Umstände und Ereignisse bedingen. Die Handlungen und Ergebnisse aller früheren Leben sind von den Herren des Karma aufgezeichnet worden; das karmische Gesetz wirkt eng zusammen mit den Lunarherren, welche die Körper aufbauen und zusammenfügen, aus denen die Persönlichkeit besteht; später wirkt das Gesetz in noch engerer Gemeinschaft mit den Zielen der Seele. Das ganze Problem ist notwendigerweise sehr verwickelt und schwierig. Ich kann lediglich gewisse Hinweise geben.

Mit eben diesem System der Zentren und ihren äußeren Wirkungen, den Drüsen, muß nun der Heiler arbeiten. Er muß dabei sehr sorgfältig und vorsichtig vorgehen, denn jede Stimulierung, die er einem Zentrum im Körper des Patienten zukommen läßt, oder jedes Abziehen von Energie aus einem Zentrum hat eine ganz deutliche Wirkung auf die zugehörige Drüse und demzufolge auch auf die Sekretion, die von dieser Drüse in den Blutstrom ausgeschüttet wird.

Wie ihr ebenfalls wißt, sind die sieben Hauptzentren und die ihnen zugehörigen Drüsen folgende:

1. Das Kopfzentrum . . . . . Zirbeldrüse

2. Das Ajnazentrum	Hypophyse
3. Das Kehlzentrum	Schilddrüse
4. Das Herzzentrum	Thymusdrüse
625] 5. Das Solarplexus-Zentrum .	Bauchspeicheldrüse
6. Das Sakralzentrum	Keimdrüsen
7. Das Zentrum an der Basis der Wirbelsäule	Nebennieren.

Es gibt außerdem noch andere Zentren und viele andere Drüsen im Körper; dies sind jedoch die sieben, auf die der Heiler einzuwirken sucht; die kleineren Nebendrüsen werden von jenem Zentrum beherrscht, das den Bereich, in dem sie liegen, unter Kontrolle hat. Der Heiler läßt jedoch seine Gedanken nicht durch die Vielfalt und die Einzelheiten dieses anderen, geringeren Drüsensystems und durch die Kompliziertheit der weniger wichtigen inneren Beziehungen verwirren. Die oben angegebenen Zentren und Drüsen sind für den — guten, indifferenten oder schlechten — Gesundheitszustand sowie für die psychologische Ausrüstung des Menschen von fundamentaler Bedeutung. Die Studierenden sollten bedenken, daß die Hauptwirkung der Drüsen und ihrer Sekrete im Psychologischen liegt. Ein Mensch ist auf der physischen Ebene emotionell und mental das, was sein Drüsensystem aus ihm macht — und zwar was es physisch aus ihm macht, denn dies wird häufig durch den psychologischen Zustand seiner Gedanken und Gefühle bestimmt. Das Hauptaugenmerk der ichbezogenen, gewöhnlichen Menschen richtet sich meistens auf die physische Körperhülle; er schenkt dem ausgeglichenen oder unausgeglichenen Zustand seines endokrinen Systems wenig oder gar keine Beachtung, denn er überlegt sich nicht, daß es die psychologischen Wirkungen auf seine Mitmenschen maßgeblich bestimmt und bedingt. Ich habe nicht die Absicht, die verschiedenen Drüsen eingehend zu besprechen; ebensowenig möchte ich mich darüber äußern, wie sie auf das erweckte oder unerweckte Zentrum reagieren, in

welcher Weise sie das Reaktionsvermögen des Menschen auf seine Umwelt behindern oder fördern, oder wie sie seine Lebensanschauungen und seine täglichen — passiven oder aktiven — Reaktionen auf Ereignisse und Umstände bestimmen. Es soll noch einmal nachdrücklich gesagt werden: Der Mensch ist das, was seine Drüsen aus ihm machen, aber diese sind ihrerseits nur die Wirkungen gewisser innerer mächtiger Energiequellen. Das ist eine
626] äußerst bedeutsame Wahrheit.

Gerade aus diesem Grunde wird die medizinische Wissenschaft schließlich die Wahrheit feststellen (die sie schon ahnt), daß es unmöglich ist, die Persönlichkeit und die physische Ausstattung eines Menschen grundlegend dadurch umzuwandeln, daß man die Drüsen selbst behandelt; in dieser Hinsicht sind in den letzten dreißig oder vierzig Jahren von den Endokrinologen, die dieses Thema erörtert und erforscht haben, nur geringe Fortschritte gemacht worden. Man hat bestimmte Dinge entdeckt und gesicherte Ergebnisse der Tätigkeit oder Untätigkeit der Drüsen zur Kenntnis genommen; gewisse Menschentypen wurden als lebendige Beispiele für die Aktivität oder Passivität der Drüsen erkannt; man hat verbessernde Maßnahmen angewandt und durch verschiedenartige medizinische Behandlung die Tätigkeit der Drüsen zu stimulieren oder zu hemmen versucht (mit guten oder schlechten Auswirkungen). Darüber hinaus ist nur wenig bekannt, und die besten Denker auf diesem speziellen Gebiet sind sich der Tatsache bewußt, daß sie vor einem „unerforschten Land" stehen. Diese Situation wird so lange fortbestehen, bis die moderne Wissenschaft erkennt, daß der Ätherkörper mit seinen sieben Zentren die Welt der Ursachen ist (soweit es sich um die endokrinen Drüsen handelt); sie wird zur Einsicht kommen, daß sie ihr ganzes Forschen und Mühen nicht auf die Drüsen (die sieben Wirkungen oder materiellen Ausdrucksformen der Zentren), sondern auf die Zentren selbst richten muß.

Der Heiler läßt folglich die betreffende Drüse außer acht und beschäftigt sich direkt mit dem Zentrum, das die „Reibungsstelle" beherrscht und das umliegende Gebiet beeinflußt. So wird zwangsläufig auch die Drüse einbezogen, die vom Zentrum geschaffen, materialisiert und mit Energie erfüllt worden ist.

Wie dieses Gesetz sagt, sollte sich der Heiler innerlich vorstellen, daß eine unbehinderte Stromrinne oder ein freier Durchgang geschaffen werden muß, durch den das gesundheitsspen-
627] dende Leben aus dem „benötigten Zentrum" im Ätherleib des Heilers in das analoge Zentrum des Patienten und von dort über die zugehörige Drüse in den Blutstrom fließen kann. Man vergesse nicht, daß das Wort „das Blut ist Leben" ewig wahr bleibt — selbst wenn es bis jetzt in seiner Tragweite sowohl für den Esoteriker wie auch für die medizinische Wissenschaft noch unerklärlich ist.

Die Heiler müssen lernen, mit dem Lebensprinzip zu arbeiten und nicht mit irgendeiner nebelhaften Energie, die durch Gedankenkraft oder die Macht der Liebe in Bewegung gebracht wird; denn so stellen es heute die verschiedenen Heilrichtungen der Welt dar, die von der Menschheit im Laufe der Zeit entwickelt worden sind. Wenn man bestimmte ätherische Kanäle im Äthergefüge, das jedem Körperteil des Patienten zugrunde liegt, durchlässig macht, kommt man mit diesem Lebensprinzip in Kontakt und bringt es in Bewegung. Diese Säuberung kommt nicht dadurch zustande, daß man „Gesundheit denkt", die Göttlichkeit betont oder in seinem Denken „Irrtümer" ausschaltet; der freie Durchfluß kommt durch die viel prosaischere Methode zustande, Energieströme über bestimmte Zentren zu leiten und dadurch gewisse Drüsen in dem erkrankten Bezirk des physischen Körpers — wo das Leiden und die Schmerzen sitzen — zu beeinflussen.

Es ist selbstverständlich richtig, daß dabei genaues und fehlerfreies Denken eine Rolle spielt. Der Heiler muß klar denken, bevor er zu den gewünschten Ergebnissen kommen kann; aber die in den Körper des Patienten hineingesandte Energie ist nicht mentaler Art, sondern eine der sieben Arten der Prana- oder

Lebensenergie. Diese strömt entlang der Kraftlinie oder durch den Kanal, der alle Zentren und diese mit den Drüsen verbindet. Vergeßt nicht, daß dies einen ineinandergreifenden und untereinander verbundenen Organismus von Systemen darstellt, und daß — vom Blickpunkt des Esoterikers aus — diese Lenkungs-Systeme Symbole großer kosmischer Vorgänge sind:

1. Der Ätherkörper in seiner Gesamtheit, mit seinen Kanälen und verbindenden Energieleistungen, die jedem Teil des menschlichen Körpers zugrunde liegen.
2. Die sieben korrelativen Zentren, deren jedes spezielle Quali-
628] täten hat und über die ätherischen Kraftfäden oder -fasern mit allen anderen verbunden ist.
3. Die Nadis, das System der etwas dichteren ätherischen Kanäle oder winzigen Kraftfäden, die dem gesamten Nervensystem zugrunde liegen; sie sind die Grundlage jeder Art von Nerven und Nervengeflechten.
4. Das Nervensystem selbst, dessen Einflußbereich sich über den gesamten Körper des Menschen erstreckt.
5. Das endokrine Drüsensystem.
6. Der Blutstrom, der die Ströme lebendiger Energie vom endokrinen System mittels der sogenannten Hormone empfängt.
7. Die untereinander zusammenhängende Gesamtheit all dessen, die göttliche Manifestation des geistigen Menschen in irgendeiner Inkarnation und auf irgendeiner Evolutionsstufe.

Diese ganze Ansammlung von Systemen wird also von zwei großen Energieströmen durchdrungen und belebt: vom Lebensstrom und vom Bewußtseinsstrom. Der letztere wirkt durch das Nervensystem, der andere durch den Blutstrom. Beide sind tatsächlich so eng miteinander verbunden und vereint, daß es für den gewöhnlichen Menschen durchaus nicht einfach ist, zwischen ihnen zu unterscheiden, wenn sie in Bewegung sind.

Der Heiler wirkt jedoch nicht mit dem Bewußtseinsaspekt; er arbeitet ausschließlich mit dem Lebensaspekt. Der vollkommene Heiler (den es bis jetzt noch gar nicht gibt) wirkt durch den geschlossenen und versiegelten Kernpunkt im Zentrum. Dort liegt der Kern des Lebens. Von diesem Zentralpunkt aus strahlt das Leben in die Blätter des Lotos. Die Verbindung des Lebens im Zentralpunkt mit dem den Blättern innewohnenden Bewußtsein ist die Quelle des lebendigen, atmenden, empfindenden Menschenwesens — vom physischen Gesichtspunkt aus; dies muß der Heiler erkennen.

629] Hinter diesem Lebendigsein und diesem Bewußtsein steht das WESEN, der geistige Mensch, der Handelnde, derjenige, der (in verschieden starken Abstufungen) fühlt und empfindet, der Denker. Die Einfachheit der obigen Aussage ist etwas irreführend, denn es gibt noch andere Faktoren, Beziehungen und Energien, die man berücksichtigen muß; dennoch ist sie grundsätzlich richtig, und der Heiler kann nach dieser Wahrheit handeln.

Interessant ist der Hinweis, daß die Große Invokation, die jetzt in der Welt verbreitet wird, auf der gleichen Grundidee großer Systeme beruht, welche die Menschheit als Ganzes entscheidend beeinflussen; diese Systeme können von einströmenden Energien durchkraftet werden, die dem ganzen Menschheitskörper — über die planetarischen Zentren göttlichen Lebens und Bewußtseins — neues Leben und neue Gesundheit zuführen.

Die vierte Regel, die zum 7. Gesetz gehört, ist deshalb von großer Bedeutung, weil sie so außerordentlich einfach ist; wenn man sie versteht und befolgt, dient sie als Brücke zwischen den subjektiven und objektiven Methoden der Krankheitsbehandlung. Das eben betrachtete Gesetz war ebenfalls außerordentlich einfach und deutlich, und es hat in seinen Folgerungen mit der subjektiven Natur und der objektiven Form zu tun. Studierende sollten sich durch schlichte, klare und direkte Aussagen nicht täuschen lassen. Es besteht die Neigung, esoterische Lehren als

notwendigerweise schwer verständlich und indirekt anzusehen, als sei dafür stets ein „esoterischer Spürsinn" (was immer man auch darunter verstehen mag) nötig, um zum Verständnis zu gelangen. Doch sehr häufig ist die Lehre um so einfacher ausgedrückt, je weiter sie fortgeschritten ist. Das schwere Verstehen liegt an der Unwissenheit des Studierenden, nicht an der Dar-
630] stellungsweise des Lehrers. Diese Regel lautet wie folgt:

IV. Regel.

Eine sorgfältige Krankheitsdiagnose, die sich auf die festgestellten äußeren Symptome gründet, wird bis zu dem Grade vereinfacht werden, daß man, wenn einmal das betreffende Organ erkannt und damit isoliert ist, das ihm zunächst liegende Zentrum im Ätherkörper bestimmten Methoden okkulten Heilens unterwirft; daneben werden jedoch auch die gewöhnlichen medizinischen oder chirurgischen Heilverfahren zur Anwendung kommen.

Diese Regel bedarf kaum einer Erläuterung, denn sie besteht aus klaren, präzisen Anweisungen. Wir wollen sie aufzählen:

1. Man muß eine sorgfältige Diagnose stellen, die sich auf die ermittelten äußeren Symptome gründet.
2. Man muß das Organ, welches der Sitz der Beschwerde ist, genau feststellen. Diese beiden Tätigkeiten betreffen den grob-physischen Körper.
3. Dann ist das Augenmerk auf das dem gestörten Bezirk am nächsten liegende Zentrum im Ätherkörper zu richten.
4. Sodann werden Methoden okkulten Heilens angewandt, die auf die Stimulierung des betreffenden Zentrums oder auf das Gegenteil abzielen.
5. Gleichzeitig kommen auch alle äußeren orthodoxen Methoden zur Anwendung.

Gerade hinsichtlich einer sorgfältigen Diagnose gehen die meisten Heiler in die Irre. Sie wissen nicht genug vom physischen

Körper, von der Pathologie der Krankheit, von den Haupt- und Nebensymptomen, um die Wesensart der Beschwerde bestimmen zu können; denn der normale Heiler hat weder eine medizinische Ausbildung erhalten, noch besitzt er das psychische Rüstzeug, um auf okkulte Art und Weise eine richtige Diagnose stellen zu können. Daher verschanzt er sich hinter der allgemeinen Annahme, daß der Patient krank ist, daß die Beschwerde anscheinend in der oder der Region des physischen Körpers liegt, daß der Patient über gewisse Schmerzen und Leiden klagt; man könnte ihn sicher heilen, wenn man ihn genügend fügsam und geduldig machen könnte; wenn er (gemeinsam mit dem Heiler)
631] seine tatsächliche Göttlichkeit begreifen könnte — und wer kann das schon, meine Brüder? — und wenn er zum Heiler Vertrauen hätte.

Was einem für gewöhnlich am meisten auffällt, das ist die Unwissenheit sowohl des Patienten wie des Heilers; man muß die Annahme des Heilers beklagen, daß eine erfolgte Heilung ausschließlich den angewandten Heilmethoden zuzuschreiben sei — obwohl der Patient sich aller Wahrscheinlichkeit nach auf jeden Fall erholt hätte. Die Heilung ist vielleicht durch den Glauben an den Heiler beschleunigt worden, denn der Glaube ist ja nichts anderes als eine Konzentrierung von Energie des Patienten in Übereinstimmung mit der strikten Vorschrift des Heilers; dadurch kommt es zu einem „Auftreten" dieser Energie in der erkrankten Region gemäß dem Gesetz: Dem Gedanken folgt Energie. Der „Ausbruch" (wenn ich ein so gewaltsames Wort gebrauchen darf) der Energie des Glaubens bei den beteiligten Menschen (Heiler und Patient) erzeugt okkult und gelegentlich eine Energiestimulierung, die ausreicht, um eine solche Heilung zustande zu bringen, *die auf jeden Fall eintreten sollte.* Es ist also lediglich ein Beschleunigungsprozeß, aber keine echte okkulte Heilung, denn es wurden keine wahren okkulten Methoden angewandt oder mit einbezogen. Psychologisch kann man dasselbe bei einer „Bekehrung" erleben, wie die streng bibelgläubigen

Richtungen des Christentums es nennen. Der Glaube des Menschen und der Glaube des Evangelisten sowie der Glaube der Zuhörerschaft (soweit vorhanden) bewirken eine psychologische Heilung dadurch, daß Dissonanzen aufgelöst werden und eine Einswerdung stattfindet, selbst wenn sie nur vorübergehender Art ist.

Man muß sich immer mehr darüber klarwerden, daß es in der erschaffenen Welt nichts anderes gibt als in Bewegung befindliche Energie und daß jeder Gedanke einige Aspekte dieser Energie lenkt, wenn auch stets im Einflußbereich einer größeren, leitenden Gedankenenergie. Der Glaube des Heilers und der des Patienten, beides sind Beispiele für in Bewegung befindliche Energien; gegenwärtig sind sie meistens die einzigen Energien, die bei jeder Heilung verwendet werden. Auch die Schulmedizin
632] arbeitet mit denselben Energien, denn ihre orthodoxen Methoden werden durch den Glauben des Patienten an den Arzt und seine wissenschaftlichen Kenntnisse unterstützt.

Ich möchte hier nicht weiter auf das Gebot eingehen, medizinische und chirurgische Methoden wenn irgend möglich anzuwenden. Im Laufe dieser Lehren über das Heilen habe ich mehrmals dieses Thema berührt. Die Menschen sollten sich unbedingt klarmachen, daß die gesicherten Erkenntnisse der Medizin und Chirurgie ebenso sehr Ausdruck göttlicher Erfahrung und göttlichen Verstehens sind, wie die hoffnungsreichen, selbstbewußten und doch nur tastenden Methoden des sogenannten göttlichen Heilens — gegenwärtig vielleicht sogar noch mehr. Wenn auch viele orthodoxe Verfahren nur Experimente bleiben, so sind sie dies doch weniger als die Methoden der modernen Heiler, denn ein Großteil der wissenschaftlichen Erkenntnisse ist bewiesen und eine Realität. Sie sollten angewandt werden, und man darf Zutrauen zu ihnen haben. Die vollkommene Heilungskombination ist die Verbindung des Mediziners mit dem geistigen Heiler, wobei jeder auf seinem eigenen Gebiet arbeitet und beide zueinander Vertrauen haben; das ist heute nicht der Fall. Es ist nicht nötig, die göttliche Hilfe anzurufen, um Knochen einzurichten — wofür der Chirurg sehr gut ausgebildet ist — oder um eine Infektion zu beseitigen, zu deren Behandlung der Arzt das nötige Wissen besitzt. Der Heiler kann den Heilungsprozeß unterstützen und beschleunigen, aber gleicherweise kann der akademische Arzt auch die Arbeit des Heilers beschleunigen. Beide Gruppen brauchen einander.

Ich bin mir klar darüber, daß das, was ich hier gesagt habe, weder dem geistigen Heiler noch dem orthodoxen Mediziner gefallen wird. Es ist jedoch an der Zeit, daß sie lernen, einander anzuerkennen und gemeinsam zu arbeiten. Im Grunde genommen haben der geistige Heiler und die neuen Methoden mentalen Heilens einen verhältnismäßig geringen Beitrag zu leisten im Vergleich zu der Leistung und dem Wissen eines akademisch gebildeten Arztes. Die Welt steht tief in der Schuld der Ärzte und Chirurgen. Die Schuld gegenüber den Heilern ist entschieden nicht so groß; diese vergiften auch oft die Atmosphäre durch Verbitterung und ständige Kritik an den Ärzten und der ortho-
633] doxen Medizin. Die Sicherheit des Wissens und der Erfahrung verhindert eine ähnliche Einstellung in der akademischen Gruppe, wobei noch die Erkenntnis hinzukommt, daß selbst der geistige Heiler in Notfällen den Arzt zu Hilfe rufen wird.

Das Gesetz und die Regel, die wir jetzt besprechen wollen, werden uns in die Bereiche wirklicher Abstraktion hineinführen; ihr werdet vieles von dem, was ich sage, nur schwer verstehen können. Dieses VIII. Gesetz führt uns zurück zur eigentlichen Quelle aller Phänomene, soweit sie sich auf den Menschen beziehen — zu dem Willen der unsterblichen Seele, sich auf Erden zu inkarnieren oder sich aus der Inkarnation zurückzuziehen. Es gehört dazu auch die Betrachtung des WILLENS, der die Krankheit als direktes Mittel benutzt, um diese Zurückziehung durchzuführen. Man versteht bis heute noch so wenig vom Willen, daß er besonders schwer zu erklären ist.

VIII. Gesetz.

Krankheit und Tod sind die Folge zweier wirkender Kräfte. Die eine ist der Wille der Seele, der zu seinem Werkzeug sagt: Ich ziehe die Lebensessenz zurück. Die andere ist die magnetische Kraft des planetarischen Lebens, die zu dem Leben in dem atomischen Gefüge sagt: Die Stunde der Wiederaufnahme ist gekommen. Kehre zu mir zurück! So handeln alle Formen nach dem zyklischen Gesetz.

Zwei Aspekte im Wesen des göttlichen Willens werden zur Wirksamkeit aufgerufen, wo es sich um Krankheit und Tod handelt: Der eine ist der Wille der Seele, eine Inkarnation zu beenden; der andere ist der Wille des Erdengeistes (der grundlegenden Elementarkraft), die befreite und zeitweilig isolierte Substanz, deren sich die Seele während der Inkarnation bedient hatte, zurück und in sich hinein zu ziehen.

Dabei spielen das Zeitelement, das Wechselwirken zwischen dem Willenskern der Seele und dem verstreuten, immer gegenwärtigen Willen des Elementargeistes der Substanz sowie ihre zyklische Verkettung eine Rolle. Wir wollen sie nun zu besprechen versuchen.

634] Was ich hier zu sagen habe, ist von außerordentlicher Bedeutung und wird ein neues, befremdliches Licht auf das ganze Krankheitsproblem werfen. Ich werde mich zuerst mit der zweiten Hälfte des Gesetzes befassen, das von der „magnetischen Kraft des planetarischen Lebens" spricht, das zu dem Leben in dem atomischen Gefüge sagte: „Die Stunde der Wiederaufnahme ist da. Kehre zu mir zurück!"

Um diesen Satz zu verstehen, könnte ich euch daran erinnern, daß der Mensch eine geistige Wesenheit ist, die einen grob-physischen Träger in Besitz hat oder ihm innewohnt (das ist das okkulte Wort, das ich lieber gebrauchen möchte). Dieser grobphysische Körper ist ein Teil des Gesamtgefüges des Erdplaneten und besteht aus lebendigen Atomen, die unter der Herrschaft der planetarischen Wesenheit stehen und einen Bestandteil des Lebens dieser Wesenheit bilden. Diese grob-physische Körperhülle wird durch den Willen der innewohnenden Seele in eine zeitweilige, gelenkte Freiheit entlassen, bleibt aber gleichzeitig ein wesenseigener Bestandteil der gesamten atomischen Substanz. Dieser physische Träger — der sein eigenes Leben und ein gewisses Maß an Intelligenz besitzt, das wir seine Instinktnatur nennen — wird von den Esoterikern das physische Element genannt. Während des inkarnierten Lebens bewahrt der physische Körper mittels der Zusammenhaltekraft seine spezielle Form, unter der Einwirkung der ätherischen Lebenskräfte; diese beeinflussen alle lebendigen Atome und bringen sie miteinander in Verbindung. Der physische Körper ist (innerhalb des einen Lebens) das große Symbol für die Vielheit, aus der er aufgebaut ist; er ist der sichtbare Beweis des inneren Zusammenhalts, der Einheit, der Synthese und des gegenseitigen Verbundenseins. Das physische oder planetarische Prana (die niederste Form pranischer Energie) ist das Leben der Gesamtheit der Atome (aus denen alle äußeren Formen bestehen), insofern sie in Verbindung gebracht werden mit dem getrennten atomischen Gefüge des grob-physischen Körpers einer individuellen, innewohnenden Seele in irgendeinem Naturreich — im Hinblick auf unser Studium also besonders im Menschenreich.

Was in diesem Zusammenhang für das Einzelwesen oder den
635] Menschen, den Mikrokosmos, zutrifft, gilt ebenso für den Planeten, der — wie der Mensch — ein zusammenhängendes Ganzes ist. Diese Ganzheit beruht auf der Beziehung zweier Lebensaspekte: des Lebens des planetarischen Logos und des Lebens des Erdgeistes; dieser ist ja das Leben der Gesamtheit aller Atome, aus denen sich alle Formen zusammensetzen. Nach dieser Gesamtheit lebendiger Substanz (oder elementaren Lebens) richtet sich auch der grob-physische Körper des Menschen; er ist deshalb das Symbol für sie. Diese beiden Leben, die sich sowohl mikrokosmisch als auch makrokosmisch betätigen, erzeugen jene lebendige Prana-Energie, welche durch die Ätherkörper aller Formen kreist und den Zusammenhalt oder ein synthetisches

Verbundensein bewirkt; man kann sie wahrnehmen, wenn man den dichtesten Aspekt des Ätherleibes sieht; sie erschafft auf diese Weise die Gesundheitsaura in den Pflanzen und Bäumen, im Meeresleben, in den Tieren und im Menschen. Es kreisen auch noch andere Energien und Wirkungskräfte durch den Ätherkörper und wirken auf ihn ein, aber ich befasse mich hier nur mit dem niedersten physischen Aspekt. Dieser ist charakteristisch für das Leben der Elementarnatur unseres Planeten, des Erdgeistes; er ist ein göttliches Leben, das in einer ihm eigenen Weise auf dem involutionären Bogen der Manifestation fortschreitet.

Dieser Erdengeist wahrt ständig seine Macht über die Atomgefüge, aus denen alle Formen (einschließlich des physischen Körpers des Menschen) geschaffen sind; er sammelt diese Gebilde wieder ein und saugt jene Elemente seines Lebens wieder in sich auf, die während der Inkarnationserfahrung irgendeiner Seele in einem Naturreich zeitweilig von ihm abgespalten waren. Diese Atome sind — man beachte es wohl — durchtränkt oder qualifiziert mit zwei Faktoren, für welche der Erdgeist allein verantwortlich ist; es sind dies:

1. Das Lebenskarma der elementaren Natur des Planeten. Dies ist ein involutionäres, sich äußerlich niederschlagendes Karma, völlig anders als das des planetarischen Logos, der ein geistiges Wesen auf dem evolutionären Bogen ist. Dieses involutionäre Karma bestimmt und bedingt also die rein
636] physische Lebenserfahrung aller Formen, die aus atomischer Substanz bestehen.
2. Der Faktor der Begrenzung. Abgesehen vom Karma, das sich in physischen Ereignissen niederschlägt und in allen aus dieser Elementaressenz aufgebauten physischen Formen wirkt, werden die physischen Hüllen aller Lebewesen in allen Naturreichen außerdem durch den zyklischen Einfluß des Erdgeistes und durch dessen Evolutionsstufe bedingt. Dieser involutionäre Geist hat noch keine Volkommen-

heitsstufe erreicht, schreitet jedoch einem speziellen Ziel zu, das er erreichen wird, wenn der evolutionäre Erfahrungsbogen erreicht ist. Dies liegt noch in ferner Zukunft. Unser planetarischer Logos, dieses große Leben, in dem wir leben, weben und sind, ist bis jetzt einer der „unvollkommenen Götter" — vom Blickpunkt des Zieles, das allen planetarischen Logoi gesetzt ist. Der Körper für seine Wesensäußerung, unsere Erde, ist noch kein heiliger Planet. Der Erdgeist ist noch weit davon entfernt, auch nur die relative Vollkommenheit zu besitzen, die ein bewußter Mensch kennt.

Die Evolutionsstufe des Erdgeistes wirkt auf jedes Atom in seinem Körper ein — dem Körper einer involutionären Wesenheit. Das Ergebnis dieser Unvollkommenheit des Erdgeistes (nicht des planetarischen Logos) zeigt sich darin, daß es in allen Formen aller Naturreiche Krankheit gibt. Minerale unterliegen der Krankheit und dem Verfall; selbst die „Ermüdung" von Metallen ist eine bereits erkannte wissenschaftliche Tatsache; alle Pflanzen und Tiere reagieren auf Krankheiten in ihrem Formgefüge, und Krankheit und Tod wohnen in den Atomen, aus denen alle Organismen aufgebaut sind. Der Mensch bildet davon keine Ausnahme. Krankheit entsteht also nicht durch falsches Denken, wie ich euch oft gesagt habe, oder dadurch, daß man das Göttliche nicht nachdrücklich genug bekräftigt. Sie haftet der Formnatur selbst an und ist ein Kennzeichen der Unvollkommenheiten, an denen der Erdengeist leidet; sie ist ganz ausgesprochen die Art und Weise, wie dieses Elementarleben seine Vollständig-
637] keit bewahrt und dauernd imstande ist, dasjenige in sich aufzusaugen, was sein ist; dieses Eigentum ist jedoch durch die anziehende Kraft des Lebens dessen, was jedem anderen Naturreich während eines Inkarnationszyklus innewohnt, unter eine andere Führung gekommen.

Dies wird euch sicherlich eine neue Vorstellung von der Krankheit geben. Der Mensch erschafft unter dem Antrieb der Seele und dem Willen zur Inkarnation eine Form, welche aus einer Substanz besteht, die bereits dazu neigt, den Zustand zu beeinflussen; sie ist schon durchtränkt von den Lebensimpulsen des Erdgeistes. Der Mensch nimmt bei diesem Erschaffen die Verantwortung für diese Elementarform auf sich, begrenzt sich aber — gleichzeitig — ganz klar durch die Beschaffenheit der Atome, aus denen diese Form besteht. Die atomische Substanz, durch die sich der Erdgeist zum Ausdruck bringt, trägt stets die „Keime der Rückkehr" in sich, die ein Wiederaufsaugen gestatten. Diese Substanz besteht zudem aus Materie aller Grade und Qualitäten, von der gröbsten bis zur feinsten; man denke zum Beispiel an die Qualität der Substanz, welche die Erscheinung des Buddha und des Christus ermöglicht. Der Herr der Erde, der planetarische Logos, kann keine vom Erdengeist beseelte Substanz finden, deren Qualität und Beschaffenheit rein genug ist; er kann daher keine materielle Gestalt annehmen und in Erscheinung treten, wie Buddha oder Christus. Nur wenige von denen, die die Ratsversammlung von Shamballa bilden, können die nötige oder angemessene Substanz finden, mit deren Hilfe sie erscheinen können; sie können keinen grob-physischen Körper annehmen und müssen sich mit einer ätherischen Hülle begnügen.

Es gibt daher drei Urtypen des Lebens, welche die körperliche Erscheinung eines Menschen während seiner begrenzten Manifestation oder Inkarnation beeinflussen:

1. Das Leben des geistigen Menschen selbst, das die längste Zeit manifestierten Daseins hindurch von der Monade aus-
638] geht und über die Seele weitergeleitet wird.
2. Das Leben jener Gesamtheit, die das Elementarleben des vierten Naturreiches, des Menschenreiches, ist. Dieses Leben ist (nach dem Gesetz der Isolierung oder Begrenzung) noch immer ein Aspekt des Lebens des Erdengeistes.

3. Die Gesamtheit des Lebens, das der atomischen Substanz selbst innewohnt — der Substanz, aus der alle Formen geschaffen sind. Dies ist das Leben des Erdengeistes.

Wir sprechen hier nicht von der Seele in einem Atom oder von der Seele irgendeiner großen oder kleinen Form; wir meinen ausschließlich das Leben, den ersten Aspekt. Dieser kommt als Wille zum Sein zum Ausdruck; er ist nur während des Formlebens oder für die Dauer der erschaffenen Manifestation tätig, obwohl er immer vorhanden ist. An dieser Stelle nun tritt der Willensfaktor in Erscheinung, und hier findet man die Beziehung zwischen Wille, Form und Inkarnation.

Von den die Inkarnation bestimmenden Faktoren ist einer der sogenannte Wille zum Leben; ist dieser vorhanden und in einem Menschen mächtig, so ist dieser stark auf der physischen Ebene verankert; ist er nicht so stark vorhanden oder wird er zurückgezogen, dann stirbt der Mensch. Das Leben im physischen Körper wird technisch und okkult dadurch aufrechterhalten, daß der mächtige Wille-zum-Leben des inkarnierten geistigen Menschen auf die magnetische Kraft des planetarischen Lebens einwirkt, die jedem Atom der Formnatur innewohnt; mit Hilfe dieser Atome — die isoliert sind und durch das Gesetz der Anziehung in einer Formgestalt festgehalten werden — ist der Mensch auf der physischen Ebene ins Dasein getreten. Diese magnetische Kraft ist die Äußerung des Willens der planetarischen Wesenheit (wenn ein solches Wort wie „Wille" auf den Zusammenhalte-Sinn angewandt werden kann, der ein Kennzeichen des Erdengeistes ist). Diese Kraft ist die Projizierung des speziellen Bewußtseinszustandes der planetarischen Wesenheit in eine isolierte Form, die von einer Seele, einem beseelten Menschen, erschaffen, in Besitz genommen und bewohnt wird.

639] Ich habe mehrere Male den Ausdruck „isolierte Form" verwendet, denn eben dieser besondere Aspekt der Isolierung bedingt den physischen Körper des Menschen (oder irgendeiner lebendigen Form in bezug darauf); er macht diesen Körper zu einer abgesonderten, kohärenten Einheit, die, nachdem ihr die lebendige Kraft der sich inkarnierenden Seele aufgezwungen wurde, zeitweilig ihr eigenes Leben führt. Zeitweilig befindet sich — was die individuelle Reaktion auf das planetarische Leben betrifft — die vereinigte Macht der abgesonderten und isolierten Atome — besonders das planetarische Gefüge des Erdengeistes — im Zustand der Schwebe. Nur die zusammenhängenden, magnetischen Qualitäten bestehen bei jeder Art von Tätigkeit und in Verbindung mit dem Willen-zum-Leben des geistigen Menschen oder irgendeiner beseelenden Wesenheit weiter. Dies erschafft eine zusammenhängende Form, die von zwei Aspekten der Lebensenergie zusammengehalten wird: von der des Erdengeistes und der des geistigen Menschen. Es werden also — um Worte zu gebrauchen in dem Bemühen, zu einem Verständnis zu gelangen — zwei Aspekte des Lebens und zwei Arten des Willens oder der Absicht zusammengeführt. Der höhere ist evolutionärer, der niedere involutionärer Art. Dies verursacht den Widerstreit. Die eine Energieart ist evolutionär und die andere involutionär. Diese gegeneinander kämpfenden Kräfte sind und bilden das Problem des Dualismus — der Polarität des Höheren und des Niederen auf vielen verschiedenen, voneinander abweichenden Stufen. Die Schlußphase des Konfliktes wird ausgefochten (oder besser erreicht und vollendet), wenn der Hüter der Schwelle und der Engel der Gegenwart aufeinandertreffen. Bei eben diesem krönenden, vollendenden Ereignis kommt der Zug oder Streit zwischen dem involutionären und dem evolutionären Leben zur Entscheidung — zwischen dem noch im Anfangsstadium befindlichen, magnetischen Willen der Elementarkräfte (die den Atomen innewohnen, aus denen alle drei Körper der Persönlichkeit bestehen) und dem Willen des geistigen Menschen, der vor der Befreiung von der magnetischen Herrschaft der Substanz steht.

Der Erdengeist hat seine Entsprechung in der erschaffenen Ausdrucksform des geistigen Menschen; es ist dies das Natur- oder Elementarwesen der Persönlichkeit, das eine noch in den Anfängen steckende Kraft sein kann und es häufig auch ist; es
640] wird ganz und gar von Wünschen beherrscht, eine echte Persönlichkeitsintegration fehlt; es kann jedoch auch ein hochorganisierter, mächtiger Faktor sein, der das hervorbringt, was man eine Persönlichkeit hohen Grades nennt, ein wirksames Werkzeug für den geistigen Menschen in den drei Welten seiner Evolution. Diesem Stadium folgen später die inneren Kämpfe auf dem Pfad der Jüngerschaft und dem Pfad der Einweihung. Dann kommen die Seelenkräfte des geistigen Menschen und sein Wille, sich in göttlicher Weise zu offenbaren, derart zur Vorherrschaft, daß der Tod der Persönlichkeit erfolgt; dieser Prozeß findet seinen Höhepunkt in der dritten Einweihung. Bei diesem Erlebnis strömt der monadische Wille mit solch dynamischer Gewalt herein, daß der Wille der Elementarleben der dreifachen Persönlichkeit vollständig aufgehoben wird.

Aber (um auf unser Thema zurückzukommen) die atomische Substanz, die mit der Lebensessenz des Erdengeistes und der treibenden Kraft seines noch ungeformten Willens durchtränkt ist, erweist sich als magnetische Kraft und steht mit dem Leben der Seele in ständigem Kampfe, der im beseelten Manifestationskörper ausgetragen wird. Dieser Widerstreit oder diese Reibung ist die Hauptursache dafür, was ihr Krankheit nennt.

Krankheit ist Disharmonie; sie ist die Schuld des Feuers durch Reibung; erkrankte Bezirke sind Reibungsstellen, an denen die atomische Substanz zeitweilig ihre eigene Art von Lebensaktivität durchsetzt und (manchmal beim Eintritt des Todes) auf den magnetischen Zug des Willens des Erdengeistes reagiert. Wenn sich dieser Zug als entsprechend stark erweist, wird sich die Reibung im Bereich irgendeines ätherischen Zentrums innerhalb des atomischen Gefüges in der Weise auswirken, daß sich die Krankheitsmale verstärken; das Leben des geistigen Men-

schen wird dann langsam oder rasch zurückgezogen; das Verlangen nach physischem Dasein, der geistige Wille-zum-Sein ist dann nicht mehr so stark wie der Wille der Atome, aus denen der physische Körper besteht, wieder aufgezogen, absorbiert zu
641] werden; folglich stirbt der Mensch im üblichen Sinne des Wortes.

Das planetarische Leben sagt: „Die Stunde der Wiederaufnahme ist gekommen. Kehre zu mir zurück." Der Drang zur Rückkehr ist gegenwärtig das vorherrschende Merkmal in der Substanz der menschlichen Körper; er ist die Ursache für die allgemein schlechte Gesundheit, die charakteristisch für die Menschenmassen ist; diese Tendenz besteht schon seit Jahrhunderten, doch ändert sich die Einstellung allmählich; es wird schließlich die Zeit kommen, da die Körperatome (oder die Elementarkräfte) nur nach dem Willen des geistigen Menschen und auf sein ausdrückliches Gebot hin, und nicht mehr unter dem Zwang der magnetischen Kraft des Erdengeistes, auf den Pfad der Wiederaufnahme zurückgesandt werden.

Wir haben bei der Besprechung der bisherigen Regeln und Gesetze gesehen, daß Krankheit und Tod grundsätzlich darauf zurückzuführen sind, daß sich das Sonnenleben (die Energie der Seele, die man manchmal „Sonnenfeuer" nennt) entweder aus einem bestimmten Körperbezirk oder aus dem gesamten Körper zurückzieht. Diese Tatsache sollte die Studierenden daran erinnern, wie notwendig es ist, zu unterscheiden zwischen der Kraft oder dem Leben der „Lunarherren", die allen Atomen innewohnen, aus denen die Organe und Formen geschaffen sind, und andererseits der Energie der Seele, die den ganzen Körper als integrierende Kraft durchdringt. Symbolisch gesprochen gibt es also Zeiten, in denen das Leben dieser Lunarherren so mächtig ist, daß das Leben der Seele an irgendeiner Stelle überwältigt wird; folglich zieht sich das Sonnenleben zurück, und das führt zur Krankheit; oder anders ausgedrückt: Wenn die Lunarherren nicht nachgeben, entsteht Reibung, welche die Krankheit erzeugt.

Der Tod ist indes kein Beweis für einen völligen Sieg der Lunarherren, sondern mehr ein Anzeichen dafür, daß nach dem Plan der Seele und weil der Lebenszyklus erfüllt ist — die Seelenenergie gänzlich zurückgezogen wird und den Lunarherren das Feld überlassen bleibt. Manchmal siegen die Lunarherren (da auch dies im Plan der Seele liegen kann) für eine gewisse Zeit, obwohl der Tod nicht eintritt; die Genesung ist ein Zeichen für den allmählichen Wiedereintritt der Seelenenergie, die dann wieder die Herrschaft über die Lunarherren übernimmt. Dieser **642]** Aspekt der Seelenenergie hat jedoch nichts mit jenen Energien zu tun, die eine Seelenqualität verkörpern und zum Ausdruck bringen. Es ist von der Monade kommende *Lebensenergie,* welche durch die Seele, die als Stromrinne und Kontaktwerkzeug dient, hindurchgeht; der direkte Kanal ist — unnötig zu erwähnen — die Sutratma, nicht die Antahkarana, oder der schöpferische Faden oder der Bewußtseinsfaden. Diese werden häufig zur Untätigkeit verurteilt, wenn es sich um eine akute Krankheit handelt und der Lebensaspekt schwächer wird, sich rasch oder langsam zurückzieht.

Ihr könnt also erkennen, warum diejenigen, denen es gelungen ist, die Antahkarana, die Regenbogenbrücke zwischen Monade und Persönlichkeit, zu erbauen, einen (beim durchschnittlichen Menschen nicht vorhandenen) Kontakt hergestellt haben zwischen der Monade, der Quelle des Lebens, und der Persönlichkeit – der Ausdrucksform dieses Lebens in der Außenwelt. Dann beherrscht die Monade, und nicht die Seele, die Zyklen des Erscheinens in der Außenwelt, und der Eingeweihte stirbt nach eigenem Willen — gemäß dem Plan oder den Erfordernissen der Arbeit. Dies gilt natürlich nur für Eingeweihte hohen Grades. Ich dachte, diese Dinge könnten für euch interessant und nützlich sein. Außerdem geht aus allem oben Gesagten die allesumfassende Einheit des göttlichen Lebens hervor, denn die Lunarherren sind genau solche Aspekte dieses Lebens wie die Energie der Seele.

Es ist daher außerordentlich wichtig, daß man die Menschen zur Feuerbestattung ermutigt und nicht zu der gegenwärtigen Begräbnisart. Die Verbrennung bringt das Leben der Lunarherren viel rascher zu dem zentralen Sammelbecken des Lebens zurück als irgendeine andere Methode, denn „unser Gott ist ein verzehrendes Feuer", und alle Feuer sind mit dem großen zentralen Feuer verwandt.

Nun wollen wir die Regel studieren, die zum VIII. Gesetz gehört.

V. Regel.

Der Heiler muß versuchen, seine Seele, sein Herz, sein Gehirn und seine Hände in Verbindung zu halten. So kann er die lebendige Heilkraft über den Patienten ausgießen. Das ist *magnetisches Wirken.* Entweder heilt es die Krankheit, oder aber verschlimmert es den Zustand, je nach dem Wissen des Heilers.

643] Der Heiler muß versuchen, seine Seele, sein Gehirn, sein Herz und seine aurische Ausstrahlung zu verbinden. So kann seine Gegenwart das Seelenleben des Patienten stärken. Dies ist *Wirken durch Ausstrahlung.* Die Hände sind nicht nötig. Die Seele erweist ihre Kraft. Des Patienten Seele reagiert, wenn seine Aura auf die aus der Aura des Heilers kommende, von Seelenenergie durchflutete Strahlung anspricht.

Schon nach einem oberflächlichen Lesen dürfte es klar sein, daß diese Regel für alle erfolgreiche Heilarbeit bedeutsam und entscheidend ist. Sie faßt die beiden Heilmethoden zusammen, die auf zwei Fähigkeiten des Heilers, auf zwei Gruppen verwandter Aspekte in der Persönlichkeit des Heilers beruhen und auf zwei verschiedene Entwicklungsstufen bei ihm hinweisen. Untersucht man diese Regel genauer, so gewinnt man eine noch größere Vorstellung von ihrer Bedeutung, denn sie zeigt nicht nur an, in welcher Hinsicht oder Richtung sich der Heiler schulen muß, sondern weist auch darauf hin, daß bestimmte innere Beziehungen hergestellt werden müssen; diese hängen von der Evolutionsstufe des Heilers ab. Im einen Falle ist der physische Körper des

Patienten das Ziel der Heilkunst, während im anderen die Seele des Patienten die Wirkung der Heilungsenergie verspürt. Im ersten Falle wirkt der Heiler mit dem Prana oder dem planetarischen Lebensfluidum, im anderen mit Seelenenergie.

Wir können also auf Grund dieser Regel die Heiler in zwei Gruppen unterteilen: Die eine handhabt und dirigiert das ätherische Lebensfluidum, das wir Prana nennen; die andere wirkt auf einer viel höheren Ebene und verwendet die Fähigkeit, Seelenenergie in den Körper (oder besser in die Persönlichkeit) des Heilers herunterzuziehen und sie — aus dem benötigten Zentrum — wieder auszusenden in das entsprechende Zentrum im Körper des Patienten; diesmal geschieht das jedoch in der Weise, daß die Aura des Patienten, die unter der Kontrolle seiner Seele steht, stimuliert wird. Die beiden Energiearten sind von ganz verschiedener Qualität, denn die eine stammt rein aus der Per-
644] sönlichkeit und wird manchmal *tierischer Magnetismus* genannt, während die andere von der Seele kommt und eine Arbeitsweise bedingt, die man Strahlung nennt.

Man sollte hier vermerken, daß es in Wirklichkeit drei Arten von Heilern gibt; es sind dies:

1. Der Heiler, der rein mit dem Magnetismus arbeitet; er läßt das heilende Vitalleben des planetarischen Ätherkörpers in der Weise wirken, daß er seinen individuellen Ätherleib als Kanal verwendet, durch den das Prana in den Lebenskörper des Patienten einströmen kann.
2. Der Heiler, der auf einer höheren Ebene und deshalb notwendigerweise mit einem höheren Patiententypus wirkt; er benutzt die Energie seiner eigenen überschattenden Seele in Verbindung mit der Energie seiner individualisierten Seele und strahlt sie — über beide Auren — in die Seele des Patienten hinein.
3. Der Heiler, der beide Methoden anwenden kann; sein Spielraum an Kontakten und Möglichkeiten nützlichen Wir-

kens ist daher viel größer als der der beiden anderen. Er kann mit gleicher Leichtigkeit die Energie der Seele oder die pranische Lebenskraft anwenden und bemeistert somit die beiden Methoden, welche für die zwei Gruppen verwandter Fähigkeiten bestimmend sind. Diese Art von Heiler ist viel seltener anzutreffen als die beiden vorgenannten.

In der gegenwärtigen modernen Welt wird künftigen Heilern kein echtes Verfahren geistigen Heilens gelehrt. Statt dessen bemüht man sich, das ganze Verfahren und die beiden angewandten Methoden auf rein mentalen Ebenen zu gründen, auf Bekräftigungen, Gebetsweisen, auf die Stimulierung des Lebenswillens des Patienten; gelegentlich kommt auch magnetisches oder hypnotisches Bestreichen zur Anwendung, das sich auf den Ätherkörper bezieht. Es werden verschiedene Arten praktischen, subjektiven Denkens gelehrt, jedoch keine echte Formel für eine intelligente, erhoffte Heilung; es gibt nur den verschwommenen Glauben des Heilers und des Patienten sowie eine blinde Auto-
645] suggestion hinsichtlich dessen, was die Bejahung und Bekräftigung der Göttlichkeit bewirken sollte.

Echtes Heilen beruht jedoch auf bestimmten allgemeinen Prinzipien, die man gedanklich unbedingt akzeptieren muß; dessenungeachtet sind die angewandten Methoden, bei denen man die ätherischen Strömungen und die Zentren im Ätherkörper verwendet, genau solche rein körperliche Verfahren wie das Händeauflegen und die Herstellung von Beziehungen, die den physischen Körper beeinflussen; diese Dinge sind überhaupt nicht mentaler Natur und brauchen vom Patienten nicht gedanklich aufgenommen und festgehalten zu werden. Man darf nicht vergessen (und muß es sich ständig vor Augen halten), daß der Ätherleib physischer Natur ist. Wie wir schon früher gesehen haben, gibt es drei Grundprinzipien, auf die der Heiler baut und an die er glaubt; er wird dabei sehr unterstützt, wenn der Patient sie ebenfalls annimmt:

1. Es gibt keine Wirklichkeit in Absonderung oder Trennung. Der planetarische Ätherkörper ist ein ununterbrochenes, zusammenhängendes Ganzes; die Ätherkörper des Heilers und des Patienten sind unabtrennbare Wesensteile des planetarischen Ätherkörpers.
2. Es besteht eine unzerreißbare (wenn auch wahrscheinlich unerkannte) Beziehung zwischen dem Ätherleib des Heilers und dem des Patienten; sie kann, sobald ein Kontakt hergestellt ist, zu einem zielbewußten Energiekreislauf benutzt werden.
3. Die Verbindungskanäle können Stromleiter für viele verschiedene Energiearten sein, die vom Heiler auf den Patienten übertragen werden. In dieser Tatsache liegt sowohl Hoffnung wie Gefahr.

Es gibt noch andere Prinzipien, aber im Zusammenhang mit dieser Regel sind die drei genannten die wesentlichsten und zur Erklärung anschaulichsten. Daher hängt vieles vom Wissen, vom Begriffs- und Auffassungsvermögen des Heilers ab. Die Gefahr sowohl beim ausstrahlenden wie beim magnetischen Heilen besteht darin, daß — *wenn es kein geschulter Heiler* ist — die dem
646] Patienten zugeführte Pranamenge, beziehungsweise Seelenenergie, sowohl zum Tod wie zum Leben führen kann. Ein Heiler kann seinen Ätherkörper so stark mit Prana aufladen und dieses so heftig in den Ätherleib des Patienten übertragen, daß er vielleicht viel mehr Schaden als Gutes anrichtet. Nur lange Praxis kann den Heiler lehren, die richtige Energiemenge auszusenden, und um dies zu lernen, wird er gut daran tun, so wenig Energie wie möglich zu verwenden und dann allmählich — und in dem Maße, wie er sich die nötige Erfahrung erwirbt — das Quantum zu erhöhen. Ganz allgemein gesprochen — denn man muß sich ja klar darüber sein, daß es für alle Regeln Ausnahmen gibt —, wird der magnetische Heiler mit weniger entwickelten Menschen arbeiten als der geistige Heiler, der die Seelenstrahlung verwendet;

der erstere wird sich hauptsächlich mit den Krankheiten befassen, die unterhalb des Zwerchfells sitzen. Die geistigen Heiler arbeiten vor allem mit dem oberen Teil des Körpers, durch die Zentren über dem Zwerchfell und mit dem Kopfzentrum, das alle Zentren im gesamten Körper beherrscht. Ihre Arbeit ist außerordentlich heikel und subtil und ist mit viel größeren Risiken verbunden. Der echte Heiler, der ja ein Eingeweihter ist, verwendet beide Methoden mit gleicher Leichtigkeit.

Es ist interessant, wenn auch nicht besonders nützlich für euch, darauf hinzuweisen, daß es zwei weitere Arten von Heilern gibt, die man manchmal finden kann. Sie arbeiten nach ganz anderen Methoden als den oben erwähnten. Es sind folgende:

1. Bestimmte Heiler — es sind wenige und nur ganz vereinzelte —, die eine Beziehung mit dem Erdengeist, dem Herrscher über alle Lunarherren, hergestellt haben. Nach bestimmten Formeln und mit einem gewissen Maß an Übung können sie seine Hilfe anrufen und tatsächlich über sie verfügen. Ich rate keinem interessierten Studierenden, allzuviel in dieser Richtung nachzudenken und sich zu bemühen, einen Kontakt mit diesem Geist herzustellen oder seine Hilfe anzurufen. Nur Eingeweihte hohen Grades können gefahrlos mit diesem mächtigen, involutionären Elementar-
647] wesen umgehen; sie tun dies nur bei Epidemien und internationalen Katastrophen, wie es ein Weltkrieg ist, an dem Tausende und aber Tausende von Körpern beteiligt waren. Ein nicht hochentwickelter Einzelmensch, der danach strebte, eine Verbindung herzustellen, würde wahrscheinlich nur die Lunarherren seines eigenen Systems derart stimulieren, daß seine niedere Natur übermäßig mit Energie geladen wird — was manchmal sogar zum Tode führen kann.
2. Andere Heiler — es sind nicht so wenige wie in der oben genannten Gruppe, aber ebenfalls verhältnismäßig wenige — wirken in Gemeinschaft mit einem heilenden Deva. Solche

Devas gibt es, und sie haben die Fähigkeit, Leben zu spenden. Sie sind für die involutionären Lunarherren das, was die großen Wesen von Shamballa für uns sind. Sie sind keine Bedrohung für die Menschheit, aber man kann sie nicht leicht erreichen, außer auf einer bestimmten Stufe des Pfades, wo symbolisch gesprochen ein Tor oder eine Kontaktstelle zwischen den beiden Evolutionen besteht; denn die Devas befinden sich nicht auf dem involutionären Bogen. Beziehungen werden durch ein Verwandtschaftsgefühl hergestellt, das aber nur vom Deva und nicht vom Heiler ausgehen kann. Wenn dieser sehr weit vorgeschritten ist, kann sein Meister einen der dienenden Devas anweisen, ihm zu helfen. Nur Heiler von großer Reinheit und mit völlig selbstlosen Motiven können diese Engel anziehen, und wenn sie dies tun, haben sie eine viel größere Heilkraft; sie machen weniger Fehler. Sie versuchen zum Beispiel nicht, Patienten zu heilen, für die es keine Heilungsmöglichkeit mehr gibt. Der Engel des Todes (und diesmal spreche ich nicht symbolisch, sondern meine einen wirklich existierenden Deva) wird einem heilenden Deva nicht gestatten, mitzuarbeiten; dessen Annäherung wird nur erlaubt, wenn die Heilung feststeht.

Wir können nun die einzelnen Sätze dieser Regel vornehmen und ihren Sinn studieren, denn sie sind bedeutungsvoller als es oberflächlich scheinen mag. Der erste Satz jedes Abschnitts im Text beginnt mit einem wichtigen Befehl an den Heiler:

648] Der Heiler muß versuchen, seine Seele, sein Herz, sein Gehirn und seine Hände zu verbinden. So kann er die lebendige Heilkraft über den Patienten ausgießen.

Dies ist die Methode für den niedersten Typus des wahren geistigen Heilers, und deshalb werden zwei Aspekte des grob-physischen Körpers mit einbezogen: das Gehirn und die Hände. Der Heiler wirkt also durch ein Dreieck und zwei Energielinien. Die Lage kann schematisch folgendermaßen dargestellt werden:

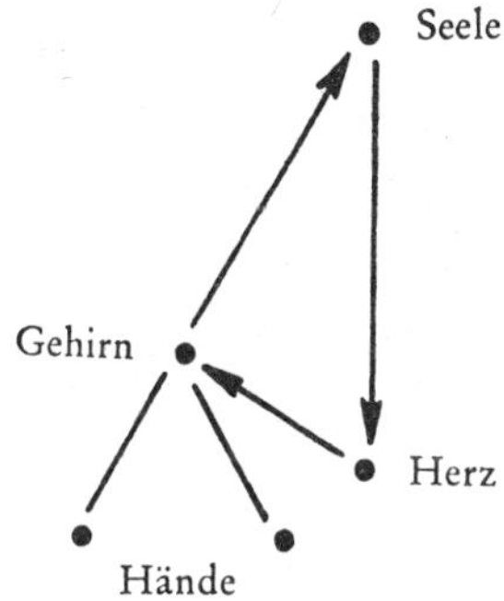

Das Dreieck wird vollständig, wenn die Heilarbeit getan ist und die Energie aus den Händen wieder zum Gehirn zurückgezogen und von dort aus durch einen Willensakt zur Seele zurückgesandt wurde. Wenn der Heiler sich (vermittels der inneren Ausrichtung) mit seiner Seele verbunden hat, zieht er die Seelenenergie in sein Herzzentrum hinunter und überträgt sie von dort zum Gehirn, wo sie endgültig konzentriert wird. Mit dem Ajnazentrum als Verteilungsorgan benutzt er dann seine Hände als Werkzeuge, durch welche die gelenkte Energie jenen Bezirk im Körper des Patienten erreichen kann, wo sich die Störung befindet. Er läßt die Energie in dasjenige Zentrum des Patienten übergehen, das dem erkrankten Bezirk am nächsten liegt und es beherrscht;
649] von dort aus durchdringt sie die umliegenden Teile des Körpers und dringt sowohl zum Mittelpunkt der Beschwerde als auch bis an die Grenzen der erkrankten Region vor.

Er verwendet die Hände auf zweierlei Weise und arbeitet folglich mit zwei verschiedenen Methoden:

1. *Das Auflegen der Hände.* Diese Methode wird angewandt, wenn der erkrankte Bezirk streng umgrenzt ist. Die Hände

werden auf das betreffende Zentrum im Rückenmark oder im Kopf gelegt, das diesen Bezirk wahrscheinlich beherrscht; die rechte Hand liegt dabei auf dem Rückenmarkszentrum, die linke auf dem Körperteil, der direkt vor der betroffenen Region und über dem Teil des Unterleibs, des Brustkorbs oder des Kopfes liegt, über den der Patient klagt. In dieser Stellung werden sie solange festgehalten, wie der Heiler das Dreieck zwischen Seele, Herz und Gehirn klar im Bewußtsein festhalten kann.

2. *Der Gebrauch der Hände in Tätigkeit.* Hat der Heiler die Beschwerde erkannt und dann das benötigte Zentrum an der Wirbelsäule oder im Kopf bestimmt, dann stellt er (durch die Tätigkeit der Hände) einen Energiekreislauf her; dieser verläuft durch das Zentrum im Körper des Patienten, das über die erkrankte Region herrscht, und von dort aus durch diese Region nach außen zum Heiler. Er benutzt zuerst die rechte Hand und hält sie einen Augenblick lang über das erkrankte Organ oder Gebiet; dann zieht er sie langsam zu sich zurück; darauf wiederholt er dasselbe rasch mit der linken. Wie ihr bemerkt, werden beide Hände *positiv* verwendet. Kein Teil oder Aspekt im Körper (oder in den Körpern) des Heilers darf dabei jemals negativ sein; man wird die Vorstellung aufgeben müssen, die rechte Hand sei positiv und die linke negativ. Wäre eine Hand negativ, so käme der Heiler in Gefahr, in sich selbst jene erkrankten Atome aufzunehmen, die er — bei erfolgreicher Arbeit — aus dem erkrankten Bezirk herauszieht. Diese Atome reagieren nicht auf die Tätigkeit seiner Hände, die durch das
650] Zentrum im Körper des Patienten wirken, das der Störung zunächst liegt; sie werden vielmehr aus der Region herausgezogen, die für die Krankheit empfänglich war.

Im ersten Falle strömt die Energie durch das Auflegen der Hände — stiller, ruhiger Hände — zwischen diesen beiden Händen und fließt in dem erkrankten Bezirk hin und her; das Rükkenmarkszentrum wird die ganze Zeit über benutzt, und die hergestellte Kräftewirksamkeit verbrennt und absorbiert — beim Erfolg — die krankheitsverursachenden Kräfte, ohne dabei in den Körper des Heilers einzudringen. Im zweiten Falle werden die Kräfte herausgezogen durch die Aktivität der Energie, die durch die Hände strömt; diese werden dabei nacheinander in regelmäßigem Rhythmus angewandt. Die Kräfte gehen durch die Hände hindurch, können sich aber dort nicht ansammeln, da ja die heilenden Energien in den Händen konzentriert sind.

Heiler auf dem zweiten, dritten und fünften Strahl verwenden im allgemeinen mehr die Methode des Handauflegens oder des *magnetischen Heilens.* Diese Bezeichnung gilt für das direkte Handauflegen auf den physischen Körper des Patienten, nicht aber für die Betätigung der Hände bei der zweiten Methode, bei der die Hände im Ätherkörper des Patienten „eingetaucht" sind und ausgesprochen im Ätherkörper wirken. Heiler auf dem ersten, vierten und siebten Strahl verwenden die Methode des „Händeeintauchens", wie man es manchmal nennt. Der Heiler vom sechsten Strahl ist selten und hat nur dann Erfolg, wenn er sehr hoch entwickelt ist; dann wendet er beide Methoden im Wechsel an.

Alle geistig vorgeschrittenen Heiler verwenden beide Hände. Jedem Heiler wird jedoch empfohlen, zuerst seinen Strahl festzustellen und sich dann in der Heilweise zu vervollkommnen, die am besten zu diesem Strahl paßt; wenn er einmal entsprechend ausgebildet und erfahren ist und mit Gewandtheit und Geschick arbeitet, dann kann er die Heilweise hinzufügen, die seinem Strahltypus nicht so angepaßt ist. Menschen auf dem sechsten Strahl wird empfohlen, sich der Heilkunst zu enthalten,
651] bis sie (bewußt) die Stufe des Eingeweihten erreicht haben. Wenn der Heiler dann beide Methoden magnetischen Heilens bemeistert hat, kann er sie bei der Heilung wechselweise anwenden; oder er benutzt zuerst die Methode des magnetischen

Bestreichens, um die Tätigkeit in dem erkrankten Gebiet zu verändern, und legt dann abschließend die Hände auf.

Am Schluß des Heilaktes wird „das Dreieck versiegelt". Die vom Gehirn durch das Ajnazentrum strömende Energie wird nun in das Ajnazentrum zurückgezogen und von dort — durch einen Willensakt — der Seele zugeleitet. Die Heilkraft wird tatsächlich „abgeschaltet" und zurückgelenkt; sie steht nicht länger zur Verfügung.

Während der ganzen Behandlung spricht der Heiler kein Wort. Er verwendet weder bekräftigende Bejahungen noch irgend ein heilendes Mantram. Bei dem hier geschilderten Vorgang handelt es sich um die Wirkung einer Energie (oder Seelenwirksamkeit) auf eine Kraft. Das muß nachdrücklich betont werden. Die Aufgabe des Heilers besteht darin, die intensive Konzentration auf das „aus lebendigen Energielinien" bestehende Dreieck (wie man es genannt hat) innerhalb seiner eigenen vierfachen Aura — Gesundheitsaura, Ätherkörper, Astralkörper und Mentalkörper — ständig aufrechtzuerhalten. Diese Einstellung muß er unversehrt und fest während der Behandlung beibehalten. Seele-Herz-Gehirn müssen in einer derart „erleuchteten" Weise verbunden sein, daß ein echter Hellseher ein strahlendes Dreieck in der Aura des Heilers erblicken würde; er würde vielleicht die obere Spitze des Dreiecks (die der Seele) nicht sehen können, außer wenn er selbst hoch entwickelt wäre, aber es können ihm die Anzeichen dafür nicht entgehen, daß nämlich die Energie zum Herzen, und von da zum Gehirn strömt. Die Arbeit geht *in der Stille* vor sich. So gibt es niemals einen Kraftverlust, wie es stets durch das gesprochene Wort oder bei einer Bekräftigung der Fall ist. Wenn der Heiler irgendeinen Laut von sich gibt, ist es nicht möglich, das Dreieck geometrisch genau und magnetisch polarisiert zu erhalten. Dies setzt ein vorgeschrittenes Stadium innerer Harmonie und Konzentration voraus und gibt auch einen Hinweis
652] darauf, worin und in welcher Hinsicht der Heiler sich schulen sollte.

Diese Heilmethode „heilt die Krankheit oder verstärkt den schlimmen Zustand, je nach dem Wissen des Heilers". In mancher Hinsicht ist sie — obwohl nicht die höchste Stufe des Heilens — dennoch die mit der größten Verantwortung, da beim Heilen durch Strahlung die Seele des Patienten mit dem Heiler zusammenwirkt; so trägt dann die Seele die hauptsächliche Verantwortung. Beim magnetischen Heilen muß der Heiler mit dem behandelnden Arzt oder Chirurgen des Patienten eng zusammenarbeiten; er besitzt das nötige Fachwissen und kann so verhindern, daß der Heiler Fehler macht.

Wenn die „Anzeichen des herannahenden Todes" sowohl vom Arzt wie vom Heiler eindeutig bemerkt werden, braucht der letztere seine Arbeit noch nicht zu beenden. Indem er sie fortsetzt, verschlimmert er zwar vielleicht den Zustand des Patienten, hilft ihm aber dennoch dadurch, daß er auf normale Weise das Sterben beschleunigt. Nicht in allen Fällen gilt grundsätzlich das Sprichwort: „Wo Leben ist, besteht noch Hoffnung." Das Leben kann verlängert werden — und das kommt oft vor — *obgleich* der Wille der Seele schon danach strebt, das Seelenleben zurückzuziehen. Das Leben der Atome der Lunarherren kann noch eine lange Zeit weitergenährt werden, was den geistigen Menschen außerordentlich bedrängt, denn er ist sich ja des Vorganges und der Absicht seiner Seele bewußt. Es wird lediglich der physische Körper am Leben erhalten, aber der wahre Mensch ist nicht mehr daran interessiert.

Es kommt dann unvermeidlich ein Augenblick — etwa bei einer bösartigen Krankheit —, da der Arzt weiß, daß der Tod einfach eine Frage der Zeit ist; und der geistige Heiler kann dieselben Zeichen erkennen lernen. Statt stille zu schweigen, wie es gegenwärtig Doktor und Heiler dem Patienten gegenüber tun, wird man dann die verbleibende Zeit dazu verwenden, den „wohltätigen und glücklichen Rückzug" der Seele in passender Weise vorzubereiten (vorausgesetzt, daß die Fähigkeiten des Patienten dies zulassen); die Familie und die Freunde werden

653] an der Vorbereitung teilnehmen. In den Anfangsstadien der neuen Weltreligion wird man für diese Geisteshaltung gegenüber dem Tode nachdrücklich eintreten. Man wird eine völlig neue Vorstellung vom Tode lehren, wobei die bewußte Zurückziehung den Kernpunkt bildet; die Bestattungs- oder besser Verbrennungsfeiern werden freudige Ereignisse sein, da man sie tatsächlich als Befreiung und Rückkehr ansieht.

Die magnetische Arbeit wird in jenen Fällen die Heilung bewirken, wenn das Schicksal des Patienten es zuläßt, wenn die Seele den Lebenslauf unerwartet verlängern will, damit der Mensch noch irgendeine Aufgabe erfüllen kann, oder wenn der Patient geistig sehr weit vorgeschritten ist und die Hierarchie seiner Dienste noch für eine längere Frist bedarf.

Wir wollen nun die Heilung durch Strahlung besprechen.

Wir werden uns jetzt mit einer Situation befassen, die ganz anders ist als die eben betrachtete. Beim Strahlungsheilen wirkt der Patient (bewußt oder unbewußt) mit dem Heiler zusammen. Die Grundvoraussetzung dabei ist die, daß der Patient ein Mensch ist, der mindestens bis zu einem gewissen Grade eine Verbindung mit seiner Seele hergestellt hat. Wenn das der Fall ist, weiß der Heiler, daß man auf einen Kontakt rechnen und das *Interesse der Seele* an ihren Repräsentanten, dem Menschen auf der physischen Ebene erwecken kann. Er weiß außerdem, daß der Erfolg beim Strahlungsheilen in großem Maße davon abhängt, ob seine eigene Seele imstande ist, mit der Seele des Patienten eine feste Verbindung herzustellen. Wenn der Patient bewußt und fähig ist, mitzuarbeiten, so wird die Arbeit sehr gefördert; je nach des Heilers Vermögen, sich der inneren Ausgeglichenheit und des erkannten Kontaktes zu bedienen, wird auch die Hilfe beschaffen sein, die er demjenigen zu geben vermag, der seinen Beistand braucht. Selbst wenn der Patient bewußtlos ist, bedeutet dies kein wirkliches Hindernis, vorausgesetzt, daß der Heiler seine Seele und die des Patienten miteinander in Verbindung bringen kann; tatsächlich kann in manchen Fällen die Bewußtlosigkeit

654] des Patienten sogar eine Hilfe sein, denn allzu eifriges, nachdrückliches und ungeduldiges Helfenwollen kann die — ruhige, schweigende und beherrschte — Arbeit des Heilers unwirksam machen.

Ist jedoch der Kontakt einmal hergestellt, so besteht die Arbeit des Heilers einfach darin, die Verbindung stetig aufrechtzuerhalten; man darf nicht zulassen, daß die mit Hilfe des Heilers in Gang gebrachte Tätigkeit der Seele des Patienten gestört wird. Der Meister Jesus konnte am Kreuz auf keinen Rettungsakt eingehen (oder reagieren), selbst wenn Er es gewollt hätte, da der Seelenkörper — wie immer bei der vierten Einweihung — zerstört war; es gab da nichts, was auf die evokative Wirkkraft eines interessierten oder liebenden Menschen in der Außenwelt hätte reagieren können. Als Adept und als jemand, in dem das monadische Bewußtsein fest verankert war, konnte Jesus die ihm damals zur Verfügung stehenden Kräfte nicht dazu verwenden, seinen physischen Körper zu retten. Gleichzeitig muß man berücksichtigen, daß Er gar nicht das Verlangen hatte, ihn zu retten, da Er nun (wie es sich später im Evangelium erweist) die Fähigkeit besaß, sich willentlich einen Körper zu schaffen, wie es seinen Bedürfnissen entsprach. Die eigentliche subjektive Sünde der Apostel bestand darin, daß sie nicht daran interessiert waren, die lebendige Aktivität des Meisters zu seinen Gunsten hervorzurufen (selbst wenn Er dies nicht tun wollte, was sie aber nicht wußten), sondern daß sie völlig von ihrem eigenen Kummer in Anspruch genommen waren. Hätten sie die Evokation (Hervorrufung) versucht, wäre sie nutzlos gewesen; aber das, was ihnen daraus an Gutem erwachsen wäre, und die Offenbarung, die ihnen über die Unsterblichkeit der Seele zuteil geworden wäre, hätte sie außerordentlich erleuchtet; und es hätte eine Christenheit hervorbringen können, die sich um einen lebendigen, und nicht um einen toten Christus schart.

Beim Strahlungsheilen wird uns gesagt: „Der Heiler muß bestrebt sein, seine Seele, sein Gehirn, sein Herz und seine aurische

Ausstrahlung in Verbindung zu halten." In dieser Unterweisung sind, wie ihr bemerken könnt, zwei Punkte anders als jene, die beim magnetischen Heilen angegeben wurden:

1. Die Anordnung des geschaffenen Energiedreiecks ist anders.
2. Die Kontaktmittel sind feinstofflich und nicht greifbar.

655] Die freigelassene Energie kommt unmittelbar mit dem Gehirn in Kontakt; der Heiler beginnt mit einem geschlossenen Dreieck, und mit einem offenen, wie beim magnetischen Heilen. Das geschaffene Dreieck ist einfach, und es besteht kein physischer Kontakt und Abfluß wie beim magnetischen Vorgang:

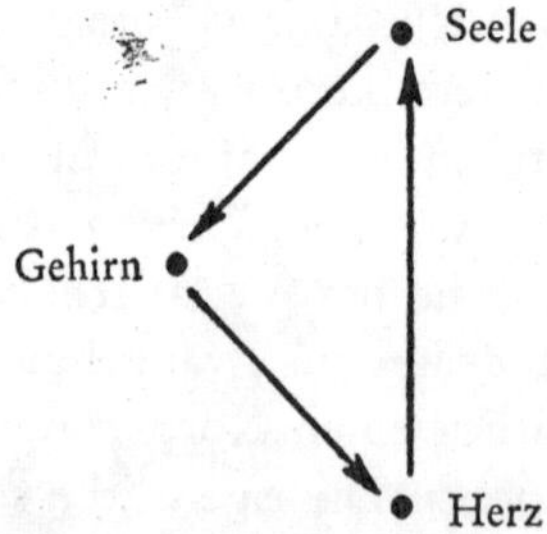

Das Gehirn des Heilers ist beteiligt, aber es besteht keinerlei physischer Kontakt mit dem Patienten. Die Folge davon ist ein ständiger Kräftekreislauf von der Seele aus und wieder zurück zur Seele. Dies führt notwendigerweise zu einer Anreicherung und Durchkraftung der dreifachen Persönlichkeit des Heilers und damit seiner aurischen Ausstrahlung. Seine Aura würde einem Hellseher als stark ausgedehnt, in rascher Bewegung und vom Licht der Seele erfüllt erscheinen, wobei aber die gesamte Strahlung zum Patienten hingelenkt ist. Auf diese Weise stimuliert die Heilkraft des Heilers alle drei Persönlichkeitsträger des Patienten; dessen Seele wird dadurch in der Arbeit, die sie zu leisten hat, unterstützt. Der Heiler wird folglich daraufkommen, daß er auf

jener Seite des Patienten stehen muß, wo sich die Störung befindet, damit die Strahlung seiner Aura leichter hinüberdringen kann. Dies ist die leichteste Methode, aber nicht die wirksamste. Wenn die Lebenskraft des Patienten stark ist, sollte er auf der
656] Seite liegen; der Heiler sollte hinter ihm stehen, damit die hindurchströmende Energie, die der Heiler verwendet und die seine Aura so stark mit Seelenenergie auflädt, auf die Aura des Patienten einwirken und so den Eintritt der heilenden Strahlung erleichtern kann, die der Heiler dem benötigten Zentrum — es können auch mehrere sein — zuführt. Ist der Patient sehr hoch entwickelt, so sollte der Heiler am Kopfende stehen. Seine persönliche Wirkung ist dann nicht so groß, aber das spielt keine Rolle, denn darauf kommt es nicht an; die Seele des Patienten wird der Aufgabe gewachsen sein. Es ist lediglich nötig, daß die Aura des Heilers — verschmolzen mit der des Patienten — eine Zone ruhiger, rhythmischer Tätigkeit um das Kopfzentrum herum schafft. Jetzt ist kein physischer Kontakt über die Hände erforderlich, ja der Heiler darf auf keinen Fall den Patienten berühren.

Diese Situation wird uns in den Worten geschildert: „So kann seine Gegenwart das Seelenleben des Patienten stärken. Dies ist das Werk der Ausstrahlung. Die Hände sind nicht nötig."

Symbolisch gesprochen ist es beinahe so, als wäre durch den Kontakt zwischen den beiden Auren und durch deren hohe Schwingung ein großer Kräftewirbel entstanden, mit dessen Hilfe die Seele des Patienten leichter wirken kann. Wäre ein Eingeweihter dabei, so würde er einen goldenen Energiestrom sehen, der geradewegs durch die energiegeladenen Körper der Persönlichkeit des Kranken in das Zentrum hinunterströmt, das der Störung am nächsten liegt. Die Stromzufuhr erfolgt über das Kopfzentrum direkt zu dem Ort der Beschwerde, und auf diesen Punkt hin ist auch die Aura des Heilers gerichtet. Die mentale Einstellung des Patienten wird gestärkt und geklärt durch die mentale Ausströmung aus der Aura des Heilers; seine emotionellen Reaktionen, die oft sehr stark sind, werden ebenfalls besänftigt und beruhigt, und auch die ätherische und die Gesundheitsaura haben eine deutliche Wirkung auf die entsprechenden Aspekte in der Aura des Kranken.

657] Die Strahlungsheilung kommt durch die Vermischung der Auren zustande, die beide auf den Seelenkontakt reagieren; der Seelenaspekt beider Personen wird dann (unter der Leitung der Seele) auf ein Gebiet im physischen Körper des Patienten gerichtet. Dies übt eine erstaunliche Wirkung auf die erkrankte Region aus, und besonders das Zentrum dieser Region wird außerordentlich stark aufgeladen. Die Arbeit des Heilers während dieses Vorgangs besteht darin, äußerst ruhig und still zu sein. Nachdem er den Kontakt hergestellt hat, wartet er einfach und hat nichts weiter zu tun, als sich stetig mit seiner Seele verbunden zu halten und dafür zu sorgen, daß nichts die Träger seiner Persönlichkeit stören kann. Seine Aufgabe war erfüllt, als er den Kontakt mit der eigenen Seele hergestellt hatte und dann mit der Seele des Patienten Fühlung suchte und in Verbindung kam. Dies konnte er tun, da er weiß, daß alle Seelen eins sind; die Heilkunst wird einmal eines der Beweismittel für die Einheit aller Seelen sein. Daher schließt diese Regel mit den Worten: „Des Patienten Seele reagiert, wenn seine Aura auf die aus der Aura des Heilers kommende, von Seelenenergie durchflutete Strahlung reagiert.“ Folglich handelt es sich darum, daß sich die Seelenenergie beider Seiten auf allen drei Ebenen menschlichen Gewahrseins begegnet. Der Ausdruck „die Seelenenergie“ steht hier in der Einzahl, weil die Einheit erreicht wurde (wenn es auch nur für einen Augenblick war). Die Seele des Patienten erkennt diese Einheit dadurch an, daß sie seine Aura „okkult belebt“ und für die aus der Aura des Heilers eintretenden Strahlungen empfänglich wird. Diese Flut von Seelenenergie, welche durch die verbundenen Auren strömt, wird als vereinigte Bemühung gänzlich zum Sitz der Krankheit im Körper des Patienten hin gelenkt. Ihr könnt daraus ersehen, daß die Arbeit — bewußt oder unbe-

wußt — vor sich gehen und entweder die Heilung oder jene „Be-
lebung der Atome“ bewirken kann, „die unter der Leitung der
Seele zur Befreiung führt“, wie es der „Alte Kommentar“ aus-
drückt.

Wenn ganz offensichtlich dem Patienten der Tod bestimmt ist,
ändert sich die Methode des Heilers ein wenig. Er stellt sich dann
658] am Kopfende auf und lenkt von diesem Punkt aus alle
seine Strahlungen zum Sitz der Krankheit, wodurch er zwangsläu-
fig die Schwingungstätigkeit stark beschleunigt. Der Patient be-
ginnt inzwischen — entweder bewußt durch Gehirnerkenntnis
oder unbewußt unter der Leitung der Seele — das gesamte Be-
wußtsein aus dem Körper zurückzuziehen. Daher befinden sich
so viele Menschen vor dem Tode in einem Koma (Dämmer-
zustand, Bewußtlosigkeit). Hat diese Zurückziehung des Bewußt-
seins einmal begonnen, so endet das Werk des Heilers. Er „schal-
tet seinen Seelenkontakt ab“ und übernimmt wieder die Kon-
trolle über seine Aura als Werkzeug seiner eigenen Wesensäuße-
rung; sie ist nicht länger ein Werkzeug zum Heilen durch Strahl-
wirksamkeit und überläßt es dem Patienten allein, automatisch
den Bewußtseins- und den Lebensfaden aus dem Kopf- und Herz-
zentrum endgültig zurückzuziehen.

Das ist in großen Zügen ein allgemeiner Überblick über die
Vorgänge, die sich beim magnetischen und strahlenden Heilen ab-
spielen. Ich habe euch hier den Rohbau der Idee gegeben, aber
nicht die Einzelheiten; mehr kann dann gefolgert und mitgeteilt
werden, wenn wir die sieben Heilmethoden mit ihren Strahl-
beziehungen studieren.

Diese Lehren sind so gegeben worden, daß der Studierende die
Seiten überfliegen und sich die benötigten Tatsachen zusammen-
stellen muß; auf diese Weise erarbeitet er sich das Programm für
das erste Stadium geistigen Heilens. Solange er nicht selbst ein
geistiger Heiler und fähig ist, zwischen den Zeilen zu lesen sowie
zwischen Symbolik und Tatsache zu unterscheiden, wird er irre-
geführt, und seine Arbeit bleibt nutzlos. Dies ist beabsichtigt;

denn wenn die Heilkunst nach den richtigen Formeln fehlerlos angewendet wird, kann sie gefährlich sein. Man muß berücksichtigen: obwohl die Energie Denken ist, so ist sie doch vom höheren Gesichtspunkt aus auch Feuer. Man muß sämtliche Methoden, Verfahrensweisen und Formeln entdecken, damit Versuche anstellen und die Ergebnisse aufzeichnen, bevor echtes geistiges Heilen stattfinden kann; ist diese Forschungsarbeit einmal bewältigt, dann wird das Heilen gefahrloser als es heute ist.

659] Inzwischen kann viel Gutes geleistet und eine Menge gelernt werden, wenn die daran Interessierten lesen, studieren, meditieren, sorgfältige Versuche anstellen und so allmählich diese dringend benötigte Wissenschaft als Partner für die Medizin unserer Neuzeit aufbauen.

Wir wollen jetzt das IX. Gesetz besprechen.

Im IX. Gesetz und in der VI. Regel werden wir uns mit derart grundlegenden Tatsachen beschäftigen, daß wir vor folgendem Problem stehen: Wie kann man die Lehre so präzise formulieren, daß umfassende Themen in Kürze abgehandelt werden und gleichzeitig doch klar und einfach erscheinen können? Dieses Gesetz ist eigentlich eine Definition des Evolutionsgesetzes, aber vom geistigen Blickpunkt aus. Das Gesetz der Evolution betrifft — so wie man es gewöhnlich versteht — die Evolution des Formaspekts, der allmählich so weit vorangebracht wird, daß er ein Exponent oder eine Ausdrucksform der Seelenenergie, und später der monadischen Energie sein kann.

Man könnte dieses Gesetz das Gesetz der Vollkommenheit nennen. Es befaßt sich mit den inneren Energien, die die Ursachen für die Wirksamkeit des Evolutionsgesetzes sind. Es ist der höhere Aspekt oder die bestimmende Ursache des niederen; die dem Gesetz der Vollkommnung untergeordneten Gesetze werden (vom Anfänger) etwas unbestimmt die geistigen Gesetze genannt, aber er weiß von diesen nur wenig und vereinigt sie alle in seinen Gedanken unter der allgemeinen Vorstellung, daß sie Äußerungen des Liebesaspektes der Gottheit seien. Dies ist vom qualitativen Gesichtspunkt aus im wesentlichen richtig, wenn man gleichzeitig erkennt, daß der Liebesaspekt seinem innersten Wesen nach reine Vernunft, und nicht eine emotionelle Gefühlsregung ist, die in freundlichen Handlungen zum Ausdruck kommt.

Die dieses Gesetz begleitende Regel hat mit der Beziehung von Liebe und Willen zu tun und ist folglich für den Eingeweihten von großer Bedeutung. Ich möchte euch hier daran erinnern, daß
660] der Eingeweihte der einzig echte Heiler ist; daher können die beiden letzten Gesetze (IX und X) nur vom eingeweihten Jünger wirklich verstanden werden. Sie sind jedoch auch für den Anfänger, den Forscher und Aspiranten verstandesmäßig außerordentlich interessant, da er (zumindest theoretisch) einiges von ihrer Bedeutung erfassen kann, obwohl er noch völlig unfähig ist, das „Gesetz zu befolgen" — im geistigen Sinne.

IX. Gesetz.

Vollkommenheit ruft Unvollkommenheit ans Tageslicht hervor. Das Gute treibt stets das Böse aus der Form des Menschen in Zeit und Raum aus. Die Methode, die sowohl vom Guten und Gerechten angewendet wird, ist Harmlosigkeit. Das ist keine negative, passive Geisteshaltung, sondern vollkommenes Ausgeglichensein, eine endgültige Weltanschauung und ein göttliches Erkennen und Verstehen.

Dieses Gesetz ist außerordentlich einfach und bedeutet genau das, was es aussagt. Man kann es auf zweierlei Art auslegen:

1. Es betrifft die geistige Entwicklung des Menschen mittels der Form und die Art und Weise oder das Gesetz, wie und wodurch die latente Macht der Materie — die von Selbstsucht und all dem durchtränkt ist, was man als das Böse erkennt — beseitigt und der Mensch frei wird.
2. Man kann es auch im Sinne von Heiler und Patient auslegen. Oft bewirkt die Tätigkeit und das Wissen des echten Heilers, daß das Böse (die Krankheit) im Körper in akuter Form an die Oberfläche gebracht wird. Dies kann entweder zur Folge haben, daß die Krankheit ausgemerzt und die Ge-

ndheit gefestigt wird, oder daß der Körper den gesteigerten Beschwerden erliegt, so daß der Patient wahrscheinlich stirbt. Deshalb ist es ein Glück, daß der Durchschnittsheiler so wenig fertigbringt, denn damit wird eine schreckliche Möglichkeit ausgeschaltet!

Die nach dem Gesetz der Vollkommnung angewandte Methode heißt „vollkommene Harmlosigkeit“, und eben sie wurde von
661] Christus, dem Vollkommenen, stets angewandt. Es ist jedoch nicht die Harmlosigkeit, die ich den Aspiranten immer wieder einschärfe, sondern ein innerer Antrieb, der vom geistigen Menschen und seiner natürlichen Bestimmung ausgeht; er besteht darin, daß man die Wirkungen auf die Formnatur nicht beachtet. Ich habe euch oft gesagt, daß sich die Hierarchie nur mit dem geistigen Wesen, mit der Seele der Menschheit befaßt, und daß die Form — für den Meister — verhältnismäßig unwichtig ist. Die Befreiung von der dreifachen Formgestalt wird vom geistigen Menschen überhaupt als die größtmögliche Wohltat betrachtet, vorausgesetzt, sie tritt gesetzmäßig ein als Folge seines geistigen Schicksals und karmischer Entscheidung; sie darf nicht als Akt der Willkür oder als Flucht vor dem Leben und seinen Konsequenzen auf der physischen Ebene oder als selbst-auferlegtes Entkommen erfolgen. Ein eindrucksvolles Beispiel für diese seltsame Auswirkung des Gesetzes der Vervollkommnung (seltsam für den begrenzten Gesichtskreis des Menschen) war der Krieg 1914—1945. Millionen starben, andere Millionen litten schwer in ihrer Formnatur, und viele weitere Millionen erlebten und erleben noch immer die quälenden Gedanken der Unsicherheit, Ungewißheit und Armut. Dennoch kam es nach dem Gesetz der Vervollkommnung zu zwei wichtigen Ergebnissen geistiger Art:

1. Es wurden Seelen aus einer zurückgebliebenen und absterbenden Zivilisation befreit — denn das ist eure vielgerühmte Zivilisation in den Augen der Hierarchie; sie werden in ge-

eigneteren Körpern zu einer Zivilisation und Kultur zurückkehren, die mit den Bedürfnissen des geistigen Menschen besser übereinstimmt. Der Hauptgrund, warum die (physischen, emotionellen und mentalen) alten Formen so vollständig zerstört wurden, liegt darin, daß sie für die Seelen eine vollständige Einkerkerung bedeuteten und alles echte Wachstum der Menschenmassen unmöglich machten.

2. Reiche und arme, intelligente und unwissende Menschen haben jetzt *eines* klar begriffen und das wird das menschliche Denken in zunehmendem Maße bedingen: Glück und Erfolg
662] hängen nicht vom Besitz materieller Dinge oder von materiellen Gütern ab. Das ist die falsche Vorstellung der organisierten Arbeiterbewegung, die um mehr Geld kämpft und streikt, um üppiger leben zu können; das ist auch der Fehler der Allgemeinheit, wenn sie mit dem Vorgehen der Arbeiterschaft sympathisiert, denn sie rebelliert dagegen, daß die stetige Zufuhr *materieller* Güter beschränkt wird. Die Menschheit hat diesen Fehler seit undenklichen Zeiten gemacht und hat sich schwer darin geirrt, daß sie das Schwergewicht auf das legte, was zum Nutzen der Form ist. Dies ist das Gute an der russischen Einstellung, daß sie gegen den Kapitalismus kämpft und den Nachdruck auf die Erziehung und Bildung legt. Ihre Unbarmherzigkeit und Grausamkeit jedoch, und ganz besonders die Tatsache, daß sie die Rechte der einzelnen Bürger auf bestimmte wesentliche Freiheiten unterdrückt, wird vielleicht schließlich die Schönheit und die Hoffnungen der ursprünglichen Idealvorstellung zunichte machen. Rußland hat recht mit seinem Idealismus, aber erschreckend und grundsätzlich unrecht in den Methoden. Die Vereinigten Staaten und Großbritannien stehen mittwegs. Sie haben ein visionäres Zukunftsbild, wissen aber nicht, wie sie es realisieren und wahr werden lassen sollen; denn sie haben (zu Recht) keine Sympathie für ein totales Regime. Der kapitalistische Geist und der verborgene Faschismus

der Vereinigten Staaten sind heute eine ganz ausgesprochene Bedrohung für den Weltfrieden, denn die Kapitalisten hemmen die Bemühungen der Menschen guten Willens. Großbritannien ist gegenwärtig ohne Macht und finanziell ruiniert; seine alte imperialistische Politik fällt vollständig in sich zusammen, die Menschen sind entmutigt; darum ist es von seinem Lebenskampf so sehr in Anspruch genommen (und es will leben), daß nur noch wenig Zeit, Interesse oder Energie übrig ist, um die Vision zu verwirklichen.

Es besteht bekanntlich immer eine Entsprechung zwischen dem individuellen Menschen und der Menschenwelt als Ganzem. So wie heute praktisch bei jedem Menschen physisch etwas nicht in Ordnung ist — Augen, Ohren, Zähne oder körperliche Übel irgendwelcher Art — so ist auch die Menschheit krank und wartet
663] auf Heilung. Diese wird mit Hilfe der Neuen Gruppe der Weltdiener und der Menschen guten Willens erfolgen und von der Hierarchie unterstützt werden; von diesem planetarischen Zentrum wird man die Heilenergien beziehen. Die Unvollkommenheit ist an die Oberfläche gebracht worden; die Übel, die ausgemerzt werden müssen, sind jedermann bekannt, und all dies hat sich unter dem Einfluß des Gesetzes der Vervollkommnung vollzogen. Ich befasse mich hier mehr mit der allgemeinen Lage als mit der individuellen Beziehung zwischen Heiler und Patient; das geschieht aus dem einfachen Grunde, weil nur ein Eingeweihter mit Erfahrung und geistigem Verstehen dieses Gesetz halten oder dieser Regel gehorchen kann, und solche Menschen gibt es heute auf Erden nur sehr wenige. Der Elendszustand der Menschheit als Gesamtrasse und als Folge äonenlanger falscher Lebensweise, egoistischer Bestrebungen und Gier hat eine Menge physischer Übel hervorgebracht; heute werden Millionen von Kindern geboren, die entweder ersichtlich krank sind oder den Keim zur Krankheit schon in sich tragen. Erst, wenn das Böse, das sich gezeigt hat, und die Mängel und Schwächen, die an die Oberfläche gezogen

wurden, beseitigt oder an ihren Ausgangspunkt zurückgetrieben worden sind, dann — und nur dann — wird die physische Krankheit aufhören oder der Behandlung mühelos weichen.

Wenn wir hier das allgemeine Thema der Unvollkommenheit und des Übels besprechen, so befassen wir uns mit Ursachen (und dies muß ja der Eingeweihte immer tun); erst wenn diese Ursachen beseitigt sind, werden auch die Wirkungen verschwinden. Die Christliche Wissenschaft und die Unitybewegung haben daher recht mit ihren allgemeinen Theorien und Voraussetzungen; aber gewisse Dinge, auf die sie den Nachdruck legen, und ihre Methoden sind völlig falsch. Auf lange Sicht ist alle Arbeit, die sie heute leisten, ziemlich nutzlos, außer insoweit, als sie das Gesetz der Vollkommenheit bewahren und verkünden; doch selbst dies tun sie in einer verworrenen Weise, und ihre Lehre ist an-
664] gekränkelt von der allgemeinen Selbstsucht.

Es ist euch oft gesagt worden, daß man auf zwei Arten zum Ziel kommen kann: Der lange harte Weg der Evolution, auf dem man Äonen braucht, um verhältnismäßig geringe Ergebnisse zu erzielen, oder der kurze, noch schwierigere, aber viel schnellere Weg der Einweihung. Lange Zeit hindurch blieb es eine umstrittene Frage, ob die Menschheit die langsame, aber sichere Methode wählen würde (und vielleicht besser wählen sollte). Mit dieser wird die Unvollkommenheit nur sehr allmählich ausgemerzt, ohne große Belastung und mit nur geringer Anstrengung von seiten des Menschen. Es ist die Methode, durch die das Gute nur langsam erkannt und das Schlechte nur langsam — sehr langsam — ausgetrieben wird. Der Wille-zum-Guten aus Shamballa ist im normalen Evolutionsgang nur sehr schwach wirksam, so daß noch sehr viele Äonen vergangen wären, bevor die Menschheit auch nur die gegenwärtige Entwicklungsstufe erreicht hätte.

Aber es geschah etwas, was selbst die Hierarchie nicht vorhergesehen hatte. Während der letzten zweihundert Jahre hat sich das gesamte Bild verändert, denn es erreichten einzelne Menschen in genügender Zahl die Einweihung und traten in die Ashrams der Meister ein. Auf Grund der Entscheidung dieser erfolgreichen Aspiranten und ihrer fortgesetzten Wirksamkeit wurde beschlossen, daß die Menschheit den raschen, harten Weg versuchen sollte. Seit dieser Zeit sind drei Faktoren wirksam gewesen:

1. Die erstaunlichen Fortschritte darin auf dem Weg, das Bewußtsein der Menschheit als Masse auf ein viel höheres intellektuelles Niveau zu heben. Davon legen die Zunahme der Bildung, die Entdeckungen der Wissenschaft und die Beherrschung der materiellen Ebene und der Luft Zeugnis ab.
2. Die weltweite Not und Bedrängnis, die Wirtschaftskatastrophe, die Weltkriege, die Naturkatastrophen und die unzähligen Vorfälle und Schwierigkeiten, die das Leben des einzelnen, des Volkes und unseres Planeten in diesen Tagen so schwer machen. Niemand ist davon ausgenommen, und es zeigen sich keine Unterschiede.
3. Das Wissen um die Hierarchie und vor allem um den geistigen Plan nimmt ständig zu. Das machte es notwendig, den
665] Menschen durch die arbeitenden Aspiranten und Jünger ein Ziel vor Augen zu stellen und ihnen die Methoden des Pfades anzugeben, auf dem dieses Ziel erreicht werden kann. Das wurde nicht von den religiösen Kirchengemeinschaften in der Welt, sondern von den Mitgliedern des Ashrams durchgeführt. Die Kirchen haben im öffentlichen Bewußtsein lediglich die Tatsache des transzendenten Gottes aufrechterhalten, während sie den innewohnenden Gott außer acht ließen; sie bezeugten die Existenz Christi, verzerrten jedoch Seine Lehre; sie lehrten die Unsterblichkeit, beachteten dabei aber nicht das Gesetz der Wiedergeburt.

Die Menschheit macht also rasche Fortschritte auf dem Wege nach oben, so daß man folglich zweierlei erwarten kann: Erstens, daß die Unvollkommenheit und das Böse (das eine verborgen, das andere wirksam, wenn auch im Rückzug begriffen) dem intelligenten Menschen immer klarer erkennbar werden; und zweitens, daß man auch darauf kommen wird, wie man diese Übelstände beseitigen kann.

Ich befasse mich hier nicht mit dem Wesen der Unvollkommenheit oder dem Zweck des Bösen. Muß ich meine Leser noch besonders darauf hinweisen, wie unausweichlich beide vorhanden sind? Ich könnte sagen, daß die Unvollkommenheit im Wesen der Materie selbst begründet und ein Erbteil aus einem früheren Sonnensystem ist. Ich könnte anführen, daß das Böse von jener Hierarchie böser Kräfte ausgeht, welche die materielle Entsprechung der geistigen Hierarchie sind; das hat mit der Tatsache zu tun, daß alle unsere Ebenen aus Substanz der kosmisch-physischen Ebene bestehen. Man könnte ferner darauf hinweisen, daß wenn die Unvollkommenheit der Materie einmal erkannt und beseitigt wird, und wenn sich das Hauptaugenmerk der Menschheit von den materiellen Dingen abwendet, daß dann für die Kräfte des Bösen in den drei Welten (den drei Ebenen der kosmischen grob-physischen Ebene) nichts mehr da ist, worauf sie
666] einwirken können; es wird nichts mehr geben, was sie beeinflussen können; und sie werden auch keine Möglichkeit mehr haben, im bösen Sinne auf die Menschen einzuwirken. Ich kann nicht erwarten, daß ihr jetzt schon die Bedeutung meiner Worte begreift. Sie haben jedoch mit jener Stelle in der Großen Invokation zu tun, wo es heißt: „Und siegle zu die Tür zum Bösen". Es gibt ein Tor in ein böses Reich und in die Finsternis, genauso wie es ein Tor in die Welt des Guten und des Lichtes gibt; der Teufel ist für den Menschen, der sich dem Bösen ergibt und verschreibt, dasselbe, was der Hüter der Schwelle für den geistigen Aspiranten ist.

Die Hauptaufgabe der geistigen Hierarchie ist seit jeher die gewesen, zwischen den Kräften des Bösen und der Menschheit zu stehen, Unvollkommenheit ans Licht zu bringen, so daß das Böse „keinen Platz der Betätigung finden kann", und die Tür in das geistige Reich offenzuhalten. Dies hat die Hierarchie getan, wobei

die Menschheit nur wenig mitgeholfen hat. Diese Situation hat sich jetzt geändert. Der Weltkrieg war das Symbol und die Garantie für diese Änderung; da kämpften die Lichtkräfte, die Massen der verbündeten Nationen, gegen die Kräfte des Bösen *auf der physischen Ebene* und vernichteten sie. Es lag ein viel tieferer geistiger Sinn in dem Kriege, als man bis jetzt erkannt hat. Er bedeutete einen Wendepunkt für die Welt; er lenkte die Menschheit wieder auf das Gute hin; er trieb die Kräfte des Bösen zurück und klärte endgültig (und dies war neu und notwendig) den wirklichen Unterschied zwischen Gut und Böse, und zwar nicht in einem theologischen Sinne — wie er von den Sprechern der Kirche vertreten wird — sondern praktisch und offensichtlich. Das zeigt sich in der katastrophalen Wirtschaftslage und der Gewinnsucht der führenden Menschen in jedem Lande. Die Menschenwelt ist (da der Unterschied zwischen Gut und Böse so offensichtlich wurde) hellhörig geworden gegenüber materialistischer Ausbeutung, dem Mangel an wirklicher Freiheit und den bisher nicht beanspruchten Rechten des Einzelmenschen. Die Fähigkeit des Menschen, der Sklaverei Widerstand zu leisten, ist überall in der Welt sichtbar geworden. Es ist zwar richtig, daß die Kämpfer
667] für die Freiheit falsche Methoden anwenden und oft bestrebt sind, Böses mit Bösem zu bekämpfen; aber dies ist typisch für Übergangsmethoden. Die Übergangszeit ist vom Gesichtspunkt der Hierarchie aus zeitlich begrenzt (wenn auch vielleicht lang vom Blickpunkt des Menschen in den drei Welten), aber sie muß heute nicht mehr unbedingt lange dauern.

Die Fortschritte der Menschheit während der letzten zweihundert Jahre waren so groß, daß die Ratskammer von Shamballa gezwungen war, davon Kenntnis zu nehmen. Als Folge davon, daß diese Großen Wesen um Sanat Kumara aufmerksam geworden waren und ihr Interesse den Angelegenheiten der Menschen zuwendeten, geschah zweierlei:

1. Der Willensaspekt der Gottnatur stellte zum ersten Male einen deutlichen und direkten Kontakt mit dem menschli-

chen Denken her. Der dynamische Impuls war direkt und wurde nicht — wie bisher — auf die Hierarchie abgelenkt und von dort der Menschheit zugesandt. Je nach dem Typus des Menschen oder der Gruppe, die auf diesen Kontakt reagierten, waren auch die entsprechenden Ergebnisse; diese waren entweder sehr gut oder außerordentlich schlecht. Es traten große, gute Menschen auf, welche die für das Neue Zeitalter benötigten Wahrheiten verkündeten; als Beispiel für sie könnte man Lincoln, Roosevelt, Browning, Briand und eine Anzahl weniger bedeutender Männer anführen. Ebenso traten schlechte, verderbliche Menschen auf, wie etwa Hitler und die um ihn gescharte Gruppe, die viel Unglück über die Erde brachten.

2. Gleichzeitig rief der Wille-zum-Guten aus Shamballa den im Menschen ruhenden guten Willen auf, so daß seit hundert Jahren Herzensgüte, Freundlichkeit im Handeln, Achtung vor anderen und Massenbewegungen zur Förderung des menschlichen Wohlergehens ständig zunehmen und sich über die Erde verbreitet haben.

Gleichzeitig mit der sichtbar werdenden Unvollkommenheit und den methodischen Anstrengungen des Bösen trat die Neue Gruppe der Weltdiener auf den Plan; auch die Hierarchie traf die ersten Maßnahmen, um ihr sichtbares Erscheinen auf der physischen Ebene vorzubereiten. Die Hierarchie ist zur Zeit außerordentlich mächtig; ihre Ashrams sind voll von Eingeweihten
668] und Jüngern, und ihre Peripherie oder ihr magnetisches Feld zieht ungezählte Tausende von Aspiranten an sich. Der Krieg hat dem materiellen Bösen einen tödlichen Schlag versetzt, so daß seine Gewalt über die Menschheit sehr geschwächt ist.

Verwechselt nicht das Böse mit den Handlungen der Gangster und Verbrecher. Diese sind eine Folge der jetzt massenhaft auftretenden Unvollkommenheiten; sie sind die Opfer von Unwissenheit, schlechter Behandlung im Kindesalter und des jahrhunderte-

langen Mißverstehens rechter menschlicher Beziehungen; das Gesetz der Wiedergeburt wird sie schließlich auf den Weg zum Gusen führen. Wirklich böse Menschen sind diejenigen, die versuchen, eine Rückkehr zu den schlechten alten Gewohnheiten zu erzwingen; die bestrebt sind, ihre Mitmenschen in irgendeiner Art versklavt zu halten; die die Verwirklichung einer der vier Freiheiten oder aller zusammen behindern wollen; die materiellen Reichtum auf Kosten der Ausgebeuteten ansammeln, oder die versuchen, die Erzeugnisse der Erde für sich selbst oder um des eigenen Profits willen zu behalten; damit machen sie die Kosten der Lebensnotwendigkeiten unerschwinglich für diejenigen, die nicht mit Reichtümern gesegnet sind. Menschen, welche auf diese Weise handeln, denken und planen, finden sich in jedem Volk, und für gewöhnlich gehören sie — wegen ihres Reichtums und Einflusses — zur (sogenannten) Prominenz; sie versündigen sich gegen ihre bessere Erkenntnis, nicht aus Unwissenheit; ihre Ziele sind materieller und nicht spiritueller Art. Es sind verhältnismäßig wenige im Vergleich zu den zahllosen Millionen von Erdenmenschen, doch haben sie eine außerordentliche Macht; sie sind sehr intelligent, kennen aber keine Skrupel. Gerade durch diese Menschen wirken die Kräfte des Bösen, die den Fortschritt aufhalten, die Armut vergrößern, Haß und Klassenunterschiede verstärken, rassische Gegensätze schüren und zu ihren eigenen Zwecken ausnutzen und die Menschen in Unwissenheit halten. Ihre Sünde ist groß, und es ist für sie schwer, sich zu ändern, denn die Macht und der Wille zur Macht (der ja dem Willen zum Guten entgegenwirkt) sind die beherrschenden, alles bestimmenden Faktoren in ihrem Leben; diese Menschen arbeiten heute gegen die Einheit der Vereinten Nationen, denn sie sind habsüchtig und
669] setzen alles daran, die Rohstoffquellen der Erde (wie Öl, Mineralien und Nahrungsmittel) zu besitzen und so die anderen Menschen schwach zu halten und ohne ausreichende Nahrung zu lassen. Diese Menschen, die man in jedem Volke findet, verstehen einander genau; sie arbeiten in großen Verbänden zusammen,

um die Reichtümer der Erde auf Kosten der Menschheit auszubeuten.

Rußland ist heute in einzigartiger Weise frei von solchen Menschen; ich spreche also hier nicht von diesem riesigen Lande, wie manche seiner Feinde vielleicht annehmen möchten. Rußland macht große Fehler, doch sind es die Fehler fanatischer Theoretiker oder Verbrecher, die aus Unwissenheit, wegen ihrer Unreife oder aus Zorn über die elenden Zustände sündigen, von denen sie umgeben sind. Dies ist etwas ganz anderes als das Böse, von dem ich gesprochen habe; es wird auch nicht andauern, denn Rußland wird lernen; diese anderen aber lernen nicht.

Ich habe das obige Beispiel herangezogen, um mein Thema etwas klarer zu machen. Das ganze Problem des Bösen ist jedoch viel zu umfassend, als daß man es hier betrachten könnte; und es ist auch nicht ratsam oder klug, über die Quelle des Bösen (nicht der Unvollkommenheit!), die Schwarze Loge, zu sprechen. Dem Gedanken folgt Energie, und das gesprochene Wort kann eine starke Resonanz auslösen; solange man noch nicht Mitglied der Großen Weißen Loge ist, tut man gut daran, die Betrachtung von Kräften zu meiden, die stark genug sind, um die latente Unvollkommenheit der Menschen geschickt auszunützen und ihr das ungeheure Unglück des Krieges mit allen seinen Folgen und weitreichenden Wirkungen aufzuerlegen. Die Schwarze Loge ist das Problem der Weißen Loge und geht die Menschheit nichts an; die Hierarchie hat sich äonenlang damit befaßt, und sie ist jetzt dabei, es zu lösen. Es ist im wesentlichen jedoch eine Sache Shamballas, denn es hat mit dem Willensaspekt zu tun, und nur der Wille-zum-Guten wird stark genug sein, um den Willen-zum-Bösen auszulöschen und zu vernichten. Der Gute Wille
670] wird nicht genügen, obwohl der vereinigte invokative Anruf der Menschen guten Willens in der ganzen Welt — der durch die Große Invokation einen immer stärkeren Ausdruck erhält — dazu beitragen wird, „die Türe zu versiegeln, wo das Übel wohnt".

Eben hinter dieser Türe arbeitet die Hierarchie und befaßt sich erfolgreich mit den dort verborgenen (und aufgebotenen) Kräften; ihr würdet die Methoden und Verfahrensweisen, nach denen sie die Menschheit vor dem aufgebotenen Bösen schützt und das Übel schrittweise zurücktreibt, nicht verstehen, denn ihr habt ja noch nicht das Tor durchschritten, das auf den Weg der Höheren Evolution führt.

Was soll ich über Harmlosigkeit sagen? Es ist für mich nicht leicht, euch die Wirksamkeit des höheren Aspektes (der höheren Spirale oder Entwicklungsstufe) der Harmlosigkeit zu zeigen oder zu beweisen, so wie sie von der Hierarchie unter der Leitung des Vollkommenen, des Christus, angewandt wird. Die Harmlosigkeit, die ich früher besprochen habe, bezieht sich auf die Unvollkommenheiten, mit denen die Menschheit ringt; es ist für euch schwer — wie ihr wohl wißt —, sie in und unter allen Umständen anzuwenden. Die Harmlosigkeit, die ich hier in bezug auf euch meine, ist weder negativ noch eine sanfte oder freundliche Tätigkeit, wie so viele glauben. Es ist eine *Geisteshaltung*, die in keiner Weise festes oder sogar drastisches Handeln verneint; es geht dabei um Motive und um den festen Entschluß, sich bei allem Tun und Wirken vom guten Willen leiten zu lassen. Dieses Motiv könnte zwar zu positivem und manchmal sogar zu unangenehmem Handeln und Sprechen führen, da aber Harmlosigkeit und guter Wille in Gedanken dahinterstehen, kann es nur Gutes bewirken.

Auf einer höheren Runde der Spirale verwendet auch die Hierarchie die Harmlosigkeit, doch hat diese mit dem Willen-zum-Guten zu tun, wobei auch dynamische elektrische Energie unter intuitiver Leitung zur Anwendung kommt; diese Art von Energie wird vom Menschen niemals zur Wirksamkeit gebracht, denn er kann mit ihr noch nicht umgehen. Die hier gemeinte Harmlosigkeit beruht auf vollständiger Selbstaufopferung, wobei der Wille-zum-Opfer, der Wille-zum-Guten und der Wille-zur Macht (drei Stadien des Willensaspektes, wie er durch die Gei-

671] stige Triade zum Ausdruck kommt) zu einer einzigen, dynamischen Energie zutiefst spiritueller Art verschmolzen werden. Diese Energie ist die Quintessenz völliger oder vollendeter Harmlosigkeit, soweit es die Menschheit und die unteren Naturreiche betrifft; sie hat aber austreibende Wirkung und ist dynamisch in ihrem vernichtenden Ansturm, wo es sich um die Kräfte des Bösen handelt.

Ein genaues, esoterisches Studium der drei Versuchungen Christi enthüllt drei große Gelegenheiten, bei denen der Vollendete diese höhere Harmlosigkeit zum Ausdruck brachte und den Vertreter des Bösen zum Rückzug zwang. Diese dreifache Episode wird uns symbolisch berichtet, ist jedoch ihrem Wesen nach eine Tatsache. Man hat bisher nur wenig darüber nachgedacht, was sich als weltweite Wirkung über die Jahrhunderte hin ergeben hätte, wenn Chistus nicht so reagiert hätte, wie Er es tatsächlich tat; Spekulationen darüber haben wenig Sinn, doch könnte man sagen, daß sich der ganze Verlauf der Geschichte und des evolutionären Fortschritts der Menschheit geändert hätte, und zwar in einer gräßlichen, entsetzlichen Weise. Aber die dynamische Harmlosigkeit, die Manifestierung des Willens-zum-Guten und die Demonstrierung des Willens-zur-Macht (durch die das Böse gezwungen wurde, Ihn zu verlassen) kennzeichnen eine außerordentliche bedeutsame Krise im Leben Christi.

Das Evangelium (mit seiner Zusammenfassung der fünf Einweihungen) handelt von dem Fortschritt und dem Triumph des Meisters Jesus; die Geschichte der drei Versuchungen deutete eine noch höhere Einweihung an, die sechste, die Christus erwirkte; diese übertrug Ihm die vollkommene Herrschaft über das Böse, nicht die Bemeisterung der Unvollkommenheit; gerade weil Er der „Vollkommene" war, konnte Er diese Einweihung erlangen.

Ich habe euch hier viel zu reiflicher Überlegung gegeben; es wirft einiges Licht auf eine Einweihung, von der man naturgemäß nur wenig wissen kann. Ich möchte eure Aufmerksamkeit auch auf die drei grundlegenden Erfordernisse für ein erfolgrei-

ches Streben nach dieser Einweihung lenken: Vollkommenes Gleichgewicht, eine vollständig umfassende Sicht und göttliches Verstehen. Vielleicht ist es für euch interessant zu sehen, wie diese drei Qualitäten sich in bezug auf die drei Versuchungen auswirken; auf diese Weise würde viel Licht auf Leben, Wesensart
672] und Charakter des Christus fallen.

Mit dem Gesetz der Vervollkommnung wird uns der Schlüssel zu der Zivilisation und zu dem Evolutionszyklus gegeben, den Er einleitete — dessen Ideal nicht verlorengegangen ist, obwohl die Kirchen und die Menschheit die Anwendung der von Ihm gegebenen Lehren vernachlässigt haben. Ihr werdet auch bemerken, daß eine der Versuchungen auf dem Gipfel eines hohen Berges stattfindet; von dieser Höhe aus gesehen sind Zeit und Raum vollständig aufgehoben, denn die geistige Sicht Christi reichte von der Vergangenheit durch die Gegenwart bis in die Zukunft. Dieser Gewahrseinszustand (ich kann ihn nicht Bewußtsein nennen, und auch Gewahrsein ist ein fast ebenso unzutreffendes Wort) ist erst nach der fünften Einweihung möglich; er erreicht eine hohe Vollendungsstufe bei der sechsten Einweihung.

Ich möchte mit euch das Wesen der drei Erfordernisse besprechen, die für eine bestimmte Einweihung als unbedingt notwendig hingestellt werden, da sie das Bindeglied zwischen dem IX. Gesetz und der VI. Regel bilden. Diese Regel ist so klar und präzise, daß sie nur weniger Erklärungen bedarf; sie betont ja nachdrücklich, welche Energie anzuwenden ist, und welche man nicht benutzen darf. Sie lautet:

VI. Regel.

> Der Heiler und die Heilergruppe müssen ihren Willen im Zaum halten. Nicht der Wille soll angewandt werden, sondern die Liebe.

Die genannten drei Grundforderungen betreffen die Errungenschaften verschiedener Ebenen des Universums; ich habe sie zwar in Zusammenhang mit der sechsten Einweihung erwähnt, aber sie haben — auf einer tieferen Runde der Spirale — ihre Entsprechungen. Daher sind sie von praktischem Nutzen für den eingeweihten Jünger, besonders für den, der die dritte Einweihung erlangt hat. Wir wollen sie nacheinander in unser Denken aufnehmen:

Vollkommenes Gleichgewicht (oder Ausgeglichensein) weist auf die vollständige Beherrschung des Astralkörpers hin, so daß die emotionellen Aufregungen überwunden oder zum mindesten im Leben des Jüngers weitgehend gemindert sind. Es zeigt außerdem
673] auf einer höheren Runde der Spirale die Fähigkeit an, frei auf buddhischen Ebenen zu wirken, da der Mensch von allen Einflüssen und Impulsen, die aus den drei Welten kommen, völlig befreit (und folglich ausgeglichen) ist. Diese Art oder Qualität der Ausgeglichenheit kennzeichnet — wenn ihr tiefer nachdenkt — einen abstrakten Geisteszustand; nichts, was als Unvollkommenheit betrachtet wird, kann Störungen herbeiführen. Ihr könnt euch sicher vorstellen, daß eure Fähigkeit, klar zu denken, außerordentlich gesteigert würde — samt allem, was dies nach sich zieht — wenn ihr von allen gefühlsbedingten Reaktionen vollständig frei wäret.

Natürlich bestehen Unterschiede zwischen dem vollkommenen Ausgeglichensein eines eingeweihten Jüngers und dem des eingeweihten Meisters; denn im ersten Falle handelt es sich um die Wirkung (bzw. Wirkungslosigkeit) der drei Welten, im anderen Falle um die Anpassungsfähigkeit an den Rhythmus der Geistigen Triade; dennoch muß die frühere Art der Ausgeglichenheit vor der späteren erlangt werden, und deshalb spreche ich ja über das Thema. Dieses vollkommene Gleichgewicht (das für euch, die ihr dies lest, im Bereich des Möglichen liegt) kann dadurch erreicht werden, daß man den Zug, die Triebe, Impulse und Anziehungen der astralen und emotionellen Natur ausschaltet und außerdem die schon früher erwähnte Geisteshaltung sich zur Gewohnheit macht: göttliche Gleichgültigkeit.

Eine umfassende Sicht. Dies bezieht sich notwendigerweise und

in erster Linie auf den universalen Ausblick oder Horizont der Monade, und folglich auf einen Eingeweihten der höheren Grade. Man kann sich diese Qualität auch auf einer tieferen Sprosse der Evolutionsleiter vorstellen, und zwar als die Funktion der Seele als Beobachter in den drei Welten, und als das vollständige Gesamtbild, das ein solcher Beobachter allmählich gewinnt. Dieses entsteht durch die Entwicklung von zwei Qualitäten: der inneren Loslösung und des Unterscheidungsvermögens. Wenn man diese beiden auf dem Wege zur höheren Evolution zum Ausdruck
674] bringt, werden daraus Abstraktion und der Wille-zum-Guten.

Eine umfassende Sicht — wie man sie auf Seelenebenen erfährt — weist darauf hin, daß alle Schranken beseitigt sind und der Jünger von der großen Ketzerei des Sonderseins frei ist; er hat damit eine offene Stromrinne für das Einströmen der reinen Liebe geschaffen. Vollkommene Ausgeglichenheit, von derselben Ebene aus betrachtet, hat alle Hindernisse und jene emotionellen Faktoren beseitigt, die bisher den Kanal blockiert haben; dadurch wird dem Beobachter der Weg zur wahren Sicht bereitet; der Jünger wirkt dann als unbehinderter Durchlaß für die Liebe.

Göttliches Verstehen muß ebenfalls von zwei Gesichtspunkten aus studiert werden. Als Seelenqualität weist es auf ein Denken hin, das stetig im Lichte gehalten werden und somit die reine Vernunft (reine Liebe) widerspiegeln kann, welche die Überlegungen des Sohnes des Denkvermögens, der Seele auf ihrer eigenen Ebene, imprägniert. Auf dem höheren Wege des Meisters bezieht es sich auf das bewußte Erkennen der Wesensgleichheit, das an die Stelle des individualisierten Bewußtseins tritt; alle Schranken sind geschwunden, und der Eingeweihte sieht die Dinge so wie sie sind; er kennt die Ursachen, deren vergängliche Wirkungen alle Erscheinungsformen sind. Dies befähigt ihn folglich, die göttliche Absicht, die von Shamballa ausgeht, genau so zu verstehen, wie der geringere Eingeweihte den Plan versteht, der von der Hierarchie ausgearbeitet und festgelegt wird.

Diese drei göttlichen Eigenschaften sind in einem gewissen Maße für die Entwicklung des eingeweihten Heilers erforderlich; er muß an ihrer Enfaltung arbeiten, da sie einen Teil der für ihn notwendigen Ausrüstung bilden; er muß wissen, daß alle Reaktionen emotioneller Art eine Mauer oder Schranke zwischen dem freien Strom der Heilkraft und dem Patienten aufrichten, und daß diese Schranke von ihm geschaffen wird, nicht vom Patienten.
675] Die Gesühlsregungen des Patienten sollten keine Wirkungen auf den Heiler ausüben und sollten ihn keinesfalls von der intensiven Konzentration ablenken können, deren er zu seiner Arbeit bedarf. Diese Gefühle des Patienten können von sich aus keine Schranke errichten, die stark genug wäre, um die Heilkraft abzulenken.

Eine umfassende Anschauung erfordert, daß der Jünger zum mindesten den Versuch macht, in die Welt der Ursachen einzudringen und auf diese Weise (wenn möglich) zu erfahren, was denn eigentlich die Krankheit des Patienten verursacht hat. Deswegen braucht man nicht in frühere Inkarnationen einzudringen; das ist auch gar nicht wichtig, trotz allem, was einige neuzeitliche und im allgemeinen betrügerische Heiler behaupten mögen. Es gibt für gewöhnlich genügend psychologische Beweismittel oder Anzeichen ererbter Neigungen, um dem Heiler die nötigen Hinweise und die Möglichkeiten zu geben, sich ein einigermaßen umfassendes Bild von der Lage zu machen. Natürlich wird dieses „Eindringen" in die Ursachen der Störungen nur dann möglich sein, wenn der Heiler genug *Liebe* hat; weil er liebt, hat er eine Ausgeglichenheit erreicht, die die Welt der Illusion und der Verblendung unwirksam macht. Göttliches Verstehen besteht einfach darin, das Prinzip der reinen Liebe (der reinen Vernunft) auf alle Menschen und alle Umstände anzuwenden und die beim Patienten vorhandenen oder die zwischen Patient und Heiler bestehenden Schwierigkeiten richtig auszudeuten.

Zu diesen Erfordernissen möchte ich noch einen weiteren Faktor hinzufügen: Den des Mediziners, des Arztes oder Chirurgen, der physisch für den Patienten verantwortlich ist. Im kommenden neuen Zeitalter wird der Heiler stets mit der wissenschaftlichen Unterstützung des geschulten Mediziners arbeiten; dies ist etwas, das beim durchschnittlichen modernen Heiler, der zu irgendeiner Sekte gehört oder eine nichtakademische Heilmethode anwendet, derzeit Verwirrung und Bestürzung hervorruft.

Es dürfte daher klar sein, daß diese drei göttlichen Erfordernisse (entsprechend dem Niveau des Jüngers in der heutigen
676] Welt) die Richtung der Schulung oder Selbstdisziplin anzeigen, um die sich alle bemühen sollten. Wenn sie wenigstens einige Anfangsgründe dieser dreifachen Zielsetzung erreicht haben, werden sie bemerken, daß sie die Regel VI mit Leichtigkeit anwenden können.

Was bedeuten die Worte: „Den Willen im Zaum halten?" Der hier gemeinte Willensaspekt ist nicht der Wille-zum-Guten und dessen niedere Ausdrucksform, der gute Wille. Der Wille-zum-Guten kennzeichnet die feste, unverrückbare Einstellung des eingeweihten Jüngers, während der gute Wille als deren Äußerungsform im Alltagsleben angesehen werden kann. Der Wille-zum-Guten, so wie er von einem höheren Eingeweihten zum Ausdruck gebracht wird, ist eine dynamische Energie, die vor allen Dingen eine *Gruppenwirkung* hat; aus diesem Grunde befaßt sich der höhere Eingeweihte selten mit der Heilung eines Einzelmenschen. Sein Wirken ist zu kraftvoll und zu wichtig, als daß er dies tun dürfte, denn die Willensenergie, die ja die göttliche Absicht verkörpert, könnte zerstörende Wirkungen bei einem solchen Einzelmenschen haben. Der Patient wäre nicht in der Lage, diese Energie zu empfangen oder zu bewältigen. Es wird indes vorausgesetzt, daß der gute Wille die gesamte Einstellung und alle Gedanken des heilenden Jüngers beeinflußt und bestimmt.

Der Wille, den man im Zaum halten muß, ist der Wille der Persönlichkeit, die beim eingeweihten Jünger sehr hohen Ranges ist. Dieser Wille ist auch mit dem Willen der Seele verbunden, der von den Opferblättern im egoischen Lotos ausgeht. Alle ech-

ten Heiler müssen eine heilende Gedankenform erschaffen, und vermittels dieser wirken sie bewußt oder unbewußt. Diese Gedankenform darf aber nicht durch einen zu starken Willen beeinflußt werden, denn dieser kann (wenn er nicht im Zaume gehalten, abgedämpft, umgewandelt, oder wenn nötig gänzlich ausgeschaltet wird) nicht nur die vom Heiler erschaffene Gedankenform zerstören, sondern auch eine Schranke zwischen Heiler und Patient aufrichten; dadurch wird die anfängliche Verbindung abgebrochen. Nur ein Christus kann unter Anwendung des Willens heilen, und Er heilte in Wirklichkeit überhaupt selten; in den Fällen, wo Er dies getan haben soll, wollte Er dartun, daß eine Heilung möglich sei; doch gab Er — wie ihr bemerken werdet,
677] wenn ihr mit dem Evangelium vertraut seid — seinen Jüngern keine Anleitung über die Heilkunst. Dies ist bedeutsam.

Der Heiler erzeugt durch seinen eigenen Willen (ganz gleich, wie hoch dessen Qualität auch sein mag) und durch seine entschlossene Bemühung, den Patienten zu heilen, eine Spannung, welche die heilenden Energieströme beträchtlich ablenken kann. Ist diese Art von Willen vorhanden, wie es beim unerfahrenen oder nicht eingeweihten Heiler häufig vorkommt, dann kann es leicht sein, daß dieser die Beschwerde des Patienten in sich aufnimmt und die Symptome des Leidens und des Schmerzes verspürt. Seine willensbetonte Entschlossenheit, Hilfe zu bringen, wirkt wie ein Bumerang; er leidet selbst, während dem Patienten nicht wirklich geholfen wird.

Deshalb heißt es in der Unterweisung, man solle die Liebe anwenden, und hier tritt eine große Schwierigkeit auf. Wie kann der Heiler Liebe anwenden, die von ihrer emotionellen, niederen Qualität befreit ist, und sie in reinem Zustand für die Heilung des Patienten aussenden? Doch nur dann, wenn er den drei Erfordernissen möglichst nachkommt und sich dadurch zu einem reinen Leitungsweg entwickelt hat. Er ist geneigt, sich so sehr mit sich selbst zu beschäftigen, mit der Definition der Liebe und dem Entschluß, den Patienten zu heilen, daß er die drei Erfordernisse vernachlässigt. Dann verschwenden Heiler und Patient nur ihre Zeit. Der Heiler braucht über das Wesen der Liebe nicht nachzugrübeln und sich darüber Sorgen zu machen oder allzu eifrig zu verstehen suchen, daß reine Vernunft und reine Liebe gleichbedeutende Begriffe sind; oder sich damit zu quälen, ob er ausreichende Liebe aufbringen kann, um eine Heilung zu erreichen. Er soll vielmehr über die drei Erfordernisse nachdenken, besonders über das erste, und in sich diese drei Bedingungen erfüllen, soweit es an ihm liegt und seine Evolutionsstufe es erlaubt. Dann wird er ein reiner Durchgangsweg werden, und die Hindernisse für das Einströmen reiner Liebe werden automatisch beseitigt; denn: „Wie ein Mensch in seinem Herzen denkt, so ist er". Dann kann die reine Liebe ungehemmt und leicht durch ihn hindurchströmen, und der Patient wird geheilt werden — wenn es das Gesetz für ihn erlaubt.

678] Wir kommen nun zu dem letzten und geheimnisvollsten all der Gesetze, die ich euch mitgeteilt habe. Ich wies schon früher darauf hin, als ich erklärte: „Mit diesem letzten wird ein neues Gesetz verkündet, das an die Stelle des Todesgesetzes tritt und nur für diejenigen gilt, die sich auf den letzten Stufen des Pfades der Jüngerschaft und auf dem Pfad der Einweihung befinden." Mit diesen letzten Stadien meine ich den Zeitraum nach der zweiten Einweihung und vor der dritten. Dieses Gesetz gilt auf keinen Fall, solange noch die emotionelle Natur den klaren Rhytmus der Persönlichkeit stören kann, insoweit diese auf die Einwirkung der Seelenenergie und später auf die der Monade reagiert. Ich kann euch daher über die volle Auswirkung dieses Gesetzes nicht viel erklären, aber ich kann gewisse außerordentlich interessante Gedanken und Entsprechungen aufzeigen, die euch zu schöpferischem Nachdenken anregen werden; gleichzeitig aber verkörpern sie erwiesene Tatsachen für diejenigen von uns, die eingeweihte Jünger des Christus oder Sanat Kumara sind.

X. Gesetz.

Höre, o Chela, auf den Ruf, der vom Sohn an die Mutter ergeht, und gehorche sodann. Das Wort kündet, daß die Form ihren Zweck erfüllt hat. Das Denkprinzip paßt sich an und wiederholt dann das Wort. Die wartende Form gibt Antwort und fällt ab. Die Seele ist frei.

Folge, o Aufsteigender, dem Ruf, der aus dem Reich der Verpflichtung kommt; erkenne den Ruf, der vom Ashram oder aus der Ratskammer ergeht, wo der Herr des Lebens Selbst wartet. Der Ton geht hinaus. Seele und Form müssen zusammen dem Lebensprinzip entsagen und so der Monade erlauben, frei zu werden. Die Seele antwortet. Dann zerbricht die Form die Verbindung. Das Leben ist jetzt befreit und besitzt die Eigenschaft bewußten Wissens, die Früchte aller Erfahrung. Dies sind die Gaben, die Seele und Form gemeinsam schenken.

679] Dieses X. Gesetz ist der Vorläufer vieler neuer Gesetze, welche die Beziehung der Seele zur Form oder des Geistes zur Materie betreffen; dieses hier wird als erstes gegeben, und zwar aus folgenden Gründen:

1. Es kann von Jüngern angewandt werden und sich somit als wahr erweisen für die Menschenmassen und vor allem für die wissenschaftliche Welt.
2. Auf Grund sehr vieler Bestätigungen und der Art des Todes (die hier auf dieser Stufe „Übertragung“ genannt wird) kann die Existenz der Hierarchie und Shamballas als Tatsache festgestellt werden.

Es gibt drei Ursachen für die Zurückziehung oder Abstraktion, die wir „Tod“ nennen, wenn wir die folgenden Möglichkeiten ausschließen: Den Tod durch Unfall (der mit dem Karma anderer Menschen verknüpft sein kann), durch Krieg (wobei das planetarische Karma im Spiel ist) und durch Naturkatastrophen (die gänzlich mit dem Manifestationskörper des Einen verbunden sind, in Dem wir leben, weben und sind).

Ich könnte bei diesem Gedanken innehalten und euch den Unterschied zwischen diesem „unbekannten Gott“ und Sanat

Kumara an Seinem hohen Orte in Shamballa etwas verständlicher machen. Sanat Kumara ist an sich die wesenhafte Identität, die für die erschaffenen Welten verantwortlich ist; aber Seine Herrschaft über die Energien und Kräfte ist — infolge Seiner kosmischen Entfaltung — so groß, daß er den ganzen Planeten benötigt, um alles das zum Ausdruck zu bringen, was Er tat. Da Er das volle Bewußtsein der kosmischen Astral- und Mentalebene hat, kann Er — nach dem kosmischen Gesetz — Energien und Kräfte zur Anwendung bringen, die für die Ziele Seiner göttlichen Absicht den gesamten Erdenplaneten erschaffen, erhalten und nutzbar machen. Er beseelt den Planeten mit Seinem Leben; Er erhält ihn und alles, was in oder auf ihm ist, durch Seine Seelenqualität, die Er in verschiedenem Maße jeder Form verleiht; Er erschafft ununterbrochen neue Formen, die nötig sind, um das „vollkommenere Leben" und die „stärker werdende Absicht Seines Willens" zum Ausdruck zu bringen, wie es der Zeitenfortschritt zyklisch ermöglicht. Wir leben heute in einer Epoche, in der Er
680] intensiv die Methode göttlichen Zerstörens zur Befreiung des geistigen Lebens anwendet; gleichzeitig erschafft Er die neue Grundform der Zivilisation, die die evolutionären Errungenschaften unseres Planeten und der Naturreiche in größerer Fülle zum Ausdruck bringen wird; dies wird schließlich einmal zur vollkommenen Wesensäußerung Seines göttlichen Lebens und Seiner Absicht führen.

Es wäre vielleicht gut, wenn wir dieses zehnte Gesetz etwas ausführlicher behandelten, soweit es möglich ist, um zu jener Synthese vorzudringen, die es mitteilen soll: Wir werden auf diese Weise ein wenig zu der Erkenntnis kommen, daß der Tod selbst ein Teil des Schöpfungsvorganges der Synthese ist. Es ist sehr wichtig, daß die neuen Ideen und eine neue Annäherung an das ganze Problem des Sterbens eingeführt werden.

Höre, o Chela, auf den Ruf, der vom Sohn an die Mutter ergeht, und gehorche sodann.

Aus dem Zusammenhang des Textes erkennen wir wohl, daß hier von dem Ablegen des physischen Körpers gesprochen wird; dennoch ist es nützlich, daran zu denken, daß diese Formulierung noch viel mehr als das andeuten kann. Sie kann dahin ausgelegt werden, daß es sich um die Gesamtbeziehung zwischen Seele und Persönlichkeit handelt, und daß es um den unverzüglichen Gehorsam der Mutter (der Persönlichkeit) gegenüber dem Sohne (der Seele) geht. Ohne diesen sofortigen Gehorsam, der auch die Anerkennung der innewohnenden Stimme voraussetzt, wird die Persönlichkeit taub bleiben gegenüber dem Ruf der Seele, den Körper zu verlassen. Es ist keine gewohnheitsmäßige Reaktion entwickelt worden. Ich möchte euch bitten, über die Folgerungen nachzudenken.

Ich möchte — wie schon öfters — wieder darauf hinweisen, daß der Mutteraspekt der materielle Aspekt, und die Seele — auf ihrer eigenen Ebene — der Sohn ist. Dieser nachdrückliche Hinweis betrifft also das Verhältnis zwischen Materie und Seele und legt somit den Grundstein für alle Beziehungen, die der Jünger erkennen lernen muß. Der Gehorsam wird hier nicht von vorn-
681] herein gefordert; er ist vom Hören abhängig; dann folgt er als nächste Entwicklung. Dies ist ein leichterer Vorgang, so wenig ihr es glauben möget. Der Unterschied in bezug auf das Gehorchen ist interessant, da das *Lernen durch Hören* stets langsam erfolgt und eine der Qualitäten oder Aspekte des Orientierungsstadiums ist. Das *Lernen durch Sehen* ist ausgesprochen mit dem Pfade der Jüngerschaft verknüpft, und jeder, der ein weiser und zuverlässiger Mitarbeiter werden will, muß zwischen den Hörern und den Sehenden unterscheiden lernen. Ein Erkennen des Unterschiedes würde zu grundlegenden Änderungen der Methode führen. In dem einen Falle hat man es mit denen zu tun, die ausgesprochen unter dem Einfluß und der Herrschaft der Mutter stehen und zum Sehen geschult werden müssen. Im anderen Falle handelt es sich um jene, die gehört haben und folg-

lich das geistige Sehen entwickeln; sie sind deshalb für die geistige Schau empfänglich.

Das Wort geht hinaus, daß die Form ihren Zweck erfüllt hat.

Dieses Wort oder diese „geistige Verkündigung" der Seele kann einen doppelten Zweck haben: sie kann zum Tode oder einfach dazu führen, daß sich die Seele aus ihrem Instrument, der dreifachen Persönlichkeit, zurückzieht. Dies könnte also zur Folge haben, daß die Körperform verlassen wird und ohne Bewohner zurückbleibt. Wenn dies geschieht, bleibt die Persönlichkeit (und damit meine ich den physischen, astralen und mentalen Menschen) weiter funktionstüchtig. Besitzt diese eine hohe Qualitätsstufe, so werden nur wenige Menschen erkennen, daß die Seele nicht anwesend ist. Dies geschieht häufig im Alter oder bei einer ernsthaften Krankheit, und ein solcher Zustand kann jahrelang andauern. Das kommt auch manchmal bei Kindern vor, und dann folgt entweder Tod oder Schwachsinn, da die Zeit nicht ausgereicht hat, um die niederen Glieder der Persönlichkeit zu schulen. Wenn man ein wenig über dieses „hinausgehende Wort" nachdenkt, so werden einem Umstände, die verwirrend erschei-
682] nen, und Bewußtseinszustände, die bisher beinahe unlösliche Probleme darstellten, viel klarer werden.

Das Denkprinzip richtet sich darauf ein und wiederholt dann das Wort. Die wartende Form gibt Antwort und löst sich ab.

In dem hier behandelten Aspekt des Todes fungiert das Denken als beauftragtes Organ, das dem Gehirn (wo der Bewußtseinsfaden verankert ist) die Anweisung zum Auszug übermittelt. Diese wird dann von dem im Körper wohnenden Menschen an das Herz (wo der Lebensfaden verankert ist) weitergegeben, worauf sodann — wie ihr ja wißt — der Prozeß der Zurückziehung beginnt. Was in diesen zeitlosen Augenblicken vor dem Tode geschieht, weiß bis jetzt niemand, denn es ist noch niemand zurückgekommen, um es uns zu erzählen. Und wenn das jemals der Fall gewesen wäre: Hätte man ihm geglaubt? Sehr wahrscheinlich nicht.

Der erste Abschnitt des X. Gesetzes befaßt sich mit dem Hinausgehen aus dem Körper (dem Formaspekt des dreifachen niederen Menschen) des durchschnittlichen intelligenten Aspiranten, wenn man dieses Gesetz von einer seiner niedersten Entsprechungen aus betrachtet; nach demselben Gesetz der Entsprechungen erfolgt jedoch das Sterben bei allen Menschen — vom niedersten Typus bis hinauf zum und einschließlich des Aspiranten — grundsätzlich in derselben Weise. Der Unterschied besteht nur darin, bis zu welchem Grade das Bewußtsein sich über den Vorgang und die damit verbundene Absicht klar ist. Das Ergebnis ist in allen Fällen dasselbe:

Die Seele ist frei.

Dieser Augenblick echter Freiheit kann kurz und flüchtig sein — wie etwa beim unentwickelten Menschen —, oder er kann lange dauern, je nach der Nützlichkeit des Aspiranten auf den inneren Ebenen; dies habe ich schon früher besprochen, und so brauche ich es hier nicht zu wiederholen. Je schwächer die Triebe und Einflüsse der drei niederen Bewußtseinsbereiche werden,
683] desto länger dauert der Zeitraum der Loslösung; er ist in zunehmendem Maße gekennzeichnet durch eine immer größer werdende Klarheit der Gedanken und durch ein Erkennen des wesenhaften Seins. Diese Klarheit und dieser Fortschritt kommen nicht unbedingt voll zur Erkenntnis oder zum Ausdruck, wenn die Wiedergeburt stattfindet, denn die dem Menschen durch den grob-physischen Körper auferlegten Begrenzungen sind außerordentlich; dennoch nimmt in jedem Leben die Empfindungsfähigkeit und die Aufspeicherung esoterischen Wissens ständig zu — wobei das Wort „esoterisch" all das bezeichnen soll, was nicht das normale Formleben oder das Durchschnittsbewußtsein des Menschen in den drei Welten betrifft.

Das esoterische Leben gliedert sich bei seiner Entwicklung — allgemein gesprochen — in drei Stadien; diese entfalten sich im Bewußtsein des Menschen, gleichlaufend mit der Erkenntnis und den gewöhnlichen Aspekten des Formlebens auf den drei Erfahrungsebenen:

1. Das Stadium, in dem Ideen, Vorstellungen und Prinzipien aufgenommen werden, so daß allmählich die Existenz des abstrakten Denkens bestätigt wird.
2. Das Stadium des „Lichtempfangs", oder jener Zeitraum, in dem die geistige Einsicht entwickelt, das geistige Bild erschaut und als wahr angenommen, und die Intuition oder „buddhische Wahrnehmung" entfaltet wird. Dies bringt die Gewißheit über die Existenz der Hierarchie.
3. Das Stadium der Abstraktion, oder die Periode, in der sich die endgültige geistige Einstellung oder Ausrichtung vollzieht; der Weg ins Ashram wird klar erkennbar, und der Jünger beginnt, die Antahkarana zwischen der Persönlichkeit und der Geistigen Triade aufzubauen. Erst in diesem Stadium wird das Wesen des Willens schwach und undeutlich erkannt, und aus dieser Erkenntnis ergibt sich die Folgerung, daß es „ein Zentrum gibt, wo man den Willen Gottes kennt".

684] Studierende neigen gern zu der Ansicht, daß der Tod alles beende, wogegen wir es, in Hinsicht auf eine *Beendigung*, mit Werten zu tun haben, die dauerhaft sind, bei denen es keine Unterbrechung gibt und auch nicht geben kann, und die in sich den Keim der Unsterblichkeit enthalten. Ich möchte, daß ihr darüber nachdenkt und erkennt, daß alles, was einen echten geistigen Wert besitzt, dauerhaft, zeitlos, unsterblich und ewig ist. Nur das Wertlose stirbt, und damit sind — vom Standpunkt der Menschheit aus — jene Faktoren gemeint, bei denen die Welt der Formen als wichtig angesehen wird. Aber jene Werte, die auf

Prinzipien und nicht auf den bedeutungslosen Erscheinungsformen beruhen, tragen jenes unsterbliche Prinzip in sich, das einen Menschen von „den Toren der Geburt durch die Tore der Wahrnehmung zu den Toren der Absicht führt" — wie der „Alte Kommentar" es ausdrückt.

Ich habe mich bemüht, euch zu zeigen, daß der erste Teil dieses X. Gesetzes sich in einfacher Weise auf die Menschheit anwenden läßt, und daß er gleichzeitig auch eine abstrakte und schwer verständliche Bedeutung für Esoteriker hat.

Der letzte Abschnitt dieses Gesetzes kann nicht in der gleichen Weise ausgedeutet und angewandt werden; er betrifft lediglich das „Hinübergehen oder das Ablegen von Behinderungen" durch sehr weit fortgeschrittene Jünger und Eingeweihte. Dies wird durch die Worte „O Aufsteigender" deutlich — eine Bezeichnung, die nur auf diejenigen angewandt wird, welche die vierte Einweihung hinter sich haben; sie werden daher von keinem wie immer gearteten Aspekt der Formnatur mehr festgehalten, und sei er auch noch so hoch oder transzendent wie die Seele in ihrer eigenen Hülle, dem Kausalkörper oder dem Egoischen Lotos. Dennoch muß schon in den Anfangsstadien der Jüngerschaft die Fähigkeit entwickelt werden, mit Leichtigkeit auf dieses Gesetz reagieren zu können; diese Fähigkeit wird dadurch entwickelt, daß Nach-innen-Lauschen, Empfänglichwerden und okkulter Gehorsam geübt und gepflegt werden, und daß diese Entwicklung auch in den höheren Bereichen geistigen Erlebens fortgesetzt wird.

Hier müssen wir wieder die Worte und Sätze betrachten, wenn
685] wir ihren wahren Sinn verstehen wollen.

Antworte, o Aufsteigender, dem Ruf, der aus dem Reich der Verpflichtung kommt.

Was ist dieses Reich der Verpflichtung, dem der Eingeweihte hohen Grades Aufmerksamkeit schenken muß? Die gesamte Lebenserfahrung, von der Geburt bis hinauf zu den höchsten

Grenzen geistiger Möglichkeit, wird umfaßt von vier Worten, die auf verschiedene Stufen der Entwicklung anwendbar sind. Es sind dies: Instinkt, Pflicht, Dharma, Verpflichtung. Ein richtiges Verstehen der Unterschiede wird uns zur Erleuchtung und folglich zum rechten Handeln verhelfen.

1. *Der Bereich des Instinkts.* Dies bezieht sich — unter dem Einfluß des einfachen, tierischen Instinkts — auf die Erfüllung der Verpflichtungen, die eine übernommene Verantwortung mit sich bringt, auch wenn sie nicht mit wahrem Verständnis übernommen wurde. Ein Beispiel dafür ist die instinktive Sorge einer Mutter für ihr Kind, oder die Beziehung zwischen Mann und Frau. Damit brauchen wir uns nicht im einzelnen zu befassen, da dies bereits vollauf verstanden und anerkannt wird, zumindest von denen, die über die Sphäre der elementaren, instinktiven Verpflichtungen hinausgewachsen sind. An sie ergehen keine speziellen Rufe, sondern diese instinktive Welt des Gebens und Nehmens wird schließlich von einer höheren Sphäre der Verantwortlichkeit verdrängt und ersetzt.
2. *Der Bereich der Pflicht.* Der Ruf aus dieser Sphäre kommt aus einem Bewußtseinsbereich, der im engeren Sinne menschlich und nicht so vorwiegend tierisch ist wie die Region des Instinkts. Er zieht alle Klassen menschlicher Wesen in sein Kraftfeld hinein und verlangt von ihnen — in jeder Inkarnation — immer wieder strenge Pflichterfüllung. Das „Seine-Pflicht-tun“, für das man wenig Lob und Anerkennung bekommt, ist der erste Schritt zur Entfaltung jenes göttlichen Prinzips, das wir Verantwortungsgefühl nennen, und das — einmal entfaltet — eine stetig stärker werdende Herrschaft der Seele anzeigt. Pflichterfüllung, Verantwortungs-
686] gefühl und das Verlangen zu dienen sind drei Aspekte ein und derselben Sache: der Jüngerschaft im Anfangsstadium. Das ist ein hartes Wort für diejenigen, die gefangen sind

in der scheinbar hoffnungslosen Mühsal der Pflichterfüllung; es fällt ihnen schwer, zu erkennen, daß diese Pflicht, die sie an die langweiligen, anscheinend bedeutungslosen und undankbaren Aufgaben des Alltagslebens zu ketten scheint, ein wissenschaftlicher Vorgang ist, der sie zu höheren Erfahrungsbereichen und schließlich in das Ashram des Meisters führt.

3. *Der Bereich des Dharma:* Er entwickelt sich aus den beiden vorigen Stufen. Hier erkennt der Jünger zum ersten Male mit Klarheit seine Rolle in dem ganzen großen Prozeß der Weltereignisse und seinen unausweichlichen Anteil an der Weltentwicklung. Dharma ist jener Karma-Aspekt, der einen speziellen Weltzyklus und das Leben derer auszeichnet, die von dem sich auswirkenden Karma betroffen werden. Wenn der Jünger in diesem Dharmazyklus seinen Teil auf sich nimmt und verständnisvoll an der rechten Erfüllung des Dharmas arbeitet, lernt er allmählich die Gruppenarbeit verstehen (so wie die Meister sie auffassen); er übernimmt nun seinen gerechten Anteil an der Aufgabe, das Weltenkarma, das sich im zyklischen Dharma auswirkt, abzutragen. Instinktives Dienen, die Erfüllung aller Pflichten und das Teilnehmen am Gruppendharma — all das verbindet sich in seinem Bewußtsein und wird zu einem großen Akt lebendigen, treuen Dienstes; er ist dann dort angelangt, wo er sich auf den Pfad der Jüngerschaft begeben kann und den Probepfad völlig aus den Augen verliert.

Diese drei Aspekte lebendiger Tätigkeit sind der keimhafte Ausdruck der drei göttlichen Aspekte im Leben des Jüngers:

a) Instinktives Leben . . einsichtsvolle Anwendung
b) Pflicht . . . . verantwortungsvolle Liebe
c) Dharma . . . . . der Wille, der durch den großen Plan zum Ausdruck kommt.

4. *Der Bereich der Verpflichtung.* Der Eingeweihte, der die
687] Wesensart der drei anderen Bereiche rechten Handelns kennengelernt und — durch das Wirken in diesen Bereichen — die göttlichen Aspekte entfaltet hat, kommt nun in den Bereich der Verpflichtung. Diese Sphäre, in die man erst dann gelangen kann, wenn man schon ein großes Maß an Befreiung erreicht hat, lenkt die Reaktionen des Eingeweihten in zwei Phasen seines Lebens:

a) Im Ashram, wo sein Denken und Tun vom großen Plan bestimmt wird; er erkennt, daß dieser Plan seine Hauptverpflichtung dem Leben gegenüber aufzeigt. Ich verwende hier das Wort „Leben" im tiefsten esoterischen Sinne.
b) In Shamballa, wo die zutage tretende Absicht Sanat Kumaras (deren Umsetzung in Zeit und Raum der Plan ist) allmählich für ihn Sinn und Bedeutung erlangt — entsprechend seiner Evolutionsstufe und seinem Streben, dem Weg der Höheren Evolution näher zu kommen.

Im Ashram verdrängt das Leben der Geistigen Triade allmählich das Leben der seelenbeherrschenden Persönlichkeit. In der Ratskammer von Shamballa verdrängt das Leben der Monade alle anderen Wesensäußerungen der wahren Wirklichkeit. Mehr darf ich nicht sagen.

Erkenne den Ruf, der vom Ashram oder aus der Ratskammer kommt, wo der Herr des Lebens selbst wartet.

Damit sind wir wieder beim ganzen, allem zugrunde liegenden evolutionären Thema der Invokation und Evokation. Hier sind es die beiden höheren Zentren des göttlichen Daseins, die unaufhörlich das niedere Zentrum anrufen. Einer der Faktoren, die für
688] den ganzen Schöpfungsprozeß bestimmend sind, beruht auf der Fähigkeit der Großen Wesen, eine Reaktion aus den

menschlichen und den untermenschlichen Reichen (oder Lebensgruppierungen in den drei Welten des Formlebens) hervorzurufen. Die Menschen sind so ausschließlich mit ihren eigenen Problemen beschäftigt, daß sie gerne meinen, das, was — auf die Dauer und am Ende — geschieht, sei gänzlich ihrem Verhalten, ihrer Führung und ihren anrufenden Kräften zuzuschreiben. Es gibt jedoch noch eine andere Seite: sie erfordert die Geschicklichkeit im Handeln, die verständnisvollen Herzen und den klaren, unbehinderten Willen der Hierarchie und Shamballas.

Es dürfte euch daher klar sein, wie wichtig es ist, daß alle Jünger und Eingeweihten genau wissen, wo sie auf dem Pfade, der letzen Stufenleiter der Evolution, stehen; sonst werden sie den Ruf falsch deuten und den Ausgangspunkt des Tones nicht erkennen. Wie leicht dies geschehen kann, wird jedem vorgeschrittenen Lehrer des Okkultismus und der Esoterik offenkundig, wenn er wahrnimmt, wie leichtfertig unbedeutende Menschen und Anfänger Rufe und Botschaften auslegen, die sie hören oder als von irgendeiner hohen, erhabenen Quelle ausgehend empfangen; sie hören jedoch aller Wahrscheinlichkeit nach das, was aus ihrem eigenen Unterbewußtsein, von ihren eigenen Seelen oder von irgendeinem Lehrer (nicht Meister) ausgeht, der ihnen zu helfen versucht.

Der hier gemeinte Ruf kommt jedoch aus den höchstmöglichen Quellen und darf nicht mit den kleinen Stimmen kleiner Menschen verwechselt werden.

Der TON geht hinaus.

Es ist nicht meine Absicht, hier auf den schöpferischen Ton einzugehen; ich möchte lediglich eure Aufmerksamkeit auf die Tatsache lenken, *daß er schöpferisch ist.* Der TON, der das erste Anzeichen der Wirksamkeit des planetarischen Logos war, ist kein Wort, sondern ein voll widerhallender Laut oder Ton, der alle

anderen Töne in sich enthält — alle Akkorde, bestimmte musikalische Töne (denen man den Namen „Sphärenmusik“ gegeben hat) und Dissonanzen, die dem heutigen Ohre noch unbekannt
689] sind. Diesen TON muß der „Aufsteigende“ erkennen lernen; er muß darauf nicht nur mittels des Gehörsinnes und dessen höheren Entsprechungen reagieren, sondern auch durch eine Resonanz eines jeden Teiles und Aspektes der Formnatur in den drei Welten. Ich möchte auch daran erinnern, daß vom Blickpunkt der vierten Einweihung aus selbst der Träger des Ego, der Seelenkörper, als Teil der Formnatur betrachtet und behandelt wird.

Obgleich die „Zerstörung des Tempels Salomos“ bei der vierten Einweihung erfolgt, so sind doch jene Qualitäten, aus denen er bestand, in die Bewußtseinsträger absorbiert worden, die der Eingeweihte für alle seine Kontakte mit den drei Welten verwendet. Er ist nun ganz und gar der wesentliche Extrakt aus allen seinen Körpern. Man muß auch beachten, daß — von seinem Gesichtspunkt und technischen Verständnis aus gesehen — die gesamte Mentalebene eine der drei Ebenen ist, aus denen die kosmisch-physische Ebene besteht; dies wird oft von den Studierenden vergessen, die fast ausnahmslos den Seelenkörper und das permanente Mentalatom *außerhalb* der Formbegrenzungen und dessen einordnen, was sie die drei Welten nennen. Technisch und von höherer Warte aus gesehen ist dies nicht so, und diese Tatsache ändert und bestimmt deutlich das Denken und Wirken des Eingeweihten des vierten und der höheren Grade. Das erklärt auch, warum der egoische Körper verschwinden muß.

Der Ton hallt durch die vier höheren Unterebenen der kosmisch-physischen Ebene; es sind dies die höheren Entsprechungen zu den vier ätherischen Unterebenen der physischen Ebene in den drei Welten — den drei grob-physischen und den vier ätherischen Ebenen. Man muß deshalb bedenken, daß unsere Ebenen, die uns so vertraut sind, die kosmisch-physische Ebene darstellen; und diejenige, die wir am besten kennen, ist die am stärksten verdichtete dieser sieben; eben daraus ergibt sich so viel Kampf und Schwierigkeit für uns.

690] Aus „dem Schweigen, das ein Tönen ist (der widerhallende Grundton von Shamballa“), verdichtet sich der Laut entweder in der Geistigen Triade oder im Ashram, je nach dem Rang des Eingeweihten und je nachdem, ob er in den Kreisen des Ashrams eine hohe Stellung einnimmt, oder noch höherstehend in jenen Kreisen wirkt, durch die das Licht aus der Ratskammer strahlt. Im ersten Falle antwortet das Herzzentrum dem Ton, und von dort aus die ganze Körperschaft; im anderen Falle ist das Bewußtsein durch eine noch höhere Art geistiger Erkenntnis überlagert oder verdrängt worden, der wir den unzulänglichen Namen „Identifizierung“ (bewußtes Einswerden) gegeben haben. Ist der Ton einmal im Herzen des Eingeweihten aufgenommen oder wahrgenommen worden, dann hat er alle nur möglichen Arten von Wissen entwickelt, die durch die Formnatur — Seele und Körper — ermöglicht werden können. Wenn die Wahrnehmung im Kopfe stattfindet, dann hat die Identifizierung eine so völlige Einheit mit allen geistigen Lebensäußerungen zustandegebracht, daß das Wort „mehr“ (das heißt gesteigert) zwangsläufig dem Wort „tief“ weichen muß — im Sinne einer Durchdringung. Wieviel habt ihr, meine Brüder, von dem Gesagten wohl verstanden?

An diesem Punkte steht nun der Eingeweihte zum ersten Male vor den Sieben Pfaden, da jeder Pfad eine Art und Weise darstellt, in Erkennungsbereiche einzudringen, die ganz und gar außerhalb unseres Planeten liegen.

Zu diesem Zwecke muß der Eingeweihte beweisen, daß er das Gesetz der Differenzierung bemeistert hat; er muß ein Wissen über die Sieben Pfade in der Weise erlangen, daß er die sieben Töne unterscheiden lernt, aus denen der eine TON besteht; diese haben jedoch nichts zu tun mit den sieben Tönen, aus denen das dreifache AUM besteht.

Seele und Form müssen gemeinsam dem Prinzip des Lebens entsagen und es der Monade also erlauben, frei zu werden. Die Seele antwortet. Dann zerbricht die Form die Verbindung.

691] Ihr könnt hier erkennen, warum ich so großen Wert auf die Tatsache legte, daß der Eingeweihte der Empfänger jener wesentlichen Qualität oder Qualitäten ist, die von der Form zutage gebracht und entwickelt, und von der Seele absorbiert wurden. An diesem speziellem Krisenpunkt faßt der Eingeweihte im Ashram oder „auf seinem glorreichen Weg zum Aufenthaltsort des Herzens" (Shamballa) in sich die Quintessenz alles Guten zusammen, das in der Seele aufgespeichert war, bevor sie bei der vierten Einweihung zerstört wurde. Er absorbiert die Quintessenz des Wissens und der Weisheit, des äonenlangen Kampfes und geduldigen Ausharrens. Durch Haften an der Seele oder an der Form läßt sich nichts mehr gewinnen. Er hat alles genommen, was sie ihm zu geben hatten; dies wirft ein Licht auf das geistige Gesetz des Opfers. Es ist interessant, daß die Seele an diesem Punkte einfach zum Mittler zwischen der Persönlichkeit und dem Eingeweihten hohen Grades wird. Aber jetzt gibt es nichts mehr zu berichten oder zu übermitteln; und wenn der Ton widerhallt, verschwindet die Seele, zum Beweis dessen, daß sie dem Ruf Folge leistet. Sie ist jetzt nur noch eine leere Hülle, doch ist ihre Substanz so hohen Grades, daß sie zu einem integralen Bestandteil der buddhischen Ebene wird; dort ist ihre Funktion ätherischer Art. Das Lebensprinzip wird gänzlich aufgegeben und es kehrt in das Sammelbecken des universalen Lebens zurück.

Ich möchte, daß ihr die Wichtigkeit der Formtätigkeit beachtet. Die *Form* ist es, welche die Verbindung zerbricht und die vollständige Befreiung bringt (die meist verachtete, gering geschätzte, zunichtegemachte Form also ist es, die den letzten Akt vollzieht). Der „Lunarherr" der Persönlichkeit hat sein Ziel erreicht; und jene Elemente, aus denen seine drei Hüllen (die physische, astrale und mentale) bestanden haben, werden zusammen mit dem Le-

bensprinzip die atomische Substanz des ersten Manifestationskörpers für irgendeine Seele bilden, die zum ersten Male die Inkarnation sucht. Dies steht in engem Zusammenhang mit dem schwer verständlichen Thema des permanenten Atoms. Es bedeutet einen Augenblick hoher Einweihung für diesen Lunarherrn, wenn er die Verbindung zerbricht und alle Beziehungen mit der
692] bisher ihm innewohnenden Seele trennt. Er ist jetzt nicht mehr bloß ein Schatten, sondern besitzt nun jene Qualitäten, die ihn „substantiell“ (im esoterischen Sinne) und zu einem neuen Faktor in Zeit und Raum machen.

Die übrigbleibenden Worte dieses Gesetzes bedürfen keiner Erklärung und bilden einen passenden Schluß für diesen Abschnitt unserer Studien:

> *Das Leben ist jetzt befreit; es besitzt die Qualitäten bewußten Wissens, die Früchte aller Erfahrung. Dies sind die Gaben, die Seele und Form gemeinsam schenken.*

Neuntes Kapitel

Die sieben Heilweisen

693] Es dürfte euch klar sein, daß es sehr schwierig wäre, einen Heiler zu finden, der hinreichend geschult ist, um die Methoden oder sieben Arten des Heilens — die ja mit den Energien der sieben Strahlen zusammenhängen — in dieser Interimsperiode des Weltgeschehens anzuwenden; das wäre auch dann schwierig, wenn sie euch genau mitgeteilt würden. Wir gehen jetzt aus einem Zeitalter in ein anderes über, und dies bringt notwendigerweise Schwierigkeiten mit sich, die man bisher noch nicht erkannt hat. Zum ersten Male in der Geschichte ist nun die Menschheit intelligent genug, um die Tragweite dieses Geschehens zu erfassen, und ihr Blick wird weit genug, um das geistige Bild der neuen Zukunft zu sehen, sie sich vorzustellen und für sie Pläne zu machen. Zweitens ist es heute noch eine Seltenheit, daß der Seelenstrahl des Durchschnittsaspiranten so stark vorherrscht, daß er eine angemessene Erleuchtung und Strahlkraft vermitteln kann. Solange dies nicht der Fall ist, sind diese Strahlmethoden und Techniken, welche die Verwendung und Lenkung der Strahlenenergien bestimmen, nutzlos. Deswegen solltet ihr jedoch nicht enttäuscht sein, sondern einfach eine erwartungsvolle Einstellung haben; das gilt besonders für jüngere Studierende und Leser. Im ganzen gesehen ist es sehr gut, daß diese Lücke zwischen Erwartung und Möglichkeit besteht.

Im letzten Jahrhundert ist über magisches Wirken soviel bekanntgegeben worden, daß es derzeit nicht klug wäre, noch mehr zu veröffentlichen. Es sind so viele Mantrams und Machtworte
694] mitgeteilt worden, und das OM wird schon so allgemein angewandt, daß man daraus eine ganze Menge Nachteile erwarten könnte. Ein solcher Schaden ist jedoch nicht eingetreten. Die ver-

hältnismäßig niedrige Evolutionsstufe des Durchschnittsschülers und Experimentators hat als Schutz gedient, und es ist nur wenig in Gang gekommen — sei es im guten wie im schlechten — durch all das, was sie zu tun versucht haben. Häufig hat es Heilungen (zum mindesten zeitweilige Heilungen) gegeben, und zwar hauptsächlich deshalb, weil der Patient für die Vorschläge und Empfehlungen des Heilers aufgeschlossen war und zu ihm Vertrauen hatte. Keine dieser Heilungen kann esoterisch auf die wissenschaftlichen Methoden des Okkultismus zurückgeführt werden. Trotz dieses Schutzes, oder besser gerade deswegen, teile ich jetzt keine Strahlworte mit, wie sie der erfahrene Eingeweihte beim Heilen anwendet. Diese Worte müssen mit der geschulten Anwendung des geistigen Willens verbunden werden. Bis jetzt ist jedoch (bei gewöhnlichen Menschen und Heilern) selbst der niederste Aspekt des Willens unentwickelt geblieben, und es kommt nur der Eigenwille (also entschiedenes, selbstsüchtiges Begehren) zum Ausdruck. Es wäre daher nur Zeitverschwendung, wenn ich dahingehende Unterweisungen geben würde.

Es schien mir nötig, dies zu erklären, um beim Leser nicht die irrtümliche Hoffnung zu erwecken, daß ich das Geheimnisvolle und bisher Unbekannte mitteilen werde. Ich versuche lediglich, die Grundlagen für ein künftiges Wissensgerüst zu geben, wenn es einmal ungefährlich, weise und richtig sein wird, jene „Konzentrationspunkte“, jene „Harmonie bringenden Worte“, und jene „zum Ausdruck gebrachten Absichten“ des richtig geschulten Heilers mitzuteilen. Ich versuche ferner, in euch eine vernünftige Wißbegier zu erwecken, die das wenige, das ich bekannt geben kann, und die symbolischen Worte, die ich vielleicht mitteile, aufgreift und verwendet, um euch so auf späteres, größeres Verstehen vorzubereiten.

Einstweilen gibt es so manche nützliche Dinge, die ich euch lehren kann. Sie mögen vielleicht die erschauten und erkannten Schwierigkeiten vergrößern, sich aber dennoch als nützlich erweisen, insofern sie die Grundlagen aufzeigen, die sich der Heiler erst

695] noch erarbeiten muß, bevor er eine richtige, dauerhafte Heilung erzielen kann.

Dieser Abschnitt wird sehr kurz sein, verglichen mit dem übrigen Buche; er besteht lediglich aus einer Reihe von summarischen, zusammengedrängten Aussagen, die ein Nachschlagebuch, einen Leitfaden für den Heiler darstellen, auf den er sich stützen kann. Diese Aussagen umfassen drei Kategorien:

I. Die sieben Strahlenenergien.
II. Die Strahlen des Heilers und des Patienten.
III. Die sieben Heilmethoden.

Diese Aussagen vervollständigen den IV. Band der „Abhandlung über die sieben Strahlen" und teilen dem eingeweihten Jünger — teilweise sogar auch dem intelligenten Aspiranten — vieles mit; sie sollten helfen, die Heilbehandlung wirksamer zu gestalten, selbst wenn nur die Vorarbeiten und Grundregeln mitgeteilt werden. Es erübrigt sich wohl der Hinweis, daß der Heiler sich in dieser Anfangstätigkeit vervollkommnen muß; und — strebend und arbeitend — mag er vielleicht selbst (allein und ohne Hilfe) in die tiefere Bedeutung dieses Teiles der Ewigen Weisheit eindringen.

I. Die sieben Strahlen-Energien.
Fünfzehn Aussagen.

1. Die sieben Strahlen verkörpern und bringen die Gesamtheit der Energien zum Ausdruck, die überall durch unsern ganzen Planetenkörper kreisen.
2. Diese sieben Strahlenergien sind die sieben Kräfte, die gemeinsam den Hauptstrahl der Liebe-Weisheit bilden. Dieser ist der zweite Strahl unseres Sonnensystems und der beherrschende Strahl in jeder planetarischen Ausdrucksform

innerhalb des Sonnensystems. Alle sieben Strahlen sind Unterstrahlen dieses großen kosmischen Strahles.

3. Ganz gleich, auf welchem Strahl sich der Heiler befindet,
696] er muß dennoch stets durch den zweiten Unterstrahl dieses großen Strahles wirken — den Strahl der Liebe-Weisheit in jedem Strahl. Dadurch kommt er mit dem herrschenden Seelen- und Persönlichkeitsstrahl in Verbindung. Der zweite Strahl hat die Fähigkeit, alles einzubeziehen.
4. Der zweite Strahl und der zweite Unterstrahl auf allen Strahlen sind in ihrer Wesensäußerung zweifach. Der Heiler muß lernen, durch den Liebesaspekt, und nicht durch den Weisheitsaspekt zu wirken. Dies erfordert viel Schulung, um geistige Unterscheidung anwenden zu können.
5. Der Heiler muß beim Heilen jene Träger (oder Körperhüllen) der Formnatur verwenden, die auf der Linie 2 — 4 — 6 — sind. Wenn er keine solchen Hüllen oder Körper mit dieser grundsätzlichen Energie besitzt, kann er nicht heilen. Das wird nur selten erkannt und anerkannt. Es kommt jedoch kaum vor, daß eine Ausrüstung keinerlei Ausgangsstellen für den zweiten Strahl hat.
6. Jene Heiler, die sich auf dem zweiten Strahl befinden, oder einen kraftvollen Träger vom zweiten Strahl besitzen, sind für gewöhnlich große Heiler. Christus, der wahrste, jemals auf Erden bekannte Repräsentant des zweiten Strahles, war der größte aller heilenden Gottessöhne.
7. Der Strahl der Seele bedingt und bestimmt die Methode, die angewendet werden soll. Jener Strahl der Persönlichkeitsträger, der am engsten mit dem zweiten Strahl verbunden ist (dem alle Unterstrahlen als Leitungswege dienen) ist derjenige, durch den die heilende Energie strömen muß.
8. Der zweite Unterstrahl des Seelenstrahles bestimmt die Art und Weise, wie der Heiler an das Heilproblem herangeht, dem er sich unmittelbar gegenübersieht. Diese Energie wird in Heilkraft umgewandelt, wenn sie durch den hiefür ge-

eigneten Persönlichkeitsträger strömt. Hiefür geeignet heißt, daß der Strahl dieses Trägers der zweite, vierte oder sechste sein muß.

9. Der hiefür geeignete Träger kann entweder der Mentalkörper oder der emotionelle Körper sein. Da die große Masse der Menschheit ihren Schwerpunkt in der Astralnatur hat,
697] wird die Heilung im allgemeinen am erfolgreichsten sein, wenn der Heiler eben diesen Körper als Übertragungskanal verwendet.

10. Es entsteht daher ein Energiedreieck aus:
    a) der Energie der Seele,
    b) dem zweckdienlichen Träger,
    c) dem Ätherkörper, entweder über das Herz oder über das Solarplexus-Zentrum.

11. Innerhalb des Ätherleibes bildet sich ein sekundäres Dreieck für den Kreislauf der Energien zwischen:
    a) dem Kopfzentrum, der Empfangsstation;
    b) dem Ajnazentrum, dem Zentrum für die gelenkte Verteilung;
    c) dem Zentrum, das — als Weg des geringsten Widerstandes — die Energie des Seelenstrahles verspürt, welcher der sieben Strahlen auch immer dieser sein mag.

12. Dieses sekundäre Dreieck wird mit dem ersten Hauptdreieck durch einen „Akt der Überlegung“ verbunden. Dies ist ein Teil der Methode, den ich zurückhalte.

13. Der aufrichtige und erfahrene Heiler kann (in Ermangelung der esoterischen Formel, welche die Verbindung zwischen den beiden Dreiecken herstellt) viel tun, um eine befriedigende Verbindung zu bekommen, und zwar durch einen bewußten Akt des Glaubens und durch die standhafte Behauptung seiner *festgelegten Absicht.*

14. Das größere Dreieck betrifft den Heiler und macht ihn zu einem Übertragungswerkzeug; das geringere ist dasjenige,

das die Wirkung auf den Patienten ausübt und durch das der Heiler — auf der physischen Ebene — wirkt.

15. Das Vorgehen des Heilers besteht also vor dem bewußten Akt des Heilens aus drei Phasen:

Erste Phase:

a) Der Heiler verbindet sich tatsächlich und bewußt mit
698] seiner eigenen Seele.

b) Dann entscheidet er, welcher von seinen Persönlichkeitsträgern verwendet werden soll; diese Entscheidung beruht darauf, wie dieser Träger gegenüber den Energien reagiert, die auf der Linie 2 — 4 — 6 hereinkommen.

c) Durch einen Willensakt verbindet er dann die Seelenenergie — über den erwünschten Träger — mit dem geeigneten Zentrum im Ätherkörper; dieses kann das Herz oder der Solarplexus sein, vorzuziehen ist jedoch immer das erstere.

Zweite Phase:

a) Er schafft das sekundäre Dreieck, indem er seine Aufmerksamkeit im Empfangsorgan, dem Kopfzentrum, konzentriert.

b) Dann verbindet er dieses Kopfzentrum vermittels der schöpferischen Imagination mit dem Zentrum zwischen den Augenbrauen und hält die Energie dort fest, da dieses das leitende Vermittlungsorgan ist.

c) Er bemüht sich, in diesem Ajnazentrum die Energie desjenigen ätherischen Zentrums anzusammeln, das zu seinem Seelenstrahl eine wesensgemäße Beziehung hat.

Dritte Phase:

Dann stellt er mit Bedacht die Verbindung zwischen den beiden Dreiecken her; hierauf ist er zur Heilarbeit bereit.

II. Die Strahlen des Heilers und des Patienten.

Auch dem oberflächlichen Leser dürfte klar sein, daß der Umstand von großer Bedeutung ist, ob die Strahlen des Heilers mit denen seines Patienten übereinstimmen oder aber verschieden
699] sind; dafür sind viele Faktoren bestimmend. Oft besteht auch ein Gegensatz zwischen den Seelen- und Persönlichkeitsstrahlen der beiden Parteien. Es können sich also folgende Situationen ergeben:

1. Die Seelenstrahlen sind identisch, die Persönlichkeitsstrahlen verschieden.
2. Die Persönlichkeitsstrahlen sind gleich, die Seelenstrahlen aber verschieden.
3. Die Strahlen sind in beiden Fällen die gleichen.
4. Weder die Strahlen der Seele noch die der Persönlichkeit sind gleich.
5. Der Seelenstrahl ist nicht bekannt, der Persönlichkeitsstrahl jedoch klar ersichtlich. Der Strahl der Persönlichkeit kann leicht ermittelt werden, aber häufig fehlt ein Merkmal oder Hinweis für den Seelenstrahl. Dies kann sowohl für den Heiler wie für den Patienten gelten.
6. Über die Strahlen ist auf beiden Seiten nichts bekannt.

Ich erwähne in dieser Erörterung nicht die Strahlen des Mental-, Astral- oder physischen Körpers, auch wenn diese eine bestimmte und manchmal entscheidende Wirkung haben und es sehr nützlich wäre, sie zu kennen. Der geschulte Heiler kann, wenn er dieses Wissen besitzt, eine Hilfsmethode zur Unterstützung der Grundmethode verwenden; er kann den entsprechenden niederen Träger (entweder den eigenen oder den des Patienten) verwenden, um durch ihn einen Sekundärstrom heilender Energie zu senden; damit vergrößert er die Wirksamkeit des Hauptstromes. Die zusätzliche Verwendung dieses zweiten Stromes erfordert entweder ein wirklich vorgeschrittenes Wissen

des Heilers, oder genaue Mitteilungen des Patienten. Das kommt jedoch nur selten vor, wie ihr euch vorstellen könnt. Durch sorgfältiges Studium und das Sammeln bekannter analoger Fälle kann man mit ziemlicher Sicherheit die Art der beiden Hauptstrahlen feststellen; es ist jedoch ein Eingeweihter von einigem Rang nötig,
700] um den Strahl eines niederen Körpers zu erkennen und durch ihn zu wirken; denn nur mit diesem Wissen ist er in der Lage, die heilende Kraft durch zwei Zentren gleichzeitig auszusenden. Wir werden uns folglich darauf beschränken, die Beziehung der Strahlen zu betrachten, welche die Seele und die Persönlichkeit des Heilers und des Patienten beherrschen.

Es ist mir nicht möglich, jeden einzelnen Strahl sowohl des Heilers wie des Patienten durchzunehmen und für euch die entsprechende Methode zu beschreiben. Das wird euch klarer werden, wenn ihr die vielen Schwierigkeiten berücksichtigt, die sich ergeben, wenn man die Strahlen der beiden betreffenden Parteien miteinander in Verbindung bringt. In dem Buch „Jüngerschaft im Neuen Zeitalter“ sind die Strahlen einer ganzen Zahl von Jüngern angegeben. Als Übung könntet ihr mit den dort angegebenen Strahlen experimentieren und jeden dieser Jünger in die Lage des Heilers, beziehungsweise des Patienten versetzen. So könnt ihr erkennen, welche Zentren im Falle irgendeiner Krankheit (deren jede an einer anderen Stelle im menschlichen Körper sitzt) verwendet würden, und dann zu entscheiden versuchen, nach welcher Methode, Arbeits- oder Verfahrensweise sich der Heiler klugerweise richten sollte. Gleichzeitig solltet ihr zweierlei berücksichtigen: Erstens, daß alle diese Menschen Mitglieder eines Ashrams vom zweiten Strahl, und zweitens auch Jünger sind, deren Strahlen also dem Heiler klar und deutlich erkennbar sind, was sehr hilfreich ist. Ihr könntet auch entscheiden, welche Strahl-Energie ihr beim Heilvorgang anwenden würdet, durch welches von euren eigenen Zentren ihr als Heiler (und der Jünger als Patient) wirken solltet, und ob ihr in der Lage wäret, eine zweite Methode anzuwenden. Wenn ihr dann mit Hilfe der schöpferischen Einbil-

dungskraft an einer imaginären Heilung gearbeitet habt, schaut unter euren Freunden und Bekannten nach denen aus, die eurer Meinung nach ähnliche Strahlbedingungen besitzen; versucht — wenn sie leidend oder krank sind — ihnen auf dieselbe Weise zu helfen, wie ihr es bei einem imaginären Patienten versucht habt; beobachtet dann, was geschieht. Vermeidet es, eine sekundäre
701] Methode anzuwenden, denn ihr werdet höchstwahrscheinlich völlig falsch vorgehen, wenn ihr die drei niederen Träger heranzieht, anstatt die beiden großen Äußerungsformen des Lebens zu benutzen.

Die restlichen Fragen dieses Themas können vielleicht durch bestimmte Aussagen geklärt werden, die verständlicher werden, wenn einmal in den kommenden Jahrzehnten die esoterische Psychologie tatsächlich Gegenstand der Erziehung wird.

1. Der Heiler soll seine Strahlen ermitteln und dann auf Grund dieser Erkenntnis an die Arbeit gehen. Steht ihm dieses Wissen nicht zur Verfügung, sollte er sich von Heilungsversuchen fernhalten.
2. Wenn er — in Ermanglung dieses Wissens — unfähig ist, die Heilbehandlung auszuführen, soll er sich auf die Aufgabe beschränken, als Stromleiter zu fungieren, der dem Patienten die Energie der Liebe übermittelt.
3. Es wird dem Heiler in den meisten Fällen leichter fallen, seine eigenen Strahlen (oder zum mindestens einen von ihnen) zu ermitteln, als die Strahlen des Patienten zu erkennen. Dafür gibt es zwei Gründe:
   a) Die Tatsache, daß er zu heilen und zu helfen versucht, zeigt einen recht guten Fortschritt auf dem geistigen Wege an. Ein solcher Fortschritt ist für das richtige Feststellen der Strahlqualität erforderlich. Wenn er sich und seine möglichen Strahlen ein wenig studiert, so würde er mit der Zeit die Art der Energien erkennen, die ihn beherrschen und bestimmen.

b) Wenn der Patient vorgeschritten ist, neigt er nicht dazu, Hilfe zu suchen, sondern wird sein Problem selbst in die Hand nehmen, und zwar mit Hilfe der Seele und des Ashrams (falls er mit einem verbunden ist). Ist er nicht fortgeschritten, läßt sich der Persönlichkeitsstrahl leichter ermitteln als der Seelenstrahl und wird daher als Kontaktstelle fungieren.

4. Hat der Heiler die Strahlen oder den Strahl, der ihn beherrscht, zu seiner Zufriedenheit bestimmt, dann sollte er
702] sich für die Heilaufgabe wenigstens fünf Stunden lang durch sorgfältige Maßnahmen vorbereiten, die sein Denkvermögen, seinen Denkapparat betreffen. Damit meine ich nicht fünf Stunden ununterbrochener gedanklicher Kontrolle und Überlegung, sondern eine Zeit ständigen, ruhigen Nachdenkens, während der Heiler den Patienten studiert und sich mit folgendem vertraut macht:
   a) Mit dem Problem der Krankheit und ihrer speziellen Natur.
   b) Mit ihrem Sitz im Körper.
   c) Mit dem zuständigen Zentrum und (wenn er ein erleuchteter Jünger ist) dessen Zustand.
   d) Mit der Heftigkeit des Leidens und den Aussichten für eine Heilung.
   e) Ob Todesgefahr besteht oder nicht.
   f) Mit dem psychologischen Zustand des Patienten.
   g) Mit den Strahlen des Patienten, wenn es sich ermöglichen läßt; wenn der Heiler diese kennt, weiß er auch, wie er vorzugehen hat.
5. Also vorbereitet konzentriert der Heiler seine Aufmerksamkeit auf seinen eigenen Strahl. Wenn er nur eine ganz allgemeine Kenntnis von seinem Strahl oder seinen Strahlen und denen des Patienten besitzt, kann er von der Voraussetzung ausgehen, daß einer oder beide sich auf der Linie 1 — 3 — 5 — 7 oder 2 — 4 — 6 befinden; nach dieser allge-

meinen Annahme kann er handeln. Genaue und ins einzelne gehende Kenntnisse sind wertvoll, aber wenn sie nicht vorhanden sind und die speziellen Strahlen nicht bestimmt werden können, läßt sich dennoch oft feststellen, ob in der allgemeinen Charakteranlage mehr die Liebe oder der Wille zutage tritt; und dementsprechend kann man handeln. Das Problem besteht dann darin, ob die Beziehung zwischen Heiler und Patient von Persönlichkeit zu Persönlichkeit,
703] von Seele zu Seele, oder von der Persönlichkeit zur Seele und umgekehrt besteht.

6. Wenn es sich um die Beziehung zwischen den Persönlichkeiten beider handelt (wie es meistens der Fall sein dürfte), ist die Energie, mit der der Heiler wirkt, einfach die des planetarischen Prana; dadurch werden die natürlichen Vorgänge des physischen Körpers angeregt und (im Zusammenwirken mit der Natur und damit in Übereinstimmung mit dem Karma des Patienten) seine physische Hülle so gekräftigt, daß er die Krankheit abschütteln kann; oder aber hilft diese Energie in der Weise, daß der Patient mit Vertrauen dem Sterben entgegensieht und mit Ruhe und einsichtigem Verständnis in die feineren Daseinsbereiche hinübergeht.
7. Wenn es sich um die Beziehung der Seele des Heilers zur Persönlichkeit des Patienten handelt, wirkt der Heiler mit Strahlenergie in der Weise, daß er seine eigene Strahlenergie durch jenes Zentrum strömen läßt, das den erkrankten Bezirk beherrscht. Wenn die Seelen beider zusammenwirken, dann können die beiden Energien verschmelzen, oder es kann (wenn es sich um gleiche Strahlen handelt) die eine Energie verstärkt und die Heilung oder Auflösung außerordentlich beschleunigt werden.
8. Der Heiler muß immer daran denken, daß seine Aufgabe entweder darin besteht — gemäß dem karmischen Gesetz — zu heilen, oder bei den Auflösungsvorgängen zu helfen, so daß er dadurch eine höhere Form des Heilens herbeiführt.

9. Plötzliche Heilungen und dramatisch zum Stillstand gebrachte Krankheiten werden *nicht* vorkommen, es sei denn, daß der Heiler ein hoher Eingeweihter ist und in voller Erkenntnis der Umstände und bestimmenden Faktoren wirken kann. Wenn die Heilung tatsächlich eintritt, liegt dies an folgendem:
   a) Am Schicksal des Patienten, dessen Zeit noch nicht gekommen ist.
   b) Am Eingreifen der Seele des Patienten, die im letzten Grunde das Werkzeug des Karma ist.
704] c) An der Hilfe des Heilers, die sich ausreichend genug erwiesen hat, um dem Patienten das notwendige Vertrauen und die zusätzliche Kraft zu geben, um die Heilung selbst herbeizuführen.
10. Niemals wird jemand von den „Toren des Todes“ zurückgeholt, dessen Karma anzeigt, daß seine Zeit gekommen ist. Der Lebenszyklus des Menschen auf der physischen Ebene ist dann zu Ende — es sei denn, daß er in einem Ashram wirkt oder ein Jünger von einigem Rang ist, dessen Arbeit und Anwesenheit auf Erden noch benötigt wird, um die ihm zugewiesene Aufgabe zu vollenden. Dann mag der Meister des Ashrams sein Wissen und seine Energie zu der des Heilers oder des Patienten hinzufügen und einen zeitweiligen Aufschub des Wegganges erwirken. Darauf darf aber weder der Heiler noch der Patient rechnen, denn sie kennen nicht voll und ganz die Umstände, die dies rechtfertigen würden.
11. Es gibt bestimmte elementare Erfordernisse oder Voraussetzungen, die für das Wirken des Heilers notwendig sind. Es sind dies folgende:
   a) Vollständige Ruhe im Krankenzimmer, soweit irgend möglich.
   b) So wenige Menschen im Zimmer, wie es die Einsicht zuläßt. Das Denken und die Gedankenformen der Anwe-

senden können entweder störend wirken oder gestört werden und auf diese Weise die Heilströme ablenken; andererseits können sie manchmal die Arbeit des Heilers zu stark unterstützen.

c) Der Patient sollte womöglich auf dem Rücken oder auf der Seite liegen, so daß die Zentren längs der Wirbelsäule dem Heiler zugewandt sind. In manchen Fällen (und diese muß der Heiler selbst bestimmen) sollte er so liegen, daß der Heiler seine Hände über das erkrankte Gebiet halten kann; aber den Körper des Patienten darf er in keinem Falle berühren.

12. Wenn Ruhe, Frieden und Stille eingetreten sind, beginnt der Heiler nach der hier angemessenen Methode die Behandlung. Die oben erwähnten Bedingungen der Ruhe, des Frie-
705] dens und der Stille sind nicht nur äußere physische Forderungen, sondern gelten auch für die emotionellen und mentalen Zustände des Heilers, des Patienten und auch der sonstigen Anwesenden. Dies ist nicht immer leicht zu erreichen.

Wenn der Heiler die zweckmäßige Methode nicht kennt oder die später in dieser Unterweisung gegebenen Formeln nicht versteht, kann er sich selbst die Methoden und Regeln zusammenstellen, und zwar auf Grund eines gründlichen Studiums dieser Anweisungen, die genug Stoff und Vorschläge für ein solches Vorgehen enthalten.

III. Die sieben Heilmethoden.

Die Methoden, die ich in Form von sieben uralten Aussagen oder Formeln angeben muß, sind dem „Regelbuch für eingeweihte Jünger" entnommen. Ich wage es noch nicht, die einfache physische Anwendung dieser Strahlmethoden mitzuteilen, da es zu gefährlich wäre. Wenn man sie richtig anwendet und versteht, vermitteln sie eine schreckliche Kraft und können — in den falschen Händen — ernsten Schaden anrichten. Ich möchte hier daran erinnern, daß die Eingeweihten der Schwarzen Loge ebenfalls heilen oder Tod und Krankheit bewirken und ganz ähnliche Methoden anwenden. Der Unterschied liegt darin, daß sie nur mit den Persönlichkeitsstrahlen des Heilers und des Patienten wirken können; und da ihre Kraft *auf der physischen Ebene* größer ist als die der Mitglieder der Großen Weißen Loge, ist ihre Arbeit häufig sehr wirkungsvoll. Der geistige Heiler, der — wenn immer möglich — mit den Energien des Lichts wirkt, ist im Physischen selten so erfolgreich.

Die Mitglieder der Schwarzen Loge, oder die Heiler, die unter ihrem Einfluß wirken, sind jedoch völlig außerstande, auf einen Patienten einzuwirken, der auch nur im geringsten Maße geistig orientiert ist und darum unter die Herrschaft seiner Seele kommt; auch können sie nicht durch einen Heiler wirken, der geistig eingestellt ist. Wenn sie dies versuchen, merken sie, daß sie von Energien bekämpft werden, die aus dem Ashram kommen, dem
706] sich entweder der Heiler oder der Patient nähert oder mit dem er verbunden ist, selbst wenn er noch ganz am Rande steht. Beim nichtdenkenden Durchschnittsmenschen ist die Gefahr der „schwarzen" Einmischung äußerst gering; die schwarzen Kräfte kümmern sich nicht um unbedeutende Menschen, sondern nur um mächtige und einflußreiche Personen, die ihren Zwecken dienen können. Ihre böse Betätigung ist auch nur in dem Zeitpunkt (oder Zyklus) möglich, wenn ein Mensch die Entscheidung trifft, ob er den Weg geistigen Lebens gehen, auf seiner augenblicklichen Stufe stehenbleiben, oder sich mit Bedacht (was außerordentlich selten vorkommt) dem Pfad der reinen Selbstsucht zuwenden will. *Dieser* Pfad führt zur Schwarzen Loge.

Im Anfang des nächsten Jahrhunderts wird sich ein Jünger mit diesen Methoden oder magischen Aussagen befassen, sie auf die Heilarbeit anwenden, ausdeuten und erklären. Es lassen sich in ihnen drei Bedeutungen finden, deren niederste der heutige Studierende vielleicht allein auslegen kann, wenn er ausreichend nachdenkt und geistig lebt.

DIE SIEBEN AUSSAGEN.

1. *Die Methode des ersten Strahles.*

> Möge die dynamische Kraft, welche die Herzen aller in Shamballa leitet, mir zu Hilfe kommen, denn ich bin dieser Hilfe wert und würdig. Sie steige herab zum Dritten, dann weiter zum Fünften und sammle sich auf dem Siebenten. Diese Worte bedeuten nicht das, was dem Auge erscheinen mag. Das Dritte, Fünfte und Siebte liegen im Ersten und kommen von der Zentralen Sonne geistiger Lebensfülle. Dann erwacht das Höchste in dem, der weiß, und in dem, der geheilt werden muß; so werden die beiden eins. Dies ist ein tiefes Geheimnis. Die Verschmelzung der Heilkraft bewirkt das gewünschte Werk; es mag den Tod bringen, jene
> **707]** große Befreiung, und so das Fünfte, Dritte und Erste, wiederherstellen, jedoch nicht das Siebente.

Diese dynamische Energie des ersten Strahls wird gewöhnlich vom erfahrenen geistigen Heiler dann angewandt, wenn es ihm klar ist, daß die Stunde der Befreiung für den Patienten gekommen ist. Falls der erste Strahl der Seelenstrahl des Heilers oder des Patienten ist, muß diese Strahlenergie von Kopfzentrum zu Kopfzentrum übertragen werden, und von dort zu der Stelle der Beschwerde und zu dem dazugehörigen Zentrum. Dies mag (wenn die Heilung möglich und karmisch berechtigt ist) die Beschwerde vorübergehend verstärken; und zwar deswegen, weil die einströmende Energie eben den Keim oder die Wurzeln der Krankheit „dynamisch" austreibt. Die Temperatur kann sich erhöhen oder es tritt vielleicht ein Kollaps irgendwelcher Art ein, und darauf müssen der Heiler, der Patient und der anwesende Arzt vorbereitet sein. Sie sollten die notwendigen physischen Maßnahmen zur Linderung ergreifen — so wie sie von der Schulmedizin vorgesehen sind; damit wird die rein physische Reaktion behoben. Ist nicht der Seelenstrahl des Patienten, sondern der Persönlichkeitsstrahl der erste, dann muß der Heiler große Vorsicht walten lassen, wenn er diese Strahlenergie anwenden will. Er sollte sehr langsam und schrittweise vorgehen durch das Zentrum auf der Linie 1 — 3 — 5 — 7, das dem Sitz der Krankheit am nächsten liegt; er muß die Energie durch dieses Zentrum und von dort zu jenem Zentrum fließen lassen (gleichgültig, welches es auch ist), das im Bereich der Krankheit liegt. Wenn dieses letzte Zentrum zufällig auf der Linie 3 — 5 — 7 liegt, muß der Heiler besondere Sorgfalt aufwenden, denn sonst würde die dynamische Energie des ersten Strahles zerstören und nicht heilen.

2. *Die Methode des zweiten Strahles.*

Möge die heilende Energie herabkommen mit ihren zweifachen Lebensströmen und ihrer magnetischen Kraft. Diese lebendige magnetische Kraft entferne und ergänze das, was
708] in dem Siebenten vorhanden ist, was die Vier und Sechs mit der Drei und Sieben in Gegensatz bringt, sich aber nicht um die Fünf kümmert. Der kreisförmige, einbeziehende Wirbel, der zu dem Punkt herabsteigt, stört, beseitigt und sorgt für Abhilfe; so wird das Werk vollbracht.

Das Herz dreht sich; zwei Herzen drehen sich als eines; die zwölf im Träger; die zwölf im Kopfe und die zwölf auf der Ebene der Seele bemühen sich, wirken wie eine Einheit, und so wird das Werk vollbracht. Zwei Energien bringen diese Vollendung zustande, und die drei, deren Zahl eine Zwölf ist, folgen dem Ruf der größeren Zwölf. Das Leben wird erkannt und die Jahre werden verlängert.

Wenn diese uralte Aussage im Lichte eines Wissens studiert wird, das ihr etwa habt (und ihr habt wahrscheinlich mehr, als ihr euch vorstellt), vor allem eines Wissens über die Zentren, dann wird sich die erste oder leichteste Interpretation zeigen.

3. *Die Methode des dritten Strahles.*

Der Heiler steht und webt. Er sammelt vom Dritten, Fünften und Siebenten das, was für das Herz des Lebens gebraucht wird. Er bringt die Energien zusammen und läßt sie der Drei dienen; so erschafft er einen Wirbel, in den der Bedrängte hinabsteigen muß; und mit ihm geht der Heiler. Dennoch bleiben beide in Frieden und Ruhe. So muß der Engel des Herrn in den Tümpel hinabsteigen und das heilende Leben bringen.

Hier wird vom „Tümpel der Wasser" gesprochen, über dessen Bedeutung manche Frage gestellt werden mag. Elementar ausgedrückt hat er in Wirklichkeit mit der zentralen, wichtigsten Ursache vieler Krankheiten zu tun (wie wir schon früher gesehen haben), nämlich mit der emotionellen Natur; diese zu beherrschen ist die Aufgabe des dritten Aspektes der Gottnatur. Denkt darüber nach, denn ihr könnt daraus viel Erleuchtung gewinnen.
709] Die nächste Heilmethode ist länger und viel schwerer verständlich; ihr werdet nur wenig davon begreifen. Sie bezieht sich, soweit es unser Thema betrifft, ganz auf den Menschen selbst und den Spruch: „Mensch, *erkenne* dich selbst."

4. *Die Methode des vierten Strahles.*

Der Heiler kennt die Stelle, wo sich die Dissonanz befindet. Er kennt auch die Macht des Tones und den Ton, der hörbar werden muß. Da er den Grundton kennt, auf den die vierte große Gruppe reagiert, und der sie mit der großen Schöpferischen Neun verbindet, läßt er den Ton erklingen, der die Befreiung und das Aufgehen in das Eine bringt. Er erzieht das lauschende Ohr dessen, der geheilt werden muß;

desgleichen schult er das lauschende Ohr dessen, der fortgehen muß. Er kennt die Art des Tones, der die heilende Berührung bringt; und auch den, der sagt: Scheide von hinnen. Und so wird das Werk vollbracht.

Diese vierte Methode kann — in Ermangelung echter Strahlkenntnis — von allgemeinem Nutzen sein, da der vierte Strahl das vierte Naturreich (das Menschenreich) beherrscht. Der Heiler, der nach dieser Methode arbeitet (heute gibt es zwar praktisch keinen solchen, da der vierte Strahl nicht inkarniert ist) heilt hauptsächlich mit Hilfe des Tones oder der Töne, die jeweils dem Zweck entsprechen. Wenn der Heiler diese Methode anwendet, wird er in den Anfangsstadien reichlichen Gebrauch von der Musik machen, um eine Heilung herbeizuführen, oder um den Todesvorgang oder das Hinübergehen zu erleichtern. Es wird jedoch Musik mit einem immer wiederkehrenden Akkord sein, der den Grundton des vierten Strahles und des Menschenreiches zum Ausdruck bringt. Heilung mit Hilfe des Tons (oder Lautes) wird eine der ersten Weiterentwicklungen gegen Ende des nächsten Jahrhunderts sein. Weitere Lehren darüber sind nutzlos,
710] solange der vierte Strahl nicht wieder zur Wirksamkeit kommt.

5. *Die Methode des fünften Strahles.*

Das, was seit jeher gegeben wird, muß angewandt werden; das, was zutage tritt aus der gegebenen Methode, wird seinen Platz in des Heilers Plan finden. Das, was verborgen ist, muß erschaut werden, und von den dreien wird großes Wissen kommen. Danach strebt der Heiler. Zu den dreien fügt er die beiden hinzu, die wie eines sind; so muß das Fünfte seine Rolle spielen und die fünf müssen wie eine Einheit funktionieren. Die Energien steigen herab, gehen hindurch und verschwinden; sie lassen den, der antworten konnte, mit Karma zurück, das noch aufzulösen ist; sie nehmen den mit sich, der nicht so antworten konnte und darum ebenfalls verschwinden muß.

Die klarste und einfachste Bedeutung der fünften Strahlmethode des Heilens ist die, daß der Heiler, der wissenschaftlich und hauptsächlich auf konkreten Ebenen wirkt, alle Hilfsmittel anwendet, um eine Heilung herbeizuführen; er beginnt dabei mit angemessener physischer Pflege und geht dann zu den feineren Heilweisen über. Wiederum möchte ich darauf hinweisen, daß physische Hilfen ebenso göttlicher Art sein können wie die geheimnisvolleren Methoden, die der metaphysische Heiler von heute für so sehr wirksam hält. So wie jedes moderne Wissen, das auf der physischen Ebene durch einsichtige und geniale Persönlichkeiten entwickelt wurde, für den Jünger und Eingeweihten in Zeit und Raum nützlich ist, genau so ist es auch mit den medizinischen Wissenschaften. So wie der Jünger oder Eingeweihte rechten Gebrauch von diesen mannigfachen Wissenschaften machen muß, um geistige Ergebnisse zu erzielen, so muß es ebenfalls sein, wenn der Heiler am Werk ist.

Alles Wirken wird geistgemäß, wenn es von rechten Motiven geleitet ist, wenn weises Unterscheidungsvermögen angewandt und zu dem in den drei Welten gewonnenen Wissen Seelenkraft
711] hinzugefügt wird. Wird Energie in einem ihrer sieben Ströme dynamisch angewandt, kommt dazu das verständige Wissen und die Arbeit des modernen Arztes, der vom Heiler (der wie ein Katalysator wirkt) unterstützt wird, dann kann dies Wunder wirken, wenn es das Schicksal so bestimmt. Der metaphysische Heiler, der einzig und allein auf den feineren Ebenen arbeitet, gleicht dem geistig Tätigen, dem ständig der Erfolg versagt bleibt, weil er die nötigen Geldmittel nicht auf die physische Ebene herunterbringen kann. Die Ursache dafür ist häufig ein — meistens nicht erkanntes — Überlegenheitsgefühl, mit dem der durchschnittliche Heiler und der Esoteriker das Problem ansieht, physische Gesundheit oder Geld zu realisieren. Denkt darüber nach

und erkennt, daß die Methoden des fünften Strahles bis zur physischen Ebene hindurchwirken; dort erzeugen sie Konflikte und bewirken schließlich eine physische Materialisation der gewünschten Art. Mit dem, was ich über die Methoden des fünften Strahles gesagt habe, habe ich mehr Hinweise und Informationen gegeben, als in irgendeinem der anderen Kommentare.

6. *Die Methode des sechsten Strahles.*

Die Kraft steige herab und bahne sich einen Weg durch die Wasser; so ruft der Heiler. Ihn kümmert nicht, wie die Gewässer darauf reagieren; sie bringen oft stürmische Wellen und schreckliche, grausame Ereignisse. Das Ende ist gut. Die Beschwerde wird enden, wenn sich der Sturm legt und die Energie das ihr vorgezeichnete Schicksal erfüllt hat. Die Kraft wird gezwungen, geradewegs zum Herzen zu dringen; sie muß sich in jedem Kanal, Nadi, Nerv und in die Milz einen Weg und Durchgang suchen und so dem Feind entgegentreten, der sich Eingang verschafft und niedergelassen hat, um dort zu leben. Die — unbarmherzige, plötzliche und vollständige — Vertreibung wird von dem unternommen, der nur vollkommenes Funktionieren kennt und keine Einmischung duldet. Dieses vollkommene Funktionieren öffnet so das Tor entweder zum ewigen Leben oder zum Weiterleben auf Erden — noch für eine kleine Weile.

712] Diese Methode ist gewaltsam, ungestüm und wirkt augenblicklich, wenn der Heiler sich auf dem sechsten Strahl befindet; die Ergebnisse sind drastisch und schmerzvoll, aber sie treten sicher ein — Heilung oder Tod, und oft ist es das letztere. Der Heiler des sechsten Strahles ist heute selten diszipliniert oder weise, da der Zyklus dieses Strahles jetzt zu Ende geht. Wenn dieser Zyklus einstens wieder in Inkarnation kommt, wird die Menschheit sehr weit auf dem Pfade vorangeschritten sein; dann wird es die jetzt so aggressiven, allzu sicheren und fanatischen Heiler des sechsten Strahles nicht mehr geben. Heute sind sie noch in der

Mehrzahl, und ihr Wirken ist nicht gut; es ist zwar gut gemeint, aber die Methode wird ohne Wissen angewandt und das Ergebnis rechtfertigt keineswegs die anmaßende Zuversicht des Heilers; es führt häufig nur zur Täuschung des Patienten.

7. Die Methode des siebten Strahles.

> Energie und Kraft müssen einander begegnen; so wird das Werk vollbracht. Farbe und Ton müssen einander in geordneter Reihenfolge begegnen und zusammenwirken, und so kann das magische Werk vorangehen. Substanz und Geist müssen einander aufrufen und das Neue und Gute dadurch hervorbringen, daß sie durch das Zentrum dessen gehen, der zu helfen sucht. Der Heiler durchkraftet auf diese Weise das versiegende Leben, treibt es heraus oder verankert es noch fester an dem Orte seiner Bestimmung. Alle sieben müssen benutzt werden, und durch die sieben müssen die Energien strömen, die für den Fall erforderlich sind; sie erschaffen den neuen Menschen, der seit jeher gewesen ist und immer sein wird, sei es hier oder dort.

Mit dieser Methode habt ihr den Schlüssel zu allen anderen, denn die Aufgabe des Heilers auf dem siebten Strahl besteht darin, das Leben und jene Substanz zusammenzuführen, die an die Stelle der erkrankten Substanz treten und neues Leben bringen wird, um die Genesung zu unterstützen. Die Herrlichkeit und Größe des Lebens liegt in der Vollendung und im Sichtbarwerden. Das
713] ist die oberste Aufgabe und höchste Belohnung aller echten Heiler. Gerade diese Methode, heranzuziehen und zu ersetzen, wird im kommenden Neuen Zeitalter, wenn der siebte Strahl unseren Planeten beherrscht, von der Wissenschaft zu hoher Blüte gebracht werden; sie wird das Neue und Notwendige hervorbringen und für die künftige Kultur, Zivilisation und Wissenschaft bestimmend sein.

Zum Abschluß möchte ich euch die Gründe sagen, warum ich es unterlasse, noch mehr ins einzelne gehende Mitteilungen zu machen und den Wortlaut dieser uralten Heilformeln klar zu analysieren. Abgesehen von dem schon früher genannten Grunde, daß die Menschen noch nicht reif sind, um ausführliche Anweisungen zu erhalten, würde alles, was ich jetzt sagen könnte, euch kindisch erscheinen. Das ist die merkwürdige Vokabel, welche die mögliche unmittelbare Reaktion zu beschreiben scheint. Wir stehen an der Schwelle eines neuen Zeitalters wissenschaftlicher Entwicklung, und zwar infolge der Entdeckung, die Atomenergie freizusetzen. Nicht einmal die Wissenschaftler, die für diese Entdeckung verantwortlich sind, haben auch nur die geringste Ahnung von den weitreichenden Wirkungen dieser bedeutsamen Begebenheit. Soweit es unser Thema und das Thema dieses Bandes betrifft, ist schon eine völlige neue Ausdrucksweise für Energie und Kraft im Entstehen; die Anwendung dieser Entdeckung in der Therapie wird in nächster Zukunft (vom okkulten Blickpunkt aus) fast als übernatürlich angesehen werden.

Diese Entdeckung, die Atomenergie freizusetzen, kam durch die Aktivität des ersten Strahles in Verbindung mit dem einströmenden siebten zustande. Eine analoge Situation ergibt sich, wenn der Meister bei der fünften Einweihung frei wird (wenn das Tor des Grabes weit aufbricht), und beim Sterben, wenn die eingekerkerte Seele befreit wird. Im Lichte künftiger wissenschaftlicher Ereignisse werden diese uralten Methoden viel klarer werden; doch in der Zwischenzeit wäre jede Erklärung ihrer wahren „energetischen Tragweite“ sinnlos. Die neue, künftige Terminologie wird Licht auf die alten Formeln werfen, und zu gegebener Zeit werdet ihr erleben, daß dem intelligenten Heiler der kommenden Generation vieles bedeutsam und verständlich werden wird, was euch heute enttäuschend, nutzlos oder sinnlos und unnötig schwerverständlich erscheint.

In dieser Epoche zwischen der Vergangenheit und dem, was erst kommt, ist es selbst für einen Meister der Weisheit nicht leicht, zu sprechen und zu lehren, besonders über das Thema des Heilens. Der physische Körper wird noch nicht allgemein als elektrische Einheit anerkannt; man erkennt noch nicht sein Wesen als rein atomische Energie; in den Lehren der modernen medizinischen Schulen wird die Tatsache des Energiekörpers, des Ätherleibes, heute noch nicht anerkannt, wenngleich man die Tatsache schon erörtert hat; die explosive Natur der Energie — wenn sie mit der Kraft in Kontakt kommt — oder der Seele in ihrer Beziehung zur Substanz ist völlig unbekannt oder in mystischer Sprache verhüllt. Es müssen erst mehr Menschen die neuen wissenschaftlichen Formeln verstehen und die neuen Forschungsmethoden kennen lernen, die durch die Entdeckung der Atomenergie aufgekommen sind. Diese Dinge müssen zu einem alltäglichen Diskussionsthema gemacht und in die Umgangssprache übersetzt werden. Solange dies nicht der Fall ist, muß die kommende Wissenschaft des Heilens hinter dem Schleier einer unzureichenden Sprache verborgen und durch unzulängliche, unangemessene Worte verhüllt bleiben.

Wie ich euch schon öfters gesagt habe, behindert diese Tatsache alle neuen Darstellungen der Wahrheit. Die Sprache des Elektro-Ingenieurs oder des Automobilkonstrukteurs zum Beispiel wäre für den Durchschnittsmenschen vor hundert Jahren völlig sinnlos gewesen. So ist es auch mit den neuen Themen und den großen Entdeckungen, die noch vor uns liegen und die schließlich jeden Bereich des menschlichen Lebens, einschließlich der Kunst des Heilens, beeinflussen werden.

Da es bekannt geworden ist, wer ich bin, unterzeichne ich mich als der Meister *Djwahl Khul*,

INDEX

Achtung! Die im Index angegebenen Hinweiszahlen beziehen sich nicht auf die Buchseiten, sondern auf die am linken Texrand in **Fettdruck** eingeschalteten Zahlen.

INDEX

C.

F.

I.

K.

M.

Q.

R.

S.

Die Arkanschule bietet eine Ausbildung
für Jünger im Neuen Zeitalter.
Die Grundgedanken der zeitlosen Weisheit
werden vermittelt durch esoterische
Meditation, Studium und Dienst als eine
Lebensgestaltung.
Schreiben Sie wegen Auskünften bitte an

1, Rue de Varambé, 3ème,
Postfach 31,
1211 — Genf — 20
Schweiz

Die große Invokation

Aus dem Quell des Lichts im Denken Gottes
strömе Licht herab ins Menschen-Denken.
Es werde Licht auf Erden!

Aus dem Quell der Liebe im Herzen Gottes
ströme Liebe aus in alle Menschenherzen.
Möge Christus wiederkommen auf Erden!

Aus dem Zentrum, wo der Wille Gottes thront,
lenke plan-beseelte Kraft die kleinen Menschenwillen
zu dem Endziel, dem die Meister wissend dienen!

Durch das Zentrum, das wir Menschheit nennen,
entfalte sich der Plan der Liebe und des Lichtes
und siegle zu die Tür zum Übel.

Mögen Licht und Liebe und Kraft
den Plan auf Erden wieder herstellen!

Diese Invokation gehört nicht irgendeiner Person oder Gruppe, sondern der ganzen Menschheit.

„Die Schönheit und Stärke dieser Anrufung liegt in ihrer Einfachheit und darin, daß sie bestimmte Hauptwahrheiten zum Ausdruck bringt, die von allen Menschen als ganz natürlich angenommen werden, nämlich: Die Wahrheit, daß eine Ur-Intelligenz existiert, der wir unklar den Namen Gott geben; die Wahrheit, daß hinter allem äußeren Schein Liebe die treibende Kraft im Universum ist; die Wahrheit, daß eine große Individualität auf die Erde kam, von den Christen Christus genannt, und diese Liebe so verkörperte, daß wir sie verstehen konnten; die Wahrheit, daß Liebe und Intelligenz die Auswirkungen dessen sind, was Gottes Wille genannt wird; und schließlich die selbstverständliche Wahrheit, daß sich der göttliche Plan nur durch die *Menschheit* selbst entfalten und auswirken kann." – Alice A. Bailey.

Bücher von Alice A. Bailey

X INITIATION – menschliche und solare Einweihung; 3. Auflage, 1982, 256 Seiten, Leinen
Taschenbuchausgabe (4. Auflage, 1988)

BRIEFE über OKKULTE MEDITATION; 3. Auflage, 1988, 374 Seiten, Taschenbuchausgabe

DIE WIEDERKUNFT CHRISTI; 3. Auflage, 1987, 198 Seiten, Taschenbuchausgabe

PROBLEME DER MENSCHHEIT; 2. Auflage, 1983, 178 Seiten, Leinen
Taschenbuchausgabe

EINE ABHANDLUNG über die SIEBEN STRAHLEN – BAND I; 3. Auflage, 1986, 494 Seiten, Leinen
Taschenbuchausgabe

EINE ABHANDLUNG ÜBER WEISSE MAGIE; 4. Auflage, 1982, 726 Seiten, Leinen
Taschenbuchausgabe (5. Auflage 1987)

VOM INTELLEKT ZUR INTUITION; 3. Auflage, 1986, 226 Seiten, Taschenbuchausgabe

EINE ABHANDLUNG über die SIEBEN STRAHLEN – BAND II; 2. Auflage, 1973, 852 Seiten, Leinen

TELEPATHIE UND DER ÄTHERKÖRPER; 2. Auflage, 1971, 236 Seiten, Taschenbuchausgabe

SCHICKSAL UND AUFGABE DER NATIONEN; 2. Auflage, 1977, 176 Seiten, Leinen
Taschenbuchausgabe

ESOTERISCHES HEILEN – BAND IV der SIEBEN STRAHLEN; 3. Auflage, 1983, 852 Seiten, Leinen
Taschenbuchausgabe (4. Auflage, 1988)

X DER YOGA-PFAD (PATANJALIS LEHRSPRÜCHE); 2. Auflage, 1978, 394 Seiten, Leinen
Taschenbuchausgabe

VERBLENDUNG, EIN WELTPROBLEM; 2. Auflage, 1986, 302 Seiten, Taschenbuchausgabe

ERZIEHUNG IM NEUEN ZEITALTER; 2. Auflage, 1980, 214 Seiten, Leinen
Taschenbuchausgabe